管道工长手册

（第二版）

张忠孝　张　隽　编著

中国建筑工业出版社

图书在版编目（CIP）数据

管道工长手册/张忠孝等编著．—2版．—北京：中国建筑工业出版社，2009
ISBN 978-7-112-10833-6

Ⅰ．管… Ⅱ．张… Ⅲ．管道施工-技术手册 Ⅳ．TU81-62

中国版本图书馆 CIP 数据核字（2009）第 038883 号

管道工长手册
（第二版）
张忠孝 张 隽 编著
*
中国建筑工业出版社出版、发行（北京西郊百万庄）
各地新华书店、建筑书店经销
北京千辰公司制版
北京市彩桥印刷有限责任公司印刷
*
开本：850×1168 毫米 1/32 印张：28¼ 插页：2 字数：815 千字
2009 年 7 月第二版 2009 年 7 月第五次印刷
定价：**58.00** 元
ISBN 978-7-112-10833-6
（18070）

如有印装质量问题，可寄本社退换
（邮政编码 100037）

本书为《管道工长手册》的第二版。全书分为管道基础资料、管道施工技术、项目施工管理、常用资料共四篇。书中介绍了管道识图、制冷技术、工程力学基础、管道施工预算、管道支架、管道配件展开图、高压管道的预制加工、管道的脱脂与酸洗、项目合同管理、项目施工管理、项目材料管理、项目质量管理、项目成本管理和管道常用计算、常用符号、代号等。

本书内容大多是作者多年实践经验的总结，可操作性强，可供管道工长阅读，也可供其他管道专业人员和有关院校师生参考。

* * *

责任编辑：刘　江
责任设计：赵明霞
责任校对：王金珠　陈晶晶

第二版修订说明

《管道工长手册》是一本管道专业的施工技术用书，本书着重介绍了管道以现场施工为主的管道施工技术和施工方法，是管道技术人员施工所需要的必备的工具书。本书修改后共分四篇，即第一篇管道基础资料，第二篇管道施工技术，第三篇项目施工管理，第四篇常用资料。

本书主要介绍了制冷技术、工程力学基础、管道支架、工业管道安装、民用建筑管道施工、管道脱脂与酸洗、管道施工方案编制、项目施工管理、项目材料管理、项目质量管理、项目成本管理和管道常用计算、常用符号、代号等管道专业技术知识。

本书内容取材于我国安装行业多年来的成熟经验和积累的技术，结合本人长期从事管道专业施工的经验编写而成。本书根据现场施工技术人员的实际需要，由浅入深地介绍了管道施工技术，对管理人员必须具备的基础知识、施工技术和项目管理等知识进行了全面详细地叙述。管道专业技术人员根据本书可以在工程实践中成功地运用，编写施工方案，指导现场施工，从而能进一步提高工程项目的施工质量和项目管理水平。

本书自 1998 年底初版以后，已经多次重印，深受广大技术人员欢迎。根据广大技术人员现场实际使用情况和国家施工验收规范、标准的修改以及目前四新技术的迅速发展需要，这次对本书进行了较大幅度的修改。针对现场实际施工需要，删除了目前不常用的施工技术，增加了第二篇管道施工技术中的管道连接、消防系统管道安装和长输管道安装。对第四篇常用资料的第六章常用管道和配件、第七章法兰、法兰盖与附件、第八章管道阀门代号与选用根据目前新的材料和新的标准进行了改写，使其更趋完整。同时对本书原有的其他章节也进行了适当修改。本书经修改后技术内容更全面、更丰富，更适合广大技术人员的选用，将更有利于指导现场施工，是管道技术人员进行施工所必备的手册。

本书的内容，大多是作者多年实践经验的总结，可操作性强，可供管道工长使用，也可供其他专业人员和有关院校师生教学培训参考之用。

本书在编写、修改过程中得到了沈耀中、章庆祥、沈水英、孙纪军等许多从事管道专业有经验的技术人员的支持，在此表示衷心感谢。由于知识面的局限和时间仓促，本书读者在使用过程中请多提宝贵意见，以便改进，共同提高。

作者

2009 年 2 月

目　录

第一篇　管道基础资料

第二篇　管道施工技术

第三篇　项目施工管理

第四篇　常用资料

第一篇　管道基础资料

第一章　管 道 识 图

第一节　常用图例代号

1. 线型

在施工图上的管子和管件基本上多采用统一的线型来表示的，各种不同的线型所表示的含意和作用又有所不同，常用的几种线型如表 1-1-1 所示。

管道图中常用的几种线型　　表 1-1-1

序号	名称	线　型	宽度	适用范围及说明
1	粗实线		b	1. 主要管线 2. 图框线
2	中实线		$\frac{b}{2}$	1. 辅助管线 2. 分支管线
3	细实线		$\frac{b}{4}$	1. 管件、阀件的图线 2. 建筑物及设备轮廓线 3. 尺寸线、尺寸界线及引出线等
4	粗点画线		b	主要管线（在同一张图纸中，区别于粗实线所代表的管线）
5	点画线		$\frac{b}{4}$	1. 定位轴线 2. 中心线
6	粗虚线		b	1. 地下管线 2. 被设备所遮盖的管线

续表

序号	名称	线　型	宽度	适用范围及说明
7	虚　线	— — — —	$\frac{b}{2}$	1. 设备内辅助管线 2. 自控仪表连接线 3. 不可见轮廓线
8	波浪线	～～～	$\frac{b}{4}$	1. 管件、阀件断裂处的边界线 2. 表示构造层次的局部界线

注：实线的宽度 b 一般在 0.5～2mm，但大多数为 0.9mm。波浪线一般用徒手画出。

2. 管道代号

根据目前在民用工程设计图中使用的常用管道介质代号，见表 1-1-2。

管　线　代　号　　　　表 1-1-2

序号	名　称	管线代号	序号	名　称	管线代号
1	饱和蒸汽管	S	17	生活热水回水管	DHR
2	过热蒸汽管	OS	18	给　水　管	W
3	生产蒸汽管	PS	19	软 化 水 管	SW
4	生活蒸汽管	DS	20	除 盐 水 管	DMW
5	采暖蒸汽管	HS	21	循环水供水管	CWS
6	伴热蒸汽管	TS	22	循环水回水管	CWR
7	吹扫蒸汽管	BLS	23	含酚热循环水供水管	HC
8	二次蒸汽管	SS	24	含酚热循环水回水管	HCR
9	废 蒸 汽 管	WS	25	含酚冷循环水供水管	CC
10	凝结水管（自流）	CW	26	含酚冷循环水回水管	CCR
11	凝结水管（压力）	CWP	27	循　环　管	CP
12	采暖热水供水管	H	28	酚　水　管	P
13	采暖热水回水管	HR	29	排　水　管	D
14	生产热水管（循环自流）	PH	30	生产排水管	PD
15	生产热水管（循环压力）	PHP	31	连续排污管	CB
16	生活热水供水管	DH	32	定期排污管	PB

续表

序号	名　称	管线代号	序号	名　称	管线代号
33	溢 水 管	OF	62	发生炉冷煤气管	CGG
34	补 给 水 管	M	63	发生炉水煤气管	WGG
35	盐 溶 液 管	SA	64	发生炉富氧煤气管	KGG
36	硫 酸 管	SFA	65	混合煤气管	MIG
37	盐 酸 管	HA	66	天 然 气 管	NG
38	碱溶液（氢氧化钠）	SL	67	沼 气 管	MG
39	膨 胀 管	EXP	68	空气放空管	V
40	压缩空气管	A	69	氧气放空管	VOX
41	净化压缩空气管	CCA	70	氢气放空管	VH
42	吸 气 管	SUA	71	氮气放空管	VN
43	鼓风空气管	B	72	氩气放空管	VAR
44	饱和空气管	STA	73	煤气放空管	VG
45	氧 气 管	OX	74	二氧化碳放空管	VCD
46	液 氧 管	LOX	75	乙炔放空管	VAC
47	氮 气 管	N	76	蒸汽放空管	ES
48	液 氮 管	LN	77	供油管（不分类型）	O
49	污 氮 管	DN	78	回油管（不分类型）	OR
50	加热氮气管	HN	79	原油供油管	CRO
51	氢 气 管	HY	80	原油回油管	CROR
52	氩 气 管	AR	81	柴油供油管	DO
53	乙 炔 管	AC	82	柴油回油管	DOR
54	二氧化碳管	CD	83	煤 油 管	KO
55	气态丙烷管（液化石油气）	PG	84	重油供油管	HO
56	液态丙烷管（液化石油气）	LPG	85	重油回油管	HOR
57	煤气管（不分类型）	G	86	焦 油 管	T
58	高炉煤气管	BFG	87	乳 化 液 管	E
59	焦炉煤气管	COG	88	润 滑 油 管	LO
60	转炉煤气管	LDG	89	汽 油 管	GO
61	发生炉热煤气管	HGG	90	机 油 管	MO

3. 管道图例

施工图上的管件和阀件多采用规定的图例来表示。这些简单图样并不完全反映实物的形象。仅只是示意性地表示具体的设备或管（阀）件。各种专业施工图都有各自不同的图例符号。根据

GB/T 6567.1～6567.5—2008 的规定和目前工程中使用的管路图形符号，可参照表 1-1-3。

国标规定管理图形符号 **表 1-1-3**

序号	名　　称	图形符号	序号	名　　称	图形符号
1	截止阀	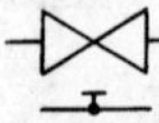	14	疏水阀	
2	闸　阀		15	角　阀	
3	节流阀		16	三角阀	
4	球　阀		17	四通阀	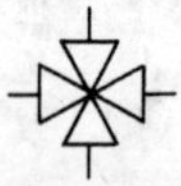
5	蝶　阀				
6	升降式止回阀（流向自左向右）		18	手动调节阀	
7	旋启式止回阀（流向自左向右）	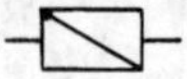	19	自动调节阀	
8	底　阀		20	电动阀	
9	隔膜阀		21	电磁阀	
10	旋塞阀		22	水封疏水管	
11	弹簧式安全阀		23	水封阀	
12	重锤式安全阀	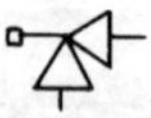	24	浮子式调节阀	
13	减压阀（左高右低）		25	分配器	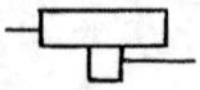

续表

序号	名称	图形符号	序号	名称	图形符号
26	脉冲式安全阀		44	介质流向	
27	浮球阀		45	90°弯折管（朝向观察者）	
28	温度计（指示）		46	90°弯折管（背离观察者）	
29	压力表（指示）		47	管道坡度	xxx
30	流量计（指示）		48	螺纹连接	
31	流量计（记录）		49	法兰连接	
32	流量孔板		50	承插连接	
33	回转塞板		51	焊接连接	
34	可见管路		52	弯头（弯管）	
35	不可见管路		53	三　通	
36	假想管路		54	四　通	
37	挠性管、软管		55	活接头	
38	保护管		56	外接头	
39	保温管		57	内外螺纹接头	
40	夹套管		58	同心异径管接头	
41	蒸汽伴热管		59	同底偏心异径管接头	
42	交叉管		60	同顶偏心异径管接头	
43	相交管		61	双承插管接头	

续表

序号	名　称	图形符号
62	快速接头	
63	螺纹管帽	
64	螺纹堵头	
65	法兰盖	
66	盲　板	
67	管间盲板	
68	爆破膜	
69	水　表	
70	波形补偿器	
71	套管补偿器	
72	方形补偿器	
73	弧形补偿器	
74	球形铰接器	
75	固定支架（一般形式）	
76	固定支（托）架	
77	固定吊架	
78	活动管架（一般形式）	
79	活动支架	

序号	名　称	图形符号
80	活动吊架	
81	活动弹性支架	
82	活动弹性吊架	
83	导向支架（一般形式）	
84	导向支架	
85	导向吊架	
86	导向弹性支架	
87	导向弹性吊架	
88	活动 T 形架	
89	导向 T 形架	
90	双向限位导向架	
91	双向限位导向 T 形架	
92	0.6MPa 压缩空气用气点	
93	0.3MPa 压缩空气用气点	
94	过滤器	
95	离心泵	
96	手摇泵	

续表

序号	名 称	图形符号	序号	名 称	图形符号
97	喷射器、升水器		111	检查井引出的转角地沟	
98	煤气连续排水器		112	地沟转角	
99	煤气定期排水器		113	热力地沟及管道	
100	压缩空气配气（集水）器		114	通行地沟安装孔及编号	
101	直通式压缩空气油水分离器		115	通行地沟进风口及编号	
102	直角式压缩空气油水分离器		116	通行地沟排风口及编号	
103	卧式压缩空气油水分离器		117	方形伸缩穴及编号	
104	压缩空气用气点压力及数量	$(A_3)_2$	118	带检查点的套管	
105	氧气用气点及数量	$(OX)_2$	119	漏气检查点	
106	乙炔用气点及数量	$(AC)_2$	120	中压煤气排水器	
107	二氧化碳用气点及数量	$(CD)_2$	121	杂散电流检查点	
108	煤气用气点	(G)	122	漏 斗	
109	地 沟		123	放散管	
110	地沟检查井及编号		124	阀门编号	V_1、V_2、……、V_n

4. 设备图例

管道工程中，设备的种类很多，在卫生工程中有各种卫生设备和用水设备，在暖通工程中有散热器、压缩机、风机等，在化工工艺中有泵、塔、槽反应器、换热器等。设备的图例符号常常不仅在外形上而且也在设备内部的特征上用简单的线条示意性地画出，常用的设备图例如图 1-1-1 所示。

以上图例主要用于管道施工图中的流程图和系统图。

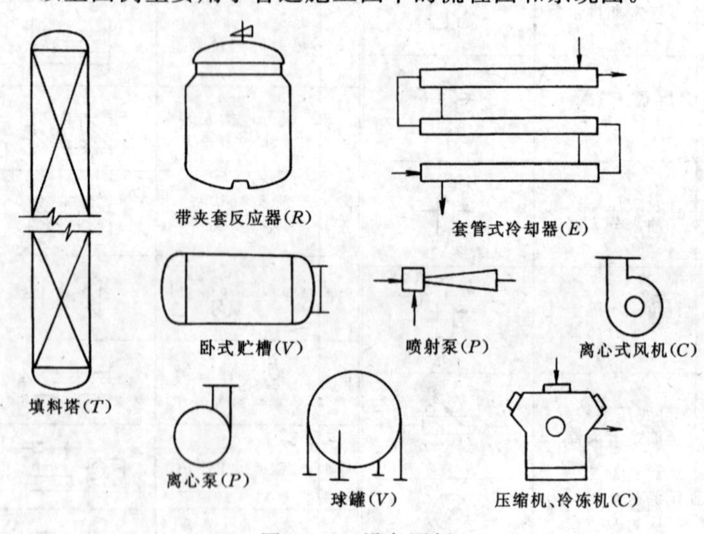

图 1-1-1 设备图例

第二节 施工图表示方法

1. 标题栏

标题栏提供的内容比图纸目录更进一层，具体的格式国家还没有统一的规定标准，常见的格式和内容如表 1-1-4 所示。

项目：应根据该项目工程的某一车间或工段的具体工程名称而定。

图名：表明本张图纸的名称和主要内容。

设计号：设计部门对该项工程的编号，有时也是工程的代号。

标题栏 **表 1-1-4**

<table>
<tr><td colspan="7">（设 计 单 位 全 称）</td></tr>
<tr><td>设计</td><td></td><td></td><td colspan="4" rowspan="3">（图名或标题）</td></tr>
<tr><td>校核</td><td></td><td></td></tr>
<tr><td>审核</td><td></td><td></td></tr>
<tr><td colspan="2">设计项目</td><td></td><td rowspan="2">比 例</td><td rowspan="2"></td><td rowspan="2">图 号</td><td rowspan="2"></td></tr>
<tr><td colspan="2">设计阶段</td><td></td></tr>
</table>

图别：表明本图所属的专业和设计阶段。

图号：表明本专业图纸的编号顺序（一般用阿拉伯数字注写）。

2. 比例

管道图纸上的长短与实际大小相比的关系叫做比例。画管道图时应根据管件、阀件的大小以及装置结构的复杂程度的不同来选用不同的比例，表 1-1-5 为绘制图样时一般规定选用的比例。

绘制图样的比例（GB 4457—84） **表 1-1-5**

与实物相同	1∶1
缩小的比例	1∶1.5,1∶2,1∶2.5,1∶3,1∶4,1∶5,1∶10,1∶2×10^n,1∶2.5×10^n,1∶5×10^n
放大的比例	2∶1,2.5∶1,4∶1,5∶1,(10×n)∶1

注：表中 n 为正整数。

比例的代号为“M”，整张图纸中只用一种比例时，也可总写在标题栏内，不必再写符号“M”。也有的图纸比例不用代号表示，而只用文字写明。比例一般都注写在图名的右侧，必须注意的是，图纸上所注的尺寸应按照管道的实际长度注写，与比例无关。

管道施工图中常用的比例有 1∶25、1∶50、1∶100、1∶200、1∶500、1∶1000 等几种。如 1∶50，就是用 50m 除 1m 所得的比值，即实际有 1m 长的管线，在图纸上只画 20mm 长。

3. 标高

管道的高度用标高来表示。在立（剖）面图中，为表明管子的垂直间距，一般只注写相对标高而不注写间距尺寸。立面图的标高符号与平面图的一样，在需要标注的地方作一引出线，如图

1-1-2（a）所示。图 1-1-2（b）是化工管路中常用来表示管中标高、管底标高及管顶标高的符号。

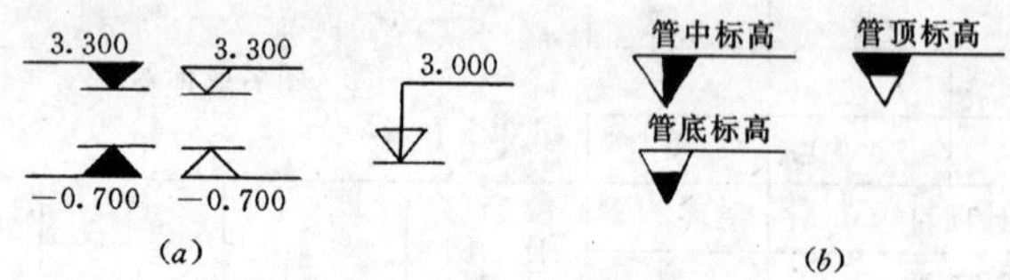

图 1-1-2　标高符号及注法

在轴测图中，管线的标高一般标注在管道的下方。

管道的相对标高一般以建筑物底层室内地坪为正负零，用±0.00表示。比地坪低的用负号表示，比地坪高的用正号表示（有的正标高数字前不加正号）。标高单位一般以“m”为单位，标高数字一般注至小数点以后第三位。

远离建筑物的室外管道标高，大多数用绝对标高表示，我国把青岛黄海平均海平面定为绝对标高的零点，其他各地标高都以它为基准来推算。

对于管径较大的管子，不仅可注管子中心的标高，也可注管顶和管底的标高，其符号如图 1-1-2（b）表示。管道标高的注法一般都注管子中心，但是排水管往往注管内底。

4. 坡度及坡向

坡度符号为“i”，表示时往往在“i”后面加上等号，在等号后面再注上坡度值。坡向符号用箭头表示，常用的表示方式有图 1-1-3 所示的两种形式。

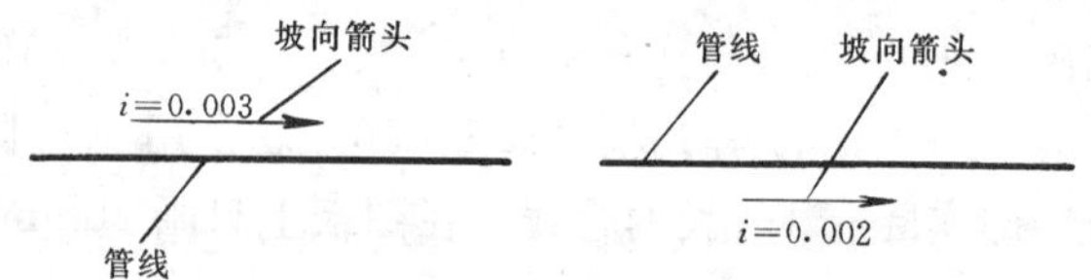

图 1-1-3　坡度及坡向的表示方式

5. 方向标

管道图中的方向标通常为指北针或风玫瑰图。指北针表示管道或建筑物的朝向，便于实际施工时确定大方向，图 1-1-4（a）

中的指北针为平面图所用，图 1-1-4（*b*）中的指北针则在轴测图上用。必要时，还可用风向玫瑰图表示工程所在地的常年风向频率和风速，如图 1-1-4（*c*）所示。

图 1-1-4　指北针及风玫瑰

6. 尺寸标注及尺寸单位

管道施工图中注有详细尺寸，作为安装制作的主要依据，尺寸线用来指出所注部位的尺寸。尺寸符号由四部分组成，即尺寸界线、尺寸线、箭头（或起止线）和尺寸数字，如图 1-1-5 所示。此处应注意，管子或管件的真实大小以图样上所注尺寸数字为依据，与图形的大小及绘制的准确度无关。

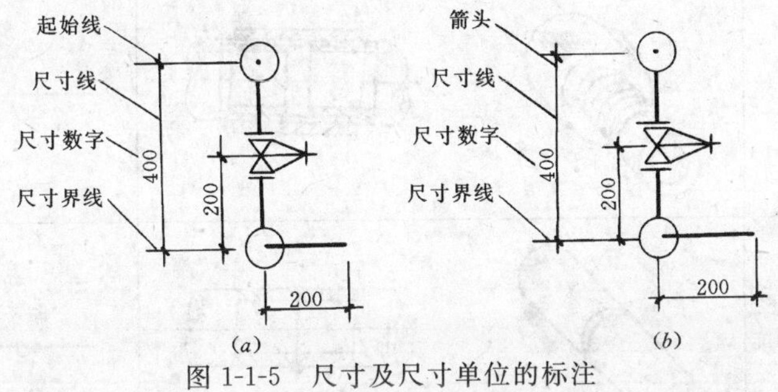

图 1-1-5　尺寸及尺寸单位的标注

管道的尺寸数字，应注在尺寸线上面，其单位都取 mm。为了使图纸简单明了，可免注 mm 单位，但若取其他单位时则必须注明。

如果有些尺寸在施工图中没有标注出来，可以根据图纸标注的比例，用比例尺（即三棱尺）把这些管线的尺寸量出来。

7. 管子连接的表示方法

管道连接的形式有好几种，其中法兰连接、承插连接、螺纹连接和焊接连接最常见。它们的连接符号如表 1-1-6 所示。

管子连接形式及其规定符号 **表 1-1-6**

管子连接方式	图例	规定符号
法兰连接	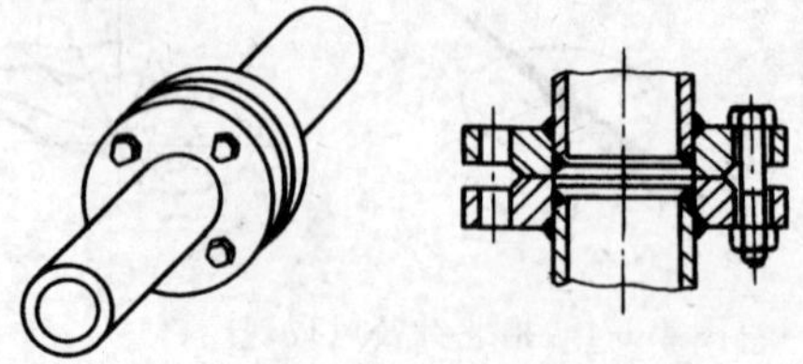	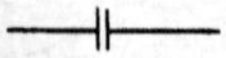
承插连接	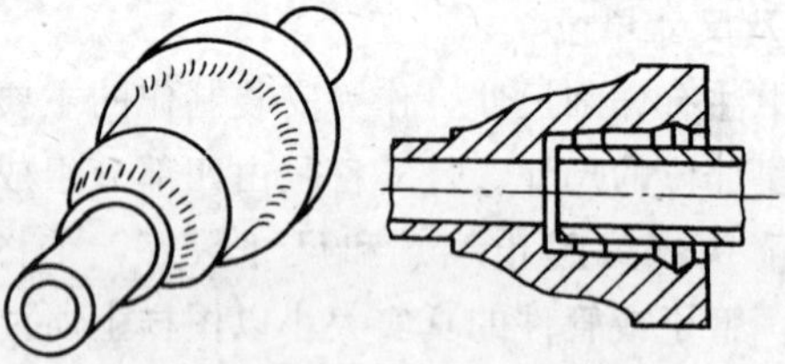	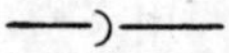
螺纹连接	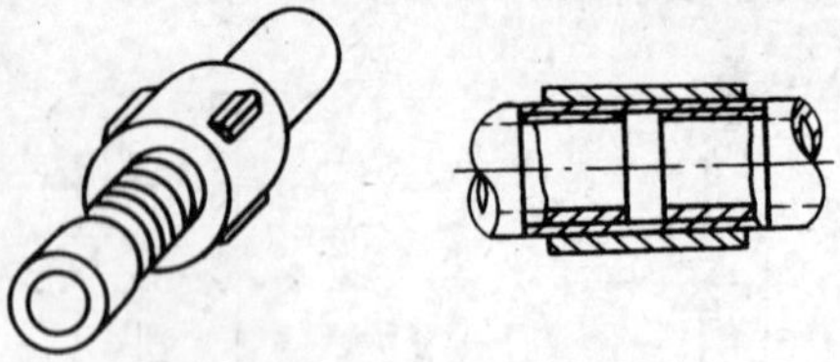	
焊接连接	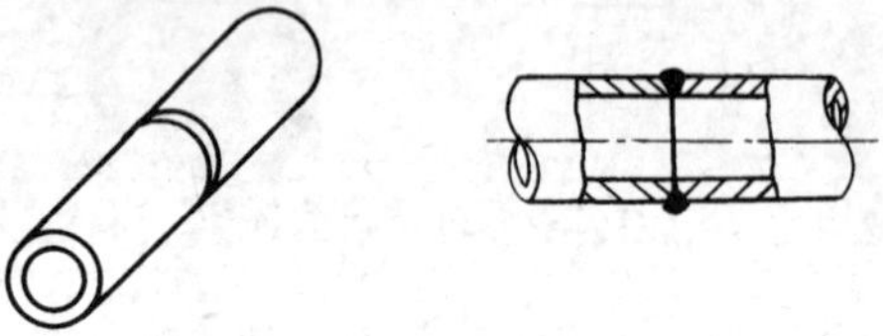	

法兰连接的图例符号在平、立（剖）面图及轴测图中最为常见，承插、螺纹和焊接连接的图例符号一般仅在轴测图中出现，而在平、立（剖）面图中很少出现。如果在施工图纸中无轴测图，管子连接形式的图例符号又无法在其他图形中反映出来，则可在施工图说明中用文字加以说明。

8. 管线的表示方法

管线的表示方法很多，有标编号和不标编号的；有标介质、温度、压力和不标这些数据的；也有编管号及管子等级的；内容上、形式上都舍取很大，简单的管线表示方法如图 1-1-6 所示。

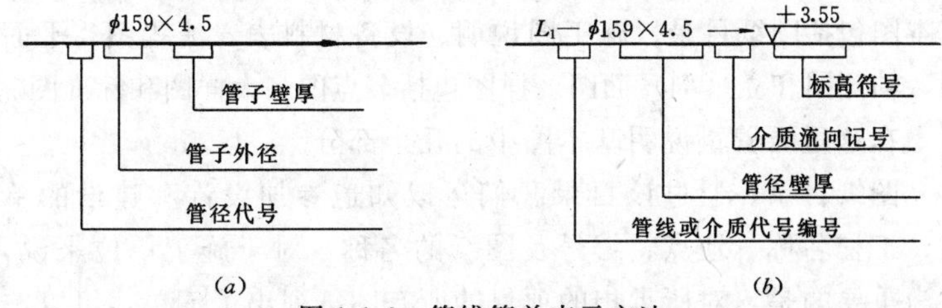

图 1-1-6　管线简单表示方法

图中 L_1 表示管线编号，但有时以介质代号作为管线编号，ϕ159×4.5 表示管子的外径为 159mm，壁厚为 4.5mm。在管道图中凡以 ϕ159×4.5 用 ϕ……表示的形式都为无缝钢管的表示方法。箭头表示介质流动方向、箭头有两种表示方法，一种如图 1-1-6（*a*）所示，直接在管线上表示，另一种表示在管线上方管线代号的最右侧。标高表示管子的安装标高。该标高有管子中心的，也有管底的、有时也有管面的、具体要根据设计院所提供的设计施工说明。管线的表示方法如图 1-1-7 所示。

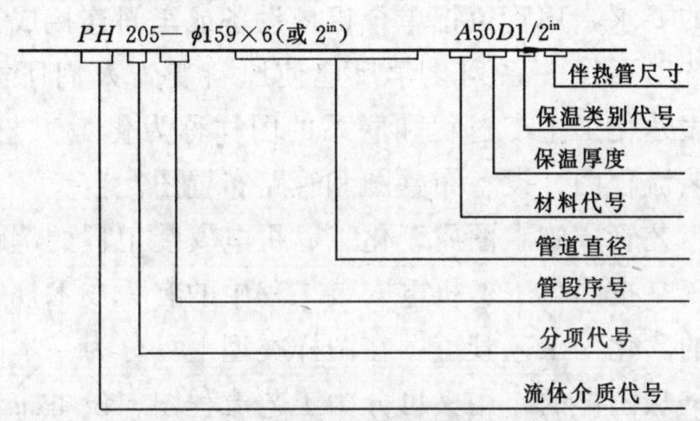

图 1-1-7　管线较完整的表示方法

第三节　工艺（工业）管道图

管道施工图大体上可分为如下几类。管道施工图按专业可分为化工工艺管道施工图、采暖通风管道施工图、动力管道施工图、给排水管道施工图和自控仪表管道施工图。每个专业里又可分为许多具体的工程施工图或具体的专业施工图。

按图形及其作用，管道施工图可分为基本图和详图两大部分。基本图包括图纸目录、施工图说明、设备材料表、流程图、平面图、轴侧图和立（剖）面图。详图包括节点图、大样图和标准图。

在这里要着重说明基本图中的几个部分。

图纸目录。通过该目录我们可以知道参加设计和建设的单位、工程名称、地点、编号及图纸的名称。对于施工单位来说，尤为重要的是，对所承担的项目的所有图纸列出了清单，可以按目录检查核对图纸资料是否领齐。

施工说明。在该工程中凡在图样上无法表示出来但又必须让施工人员知道的一些技术和质量方面的要求，一般都用文字的形式来加以说明。它的主要内容一般包括工程的主要技术数据、施工和验收的主要标准和要求以及注意事项。施工说明在化工管道的施工中尤为关键和重要，在施工准备阶段中一定要认真学习、研究、领会设计意图，才能制定正确的施工方案和施工工艺，才能保证工程质量。

化工工艺管道图，即在化工、石油、化纤等工业中，按生产工艺流程的要求，用管道把单个机械设备或车间连接成完整的生产工艺系统，通过一系列化学反应使原料变为人们所需要的产品，这类表达化工生产过程和联系的图样称为化工工艺管道图，它包括工艺流程图、设备布置图和管路布置图。

化工工艺管道施工图属于化工、机电安装工程的范畴，它的设计与施工是按照化工、机电安装工程中的有关技术规范和操作规程进行的。化工工艺管道图在图样类型上可分为基本图和详图两大部分；从图样的作用又可分为工艺流程图、设备布置图和管路布置图等三大部分。下面着重介绍一下几种主要图形的识读方法和主要作用。

一、管道平面图

管道平面图是管道安装施工图中应用最多、最关键的一种图样，通过对管道平面图的识读，我们可以了解和掌握如下内容：

1. 整个厂房各层楼面或平台的平面布置及定位尺寸。

2. 整个厂房或装置的机器设备的平面布置、定位尺寸及设备的编号和名称。

3. 管线的平面布置、定位尺寸、编号、规格和介质流向箭头以及每根管子的坡度和坡向，有时还注出横管的标高等具体数据。

4. 管配件、阀件及仪表控制点等的平面位置及定位尺寸。

5. 管架或管墩的平面布置及定位尺寸。

6. 当管道布置尺寸在其他图纸中与平面图中不符时，均以平面布置图尺寸为准（节点放大图例外）。

图 1-1-8 所示为某化工装置的某工段的管道平面布置图。

二、管道立面图、剖面图、管段图

管路布置在平面图上不能清楚明了表达的部位，可采用剖面图来补充表示。大多针对需要表达的部位，采用剖切的形式，力求表达得既简单又清楚，故从某种意义上来说管道图中的立面图和剖面图概念上是很接近的。通过对管路立面图的识读，可以了解和掌握如下内容：

（1）整个厂房各层楼面或平台的垂直剖面及标高尺寸。

（2）整个厂房或装置的机器设备的立面布置、标高尺寸及设备的编号和名称。

（3）管线的立面布置、标高尺寸以及编号、规格、介质流向。

（4）管件、阀件以及仪表控制点的立面布置和标高尺寸。

图 1-1-9 为某化工装置某工段的平面图。

管段图是表达自一个设备至另一个设备（或另一管段）间的一段管线及其所附管件、阀件、仪表控制点等具体配置情况的立体图样。图面上往往只画整个管线系统中的一路管线上的某一段，并用轴测图的形式来表示，使施工人员在密集的管线中能清晰完整地看到每一路管线的具体走向和安装尺寸，这样便于材料分析和安装制作，如图 1-1-10～图 1-1-12 所示。

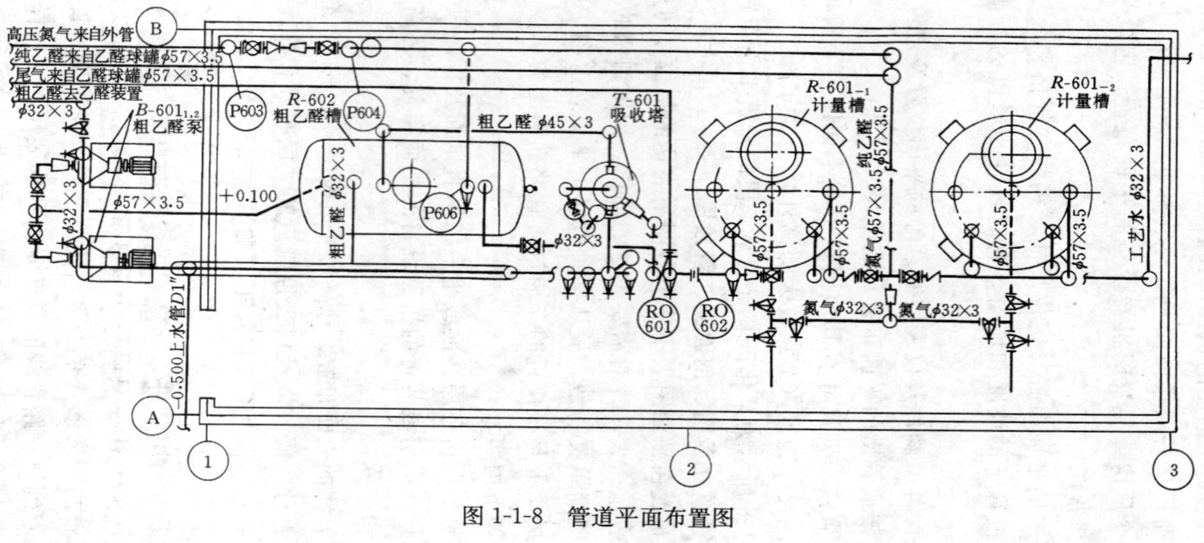

图 1-1-8 管道平面布置图

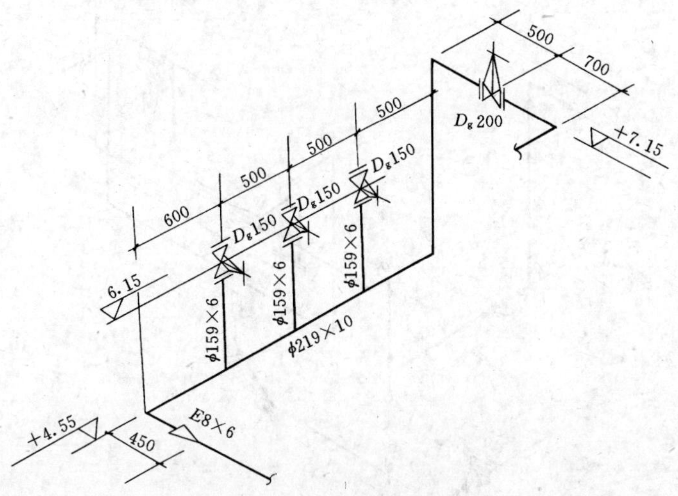

图 1-1-10　管道轴测图

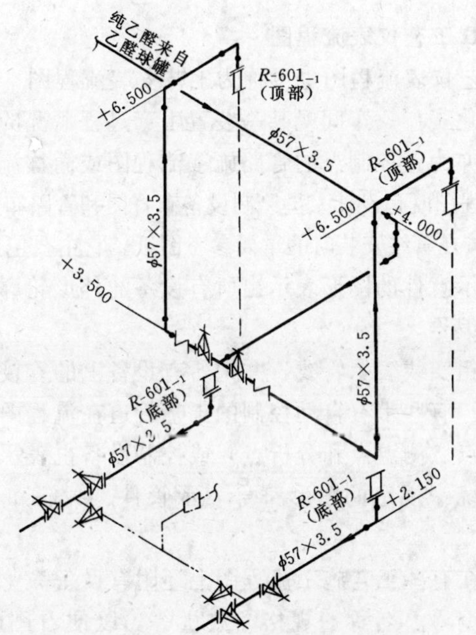

图 1-1-11　纯乙醛管路的管段图

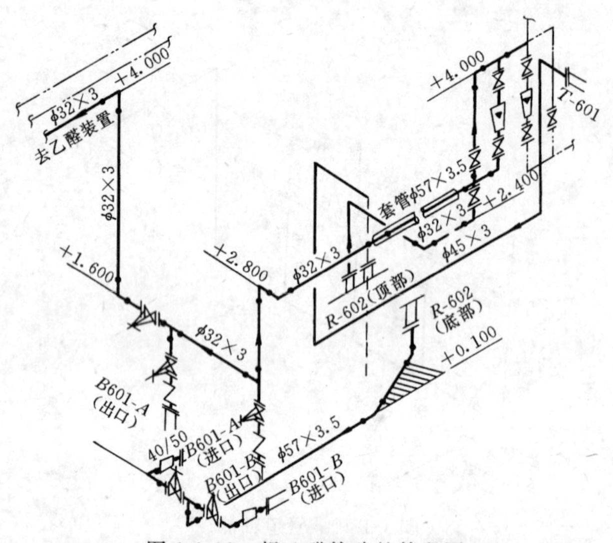

图 1-1-12　粗乙醛管路的管段图

三、PID 工艺仪表流程图

PID 工艺仪表流程图也可称为工艺安装流程图。它主要是用来表达整个化工厂、车间或某一装置生产过程概况的图样。工艺安装流程图亦为带控制点的管路施工流程图或简称流程图。

安装流程图既是设计人员绘制设备布置图和管路布置图的依据，也是施工人员在管线安装时的重要参考图纸。它主要包括如下方面：

(1) 用示意性的图形表示出所有设备的外形轮廓，并注明设备的名称和编号。

(2) 用粗实线表示管线，并把所有设备上的管接口用管线依次连接起来。有些带有自动控制的工艺管道在流程图中还把控制点（如测压点、测温点和分析点）或控制设备也表示出来。

(3) 用统一规定的图形符号表示管件、阀门和各控制点的图例。

此外，在有些工艺施工流程图上还附有设备一览表，详细地列出设备的编号、名称、规格、数量等，以便看图时能图表对照，一目了然。

正因为流程图反映了主要物料介质的工艺流程、设备的数量、名称和编号、所有管线的编号和规格、管件、阀件及控制点（测压点、测温点、分析点）的部位和名称，所以当我们在安装中若其他图中流向、接管有异议时均以工艺流程图为准。图 1-1-13 为乙醛加装站管路系统安装流程图。

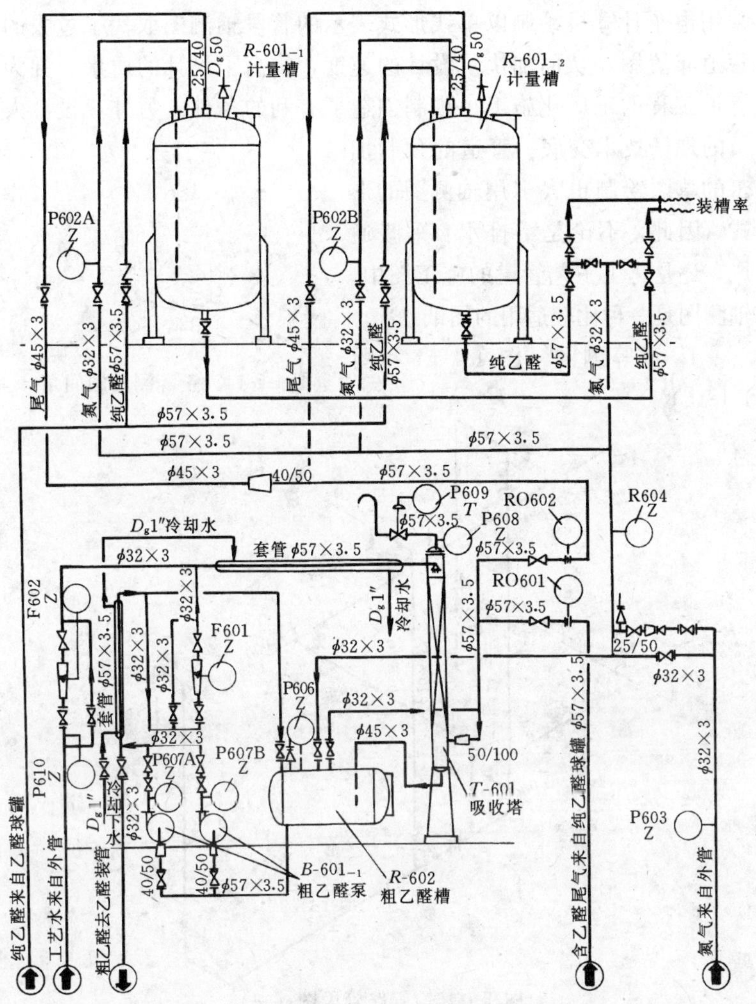

图 1-1-13　乙醛加装站管路系统安装流程图

四、管道轴测图

管道施工图中我们通常采用两种图样，一种是根据正投影原理绘制的平面图、立面图和剖面图等；另一种是根据轴测投影原理绘制的管线立体图，亦称轴测图（俗称透视图）。

目前，国际上在管道工程的设计方面已全面推广模型设计，采用电子计算机绘制以单线形式表示的管段轴测图取代了过去的管道布置图，从而加快了设计的速度，提高了设计的质量，并为管道工程的工厂化施工、预制创造了有利的条件。另外，设计人员的现场技术交底、管道的预制加工的草图绘制也大多用轴测图的形式，因此，不论是给排水、采暖通风，还是化工工艺管道的施工图中，轴测图是一种比较适用的图纸。

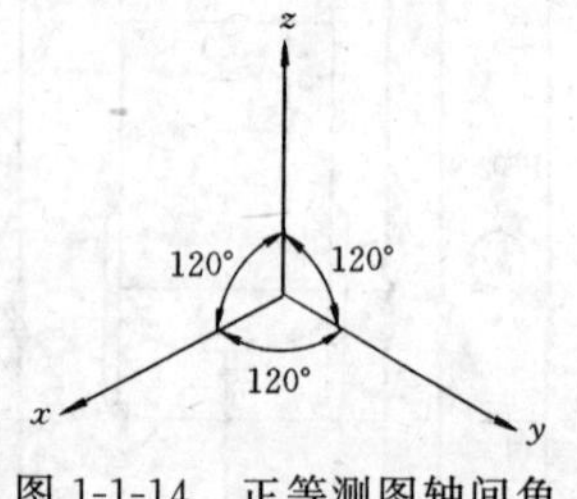

图 1-1-14　正等测图轴间角

1. 正等测图（图 1-1-14 和图 1-1-15）

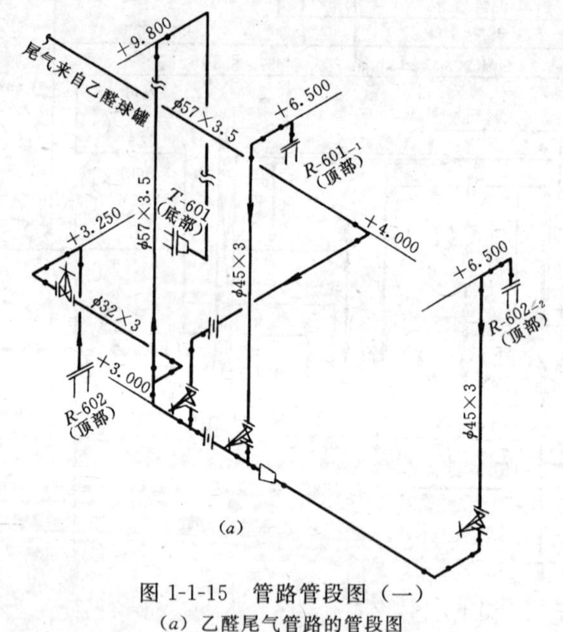

图 1-1-15　管路管段图（一）

(a) 乙醛尾气管路的管段图

2. 斜等测图（图 1-1-16 和图 1-1-17）

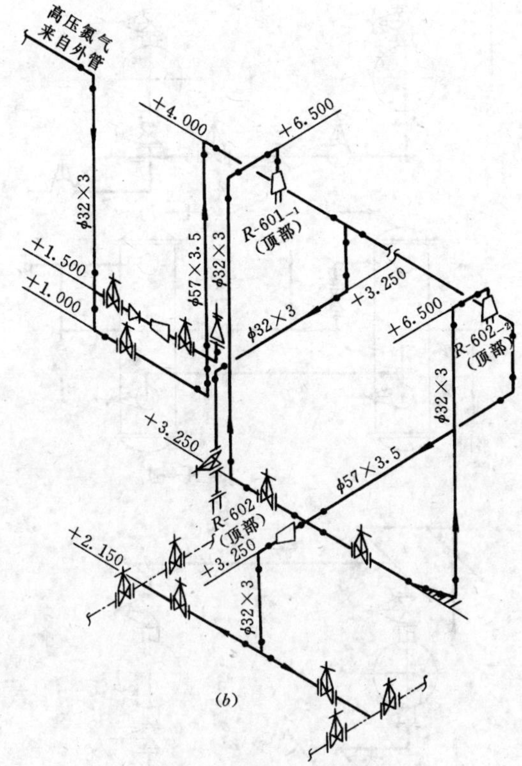

图 1-1-15　管路管段图（二）

（b）氮气管路的管段图

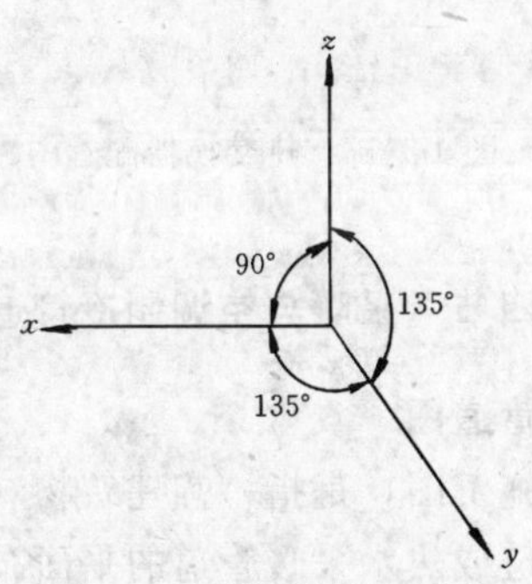

图 1-1-16　斜等测图轴间角

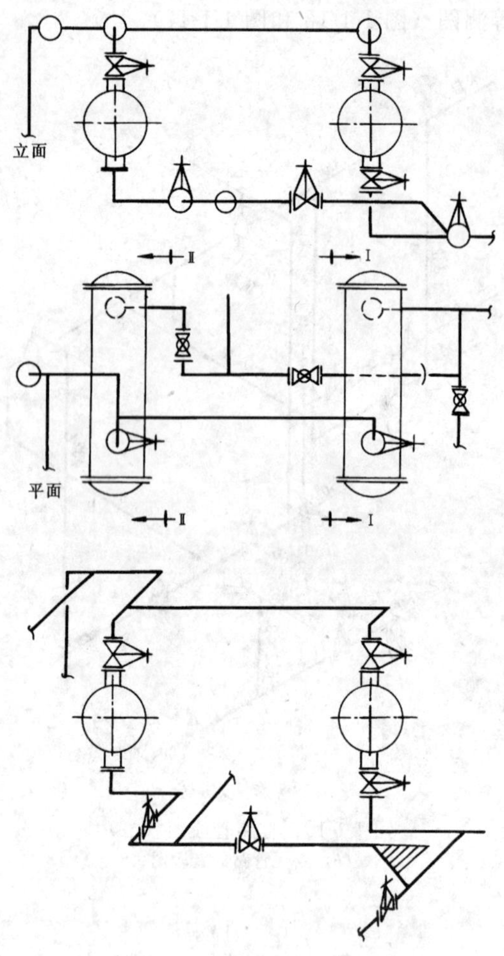

图 1-1-17　热交换器配管图

第四节　采暖与空调制冷管道图

一、室内采暖管道图

室内采暖管道施工图，是指一幢建筑物（民用住宅或工厂车间）内蒸汽采暖管道或热水采暖管道的平面布置图、管路系统轴测图和详图。室内采暖管道施工图也是用图例符号表示的，常用的图例符号见表 1-1-7。

采暖常用图例（摘自 GBJ 114—88）　　**表 1-1-7**

序号	名　　称	图　　例	说　　明
1	供水（汽）管 回（凝结）水管	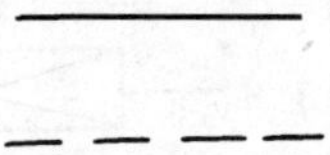	
2	保温管		可以用文字说明代替
3	方形伸缩器		
4	套管伸缩器		
5	波形伸缩器	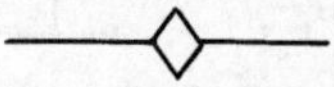	
6	弧形伸缩器		
7	球形伸缩器	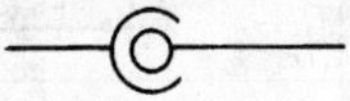	
8	流　向		
9	固定支架	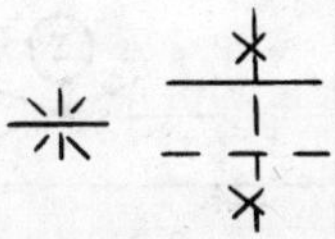	
10	截止阀	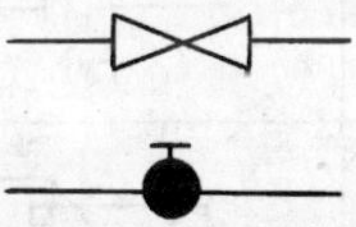	
11	闸阀		
12	止回阀		

续表

序号	名　　称	图　　例	说　　明
13	安全阀		
14	减压阀		左侧：低压 右侧：高压
15	膨胀阀		
16	散热器放风门		
17	手动排气阀		
18	自动排气阀		
19	球　阀		
20	电磁阀		
21	节流孔板	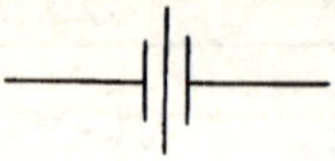	
22	集气罐	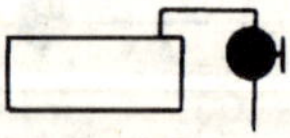	
23	管道泵		

续表

序号	名　称	图　例	说　明
24	除污器	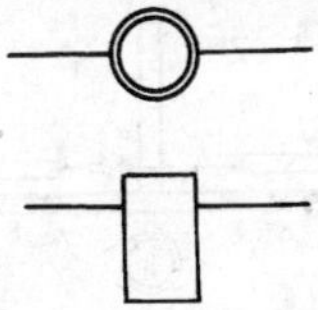	
25	温度计		
26	压力表		
27	流量计		

采暖管道、散热器和附件示意性地画在给定的建筑平面图上，轴测图则反映系统的全貌，反映出管道与散热器之间的连接。采暖管道施工图中管道与散热器连接的表示方法见表 1-1-8。

管道与散热器连接的表示方法　　表 1-1-8

系统形式	楼　层	平　面　图	轴　测　图
双管上分式	顶　层	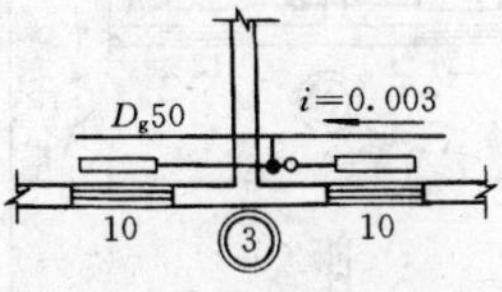 D_g50　$i=0.003$　10　10　③	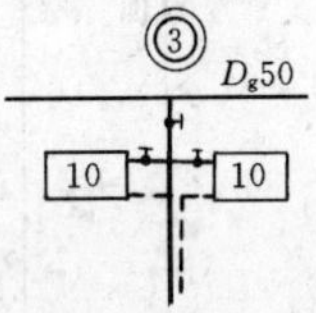 ③　D_g50　10　10
	中间层	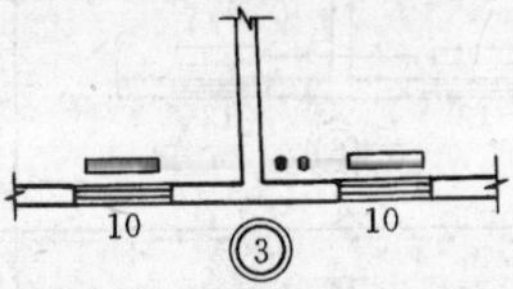 10　10　③	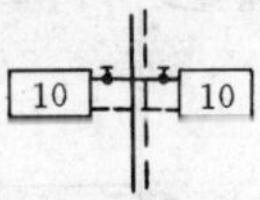 10　10
	底　层	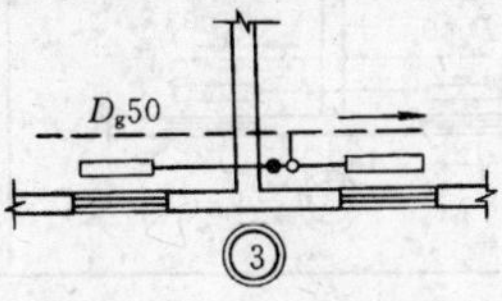 D_g50　10　10　③	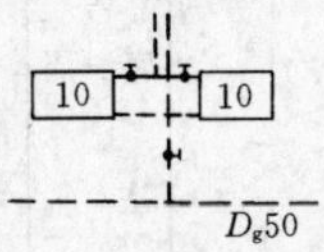 10　10　D_g50

续表

系统形式	楼　层	平　面　图	轴　测　图
双管下分式	顶　层	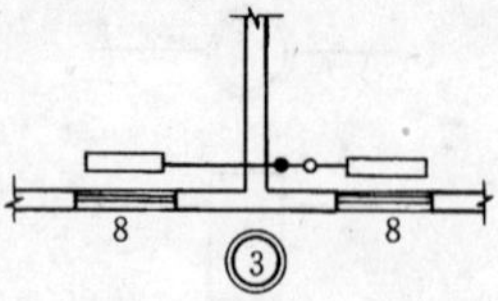 8　8　③	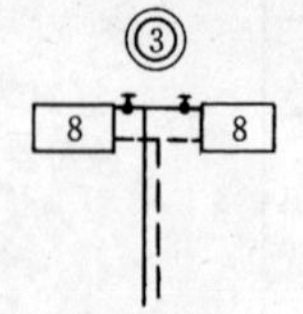 ③　8　8
	中间层	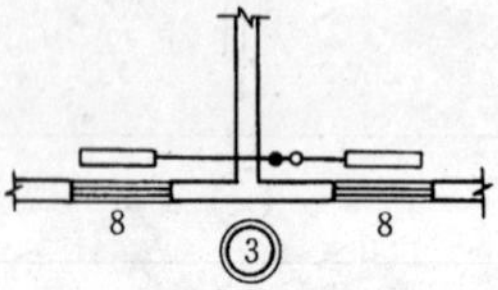 8　8　③	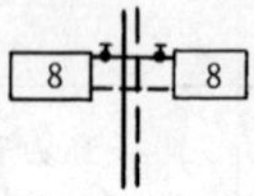 8　8
	底　层	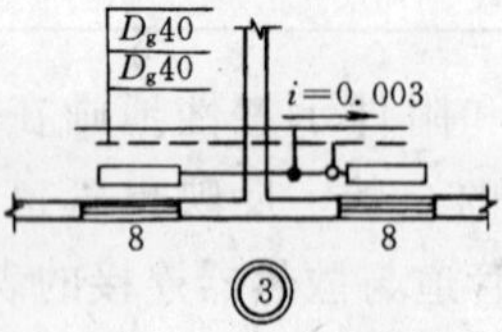 D_g40　D_g40　$i=0.003$　8　8　③	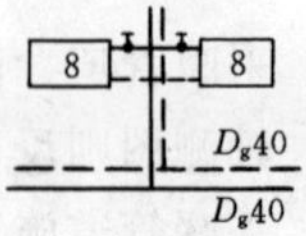 8　8　D_g40　D_g40
单管垂直式	顶　层	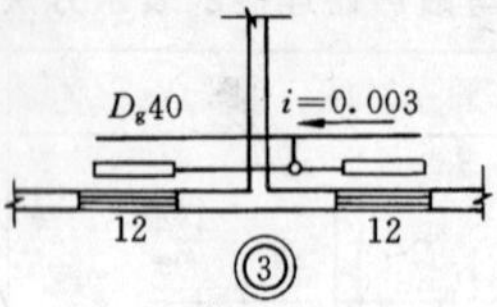 D_g40　$i=0.003$　12　12　③	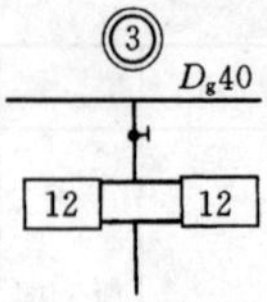 ③　D_g40　12　12
	中间层	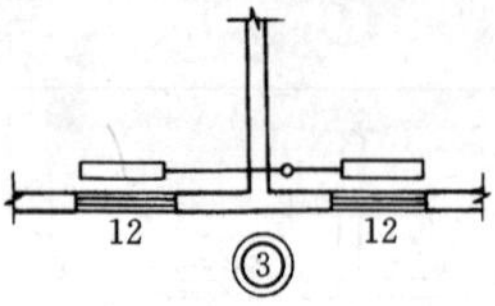 12　12　③	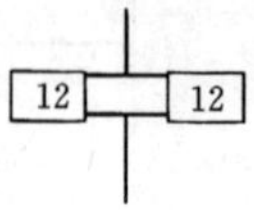 12　12
	底　层	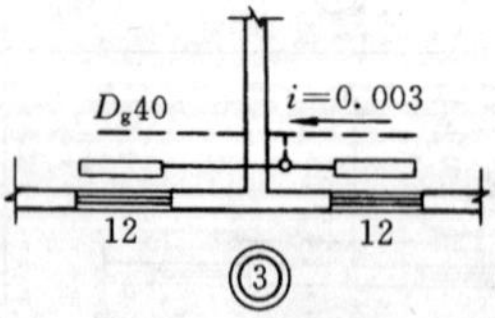 D_g40　$i=0.003$　12　12　③	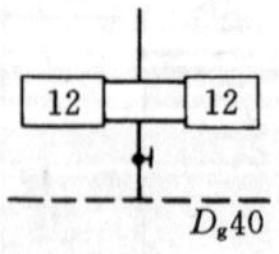 12　12　D_g40

1. 管道平面图

室内采暖管道平面图主要表示管道、附件及散热器在建筑平面上的位置以及它们之间的相互关系，是施工图中的主体图纸，如图 1-1-18 所示。要掌握的主要内容和注意事项如下：

（1）查明建筑物内散热器（热风机、辐射板）的平面位置、种类、片数以及散热器的安装方式，即散热器是明装、暗装或半暗装。

散热器一般布置在各个房间的窗台下，有的也沿内墙布置。散热器以明装较多，只有美观上要求较高或热媒温度高需防止烫伤时，才采用暗装。暗装或半暗装一般都在图纸说明书中注明，识读时要特别注意。

散热器的种类较多，有翼型散热器、柱型散热器、光滑管散热器、钢管串片散热器、扁管式散热器、板式散热器、钢制辐射板以及热风机等。散热器的种类除可用图例识别外，一般在施工说明中注明。散热器的片数都标注在散热器的边上，识读时便可一目了然。

（2）了解水平干管的布置方式，干管上的阀门、固定支架、补偿器等的平面位置和型号，以及干管的管径。

识读时须注意干管是敷设在最高层、中间层还是底层。供水、供气干管敷设在最高层，说明是上分式系统；供水、供汽干管敷设在底层说明是下分式系统。在底层平面图上还会出现回水干管或凝结水干管（用粗虚线表示），识读时也要注意到。识读时还应搞清补偿器的种类、形式和固定支架的形式及安装要求，以及补偿器和固定支架的平面位置等。

（3）通过立管编号查清系统立管数量和布置位置。立管编号的标志是内径为 8～10mm 的同心双圆圈，圆圈内用阿拉伯字注明编号。单层且建筑简单的系统有的不进行编号。

（4）在热水采暖系统平面图上还标有膨胀水箱、集气罐等设备的位置、型号以及设备上连接管道的平面布置和管道直径。

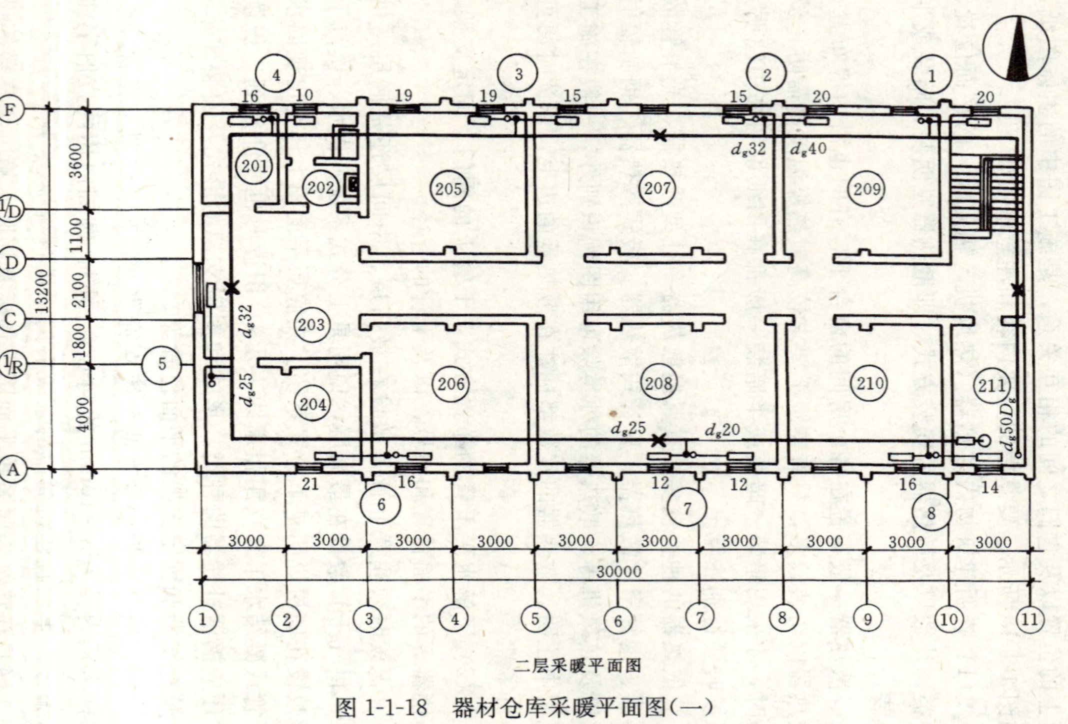

图 1-1-18　器材仓库采暖平面图(一)

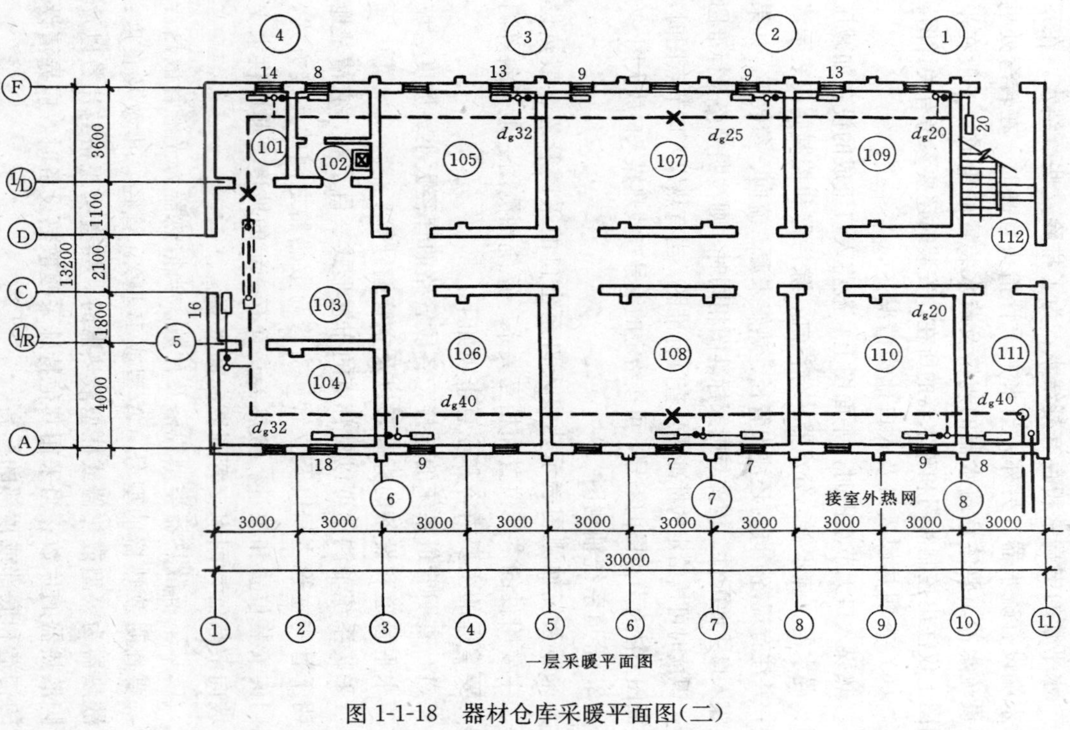

图 1-1-18 器材仓库采暖平面图(二)

（5）在蒸汽采暖系统平面图上还表示有疏水装置的平面位置及其规格尺寸。

水平管的末端常积存有凝结水，为了排除这些凝结水，在系统末端设有疏水器。另外，当水平干管抬头登高时，在转弯处也要设疏水器。要注意疏水器的规格及疏水装置的组成。一般在平面图上仅注出控制阀门和疏水器的所在，安装时还要参考有关详图。

（6）查明热媒入口及入口地沟情况。

热媒入口无节点图时，平面图上一般将入口组成的设备如减压阀、混水器、疏水器、分水器、分汽缸、除污器和控制阀门表示清楚，并注有规格，同时还注出管径、热媒来源、流向、参数等。如果热媒入口主要配件、构件与国家标准图相同时，则注明规格及标准图号，识读时可按给定的标准图号查阅标准图。当有热媒入口节点图时，平面图上注有节点图的编号，可按给定的编号查找热媒入口放大图。

2. 管道系统轴测图

采暖系统轴测图表示热媒入口至出口的采暖管道、散热设备、主要附件的空间位置和相互关系。系统轴测图一般为斜等测图。要掌握的主要内容和注意事项如下：

（1）查明管道系统的连接，各段管路的管径大小、坡度、坡向，水平管道和设备的标高，以及立管编号等。

采暖系统轴测图可以对管道的布置形式一目了然，它清楚地表明干管与立管之间以及立管、支管与散热器之间的连接方式，阀门的安装位置和数量。散热器支管有一定的坡度，其中供水支管坡向散热器，回水支管则坡向回水立管。

（2）了解散热器类型规格及片数。当散热器为光滑管散热器时，要查明散热器的型号（A 型或 B 型）、管径、排数及长度；当散热器为翼型散热器或柱型散热器时，要查明规格与片数以及带脚散热器的片数；当采用其他特殊采暖散热设备时，应弄清设备的构造和底部或顶部的标高。

（3）注意查清其他附件与设备在系统中的位置，凡注明规格尺寸者，都要与平面图和材料表等进行核对。

(4) 查明热媒入口处各种设备、附件、仪表、阀门之间的关系，同时搞清热媒来源、流向、坡向、标高、管径等，如有节点详图时要查明详图编号，以便查找。

系统轴测图见图 1-1-19。

3. 管道详图

室内采暖管道施工图的详图包括标准图和节点详图。标准图是室内采暖管道施工图的一个重要组成部分，供热管、回水管与散热器之间的具体连接形式、详细尺寸和安装要求一般都用标准图反映出来。作为室内采暖管道施工图，设计人员通常只画平面图、系统轴测图和通用标准图中没有的局部节点图。采暖系统的设备和附件的制作与安装方面的具体构造和尺寸，以及接管的详细情况，都要参阅标准图。因此，对于一个管道施工的熟练工人，必须掌握这些标准图，记住必要的安装尺寸和管道连接用的管件，以便作到运用自如。

标准图除各地方设计部门自行制定者外，现在施工中主要使用 1977 年由中国建筑科学研究院标准设计研究所批准发行的《采暖通风国家标准图集》。

标准图主要包括 (1) 膨胀水箱和凝结水箱的制作、配管与安装；(2) 分汽罐、分水器、集水器的构造、制作与安装；(3) 疏水器、减压阀、调压板的安装和组成形式；(4) 散热器的连接与安装；(5) 采暖系统立、支、干管的连接；(6) 管道支吊架的制作与安装；(7) 集气罐的制作与安装等等。图 1-1-20 是热水双管系统散热器和立、支管连接图。它是用正投影方法绘制出来的，比较形象，我们可以用前面所学的投影原理知识来进行识读。这个标准图告诉我们：散热器是明装的。立管两侧各为四片柱型散热器，每组有两片带脚散热片，散热器用卡子固定在墙上，散热器入口的支管上都装有角阀，回水支管上装有活接头。支管有 0.01 的坡度，供水与回水立管间距为 80mm，供水立管中心距墙壁 50mm，支管中心距墙壁 50mm，两根立管与支管交叉处，都弯成元宝弯来绕过支管，具体连接配件也都表示得一清二楚。按这种标准图就可以准确地提出材料预算并安装散热器。

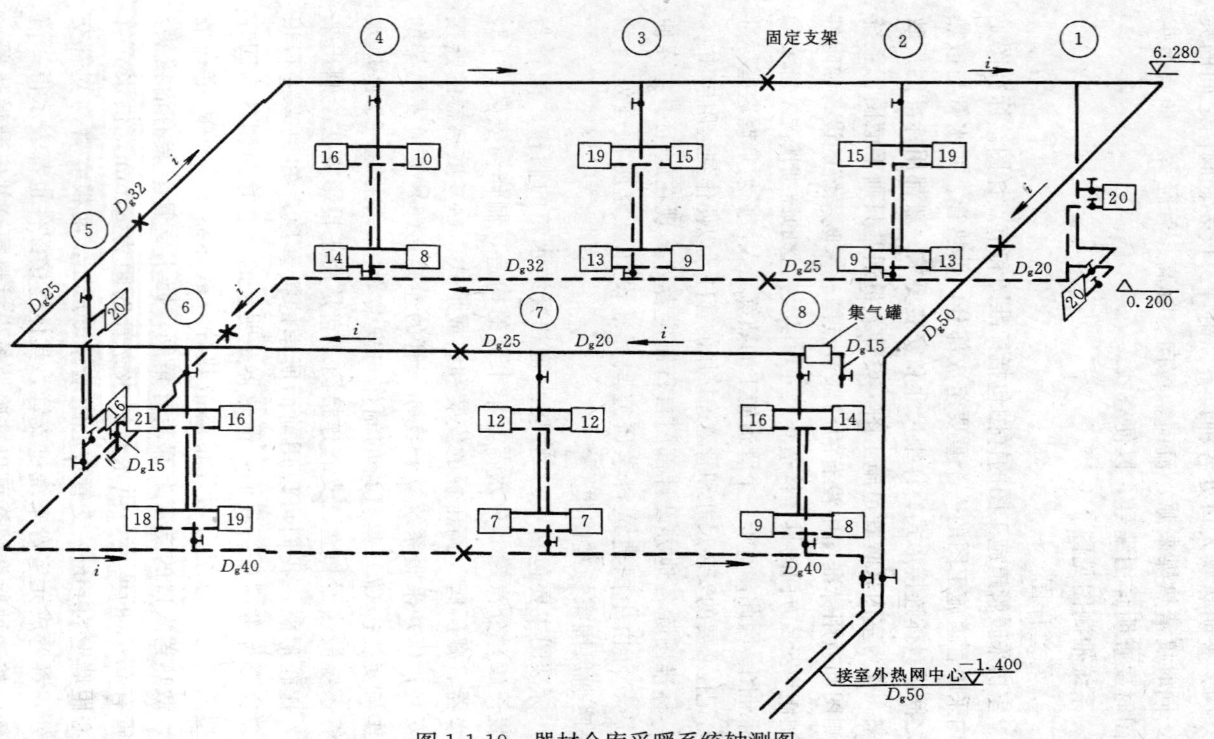

图 1-1-19 器材仓库采暖系统轴测图

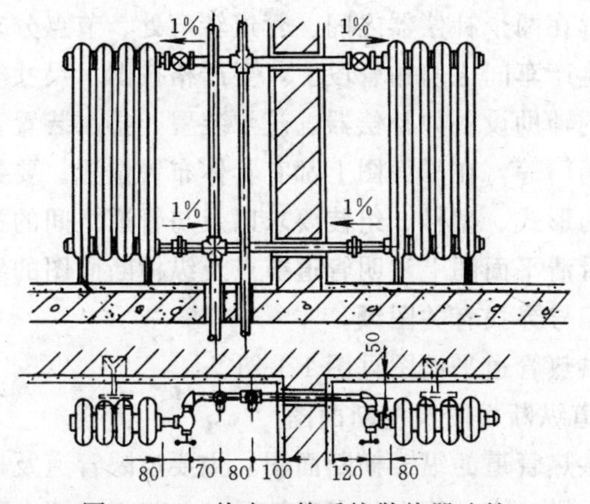

图 1-1-20　热水双管系统散热器连接

二、室外供热管道

室外供热管道施工图，主要有管道平面图、纵断面图及横断面图、管道详图等。

1. 管道平面图

室外供热工程中管道平面图是设计施工的主要图纸，它主要是表示管道的具体走向。对于管道平面图我们主要了解如下内容和注意事项：

(1) 查明管道的名称、用途、平面位置、管道直径和连接形式。

管道的平面位置是用管道上转折点的坐标或与建筑物轴线间距来确定的。当用坐标表示时，要注意弄清楚坐标网格线间的距离。

一般情况下管道的连接形式在平面图和施工说明里都已表示出来了。如果图纸上未注明连接形式，可根据现行的设计与施工规程进行。

(2) 了解管道支架和辅助设备的布置情况。

室外供热管道不论是地沟敷设还是架空敷设，管道都是安装在管道支架上面。管道支架有固定支架和活动支架两种。固定支架一般设置在两个补偿器之间、管道转弯处、节点分支处及室外管道进入生产车间之前的管段上，要严格按图示尺寸安装。

管道的辅助设备如补偿器、疏水装置、排水装置、排水和放气装置、阀门等，在平面图上都有具体布置位置。要弄清楚这些辅助设备的形式、型号、组装要求以及与管道之间的关系。

（3）看清平面图上注明管道节点及纵横断面图的编号，以便按照这些编号寻找有关图纸。

室外供热管道平面图见图 1-1-21。

2. 管道纵断面图及横断面图

室外供热管道的纵、横断面图，主要反映管道及构筑物（地沟、管架）纵、横立面上的布置情况，并将平面图上无法表示的立面情况予以表示清楚，所以它是平面图的辅助性图纸，对于这些图纸应该掌握如下主要内容和注意事项：

（1）管道纵断面图表示管道纵向布置。它表示了管道的管底和管中心的标高，管道坡度，坡向及地面标高。

（2）管道横断面图表示管道横向布置。可以查明管道断面标高，管道与管道支架间的联系情况。

图 1-1-22 为室外供热管道纵断面图。

3. 管道详图

室外供热管道的详图，主要是节点详图和标准图。节点详图一般取管道分支较多处、配件室、阀门平台等地方。

标准图主要包括补偿器、管道支架、管道保温设施、疏水装置等。

三、制冷管道图

1. 制冷管道平面图

制冷管道平面图主要是表示制冷设备、管道及阀门等的平面位置以及相互之间的关系，主要掌握如下内容及注意事项：

（1）查明制冷设备的平面位置，包括布置的方向、设备之间以及设备与建筑物之间的定位尺寸。通过设备表了解制冷设备的型号、形式和数量，弄清楚设备接口的具体位置和方向。

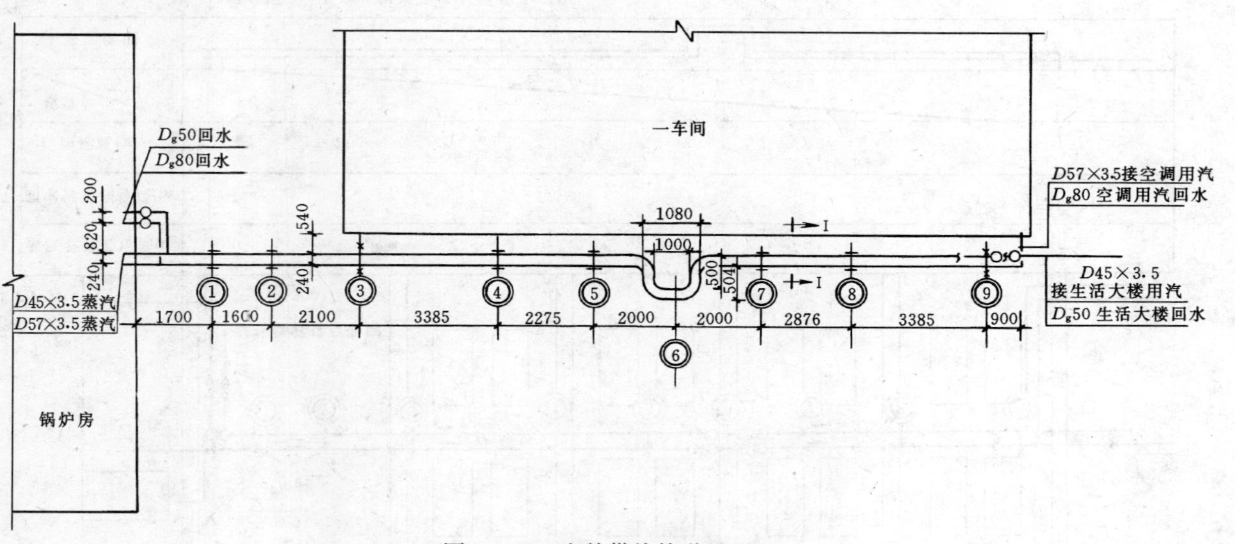

图 1-1-21　室外供热管道平面图

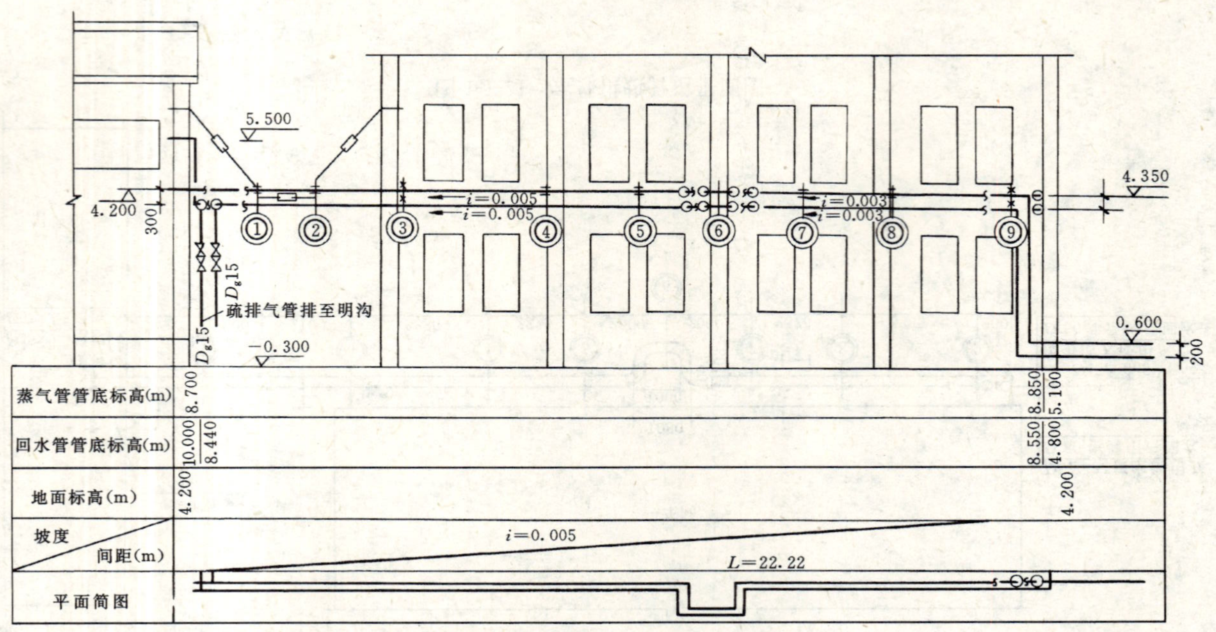

相对标高±0.000 相当于绝对标高 4.500

图 1-1-22 室外供热管道纵断面图

（2）了解吸气管、排气管、供液管以及排油管路的平面布置情况，查清管道上阀门、支架的分布以及管径和管材的选用。

制冷管道平面布置图见图 1-1-23。

2. 管道剖面图

剖面图是对平面图的必要说明和补充，它主要反映制冷设备和管道的立面布置。其主要内容和注意事项如下：

（1）查明设备立面形状、设备之间的间距和标高以及设备接口方向。

（2）查明管道立面布置情况，管道和阀门的标高。

（3）与平面图相对照弄清楚管道支架的形式和设备高度。

（4）管道保温情况。

3. 管道流程图

管道流程图主要是反映制冷系统的工艺流程，是识读平、剖面图的依据，又是施工中检查核对管道是否正确和确定流向的标准。制冷管道流程图的主要内容和注意事项如下：

（1）查明制冷系统所采用的工质和制冷设备。通过系统流程要搞清楚该系统是氨制冷系统还是氟利昂制冷系统。在该图上注明设备名称、设备型号和编号。从制冷压缩机→冷凝器→节流阀→蒸发器来理解其制冷原理及相互间系统关系。

（2）能了解各设备之间管道流向、管径、管道分支、阀门设置情况。

（3）管道系统图还提供了仪表安装位置、仪表种类、编号（位号）和相互间的控制回路及关系。

制冷管道流程图见图 1-1-24。

4. 制冷管道系统轴测图

制冷管道系统轴测图大多数采用正等测图进行绘制。它把整个管路和所涉及的设备都画在一张图纸上，能够完整地、系统地表达管路系统和设备的相互间关系。对于制冷管道轴测图（图 1-1-25）主要可以了解下列内容和注意事项：

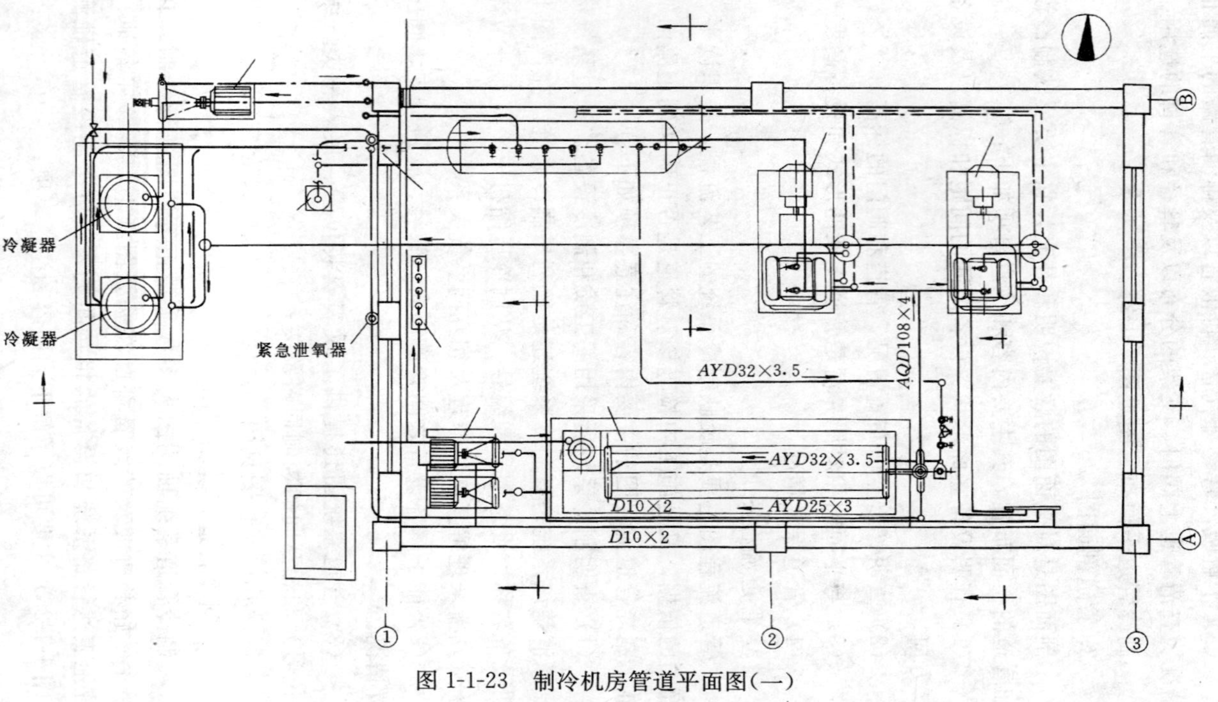

图 1-1-23　制冷机房管道平面图(一)

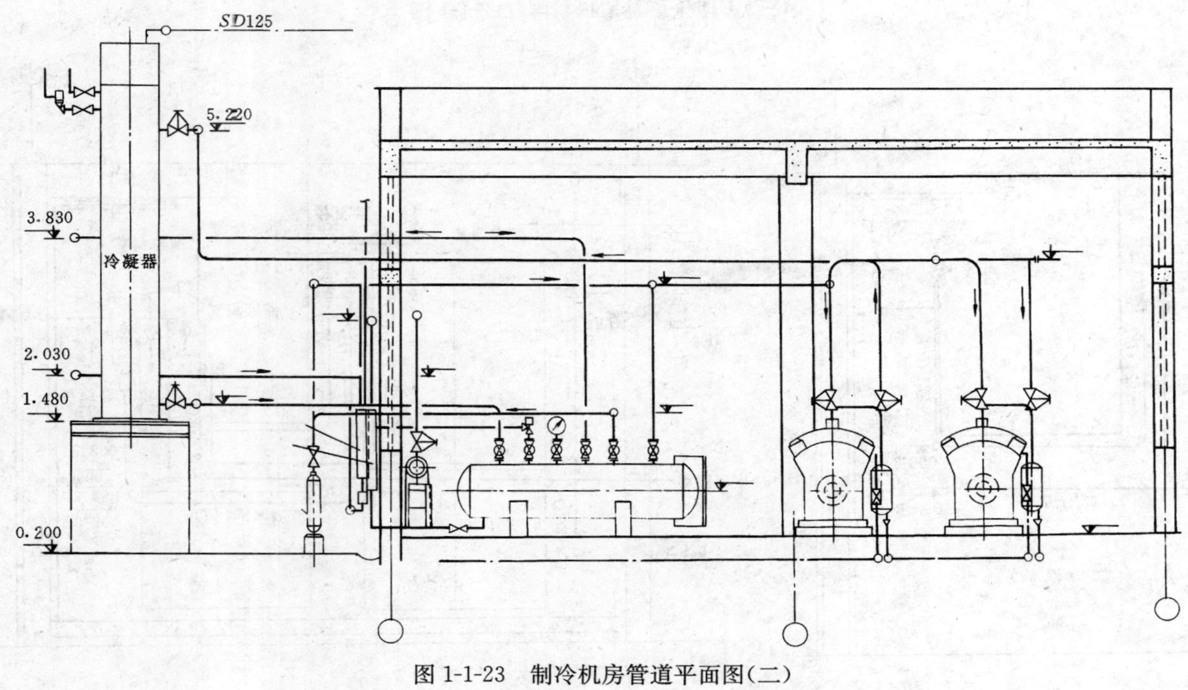

图 1-1-23 制冷机房管道平面图(二)

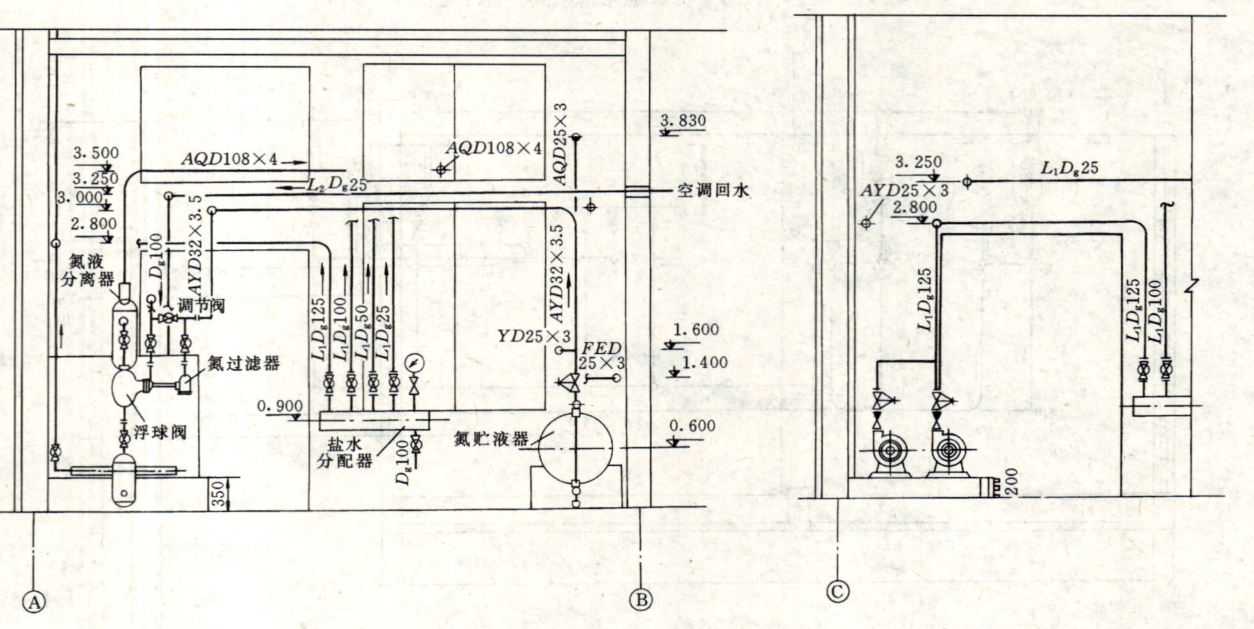

图 1-1-23 制冷机房管道平面图(三)

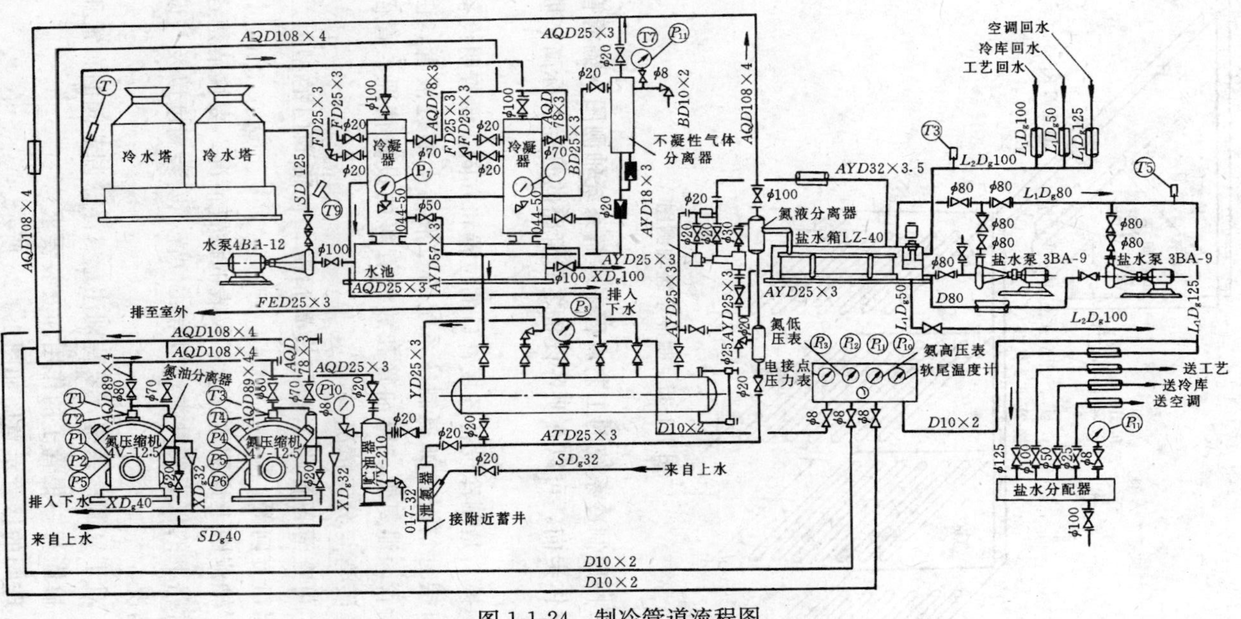

图 1-1-24　制冷管道流程图

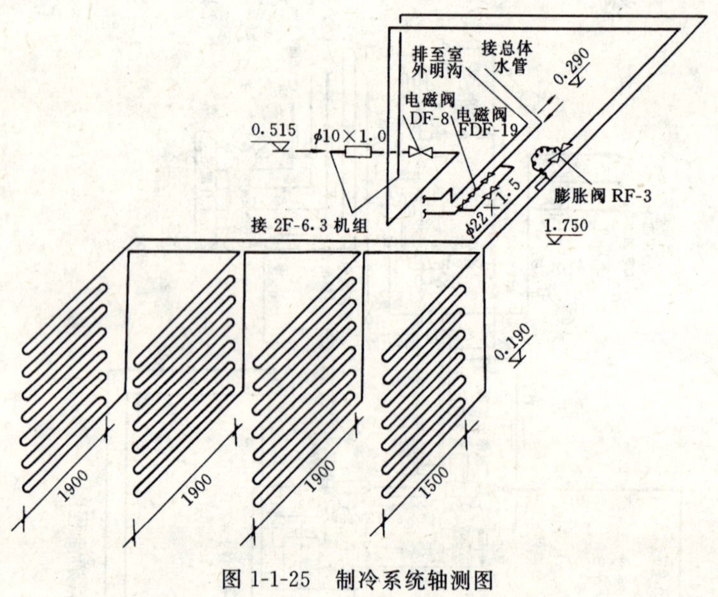

图 1-1-25　制冷系统轴测图

（1）按照制冷系统的工艺流程来理解系统轴测图，搞清管路系统的立体走向，可以查明各设备之间管路的管径、标高、坡向和坡度。

（2）摸清楚制冷设备各接管口的位置和方向。要查明设备上的各管口接管情况，如氨制冷系统的贮液器上的进液管、供液管、平衡管、泄氨管、排油管和放气管等的设置情况、管径大小、管道转弯与分支情况。

（3）可查清各管路上阀门设置情况，包括阀门的型号、标高、进出口方向等。

（4）轴测图上详细地标示了仪表的设置情况，要搞清楚各个设备及管路上的仪表的种类、型号、位置、安装高度以及与设备的连接情况。

（5）对于氨制冷系统，要特别注意氨浮球调节阀的布置和接管情况，搞懂每一根管子的作用和安装要求。

氨浮球阀的接管示意图如图 1-1-26 所示。

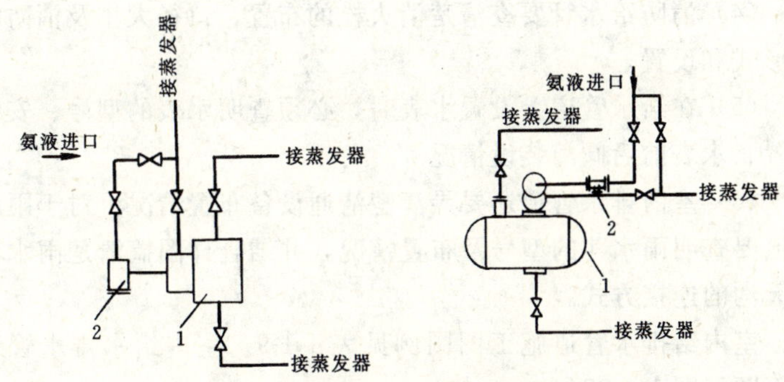

图 1-1-26　氨浮球调节阀管道连接示意图

1—浮球调节阀；2—氨过滤器

四、给水与排水管道图

给水与排水在本书内主要是论述室内给水、排水系统。室内给水排水管道图主要是指一幢建筑物内用水的房间（如厕所、浴室、厨房、实验室、锅炉房等）以及工厂车间需要用水设备的管道布置图、轴测图、以及卫生设备、用水设备、加热设备、水箱水泵等的安装图。

1. 管道平面图

室内给水排水管道平面布置图是施工图纸中最重要的图样，它主要表明了建筑物内给水和排水管道及有关卫生器具或用水设备的平面位置和管线与设备之间的关系。

给水和排水管道平面图应掌握如下主要内容和注意事项：

（1）查明卫生器具、用水设备（如开水炉、电加热器等）和升压设备（如水泵、水箱等）的类型、数量、安装位置、定位尺寸。

卫生器具和各种设备通常是用图例画出来的，它说明器具和设备的类型，不能表示各部尺寸及构造，要弄清楚它们的构造和接管方式及安装尺寸则要查看有关详图和技术资料。

（2）弄清楚给水引入管和污水排出管的平面位置、走向、定位尺寸，与室外给水排水管网的连接形式、管径及坡度等。

（3）查明给水排水干管、立管、支管的平面位置与走向，卡径尺寸及立管编号。

（4）消防给水管要查清楚消火栓的布置、口径大小及消防箱的形式和设置。

（5）在给水管道上设置水表时，必须查明水表的型号、安装位置、水表前后阀门装设情况。

（6）室内排水管道还要弄清楚清通设备布置情况。对于雨水管道要查明雨水斗的型号及布置情况，并结合详图搞清楚雨水斗与天沟的连接方式。

室内给排水管道施工图图例见表 1-1-9。室内给水排水管道平面图见图 1-1-27。

给水排水常用图例（摘自 GBJ 106—87）　　**表 1-1-9**

序号	名　称	图　　例	说　明
1	管　道		用于一张图内只有一种管道
		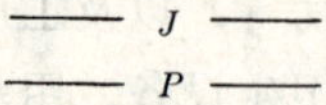 J P	用汉语拼音字头表示管道种类
		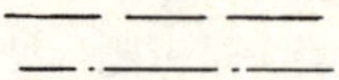	用图例表示管道种类
2	流　向		
3	坡　向	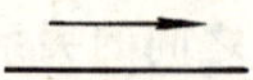	
4	防水套管	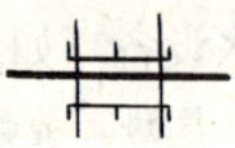	
5	软　管		
6	可挠曲橡胶接头		
7	保温管		也适用于防结露管
8	存水弯	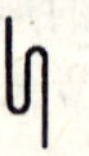	

续表

序号	名　　称	图　　　　例	说　　明
9	检查口		
10	清扫口		
11	通气帽		
12	雨水斗	YD	
13	圆形地漏		
14	闸　阀		
15	截止阀		
16	电动阀	M	
17	液动阀	T	
18	气动阀		
19	减压阀		
20	旋塞阀		
21	止回阀		
22	弹簧安全阀		
23	浮球阀		

续表

序号	名　称	图　　例	说　明
24	室外消火栓		
25	室内消火栓（单口）	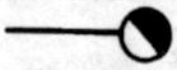	
26	室内消火栓（双口）		
27	水泵接合器	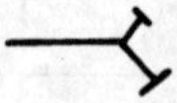	
28	消防喷头（开式）		
29	消防喷头（闭式）		
30	消防报警阀		
31	洗脸盆		
32	浴　盆	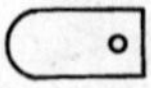	
33	化验盆，洗涤盆	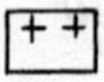	
34	污水池		
35	妇女卫生盆		
36	立式小便器	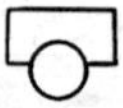	
37	挂式小便器		
38	蹲式大便器	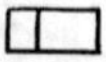	

续表

序号	名　　称	图　　例	说　　明
39	坐式大便器		
40	水表井流量计		
41	泵		用于一张图中只有一种泵
42	离心水泵	 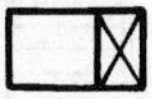	
43	管道泵		
44	热交换器	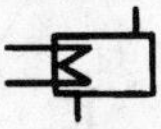	
45	水—水热交换器		
46	喷射器	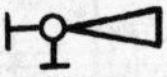	
47	温度计		
48	水流指示器		
49	压力表		
50	自动记录压力表		
51	电接点压力表		
52	减压孔板	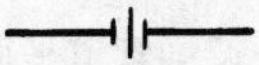	

C
B
A
JL.2
H2.3
SC1.2
JL.1
PL.1
2500
6000
900
600
900
700
二、三层平面图
JL.2
H_1
d=32
卧式贮水罐
S126.2
1200
1400
1000
900
615
585
JL.1
PL.1
明沟排水
D_g80
d=100
i=0.02
3600
给1
排1
7
8
9
底层平面图

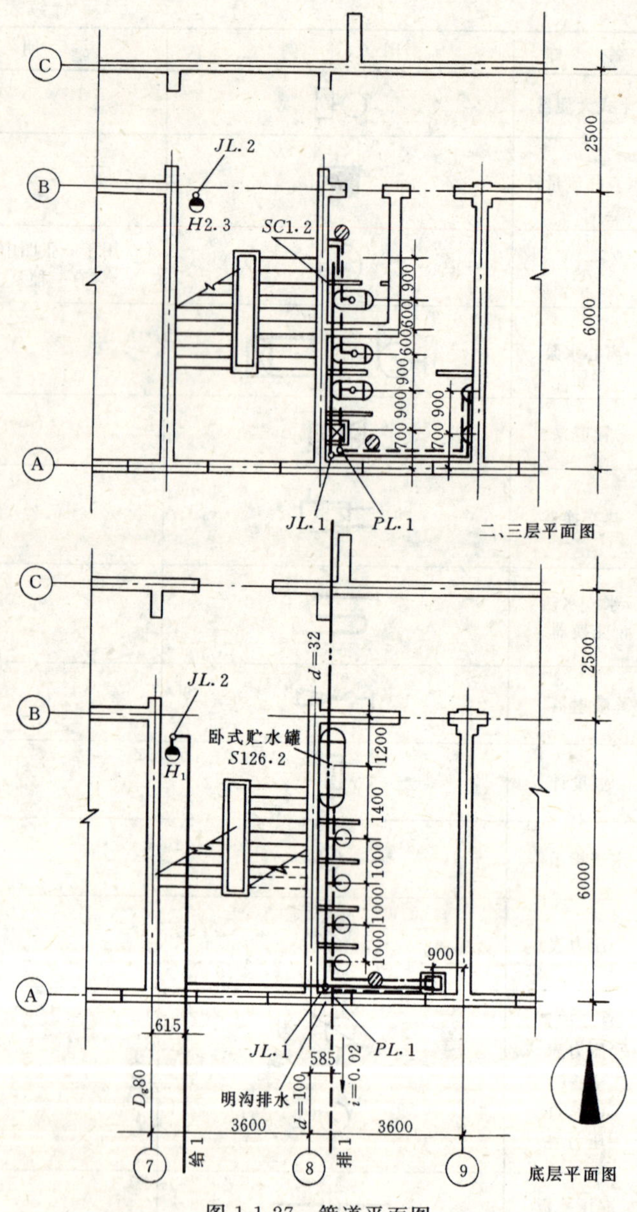

图 1-1-27　管道平面图

2. 管道系统轴测图

给水和排水管道系统轴测图，通常按系统画成正面斜等测图，主要表明管道系统的主体走向。在给水系统轴测图上卫生器具一般不画出来，而只画出龙头、淋浴器莲蓬头、冲洗水箱等符号，用水设备如锅炉、热交换器、水箱等则画出示意性的立体图，并在支管上注明文字说明。在排水系统轴测图上也只画出相应的卫生器具的存水弯或器具排水管。

在给排水管道系统轴侧图中应掌握如下主要内容及注意事项：

(1) 查明给水管道的具体走向、干管的敷设形式、管径尺寸及其变径情况，阀门的设置，引入管、干管及各支管的标高。

在熟悉给水管道系统图时，一般按引入管、干管、支管及用水设备的顺序进行。

(2) 查明排水管道系统的具体走向、管路分支情况、管径尺寸与横管的坡度、管道各部标高、存水弯型式、清通设备设置情况、弯头及三通的选用（90°弯头还是135°弯头，正三通还是斜三通）等。

在查看排水管道系统图时，一般是按卫生器具或排水设备的存水弯、器具排水管、排水横管、立管、排出管的顺序进行。

(3) 轴测图上对各楼层的标高都有明确注示。管道支架则由施工技术人员按有关规程和习惯做法自己确定。给水管支架常用管卡、钩钉、吊环和角钢托架，排水立管常用铸铁立管卡子，装设在铸铁排水管的承口上面，每根管子上设一个；铸铁排水管横管则采用吊卡，间距不超过2m，吊在承口上。

给水管道轴测图见图1-1-28和图1-1-29。

3. 详图

室内给水排水管道施工详图。主要是管道节点、水表、消火栓、加热器、开水炉、卫生器具、过墙套管、排水设备、管道支架等的安装详图。这些图都标示了详细的尺寸，可供安装时直接使用，如图1-1-30所示。

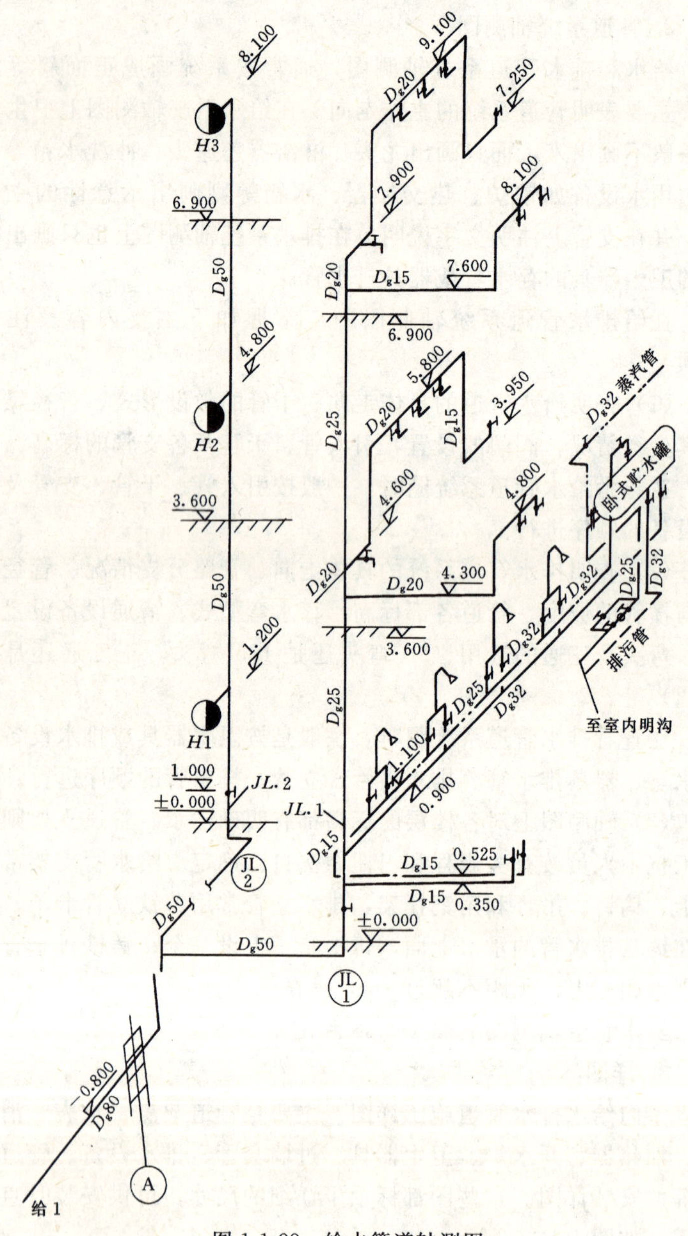

图 1-1-28　给水管道轴测图

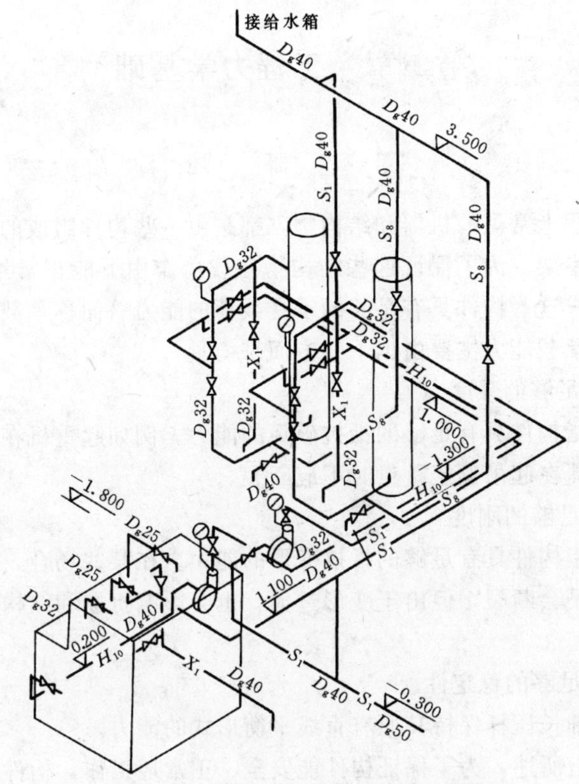

图 1-1-29　钠离子交换软化系统轴测图

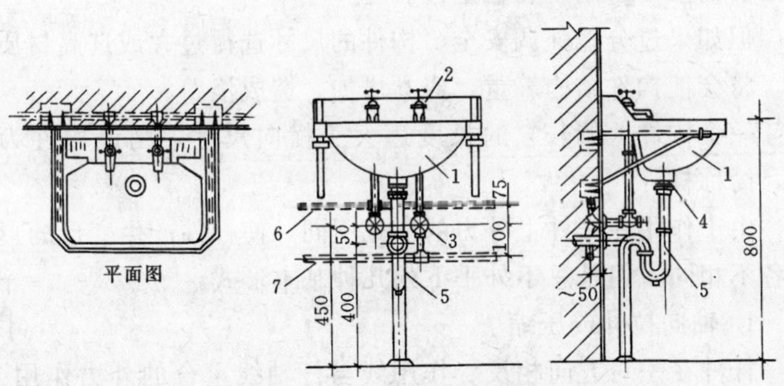

图 1-1-30　洗脸盆安装图

1—洗脸盆；2—D_g15 水龙头；3—D_g15 角型截止阀；4—D_g32 排水栓；5—D_g32 存水弯；6—热水管；7—冷水管

第二章　工程力学基础

第一节　概　　述

工程上常见的机器和结构物，都是由一些构件组成的，例如桥梁、屋架。为了保证这些结构物在载荷作用下能正常地工作，必须要求这些构件具有足够的承受载荷的能力（简称承载能力）。构件的承载能力主要由以下三方面来衡量：

1. 足够的强度

是指构件具有足够的抵抗破坏的能力。例如起重机在吊物件时钢丝绳在起吊额定重量时不应断裂。

2. 足够的刚度

是指构件具有足够的抵抗变形的能力。在某些场合，构件受载后虽不会断裂，但由于变形过大，也会影响机器和结构物的正常工作。

3. 足够的稳定性

指细长压杆保持其原有直线平衡形式的能力。

综上所述，为了保证构件能安全、正常地工作，构件必须具有足够的强度、刚度和稳定性。

但如果过分地强调安全，构件的尺寸选得过大或选高材质材料，将会使构件结构笨重，成本增加，造成浪费。

一个构件，倘若它的长度远大于横向尺寸，则该构件为杆件，简称杆。

由于作用在杆件上外力的形式不同，使杆件产生变形的形式也各不相同，但是总不外乎下列几种基本形式：

1. 轴向拉伸或压缩

杆件在一对方向相反、作用线与杆轴线重合的外力作用下，其长度将发生伸长或缩短的变形。当力 P 的方向与截面外法线方向一致时，杆件的伸长称为轴向拉伸，如图 1-2-1(a)所示。

当外力 P 的方向与截面的外法线方向相反时，杆件就压缩，称为轴向压缩，如图 1-2-1(b)所示。

2. 剪切

杆件在一对相距很近、方向相反的横向外力（即垂直于杆轴线的力）作用下，杆件的横截面将沿外力作用方向发生错动，这种外力作用叫剪切，杆件的变形叫剪切变形，如图 1-2-1（c）所示。

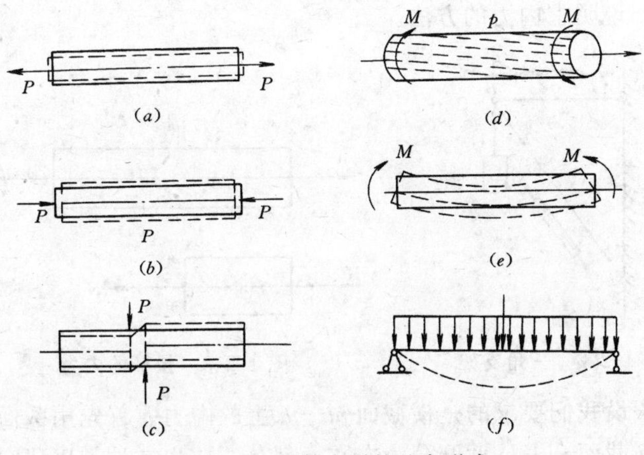

图 1-2-1　杆件变形的基本形式

3. 扭转

杆件在一对方向相反、位于垂直于杆轴线的平面内的力偶作用下，杆的任意两横截面将发生相对转动，这种外力作用下的变形称作扭转，如图 1-2-1（d）所示。

4. 弯曲

杆件在垂直轴线的横向力或一对力偶的作用下，其轴线由原来的直线变成了曲线，这种变形叫弯曲，如图 1-2-1（e）、（f）所示。

第二节　轴向拉伸和压缩

在工程上，轴向拉伸及压缩是常见的，如图 1-2-2 所示的管道埋墙三角支架，图中 AB 杆受到的是拉力，BG 杆受到的是压力，则 AB 杆叫做拉杆，BC 杆叫做压杆。其他如起重机吊索、阀门法兰的螺栓等都是受拉伸的实例，管道的埋地支墩、桥墩、房屋的柱子、锅炉的钢柱等都是受压缩的实例。

一、拉杆及压杆横截面上的内力

为了研究拉杆及压杆的变形，首先必须求出杆件横截面上的内力，求内力的方法就是采用截面法。现以图 1-2-3 所示的拉杆为例，说明求内力的方法。

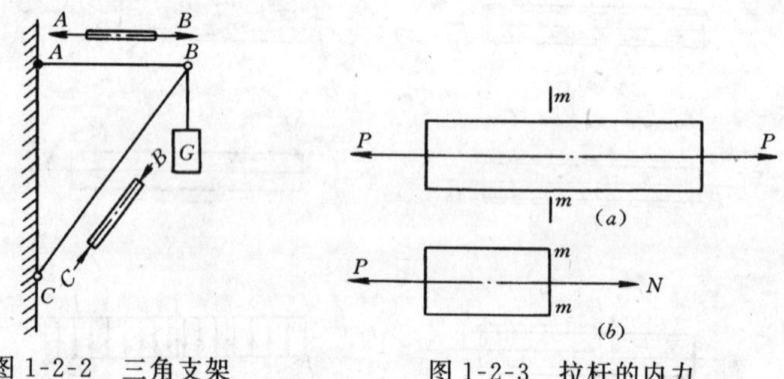

图 1-2-2　三角支架　　　　图 1-2-3　拉杆的内力

假设我们要求的是横截面 $m—m$ 上的内力。首先用截面法将杆件横截面 $m—m$ 截开分为左右两部分，取出左端加以研究。

由平衡条件 $\Sigma P=0$ 得知，截面上的内力必须是与轴线重合的一个力 N，指向与横截面 $m—m$ 外法线方向一致，其数值和 P 相等。由于内力 N 和杆件的轴线重合，所以称为轴力，其单位是 N。

显然，若是压杆，轴力的指向和横截面 $m—m$ 的外法线方向相反，作用线与杆的轴线重合。

为了区别拉伸和压缩，一般把拉伸的轴力用正号表示；把压缩时轴力用负号表示。

在实际工程中，当杆件受到两个以上的外力时，则轴力 $N=\Sigma P$，即轴力为各外力的代数和。

当杆件受到两个以上的外力时，由于各外力的作用点不同，杆件不同长度横截面上的轴力是不同的。为了形象地表示轴力沿杆轴的变化情况，工程上常用图线法表示。这种表示轴力大小和方向的图线叫轴力图。

轴力图的作法是以平行于杆轴的 x 坐标表示杆件横截面的位置，以垂直于杆轴的 N 坐标表示轴力的数值，N 的正方向表示拉力，N 的负方向表示压力。将各断面轴力的大小按一定的比例标在坐标图上，并连成直线，这样画出的图线就是轴力图。现举例说明轴力图的作法。

【例题 1】 杆件受力如图 1-2-4（a）所示，$P=2\times10^4$ N，试绘制轴力图。

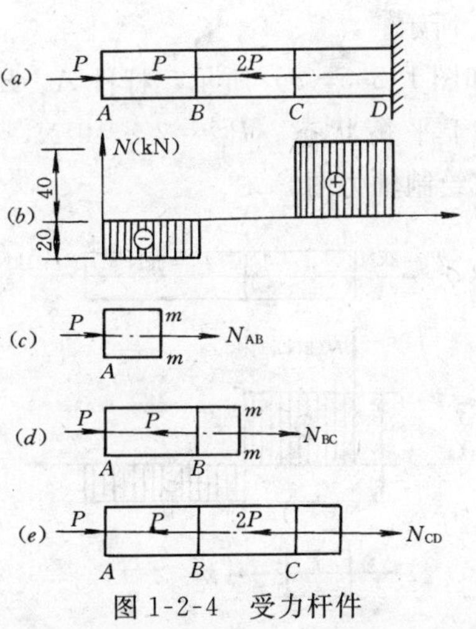

图 1-2-4　受力杆件

【解】（1）计算各段杆的轴力

AB 段：用假想的截面在 AB 段内将杆截开，取左段为研究对象，如图 1-2-4（c）所示，截面上的轴力用 N_{AB} 表示，并假设为拉力。由左段平衡条件 $\Sigma P=0$ 得 $P+N_{AB}=0$ 则

$$N_{AB}=-P=-2\times10^4\text{ N}$$

负号表明 AB 段实际的轴力与图中所设方向相反，是压力。

BC 段：同样用截面法在 BC 段内将杆截开，取左段为研究对象如图 1-2-4（d）所示，用 N_{BC} 表示截面上的轴力，并先假

设为拉力，由左段的平衡条件可得$-P+P+N_{BC}=0$则

$$N_{BC}=P-P=0$$

CD段：同样用截面法并取左段为研究对象，如图 1-2-4（e）所示，列平衡条件可得

$$N_{CD}+P-P-2P=0$$

则：$N_{CD}=-P+P+2P=2P=2\times10^4\times2=4\times10^4\text{N}$

（2）作轴力图

以平行于轴线的x轴为横坐标，垂直于轴线的N轴为纵坐标，按一定的比例将各段的轴力标在坐标上，即可作出轴力图，如图 1-2-4（b）所示。

【例题 2】如图 1-2-5（a）所示，杆件A、B、C在P_1、P_2、P_3的作用下处于平衡状态。$P_1=2\times10^3\text{N}$，$P_2=3\times10^3\text{N}$，$P_3=1\times10^3\text{N}$试绘制轴力图。

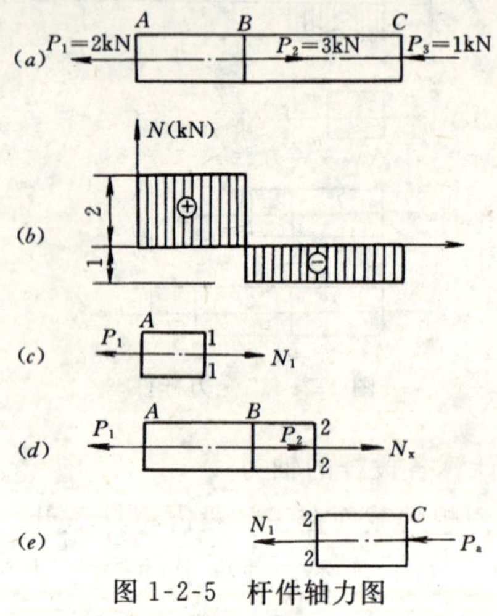

图 1-2-5　杆件轴力图

【解】（1）首先用截面法求杆件各段内的轴力。对于AB段：用截面 1—1 在AB段内将杆截开，分为左右两部分，取左段为研究对象，如图 1-2-5（c）所示。由平衡条件$\Sigma P=0$得

$$N_1-P_1=0$$

则 $N_1 = P_1 = 2\times10^3\text{N}$，符号为正说明是拉力。

对 BC 段：用截面 2—2 在 BC 段内将杆截开，分为左右两部分，取左段为研究对象，如图 1-2-5（d）所示。由平衡条件 $\Sigma P=0$ 得

$$N_2 - P_1 + P_2 = 0$$

则 $N_2 = P_1 - P_2 = -1\times10^3\text{N}$，负号说明 BC 实际的轴力是压力。

（2）作轴力图

以平行于轴线的 x 轴为横坐标，垂直于轴线的 N 轴为纵坐标，按一定的比例将各段的轴力标在坐标上，并连成直线，即得轴力图，如图 1-2-5（b）所示。

二、拉杆及压杆截面上的应力

前面我们研究了杆件受外力作用时所产生的内力，这个内力是分布在杆件某一截面上内力的总和。由于材料具有连续性，所以这个内力也必然连续地分布在整个截面上。同样大小的内力，分布在较小的面积上的作用要比分布在较大的面积上的作用大。在研究杆件的强度问题时，不但要知道整个截面上的总内力，还必须知道截面上各处的内力分布情况，因此，我们必须引入应力的概念。

应力是指杆件单位横截面上的内力，单位是 Pa。

如图 1-2-6（a）所示，为了研究单位截面积上内力分布情况，可在截面 CD 上任取一块面积 ΔF，并用 ΔP 表示作用在这一块微小面积上的内力，则这个面积 ΔF 上的平均内力就是

$$p = \frac{\Delta P}{\Delta F}$$

这个平均内力叫全应力，简称应力。

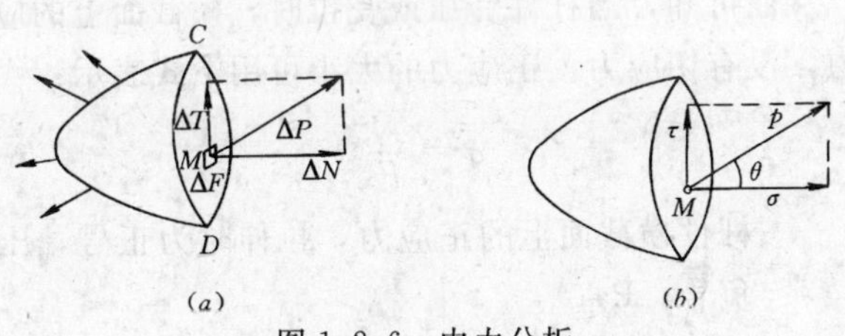

图 1-2-6　内力分析

全应力是一个矢量，它的方向与截面既不垂直，也不相切，如图 1-2-6（b）所示的 p 就是全应力。

在实际工程中，一般把 ΔP 分解成两个力，即垂直于截面和相切于截面的两个分力 ΔN 和 ΔT，从而也就引入正应力和切应力的概念。

正应力是垂直于截面的全应力的分量，用 σ 表示，其单位是 Pa，也可用下列式子表示：

$$\sigma = \frac{\Delta N}{\Delta F}$$

切应力是指相切于截面的全应力的分量，用 τ 表示，其单位是 Pa，也可用下列式子表示：

$$\tau = \frac{\Delta T}{\Delta F}$$

全应力、正应力和切应力都是矢量，它们之间在截面上任意处的关系可用图 1-2-6（b）表示。

从图 1-2-6 可以看出，全应力、正应力和切应力之间存在着下列关系：

$$p^2 = \sigma^2 + \tau^2$$

而正应力和切应力与全应力的关系可用下式表示：

$$\sigma = p\cos\theta$$

$$\tau = p\sin\theta$$

当杆件在受拉或受压时，外力的作用线和杆件的轴线重合，即杆件所受的外力只有拉力和压力。根据杆件的平衡条件得知，杆件横截面上所产生的内力只有轴向力 N，在横截面内，没有剪切力。从而可知，当杆件受压或受拉时，横截面上的应力也只有正应力，没有切应力。正应力的大小可用下式表示：

$$\sigma = \frac{N}{F}$$

式中 σ——杆件横截面上的正应力，拉伸时为正号，压缩时为负号，Pa；

N——杆件横截面上的轴力，N；

F——杆件的横截面积，m^2。

【例题】如图 1-2-7（a）所示，杆件的横截面积 $F=1000mm^2$，$P=2\times10^4N$，计算各段杆的应力。

【解】(1) 用截面法计算各段杆的轴力 N：假想用截面将各段杆截开，取左段为研究对象，如图 1-2-7（b）、（c）、（d）所示。

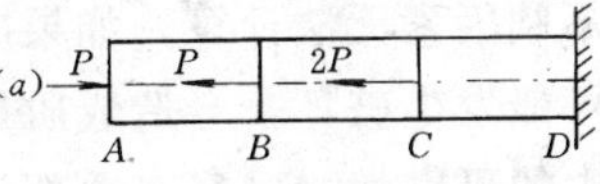

图 1-2-7　杆件示意

由左段平衡的条件

$$\Sigma P=0$$

得知

$$P+N_{AB}=0$$

$$P-P+N_{BC}=0$$

$$N_{CD}+P-P-2P=0$$

则

$$N_{AB}=-P=-2\times10^4N$$

$$N_{BC}=P-P=2\times10^4-2\times10^4=0$$

$$N_{CD}=-P+P+2P=2P=4\times10^4N$$

(2) 用正应力的计算公式可求出各段的应力：

$$\sigma_{AB}=\frac{N_{AB}}{F_{AB}}=\frac{-20\times10^3}{10^{-3}}=-20\times10^6Pa$$

$$\sigma_{BC}=\frac{N_{BC}}{F_{BC}}=0$$

$$\sigma_{CD}=\frac{N_{CD}}{F_{CD}}=\frac{40\times10^3}{10^{-3}}=40\times10^6Pa$$

AB 段杆件的应力是 -20×10^6Pa（为压应力），BC 段杆件的应力是 0；CD 段杆件的应力是 40×10^6Pa（为拉应力）。

三、拉杆和压杆的强度计算

由公式 $\sigma=\frac{N}{F}$ 计算出的应力是杆件的工作应力。要判定一个杆件会不会破坏，还必须知道杆件破坏时所能承受的最大应力。构成杆件的材料不同，破坏时所能承受的最大应力数值也不同。杆件开始破坏时所承受的应力叫杆件的极限强度（也叫极限应力），常用 σ^0 表示，其数值由实验测定。

（一）材料的许用应力

为了保证杆件工作的安全可靠，在设计和计算杆件时，其应力绝不允许和极限强度相近或相等。这是因为在设计和计算时许多不利因素无法计算，如果应力和极限强度相近，在使用过程中有可能发生破坏，会造成质量事故。为了绝对保证杆件在使用过程中的可靠性，国家有关部门根据大量的调查和研究，规定杆件材料的使用应力只取材料的极限强度的几分之一，这个数值叫材料的许用应力，用 $[\sigma]$ 表示。其计算公式是：

$$[\sigma]=\frac{\sigma^0}{K}$$

式中 $[\sigma]$——材料的许用应力 Pa；

σ^0——材料的极限强度 Pa；

K——是一个大于 1 的数，叫安全系数。表示材料的强度的储备量，即杆件的安全可靠程度。其值大小由设计规范规定。

常用材料的许用应力列于表 1-2-1，供查用。

常用材料的许用应力 **表 1-2-1**

材料名称	牌号	许用应力	
		轴向拉伸（MPa）	轴向压缩（MPa）
低碳钢	Q235	170	170
低合金钢	16Mn	230	230
灰口铸铁		34～54	160～200
混凝土	C20	0.44	7
	C30	0.6	10.3
红松（顺纹）		6.4	10

（二）杆件的强度条件

对于杆件而言，使用时实际应力不应超过材料的许用应力，即

$$\sigma=\frac{N}{F}\leqslant[\sigma]$$

式中　σ ——杆件横截面上的实际使用应力，Pa；

N——杆件横截面上的轴力，N；

F——杆件横截面的面积，m^2；

$[\sigma]$ ——材料的许用应力，Pa。

这就是拉杆和压杆的强度计算公式，也叫强度条件。

当等截面直杆受几个外力作用时，应计算最大轴力所在截面上的最大正应力；当轴力不变而杆件的截面积发生变化时，则应计算截面积最小处的最大正应力，这些承受最大正应力的截面，叫做危险截面。

根据强度计算公式 $\sigma=\frac{N}{F}\leqslant[\sigma]$，可解决杆件的截面设计、许用荷载的计算及强度校核三种实际工程问题。

1. 杆件的截面设计

当我们已知杆件所受的轴力 N，设计杆件时首先选择材料，并根据选定材料确定许用应力，然后用公式计算杆件的横截面积：

$$F\geqslant\frac{N}{[\sigma]}$$

最后根据杆件的用途和性质，选用截面的形状，从而计算出截面的尺寸。

2. 计算许用荷载

当我们已知杆件的材料和横截面的尺寸时，可按材料查得其许用应力 $[\sigma]$，然后用给定的截面 F 计算许用荷载：

$$[N]\leqslant[\sigma]\cdot F$$

3. 强度校核

要判断已知杆件是否安全可靠，可先根据已知的轴力 N 及横截面 F，计算出杆件的实际工作应力：

$$\sigma=\frac{N}{F}$$

把上式计算的实际应力 σ 值和许用应力 $[\sigma]$ 相比较，若 $\sigma\leqslant[\sigma]$，则表示具有足够的强度，杆件就安全可靠；若 $\sigma>[\sigma]$，则表示强度不够，就知道这个杆件不安全。在这种情况下，就要增加杆件的截面积 F 或设法减小轴力 N 的数值。

下面，我们分别举例说明这三种问题的计算方法。

【例题 1】 如图 1-2-8 所示，设汽缸用直径 $d=20\text{mm}$ 的八根螺栓与汽缸盖连接，螺栓的许用应力 $[\sigma]=50\times10^6\text{Pa}$，若汽缸内蒸汽压力 $p=4\times10^5\text{Pa}$，汽缸内直径 $D=600\text{mm}$，试校核螺栓的强度。

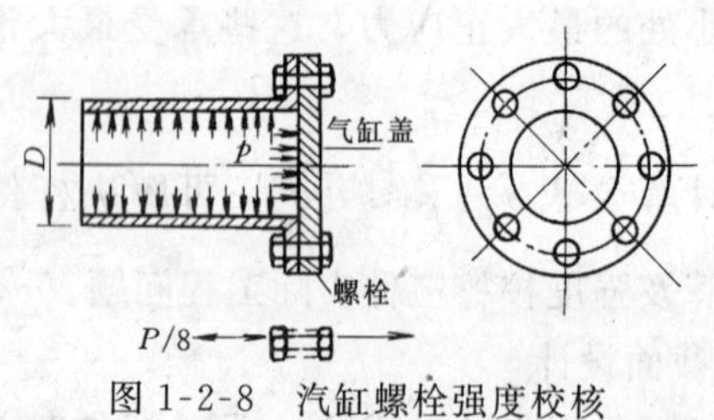

图 1-2-8　汽缸螺栓强度校核

【解】 先计算出 8 根螺栓的总内力 N：

$$N=P=p\cdot F=p\cdot\frac{\pi D^2}{4}$$

$$=4\times10^5\times\frac{3.14\times0.6^2}{4}=113.04\times10^3\text{N}$$

每根螺栓的轴力为$\dfrac{N}{8}$，

强度校核：

$$\sigma=\frac{N}{8F}=\frac{113.04\times10^3}{8\times3.14\times\dfrac{(20\times10^{-3})^2}{4}}=45\times10^6\text{Pa}$$

因为 $\sigma=45\times10^6\text{Pa}<[\sigma]=50\times10^6\text{Pa}$，所以可以判定螺栓满足强度要求。

【例题 2】 如图 1-2-9 所示，一圆形钢梁受到拉力 $P=68.3\times10^3\text{N}$，已知钢梁的许用应力 $[\sigma]=10^8\text{Pa}$，试求钢梁的直径。

【解】 已知 $N=P=68.3\times10^3\text{N}$

根据公式　$F\geqslant\dfrac{N}{[\sigma]}$

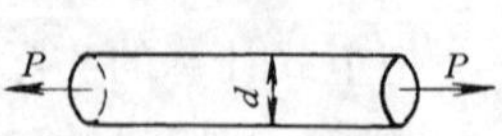

P　d　P

图 1-2-9　受拉钢梁

即
$$\frac{\pi}{4}d^2 \geqslant \frac{N}{[\sigma]}$$

则
$$d \geqslant \sqrt{\frac{4N}{\pi\,[\sigma]}} = \sqrt{\frac{4\times 68.3\times 10^3}{3.14\times 10^8}} = 0.03\text{m}$$

即
$$d \geqslant 0.03\text{m}$$

钢梁的直径 $d \geqslant 0.03\text{m}$。

【例题 3】 如图 1-2-10 所示，一钢丝绳由 36 根钢丝卷扭而成，每根钢丝的直径 $d=0.002\text{m}$，钢的许用应力为 $[\sigma]=6\times 10^7\text{Pa}$，试求钢丝绳的许用荷载。

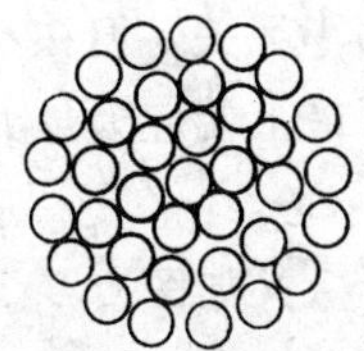

图 1-2-10 钢丝绳

【解】 根据公式 $[N] \leqslant [\sigma]\cdot F = 6\times 10^7\times 36\times \frac{3.14\times 0.002^2}{4} = 6.7824\times 10^3\text{N}$

钢丝绳的许用荷载为 $6.7824\times 10^3\text{N}$。

【例题 4】 有一钢条横截面积 $F=0.4\times 10^{-3}\text{m}^2$，受到的拉力 $P=4\times 10^7\text{N}$，设材料的极限强度 $\sigma^0=4\times 10^{11}\text{Pa}$，试求钢条工作时的安全系数。

【解】
$$[\sigma] = \frac{N}{F} = \frac{4\times 10^7}{0.4\times 10^{-3}} = 10^{11}\text{Pa}$$

由公式
$$[\sigma] = \frac{\sigma_0}{K}$$

得
$$K = \frac{\sigma_0}{[\sigma]} = \frac{4\times 10^{11}}{10^{11}} = 4$$

钢条工作时安全系数为 4。

四、拉伸及压缩时自重的影响

在前面，我们分析讨论拉杆及压杆的强度时，都忽视杆件自身的重量。显然，这样做是为了使计算简化，但同时也就引起了误差，现让我们来分析一下这种误差对杆件的影响。

如图 1-2-11 所示，有一根等截面的直杆，长度为 l，横截面积为 F，上端被固定，竖直的悬挂着。这时，杆因其本身的重量，而受到拉伸作用，在离下端为 x 的任一横截面 AB

上，引起的应力为 σ (x)。若用 γ 表示材料的重度，那么在截面 AB 下方这一段杆所受的重力就是 γFx，在截面 AB 上的拉应力就是：

$$\sigma(x)=\frac{\gamma\cdot F\cdot x}{F}=\gamma x$$

由此可见，在等截面的杆中，自重所产生的应力与截面积的大小无关，但在不同位置的横截面上，应力大小是不相等的，在杆最上端应力最大，它的数值是：

$$\sigma_{\max}=\gamma\cdot l$$

又如图 1-2-12 所示，若在杆的下端有一拉力 P，作用线与杆轴重合，那么在任一横截面 AB 上的应力等于：

$$\sigma(x)=\frac{P+\gamma Fx}{F}$$

即

$$\sigma(x)=\frac{P}{F}+\gamma x$$

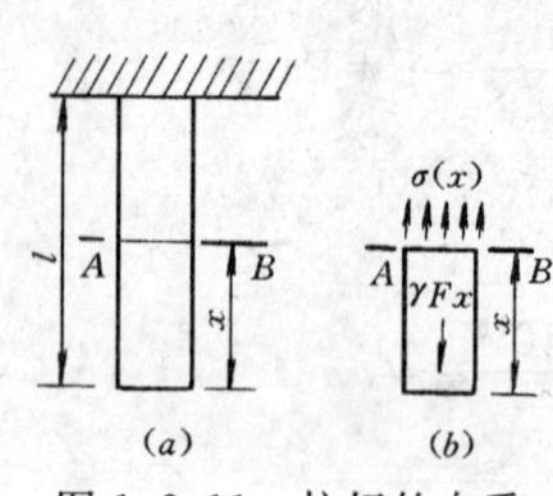

图 1-2-11　拉杆的自重

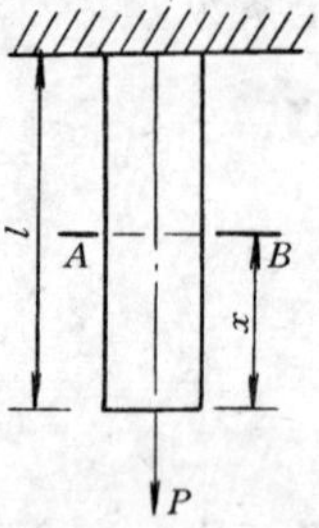

图 1-2-12　拉杆应力分析

在杆的上端，即最危险截面上的应力就是

$$\sigma_{\max}=\frac{P}{F}+\gamma l$$

这时，整个杆件的强度条件应以危险截面为根据，即

$$\sigma_{\max}=\frac{P}{F}+\gamma l\leqslant[\sigma],$$

由此可得杆件所需的横截面积为：

$$F \geqslant \frac{P}{[\sigma]-\gamma l}$$

当不考虑杆件自重时，横截面积 F 的计算公式是：

$$F \geqslant \frac{P}{[\sigma]}$$

两式相比，其不同点就是分式分母不同，即 $[\sigma]-\gamma l$ 与 $[\sigma]$ 不同，而 $[\sigma]>[\sigma]-\gamma l$，由此可知，在相同的拉力条件下，考虑杆件自重时，则杆件需要较大的截面尺寸。

究竟在什么情况下，杆件要考虑自身重量；在什么条件下，杆件又不考虑自身重量？这一问题经过有关部门分析研究后得出下列结论：

当处理的拉杆或压杆的长度不长或者材料强度较大而重量不大时，杆件的自重可以略去不计。反之，就必须考虑杆件的自重的影响。例如，起重机的长缆，各种长轴以及较高的砖石建筑物（灯塔、桥墩等），在计算时就要将杆件本身的重量考虑进去。

从公式 $\sigma(x)=\gamma x$ 与公式 $\sigma(x)=\dfrac{P}{F}+\gamma x$ 可看出：当杆件的截面积相等时，不同位置截面上应力的大小不同。如按最危险截面的强度条件来决定杆件的截面尺寸，则全杆所有的截面尺寸都与危险截面所需尺寸相同。实际使用中，只有在杆端最危险截面上的正应力 σ 接近或者达到了许用应力 $[\sigma]$，在其余截面上，材料都没有充分利用，这样既不经济，而且又增加了杆件本身不必要的重量。因此，在工程上，为了减轻杆件自身重量的影响，更合理地使用材料，对于长杆、高桥墩等一般设计为变截面，最理想的情况是使各截面上的正应力都相等，即各截面成为等强度的杆件。根据分析研究，变径杆件要达到各截面等强度时，边缘就成为曲线，如图 1-2-13 所示，这种形状的杆件虽节约材料，但制作困难，相应增加了造价，是不经济的。为了达到制作方便和经济节约的原则，一般把杆件做成与等强度杆件相似的形状，即阶梯形，如图 1-2-14 所示。

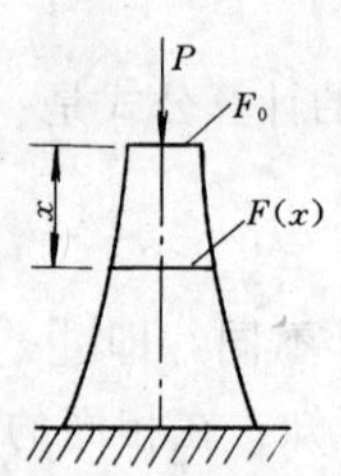

图 1-2-13　等强度杆件

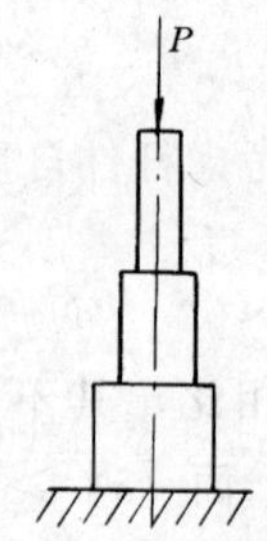

图 1-2-14　阶梯形杆件

【例题】 现有一垂直悬挂的钢棒，长 5m，在下端有一拉力 $P=5\times10^5$N，钢的许用应力 $[\sigma]=8\times10^7$Pa，钢的重力密度 $\gamma=7.5\times10^4$N/m³，试在考虑自重影响条件下，求钢棒的直径。

【解】 根据公式

$$F \geqslant \frac{P}{[\sigma]-\gamma l} = \frac{5\times10^5}{8\times10^7-7.5\times10^4\times5} = \frac{5}{796.25}$$

即
$$\frac{\pi}{4}d^2 = \frac{5}{796.25}$$

$$d = \sqrt{\frac{20}{\pi\times796.25}} = 0.08943\text{m} = 89.43\text{mm}$$

钢棒的直径是 89.43mm。

五、拉杆和压杆的变形

实验指出，当杆件受到轴向作用力时，其长度会发生纵向伸长或缩短，即产生纵向变形；且在发生纵向变形的同时，也会随之产生横向变形，即横截面尺寸也会发生改变。如图 1-2-15 所示，设杆件原长为 l，宽为 a，受力后杆件长度为 l_1，宽度变为 a_1，则纵向变形和横向变形分别为：

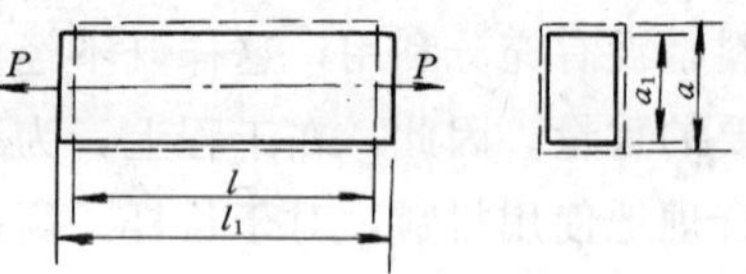

图 1-2-15　杆件的纵向变形

$$\Delta l = l_1 - l$$

$$\Delta a = a_1 - a$$

（一）纵向变形和虎克定律

1676 年科学家虎克通过实验研究，发现拉杆和压杆的纵向变形与外力之间存在着密切的关系：若横截面上的正应力未超过一定极限时，杆件的纵向变形 Δl 与轴力 N 及杆长 l 成正比，而与杆的横截面面积成反比。用数学表达式表示如下：

$$\Delta l \propto \frac{Nl}{F}$$

或

$$\Delta l = \frac{Nl}{EF}$$

这就是虎克定律。

式中 Δl——杆件的纵向变形，m；

N——杆件的轴力，N；

l——杆件变形前的长度，m；

F——杆件的横截面积，m^2；

E——杆件的弹性模数，Pa。

弹性模数 E 也叫材料的纵向弹性模量。它表示材料抵抗变形的能力。E 的数值越大，抵抗变形的能力也就越大，即在相同的条件下（轴力、杆长、横截面积相同），E 的数值愈大，杆件的纵向变形就愈小。E 的数值随着材料的不同而不同，其数值由实验测定。常用材料的弹性模数 E 值列于表 1-2-2 中，供查用。

常用材料的弹性模数 *E* 值（Pa） **表 1-2-2**

材料名称	碳　钢	16 锰钢	铸　铁	铜及其合金	铝及硬铝合金	混凝土	橡胶
弹性模量	200～220	200～220	115～160	74～130	71	14.6～36	0.008

虎克定律还可以表示为另外一种形式：当杆件横截面上的正应力未超过某一极限时，应力与应变成正比，其数学表达式是：

$$\sigma = E\varepsilon$$

或

$$\varepsilon = \frac{\sigma}{E}$$

这个应力的极限值叫比例极限。各种材料的比例极限由实验测定。

（二）横向变形和泊松比

实验表明，拉杆和压杆所产生的横向变形与纵向变形之间存在着一定的关系：当杆件的纵向有伸长的，横向就会收缩；相反，当纵向有缩短时，横向就一定增大，如图 1-2-16 所示。

由图 1-2-16 可看出：

横应变

$$\varepsilon' = \frac{\Delta a}{a} = \frac{a_1 - a}{a}$$

纵应变

$$\varepsilon = \frac{\Delta l}{l} = \frac{l_1 - l}{l}$$

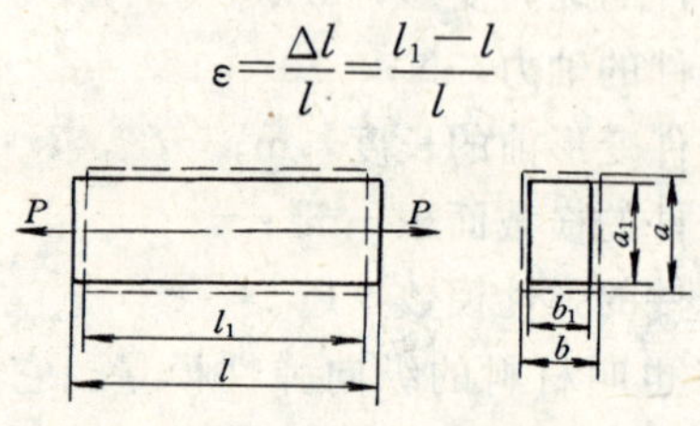

图 1-2-16　杆件的横向变形

显然，在拉伸时，纵向伸长，ε 为正值；横向收缩，ε' 为负值；在压缩时，纵向缩短，ε 为负值，横向增大，ε' 为正值。由此可见，ε 和 ε' 始终为异号。

实验表明，在比例极限范围内，横应变 ε' 与纵应变 ε 之间存在着下列关系：

$$\varepsilon' = -\mu\varepsilon$$

或

$$\mu = \left|\frac{\varepsilon'}{\varepsilon}\right|$$

式中 μ 叫做泊松比或横向变形系数，它是科学家泊松首先发现的。泊松比 μ 和纵向弹性模量 E 一样，也是表示材料弹性性能的一个常数。对于一种材料，只要知道了纵向弹性模量 E 及泊松比μ这两个数值，就可以完全确定弹性性质。现将常见材料的泊松比μ列于表1-2-3，供查用。

常见材料的泊松比μ值　　表1-2-3

材料名称	泊松比μ	材料名称	泊松比μ
碳　　钢	0.25～0.33	玻　　璃	0.25
16　锰　钢	0.25～0.33	混　凝　土	0.16～0.18
铸　　铁	0.23～0.27	石　　料	0.16～0.34
铜及合金	0.31～0.42	橡　　胶	0.47
铝及硬铝合金	0.33	胶　合　板	0.07

【例题1】有一钢棒，横截面积$F=1\times1\text{cm}^2$，受到的拉力到比例极限为止，这时钢棒的纵向应变$\varepsilon=0.0008$，钢的泊松比$\mu=0.25$，求钢棒受拉后横截面减小的值。

【解】　$\varepsilon'=-\mu\varepsilon=-0.25\times0.0008=-0.0002$

而
$$\varepsilon'=\frac{\Delta a}{a}$$

则　$\Delta a=\varepsilon' a=-0.0002\times1=-0.0002$（负号表示缩小）

$$\Delta F=F_{前}-F_{后}=1\times1-(1-0.0002)^2$$
$$=1-1+0.0004-0.00000004\approx0.0004\text{cm}^2$$

从上例可看出，缩小的面积和原面积相比，减小得很少，所以，在实际计算时，一般假定面积不变。这样做虽然有误差，但是影响不大，在一般工程上是允许的。

【例题2】有一钢棒，两端受拉，$P=3\times10^5\text{N}$，钢棒的横截面积$F=0.005\text{m}^2$，长$l-1\text{m}$，钢的弹性模量$E=2\times10^{11}\text{Pa}$，求钢棒的伸长量$\Delta l$。

【解】　$$\Delta l=\frac{Nl}{EF}=\frac{3\times10^5\times1}{2\times10^{11}\times0.005}=0.0003\text{m}$$

钢棒的伸长量为0.0003m。

（三）温差应力对纵向变形的影响

上面我们研究的杆件变形，并没有考虑到温度变化所产生的应力。

我们知道，一般物体都具有热胀冷缩的性质。所以，当温度发生变化时，杆件的长度也会发生变化。当杆件能够自由伸缩时，就不会产生应力。但是，在工程上，往往遇到一些不能自由伸缩的杆件，当温度发生变化时，就会使杆内产生应力。

如图 1-2-17（a）所示，杆件左端固定，右端自由，当温度为 t_1 时，长度为 l；当温度升高至 t_2 时，杆件因受热而伸长。设长度增加为 Δl_t，线膨胀系数为 α（温度升高 1℃时，单位长度所增加的长度，即温度升高 1℃时的应变）则

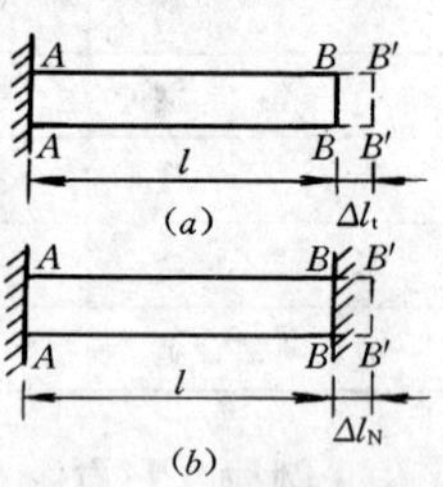

图 1-2-17　温度应力

$$\Delta l_t = \alpha l(t_2 - t_1)$$

此时，杆件能够自由伸长，杆内不会产生应力。对于图 1-2-17（b）所示，由于杆件两端被固定，这就限制了杆件的轴向变形。当温度升高，杆件向右移时，固定支架对杆施加了压力 N，使其长度缩短 Δl_N，按照虎克定律：

$$\Delta l_N = \frac{Nl}{EF}$$

变形的协调条件要求 B 端不因温度变化而伸长，即要求

$$\Delta l_N = \Delta l_t$$

所以
$$\frac{Nl}{EF} = \alpha l(t_2 - t_1)$$

$$N = \alpha EF(t_2 - t_1)$$

杆内的应力是

$$\sigma_t = \frac{N}{F} = \alpha E(t_2 - t_1) = \alpha E\Delta t$$

这就是温差应力的计算公式。

式中　σ_t——温差应力，Pa；

α——材料的线膨胀系数，1/K；

E——材料的弹性模量，Pa；

Δt——杆件温度变化值，K。

如果取钢的许用应力 $[\sigma]=10^8\,\text{Pa}$，$E=2\times10^{11}\,\text{Pa}$，$\alpha=125\times10^{-7}$，则温度变化 $\Delta t=50℃$，钢杆内所引起的温差应力将是：

$$\sigma_t=\alpha E\Delta t=125\times10^{-7}\times2\times10^{11}\times50=1.25\times10^8\,\text{Pa}$$

这个数值已经超过了钢的许用应力。由此可见，温差应力是不可忽视的。

在工程上，常采取一些必要的措施，设法减小温差应力，来保证杆件的安全。例如，在热力管道中设置伸缩器，在两条钢轨间留有适当的间隙，锅炉设备中汽包一端采用活动支座等，都是为了保证在温度变化时，使它们能够自由伸缩，避免或减低温差应力。

常见材料的线膨胀系数 α 列于表 1-2-4 中，供查用。

几种物质的线膨胀系数 α (1/K)　　　　**表 1-2-4**

铝	2.4×10^{-5}	铜	1.7×10^{-5}	钨	4×10^{-6}
锌	2.9×10^{-5}	黄铜	1.9×10^{-5}	玻璃	$4\times10^{-6}\sim1\times10^{-5}$
铁	1.2×10^{-5}	银	1.9×10^{-5}	石英	5×10^{-7}
钢	1.1×10^{-5}	铂	9×10^{-6}	水泥	1.4×10^{-5}

【例题】有一蒸汽管道，材料为 $\phi159\text{mm}\times4.5\text{mm}$ 的无缝钢管，两端固定，管内蒸汽温度为 410℃，室外环境温度为 10℃，试求此管道温度应力及两端固定支座受到的轴向推力是多少（钢的线膨胀系数 $\alpha=1.25\times10^{-5}/\text{K}$，$E=2\times10^{11}\,\text{Pa}$）？

【解】根据公式计算温差应力

$$\sigma_t=\alpha E\Delta t=1.25\times10^{-5}\times2\times10^{11}\times(410-10)$$
$$=10^9\,\text{Pa}$$

轴向推力　$$N=\sigma_t\cdot F=10^9\times\frac{3.14\times(0.159^2-0.15^2)}{4}$$
$$=2.183\times10^6\,\text{N}$$

从以上的计算可以看出，管道所产生的温差应力早已超过了钢管的许用应力（钢的许用应力 $[\sigma]=1.7\times10^8\,\text{Pa}$）；同时，也可以看到，两端固定支架受到的轴向推力是相当大的。如果管路中不设消除温差应力的伸缩器，将会造成管道或固定支架的破坏，影响系统的正常运行。

第三节　材料的力学性能

材料的力学性能是指材料在受力过程中物理性质的数据，如弹性、塑性、极限强度、虎克定律的适用范围、纵向弹性模量、泊松比等都是材料的力学性能，又叫做材料的机械性能。

许用应力就是构件的强度和耐久性得到保证条件下的应力最大值，用 $[\sigma]$ 表示，其值取决于材料毁坏时的应力 σ_b 及安全系数 K：

$$[\sigma]=\frac{\sigma_b}{K}$$

有关部门通过对试验的分析和研究作出如下规定：对塑性材料以屈服极限 σ_s 作为毁坏时的应力 σ_b；对于脆性材料以强度极限 σ_b 作为毁坏时的应力。即

$$\text{塑性材料}\ \sigma_b=\sigma_s$$

$$\text{脆性材料}\ \sigma_b=\sigma_b$$

安全系数大小的确定是一个复杂严肃的问题，安全系数大了，则许用应力小，构件偏于安全，但会造成材料的浪费；相反，安全系数小了，则许用应力大，构件就不够安全。所以选择安全系数的原则是既节约又安全，根据这一原则进行技术经济比较，使矛盾得到统一。

在确定安全系数时，必须考虑到各方面的因素，如荷载的性质（静荷载和动荷载），荷载数值的准确程度，计算方法的准确程度，材料的均匀程度，材料的力学性能和试验方法的可靠性，施工方法及施工质量等因素的影响。例如，在静荷载作用下，当塑性材料的均匀性较差时，它对集中应力的敏感性就强，破坏时没有显著的变形来“预告”。那么，所取的安全系数就要大一些。

一般工程中，脆性材料的安全系数 K_b 取 2.5～3.0；塑性材料的安全系数 K_s 取 1.4～1.7。即

$$脆性材料[\sigma] = \frac{\sigma_b}{K_b}$$

$$K_b = 2.5 \sim 3.0$$

$$塑性材料[\sigma] = \frac{\sigma_s}{K_s}$$

$$K_s = 1.4 \sim 1.7$$

对于一些特殊工程和特殊用途构件的安全系数还有具体规定，这主要是为了保证绝对安全可靠而采用的具体措施。例如，吊装工程中用的钢丝绳的安全系数数值远远超过了一般规定的数值，当钢丝绳用于机动起重吊装设备时，安全系数 $K=5\sim6$；当用于捆绑吊索时，安全系数 $K=8\sim10$；当用于载人的升降机时，$K=14$。

安全系数或许用应力的数值，并不是固定不变的。随着计算方法的改进、经验的积累以及对于材料制造加工和研究的进步，安全系数和许用应力的一些标准也将会得到补充和修改。

第四节　剪切、扭转和弯曲

一、剪切

（一）剪切概念

杆件受到一对垂直于杆轴而大小相等、方向相反且作用线相距很近的作用力时，所引起的变形叫剪切变形，如图 1-2-18（*a*）所示。

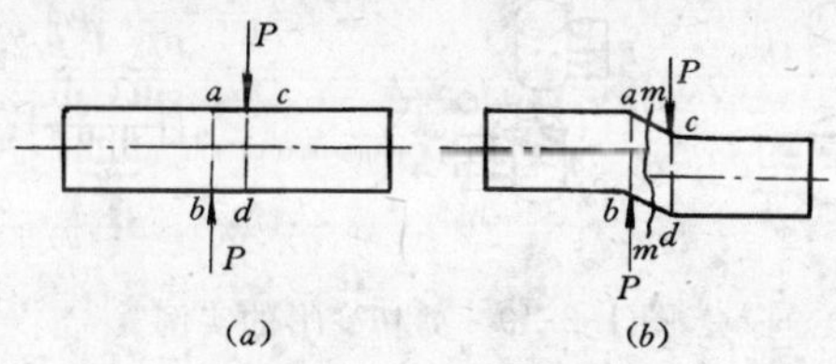

图 1-2-18　剪切变形

在剪切变形过程中，随着作用力 P 的增大，两力间的截面将沿着力的作用方向发生相对错动直至剪断，如图 1-2-18（*b*）

所示。剪刀剪断物体是剪切破坏最典型的例子。剪切变形时，横截面上的内力 Q 称作剪力。

在实际工程中，受剪切变形的杆件很多，特别是联结杆件的变形多是剪切变形。例如，用法兰连接两根管时所用的螺栓，管道吊架连接中的螺栓，如图 1-2-19（*a*）所示；管道承插连接时接口处的焊缝及石棉水泥接口，钢板搭接连接时的焊缝、铆钉，如图 1-2-19（*b*）、（*c*）所示；又如图 1-2-19（*d*）所示的机械零件连接时的销、轴、键，起重吊装工程中连接吊具的销轴等等都是剪切变形的实例。

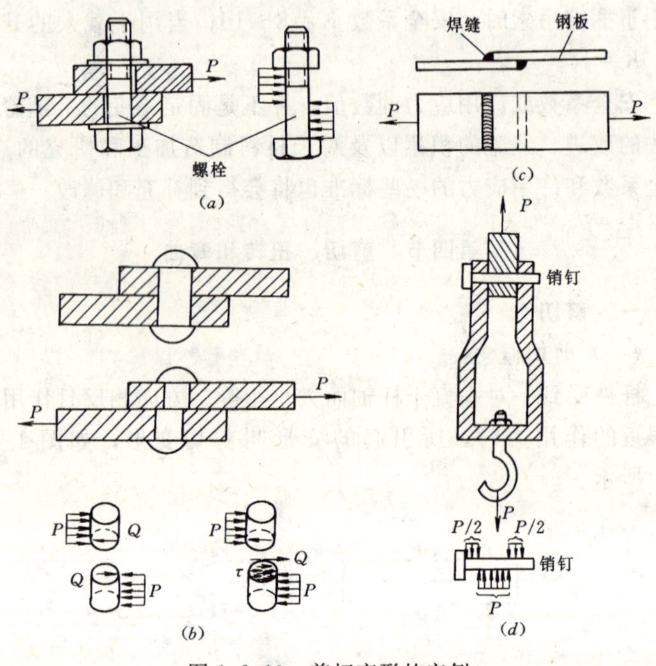

图 1-2-19　剪切变形的实例

根据实验研究和理论分析，在外力作用下，杆件在发生剪切变形的同时，还伴随有其他形式的变形。例如，其中挤压变形是不可忽视的，在其内部所引起的应力，不论其性质、分布规律及大小等都很复杂，难以从理论上计算它们的真实工作应力。一般是在试验的基础上，对它们做一些近似的假设，提出简化计算方法，这种方法叫做实用计算法。采用实用计算法算出的应力并不是杆件内的真实应力，只是其数值和实验测定的杆件破坏时的应力数值相接近，被用来作为强度计算的依据。所以，采用实用计算法算出的应力是一种名义应力。

（二）剪切的实用计算

我们以铆钉连接的强度计算为例，来说明剪切的实用计算方法。

如图 1-2-20（*a*）所示，两块钢板用铆钉连接，当钢板受力时，会使铆钉沿两力间的截面剪断，这个截面叫剪切面，如图 1-2-20（*b*）所示。

剪切面上的内力可用截面法求得。将铆钉假想地沿剪切面截开，由平衡条件可知，剪切面上存在着与外力 P 大小相等、方向相反的内力 Q，称为剪切力，如图 1-2-20（*c*）所示。

$$Q = P$$

从图中可以看出剪切力是沿剪切面作用的，它由剪切面内各点处的剪应力组成，如图 1-2-20（*d*）所示，剪应力的单位与正应力相同，是帕（Pa）。

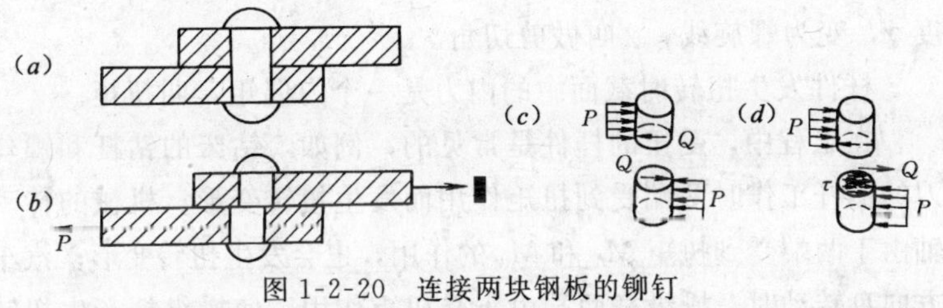

图 1-2-20　连接两块钢板的铆钉

剪切面上剪应力的实际分布情况较为复杂，在采用实例计算时，假定剪切力 τ 均匀地分布在剪切面上，则有

$$\tau = \frac{Q}{F}$$

式中 Q ——剪切面上的剪力，N；

F ——剪切面的面积，m^2；

τ ——杆件剪切面上的实际剪应力，Pa。

杆件的剪切强度为

$$\tau = \frac{Q}{F} \leqslant [\tau]$$

式中 $[\tau]$ 为材料的许用剪应力，其数值可以从有关表中查得；也可以用下列经验公式确定：

$$塑性材料[\tau] = (0.6 \sim 0.8)[\sigma_1]$$

$$脆性材料[\tau] = (0.8 \sim 1.0)[\sigma_1]$$

式中 $[\sigma_1]$ 为材料的许用拉应力。

二、扭转

（一）扭转概念

扭转是杆件变形的基本形式之一，当在垂直于杆件轴线的平面内，杆件受到一对大小相等、方向相反的力偶作用时，所发生的变形就是扭转变形，如图1-2-21所示。杆件扭转变形的特点是各截面绕轴线发生相对转动，且产生一个扭转角，图中截面 B 对截面 A 的扭转角是 φ；同时，杆件表面的纵向直线也转了一个角度 γ，变为螺旋线，γ 叫做剪切角。

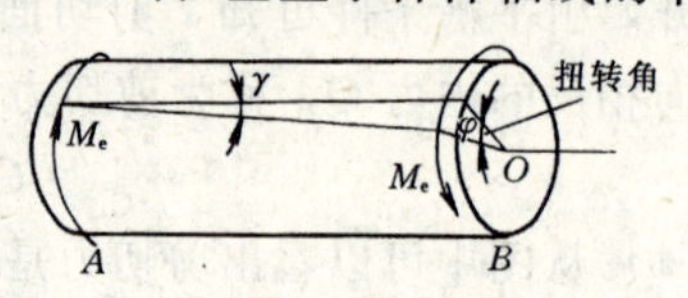

图1-2-21 扭转

杆件发生扭转时截面中的内力是一个力偶矩，叫扭矩。

在工程中，受扭的杆件是常见的，例如，钻床的钻杆和螺丝刀的柄杆工作时两端受到扭矩作用而发生扭转变形；机械的传动轴由于两端受到扭矩 M_A 和 M_B 的作用，也会发生扭转变形；汽车方向盘转动时，操纵杆两端由于受扭矩作用，使操纵杆产生扭转变形；同样，卷扬机轴两端也受到扭矩的作用而会发生扭转变形。

（二）扭转时的内力——扭矩

在研究扭转变形和强度时，先要计算出杆件截面上的内力，这个内力叫扭矩。

如图 1-2-22 所示，设有一轴，在一对外力偶矩 M_e 作用下，发生扭转变形，如图 1-2-22（a）所示。应用截面法将轴在 m—m 处截开，取左端为研究对象，如图 1-2-22（b）所示。为了保持平衡，截面上必然存在一个内力偶矩 M_n，由 $\Sigma M_x=0$ 得

$$M_n = M_e$$

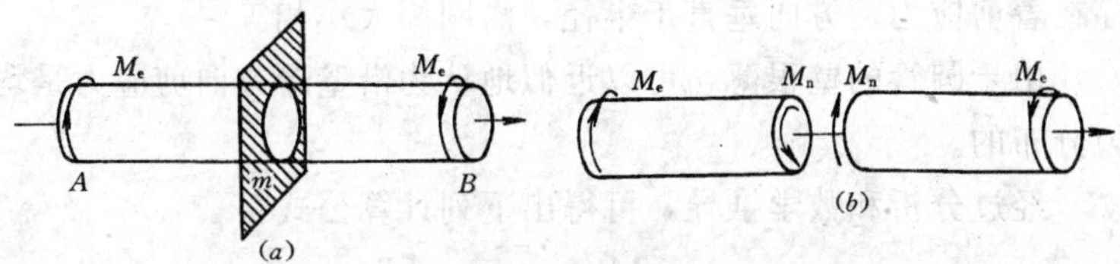

图 1-2-22　扭矩

这个内力偶矩 M_n 就叫做扭矩。取右端研究时同样也可得到截面上的内力偶矩的大小与左端相等而方向相反。扭矩的正负号一般是这样规定的：沿截面的外法线向截面看，反时针转为正，顺时针转为负。扭矩的法定计量单位是牛·米（N·m）。

（三）薄壁圆管扭转时的应力

图 1-2-23 所示，有一段圆管，壁厚为 δ，管的平均半径为 R，厚度 δ 比 R 小得多。在垂直于管轴线的平面内，两端作用着一对大小相等、方向相反的外力偶矩 M_e 时，圆管发生了扭转变形，圆管中任一截面的扭矩，可用截面法求得：

$$M_n = M_e$$

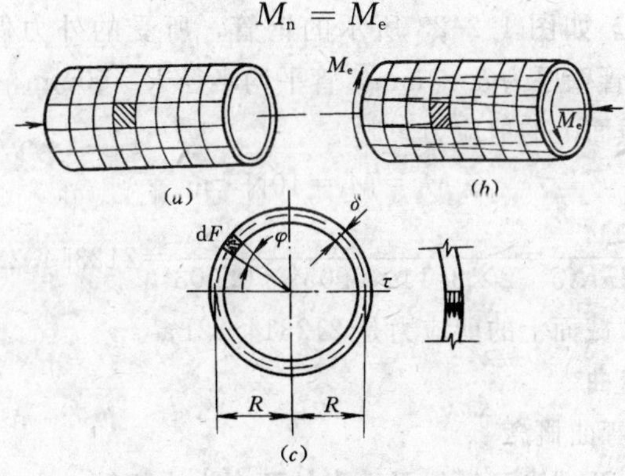

图 1-2-23　薄壁圆管的扭转变形

圆管截面上的应力计算公式可用类似推导拉、压杆截面上应力计算方法来进行。

经过观察和分析变形，可以看出，圆管在扭转时并没有发生轴向线应变和横向线应变，只有单纯的剪切变形。

从应力应变的对应关系可以知道，在杆件横截面上各点处只存在着剪应力，方向垂直于半径，沿圆周大小相等。

由于圆管的壁很薄，可以近似地认为沿壁厚方向剪应力是均匀分布的。

经过分析和数学推导，可得出下列计算公式：

$$\tau=\frac{M_n}{2\pi\delta R^2} \text{ 或 } \tau=\frac{M_n}{RF}$$

式中 τ——圆管受扭时横截面上的剪应力，Pa；

M_n——对应截面上的扭矩，N·m；

F——圆管按平均半径 R 所计算的圆管横截面积，$F=2\pi R\delta$，m^2；

R——圆管的平均半径，m；

δ——圆管的壁厚，m。

这就是薄壁圆管受扭时，横截面上剪应力的计算公式。

这一公式不但适用于薄壁圆管，同时也适用于其他薄壁圆筒受扭时横截面上剪应力的计算。

【例题】 如图 1-2-23 所示的钢管，所受的外力偶矩 $M_e=10N\cdot m$，管壁厚为 $\delta=3mm$，管平均半径 $R=50mm$，试求钢管受扭时横截面上的剪应力。

【解】
$$M_n=M_e=10N\cdot m$$

$$\tau=\frac{M_n}{2\pi R^2\delta}=\frac{10}{2\times3.14\times0.05^2\times0.003}=212314.22Pa$$

答：横截面上的剪应力是 212314.22Pa

三、弯曲

（一）弯曲概念

当杆件两端受到轴线平面内的两个大小相等、方向相反的力偶或垂直于轴线方向的外力作用时，杆件的轴线由直线弯成了曲线，这种变形叫弯曲变形，如图 1-2-24 所示。

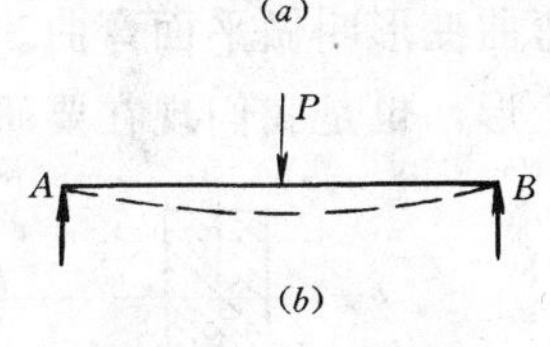

图 1-2-24 弯曲

弯曲变形是杆件的基本变形之一，也是工程中最常见的一种变形形式。例如，房屋建筑中的楼板梁，受到楼面板重力的作用，将发生弯曲变形，如图 1-2-25（*a*）所示；阳台挑梁受到阳台的重力作用也会发生弯曲变形，如图 1-2-25（*b*）所示；其他如挡土墙，如图 1-2-25（*c*）所示；两支架间的管道在自重及介质重量的作用下，中间下沉，管道悬臂梁支架的变形如图 1-2-25（*d*）、（*e*）所示，这些都是杆件的弯曲变形。

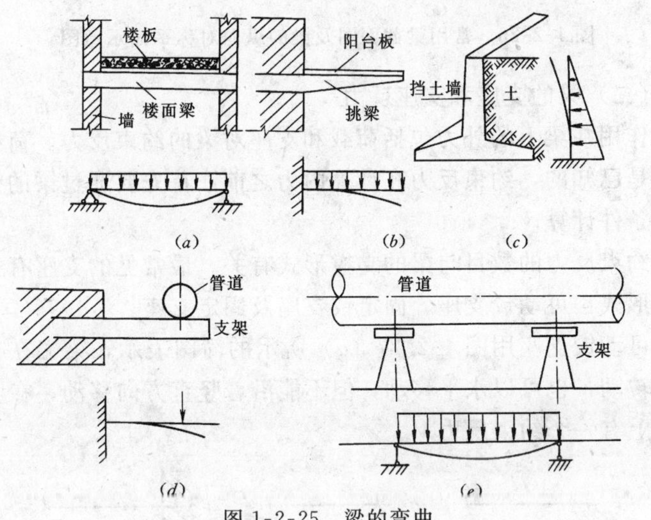

图 1-2-25 梁的弯曲

因为弯曲变形的杆件中，梁的应用最广泛，所以，习惯上把所有发生弯曲变形的杆件统称为梁。

梁的横截面通常是具有对称轴的，如图 1-2-26（*a*）中所示的矩形、圆形、工字形、T 字形。横截面对称轴与梁轴线所组成的平面叫做梁的纵向对称平面，如图 1-2-26（b）所示。如果作用在梁上的外力均位于纵向对称平面内，且外力垂直于梁的轴线，则轴线将在这个纵向对称平面内弯曲成一条平面曲线，这种弯曲变形叫做平面弯曲。这是实际中遇到的最简单最普遍的弯曲变形，也是我们现在要研究的对象。

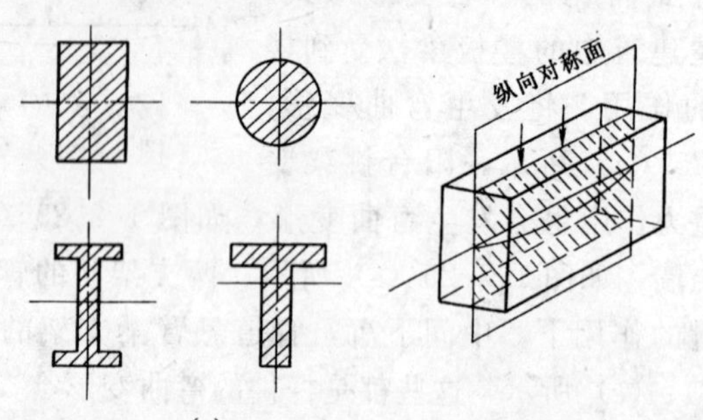

图 1-2-26　常用梁截面图及梁的纵向对称平面示意图

（二）梁的支座和支座反力

作用在梁上的外力包括荷载和支座对梁的约束反力。荷载一般都是已知的，约束反力在计算内力之前，首先要通过梁的整体平衡条件计算。

约束反力的数目与梁的支撑形式有关。最常见的支座有三种支承形式：可动铰支座、固定铰支座及固定支座。

可动铰支座用图 1-2-27（a）所示的简图表示，梁端在支座处可转动，也可以水平移动，但不能沿着竖直方向移动，在竖直方向上有一个约束反力 V。

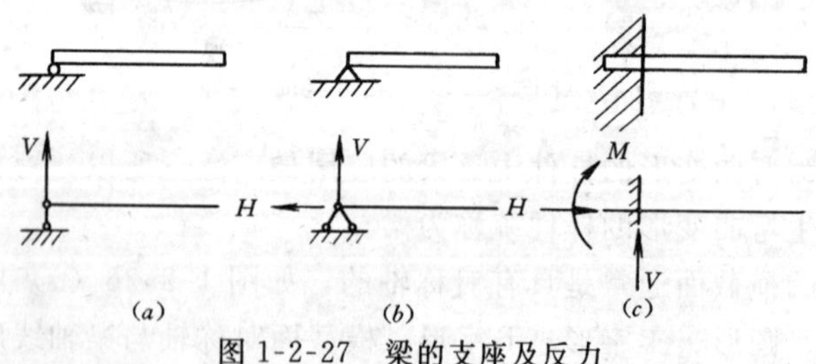

图 1-2-27　梁的支座及反力

固定铰支座用图 1-2-27（b）所示的简图表示，梁端在支座处可以转动，约束反力为通过铰心的一个力，通常把这个约束反力沿梁的轴线和垂直于梁轴线的方向分解成两个分力，即水平分力 H 和垂直分力 V。

固定支座用图 1-2-27（c）所示的简图表示，梁在固定端既不能转动，也不能移动，固定端的约束反力有三个，即反力偶矩 M，沿梁轴及垂直于梁轴的两个反力 H 和 V。

工程中常见的梁按支座情况分为下列三种典型形式：

（1）简支梁——一端为固定铰支座，另一端为可动铰支座的梁，如图 1-2-28（a）所示。

（2）外伸梁——梁身一端或两端伸出支座的简支梁，如图 1-2-28（b）所示。

（3）悬臂梁——一端为固定支座，另一端自由的梁，如图 1-2-28（c）所示。

（三）弯曲时的内力及求法

为了计算梁的应力和变形，必须先了解梁的内力。梁在外力作用下，横截面上的内力仍然采用截面法求得。

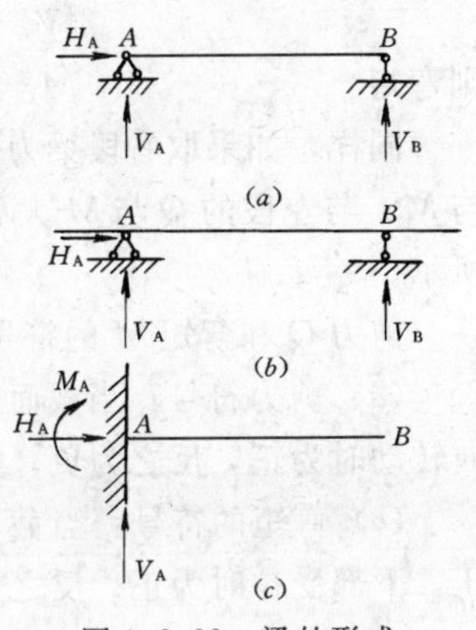

图 1-2-28　梁的形式

如图 1-2-29（a）所示，梁在外力作用下处于平衡状态，现在来分析距 A 支座为 a 距离的截面 $m-m$ 上的内力。首先求出支座反力 V_A 和 V_B，然后用一假想截面沿 $m-m$ 处把梁截开分为左右两段，取左段为研究对象。由于梁原来处于平衡状态，所以，被截后左段也应保持平衡状态。从图 1-2-29（b）可以看出，A 端有支座反力 V_A 的作用，显然，在截开的截面上必须有一个大小与 V_A 相等、方向与 V_A 相反的力 Q 以保持平衡；同时 V_A 对 $m-m$ 截面形心 O 点将有一个力矩，会引起左端梁的转动，为使梁不发生转动，在截面上就必须有一个与上述力矩大小相等、方向相反的力偶矩 M，才能保持平衡。Q、M 即为梁横截面上的内力，可见，梁弯曲时横截面上存在着两个内力，其 Q 称作剪切力，力偶矩 M 称为弯矩。剪力 Q 的单位是牛顿，弯矩 M 的单位是牛顿·米。

剪力 Q 和弯矩 M 的大小可由左段梁的平衡条件确定。

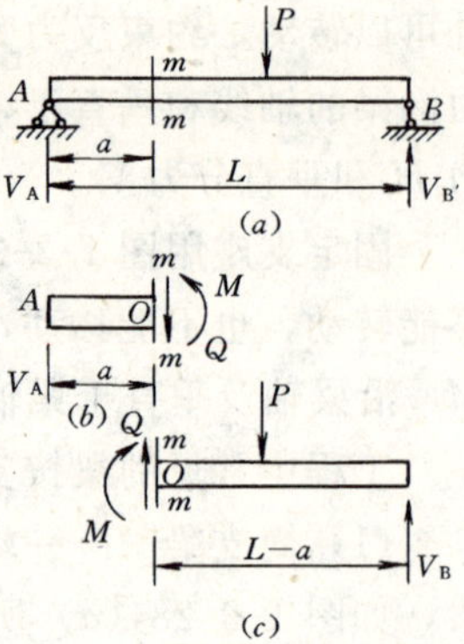

图 1-2-29 弯曲时的内力

即由 $\Sigma y = 0$

得

$$V_A - Q = 0$$

则 剪力 $Q = V_A N$

由 $\Sigma M = 0$

得

$$V_A \cdot a - M = 0$$

则弯矩 $M = V_A \cdot a \mathrm{N \cdot m}$

同样，如果取右段梁为研究对象，用上述方法也可以求得 Q 与 M，与左段的 Q 与 M 大小相等、方向相反，如图 1-2-29 (c) 所示。

剪力 Q 和弯矩 M 的符号可用下面方法判定：

(a) 剪力符号：当截面上的剪力使考虑的脱离体作顺时针方向转动时为正，反之为负，如图 1-2-30 (a)、(b) 所示。

(b) 弯矩的符号：当截面上的弯矩使考虑的脱离体上部受压，下部受拉时为正；反之为负，如图 1-2-30 (c)、(d) 所示。

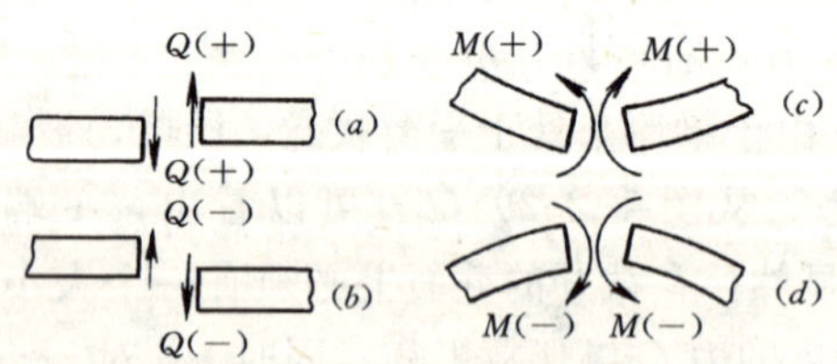

图 1-2-30 剪力和弯矩的符号判定

【例题】 试求图 1-2-31（a）所示的悬臂梁 1-1 及 2-2 截面上的内力？

【解】 悬臂梁左端为自由端，在求内力时，若取左段为研究对象，可省去求支座反力。

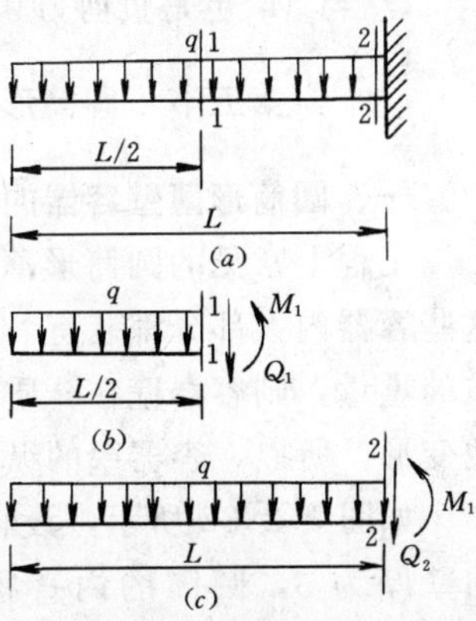

图 1-2-31　悬臂梁的内力计算

计算 1—1 截面上的内力，用截面 1—1 把梁分为左右两部分，取左端为研究对象，设 Q_1 与 M_1 为正，如图 1-2-31（b）所示。在考虑到左段的平衡时，左段上分布的荷载用合力 $q\times\frac{1}{2}l$ 来代替，合力作用在左段的中点上，所以

$$\Sigma y=0,\quad -\frac{1}{2}ql-Q_1=0$$

得
$$Q_1=-\frac{1}{2}ql$$

$$\Sigma M_1=0\quad -\left(\frac{1}{2}ql\right)\times\frac{1}{4}l-M_1=0$$

得
$$M_1=-\frac{1}{8}ql^2$$

所以，Q_1 与 M_1 为负值，表示所设的方向与实际方向相反。实际 Q_1、M_1 的方向按剪力与弯矩的符号判别方法判定，应该是负剪力和负弯矩。

用同样的步骤可以求出 2—2 截面上的内力。用 2—2 截面将梁分为左、右两部分，取左段为研究对象，设 Q_2 与 M_2 如图（c），由平衡条件得：

$$\Sigma y=0\quad -ql-Q_2=0$$

得
$$Q_2=-ql$$

$$\Sigma M_2=0\quad -(ql)\times\frac{1}{2}l-M_2=0$$

得 $$M_2 = -\frac{1}{2}ql^2$$

Q_2 与 M_2 也是负剪力和负弯矩。

第五节　圆筒形容器、管道及附件的强度

一、圆筒形薄壁容器的强度

工程上常见的圆筒形薄壁容器有锅筒、分汽缸、储气瓶等。这些容器内大部分都装有一定压力的介质，如果不考虑容器内介质的重量，则容器壁在介质压力的作用下，将向外扩张，而无其他变形。所以，容器壁的纵、横截面上只有正应力而无切应力。

如图 1-2-32 所示，设容器的壁厚为 δ，圆筒的内直径为 D，当 δ 远小于 D 时 $\left(\delta<\frac{1}{20}D\right)$，可以认为筒内应力沿壁厚均匀分布，且不考虑容器内所装介质的重量。现在，我们来分别研究容器纵横截面上的应力分布情况。

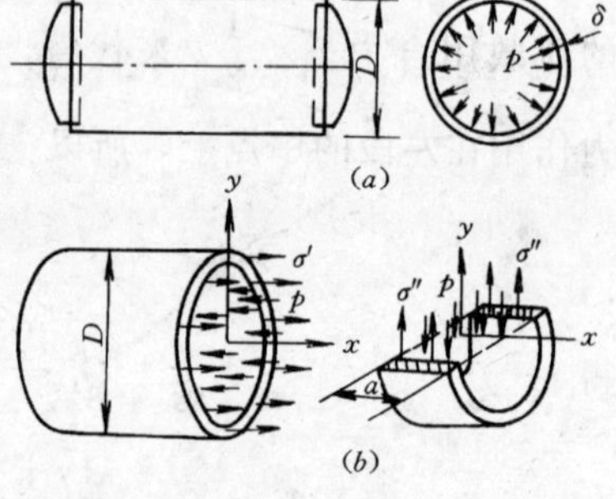

图 1-2-32　圆筒形薄容器的应力

（一）轴向应力

圆筒形薄壁容器所受的轴向应力即容器横截面上的正应力 σ'。首先假想用一个横截面将圆筒形薄壁容器沿直径方向截开，取左段为研究对象（包括所装的流体），如图 1-2-32（a）所示。

根据平衡方程 $\Sigma x=0$ 得

$$\sigma'(\pi D\delta) - p\left(\frac{\pi}{4}D^2\right) = 0$$

则

$$\sigma' = \frac{pD}{4\delta}$$

式中　σ'——圆筒形薄壁容器的轴向应力，Pa；

p——容器内介质的压力，Pa；

D——圆筒的内直径，m；

δ——圆筒壁的厚度，m。

这就是圆筒形薄壁容器轴向应力的计算公式。

（二）径向应力

为了研究圆筒形薄壁容器的径向应力，即纵截面上的正应力 σ''。假想用两个相距为 a 的横截面，在离筒盖稍远处从圆筒中截出一个圆环，再用包含直径的纵平面将环截开，取下半部连同所装的流体为研究对象（如图 1-2-32b），根据平衡条件 $\Sigma x=0$ 得

$$2(\sigma''\cdot a\delta)-pDa=0$$

则

$$\sigma''=\frac{pD}{2\delta}$$

式中 σ''——圆筒容器的径向应力，Pa；

p——圆筒容器内介质的压力，Pa；

D——圆筒的内直径，m^2；

δ——圆筒壁的厚度，m。

这就是圆筒形薄壁容器的径向应力的计算公式。

显然，轴向应力和径向应力之间存在着下列关系式：

$$\frac{\sigma'}{\sigma''}=\frac{\frac{pD}{4\delta}}{\frac{pD}{2\delta}}=\frac{1}{2}$$

即

$$\sigma''=2\sigma'$$

从上式可看出，径向应力是轴向应力的 2 倍。所以，在圆筒形薄壁容器上，纵焊缝比径向焊缝受力大。在试压时，往往是纵焊缝漏水，所以，在铆接时，纵向接缝的铆钉比径向接缝的铆钉要多，如图 1-2-33 所示。

对于圆筒形薄壁容器，除了计算其截面上的工作应力外，还应按照给予的许用应力 $[\sigma]$ 计算确定圆筒壁的厚度 δ。

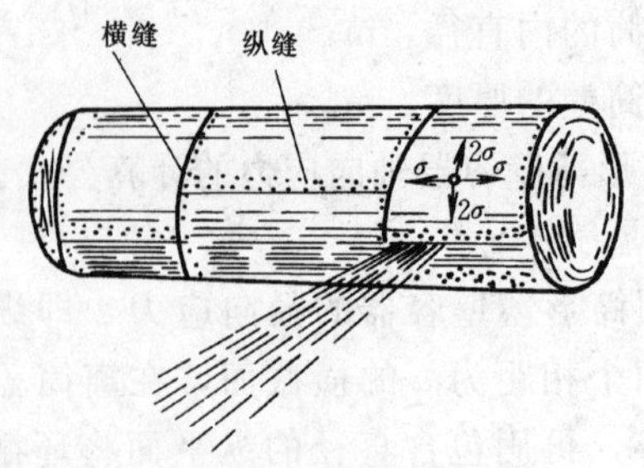

图 1-2-33　圆筒形薄壁容器受压时纵向焊缝破裂示意图

圆筒形薄壁容器壁厚的确定应根据最危险截面处即纵截面上的应力来计算，即根据最大应力——径向应力来确定圆筒壁的厚度。

即由
$$\sigma'' = \frac{Dp}{2\delta} \quad \text{得} \quad \delta = \frac{Dp}{2\sigma''}$$

用许用应力［σ］代替径向应力 σ''

则
$$\delta = \frac{pD}{2[\sigma]}$$

式中　δ——筒壁的厚度，m；

D——圆筒的内直径，m；

p——圆筒内流体的压力，Pa；

［σ］——钢材的许用应力，Pa。

这就是圆筒形薄壁容器壁厚的计算公式。

二、管道的强度计算

管道内输送的各种流体，一般都具有一定的压力，如果不考虑管内流体的重量，则管壁在流体压力的作用下，其变形只是向外扩张，同圆筒形薄壁容器受内压力作用时的变形一样。但是，由于直管段两端没有封头，不产生轴向变形和应力，只有径向应力和变形。显然，有压管道在内压力作用下产生的径向应力和圆筒形薄壁容器的径向应力的计算公式是相同的。即

$$\sigma = \frac{pD}{2\delta}$$

这就是管道径向应力的计算公式。

如果用管材的许用应力 $[\sigma]$ 代替管道的径向应力，即

$$[\sigma] = \frac{pD}{2\delta}$$

则
$$\delta = \frac{pD}{2[\sigma]}$$

这就是管道壁厚的计算公式。

考虑到焊缝和各种不利因素对强度的影响，在公式中除以焊缝系数 φ，并加上一个附加厚度 c，管道壁厚的计算公式可表示如下：

$$\delta = \frac{pD}{2[\sigma]\varphi} + c$$

式中 δ——管壁厚度，m；

p——管内介质的压力，Pa；

D——管道的内直径，m；

$[\sigma]$——管材的许用应力，Pa。其值可由有关手册查得。如果查不到或者未给出时可取钢管 $[\sigma] = 10^8$ Pa。

φ——焊缝系数，对于无缝管 $\varphi=1$；对焊接钢管 $\varphi=0.8$；

c——附加厚度，m；其值由三部分组成，即管壁厚度的制造偏差，腐蚀减薄的厚度，螺纹的深度。一般情况下，对于无缝钢管，$c=0.2\delta$；对于焊接钢管，$c=0.001$m。

三、圆形平端盖和平堵头的强度计算

圆形平端盖的厚度 δ_1 按下式计算：

$$\delta_1 = KD\sqrt{\frac{p}{[\sigma]}}$$

式中 K——系数，按照平端盖的形式不同进行选取。如图 1-2-34所示圆形平端盖 $K=0.4$；对于图 1-2-35 所示的焊接圆形平端盖 $K=0.6$；

$[\sigma]$ ——材料的许用应力，Pa；其值可从有关手册中查找，一般情况碳钢的 $[\sigma]$ 可采用 10^8 Pa；

D——圆筒的内直径，m；

p——介质的压力，Pa。

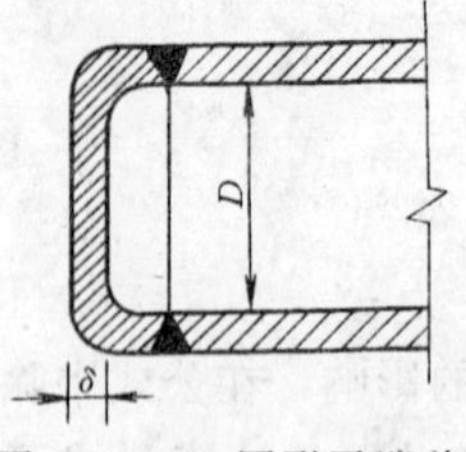

图 1-2-34　圆形平端盖

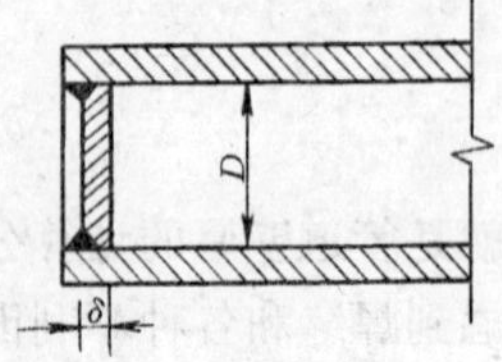

图 1-2-35　焊接圆形平端盖

对于夹在两个法兰之间的盲板厚度按上式计算，一般 K 值取 0.4，即

$$\delta_1 = 0.4D\sqrt{\frac{p}{[\sigma]}}$$

式中　δ_1——盲板的厚度，m；

D——盲板的直径，m；

p——介质的压力，Pa；

$[\sigma]$ ——钢材的许用应力，Pa。选择时要考虑很多因素，在有关手册中查得，在管道工程中，一般碳钢 $[\sigma]=10^8$ Pa。

四、支架的强度计算

（一）简单的单个零件的强度计算

为了满足支架的正常工作，每一构件的强度应满足下列公式要求：

$$\sigma = \frac{P}{F} \leqslant [\sigma]$$

式中　P——外荷载，N；

F——承受荷载的面积，m^2；

σ——构件截面上实际承受的应力，Pa；

$[\sigma]$ ——构件材料的许用应力，Pa。

根据公式，支架强度计算时，可解决三个方面的问题：

（1）已知荷载 P 和零件的横截面积 F 及材料的作用力［σ］，校核零件的强度；

（2）已知材料的许用应力［σ］及截面积 F，求构件所能承受的载荷 P；

（3）已知材料的许用应力［σ］和荷载 P，计算构件所需的横截面积 F。

【例题】有一管道吊架如图 1-2-36 所示，已知管子吊架的计算荷重为 14000N，选用 Q235 号圆钢作吊杆，试求圆钢的直径。已知 3 号圆钢的许用应力［σ］$=13\times10^7$Pa。

【解】根据公式 $\sigma=\dfrac{P}{F}\leqslant[\sigma]$ 得

$$\frac{P}{F}\leqslant[\sigma]$$

$$\frac{P}{\frac{1}{4}\pi d^2}\leqslant[\sigma]$$

$$d\geqslant\sqrt{\frac{4P}{\pi[\sigma]}}=\sqrt{\frac{4\times14000}{3.14\times13\times10^7}}=0.012\text{m}=12\text{mm}$$

吊杆圆钢的直径应是 12mm。

（二）组合支架的强度计算

由数个构件组成的支架叫组合支架，如图 1-2-37 所示。

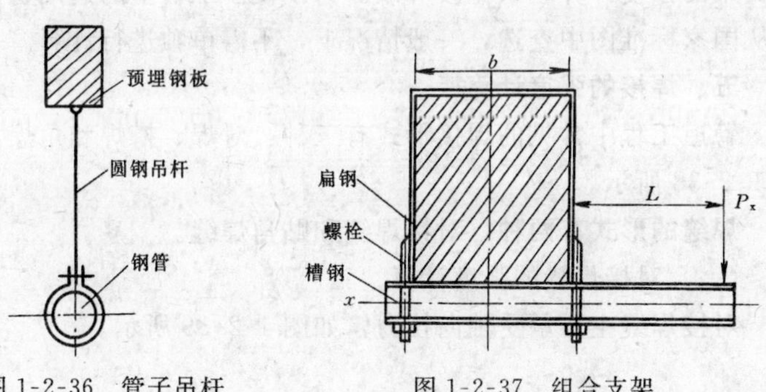

图 1-2-36　管子吊杆　　　图 1-2-37　组合支架

（1）构件 1（悬臂梁）强度的计算：

$$\sigma_c = l\frac{P_z}{W_x} \leqslant [\sigma]$$

式中 σ_c——合成应力，Pa；

l——悬臂梁的长度，m；

P_z——垂直结构的荷重，N；

W_x——对 x 轴的断面系数，m^3；

$[\sigma]$——材料的许用应力，Pa。

（2）构件 2（梁箍螺栓）计算

$$d \geqslant 1.5\sqrt{\frac{1}{[\sigma]}\left(1+\frac{l}{b}\right)P_z}$$

式中 d——螺栓的直径，m；

b——梁箍宽度，m；

其他符号意义与构件 1 相同。

（3）构件 3（梁箍扁钢）的计算：

宽度： $b \geqslant 2d$

厚度： $\delta \geqslant 0.42d$

式中 b——梁箍的宽度，m；

δ——扁钢的厚度，m；

d——螺杆直径，m。

在管道工程中，支架形式多种多样，其受力情况也不同，各种支架的强度计算起来比较麻烦。为了便于工程上的选用，可直接从国家标准图中查选，一般情况下，不需单独进行计算。

五、焊接的强度计算

管道工程中常见的焊接形式有三种：对焊、搭焊和角焊，如图 1-2-38 所示。

焊缝的形式有两种：对接焊缝和贴角焊缝。

（一）对接焊缝的强度计算

对接焊缝主要承受轴向拉力，如图 1-2-39 所示。

图 1-2-38　焊接连接的形式

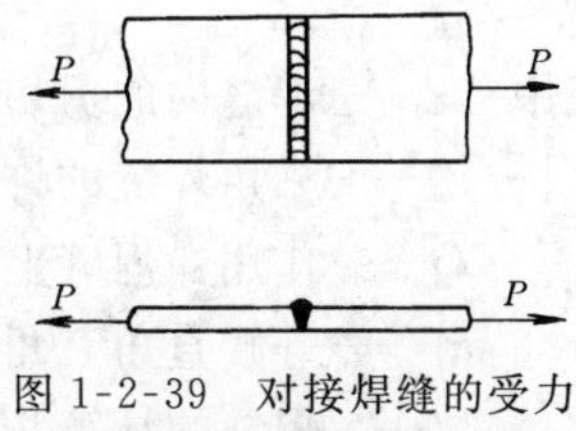

图 1-2-39　对接焊缝的受力

计算焊缝受力时，假定焊缝与被焊构件一样，应力是均匀分布的。计算焊缝面积时，不考虑焊缝的突出部分，一般情况下，焊缝端部的焊接强度较差，为了消除这一因素的影响，通常将焊缝的实际长度减去 10mm，作为焊缝的计算长度。所以，焊缝的强度条件是：

$$\sigma = \frac{N}{l\delta} \leqslant [\sigma]$$

式中　N——作用于焊缝上的计算内力，N；

$[\sigma]$——焊缝材料的许用拉应力，Pa，其值可查表；

σ——焊缝实际承受的应力，Pa；

δ——焊缝的厚度，m；

l——焊缝的计算长度，其值等于每条焊缝的实际长度减去 10mm＝0.01m。

（二）贴角焊缝的强度计算

贴角焊缝主要受剪切力的作用。

实验结果表明，贴角焊缝是沿着焊缝最小纵截面处发生剪切破坏。一般情况下，可认为焊缝的横截面是一直角三角形，较小直角边的边长为 h_f，计算时可取焊缝的最小高度 $0.7h_f$ 作为焊缝工作截面的计算厚度，如图 1-2-40 所示。

贴角焊缝的剪切强度条件是：

$$\tau = \frac{Q}{0.7h_f l} \leqslant [\tau_n]$$

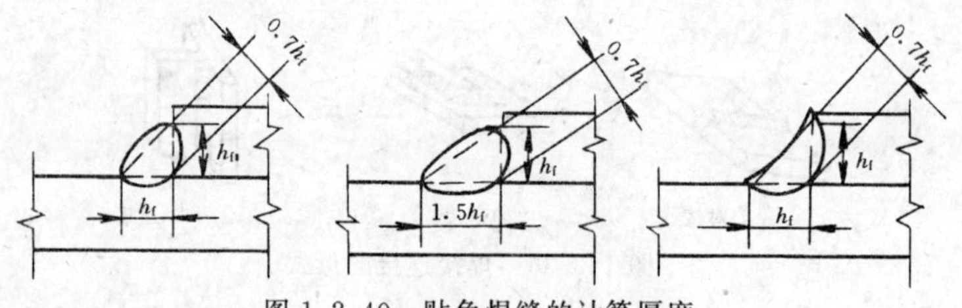

图 1-2-40　贴角焊缝的计算厚度

式中　τ——焊缝内的剪切应力，Pa；

$[\tau_n]$——贴角焊缝的许用剪应力，Pa，其值可查表；

Q——作用在焊缝上的剪切内力，N；

h_f——等腰直角三角形的直角边，m；

l——焊缝的计算长度，其值等于每条焊缝的实际长度减去 10mm＝0.01m。

【例题】 如图 1-2-41 所示，两块钢板宽度不同，搭接焊接连接，焊缝受轴向拉力$P=15\times10^4$N，钢板厚度$\delta=0.8$cm，侧焊缝的实际长度$l_1=8$cm，端焊缝的计算长度$l_2=12$cm，焊缝的直角边$h_f=0.8$cm，焊缝的许用应力$[\tau_n]=12\times10^7$Pa，试校核焊缝强度。

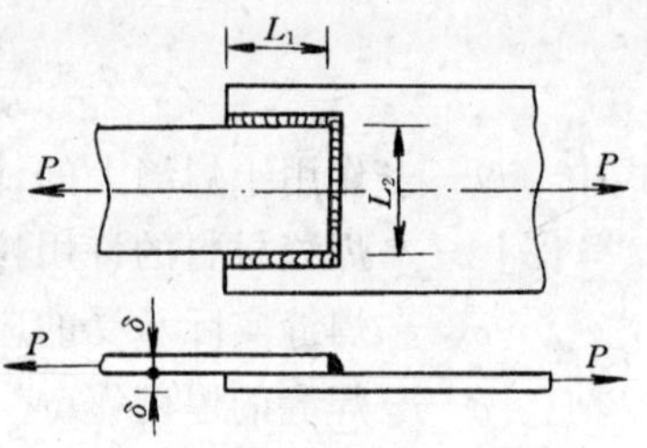

图 1-2-41　钢板搭接连接

【解】 $Q=P=15\times10^4$N　$h_f=0.008$m

根据公式

$$\tau=\frac{Q}{0.7h_f l}=\frac{15\times10^4}{0.7\times h_f[0.12+2\times(0.08-0.01)]}$$

$$=\frac{15\times10^4}{0.7\times0.08\times0.26}=10.3\times10^7\text{Pa}<[\tau_n]=12\times10^7\text{Pa}$$

根据计算结果判断，焊缝满足强度条件，是安全的。

第二篇　管道施工技术

第一章　管道配件展开图

第一节　虾壳弯展开图

虾壳弯由若干个带有斜截面的直管段构成，组成的节一般为两个端节及若干个中节，端节为中节的一半，虾壳弯一般采用单节、两节或三节以上的节数组成（这里指的是中节数）。节数越多，弯头越顺，对介质的阻力越小。虾壳弯的弯曲半径 R 同煨弯而成的弯管中心线的半径相仿，其计算公式为

图 2-1-1　单节虾壳弯立体图

$$R = mD$$

式中　R——弯曲半径；

D——管子外径；

m——所需的倍数。

由于虾壳弯的弯曲半径小，所以 m 一般在 1～3 倍的范围内，最常用的是 1.5～2 倍。

一、90°单节虾壳弯展开图

图 2-1-1 是单节虾壳弯的立体图。其展开图的画法步骤如下（图 2-1-2）：

（1）在左侧作 $\angle AOB=90°$，以 O 为圆心，R（即 mD）为半径，画出虾壳弯的中心线（图中点画线）。

（2）因为整个弯管由一个中节和两个端节组成，因此，端节

的中心角 $\alpha=\frac{90^{\circ}}{4}=22.5^{\circ}$。作图时先将 90°的∠$AOB$ 平分成两个 45°角（∠AOC 及∠COB），再将 45°的∠COB 平分成两个 22.5°角（∠COD 和∠DOB）。

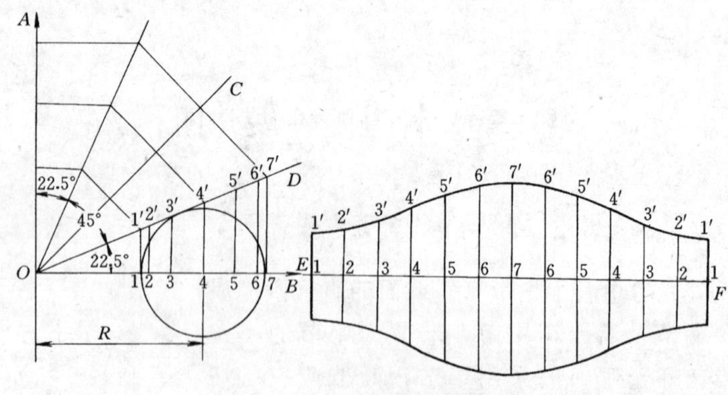

图 2-1-2　单节虾壳弯的展开图

（3）以弯管中心线与 OB 的交点为圆心，以管子外径的二分之一为半径，画圆并按前法六等分半个圆周。

（4）通过半径上的各等分点作垂直于 OB 的直线，诸垂直线与 OB 线相交各点的顺序标号是 1、2、3、4、5、6、7，与 OD 线相交各点的顺序标号是 1′、2′、3′、4′、5′、6′、7′。四边形 11′7′7 是该弯头的端节立面图。

（5）展开端节。在图右 OB 延长线上画直线 EF，在 EF 上量出管外径的周长并 12 等分之，自左至右等分点的顺序标号是 1、2、3、4、5、6、7、6、5、4、3、2、1。通过各等分点作 EF 的垂直线。

（6）以直线 EF 上各等分点为基点，分别截取 11′、22′、33′、44′、55′、66′、77′线段长，画在 EF 相应的垂直线上，将所得的各交点用光滑曲线连接起来，就是端节展开图。如果在端节展开图的另外一半，同样对称地截取 11′、22′、33′、44′、55′、66′、77′后用光滑曲线连接起来，即得中节展开图。

二、90°两节虾壳弯展开图

两节虾壳弯展开图的画法，如图 2-1-3 所示，其具体步骤如下：

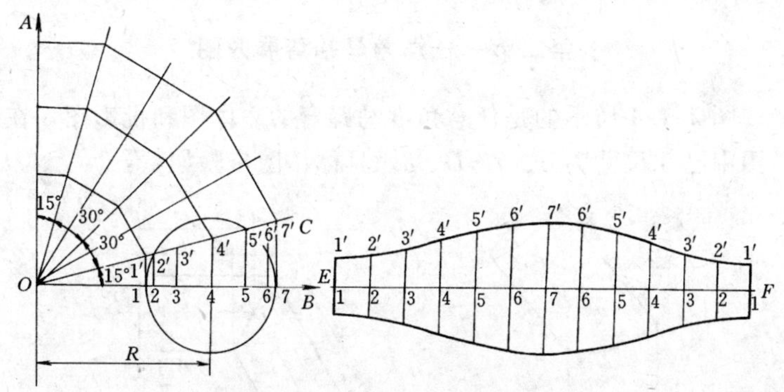

图 2-1-3　两节虾壳弯的展开图

（1）作∠AOB=90°，以 O 为圆心，以 R（即 mD）为半径，画出虾壳弯的中心线。

（2）因为整个弯管由两个中节和两个端节（相当于 6 个端节）组成，因此，端节的中心角 $\alpha=\frac{90°}{6}=15°$。作图时，先将 90°的∠AOB 三等分，使每个角均为 30°，再将离直线 OB 最近的 30°角平分，则∠COB=15°。

（3）以弯管中心线与 OB 的交点为圆心，以管子外径的二分之一长度为半径画半圆并六等分。

（4）通过半圆上的各等分点作垂直于 OB 的直线，交于 OB 各点的顺序标号是 1、2、3、4、5、6、7，交于 OC 各点的顺序标号是 1′、2′、3′、4′、5′、6′、7′。四边形 11′77′是该弯头的端节的立面图。

（5）沿 OB 延长线方向画直线 EF，在 EF 上量出管外径的周长并 12 等分之。自左至右等分点的顺序标号是 1、2、3、4、5、6、7、6、5、4、3、2、1，通过各等分点作垂直线。

（6）以直线 EF 上的各等分点为圆心，以 11′、22′、33′、

44′、55′、66′、77′的线段长为半径，左右、上下对称地在 EF 相应的诸垂直线上画出相交点，将所得的交点用光滑曲线连接起来，即成两节虾壳弯中节的展开图，如图 2-1-3 所示。

第二节　任意角马蹄弯展开图

图 2-1-4 所示的是任意角度马蹄弯的立体图和投影图，在投影图中已知尺寸为 a、b、D、α，具体作图步骤如下：

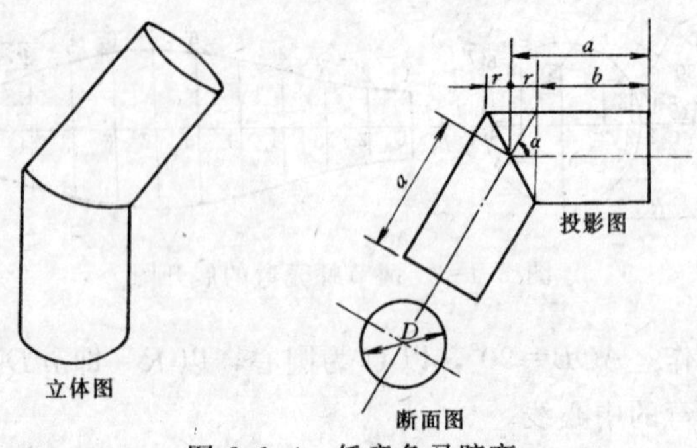

图 2-1-4　任意角马蹄弯

（1）用已知尺寸画出立面图和断面图的外形（即实样），如图 2-1-5（a）所示。

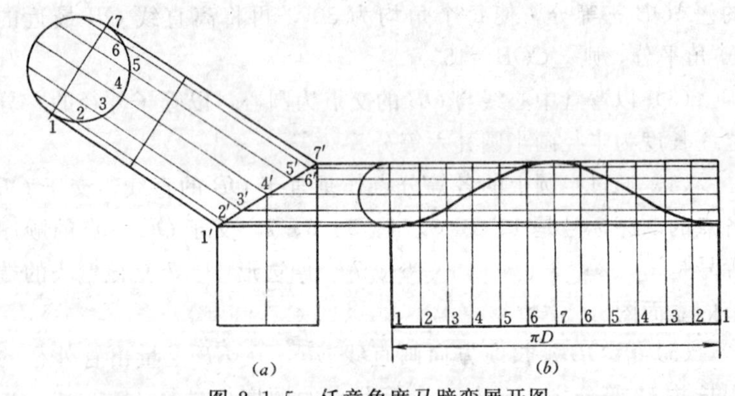

图 2-1-5　任意角度马蹄弯展开图

（2）按前法将断面图中的半个圆分成 6 等分，顺序标号为 1、2、3、4、5、6、7。

(3) 由圆周各等分点向下侧引圆管中心线的平行线，与投影接合线（即圆管斜口投影线）相交，得出交点为1′、2′、3′、4′、5′、6′、7′。

(4) 把圆管周长按12等分展开成水平线，如图2-1-5 (*b*) 所示，自左至右得其相应点的标号为1、2、3、4、5、6、7、6、5、4、3、2、1。

(5) 在展开的水平线上，由各等分点作垂直线，并同由投影接合线上各点1′、2′、3′、4′、5′、6′、7′引来的水平线相交。

(6) 用光滑曲线连接各垂直线同水平线的相交点，得任意角度马蹄弯管的展开图，如图2-1-5所示。

第三节　三通管道展开图

一、同径直交三通管的展开图

三通管俗称马鞍三通，同径直交三通管亦称同径正三通。它是由两节相同直径的圆管垂直相交而成。图2-1-6是同径正三通的立体图和投影图，其展开图的作图步骤如下（图2-1-7）：

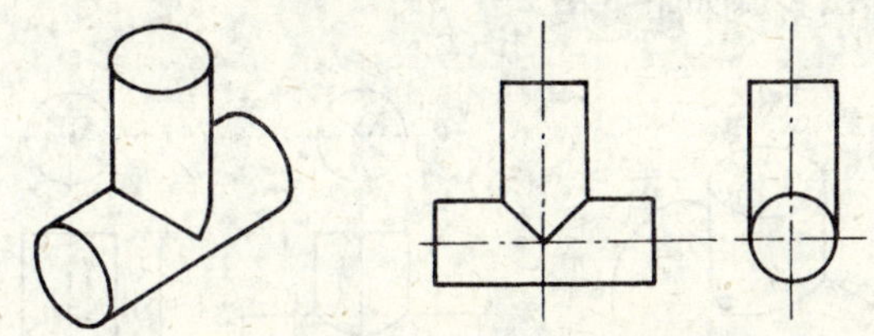

图 2-1-6　同径正三通的立体图和投影图

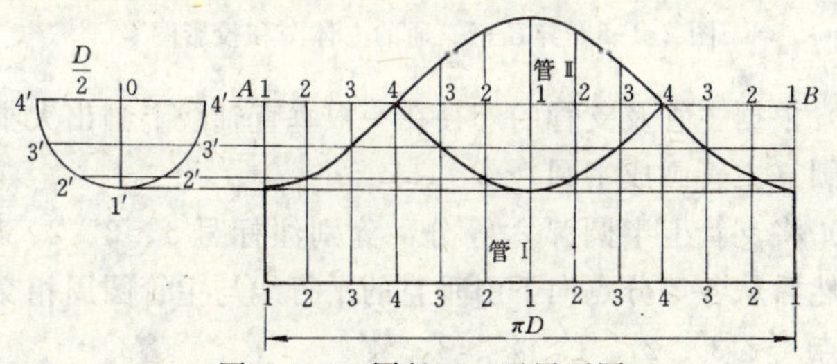

图 2-1-7　同径正三通展开图

(1) 以 O 为圆心，以二分之一管外径$\left(即\dfrac{D}{2}\right)$为半径作半圆并六等分之，等分点为 4′、3′、2′、1′、2′、3′、4′。

(2) 把半圆上的直径 44′向右引延长线 AB，在 AB 上量取管外径的周长并十二等分之。自左至右等分点的顺序标号为 1、2、3、4、3、2、1、2、3、4、3、2、1。

(3) 作直线 AB 上各等分点的垂直线，同时，由半圆上各等分点（1′、2′、3′、4′）向右引水平线与各垂直线相交。将所得的对应点连成光滑的曲线，即得支管展开图（俗称雄头样板）。

(4) 以直线 AB 为对称线，将 4-4 范围内的垂直线对称地向上截取，并连成光滑的曲线，即得主管展开图（俗称雌头样板），如图 2-1-7 所示。

二、异径直交三通管的展开图

异径直交三通管亦称异径正三通。它是由两节不同直径的圆管垂直相交而成。图 2-1-8 是异径正三通的立体图和投影图，其展开图的作图步骤如下（图 2-1-9）。

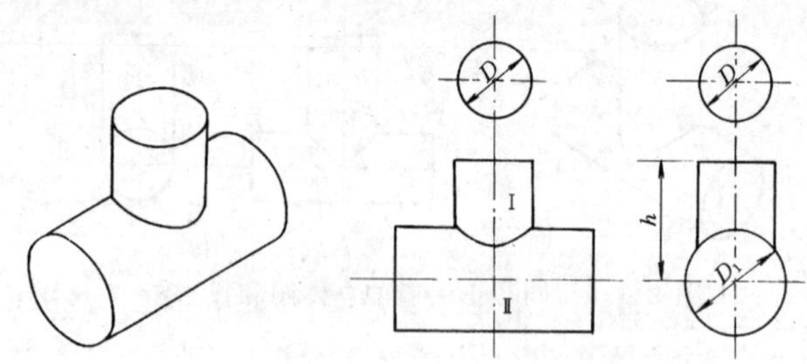

图 2-1-8　异径正三通的立体图和投影图

(1) 根据主管及支管的外径在一根垂直轴线上画出大小不同的两个圆（主管画成半圆）。

(2) 将支管上半圆弧六等分，分别注标号 4、3、2、1、2、3、4，然后从各等分点向下引垂直的平行线与主管圆周相交，得相应交点 4′、3′、2′、1′、2′、3′、4′。

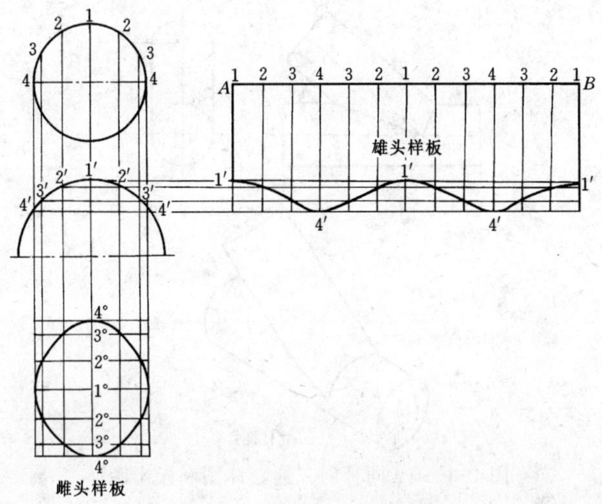

图 2-1-9　异径正三通的展开图

(3) 将支管圆直径 4-4 向右引水平线 AB，在 AB 上量取支管外径的周长并十二等分之，自左至右等分点的顺序标号是 1、2、3、4、3、2、1、2、3、4、3、2、1。

(4) 由直线 AB 上的各等分点引垂直线，然后由主管圆周上各交点向右引水平线与之对应相交，将对应交点连成光滑的曲线，即得支管展开图。

(5) 延长支管圆中心的垂直线，在此直线上以点 1° 为中心，上下对称量取主管圆周上的弧长 $\overset{\frown}{1'2'}$、$\overset{\frown}{2'3'}$、$\overset{\frown}{3'4'}$ 得交点 1°、2°、3°、4°、3°、2°、1°。

(6) 通过这些交点作垂直于该线的平行线，同时将支管半圆上的六等分垂直线延长与这些平行直线分别相交，用光滑曲线连接各相应交点，即成主管上开孔的展开图，如图 2-1-9 所示。

三、同径斜交三通管的展开图

同径斜交三通管简称同径斜三通。图 2-1-10 是同径斜三通的立体图和投影图。在投影图中，已知主管与支管交角 α，其展开图的作图步骤如下（图 2-1-11）：

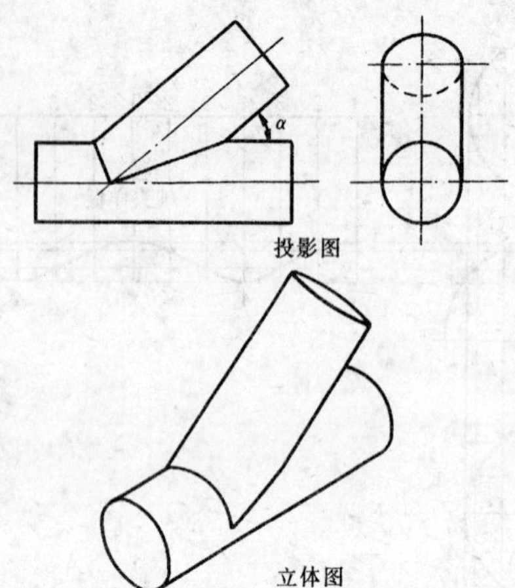

图 2-1-10　同径斜三通立体图和投影图

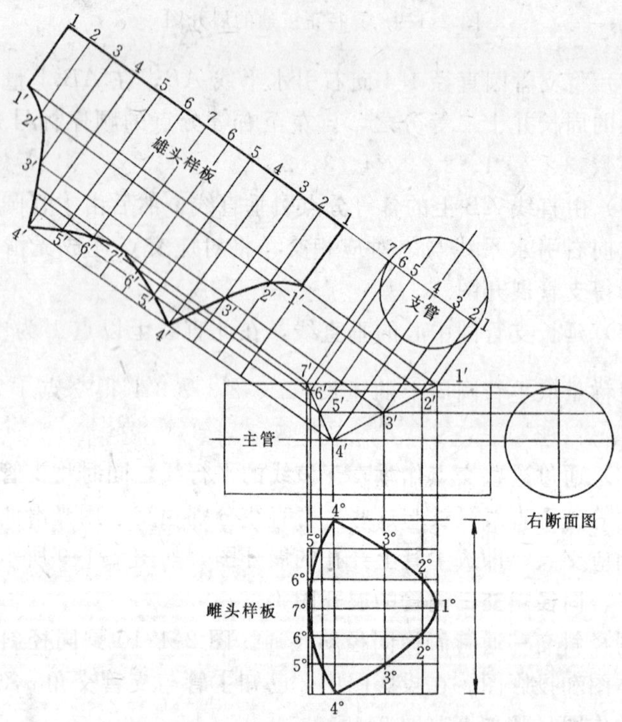

图 2-1-11　同径斜三通展开图

（1）根据管子外径和交角 α 画出同径斜三通的正立面投影图。

（2）在支管的顶端画半圆并六等分，由各等分点向下画出与支管中心线相平行的斜直线，使之与主管右断面上部半圆六等分线相交得直线 11′、22′、33′、44′、55′、66′、77′，将这些线段移至支管周长等分线的相应线段上，得点 1′、2′、3′、4′、5′、6′、7′、6′、5′、4′、3′、2′、1′，用光滑曲线将这些点连接起来即是支管的展开图。

（3）将同径斜三通正立面图上的交点 1′、2′、3′、4′、5′、6′、7′向下引垂直线，与半圆周长 $\left(\frac{\pi D}{2}\right)$ 的各等分线相交，得点 1°、2°、3°、4°、5°、6°、7°，用光滑曲线将这些点连接起来即是主管开孔的展开图，如图 2-1-11 所示。

四、异径斜三通管的展开图

异径斜三通管简称异径斜三通。图 2-1-12 是异径斜三通的投影图，在投影图中，已知尺寸为 a（支、主管轴线夹角）、D（主管外径）、D_1（支管外径），其展开方法和步骤大致上与同径斜三通相同，但支管与主管的接合线须用作图方法求得。求出接合线后，展开图的画法与同径斜三通相同，其接合线的作图方法和步骤如下（图 2-1-13）：

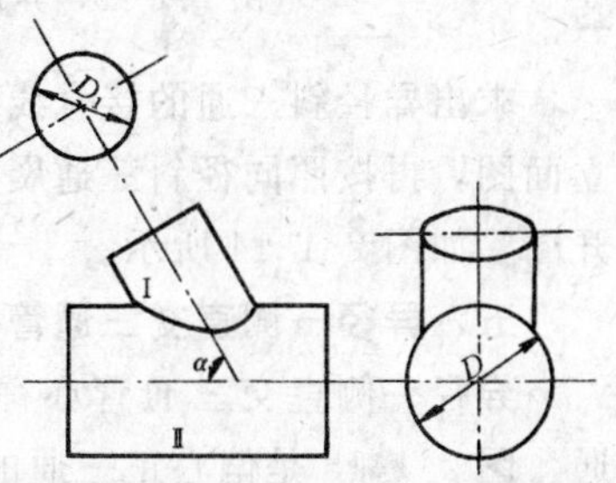

图 2-1-12　异径斜三通的投影图

（1）先画出异径斜三通的立面图与侧面图，在该两图的支管端部各画半个圆并六等分之，等分点标号为 1、2、3、4、3、2、1。然后在立面图上通过诸等分点向下作平行于支管中心线的斜直线，同时在侧面图上通过各等分点向下作垂线，这组垂线与主管圆周相交，得交点 4、3′、2′、1′、2′、3′、4′。

（2）过点 4′、3′、2′、1′、2′、3′、4′向左分别引水平线，使之与立面图上支管斜平行线相交，得交点 1°、2°、3°、4°、3°、

2°、1°。将这些点用光滑曲线连接起来即为异径三通的接合线，如图 2-1-13 所示。

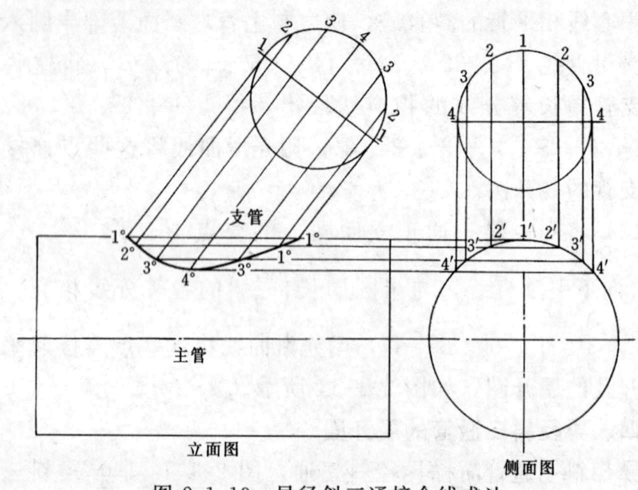

图 2-1-13 异径斜三通接合线求法

求出异径斜三通的接合线后，就得到完整的异径斜三通的正立面图，再按照同径斜三通展开图的画法，画出主管和支管的展开图，如图 2-1-14 所示。

五、异径一侧直交三通管的展开图

异径一侧直交三通管亦称偏心直交三通管，简称偏心正三通。图 2-1-15 是偏心正三通的立体图和投影图，在投影图中已知尺寸为 a、h、R、D。其展开图的作图步骤如下（图 2-1-16）：

（1）先画出立面图和侧面图，然后作两个支管顶端的断面半圆，并将半圆周分成四等分。侧面图半圆周的等分点顺序标号是 1、2、3、4、5。由侧面图上方圆周等分点分别向下引垂直线，与主管断面圆周相交，交点标号相应是 1′、2′、3′、4′、5′。

（2）再由各交点 1′、2′、3′、4′、5′向左引水平线，与由立面图上方支管圆周等分点分别向下引的垂直线相交，得点 1°、2°、3°、4°、5°、4°、3°、2°、1°，将交点连成光滑曲线，即为所求的接合线。

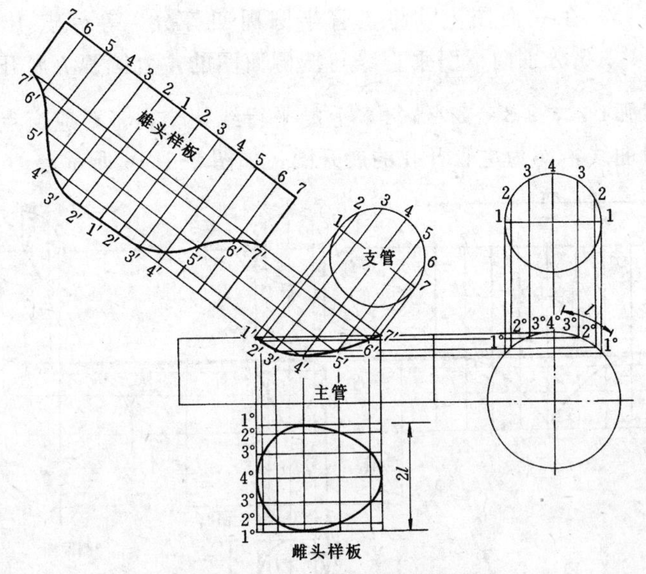

图 2-1-14　异径斜三通的展开图

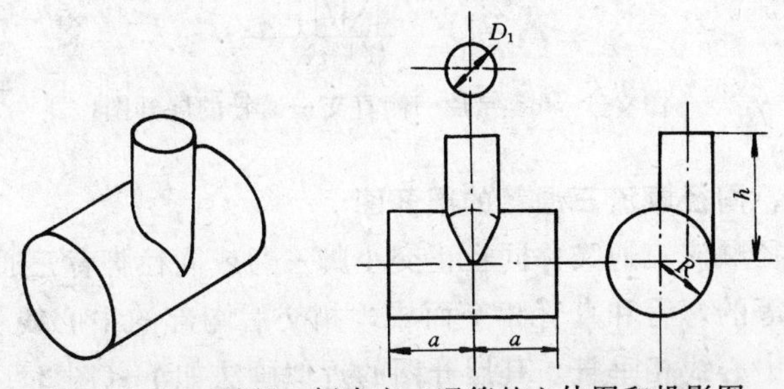

图 2-1-15　异径一侧直交三通管的立体图和投影图

(3) 由支管管端 3°3°向左引水平线，并在水平线上截取 1 1 等于支管圆周展开长度 (πd)，八等分该展开的支管圆周长度得等分点标号为 1、2、3、4、5、4、3、2、1。

(4) 由各等分点 1、2、3、4、5、4、3、2、1 向下引垂直线，与由接合线上各点 1°、2°、3°、4°、5°、4°、3°、2°、1°向左所引的水平线相交，将对应交点连成光滑曲线，即为支管的展开图。

（5）在立面图上，将支管半圆周四等分，等分点 1°、2°、3°、4°、5°分别向下引垂直线与按侧面图的主管圆弧 l 展开后的各段弧$\widehat{1'2'}$、$\widehat{2'3'}$、$\widehat{3'4'}$、$\widehat{4'5'}$上的平行线相交，将对应交点连成光滑曲线，即为主管开孔的展开图，如图 2-1-16 所示。

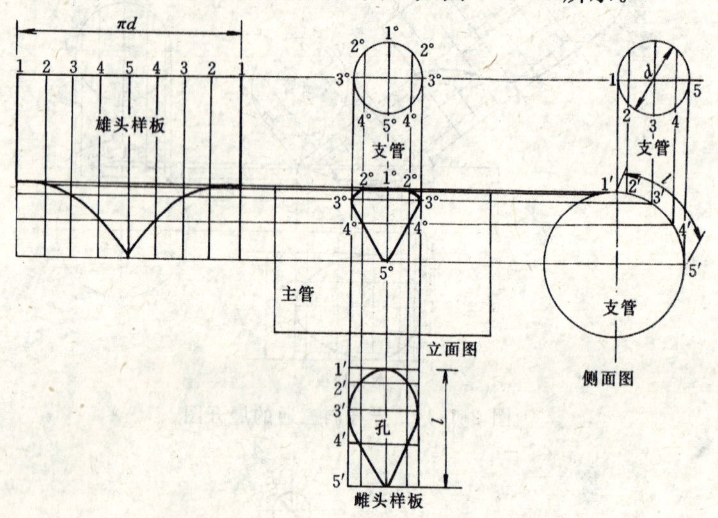

图 2-1-16 异径一侧直交三通管的展开图

六、同径顺流三通管的展开图

同径顺流三通又称同径正交小脚三通或同径脚背三通。它由直径相等的弯管和直管相交而成，相交后端部的中心线相重合，另一端中心线相垂直。其展开图的近似画法如下（图 2-1-17）：

1. 求接合线

（1）在管Ⅰ一端以$\frac{D}{2}$为半径作半圆并六等分，过等分点作管端直径的垂线，其交点分别为 1、2、3、4、5、6、7。

（2）在管Ⅰ另一端以 4″为圆心作半圆并六等分，得点Ⅰ、Ⅱ、Ⅲ、Ⅳ、Ⅴ、Ⅵ、Ⅶ。

（3）过点Ⅰ、Ⅱ、Ⅲ、Ⅳ作管Ⅱ中心线的平行线，与以 O 为圆心 01、02、03、04、05、06、07 为半径作弧相交于点 1″、

2″、3″、4″、5″、6″、7″，用光滑曲线连接 4″、5″、6″、7″各点即得接合线。

2. 管Ⅰ展开图

为方便展开，取管Ⅰ的$\frac{1}{2}$作展开管长度，即从起弯处后的45°线作为展开图的基准线，各弧线与基准线对应交点分别为 1′、2′、3′、4′、5′、6′、7′。如图 2-1-17（*a*）所示。

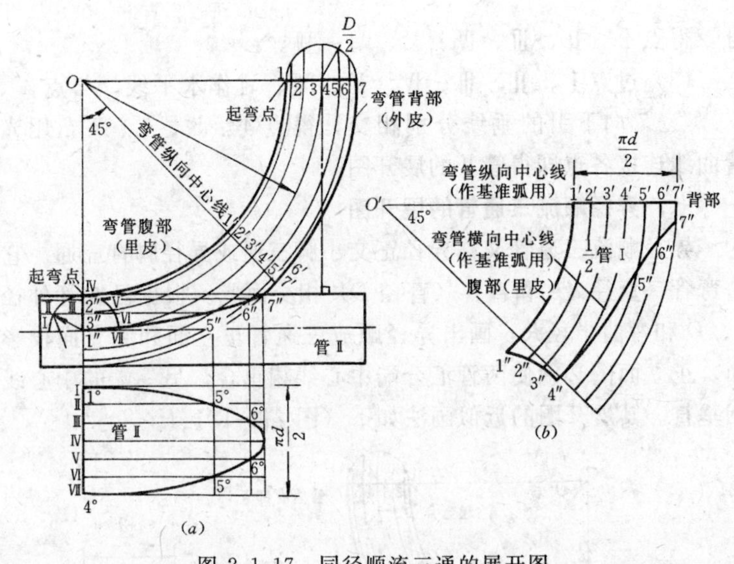

图 2-1-17　同径顺流三通的展开图

（1）如图 2-1-17（*b*）所示，取线段 0′4′＝04′，延长线段 0′4′至 7′，使 1′7′＝$\frac{\pi D}{2}$，并将线段 1′7′六等分，得各等分点为 1′、2′、3′、4′、5′、6′、7′。

（2）以 O' 为圆心，以 0′1′、0′2′、0′3′、0′4′、0′5′、0′6′、0′7′为半径作弧，截取 1′1″、2′2″、3′3″、4′4″、5′5″、6′6″、7′7″与管Ⅰ立面投影图上的弧长 1′1″、2′2″、3′3″、4′4″、5′5″、6′6″、7′7″对应相等。

（3）用光滑曲线连接 1″、2″、3″、4″、5″、6″、7″各点，即得$\frac{1}{2}$管Ⅰ的展开图。

3. 管Ⅱ展开图

（1）如图 2-1-17（*a*）所示，由接合线上点 4″、5″、6″、7″向下引垂线。

（2）在过点 4″的垂线上截取线段Ⅰ-Ⅶ等于$\frac{\pi D}{2}$，并进行六等分，得点Ⅰ、Ⅱ、Ⅲ、Ⅳ、Ⅴ、Ⅵ、Ⅶ。

（3）过点Ⅰ、Ⅱ、Ⅲ、Ⅳ、Ⅴ、Ⅵ、Ⅶ作水平线，与点 4″、5″、6″、7″向下引的垂线分别相交，得点 4°、5°、6°、7°，用光滑曲线连接各点即得管Ⅱ的展开图。

七、异径顺流三通管的展开图

异径顺流三通管又称异径正交小脚三通或异径脚背三通。它由弯管（直径 *d*）和直管（直径 *D*）相交而成。根据已知管外径 *d*、*D* 和弯曲半径 *R*，画出异径顺流三通管正立面和侧立面投影面。正立面图必须使两管汇合端中心线相重合，另一端的中心线相垂直。其展开图的近似画法如下（图 2-1-18）：

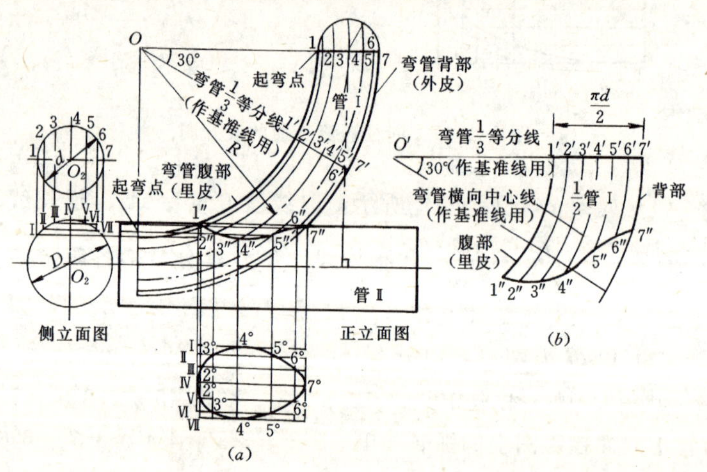

图 2-1-18 异径顺流三通的展开图

1. 求接合线

（1）以弯管外径 d 及直管外径 D 为直径，分别作圆 O_1 和圆 O_2。

（2）将圆 O_1 半圆六等分，其等分点为 1、2、3、4、5、6、7，并过各等分点作垂线，与圆 O_2 圆周对应交于点Ⅰ、Ⅱ、Ⅲ、Ⅳ、Ⅴ、Ⅵ、Ⅶ。

（3）在管Ⅰ端部以 $\frac{d}{2}$ 为半径作圆并六等分之，过各等分点作管端直径的垂线，其交点分别为 1、2、3、4、5、6、7。

（4）以 O 为圆心，以 01、02、03、04、05、06、07 为半径作弧，与过圆 O_2 圆周上点Ⅰ、Ⅱ、Ⅲ、Ⅳ、Ⅴ、Ⅵ、Ⅶ作管Ⅱ中心线的平行线，对应相交得点 1″、2″、3″、4″、5″、6″、7″，用光滑曲线连接各点即得接合线。

2. 管Ⅰ展开图

为便于展开，取管Ⅰ的 $\frac{1}{2}$ 作为展开管长度。即从起弯处后的 30°线作为展开图的基准线。各弧线与基准线对应交点分别为 1′、2′、3′、4′、5′、6′、7′。

（1）如图 2-1-18（*b*）所示，取线段 0′4′＝04′，并延长至 7′，使 $1'7'=\frac{\pi d}{2}$，将线段 1′7′六等分，得各等分点为 1′、2′、3′、4′、5′、6′、7′。

（2）以 O' 为圆心，以 0′1′、0′2′、0′3′、0′4′、0′5′、0′6′、0′7′为半径作弧，截取弧长 1′1″、2′2″、3′3″、4′4″、5′5″、6′6″、7′7″与管Ⅰ正立面投影图上的弧长 1′″、2′2″、3′3″、4′4″、5′5″、6′6″、7′7″对应相等。

（3）用光滑曲线连接 1″、2″、3″、4″、5″、6″、7″各点，即得 $\frac{1}{2}$ 管Ⅰ的展开图。

3. 管Ⅱ展开图

（1）如图 2-1-18（*a*）所示，由接合线上点 1″、2″、3″、4″、

5″、6″、7″向下引垂线。

(2) 在过点 1″的垂线上，截取线段ⅠⅡ、ⅡⅢ、ⅢⅣ、ⅣⅤ、ⅤⅥ、ⅥⅦ，使其与圆 O_2 上的ⅠⅡ、ⅡⅢ、ⅢⅣ、ⅣⅤ、ⅤⅥ、ⅥⅦ弧长对应相等。

(3) 过点Ⅰ、Ⅱ、Ⅲ、Ⅳ、Ⅴ、Ⅵ、Ⅶ作水平线与各垂线分别对应相交，得点 1°、2°、3°、4°、5°、6°、7°，用光滑曲线连接各点即得管Ⅱ的展开图。

八、同径弯头三通管的展开图

同径弯头三通管又称八字三通、羊角弯管三通。它是由管径和弯曲半径均相等的两只弯头组成的，其汇合端的中心线相重合，背向端的中心线在同一轴线上。图 2-1-19 是同径弯头三通的立面投影图。其展开图的近似画法如下：

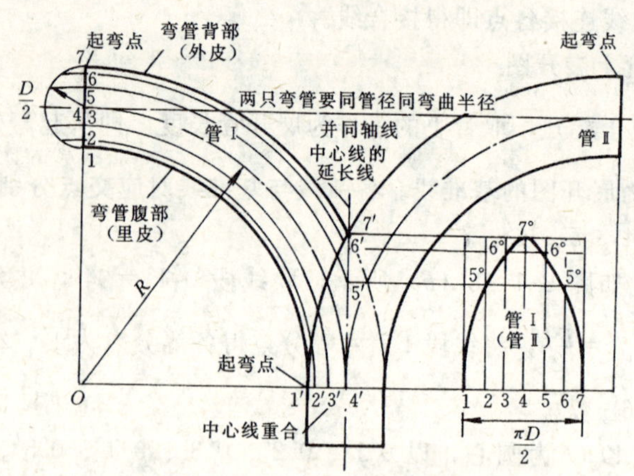

图 2-1-19　同径弯头三通的展开图

(1) 在管Ⅰ左侧端，以$\frac{D}{2}$为半径作管端的半圆并六等分之，过等分点作管端的垂线相交于点 1、2、3、4、5、6、7。

(2) 以 O 为圆心，分别以 01、02、03、04、05、06、07 为半径作弧，交管Ⅰ另一管端为点 1′、2′、3′、4′，与两管接合线相交于点 5′、6′、7′。

(3) 在 $1'4'$ 延长线上截取 $17=\frac{\pi D}{2}$，并六等分得等分点为 1、2、3、4、5、6、7。

(4) 过接合线上交点 $5'$、$6'$、$7'$ 分别引水平线，与过点 2、3、4、5、6 的垂线分别相交，其交点为 5°、6°、7°、6°、5°，用光滑曲线连接各点即得管Ⅰ展开图（管Ⅱ展开图与管Ⅰ相同）。

第四节　大小头的展开图

一、同心大小头的展开图

同心大小头展开图的作图步骤如下：

(1) 画出大小头的立面图，如图 2-1-20 所示。

(2) 以 ac 为直径作大头的半圆并六等分，每一等分的弧长为 A。

(3) 以 bd 为直径作小头的半圆并六等分，每一等分的弧长为 B。

(4) 延长斜边 ab 及 cd，相交 O 点。

(5) 以 oa 及 ob 为半径，画圆弧 $\overset{\frown}{EF}$ 及 $\overset{\frown}{GH}$，分别为大头及小头的圆周长，连接 E、F、G、H 四点，即为大小头的展开图，如图 2-1-20 所示。

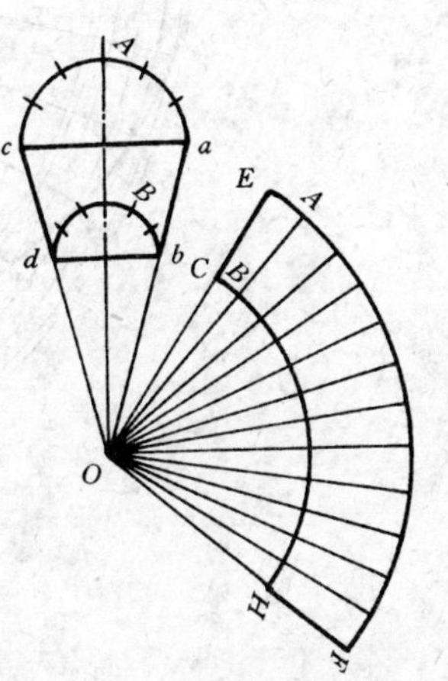

图 2-1-20　同心大小头展开图

在具体画大头及小头的圆周长时，可用圆规对弧长 A 和弧长 B 分别量取十二等分，然后再连接等分线端部四点即成展开图。

二、偏心大小头的展开图

偏心大小头展开图的作图步骤如下（图 2-1-21）：

(1) 画偏心大小头立面图成 $AB17$。

(2) 延长 $7A$ 及 $1B$ 直线相交于 O 点。

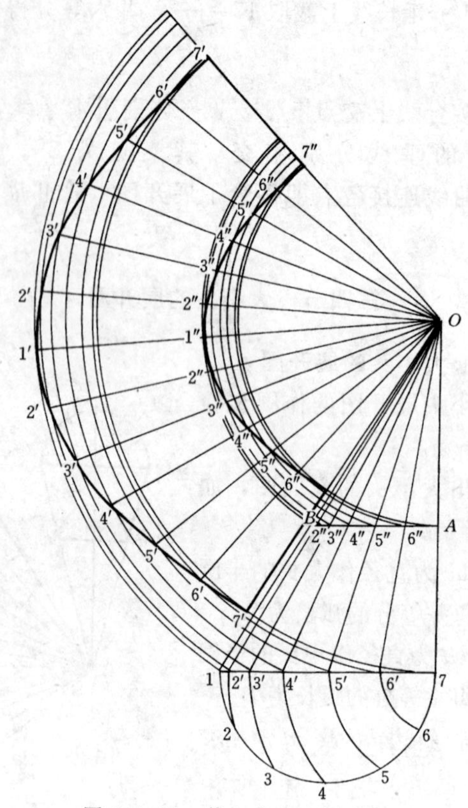

图 2-1-21 偏心大小头展开图

(3) 以直线 17 为直径，画半圆并六等分，其等分点为 2、3、4、5、6。

(4) 以 7 为圆心，以 7 到半圆各等分点的距离作半径画同心圆弧，分别与直线 17 相交，其交点为 2′、3′、4′、5′、6′。将各交点与顶点 O 相连接。

(5) 连接线 06′、05′、04′、03′、02′与直线 AB 交于 6″、5″、4″、3″、2″各点。

(6) 以 O 点为圆心，分别以 07、06′、05′、04′、03′、02′、01 为半径作同心圆弧。

(7) 在 07 为半径的圆弧上任取一点 7′，以点 7′为起点，以半圆等分弧的弧长（如$\overset{\frown}{67}$）为线段长，顺次阶梯地截取各同心圆弧交点 6′、5′、4′、3′、2′、1′、2′、3′、4′、5′、6′、7′。

(8) 以 O 点为圆心，OA、06″、05″、04″、03″、02″、OB 为半径，分别画圆弧顺次阶梯地与 07′、06′、05′、04′、03′、02′、01′、02′、03′、04′、05′、06′、07′各条半径线相交于 6″、5″、4″、3″、2″、1″、2″、3″、4″、5″、6″、7″等各点，以光滑曲线连接所有交点，即为偏心大小头的展开图，如图 2-1-21 所示。

第二章　管 道 弯 曲

第一节　管道弯曲时的变形

管道在弯曲时（无论采用热弯或冷弯）都会产生如下几种变形情况。

1. 外侧管壁减薄

外侧管壁由于厚度的减薄而降低了承压强度。因此规范中规定了壁厚减薄率$\left(\frac{\text{弯管前壁厚}-\text{弯管后壁厚}}{\text{弯管前壁厚}}\times 100\%\right)$，高压管不超过10%，中低压管不超过15%，且不小于设计计算壁厚。为了保证弯头的强度，一方面加工时要求尽量减少壁厚减薄率。另一方面，我们在选用供弯管用的管子时，应选用管子壁厚没有负偏差或负偏差较小的管子来弯管。

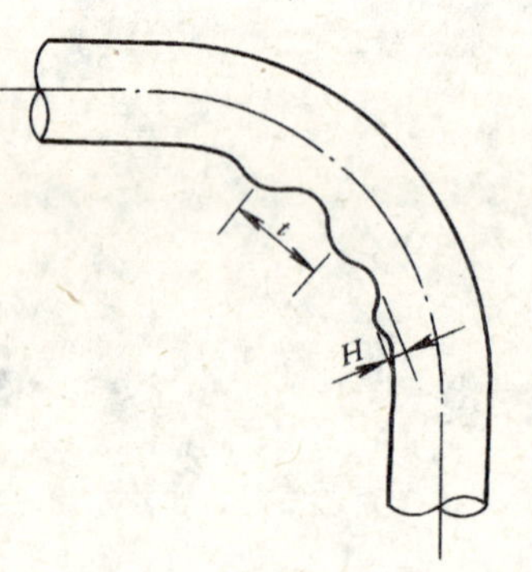

图 2-2-1　弯曲部分波浪度

2. 内侧管壁增厚而产生折皱波浪度（图 2-2-1）

内侧受到压力时，不仅增厚壁厚，由于管子可塑性较差，压力不仅使管子产生压缩变形，还在很大程度上产生折皱变形而成波浪形。波浪增加了流体阻力，破坏了金属组织的稳定性，容易产生腐蚀现象。因此，中、低压弯管内侧波浪度 H 应符合表2-2-1的要求。波距 t 应大于或等于 $4H$。

管子弯曲部分波浪度 *H* 的允许值（mm）　　**表 2-2-1**

外　径	<108	133	159	210	273	325	377	>426
钢　管	4	5	6		7		8	
有色金属管	2	3	4	5	6		—	

3. 管子的截面变为椭圆

管子产生椭圆，不仅增加流体的阻力，而且管子在受到内压作用后，弯管的椭圆引起弯曲附加应力。弯管椭圆的截面形状如图 2-2-2 所示。当内压作用时，截面有变圆的趋势。在短轴处产生的弯矩使外壁（点 1 处）受拉，使本身因弯管而减薄了的外壁又增加了附加弯曲应力，加大了破坏的危险性；在长轴处产生的弯矩大于短轴处的弯矩，但内壁受拉（点 2 处），虽然原来 2 点处的拉应力比弯管外侧的 1 点处小，因椭圆而叠加上附加弯曲应力后，总的最大应力可能发生在点 1 处，也可能发生在点 2 处。故弯头的破坏有时在外侧外壁处发生，有时在中心面附近的内壁处发生。因此椭圆度过大就会降低弯头的强度。所以规范规定：

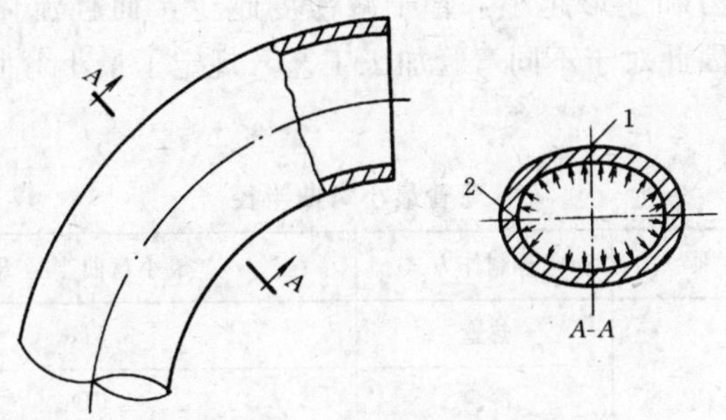

图 2-2-2 管子椭圆受力的危险点

$$椭圆率 = \left(\frac{最大外径 - 最小外径}{最大外径} \times 100\%\right)$$

不超过：

高压管 5%；

中低压管 8%；

铜、铝管 9%；

铜合金、铝合金管 8%；

铅管 10%。

4. 缩径现象

管子弯曲时，由于弯曲部分金属材料强度受影响而产生缩

径现象。这样减小了管子有效截面，增加了流体阻力，因此缩径度

$$\left(\frac{最大外径+最小外径}{2\times 管外径}\times 100\%\right)应不小于95\%。$$

第二节　影响管子弯曲变形的因素

1. 管子的直径

由于管子受力大小是与管子的外壁同中性层的距离成正比的，而这个距离正好是管子直径的一半。所以管子直径越大，弯曲时的受力和变形也越大。

2. 弯曲半径

弯曲变形的大小与弯曲半径 R 成反比。即弯曲半径越大，管子的受力和变形越小，管子减薄度越少，而且流体的阻力损失也少。因此对于不同弯管加工工艺，规定了最小弯曲半径，见表 2-2-2。

弯管最小弯曲半径　　　　表 2-2-2

<table>
<tr><th>管子类别</th><th>弯管制作方式</th><th colspan="2">最小弯曲半径 R</th></tr>
<tr><td rowspan="7">中、低压钢管</td><td>热弯</td><td colspan="2">$3.5D_W$</td></tr>
<tr><td>冷弯</td><td colspan="2">$4.0D_W$</td></tr>
<tr><td>褶皱弯</td><td colspan="2">$2.5D_W$</td></tr>
<tr><td>压制</td><td colspan="2">$1.0D_W$</td></tr>
<tr><td>热推弯</td><td colspan="2">$1.5D_W$</td></tr>
<tr><td rowspan="2">焊制</td><td>$DN\leqslant 250$</td><td>$1.0D_W$</td></tr>
<tr><td>$DN>250$</td><td>$0.75D_W$</td></tr>
<tr><td rowspan="2">高压钢管</td><td>冷、热弯</td><td colspan="2">$5.0D_W$</td></tr>
<tr><td>压制</td><td colspan="2">$1.5D_W$</td></tr>
<tr><td>有色金属管</td><td>冷、热弯</td><td colspan="2">$3.5D_W$</td></tr>
</table>

注：1. DN 为公称直径、D_W 为外径；

2. 焊制弯头最小弯曲半径 R 应不小于 $1.5D_W$。

3. 弯曲角 α

弯曲变形的大小与弯曲角 α 成正比。弯曲角越大，管子的受力和变形也越大。

第三节　弯曲长度的计算

不论冷弯与热弯，当需要弯制定尺寸的弯头时，必须计算弯头的弯曲长度，预先在直管上划好线。这个弯曲长度对于热弯弯头来说也就是加热长度。

弯曲长度的计算公式为

$$l = \frac{\alpha \pi R}{180}$$

式中　l——弯曲长度；

α——弯曲角度；

R——弯曲半径。

当弯曲为 90°时，弯曲长度为

$$l = \frac{90 \cdot \pi \cdot R}{180} = \frac{\pi}{2}R = 1.57R$$

1. 90°一端定尺寸弯头的画线

要弯制如图 2-2-3 所示尺寸的弯头时，在直管上如下所述，划出起弯点及弯曲长度。

画线的方法有三种：

(1) 从图 2-2-3 中知道

$$L = a + R$$

式中　L——管端至弯头中心长度；

a——起弯点前直管长度；

R——弯曲半径。

由上式可得，起弯点前直管长度 $a = L - R$。画线时，可在直管上直接量出尺寸 a，此点即为弯管的起弯点，从 a 点向前量 $l = 1.57R$ 即为弯曲长度，这是第一种画线方法。

(2) 先从管端量取弯头中心长度 L，再退回一个位移值

$\Delta L=0.215R$，此点即为弯曲长度的中心。

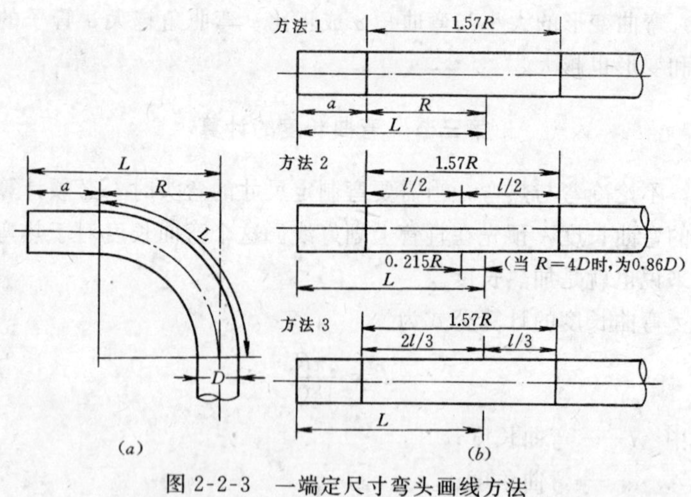

图 2-2-3　一端定尺寸弯头画线方法

(a) 定尺弯头尺寸；(b) 画线方法

90°弯头每边位移 $0.215R$ 是怎样来的，这是几何计算结果。从图上可以看到一只弯头在平面上所走的直角距离每一端都是 R，即图上量下来共走的距离是 $2R$，而实际管子弯曲长度为弧长 $1.57R$，整个弯管共伸长了 $2R-1.57R=0.43R$，即每端长出 $0.215R$。

同样情况，在弯制 U 形弯、双向弯等各种连弯时，对每二只弯头的弯曲长度进行画线时，也要在量出中心长度 L 后，倒回一个 $\Delta L=0.215R$ 位移值，定出弯曲长度的中心。

(3) 这个方法是熟练工人的习惯画法。在量出管端至弯头中心的长度 L 后，在管端处取 $2/3l$，另一端取 $1/3l$，这个方法非常简单好记，是一个近似的画法。

这个方法实际上是把弯曲中心的位移值扣除了 $0.2618R$，与第 2 种方法比较多扣除了 $0.047R$，当 $R=4D$ 时，多扣了 $0.19D$；当 $R=3.5D$ 时，多扣除了 $0.165D$。所以弯管后管端长度会缩短。使用这个方法时，如果需要定尺寸，则要考虑到这一误差。考虑到下面讲到管子弯曲时的伸长，弯管后实际的缩短没有那么大，只在 $0.1D$ 左右，而方法 1、2 则是有所伸长的。

2. 任意角的位移值 ΔL

任意角的位移按下式计算：

$$2\Delta L = 2 \cdot R \cdot \mathrm{tg}\frac{\alpha}{2} - \frac{\pi}{180}R \cdot \alpha$$

即

$$\Delta L = R \cdot \mathrm{tg}\frac{\alpha}{2} - 0.00873R \cdot \alpha$$

式中　ΔL——位移数值；

α——弯头弯曲角度；

R——弯曲半径。

当弯任意角度时，先量出管端至弯头中心距离 L，然后退回位移值 ΔL，即为弯曲中心。

第四节　管子弯曲时的伸长

在定尺寸弯管或两只弯头连弯时，量第二只弯头的弯曲中心时需要扣除一个位移值 ΔL，这是纯理论计算的位移数值。实际弯管中，由于断面的收缩和外壁的减薄，管子沿轴线方向有少量的伸长。一个管段如果有好几个弯头组成，那么整根弯管积累的伸长量就很可观。如不扣除这部分伸长量，会使已计算好的管子经弯曲后需要再割去一段。

管子弯曲时的伸长与许多因素有关，热弯与冷弯相比，前者伸长量更大，热弯时还与几次加热弯成有关，次数越多，伸长越多。冷弯时与弯管模的公差及弯曲半径大小有关。而且不同材料的机械性能不同，伸长量也不同，因此进行连弯作业时，对弯头的实际伸长量要进行实测。测定前选几根钢号、机械性能和规格相同的管子，选择一种弯曲半径，然后进行实际弯曲测定。将同时试验的几根管子的延伸值进行对比，取一个较适宜的数字作为这种管子的延伸值。

第五节　管道弯头制作方法

1. 冷弯法

冷弯法是管道在弯头制作时采用机械进行直接弯曲加工。此种方法一般适用于公称直径 150mm 以下的弯头。由于在弯管制作时不需加热，对不锈钢和有色金属管道更为适宜。

目前采用的弯管机有手工的、机械的和液压等几种形式。

随着管件加工的发展，目前已广泛采用冲压式压制弯头。

2. 加热煨弯

加热煨弯目前采用的主要是中频加热煨弯，而充砂加热煨弯已不常用，但此方法有时仍被采用，在这里还有必要介绍一下它的制造加工方法。

（1）充砂　热弯外径 32mm 以上的管子应充砂。充砂时，先将管子一端用木塞堵上（大口径管子可制作钢塞堵管），灌入洁净干燥的砂，用榔头或用机械在管壁上敲击振实。再将另一端用木塞或钢塞堵上。

专门进行预制弯管的场地可搭灌砂台，专门灌砂并敲实。

管内填充的沙子应能耐 1000℃以上高温，并经过筛选和洗净，清除杂质并充分烘干。钢管填充沙子的粒度见表 2-2-3。不锈钢管及有色金属管采用热弯时，一律用细砂。灌砂时，不锈钢和有色金属管不得用铁锤敲打，铅管热弯时不得装砂。

钢管充填沙子的粒度　　**表 2-2-3**

管子公称通称（mm）	＜80	80～150	＞150
沙子粒径（mm）	1～2	3～4	5～6

（2）画线　弯管加热前应根据弯曲角度计算弯曲长度，并在管子上做出明确记号。画线一般用白漆标出，也可以用细铁丝围扎，小口径管子氧-乙炔加热时也可用石笔画线。

（3）加热　管径 50mm 以下小口径管子可用氧-乙炔割炬进行加热，管径大于 50mm，管子加热可用地炉鼓风机加热，地炉用耐火砖砌筑，长度应大于管子加热长度 100～150mm，深 300～500mm，宽为（$n+2$）$\cdot D_W$（n 为同时加热管子数，D_W 为管外径）。用地炉加热钢管可用焦炭作燃料，加热铜管、铝管宜用木炭作燃料。把管子放进地炉前应当将炉内燃料加足，在管子加热过程中，一般不加燃料。炉内燃料燃烧正常以后再将管子放进去。燃料应沿管子周围在加热长度内均匀分配，并在加热管段上盖上反射板，以减少热量损失。同时调节鼓风机使升温不要太快。在加热过程中，要经常转动管子，使加热管段周围受热均匀，管内沙子同时被加热。应使管子升温缓慢、均匀，以保证管子热透，并防止过烧和渗碳。管子热弯的温度见表 2-2-4。

常用管子热弯温度及热处理条件　　　表 2-2-4

材质	钢　号	热弯温度区间(℃)	热处理条件		
			热处理温度(℃)	恒温时间	冷却方式
碳素钢	10、20	1050～750	不处理		
合金钢	15Mn 16Mn	1050～900	不处理		
合金钢	16Mo 12CrMo 15CrMo	1050～800	920～900 正火	每毫米壁厚 2min	5℃以上静止空气中冷却
合金钢	Cr5Mo	1050～800	875～850 完全退火	恒温 2h	以15℃/h 的速度降到 600℃，然后在5℃以上的静止空气中冷却
合金钢	Cr5Mo	1050～800	750～750 高温退火	保温 2.5h	以 40～50℃/h 的速度降到 650℃，然后在 5℃以上的静止空气中冷却，处理后的硬度值 HB 为 200～225
合金钢	12Cr1MoV	1050～800	1020～980 正火加 760～720 回火	每毫米壁厚 1min 不少于 20min，保温 3h	空冷
不锈钢	1Cr18Ni9Ti Cr18Ni12 Mo2Ti Cr25Ni20	1200～900	1100～1050 淬火	每毫米壁厚 0.8min	水急冷

续表

材质	钢号	热弯温度区间（℃）	热处理条件		
			热处理温度（℃）	恒温时间	冷却方式
有色金属	铜	600～500	不处理		
	铜合金	700～600			
	铝 11～17	260～150			
	铝合金 LF2，LF3	310～200			
	铝锰合金	450			
	铅	130～100			

一般碳素钢加热到管子表面呈现橙红色时，即达到需要温度。公称通径小于 50mm 的管子或者弯曲角度不大时，加热温度可稍低一些。

合金钢管在加热过程中，应用光学高温计或热电偶电热高温计测量加热温度，检查加热长度内和圆周内的加热是否均匀，尤其是在加热临终时应不断进行测量，并把测得的温度记录下来。

不锈钢管为了防止在加热过程中渗碳，可将不锈钢管放在碳素钢套管内加热。

钢管加热温度为 600～650℃；铝管加热温度为 300～340℃，在加热过程中应关闭鼓风机，并不断转动管子，防止温度过高使管子熔化。

（4）弯曲　当管子加热到需要的温度时，即可从炉内运到弯管平台上进行弯管。将烧红的管子一头卡稳在弯管平台的两个固定销之间，扳动管子自由端进行弯曲。公称通径 100mm 以下的管子，可用大管套着自由端用手工弯管。较大直径的管子则用钢丝绳缚牢自由端，用卷扬机匀速缓慢拉动钢丝绳使管子弯曲。钢丝绳与管子的夹角应保持 90°左右（一般用导向滑轮控制在 90°±15°范围内）。

当加热长度范围内某一部分达到了需要的弯曲弧度时，立即浇水将该部分管段整个圆周冷却。

弯高、中合金钢管时，不得浇水；弯低合金钢管一般不宜浇水，因为浇水对合金钢有硬化倾向和造成金属内部微小裂纹的可能性。

弯曲时应用样板检查，与样板完全相符时，立即停开卷扬机。因为弯管冷却后有回伸现象，因此样板要较预定弯曲的角度多3°左右。

在热弯过程中，如发现管子椭圆度过大、鼓包或出现较大折皱，应立即停止弯曲，并趁热用锤子修整。

弯头弯成后应趁热在弯曲部分涂以矿物油，矿物油在高温表面上沸腾而生成一层防锈层。

弯头弯好后，应放在静止空气中或盖上一层干砂，使其慢慢冷却。合金钢管应在5℃以上静止空气中缓慢冷却。

冷却后将管子塞头去掉，清除掉黄砂，并用压缩空气吹扫一遍，以清除黏附在管子内壁上的砂粒。

3. 弯管的质量检查及热处理

弯管应无裂纹、分层、过烧等缺陷；壁厚减薄率、椭圆度、内侧波浪度等符合规范要求（前已叙述）。

弯管弯曲角度 α 的偏差值 Δ（图 2-2-4）应遵照如下规定：

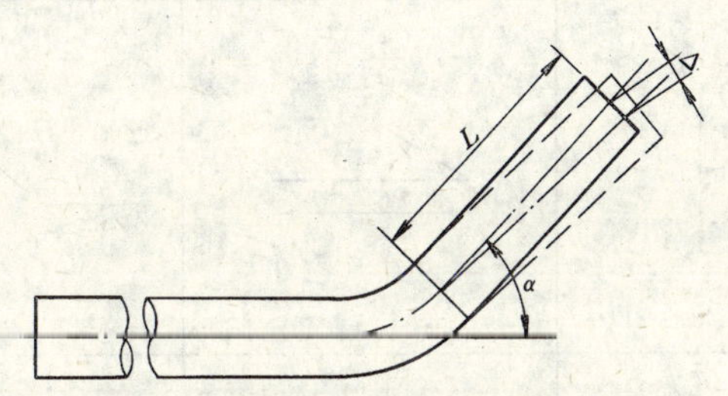

图 2-2-4　弯曲角度及管端轴线偏差

中低压管用机械弯管时不得超过±3mm/m；当直管长度大于3m时，其总偏差最大不得超过±10mm。

中低压管用地炉弯管时不得超过±5mm/m；当直管长度大

于 3m 时，其总偏差最大不得超过±15mm。

高压管不超过±1.5mm/m，总偏差最大不得超过 5mm。

高压钢管在弯制后应进行无损探伤，需热处理的应在热处理后进行。如有缺陷允许修磨，修磨后的壁厚不应小于管子公称壁厚的 90%，且不小于设计计算壁厚。

管子热弯后的热处理条件按表 2-2-4 进行。合金钢管管热处理后需检查硬度。

表 2-2-5 为管段弯曲段的计算长度。

管段弯曲段的计算长度　　表 2-2-5

零　件　图	中心线画线草图	尺　寸　计　算
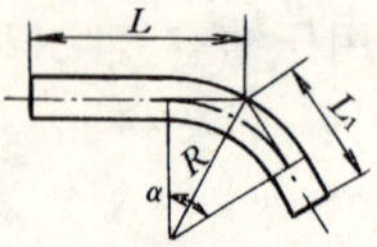 弯头	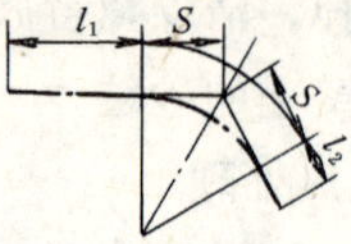	已知：L，L_1，R，α 预制件长度 $L=l+l_1+l_2$ $l=\frac{\pi}{180}\alpha R=0.01745\alpha R$ $l_1=L-S$；$l_2=L_1-S$ 直段长度 $S=\text{tg}\frac{\alpha}{2}\cdot R$ L 与 S 尺寸见表 2-2-6
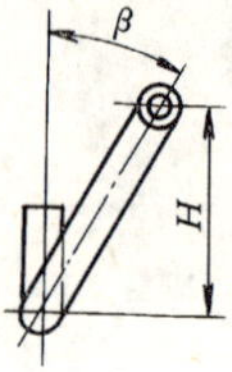 在两个平面弯成的弯段	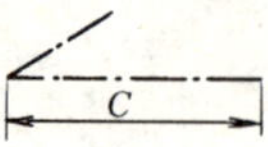	已知：H 及 β $C=\frac{H}{\cos\beta}$
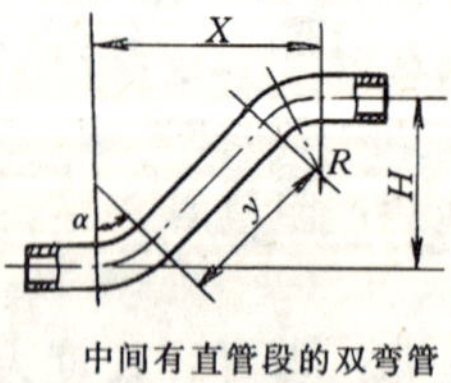 中间有直管段的双弯管	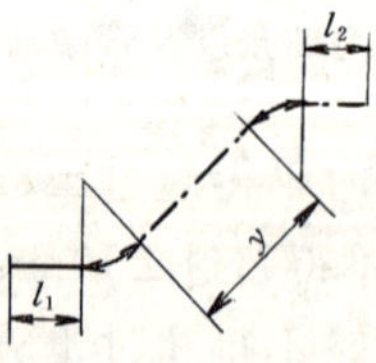	已知：H，R 及 α $X=H\text{ctg}\alpha+2R\text{tg}\frac{\alpha}{2}$ $Y=\frac{H}{\sin\alpha}-2R\text{tg}\frac{\alpha}{2}$

续表

零　件　图	中心线画线草图	尺　寸　计　算
X α H R 中间无直管段的双弯管	l_2 l_1	已知：R 及 α $X=\sqrt{H\ (4R-H)}$ $H=2R\ (1-\cos\alpha)$

表 2-2-6 为适用于任何弯曲半径和角度的弯管直段和长度。

适用于任何弯曲半径和角度的弯管直段和长度　　表 2-2-6

弯曲角度（°）	直段长度 S（mm）	管子弯曲部分长度 l（mm）	弯曲角度（°）	直段长度 S（mm）	管子弯曲部分长度 l（mm）	弯曲角度（°）	直段长度 S（mm）	管子弯曲部分长度 l（mm）
1/2（30′）	0.0045	0.0087	10	0.0875	0.1745	40	0.364	0.6981
1	0.0087	0.0175	15	0.1316	0.2618	45	0.4141	0.7854
2	0.0175	0.0349	20	0.1763	0.3491	57°30′	0.5774	1.0472
3	0.0261	0.0524	22°30′	0.199	0.3927	60	0.6663	1.1181
4	0.0349	0.0698	30	0.2679	0.5236	75	0.7673	1.2915
5	0.0436	0.0873	37°30′	0.3396	0.6545	90	1	1.5708

注：1. 计算弯曲部分直段长度及弯曲部分长度须以表列数值乘以弯曲半径（mm）；

2. 表内未列入的角度的弯曲部分直段长度及弯曲部分长度可用加法进行计算，例如 53°角的直段长度等于 45°＋5°＋3°直段长度的总和。

第三章　管道支架安装技术

第一节　支吊架间距的确定

确定支架间距时，应考虑管子、管子附件、保温结构及管子介质重量对管子造成的应力和应变不得超过允许的范围。如管子内的介质是气体或蒸汽，一般应将水压试验时管内水的重量作为介质重量来考虑。

支、吊架最大允许间距主要是由管道所承受的垂直方向荷载来决定的，它应满足强度条件和刚度条件。根据计算结果取其中的较小值作为最大允许间距。

1. 水平直管段支架间距

水平直管段支架间距是以承受均布荷载来计算的。

(1) 按强度条件，支架最大允许间距

$$L_{\max} = 2.24\sqrt{[\sigma]\cdot\varphi\cdot W/q}$$

式中　$L_{\max}$——支吊架间的最大允许间距（m）；

q——管道单位重力（N/m），包括管子自重和保温结构重量，对水管还包括水重；

$[\sigma]$——钢材在工作温度下的基本许用应力（MPa）；

φ——管子环向焊缝系数，碳素钢和低合金钢 $\varphi=0.9$，高铬钢 $\varphi=0.7$；

W——管子断面抗弯矩（cm^3）。

(2) 按刚度条件，支架最大允许间距

$$L_{\max} = 0.0241\sqrt{\frac{1}{q}E\cdot I}$$

式中　E——钢材在设计温度下的弹性模数（MPa）；

I——管子断面惯性矩（cm^4）；

$L_{\max}$、q 同上。

(3) 实际应用中，管子的最大允许间距已由规范规定，《建筑给水排水及采暖工程施工质量验收规范》GB 50242—2002 规定，钢管水平安装的支架间距，不得大于表 2-3-1 的规定。

钢管管道支架的最大间距　　　　表 2-3-1

公称直径（mm）		15	20	25	32	40	50	70	80	100	125	150	200	250	300
支架的最大间距（m）	保温管	2	2.5	2.5	2.5	3	3	4	4	4.5	6	7	7	8	8.5
	不保温管	2.5	3	3.5	4	4.5	5	6	6	6.5	7	8	9.5	11	12

这个间距同样适用于 $P_g \leqslant 4.0$MPa 的工业管道，但当 $P_g >$ 4.0MPa 时，应按支、吊架间距的另一个强度条件公式进行计算。

$$L_{max} = 2\sqrt{\frac{[\sigma] \cdot \varphi \cdot W}{q}}$$

（4）管道支架的计算是把水平直管作为连续梁来计算的。最大挠度发生在端跨的中部，所以端跨间距应缩短 1/5。当管道热膨胀量较大，而又采用吊架时，支架间距应适当缩小。如跨中有重量较大的阀门，该跨的支架间距也应缩小一些。

2. 水平 90°弯管两端的支吊架间距

水平 90°弯管两端支吊架间的管段展开长度，不应大于水平直管段上支吊架最大允许间距的 0.73 倍。

采暖、给水及热水供应系统的塑料管及复合管垂直或水平安装的支架间距应符合表 2-3-2 的规定。采用金属制作的管道支架，应在管道与支架间加衬非金属垫或套管。

塑料管及复合管管道支架的最大间距　　　　表 2-3-2

公称直径（mm）			12	14	16	18	20	25	32	40	50	63	75	90	110
支架最大间距（m）	立管		0.5	0.6	0.7	0.8	0.9	1.0	1.1	1.3	1.6	1.8	2.0	2.2	2.4
	水平管	冷水管	0.4	0.4	0.5	0.5	0.6	0.7	0.8	0.9	1.0	1.1	1.2	1.35	1.55
		热水管	0.2	0.2	0.25	0.3	0.3	0.35	0.4	0.5	0.6	0.7	0.8		

钢管垂直水平安装的支架间距应符合表 2-3-3 的规定。

钢管垂直或支架的最大间距 **表 2-3-3**

公称直径（mm）		15	20	25	32	40	50	65	80	100	125	150	200
支架最大间距（m）	垂直管	1.8	2.4	2.4	3.0	3.0	3.0	3.5	3.5	3.5	3.5	4.0	4.0
	水平管	1.2	1.8	1.8	2.4	2.4	2.4	3.0	3.0	3.0	3.0	3.5	3.5

第二节 管道支吊架所承受的负荷

（1）支吊架的荷重计算，必须考虑可能同时作用于该支吊架的下列荷重和作用力：

① 管子重量；

② 附件重量；

③ 保温结构重量；

④ 管内介质重量；

⑤ 弹簧支吊架的预压弹簧所产生的作用力；

⑥ 弹簧支吊架转移至刚性支架的转移荷重；

⑦ 活动支吊架的摩擦作用力；

⑧ 管道热胀或冷缩所产生的作用力和力矩；

⑨ 管内介质所产生的作用力（排气管和装有波型或套筒补偿器的管道）。

（2）支吊架的荷重，应根据支吊架的形式和布置情况，计算分配给该支架的工作荷重和结构荷重。

① 工作荷重：包括管子重量、附件重量、保温结构重量和介质重量。

② 结构荷重：支吊架结构的计算负荷是将工作荷重乘上修正系数 1.5 作为结构荷重。对于气体和蒸汽管道，做水压试验或在检修过程中可能充水的，还应加上水重。

计算出支吊架的结构荷重之后，就可根据学到的材料力学知识，设计支架的结构形式和选定支架材料的尺寸大小。

第三节　常用支架的类型

管道支架按其使用要求来分有固定支架、活动支架和弹簧支吊架。

一、固定支架

固定支架用于管道上不允许有任何方向位移的支撑点。其作用是为了均匀分配补偿器间的管道热膨胀，保证管道在该点不移动，固定支架除了支承管道重量外，还要承受管道内压力的轴向反力、热胀冷缩的推力及活动支架的摩擦力等水平作用力。

一般室内不保温管道用的 U 字螺栓和弧形板组成的固定支架如图 2-3-1 所示。

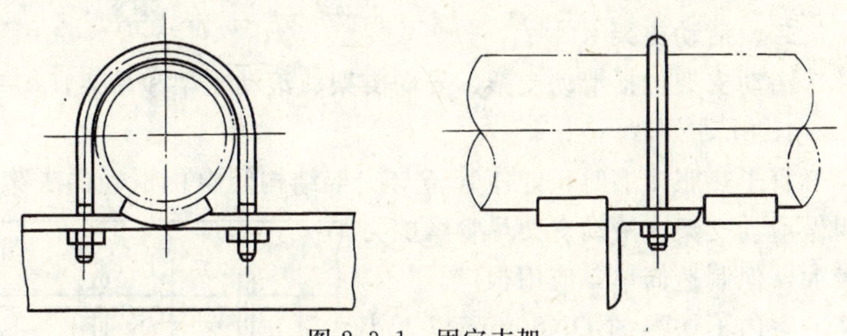

图 2-3-1　固定支架

单面挡板固定支架适用于推力较小，一般不超过 50kN 的室外管道，如图 2-3-2 所示。

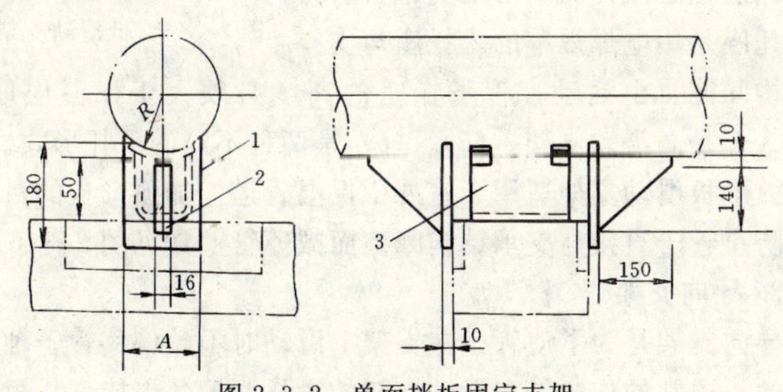

图 2-3-2　单面挡板固定支架

1—挡板；2—肋板；3—支承支座

双面挡板固定支架适用于管子推力较大，一般不超过 200kN 的管道，如图 2-3-3 所示。

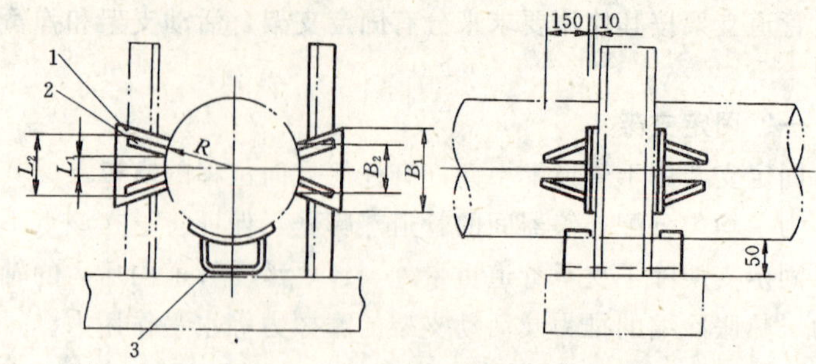

图 2-3-3　双面挡板固定支架

1—挡板；2—肋板；3—支承支座

二、活动支架

活动支架包括滑动支架、导向支架、滚动支架和吊架。

1. 滑动支架

管子热胀冷缩时，能使管子与支架结构间自由滑动的支架，叫做滑动支架。滑动支架尽管摩擦力较大，但制造简单，应用很广。

室内不保温的 DN50mm 以下小口径管道可用图 2-3-4 所示的低滑动支架。

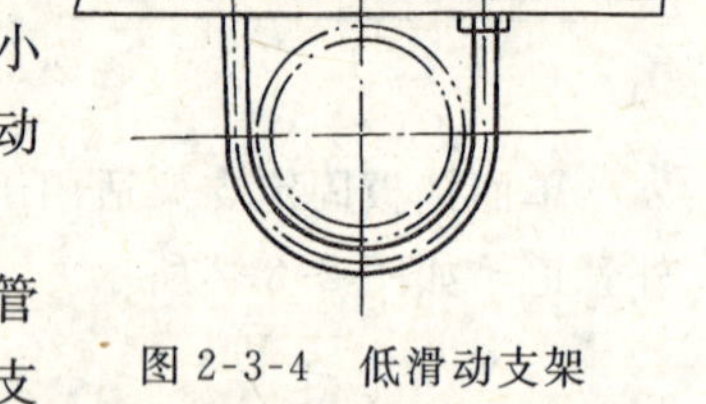

图 2-3-4　低滑动支架

保温管道需使用高滑动支架，管子与托座是用电焊焊牢的，托座与支承结构间能自由活动。管子托座的高度必须大于保温层厚度。图 2-3-5 是高滑动支架，(a)、(b) 是两种不同的滑托形式。

弧形板滑动支架适用于室外不保温管道，加弧形板的目的主要是防止管子直接与支承结构摩擦而减薄管壁，见图 2-3-6。

2. 导向支架

导向支架是为了使管子在支架上滑动时不致偏移管子轴线而设置的。通常的作法是在滑动支架的滑托两侧各焊接一片短角钢（图 2-3-7）。

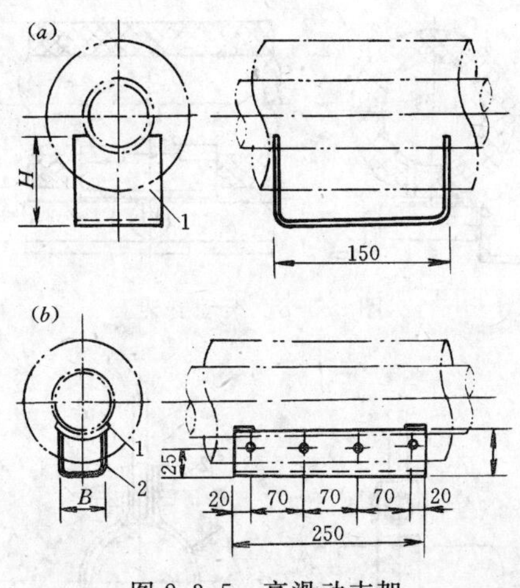

图 2-3-5　高滑动支架

1—滑托；2—垫板

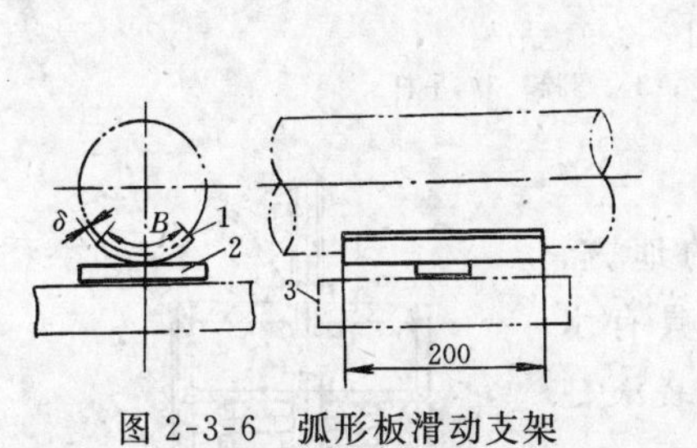

图 2-3-6　弧形板滑动支架

1—弧形板；2—垫板；3—支座

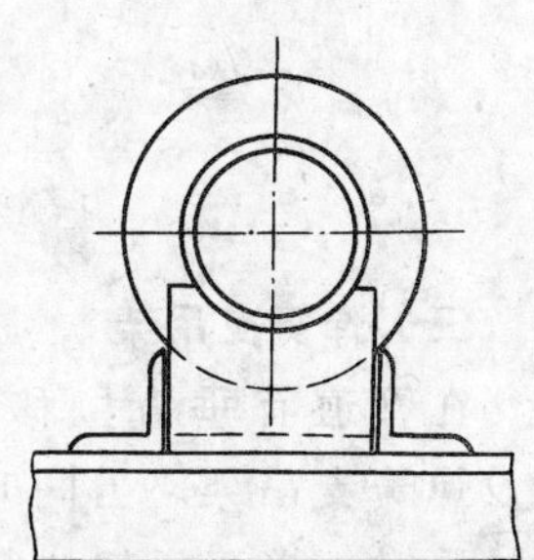

图 2-3-7　导向支架

3. 滚动支架

滚动支架是为了减少管子在热胀冷缩时对支座的摩擦推力，使用滚柱或滚珠加在滑托与支架之间，变支架的滑动摩擦为滚动摩擦，见图 2-3-8。

4. 吊架

吊架不仅承受管子重量，还允许管道在热胀时沿管子轴线移动，图 2-3-9 为一般的吊架，其中（*a*）适用于 *DN*50 以下的管道，（*b*）适用于 *DN*50mm 以上的管道。

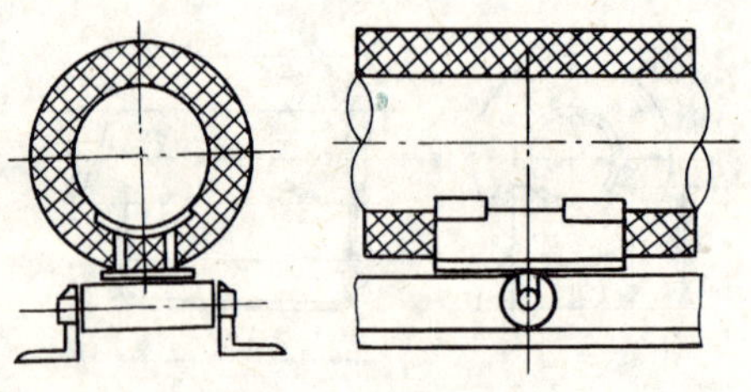

图 2-3-8　滚动支架

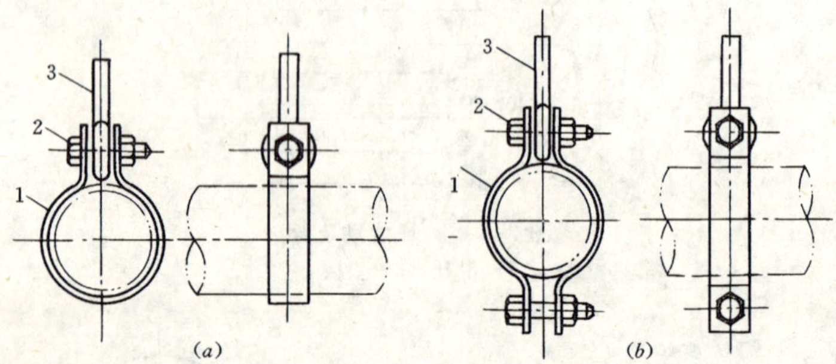

图 2-3-9　吊架

1—管卡；2—螺栓；3—吊杆

三、弹簧支吊架

在管道有垂直位移的地方，应设弹簧支吊架。当同时具有水平位移时，弹簧托架应加装滚柱或滚珠盘。

弹簧支吊架的结构及在管道上的安装形式见图 2-3-10 和图 2-3-11。

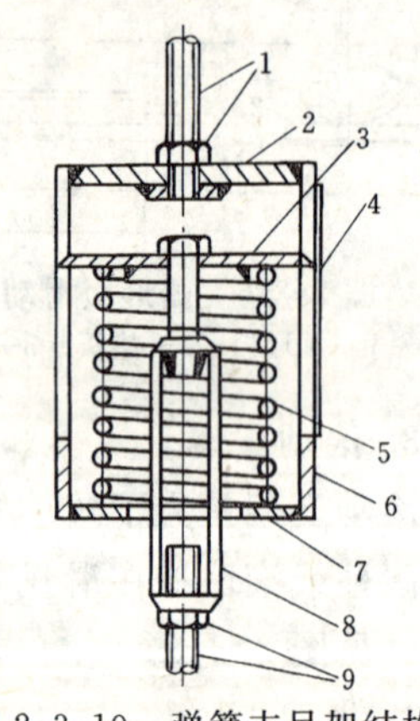

图 2-3-10　弹簧支吊架结构图

1—上吊杆及螺母；2—上顶板；3—弹簧压板；4—铭牌；5—弹簧；6—圆管；7—下底板；8—花篮螺栓；9—下拉杆及螺母

四、管卡和钩钉

图 2-3-12 所示的管卡，一般用作 *DN*50mm 以下立管的固定。而钩钉只用于 *DN*25mm 以下的给水支管上。

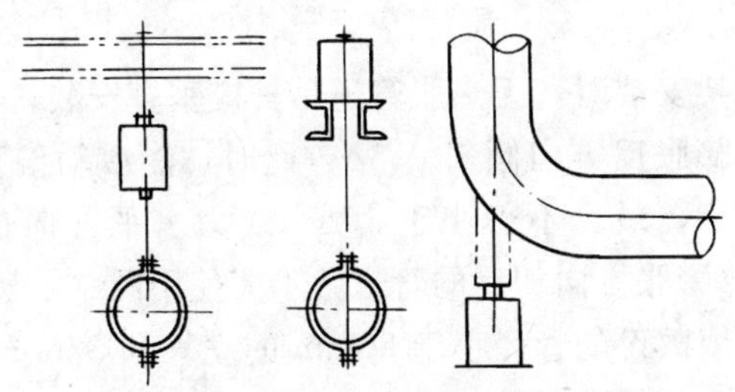

图 2-3-11　弹簧支吊架的几种形式

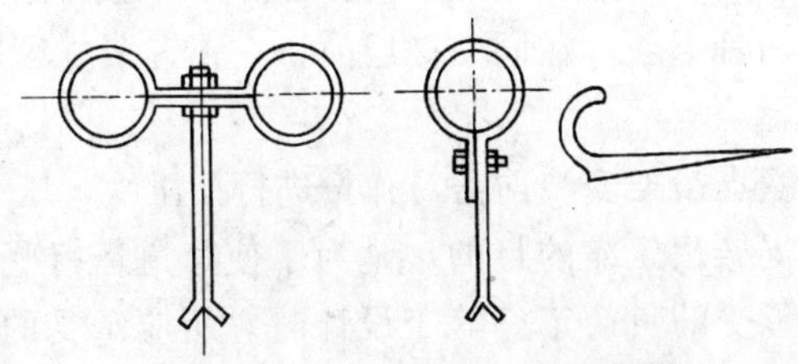

图 2-3-12　管卡和钩钉

第四节　支吊架选择和安装要求

（1）支吊架的设置和选型应能正确地支吊管道，符合管道补偿热位移和设备推力的要求，防止管道振动。

（2）确定支吊架间距时，不得超过最大允许间距，并应考虑管道荷重合理分布，支吊架位置宜靠近三通、阀门等集中荷重处。支吊架布置还应能满足疏放水要求。

（3）支吊架应支承在可靠的建筑物上，支吊结构应具有足够的强度和刚度。支吊架固定在建筑物上时，不得影响结构安全。

（4）支吊架的装设，不应影响设备检修及其他管道的安装和扩建。

（5）支吊架安装时，位置应正确，必须符合设计管线的标高和坡度，埋设应平整牢固；与管道接触应紧密，固定应牢靠；滑动支架应灵活，滑托与导向槽两侧间应留有 3～5mm 间隙，滑托的安装应向热膨胀的反方向移动等于管道伸长量的一半的距离。

(6) 吊架安装时，无热胀管道吊杆应垂直安装；有热胀的管道吊杆应向膨胀反方向倾斜 0.5Δ，此时，能活动偏移的吊杆长度一般为 20Δ，最少不得小于 10Δ（Δ 为水平方向位移的矢量和）。两根热膨胀方向相反的管道，不能使用同一吊架。

(7) 沿墙敷设的管径小于 50mm 的立管和 32mm 以下支管，可采用管卡，立管卡可装在离地面 1.5～1.8m 高处，每层高不超过 4m 者可装一个管卡，厂房或楼层较高的建筑物，应根据其高度适当增加管卡数；在同一楼层内，立管管卡应尽量装在同一标高上。

(8) 弹簧支吊架安装前需对弹簧进行预压缩，压缩量按设计规定。弹簧支架预压缩的目的，是为了使管道运行受热膨胀时，弹簧支架所承受的负荷正好等于设计时它所应承受的管道荷重。因此预先把弹簧压缩一个相当长度，让它在冷态状态下对设备或其他支架有一个附加的力，而在正式运行的时候，弹簧随着管道的膨胀而被拉长或者更加压缩。此时的弹簧正好按设计情况受力，不致因各个支架的受力情况不均匀而造成损坏。

第五节　常用管道支架的安装方法

1. 直接埋入墙内

当墙上有预留孔（洞）或墙为砖砌时，就采用此方法，在支架需埋入的位置划好线后打洞，然后用混凝土砂浆灌实。砂浆配比：水泥∶黄砂＝1∶2，加入适量水，不准填入木块。

2. 预埋件上焊接

预埋件根据原来设计图纸在土建现浇时就预留进去，预埋时要固定好，要确保尺寸的正确性。支架与预埋件（板）焊接时其焊缝应该饱满，不允许有假焊。

3. 采用射钉或膨胀螺栓固定

射钉固定一般在薄型钢结构及载荷较小场合时使用。

膨胀螺栓固定是现在较为普遍采用的方法。它适用于混凝土场合，当在砖墙场合使用时要尤其谨慎，且不宜负重载荷。

4. 抱柱子固定

当管道沿着柱子敷设时可采用此方法。其结构一般为型钢和双头螺栓（用圆钢加工）相互固定。

第四章　管道连接

目前，管道工程常用的连接方式主要有螺纹连接、焊接连接、法兰连接、承插连接、沟槽连接等形式。

第一节　螺纹连接

一、适用范围

螺纹连接用于低压流体输送用焊接钢管及外径可以攻螺纹的无缝钢管的连接，一般公称通径在150mm以下，工作压力1.6MPa以内。其适用范围如下：

给水管道：工作压力不超过1.6MPa、最大公称通径150mm；

热水管道：工作压力不超过1.6MPa、温度不超过100℃、最大公称通径150mm；

饱和蒸汽管道：工作压力不超过0.2MPa、最大公称通径50mm；

煤气管道：工作压力不超过0.05MPa、最大公称通径100mm；

压缩空气管道：工作压力不超过0.6MPa、最大公称通径50mm；

氧气管道：工作压力不超过0.6MPa、最大公称通径50mm。

二、管螺纹的连接

1. 管螺纹的规格

连接管道的管螺纹有圆锥形管螺纹和圆柱形管螺纹两种。现场用绞板和套丝机加工的管螺纹都是圆锥形管螺纹；某些管配件：如通牙的管接头和一般阀门的内螺纹，则是圆柱形管螺纹。圆锥形管螺纹如图2-4-1所示。

图中螺纹的长度由下列几部分组成：用手旋入管配件的螺纹长度 a，用管子扳手上紧的螺纹长度 b 及露出螺纹尾 c。$L1$ 及螺纹的工作长度，$L2$ 为管端到基面的长度。基面是一个指定的截面，在该截面中，圆锥形管螺纹的直径（外径、中径、内径）与同一规格圆柱形管螺纹的直径相等。因此，在理论上，用手将配件拧上圆锥形管螺纹时；用手上紧时的管配件端面处即为圆锥形管螺纹的基面。

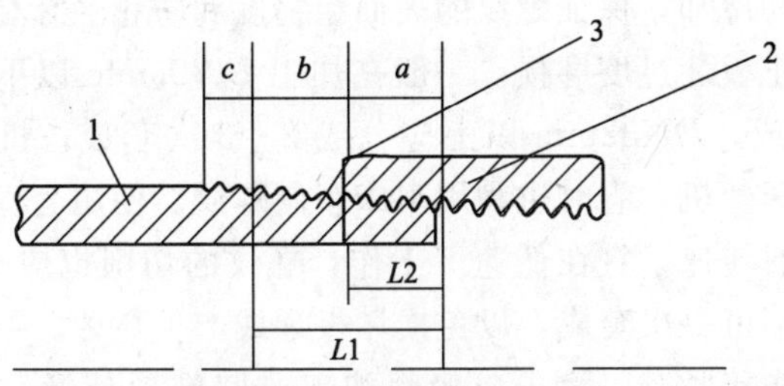

图 2-4-1 圆锥形管螺纹

圆锥形管螺纹尺寸 **表 2-4-1**

管子通径		螺距 (mm)	每英寸扣数	基面直径（mm）			螺纹工作长度 L_1 (mm)	由管端到基面长度 L_2 (mm)	螺纹工作高度 (mm)
(mm)	(英寸)			中径	外径	内径			
15	1/2	1.814	14	19.794	20.956	18.632	15	7.5	1.162
20	3/4	2.814	14	25.281	26.442	24.119	17	9.5	1.162
25	1	2.309	11	31.771	33.25	30.293	19	11	1.479
32	1¼	2.309	11	40.433	41.912	38.954	22	13	1.479
40	1½	2.309	11	46.326	47.805	44.847	23	14	1.479
50	2	2.309	11	58.137	57.816	56.659	26	16	1.479
65	2½	2.309	11	73.708	75.187	72.23	30	18.5	1.479
80	3	2.309	11	86.409	87.887	84.93	32	20.5	1.479
100	4	2.309	11	111.556	113.034	110.077	38	25.5	1.479
125	5	2.309	11	136.957	138.435	135.478	41	28.5	1.479
150	6	2.309	11	162.357	163.836	160.879	45	31.5	1.479

圆柱形管螺纹的螺距，每英寸扣数、螺纹工作长度和工作高度以及齿形角都与圆锥形管螺纹相等，直径与圆锥形管螺纹基面直径相等。

2. 管螺纹加工

管螺纹的加工也叫套丝，有手工套丝和机械套丝两种方法。手工套丝是用管子绞板套出螺纹，使用时，应选择与管子规格相应的板牙，在套丝过程中应向丝扣上加机油润滑，使丝扣和板牙保持润滑和冷却，保证螺纹的表面粗糙度和防止烂牙。为了操作省力及防止板牙过度磨损，一般在加工 *DN*25mm 以下螺纹时分 1～2 次套成，*DN*32mm 以上应分成 2～3 次套成；机械套丝一般是采用套丝机，有时也利用车床车制螺纹。使用套丝机时要注意套丝机的转速，宜在低速下工作，螺纹的切削也应分 2～3 次进行，切不可一次套成，以免损坏板牙或产生烂牙。

为了连接紧密，管子一般都加工成圆锥形外螺纹，在套丝时，不论手工或机械套丝，都应在套到即将达到规定长度时，逐渐松开绞板或套丝机的板牙，加工出符合表 2-4-1 规定的螺纹。管螺纹加工长度应是螺纹工作长度加螺纹尾的长度。螺纹尾一般为 2～3 牙。实际安装时，可以先测定一下阀门内螺纹的实际长度，再加工符合要求长度的管螺纹。

加工的管螺纹可能产生如下几种缺陷：

1）螺纹不圆整。由于管子在运输过程中有压扁或有椭圆度，或者在加工过程中由于切削量过大，对管子产生过大的扭转力，使管子扭歪，都会使螺纹不圆整，无法装管件，应对管口作必要检查，并注意加工切削量。

2）烂牙及丝牙局部缺损。这是由于冷却不充分，切削量过大及切削速度过快以及铁屑被挤入螺纹造成的，同时与材质的韧性也有关系。

3）丝牙切削深度不一及偏心切削，产生一边管壁切得深，另一边切得浅。产生的原因是，一种是管子不圆整，另一种是由于后爪牙未关紧，管子与机械偏心。

4）切削出细牙螺纹。原因是一套板牙的 1、2、3、4 号顺序不对，这很容易发现和纠正。另一种原因是号码顺序对，但一套板牙不是原配，而是从几副切削过的板牙中选配出来的，由于磨损不一样，从而切削出不合格的螺纹。

5）螺纹径切削过细，也即丝扣套得太松了。这就要注意对管件和阀门螺纹公差情况预先调查，看哪种配件较松，哪种配件较紧，在套丝时具体掌握切削量，套出配合适宜的螺纹。

在管螺纹加工中，必须消除上述种种缺陷，加工出的管螺纹必须清楚、完整、光滑，不得有毛刺和乱丝。如有断丝或缺丝，不得大于螺纹全扣数的10%。并在纵方向上不得有断处相靠。在实际安装中，当支管要求有坡度时，以及遇到管件的螺纹不端正等情况，则要求套丝有相应的偏扣，俗称歪牙。歪牙的最大限度不能越过15°。

加工管螺纹的管子，一般都是水、煤气钢管，如用外径与水、煤气钢管相等（或接近）的无缝钢管来加工管螺纹，管壁厚度不能小于同规格水、煤气输送钢管的壁厚，拿外径来说，有下列无缝钢管可套丝，如表2-4-2所示。

可套丝的无缝钢管 **表 2-4-2**

公称通径 D_g		水、煤气输送钢管外径（mm）	无缝钢管外径（mm）	公称通径 D_g		水、煤气输送钢管外径（mm）	无缝钢管外径（mm）
（mm）	（英寸）			（mm）	（英寸）		
15	1/2	21.25	22.00	50	2	60.00	60.00
20	3/4	26.75	27.00	65	2½	75.50	76.00
25	1	33.50	34.00	80	3	88.50	89.00
32	1¼	42.25	42.00	100	4	114.00	114.00
40	1½	48.00	48.00				

3. 管螺纹的连接

管螺纹的连接有圆柱形内螺纹套入圆柱形外螺纹、圆柱形内螺纹套入圆锥形外螺纹和圆锥形内螺纹套入圆锥形外螺纹三种方式。其中后两种的连接较紧密，是常用的连接方式。

管螺纹连接时，应在管子的外螺纹与管件或阀门的内螺纹之间加适当的填料，填料应根据管道输送介质的温度和特性选用，常用的丝扣填料可按表2-4-3选用。麻丝、聚四氟乙烯生料带等填料应按螺纹旋转方向薄而均匀地缠绕在丝扣上。上管件时，在开始用手拧上时就应该吃进螺纹间隙内，如果一开始就有把填料挤出的现象，应该重新缠绕后再上管件。

丝扣用填料的适用范围　　表 2-4-3

填料名称	适用介质
厚白漆	上下水、煤气、压缩空气
厚白漆、麻丝	上水、压缩空气
黄粉（一氧化铅）甘油	煤气、压缩空气、乙炔、氨
黄粉（一氧化铅）蒸馏水	氧气
聚四氟乙烯生料带	<250℃蒸汽、煤气、压缩空气、氧气、乙炔、氨、亦可用于腐蚀介质

当采用黄粉（一氧化铅）、甘油调和物作填料，操作时将黄粉甘油拌成糊状，涂于管螺纹上后立即装上管件，并一次拧紧为止，不得松动倒退。调和黄粉、甘油必须随调随用，因为在10min后就会硬化报废，故注意需用多少就调多少。

拧紧管螺纹应选择合适的管子钳，不能在管子钳的手柄上加套管，增长手柄来拧紧管子。关键拧紧时，应注意管件的连接方向并一次装紧，不得倒回，装紧后应露出2～3牙螺尾，清除剩余填料，管螺纹的露出部分应作防腐处理。

第二节　焊接连接

焊接连接是管道工程中最重要而应用最广泛的连接方法。焊接连接的主要优点是：接口牢固耐久，不易渗漏，接头强度和严密性高，成本低，使用后不需要经常管理。是管道工程中最重要、应用最广的连接方法。

一、焊接方法

钢管的焊接方法很多，有气焊，手工电弧焊、手工氩弧焊、埋弧自动焊、埋弧半自动焊、接触焊和气焊等。在施工现场焊接碳素钢管道，常用的是气焊和手工电弧焊。手工氩弧焊成本较高，用在工艺上必须采用的场合。埋弧自动焊、埋弧半自动焊、接触焊与气焊等方法，可在管道预制加工厂采用。

电焊焊缝强度比气焊高，并且比气焊经济，因此应优先采用电焊焊接。

气焊一般只用于公称通径＜50mm，壁厚＜3.5mm 的管道。但有时因条件限制，不能采用电焊焊接的地方，也可以用气焊焊接公称通径＞50mm 的管子。

对管内清洁要求较高且焊接后不易清理的管道（如锅炉给水管，机组的循环油、控制油、密封油管道等），其焊缝底层宜用氩弧焊施焊。

二、管道的坡口

管壁厚度＜3mm 的管子对焊时一般不开坡口，管壁厚度≥3mm时，管端应开坡口。管道的坡口加工宜采用机械方法，也可采用等离子弧、氧乙炔焰等热加工方法。采用热加工方法加工坡口后，应除去氧化皮、熔渣及影响焊接质量的表面层，并将凹凸不平处打磨平整。

三、管道的对口

管道组对时，间隙应符合要求。用 400mm 直尺在距焊缝中心 200mm 处测量平直度，当管子公称通径＜100mm 时，允许偏差为 1mm；当管子公称通径≥100mm 时，允许偏差为 2mm。但全长允许偏差均为 10mm。管道对接焊口组对应做到内壁齐平，内壁错边量不宜超过壁厚的 10%，且不大于 2mm。当内壁错边量超过上述的规定要求或外壁错边量＞3mm 时，应进行修整。

管道对口时，除设计规定的冷拉焊口外，不得用强力对正，以免引起附加应力。调整对口间隙，不得用加热张拉和扭曲管道的方法。

管子对口前，坡口管端 15～20mm 范围内的铁锈、油污、毛刺等应清除干净。对口时应多转动几次管子，使错口值减少和间隙均匀。管口对好后，用点焊固定。点焊用的焊条应与正式焊接相同。点焊时，每个焊口至少点焊 3～5 处。

四、管道的焊缝位置要求

1. 直线管道连接时，两环缝间距不小于 100mm。

2. 焊缝距弯管（不包括压制或热推弯管）起弯点不得小于

100mm，且不小于管外径。

3. 卷管的纵向焊缝应置于易检修的位置，且不宜在底部。

4. 环焊缝距支、吊架净距不小于 50mm，需热处理的焊缝距支、吊架不得小于焊缝宽度的五倍，且不小于 100mm。

5. 在管道焊缝上不得开孔，如必须开孔，焊缝应经无损探伤检查合格。开孔中心周围不小于 1.5 倍开孔直径范围内的焊缝应全部进行无损探伤。

6. 钢板卷管对焊时，纵向焊缝应错开，其间距不小于 100mm。有加固环的卷管，加固环的对接焊缝应与管子纵向焊缝错开，其间距不小于 100mm。加固环距管子的环向焊缝不应小于 50mm。

五、铜及铜合金管道焊接

1. 铜管的坡口

铜管的坡口应采用机械方法加工，薄壁铜管也可以采用手工进行坡口加工。

2. 组对及清洁要求

壁厚相同的管子、管件组对时，其内壁错边量不应超过壁厚的 10%，且不大于 2mm。壁厚不同的管子、管件组对时，若错边量大于 3mm 或管道焊缝单面错边量大于 2mm，应进行修整。

铜管焊接前应对管端坡口和焊丝做清洁工作，在坡口 20mm 范围内用丙酮或四氯化碳等有机溶剂除去油污，用机械方法清除氧化膜等污物，焊丝也应作脱脂处理。

3. 焊接方法

紫铜管采用氩弧焊焊接时，如焊件厚度大于 3mm，焊前应对坡口两侧 150mm 范围内进行预热，预热温度为 350～550℃。

紫铜、黄铜及其他铜合金采用电焊时，应根据管子壁厚和管材成分等因素，正确选用焊条种类、直径、焊接电流强度，焊缝预热温度在 200℃以上。

黄铜管采用气焊时，应对坡口两侧 150mm 范围内预热。壁厚 5～15mm 时预热温度为 400～500℃，壁厚大于 15mm 时为 500～

500℃。焊缝焊后应进行热处理，加热范围以焊缝中心线为基准，每侧不小于3倍焊缝宽度。热处理的加热温度若设计无规定，一般为：消除焊接应力退火400～450℃、软化退火500～600℃。

铜管焊接的每条焊缝应一次连续焊完，不得中断。焊后应将焊缝表面的飞溅物、溶渣及焊药清理干净。

铜及铜合金管道的焊接材料选用见表2-4-4。

铜及铜合金焊条、焊丝牌号　　表2-4-4

焊条牌号	主要用途	焊丝牌号	主要用途
T107（铜107）	紫铜焊接	HS201（丝201）	紫铜气焊、氩弧焊
T207（铜207）	紫铜、黄铜、硅青铜焊接	HS202（丝202）	紫铜气焊、碳弧焊
T227（铜227）	紫铜、黄铜、磷青铜焊接及铸铁补焊	H221（丝221） HS222（丝222） HS224（丝224）	黄铜的气焊、碳弧焊及钎焊铜钢、铜镍合金、灰口铸铁等
T237（铜237）	铝青铜、铜合金和钢的焊接及铸铁补焊		

注：气焊时使用焊粉CJ301。

在高级民用建筑的管道工程中，目前大量采用薄壁紫铜管承插钎焊焊接。承插钎焊是采取承插形式，利用熔点较焊件低的钎料和焊件一同加热，使钎料熔化，借助毛细管的吸附作用，使钎料填满承插口间隙而焊合。

承插钎焊分为锡钎焊、银铜钎焊两种。锡钎焊以锡钎料为焊料，松香膏为熔剂，通常使用喷灯来加热焊接，也可采用0号焊枪进行氧、乙炔焰焊接。操作时，先在承插口内外表面均匀涂抹松香焊锡膏，用喷灯加热，直至承口内锡液满溢。锡钎焊要求承口朝上，不得朝下。

银铜钎焊采用银铜焊条，因银铜合金熔点较高，故只能采用氧、乙炔焰焊接。焊接时应将接口加热到600℃以上，呈樱桃红，将焊条略微加热，蘸上焊粉进行焊接。焊后应对焊接接头进行清洗，除去残留的熔剂和熔渣。

第三节　法 兰 连 接

法兰连接是将垫片放入一对固定在两个管口上的法兰的中间，用螺栓拉紧使其紧密接合起来的一种可以拆卸的接头。主要用于管子与带法兰的配件（如阀门）或设备的连接，以及管子需经常拆卸的部件的连接。在管道工程中，大量应用的是钢法兰连接。

现行的钢管法兰技术标准有四个，即国家标准（GB 9112—9123—88）、机械部法兰标准（JB 79—86—94）、原化工部法兰标准（HG 5008—5028—58）和原石油工业部法兰标准（SYJ 4—64）。

一、钢管法兰的种类

法兰按其与管子的固定方式来分，有螺纹法兰、焊接法兰、松套法兰；法兰按其密封面形式可分成光滑式、凹凸式、榫槽式、透镜式和梯形槽式。

1. 螺纹法兰：主要用于镀锌水、煤气钢管（俗称白铁管）的连接，其密封面为光滑式。其公称压力常用的有 0.6MPa、1.0MPa 和 1.6MPa 三种。法兰尺寸的外径、螺栓孔中心圆直径、螺栓孔直径及螺栓数量等，都与相同压力等级的平焊法兰相同。

2. 焊接法兰：是管道连接法兰中应用最广的法兰，分为平焊法兰和对焊法兰两种。

1）平焊法兰：平焊法兰又叫搭焊法兰，与管子焊接时将管子插入法兰孔内，在法兰内外部与管子进行搭接角焊。其公称压力常用的有 0.6MPa、1.0MPa、1.6MPa 和 2.5MPa 四种。平焊法兰的密封面制成光滑式和凹凸式。

2）对焊法兰：又称高颈法兰，与平焊法兰的区别是带有一段锥形短管。法兰与管子的接合实质上是短管与管子的对口焊接，故称对焊法兰。一般用于公称压力≥4.0MPa 或温度大于 300℃的管道上。对焊法兰可制成光滑式、凹凸式、榫槽式、梯形槽式四种密封面形式，其中前两种形式应用最为普遍。

3. 松套法兰：松套法兰也叫活动法兰或活套法兰，分为平焊松套法兰、对焊松套法兰和卷边松套法兰三种。这种法兰接口，就是利用钢环或管口卷边把法兰套在管端上，因此法兰可以在管端上活动，故称松套法兰。而卷边和钢环就是管道连接处的密封面，法兰的作用是把它们压紧。法兰不直接与介质接触。有时由于安装条件的限制，螺栓孔不易对准时，也可采用松套法兰。

1）平焊松套法兰：其密封面一般制成光滑式或榫槽式，其公称压力常用的有0.6MPa、1.0MPa、1.6MPa和2.5MPa四种。

2）对焊松套法兰：其密封面一般制成凹凸式，其公称压力分为4.0MPa、6.4MPa、10.0MPa三个等级。

3）卷边松套法兰：由于卷边表面不易进行机械加工，故其密封性不高，只适用于公称压力不超过0.6MPa的管道上，而且主要用在有色金属管道上。注：此种法兰目前已基本不用。

4. 法兰盖：法兰盖俗称法兰盲板，用作管道的堵头，应与另一片法兰相配使用。其公称压力及密封面形式与法兰相同。

二、法兰的选用

法兰应根据介质、温度和压力优先选用标准法兰。标准法兰选用时，首先应根据公称压力、工作温度和介质性质选出所需法兰的类型、标准号及材料牌号；然后根据公称压力和公称直径确定法兰的结构尺寸和螺栓的数目与尺寸。选用标准法兰时，应注意以下几个问题：

1. 选用与设备或阀件相连接的法兰时，应按设备或阀件的公称压力来选用，否则法兰的尺寸会不相符合。当采用凹凸面法兰、榫槽面法兰连接时，设备或阀件上的法兰一般为凹面或槽面，所配的法兰应为凸面或榫面。

2. 对气体管道，当公称压力小于0.25MPa时，一般应选用公称压力为0.25MPa等级的法兰。

3. 对液体管道，当公称压力小于0.6MPa时，一般应选用公称压力为0.6MPa等级的法兰。

4. 对真空管道，一般选用公称压力为1.0MPa等级的法兰，其密封面形式为凹凸式。

5. 对易燃、易爆、毒性或刺激性介质的管道，选用的法兰公称压力等级不低于 1.0MPa，其密封面形式为凹凸式。

三、法兰紧固件的选用

法兰紧固件是指连接法兰的螺栓、螺母和垫圈。

螺栓按其外形分为单头螺栓和双头螺栓。单头螺栓只有螺栓的一端加工螺纹，而另一端是连在螺杆本体上的螺丝头，螺丝头一般呈六角形，故简称六角螺栓。双头螺栓的两端都加工有螺纹，外形呈柱形。单头螺栓当拉紧力较大时，容易在螺杆和螺丝头连接处拉断，故不能用于中、高压法兰上。双头螺栓用在中、高压法兰上，除不易拉断外，还便于从双面进行拧紧。

法兰螺栓所用的螺母，一般也采用六角形，分为 A 型和 B 型两种。A 型螺母与被连接件接触的表面是平的，只在另一面六角上倒圆角，B 型螺母的两面都倒圆角。因此，A 型螺母与被连接件接触面比 B 型的大。

螺栓按制造方法分为粗制螺栓、半精制螺栓和精制螺栓。粗制螺栓除了螺纹部分外，其他部分不进行加工，半精制和精制螺栓要进行精加工，有的还要进行热处理。不同压力等级法兰所配用的螺栓材料见表 2-4-5。

法兰与紧固件材料选用表　　**表 2-4-5**

<table>
<tr><th rowspan="2">零件名称</th><th rowspan="2">公称压力(MPa)</th><th colspan="6">介质在下列温度时所用钢号（℃）</th></tr>
<tr><th>300 以下</th><th>350 以下</th><th>400 以下</th><th>425 以下</th><th>450 以下</th><th>530 以下</th></tr>
<tr><td rowspan="3">法兰与法兰盖</td><td>0.25，0.6，1.0，1.6 和 2.5</td><td>A3</td><td colspan="4">20 和 25</td><td></td></tr>
<tr><td>4.0，6.4 和 10.0</td><td colspan="5">20 和 25</td><td>12CrMo 和 15CrMoA</td></tr>
<tr><td>16 和 20</td><td colspan="5">20 和 25</td><td>12CrMo 和 15CrMoA</td></tr>
<tr><td rowspan="3">螺栓和双头螺栓</td><td>0.25，0.6，1.0，1.6 和 2.5</td><td colspan="2">A5</td><td colspan="2">25 和 35</td><td>30CrMoA</td><td></td></tr>
<tr><td>4，6.4 和 10</td><td colspan="4">35 和 40</td><td>30CrMoA 和 35CrMoA</td><td>25Cr2MoVA</td></tr>
<tr><td>16 和 20</td><td colspan="2">30CrMoA 和 35Cr</td><td colspan="2">30CrMoA 和 35CrMoA</td><td>30CrMoA 和 35CrMoA</td><td>25Cr2MoVA</td></tr>
</table>

续表

<table>
<tr><th rowspan="2">零件名称</th><th rowspan="2">公称压力（MPa）</th><th colspan="6">介质在下列温度时所用钢号（℃）</th></tr>
<tr><th>300 以下</th><th>350 以下</th><th>400 以下</th><th>425 以下</th><th>450 以下</th><th>530 以下</th></tr>
<tr><td rowspan="3">螺母</td><td>0.25，0.6，1，1.6 和 2.5</td><td colspan="2">A3</td><td colspan="2">22 和 30</td><td>35 和 45</td><td></td></tr>
<tr><td>4，6.4 和 10</td><td colspan="4">25 和 35</td><td></td><td>30CrMoA 和 35CrMoA</td></tr>
<tr><td>16 和 20</td><td colspan="5">35 和 45</td><td>30CrMoA 和 35CrMoA</td></tr>
<tr><td>垫圈</td><td>4，6.4，10，16，20</td><td colspan="5">25 和 35</td><td>12CrMo 和 15CrMoA</td></tr>
</table>

法兰螺栓种类的选择，取决于法兰的公称压力和工作温度。

当公称压力≤2.5MPa，工作温度<350℃时，可选用半精制六角螺栓和 A 型半精制六角螺母。但公称压力≤0.6MPa 时，也可选用粗制螺栓和螺母。

当公称压力≥4.0MPa，工作温度≥350℃时，可选用精制双头螺栓和 A 型精制六角螺母。

螺栓的尺寸规格以“螺栓直径×螺杆长度”表示，在选择螺杆长度时，应在法兰拉紧后，使螺杆露出与螺母齐平。

一般情况下，在螺母下不装垫圈。当螺杆上的螺纹长度稍短，无法拧紧螺栓时，可设一个钢制平垫圈，但不得采用垫圈叠加的方法来补偿螺纹长度。

四、法兰垫片的选用

常用的法兰垫片有工业橡胶板垫片、橡胶石棉板垫片、金属石棉缠绕垫片和金属垫片等，其选用应根据输送介质的性质及其工作条件和法兰形式选定。

1. 工业橡胶板

分为普通橡胶板、耐酸碱橡胶板和耐油橡胶板。在管道工程中常用普通橡胶板和耐酸碱橡胶板作法兰垫片，适用于温度不超过 60℃、压力不超过 1.0MPa 的水、酸、碱及真空管路的法兰上，厚度为 2～4mm。

2. 橡胶石棉板

用橡胶、石棉及填料经压缩制成，分为低、中、高压及耐油橡胶石棉板四类，分别适用 1.6MPa、4.0MPa、6.4MPa 和 10.0MPa 的工作压力，适用温度为 200℃、350℃、450℃和 550℃。

橡胶石棉板垫片的厚度，当管子公称通径小于等于 80mm 时为 1.5mm；公称通径为 100～350mm 时为 2mm；公称通径≥400mm 时为 3mm。

3. 金属石棉缠绕垫片

由钢带和石棉分层缠绕制成，具有多层密封作用，弹性较好，其钢带可根据介质性质的不同，采用不同的材质。金属石棉缠绕垫片适用于光滑面和凹凸面法兰，当用于光滑面法兰时，带有定位环，用两只法兰螺栓定位。金属石棉缠绕垫片适用工作压力≤4.0MPa、工作温度≤450℃。

4. 金属垫片

常用的金属垫片有齿形、椭圆形和八角形垫片，以及高压管道上使用的透镜式垫片。在一般情况下，当公称压力≥6.4MPa 时就应采用金属垫片。

金属齿形垫片适用于公称压力≥6.4MPa 的凹凸面法兰，也可用于光滑面法兰。由于其每个齿都有密封作用，因此这是一种多道密封垫片，密封性能较好。

金属椭圆形和八角形垫片与法兰密封面的接触面积小，在较小的螺栓拉紧力下，能获得较高的密封性。适用于公称压力≥6.4MPa 的梯形槽式法兰。

透镜式垫片在高压管道中应用较广，与透镜式密封面配合具有相当可靠的密封性。适用于公称压力≥6.4MPa 的透镜式密封面法兰和公称压力≥16.0MPa 的高压螺纹法兰。

金属垫片的材质，原则上应和管材一致，也可选用与管材相类似的材质。按介质的性质、温度和法兰的形式、公称压力来选用法兰垫片。见表 2-4-6。

法兰垫片的选用　　表 2-4-6

输送介质	法兰公称压力(MPa)	介质温度(℃)	法兰类型	垫片类型
水、盐水、碱液、乳化液、酸类	≤1.0	<60	光滑面平焊	工业橡胶板
	≤1.0	<90		低压橡胶石棉板
热水、化学软水、水蒸气、冷凝液	≤1.6	≤200	光滑面平焊	低、中压橡胶石棉板中压橡胶石棉板
	2.5	≤300		
	2.5	301～450	光滑面对焊	缠绕式垫片
	4.0	≤450	凹凸面对焊	缠绕式垫片
	6.4～20	<660		金属齿形垫片
压缩空气、惰性气体	≤1	<60	光滑面平焊	工业橡胶板
	1.6	<150		低、中压橡胶石棉板中压橡胶石棉板
	2.5	<200		
天然气、半水煤气、氮气、氢气	≤1.6	≤300	光滑面平焊	低、中压橡胶石棉板
	2.5	≤300		中压橡胶石棉板
	4.0	<500	凹凸面对焊	缠绕式垫片
	6.4	<500		金属齿形垫片
氨气、液氨	≤1.6	≤150	凹凸面平焊或对焊	低、中压橡胶石棉板
	2.5	≤150	凹凸面对焊	中压橡胶石棉板
乙炔、甲烷、乙烯等易燃、易爆气体、油品、油气、液化气、氢气、催化剂、溶剂、浓度小于25%的尿素	≤2.5	≤200	凹凸面平焊	耐油橡胶石棉板
	4.0	≤200	凹凸面对焊	缠绕式垫片
	≤1.6	≤200	光滑面平焊	耐油橡胶石棉板
	≤1.6	201～250	光滑面对焊	缠绕式垫片
	2.5	≤200	光滑面平焊	耐油橡胶石棉板
	2.5	201～550	光滑面对焊	缠绕式垫片
	4.0	≤550	凹凸面对焊	缠绕式垫片
	6.4	≤550	凹凸或梯形槽面对焊	金属齿形或椭圆形
	10.0～16.0	<550	梯形槽面对焊	金属椭圆形垫片
具有氧化性的气体	0.6	300	光滑面平焊	浸渍过的白石棉
水、压缩空气、酸碱溶液、具有氧化性气体	0.6	50	光滑面平焊	软聚氯乙烯板

五、法兰安装

法兰在安装前应对法兰的外形尺寸进行检查，包括外径、内径、螺栓孔径及数目、螺栓孔中心距、凸缘高度等是否符合技术标准的要求。法兰密封面应平整光洁，不得有毛刺及径向沟槽。螺纹法兰的螺纹部分应完整、无损伤。凹凸面法兰应能自然嵌合，凸面的高度不低于凹槽的深度。

螺栓及螺母的螺纹应完整，无伤痕、毛刺等缺陷。螺栓与螺母应配合良好，无松动或卡涩现象。

石棉橡胶、橡胶、塑料等非金属垫片应质地柔韧，无老化变质或分层现象，表面不应有折损、皱纹等缺陷。金属垫片的加工尺寸、精度、粗糙度及硬度应符合要求，表面应无裂缝、毛刺、凹槽、径向划痕及锈斑等缺陷。金属及缠绕式垫片不应有径向划痕、松散、翘曲等缺陷。

1. 法兰安装一般规定

法兰装配前，必须清除表面及密封面上的铁锈、油污等杂物，直至露出金属光泽，要将法兰面的密封线剔清楚。

法兰连接时应保持平行，其偏差不大于法兰外径的1.5‰，且不大于2mm。不得用强紧螺栓的方法消除歪斜。

法兰连接应保持同轴，其螺栓孔中心偏差一般不超过孔径的5%，并保证螺栓能自由穿入。

法兰装配时，法兰面必须垂直于管中心，允许偏斜度当公称通径≤300mm时为1mm，公称通径>300mm时为2mm。

法兰垫片应符合标准，不得使用斜垫和双层垫片，垫片应安装在法兰中心位置。当大口径垫片需要拼接时，应采用斜口搭接或迷宫形式，不得平口对接。

垫片安装时一般可根据需要，分别涂以石墨粉、二硫化钼油脂、石墨机油等涂剂；采用软垫片时，周边应整齐，垫片尺寸应与法兰密封面相符，其允许偏差应符合有关规范的规定；软钢、铜、铝等金属垫片，安装前应进行退火处理。

法兰连接应使用同一规格螺栓，安装方向一致。连接阀门时，螺母应放在阀件一侧。紧固螺栓应对称均匀，松紧适度，紧固后螺栓与螺母宜齐平。

在管道设计温度高于100℃或低于0℃、露天装置、有大气腐蚀或有腐蚀介质，以及使用不锈钢、合金钢螺栓和螺母的情况下，安装的螺栓、螺母应涂以二硫化钼油脂、石墨机油或石墨粉。

水平管道上安装的法兰，其最上面的两个螺栓孔应保持水平。垂直管道上的法兰，其靠墙最近的两螺栓孔应与墙面平行。

高温或低温管路的法兰，在保持工作温度 2h 后应进行热紧或冷紧。当管路设计压力≤6.0MPa 时，热紧最大内压力为 0.3MPa；当设计压力＞6.0MPa 时，热紧最大内压力为 0.5MPa。冷紧一般应卸压进行。热、冷紧的紧固要适度，要有安全措施。

2. 螺纹法兰的安装

螺纹法兰分为低压螺纹法兰和高压螺纹法兰。低压螺纹法兰是利用管螺纹与低压流体输送用焊接钢管相连接，比较简单。高压螺纹法兰的安装要求比较高，安装的程序如下：

1）法兰安装前，用白煤油、丙酮等清洗管端螺纹和法兰螺纹，不得有任何细小的垃圾。管端螺纹用环规进行检查，法兰螺纹用塞规进行检查，螺纹应涂以二硫化钼（有脱脂要求的除外）。管端螺纹也可用合格的法兰单配，用双手将法兰拧入，再晃动法兰，无松动现象为合格。

2）法兰安装前，检查所有密封面和密封垫的粗糙度，不得有影响密封性的缺陷存在，并涂以机油或白凡士林（有脱脂要求的除外）。管端锥形密封面的检查，可用样板作透光检查，或用标准透镜垫作色印检查，其接触线应在密封面中间，不得间断或偏位。

3）用双手将法兰拧入管端，使管端螺纹倒角外露。但不得将螺纹露出，以免影响检修时拆卸。

4）法兰组对时，先穿入两根导销，使两片法兰基本平行，再穿入两根螺栓。密封垫应准确地放入密封座内。

5）放入密封垫后，应确认密封垫的位置没有偏斜。然后初紧两根螺栓，将不受力的导销抽去，穿入全部的法兰螺栓后进行初紧。初紧螺栓要对角进行，并对法兰平行度进行检查。

6）用测力扳手扳紧法兰螺栓，扳紧后螺栓应与螺母齐平，双头螺栓两端应一致。螺栓、螺母的螺纹上应涂以二硫化钼或铅粉润滑剂，防锈润滑。

高压螺纹法兰的连接形式见图2-4-2。

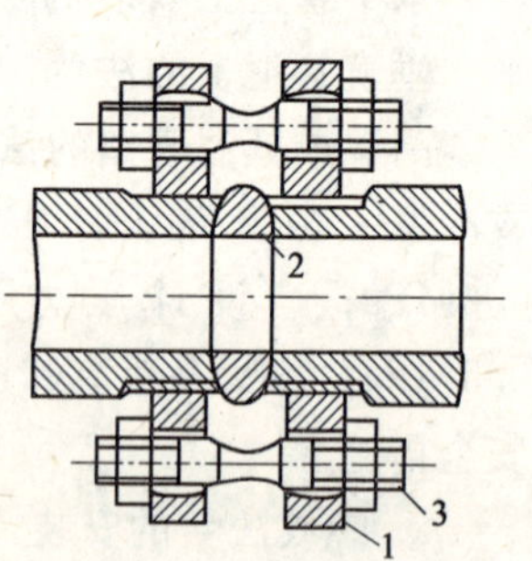

图 2-4-2　高压螺纹法兰

1—螺纹法兰；2—透镜垫；3—双头螺栓

3. 焊接法兰的安装

1）平焊法兰：平焊法兰装配时，管端应插入法兰 2/3。由于平焊法兰在受机械应力和热应力后，在断裂时是整个连接突然断裂，因此平焊法兰的内外面都必须与管子焊接。焊接后，应将毛刺及熔渣清除干净，内孔应光滑，法兰面应无飞溅物。

2）对焊法兰（见图 2-4-3）：对焊法兰的装配是法兰锥形短管与管子的对口焊接，其焊接要求与管道焊缝的焊接要求相同。

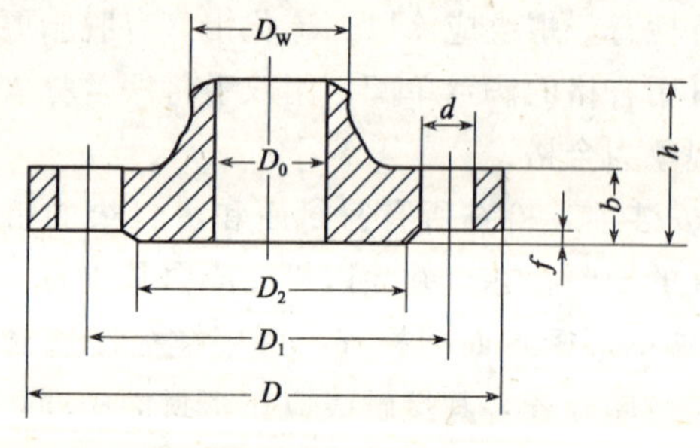

图 2-4-3　对焊法兰

4. 松套法兰的安装

1）平焊松套法兰（见图 2-4-4）：先将法兰套进管端，然后在管端上焊上焊环，将法兰套住，并利用焊环作为密封面，通过拉紧两片法兰来连接管子或管件。焊环的焊接方法与平焊法兰的焊接方法相同，与管子连接的内外表面均要焊接。平焊松套法兰主要用于不锈钢管道、铜及铜合金管道、铝及铝合金管道以及塑料管道等，其法兰可采用碳素钢，焊环采用与管道相同的材质，从而起到节约的作用。

2）对焊松套法兰（见图 2-4-5）：先将法兰套进管端，然后在管端上对接焊工密封面，通过拉紧两片法兰来连接管子或阀件。对焊松套法兰用于公称压力较高的场合。

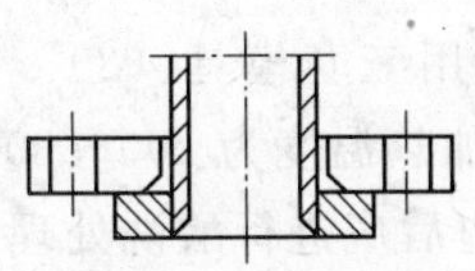

图 2-4-4　平焊松套法兰

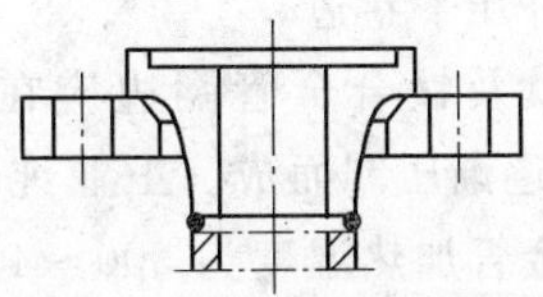

图 2-4-5　对焊松套法兰

3）卷边松套法兰（见图 2-4-6）：先将法兰套进管端，然后将管端翻边加工，其卷边用作密封面，通过拉紧两片法兰来连接管子或阀件。卷边松套法兰主要用于有色金属管道、塑料管道，与平焊松套法兰相同，其法兰仍可采用碳素钢。

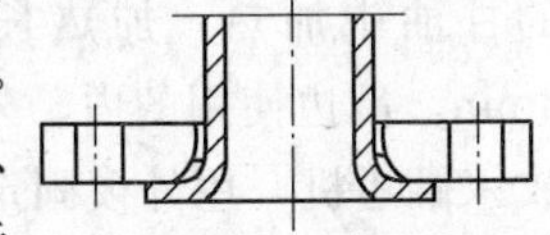

图 2-4-6　卷边松套法兰

卷边的加工均需使用模具，其中铜及铜合金管、钛及钛合金管和塑料管的卷边采用加热的措施，铝及铝合金管不加热。上述管子的管端翻边宽度要求见表 2-4-7。

有色金属及塑料管的翻边宽度（mm）　　**表 2-4-7**

公称通径（mm）	15	20	25	32	40	50	65	80	100	125	150	200	250	300	400	500
铜管翻边宽度	11	13	16	18	18	18	18	18	18	20	20	20	24			
铝管翻边宽度	18	20	22	26	28	28	28	30	30							
钛管翻边宽度									15		20	20	22	24	26	36
塑料管翻边宽度	15	15	15	15	16	18	18	20	20	20	20	20				

铜及铜合金管管端翻边使用的内模为一圆锥形钢模，外径与翻边管子的内径相等或略小，外模是一长颈的对开法兰。管子翻边前，在管端量出翻边宽度并画好线，然后将这段长度加热至300～350℃，使其自然冷却或浇水急冷。待管端冷却后，将内、外模套上，用锄头敲击翻边。卷边翻过来后应敲平锉光，作密封面使用。

铝及铝合金管的管端翻边使用两套角度不同的模具以及卡具、压力机等。管子翻边前划出翻边宽度尺寸，用外模准确固定，然后将内模插入，用压力机压制，一般分两次即可将卷边翻过来并压平卷边。

钛及钛合金管翻边应在压力机上用三套模具（30°、60°、90°）逐渐压制而成。工业纯钛管翻边加热温度为200～300℃，钛合金管加热温度为300～400℃。翻边后应进行酸洗处理，然后再进行热处理。

硬聚氯乙烯管、聚丙烯管进行管口翻边时，先将管端里口加工成15°～30°角，再插入温度分别为140～145℃和170～175℃的甘油中加热，加热长度为翻边宽度加10mm，加热时间为3min。翻边使用的内、外模也要加热到80～100℃。然后把管子放入翻边机，用外模固定。再将内模推入加热变软的管子，缓缓拧紧模具的螺线杆，直至符合翻边要求。达到翻边要求后，即可用水冷却，取出模具。

管子翻边后不得有裂缝、豁口及褶皱等缺陷，翻边端面应与管中心线垂直，允许偏差应≤1mm。有色金属管翻边后，其厚度减薄率不得大于10％。

第四节 承插连接

在管道工程中，铸铁管、非金属管大量采用承插连接。作为一种传统的管道连接方式，承插连接的工艺在不断地发展、完善，得到广泛应用。这种连接形式主要用于承插式的管子、管件或现场制作的管道承插口的连接。

一、铸铁管的承插连接

1. 连接形式

铸铁管的承插连接形式有机械式接口和非机械式接口两种。机械式接口利用压兰与管端上法兰的连接，将密封橡胶圈压紧在铸铁管承插口间隙内，使橡胶圈压缩而与管壁紧贴形成密封（图 2-4-7）。非机械式接口根据填料的不同，分为石棉水泥接口、自应力水泥接口、青铅接口、橡胶圈接口等（图 2-4-8）。

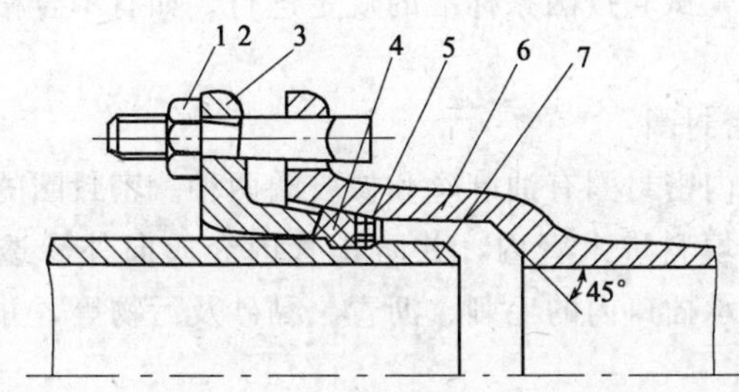

图 2-4-7 铸铁管机械式接口
1—螺母；2—螺栓；3—压兰；4—胶圈；
5—支承圈；6—管体承口；7—管体插口

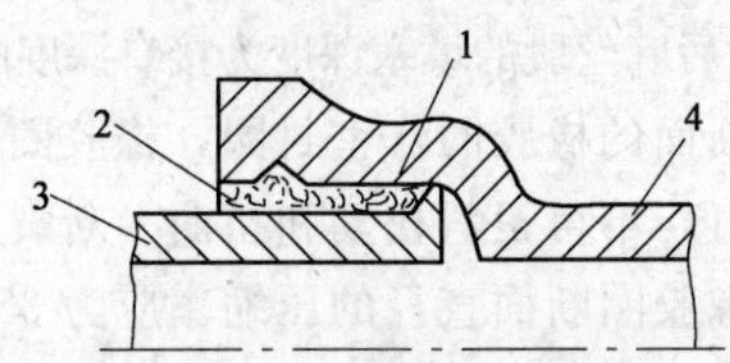

图 2-4-8 铸铁管非机械式接口
1—塞紧的油麻；2—铅或其他填充物；
3—插口；4—承口

2. 承插连接施工

1） 施工前的检验

铸铁管管子、管件应有制造厂的名称或商标、制造日期及工作压力符号等标记，施工前应作外观检查，每批抽 10%检查其表面状况、涂漆质量及尺寸偏差。

铸铁管及管件的内外表面应整洁，可用小锤轻敲检查是否有裂缝、冷隔、重皮等缺陷，漆层应完整光洁、附着牢固。承插部分不得有黏砂及凸起，其他部分不得有大于 2mm 厚的黏砂及 5mm 高的凸起；承口的根部不得有凹陷，其他部分的局部凹陷不得大于 5mm；机械加工部位的轻微孔穴不大于 1/3 厚度，且不大于 5mm；间断沟陷、局部重皮及疤痕的深度不大于 5%壁厚加 2mm，环状重皮及划伤的深度不大于 5%壁厚加 1mm。

铸铁管、管件如无制造厂的水压试验资料，应每批抽 10%作水压试验，试验按国家标准的规定进行。如有不合格，则应逐根检查。

2）打密封圈

承插口内密封圈有油麻丝和橡胶圈两种。密封圈的主要作用是阻挡接口填料进入管内，并防止管内介质向外渗透。打密封圈前应清除承插口内的毛刺、沥青、黏砂及污物等，并烤去其沥青层。

油麻作密封圈时，管子接口先填入油麻丝，将麻丝拧成直径比管口间隙大 1.5 倍、长度比管子外圆长 100～150mm 的结实麻丝股，打入接口间隙内 1～2 圈，每圈麻丝股应互相搭接 100～150mm，并压实打紧，打紧后麻丝股的填塞深度为接口深度的 1/3。

若采用圆形断面的橡胶圈作密封圈，橡胶圈打入接口后，应与管道中心线垂直，不得歪斜松动和扭曲、断裂，也不得滑出插口外。安装时，橡胶圈断面直径的压缩率应为 35%～40%。

3）接口连接的形式

（1）青铅接口：

青铅接口是承插式铸铁管最早使用的接口方式，具有较好的弹性、刚性和抗震性，施工后不需要养护。但铅是比较贵重的有色金属，大量消耗铅使工程造价太高。因此，目前青铅接口主要用于振动较大的地方，如穿越铁路、公路、河床以及用于抢修的场合。在高层建筑的排水铸铁管立管安装中，为解决承插铸铁管刚性接头易破裂、漏水的问题，也采用青铅接口的方式，以增加铸铁排水管的曲挠性和伸缩性。青铅接口的操作步骤如下：

在接口内打入麻丝，麻丝的填塞深度约为接口深度的 1/2。有时为了节省青铅，可将麻丝的填塞深度提高至 2/3。

麻丝打实后，在承插口外用特制的密封卡箍将管口严密围住，在卡箍的上部留出灌铅口。卡箍可用帆布带制成，与管壁接触处用湿黏泥封好，以防漏铅。卡箍也可用包有湿黏泥的麻绳或石棉绳代替。将铅含量 99%以上的铅投入容器内熔化，当铅液呈紫红色时，用勺除去面上的杂质。灌铅可直接使用熔铅的容器，也可使用另外的灌铅工具，此时灌铅工具应与熔铅同时预热。

灌铅时，应距管顶 200mm 处将铅徐徐倒入，使管口内的空气随时排出，灌铅应一次灌满。

待铅凝固后取下卡箍，除去接口外部多余的铅层。随后用扁凿沿管口周围铲凿一遍，再用捻口凿打实，打时由下至上，打到坚实、表面光滑且凹进承口 2～3mm 为止。

灌铅时，管口应干燥，以免铅液遇水放炮伤人。操作时，负责浇铅的人应戴好帆布手套，防止烫伤。负责看守卡箍的人应站位正确，对防铅液遇水分后飞溅烫伤面部。

（2）石棉水泥接口：

承插式铸铁管的石棉水泥接口，是继青铅接口之后发展、推广使用的一种接口方式。石棉水泥接口以石棉绒（Ⅳ级以上）和硅酸盐水泥（强度等级 42.5 级以上）为材料，按重量比 3∶7 均匀搅拌，加入总重量 10%～15%的水后揉成潮润状态，使用时以能用手捏成团、扔地即散即可。石棉水泥接口的操作步骤如下：

在接口内打入麻丝或橡胶圈作为密封圈，橡胶圈作密封圈时用于公称通径 $DN\geqslant300$mm 的铸铁管。

配制石棉水泥填料。石棉水泥干混合物可集中配制，在填打接口前加水拌合，随用随拌，用水搅拌到填打接口的时间一般不应超过 4h。

石棉水泥应自下而上填灰，并分层填打。对公称通径 $DN\leqslant$ 300mm 时采用“三填六打”法，即每填一层灰打实两遍，共填三次；$DN\geqslant350$mm 时，采用“四填八打”法，填打表面应平整严实，呈铁青色。

接口填打结束后，用黏土涂抹管口作湿养护1～2昼夜（寒冷季节应有防冻措施）。埋地敷设时若遇有浸蚀性地下水，接口处应涂抹沥青防腐层。

（3）自应力水泥接口：

自应力水泥又称膨胀水泥，其砂浆材料由砂、高铝水泥、水组成，重量配合比为：砂∶水泥∶水＝1∶1∶0.28～0.32。自应力水泥接口操作简单，劳动强度低，工效高，适用于工作压力不超过1.2MPa的管道。但接口的抗震性不及石棉水泥接口，不宜使用在露天和架空敷设的管道，以及振动较大地区的管道上。自应力水泥接口的操作步骤如下：

在接口内打入麻丝或橡胶圈作密封圈。

自应力水泥极易受潮，在工地上存放时间不宜超过3个月。施工前应对水泥作膨胀性试验，失效的不能使用。试验方法可将拌好的自应力水泥灌满玻璃瓶内，放置1昼夜后观察玻璃瓶是否产生裂缝，如有裂缝则说明自应力水泥有效。

按要求配制自应力水泥填料，配制好的砂浆填料应在2h内用完。冬期施工时需用水加热，水温在80℃以上。

自应力水泥砂浆应分3次填入接口内，3次捣实（不得使用手锤敲打），最后一次捣至有稀浆为止。然后刮去剩余砂浆并压平表面，表面凹入承口边缘一般不大于2mm。

接口完成后应做好湿养护，可用黄泥涂抹在管口上，上面留出浇水的窝洞，一般白天每2～3h浇水一次，晚上可不浇水，保持接头湿润2天。有强烈阳光照射时，可在接头上覆盖湿草包。此外，接口完成12h后，可管内充水养护，水的压力不得超过0.1MPa表压。冬季施工要做好防冻措施。

（4）橡胶圈接口：

承插式铸铁管的橡胶圈接口是一种柔性接口，与采用青铅、石棉水泥、自应力水泥作填料的接口方式相比，操作更为简单，劳动强度大大降低，适用于工作压力不超过1.2MPa的管道。此外它还具有补偿管道温度应力、施工不受季节影响、抗震性好等优点。

橡胶圈接口是将一定截面形状的密封橡胶圈放在管子的承口内定位，然后将插口插入的接口方式，适用于给水工程和煤气工程的铸铁管连接。用作插口的管端带有一定的锥度，锥度一般为1∶5，便于插口的插入。橡胶圈在接口内受到压缩，从而在承插口间隙内形成自密封。在一定范围内，橡胶圈受到的压缩越大，自密封的性能就越好。

橡胶圈接口所使用的橡胶圈有T形、梯唇形和楔形，分别用于不同的铸铁管承口结构内，所以不同截面形状的橡胶圈不能互相代用。

橡胶圈接口的操作步骤如下：

清除承口内壁和插口外壁的沥青、泥砂、毛刺等物，若承插口有铸造缺陷，还要用砂轮打磨。使用的橡胶圈应擦去表面的污物。

将橡胶圈放至承口凹槽里时，把橡胶圈压成“凹”字形，要求橡胶圈在凹槽内松紧一致。

在橡胶圈内侧和插口的外壁上涂抹润滑剂，以帮助管子的插口顺利插入。润滑剂可采用牛油、机油和肥皂水。

用捯链或紧线器进行承插作业，要求插口的插入深度达到插口上的插入深度标记处为止。在润滑良好的情况下，橡胶圈接口的承插作业可以几根管子同时进行。

如果接口发生渗漏，可在橡胶圈外进行石棉水泥填料的捻口来补救。对于明敷的橡胶圈接口的铸铁管道，应在接口处安装支架予以固定。

（5）机械式接口：

用于给水、煤气工程的机械式接口的密封橡胶圈有N形、N1形、X形、S形、T形等，用于排水铸铁管机械式接口的橡胶密封圈有A形和RK形两种。机械式接口的操作步骤如下：

清除承口、插口及法兰压盖工作面上的沥青、泥沙、毛刺等物。

在插口上划好插入深度标志线，插入端进入承口的长度应小于承口的深度。

在插口端先套入法兰压盖，再套入橡胶圈。橡胶圈的边缘应与插口上的插入深度标志线齐平。

将插口端推入承口内，紧固法兰压盖上的螺栓。紧固螺栓应对称交叉进行，使橡胶圈均匀受力。对明敷的机械式接口的铸铁管道，应在接口处安装支架予以固定。

二、非金属管的承插连接

塑料管的承插连接

1）硬聚氯乙烯管

硬聚氯乙烯管的承插连接，是采用承插粘接的方式连接管子或管件，不需再对管口进行焊接，其操作步骤如下：

管子连接前，对承插接头的配合公差进行检查，清除管子及管件内外的污垢和杂物。

采用细齿锯、割刀或专用断管工具切断管子，断口应平整并垂直于管子轴线，断面处不得有任何变形。去掉断口处的毛刺、毛边，并倒角。倒角角度宜为10～15°，倒角长度宜为2.5～3.0mm。倒角完成后将残屑清除干净。配管时，将管子与管件承口试插一次，在其表面划出标记。试插深度以承口长度的2/3为宜。

涂抹胶粘剂前，用干布将承、插口处粘接表面擦净，无灰尘、水迹、油污等。当粘接表面沾有油污时，可用棉纱蘸丙酮等清洁剂擦净。用鬃刷或尼龙刷涂抹胶粘剂，必须先涂承口，后涂插口。涂抹承口内侧和插口外侧时，应轴向涂刷，动作迅速，涂抹均匀，且涂刷的胶粘剂适量。胶粘剂可采用过氯乙烯清漆或聚氯乙烯胶。

承插口涂抹胶粘剂后，应立即找正方向将插口轻轻插入承口内，对准轴线，再加挤压。插入深度至少应超过标记，并保证承插接口的直度和接口位置正确，还应保持轴向推力2～3min，防止接口滑脱。若操作过程中胶粘剂出现干涸，应在清除干涸的胶粘剂后重新涂抹。

粘接完毕，即可将接口处多余的胶粘剂擦净，然后根据胶粘剂的性能和气候条件，让接口静置固化一段时间，牢固后方可继续安装。冬季施工时，固化时间应适当延长。管道粘接不宜在湿度很大的环境下进行，操作场所应远离火源，防止撞击和阳光直射。在0℃以下粘接操作时，应采取防寒、防冻措施，不得使胶粘剂结冻。在−20℃以下时，停止粘接施工。

胶粘剂及清洁剂的封盖应随用随开，不用时应随即盖紧，严禁非操作人员使用。管道粘接场所应禁止明火和吸烟，通风必须良好。集中操作场所，宜设置排风设施。粘接管道时，操作人员应站在上风处，并应配戴防护手套、眼镜和口罩等。

2）聚丙烯管

聚丙烯管承插连接可采用热熔方法，热熔时使用专用的熔接工具——热熔机，具体操作步骤如下：

用钢锯或管子割刀切割管子，要求管子端面垂直于管中心。

开启热熔机，用干净、无纤维的布清除加热套管和加热头上的灰尘。

除去管子切割端面的毛刺，对管子插入端进行倒角，倒角角度为15°，倒角应倒至管端半个壁厚为止。

用酒精清洗管子插入端、管配件的承插表面，使其清洁、干燥、无油。

用卡尺和笔在管端测量并标出熔接插入深度，其深度应符合表2-4-8的要求：

热熔连接技术要求 **表2-4-8**

管子外径（mm）	熔接深度（mm）	加热时间（s）	加工时间（s）	冷却时间（min）
20	14	5	4	3
25	16	7	4	3
32	20	8	4	4
40	21	12	6	4
50	22.5	18	6	5
63	24	24	6	6

注：若环境温度小于5℃，加热时间应延长50%。

热熔机达到工作温度后（指示灯亮），同时将管端和管件分别导入加热套内和推到加热头上，均达到规定的标志处。加热时间见表 2-4-8 的要求。

到达加热时间后，立即把管子和管件从加热套和加热头上同时取下，迅速无旋转地直线均匀用力插入到所标深度，保持轴向推力一段时间。

热熔连接后，要求在接头处形成一圈完整均匀的凸缘。

3）ABS 管

ABS 管是高性能的工程塑料，它的承插连接也采用粘合剂做粘接填料，施工简便，固化速度快，粘接强度可达 14MPa（剪切强度）。其施工操作步骤如下：

管子承插前，对接口进行选配，一般承插间隙控制在 0.3～0.55mm 之间。

按所需尺寸切割管子，去掉管口内外的毛刺，并将管口外楞倒角（2mm×45°），作为插口。

按 ABS 骨料：丁酮＝1：5 的重量比配制粘合剂，要求 ABS 骨料全部溶解、均匀，然后加盖密封。

用中号玻璃砂纸或刚玉砂布轻轻砂磨插口。

用干净的白布擦净砂磨好的插口表面，再用浸湿丙酮的白布擦拭，包括承口也用丙酮擦拭至无油无垢。

分两次将粘合剂涂抹于插口与承口表面，然后立即将插口插入承口内，不得转动。规格较大的管子要保持半分钟的轴向力推力。涂抹粘合剂不宜在潮湿环境下进行，应远离明火，涂抹的工具应保持清洁。

粘接完毕，将接口处多余的粘合剂擦去。

第五节　沟槽连接

沟槽式管接头是在管材、管件等管道接头部位加工成环形沟槽，用卡箍件、橡胶密封圈和紧固件等组成的套筒式快速接头。安装时，在相邻管端套上异形橡胶密封圈后，用拼合式卡箍件连接。卡箍件的内缘就位在沟槽内并用紧固件紧固后，保证了管道的密封性能。这种连接方式具有不破坏钢管镀锌层、施工快捷、密封性好、便于拆卸等优点，可用于建筑给水、消防给水、生产给水等管道工程。图 2-4-9 给出沟槽密封的形式。

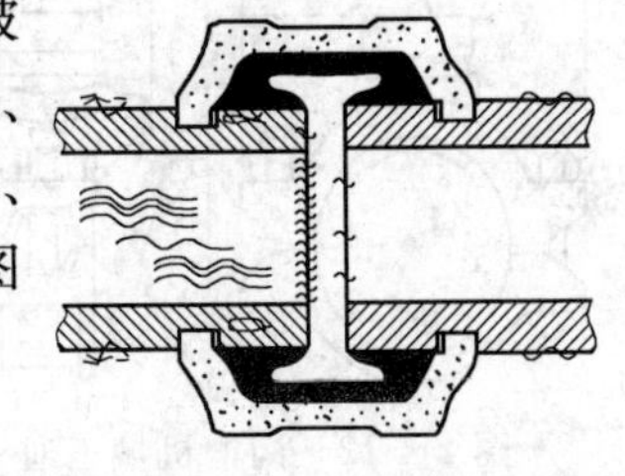

图 2-4-9　沟槽密封形式

一、沟槽式连接件

沟槽式连接管道系统上采用的管件有弯头、三通、四通、异径管等沟槽式管件。其平口端的接头部位均加工成与管材接头部位相同的环形沟槽。

1. 卡箍接头

卡箍接头分为刚性接头和挠性接头。刚性接头拼合式卡箍件对接部位呈斜面的沟槽式管接头。在接头处，相邻管端不允许有相对角变位和轴向线位移（见图 2-4-10）；挠性接头拼合式卡箍件对接部位呈平面的沟槽式管接头。在接头处，相邻管端允许有一定量的相对角变位和相应的轴向转动，允许角变位与管径有关，但不允许有轴向线位移。挠性接头是一种柔性接头（见图 2-4-11）。

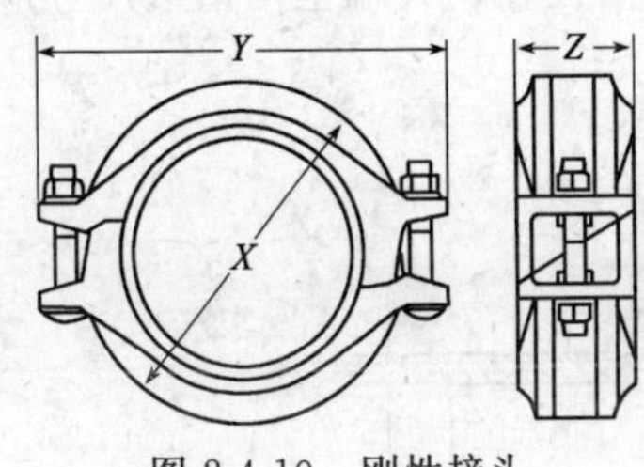

图 2-4-10　刚性接头

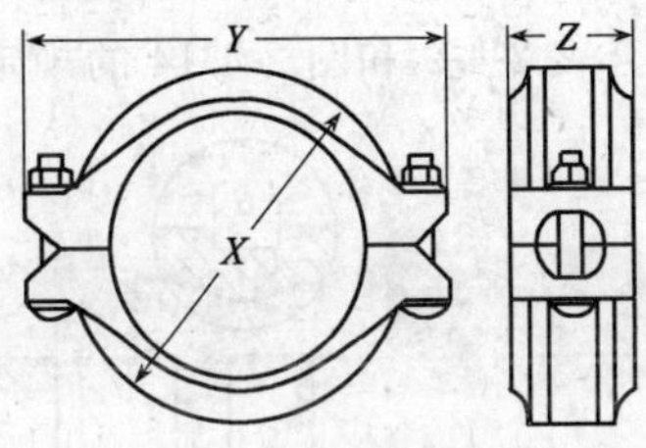

图 2-4-11　挠性接头

2. 支管接头

用于直管管道中部开孔后连接支管的鞍形拼合式连接件。有正三通和正四通两种类型；与支管的连接方式有沟槽式连接和螺纹连接。正三通称机械三通，正四通称机械四通。沟槽机械三通见图 2-4-12，螺纹机械三通见图 2-4-13。

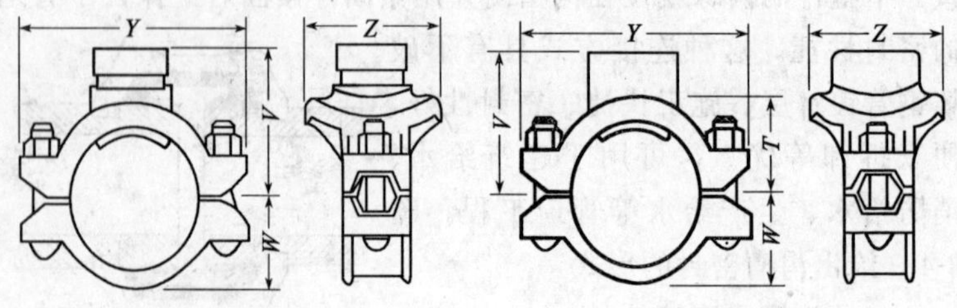

图 2-4-12　沟槽机械三通　　　　图 2-4-13　螺纹机械三通

二、管材

1. 沟槽式连接的钢管，可采用镀锌焊接钢管和焊接钢管，镀锌无缝钢管和无缝钢管，不锈钢管，内壁涂塑或衬塑钢管等。镀锌焊接钢管应符合现行国家标准《低压流体输送用镀锌焊接钢管》GB/T 3091 的规定；焊接钢管应符合现行国家标准《低压流体输送用焊接钢管》GB/T 3092 的规定；无缝钢管应符合现行国家标准《输送流体用无缝钢管》GB/T 8163 的规定；不锈钢管应符合现行国家标准《流体输送用不锈钢无缝钢管》GB/T 14976 的规定；内壁涂塑或衬塑的各种钢管也应符合国家现行有关产品标准的规定。

2. 沟槽式管接头采用的平口端环形沟槽必须采用专门的滚槽机加工成型。钢管最小壁厚和沟槽尺寸、管端至沟槽边尺寸应符合表 2-4-9 和图 2-4-14 的规定。

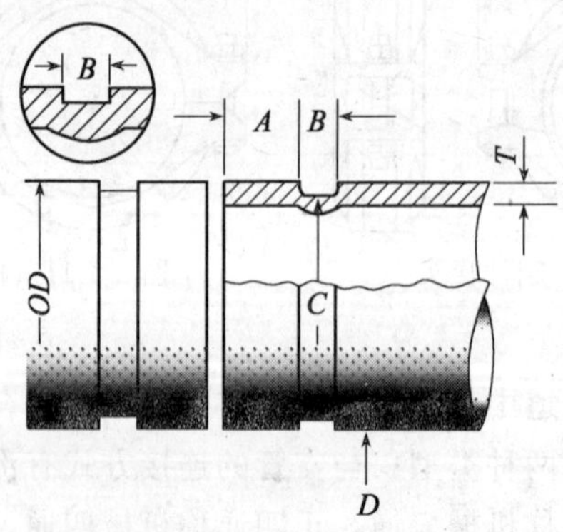

图 2-4-14　钢管及沟槽尺寸图

钢管最小壁厚和沟槽尺寸（mm） **表 2-4-9**

尺寸表（mm）													
管道外径			密封圈座 A（+/−0.79）			沟槽宽度 B（+/−0.79）			沟槽直径 C		沟槽深度 D	允许管道最小壁厚 T	最大张口直径
基准	最大	最小	基准	最大	最小	基准	最大	最小	最大	最小			
26.7	27	26.5	15.88	16.67	15.15	7.14	7.93	6.41	23.83	23.44	1.42	1.65	29.2
33.4	33.7	33.1	15.88	16.67	15.15	7.14	7.93	6.41	30.23	29.85	1.6	1.65	36.3
42.2	42.6	41.8	15.88	16.67	15.15	7.14	7.93	6.41	38.99	38.61	1.6	1.65	45
48.3	48.8	47.8	15.88	16.67	15.15	7.14	7.93	6.41	45.09	44.7	1.6	1.65	51.1
57	57.6	56.4	15.88	16.67	15.15	8.74	9.53	8.01	53.85	53.47	1.6	65	58.7
60.3	60.9	59.7	15.88	16.67	15.15	8.74	9.53	8.01	57.15	56.77	1.6	1.65	63
73	73.7	72.3	15.88	16.67	15.15	8.74	9.53	8.01	69.09	68.63	1.98	2.1	75.7
76.1	76.9	75.3	15.88	16.67	15.15	8.74	9.53	8.01	72.26	71.8	1.98	2.11	78.7
88.9	89.7	88.1	15.88	16.67	15.15	8.74	9.53	8.01	84.94	84.48	1.98	2.11	91.4
101.6	102.6	100.8	15.88	16.67	15.15	8.74	9.53	8.01	97.38	96.87	2.11	2.11	104.1
108	109.07	107.21	15.88	16.67	15.15	8.74	9.53	8.01	103.73	103.22	2.11	2.11	109.7
114.3	115.4	113.5	15.88	16.67	15.15	8.74	9.53	8.01	110.08	109.57	2.11	2.11	116.8

续表

尺寸表（mm）													
管道外径			密封圈座 A（+/−0.79）			沟槽宽度 B（+/−0.79）			沟槽直径 C		沟槽深度 D	允许管道最小壁厚 T	最大张口直径
基准	最大	最小	基准	最大	最小	基准	最大	最小	最大	最小			
127	128.3	126.2	15.88	16.67	15.15	8.74	9.53	8.01	122.78	122.27	2.11	2.41	129.5
133	134.32	132.21	15.88	16.67	15.15	8.74	9.53	8.01	129.13	128.62	2.11	2.77	134.9
139.7	141.1	138.9	15.88	16.67	15.15	8.74	9.53	8.01	135.48	134.97	2.11	2.77	142.2
141.3	142.7	140.5	15.88	16.67	15.15	8.74	9.53	8.01	137.03	136.47	2.13	2.77	143.8
152.4	153.8	151.6	15.88	16.67	15.15	8.74	9.53	8.01	148.08	147.52	2.16	2.77	154.9
158.8	160.4	158	15.88	16.67	15.15	8.74	9.53	8.01	153.21	152.45	2.16	2.77	161.3
165.1	166.7	164.3	15.88	16.67	15.15	8.74	9.53	8.01	160.78	160.22	2.16	2.77	167.6
168.3	169.9	167.5	15.88	16.67	15.15	8.74	9.53	8.01	163.96	163.4	2.16	2.77	170.9
203.2	204.8	202.4	19.05	19.84	18.32	11.91	12.7	11.18	198.53	197.89	2.34	2.77	207.5
219.1	220.7	218.3	19.05	19.84	18.32	11.91	12.7	11.18	214.4	213.76	2.34	2.77	233.5
254	255.6	253.2	19.05	19.84	18.32	11.91	12.7	11.18	249.23	248.54	2.39	3.4	258.3
273	274.6	272.2	19.05	19.84	18.32	11.91	12.7	11.18	268.28	267.59	2.39	3.4	277.4
325	326.6	324	19.05	19.84	18.32	11.91	12.7	11.18	319.28	318.43	2.77	3.96	329.3

三、管材切割和预加工

1. 管材切割前应按配管图先标定管子外径，其外径误差和壁厚误差应在允许公差范围内。管材切口端面应垂直于管道中心轴线。管道切割应采用机械方法。切口表面应平整，无裂缝、凹凸、缩口、熔碴、氧化物，并打磨光滑。当管端沟槽加工部位的管口不圆整时应整圆，壁厚应均匀，表面的污物、油漆、铁锈、碎屑等应予清除。

2. 压槽加工

压槽加工场地应保持平整、稳妥，避免机器在滚槽时振动而影响压制沟槽的质量；压槽机与管托支架应平行，并在同一轴线，被压制钢管的中轴线与压槽机端面呈 90°；按被压槽管径选用压槽滚轮，同时调整压槽深度的限位。压槽过程与要求：

1）被压制的管道切口应平齐，不应有毛刺；

2）压槽机滚轮应垂直于被压制钢管，不垂直时应通过调节机器支脚和管托来实现；

3）压槽机启动时，应将被压制管道空转一圈，无异常时则启动液压进行压槽，压槽时间一般控制在表 2-4-10 规定范围内；

加工一个沟槽的时间　　　　**表 2-4-10**

规格（mm）	DN50	DN65	DN80	DN100	DN125	DN150	DN200	DN250	DN300
时间 min	2	2	2.5	2.5	3	3	4	5	6

4）沟槽压制完成后，应按表 2-4-9 进行抽检，发现问题及时调整；

5）同一规格的钢管沟槽，压制一定数量后，应按表 2-4-9 要求进行抽检，防止压槽机滚轮因磨损而产生的误差。

3. 接头连接和安装

1）沟槽式接头安装步骤

（1）用游标卡尺检查管材、管件的沟槽是否符合表 2-4-9 的要求，以及卡箍件的型号是否正确；

（2）在橡胶密封圈上涂抹润滑剂，并检查橡胶密封圈是否有损伤；润滑剂可采用肥皂水或洗洁剂，不得采用油润滑剂；

(3) 连接时先将橡胶密封圈安装在接口中间部位，可将橡胶密封圈先套在一侧管端，定位后再套上另一侧管端；

(4) 校直管道中轴线；

(5) 在橡胶密封圈的外侧安装卡箍件。必须将卡箍件内缘嵌固在沟槽内，并将其固定在沟槽中心部位；

(6) 压紧卡箍件至端面闭合后，即刻安装紧固件，应均匀交替拧紧螺栓；

(7) 在安装卡箍件过程中，必须目测检查橡胶密封圈，防止起皱；

(8) 安装完毕后，就检查并确认卡箍件内缘全圆周嵌固在沟槽内。

2) 支管接头安装步骤

(1) 在已开孔洞的管道上安装机械三通或机械四通时，卡箍件上连接支管的管中心必须与管道上孔洞的中心对准；

(2) 安装后机械三通、机械四通内的橡胶密封圈，必须与管道上的孔洞同心，间隙均匀；

(3) 压紧支管卡箍件至两端面闭合，即刻安装紧固件，应均匀交替拧紧螺栓；

(4) 在安装支管卡箍件过程中，必须目测检查橡胶密封圈，防止起皱。

沟槽连接管道支架间距见表2-4-11。

沟槽连接管道支架间距　　表2-4-11

公称通径(mm)	20	25	32	40	50	70	80	100	125	150	200	250	300	350～400	450～600
刚性接头支架距离（m）	2.1	2.1	2.1	2.1	3	3.65	3.65	4.25	4.25	5.15	5.75	5.75	7.0	—	—
挠性接头支架距离（m）	2.4	3.00			3.6			4.2			4.8			5.4	6.0

第六节 其 他 连 接

一、卡套式管接头

1. 钢制卡套式管接头

1）工作原理

钢制卡套式管接头由卡套、接头体、螺母组成。其卡套是一个前后端外侧带有锥面、前端内侧带有刃口的金属环；接头体相当于挤压模具；螺母的作用是推动卡套，使卡套前端外侧在接头体内锥面的作用下，中部拱起，卡套前端径向收缩变形，导致卡套前端内侧刃口卡住管子。若继续旋紧螺母，卡套在变形过程中将迫使刃口切入钢管形成密封。而卡套前后端外侧分别与接头体、螺母的内锥面形成锥面密封，见图 2-4-15。

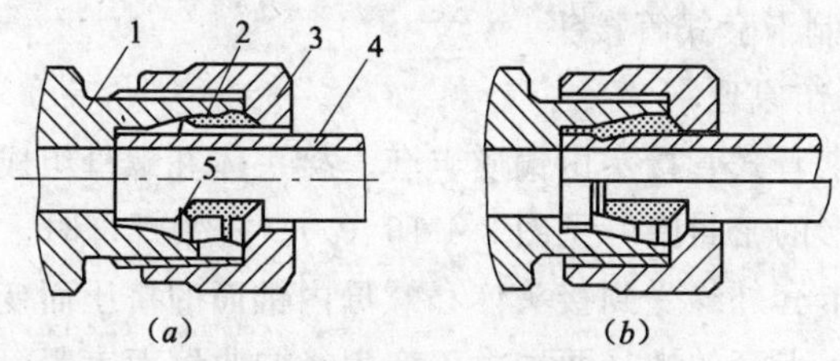

图 2-4-15 钢制卡套式管接头

(a) 卡套咬合前；(b) 卡套咬合后

1—接头体；2—卡套；3—螺母；4—钢管

2）使用范围

钢制卡套式管接头连接牢固、密封性好、耐压高，可用于公称压力 16MPa 和 32MPa 的钢制管道上，其最大公称通径为 32mm．钢制卡套式接头安装时不需动火，操作简便，广泛应用于石油化工、轻工、机械、国防、航空、医药等领域的自控装置管路中，以及各种工程机械、机床设备的液压传动管路。

钢制卡套式管接头用于输送非腐蚀性介质的管道时，可采用优质碳素钢制成；用于输送腐蚀性介质时，可根据输送介质的特性选用耐酸钢制成。

3）安装方法

安装前应清洗卡套、接头体和螺母，在螺纹表面涂一层润滑油。

按所需尺寸切割管子，管口应平齐、垂直于管中心，刮去管口内外的毛刺。管子表面不得有划痕、凹凸陷、裂缝、锈蚀等缺陷。

在连接的管子上套进螺母和卡套，卡套的刃口朝前（管端）连接接头体，用手拧紧螺母。然后用扳手将螺母缓慢拧紧3/4圈，再拆下螺母检查卡套在钢管上的咬合情况。允许卡套在钢管上转动，但不得上下、左右移动，卡套的刃口应切入钢管表面。

重新旋紧螺母，直至卡套的刃口完全切入钢管管壁。

2. 铜制卡套式管接头

1）工作原理

铜制卡套式管接头由铜质卡套、接头体和螺母组成，其卡套为一桶箍形的密封圈，见图2-4-16（*a*）。拧紧螺母时，在螺母的推动下，卡套外缘受到接头体和螺母内锥面的挤压而变形，形成锥面密封；卡套的内径两端由于产生径向收缩而克紧管子，形成密封。

2）使用范围

铜制卡套式管接头应用广泛、连接牢固、密封性好、安装简便，主要用于气源、信号管路，适用于公称压力$PN \leqslant 1.6$MPa、公称通径$DN \leqslant 8$mm、工作温度$t < 150$℃的紫铜管和尼龙管的连接。其接头材料为黄铜，表面镀铬。用于尼龙管时，需在管端内插入铜制薄壁管衬套（图2-4-16（*b*））。

3）安装方法

安装前清洗卡套、接头体和螺母。

按所需尺寸切割管子，管口应平齐、垂直于管中心，刮去管口内外的毛刺。

在连接的管子上套进螺母和卡套，连接接头体。然后用扳手拧紧螺母，使卡套变形克紧管子。

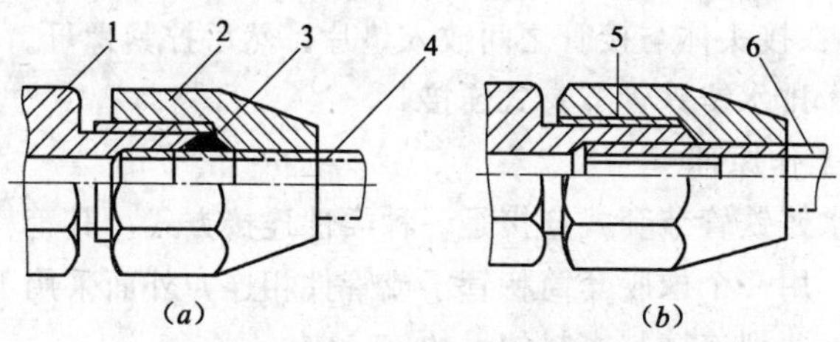

图 2-4-16 铜制卡套式管接头

（a）铜管安装示意图；（b）尼龙管安装示意图

1—接头体；2—螺母；3—卡套（密封圈）；

4—喇管；5—薄壁管衬套；6—尼龙管

二、焊接式管接头

1. 工作原理

焊接式管接头由接头体、螺母、接管、垫片组成。在接管与管道焊接连接后，拧紧螺母，使垫片在接管和接头体之间被压紧，形成密封（图 2-4-17）。

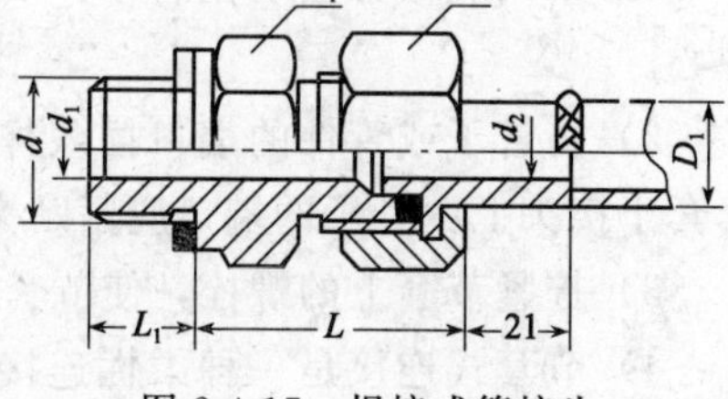

图 2-4-17 焊接式管接头

2. 使用范围

焊接式管接头应用广泛、连接牢固，加工工艺简单，但与钢管连接时须采用焊接的方法。适用于公称压力 $PN \leqslant 32$MPa、公称通径 $DN \leqslant 40$mm 的仪表管路及液压传动管路。

焊接式管接头用于输送非腐蚀性介质的管道时，可采用优质碳素钢制成，垫片采用石棉橡胶；用于输送腐蚀介质时，可根据输送介质的特性选用耐酸钢制成，垫片采用氟塑料；输送介质为油时，垫片可采用纯铝或纯铜。

3. 安装方法

1）按所需尺寸切割管子，管口应平齐，垂直于管中心，刮去管口内外的毛刺。

2）在接管与钢管连接前，先在接管上套进螺母。

3）组对接管与钢管，进行焊接。

4）在接头体与接管之间放入垫片，然后拧紧螺母。

三、排水铸铁管节套式连接

1. 工作原理

排水铸铁管节套式连接是一种柔性连接方式。其管材为平口铸铁管，用一个橡胶套筒将管子或管件相连，外面采用不锈钢节套紧固，达到连接与密封的目的。

2. 使用范围

排水铸铁管节套式连接操作简便、工效高，且拆卸方便，适用于民用建筑工程的排水系统。其节套连接处能承受0.4MPa压力的水压试验，并可作角度为5°的转角连接。

3. 安装方法

1）采用机械方法切割管子，要求管口平整光滑、垂直于管中心。

2）将管子或管件的端口插入橡胶套筒内，同时将不锈钢节套套于接头上。管子的端口应紧贴橡胶套筒内的限位环。

3）拧紧节套上的螺栓，使节套紧箍住接头。

4）节套式连接是一种柔性连接，因此支吊架的间距要求较密，且转角处必须用支架固定。

四、薄壁不锈钢卡压式连接

1. 基本原理

不锈钢卡压式管件的端部U型槽内装有O型密封圈，安装时将不锈钢管插入管件中，用专用的压钳在管件端部卡压，使不锈钢管和管件的端部同时收缩（外小里大，剖面形成六角形状），从而达到连接强度，并形成可靠的密封（工作压力最大1.6MPa）。如图2-4-18所示。

2. 管材

采用卡压式连接的薄壁不锈钢管外径和壁厚应符合表2-4-12规定。

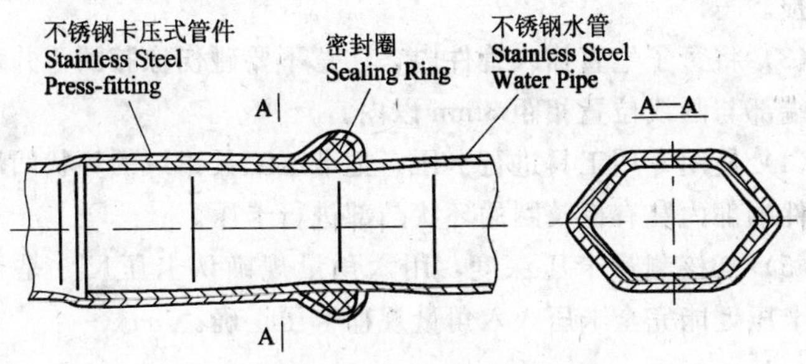

图 2-4-18　卡压密封原理图

卡压式管件连接用薄壁不锈钢管规格表（mm）　　　　**表 2-4-12**

公称直径 DN	管外径 D_W	PN1.6MPa	
		壁厚，t	计算内径，d_j
15	18.0	1.0	16.0
20	22.0	1.2	19.6
25	28.0		25.6
32	35.0	1.5	32.0
40	42.0		39.0
50	54.0		51.0
65	76.1		73.1
80	88.9	2.0	84.9
100	108.0		104.0
125	133.0		129.0
150	159.0	3.0	153.0

3. 连接要求

（1）按照图纸要求进行预制，使用记号笔在管子插入管件处做好记号。

（2）裁管应采用专用的电动切管器或手动切管器，切口端面应平整，并垂直于管轴线。并清除管端外口毛刺，避免密封橡胶圈受损。

（3）将管子笔直插入管件内，注意不要碰伤橡胶圈，并确认管件端部与画线位置相距 3mm 以内。

（4）使用专用工具进行卡压，把卡压工具钳口的环状凹部对准管件端部内装有橡胶圈的环状凸部进行卡压。

（5）复核测量卡压深度，用六角量规确认卡压尺寸是否到位，卡压处能完全卡压入六角量规即卡压正确。

第五章 材料检验

一、一般规定

（1）钢管、钢管件必须具有制造厂的合格证明书，否则应补作所缺项目的检验，其指标应符合现行国家或部颁技术标准。

（2）钢管、钢管件在使用前应按设计要求核对其规格、材质、型号。

（3）钢管、钢管件在使用前应进行外观检查，要求其表面：

① 无裂纹、缩孔、夹渣、折叠、重皮等缺陷；

② 不超过壁厚负偏差的锈蚀或凹陷；

③ 螺纹密封面良好，精度及粗糙度应达到设计要求或制造标准；

④ 合金钢管及管件应有材质标记。

（4）合金钢管及管件在使用前均应用光谱分析或其他方法进行复查，并作标记。

（5）除奥氏体不锈钢外，工作环境温度低于－20℃的钢管及钢制管件应有低温冲击韧性试验结果。

二、钢管检验

（1）钢管外径及壁厚尺寸偏差应符合部颁的钢管制造标准。

（2）有耐腐蚀要求的不锈钢管，如产品证书上未注明晶间腐蚀试验结果时，一般应按《不锈钢晶间腐蚀试验法》（GB/T 4334—2000）的试验方法进行补充试验。

（3）钢板卷管的质量检验应符合下列要求：

① 卷管直径大于600mm时，允许有两道纵向接缝，两接缝间距应大于300mm。

② 卷管组对两纵缝间距应大于100mm。支管外壁距纵、环向焊缝不应小于50mm，若焊缝用无损探伤检查时，不受此限。

③ 卷管对接纵缝的错边量不应超过壁厚的10%，且不大于1mm。如超过规定值，则应选两相邻偏差值较小的管子对接。

④ 卷管的周长偏差及椭圆度应符合表 2-5-1 的规定。

周长偏差及椭圆度规定（mm）　　表 2-5-1

公称直径	<800	800～1200	1300～1600	1700～2400	2600～3000	>3000
周长偏差	±5	±7	±9	±11	±13	±15
椭圆度	外径的 1% 且不大于 4	4	6	8	9	10

⑤ 卷管校圆样板的弧长应为管子周长的 1/6～1/4。样板与管内壁的不贴合间隙应符合下列规定：

a. 对接纵缝处为壁厚的 10%加 2mm，且不大于 3mm；

b. 离管端 200mm 的对接纵缝处应为 2mm；

c. 其他部位为 1mm。

⑥ 卷管端面与中心线的垂直偏差不应大于管子外径的 1%，且不大于 3mm。平直度偏差不应大于 1mm/m。

⑦ 公称直径大于或等于 800mm 的卷管对接时，外部环缝宜由两名焊工同时施焊。

⑧ 焊缝不能双面成型的卷管，公称直径大于或等于 600mm 时，一般应在管子内侧的焊缝根部进行封底焊。

⑨ 卷管在加工过程中，所用板材的表面应避免机械损伤。有严重伤痕的部位应修磨，并使其圆滑过渡。修磨处的深度不得超过板厚的 10%。

⑩ 卷管的所有焊缝应经煤油渗透试验合格。焊缝外观检查应按照焊接检验的规定执行。

三、钢管件检验

（1）弯头、异径管、三通、法兰、盲板、补偿器及紧固件等须进行检查，其尺寸偏差应符合现行部颁标准。材质应符合设计要求。

（2）中压焊接管件应核对制造厂的合格证明书，并确认下列项目符合国家或部颁技术标准：

① 化学成分；

② 热处理后的机械性能；

③ 合金钢管件的金相分析结果（也可用热处理状态说明代替）。

(3) 法兰密封面应平整光洁，不得有毛刺及径向沟槽。法兰螺纹部分应完整、无损伤。凹凸面法兰应能自然嵌合，凸面的高度不得低于凹槽的深度。

(4) 螺栓及螺母的螺纹应完整，无伤痕、毛刺等缺陷。螺栓与螺母应配合良好，无松动或卡涩现象。

(5) 各种垫片应符合下列要求：

① 石棉橡胶、橡胶、塑料等非金属垫片应质地柔韧，无老化变质或分层现象，表面不应有折损、皱纹等缺陷。

② 金属垫片的加工尺寸、精度、粗糙度及硬度应符合要求，表面应无裂纹、毛刺、凹槽、径向划痕及锈斑等缺陷。

③ 包金属及缠绕式垫片不应有径向划痕、松散、翘曲等缺陷。

四、高压管材与管件验收

1. 高压管材的验收

到货的高压管材必须进行验收检查。验收应分批进行，每批应为同规格、同炉罐号和同热处理条件下的管子。

高压管材的验收检查项目规定如下：

(1) 检查出厂证明书和标记：高压管子必须具有制造厂的证明书，在证明书上应注明：需方名称与合同号、制造厂名称、钢管尺寸、钢号与炉罐号、钢的化学成分、热处理炉次、试验结果、钢管根数与重量以及标准代号。

入库的高压管应具有标记。对于外径大于 35mm 的管子要具有代表钢种的油漆颜色和钢号、炉罐号、标准代号及制造厂的标记；外径等于或小于 35mm 的成捆供货管子应有标牌，其上标明制造厂的名称、技术监督部门印记、管子规格、钢号、根数、重量、炉罐号、批号和标准代号。

(2) 测定管子规格：验收时要对全部管子逐根编号。按照编号逐根测量管子外径、壁厚和长度，外径与壁厚的公差应符合管子技术标准的规定。

（3）硬度和无损探伤检查：每批高压管材要逐根测定其硬度。高压管、管件及紧固件进行布氏硬度试验，其布氏硬度值应符合技术标准的规定。

管子经过外观检查和测定外径、壁厚和硬度后，还必须检查内、外表面及其内部有无缺陷。

高压管外表面及接近外表面处的缺陷检查方法：对公称直径大于 6mm 的磁性管子，要逐根进行外表面喷砂和磁力探伤；对非磁性管子，宜采用荧光法或着色法探伤检查。

外表面探伤时，如发现有裂纹、结疤、折叠、夹渣及刮伤等缺陷，可逐根打磨，直至消除为止。管子除去缺陷后的实际壁厚不得小于公称壁厚的 90%。实际壁厚可用测厚仪测定。

管子经过外表面探伤后，一般应按《无缝钢管超声波探伤检验方法》(GB/T 5777）的要求，进行内部及内表面探伤。

在管子探伤后，其不合格的部分应予切除，不得用补焊的方法修复。

（4）高压管的校验性检查：验收高压管时，如有下列情况之一，应进行校验性检查：

① 证明书与到货的管子的规格、钢号和炉罐号不符；

② 管子（或标牌）上无钢号或炉罐号；

③ 证明书上的化学成分或机械性能不全。

管子的校验性检查按下列规定进行：

① 对全部管子逐根编号并检查硬度后，从每批管子中选出硬度最高和最低的各一根，每根制备五个试样，进行下列试验：

a. 取两个试样做拉力试验。当管壁厚度不能制取标准试样时，可用完整的圆管代替；

b. 取两个试样做冲击韧性试验。当管壁厚度小于 12mm 时，该项试验可以免做；

c. 取一个试样做压扁或冷弯试验；

外径大于或等于 35mm 时做压扁试验。压扁用的管环宽度为 30～50mm，锐角应倒圆。管子压扁至内壁间距为公称内径的 0.6 倍时，不得出现裂纹、起层等缺陷；

外径小于 35mm 的管子做冷弯试验，弯芯半径为管子外径的两倍；弯曲 90°时，不得出现裂纹、折断、起层等缺陷。

② 当证明书上的化学成分或机械性能不全时，要对所缺项目补充试验。化学分析试样应从做机械性能试验的管子或试样上切取。校验后的化学成分和机械性能应符合技术标准的要求。

③ 当不锈耐酸钢管子的证明书上，未注明晶间腐蚀试验结果时，应按《不锈耐晶间腐蚀试验法》(GB/T 4334—2000) 的要求，补做晶间腐蚀倾向试验。

④ 在校验性试验中，如有不合格项目，须以双倍数量的试样复查，复查只进行原来不合格的项目。复查的试样要在上次不合格的管子上和与该管硬度最接近的另一管子上切取。当复查的结果仍有一项不合格时，则应对该批管子逐根校验。

经过验收和校验性检查合格的管子，要及时填写“高压管子验收检查登记表”（参照表 2-5-2），并按材质、规格分别放置，妥善保管，防止锈蚀。

高压管子验收检查登记表　　　　表 2-5-2

制造厂名称________制造厂证明书号________ No ________

规　　格________钢号________炉罐号____________

管子编号	实际外径		实际壁厚		长度	硬度	机械性能化学成分检查结果及检验单号	探伤结果			备注
	Ⅰ端	Ⅱ端	Ⅰ端	Ⅱ端				磁力	超声波		

检查部门负责人______检查员______ ______年______月______日

2. 高压管件、紧固件及阀件的验收

在验收到货的高压管件、紧固件及阀件时，首先要查对核实：有无产品合格证，实物的规格、型号、标记是否与产品合格证相符，并核实到货数量。

对管件、紧固件及阀件应进行外观检查，不得有影响强度或密封性的缺陷。螺纹应整齐无缺陷。

到货的紧固件要进行硬度试验，从每批（指同一合格证上所列的同材质、同规格产品）螺柱和螺母中，选取两个作试样，检查其硬度是否符合技术标准的规定。如有不合格的应加倍检查。加倍检查仍有不合格时，应对该批螺柱和螺母逐个检查，同时还应从双头螺柱中选取硬度最高和最低的各一根，校验其机械性能是否符合要求。

验收高压阀件时，应逐个进行水压强度和严密度试验，强度试验压力等于公称压力的 1.5 倍；严密度试验压力等于公称压力。阀件在强度试验压力下，维持压力 5min，阀体及填料函不得泄漏。然后在公称压力下检查阀口的严密性，如无泄漏即为合格。安全阀要求在工作压力的 1.05～1.15 倍时动作，在 0.9 倍时关闭。阀件试压后应将水放净，涂油防锈，关闭阀件，封闭出入口，并及时填写“高压阀件试验证明书”（参照表 2-5-3）。

高压阀件试验证明书　　　　表 2-5-3

工程名称________试验单位________No ________

序号	名称	规格	型号	公称压力（MPa）	试验压力（MPa）		备注
					强度	严密度	

检查部门负责人______检查员______　______年　____月____日

对其他高压管件的验收、检验也应按相应的技术标准的要求进行。经过验收、检验合格的管子与附件才允许在工程上使用。

五、有色金属管检验

1. 管子内外表面应光滑、清洁，不应有针孔、裂纹、起皮、分层、粗糙拉道、夹渣、气泡等缺陷。黄铜管不得有绿锈和严重脱锌。

2. 管子端部应平整无毛刺。管子内外表面不得有超过外径及壁厚允许偏差的局部凹坑、划伤、压入物、碰伤等缺陷。

3. 铜管的椭圆度和壁厚不均度，不应超过外径和壁厚的允许偏差。

4. 挤压厚壁铝管的椭圆度，不应超过外径的允许偏差，壁厚不均度不应超过实际平均厚度的10%。

5. 有色金属管的其他技术要求应符合下列标准：

《铝及铅锑合金管》(GB/T 1472—2005)；

《铝及铝合金管道外形尺寸及允许偏差》(GB/T 4436—1995)。

六、铸铁管检验

(1) 铸铁管应有制造厂的名称和商标、制造日期及工作压力符号等标记。

(2) 铸铁管、管件应进行外观检查，每批抽10%检查其表面状况、涂漆质量及尺寸偏差。

内外表面应整洁，不得有裂缝、冷隔、瘪陷和错位等缺陷，其他要求如下：

① 承插部分不得有粘砂及凸起，其他部分不得有大于2mm厚的粘砂及5mm高的凸起；

② 承口的根部不得有凹陷，其他部分的局部凹陷不得大于5mm；

③ 机械加工部位的轻微孔穴不大于1/3厚度，且不大于5mm；

④ 间断沟陷、局部重皮及疤痕的深度不大于5%壁厚加2mm，环状重皮及划伤的深度不大于5%壁厚加1mm。

(3) 铸铁管内外表面的漆层应完整光洁，附着牢固。

(4) 铸铁管、管件的尺寸允许偏差应符合表2-5-4的要求。

尺寸允许偏差　　　　表 2-5-4

<table>
<tr><th colspan="2">承插口环隙（E）</th><th>承插口深度
（H）</th><th colspan="2">管子平直度
（mm/m）</th></tr>
<tr><td rowspan="2">Dg≤800</td><td rowspan="2">±E/3</td><td rowspan="3">±0.05H</td><td>Dg<200</td><td>3</td></tr>
<tr><td>Dg200～450</td><td>2</td></tr>
<tr><td>Dg>800</td><td>±（E/3+1）</td><td>Dg>450</td><td>1.5</td></tr>
</table>

（5）法兰与管子或管件的中心线应垂直，两端法兰应平行。法兰面应有凸台及密封沟。

铸铁管及管件，如无制造厂的水压试验资料时，使用前须每批抽 10%作水压试验。

第六章　建筑工程管道安装

第一节　建筑工程管道施工概论

1. 高层、超高层的划分

由于近代工业的发展，城市人口日趋密集，造成用地紧张，地价昂贵，迫使人们大力发展高层建筑以满足其需要。随着科学技术的进步，建筑技术、四新技术的不断发展，为现代高层建筑的设计、施工提供了物质条件，现在的高层建筑也就越造越高。在 1972 年召开的国际高层建筑会议上，曾将高层建筑划分为两大类：

第一类：9～40 层（高度≤100m）为高层建筑；

第二类：40 层以上（高度＞100m）为超高层建筑。

世界各国根据各自的经济技术条件及消防装备的具体情况，对高层建筑的划分有不同的规定。我国在高层建筑民用建筑消防设计规范中规定，10 层或 10 层以上的住宅以及高度超过 24m 的其他民用建筑为高层建筑（包括底层设立商业服务网点的住宅）。高层工业建筑，是指高度超过 24m 的两层以及两层以上的厂房，高度超过 24m 的单层厂房不属于高层建筑。

2. 高层建筑管道系统分类

对于建筑工程来说高层建筑多数为高级宾馆、商住楼，宾馆装饰美观，功能齐全。凡是客人经过的地方，所有的管道都是暗装的；供职工使用的后勤部分用房及机器、设备房内基本为明装配管。

高层建筑内的管道系统可按表 2-6-1 分类。

高层建筑管道系统分类表　　表 2-6-1

给水	排水	消防	空调	蒸汽	煤气
生活冷水 生活热水 饮用水	雨水 洗涤污水 粪便污水 通气管	消火栓 自动喷洒	冷却水 供冷送回 供热送回 冷凝水	蒸汽 凝结水	煤气

高层建筑内的管道根据不同的系统将选用不同的管道材质，各系统管道选用材质在设计没有明确规定时可按表 2-6-2 进行选用。

高层建筑内各管道系统材质使用选用表　　表 2-6-2

序号	管道系统	选　用　材　料	备注
1	给水管（冷水用）	球墨铸铁管、镀锌钢管、薄壁铜管	
2	给水管（热水用）	厚壁铜管、薄壁铜管	
3	饮用水管	铜管、不锈钢管	
4	雨水管	排水铸铁管、焊接钢管、球墨铸铁管	
5	污废水管	排水铸铁管、球墨铸铁管、镀锌钢管	
6	通气管	排水铸铁管、镀锌钢管	
7	消防水管	镀锌钢管、无缝钢管（镀锌）	
8	空调冷却水	无缝钢管、焊接钢管、镀锌钢管	
9	空调水管	无缝钢管、焊接钢管、镀锌钢管	
10	蒸汽管	无缝钢管	

第二节　高层建筑管道施工

1. 建筑工程管道施工基本工艺流程见图 2-6-1

2. 管道安装工程施工准备

1）管道施工应具备下列条件方可开工

（1）设计及其他技术文件齐全，施工图纸已经会审。

（2）施工方案已经批准，技术交底和必要的技术培训已经完成。

（3）材料、劳动力、机具基本齐全，施工环境符合要求，施工用水、电等临时设施，能满足施工要求，并能保证连续施工。

2）班组在施工前应做好以下各项准备工作

（1）施工前必须认真熟悉施工图纸和有关技术资料和规范标准，对工艺流程、工作介质、压力、温度等工艺条件和所使用的材料及附件的材质、型号、规格了解清楚。

（2）施工前，应与土建单位详细核对图纸，密切配合，做好预留预埋工作，尽量避免打洞。

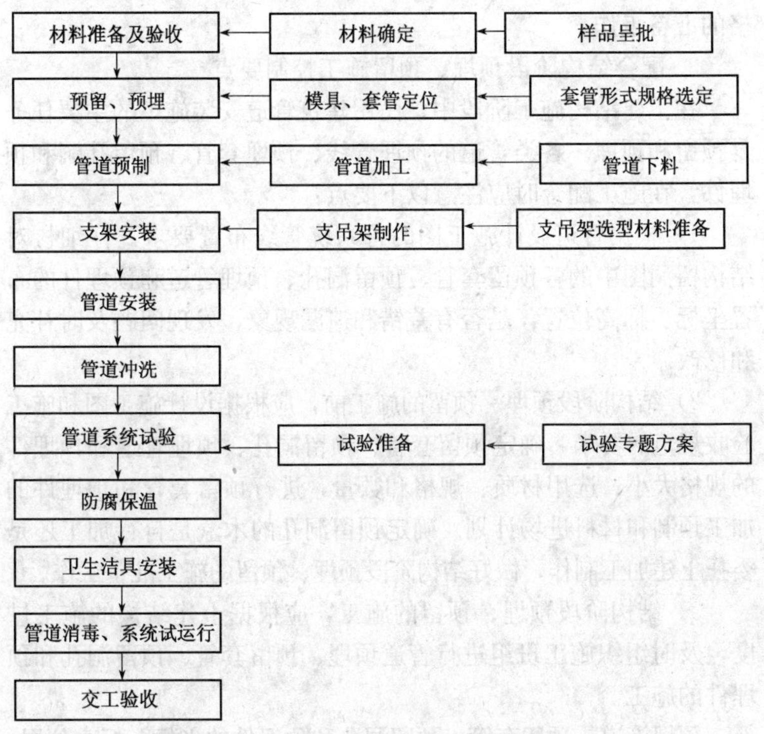

图 2-6-1　建筑工程管道施工工艺流程

（3）施工前应按施工图纸结合现场实际情况，对设备配管位置、轴线尺寸及管子、管件尺寸进行核对，发现问题及时提请有关部门解决。

（4）对送到现场的材料和预制加工件应根据材质、规格分别存放，妥善保管，不应混淆，以免产生错用事故，并应核对材料数量与实际需用量是否相符。

（5）在正式动工前，必须全面熟悉施工程序、施工方法、质量标准和操作规程等要求，并在施工中严格执行。

（6）施工前应根据工程内容和施工特点，落实安全技术措施，作好机具和防护用品的准备。

(7) 施工前，应根据验收规范的要求，做好各项原始记录表格的准备工作。

3. 配合结构阶段预埋、预留施工控制要点

在土建结构施工阶段中，民用建筑管道安装施工的主要任务是预留和预埋。各类管道的预埋管线、预埋套管、预留孔洞和预埋件，在施工配合时应注意以下要点：

1) 根据管道设计施工图的各系统管线布置要求，仔细核对结构留洞图中的各预留套管、预留洞孔、预埋管道和预埋件的布置坐标、标高位置，是否有差错和遗漏现象，发现问题及时补充和修改。

2) 结构阶段预埋、预留的施工前，应根据设计施工图和施工验收规范的要求，确定预留套管、预留洞孔、预埋管道和预埋件的规格大小、选用材质、规格和数量，进行预留套管和预埋件的加工预制和材料进场计划。确定预留洞孔的木盒是自行加工还是委托土建加工制作，做好结构阶段预埋、预留的施工准备工作。

3) 结构阶段预埋、预留的施工，应根据土建结构的施工进度，及时组织施工班组进行管道预埋、预留套管、预留洞孔和预埋件的施工。

预埋管道、预留套管、预留洞孔和预埋件的坐标、标高位置，应根据施工图布置要求进行。现场施工时，必须根据土建结构提供的轴线坐标、标高等基准线进行现场管道的预埋、预留施工。

预埋、预留的施工，必须在结构钢筋绑扎阶段，及时进行预埋管道、预埋件的埋设施工。施工完毕后，必须对已经安装到位的预埋管道、预留套管、预留洞孔和预埋件的坐标、标高位置和选用材质、规格大小、数量等进行复核检查。同时经现场施工监理验收合格后，方可通知土建进行混凝土结构浇捣。

在进行预埋管道、预埋件的埋设施工中，不得随意切割钢筋，若必须需要切断钢筋时，必须与土建结构专业负责人联系，同意后方可进行。

4) 管道穿越地下室结构外墙板、水池壁时，必须按照设计

和施工验收规范，设置防水套管。对于有均匀沉降及受振动的墙体，应设置柔性防水套管。

在土建做屋面结构防水层施工前，各类穿越屋面结构的管线也应设置好防水套管，套管应高于屋面不小于100mm。

5）预埋套管采用的形式、规格大小，必须符合设计和验收规范要求。套管安装的长度必须与结构墙体厚度一致，套管预埋时应横平竖直。套管必须与结构钢筋焊接固定牢固，套管内应采用软性物填充密实、二头封堵严密，防止水泥砂浆进入套管。

6）对预留在大梁中的消防喷洒管管孔，必须仔细核对预留的数量、大小、位置、标高及位置误差，对于相邻两管孔应不影响管子的直线穿行。

4. 样板房的设置

为保证样板房起到样板作用，要选择有代表性的客房做好样板，由建设单位、设计单位等共同协商决定。

样板房内使用的各种材质应与设计相符，洁具安装前应验证洁具与配套零件的完整，明确安装尺寸、定位坐标，掌握淋浴器、坐便器、洗面盆的镶接方法；管道井及吊平顶内管道安排应力求合理，支架吊点牢固，阀门开启方便。

在施工过程中，做好与土建、装饰等单位的配合，并明确各施工单位的施工时间、施工范围，掌握土建粉刷、整浇层厚度、吊顶高度、贴面厚度等情况，搞好工序间配合。

样板房确认范围有：各类管道、管件、支架的材质，布置情况，卫生间洁具的定位，洁具接驳口的定位坐标，洗脸盆的托架形式等。样板房确认应由建设单位、设计单位和有关职能机构共同签字后生效，并及时封样。样板房经确认后，应有设计或施工单位绘制管道施工大样图，经有关单位确认后作为正式施工依据。

第三节　建筑工程管道支架安装

管道支架，是管道系统中的一个重要组成部分。它对管道起着支承重量、平衡介质的反力、限制管道移动和防止振动的作用。合理的选用管道支架的形式、正确的制作和安装支架，可确保管道系统的安全运行，并且延长管道的使用寿命。

常用的管道支架分为：固定支架、活动支架、导向支架、弹簧支架和吊架等。

1. 管道支架的选用原则

1）支、吊架的布置和类型，应满足管道的荷重、补偿及移位的要求，并且注意减少管道的振动。

2）选用或设计支吊架时，必须考虑管道的稳定性、强度与刚度，以及输送介质的温度、工作压力。

3）在安全可靠的条件下，尽量用较简单的结构，以节省钢材和便利于制作安装。

2. 管道的支、吊、托架的安装，应符合下列规定

1）支架位置正确、埋设平整牢固。

2）固定支架与管道接触紧密，固定应牢靠。

3）滑动支架应灵活，滑托与滑槽两侧间应留有 3～5mm 的间隙，纵向移动量应符合设计与验收规范要求；管道与托架焊接时，不得有咬肉、烧穿等现象。

4）无热伸长管道的吊架、吊杆应垂直安装。

5）固定在建筑物结构上的管道支、吊架，不得影响结构的安全。

6）各类管道水平安装的支、吊架的间距，应分别符合表 2-6-2～表 2-6-5 规定。

钢管管道支架的最大间距　　表 2-6-3

管道直径（mm）		15	20	25	32	40	50	70	80	100	125
支架最大间距（m）	保温管	1.5	2	2	2.5	3	3	4	4	4.5	5
	不保温管	2.5	3	3.5	4	4.5	5	6	6	6.5	7
管道直径（mm）		150	200	205	300	350～400		450	500～600		700
支架最大间距（m）	保温管	6	7	8	8.5	9		9.5	10		12
	不保温管	8	9.5	11	12	12.6		12.8	14		14.8

塑料管道与复合管道支架的最大间距（mm）　表 2-6-4

外　径	20	25	32	40	50	63	75	90	110
水平管	500	550	650	800	950	1100	1200	1350	1550
立　管	900	1000	1200	1400	1600	1800	2000	2200	2100

铜管管道支架的最大间距（mm）　表 2-6-5

外　径	15	20	25	32	40	50	65	80	100	125	150	200
水平管	1.2	1.8	1.8	2.4	2.4	2.4	3.0	3.0	3.0	3.0	3.5	3.5
立　管	1.8	2.4	2.4	3.0	3.0	3.0	3.5	3.5	3.5	3.5	4.0	4.0

3. 管道支吊架安装要点

1）支架在安装前应根据施工图与设计、规范要求，定出支架选用形式，再按照管道的敷设坐标位置、标高来确定支架的安装位置；对于有坡度要求的管道，应依据管道的起点和末端的距离和坡度大小，计算出两点的高差要求。直线管道敷设的支架安装，应采用拉线定位，在支架的固定点画出每个支架的位置。同时根据每个支架的形式、支架的加工尺寸、钢材选用规格，绘制支架预制加工图进行支架的预制加工。

2）支架的预制加工：支吊架的预制、加工下料，应按照施工图与支架加工图所需要求进行画线。型钢一般采用砂轮机切断，若用氧乙炔气割切断时，必须清除氧化物。支吊架的孔眼，应采用电钻或冲床加工，其孔径应比管卡或吊卡大 1～2mm。

3）支架在安装前，必须根据支架预制加工图进行支架的外观检查，支架的外形尺寸及形式，必须符合设计和加工图的要求，不得有漏焊或各种焊接缺陷。检查合格后，支架表面应涂二遍防锈漆、一遍灰漆，待管道安装完毕（试压验收或验收合格），再做一涂灰漆。

4）支架应牢固地固定在墙、柱子、或其他结构物上。横梁长度的方向应水平，顶面与管道中心线平行。

5）无热移位的管道，其吊杆应垂直安装，吊杆的长度能调节。有热移位的管道，吊杆应在位移相反方向，按管道位移值一半偏斜安装。两根热移位方向相反或位移量不等的管道，除设计有规定时，不得使用同一根吊杆。

6）固定支架应严格按照设计要求安装，并且在补偿器预拉伸前固定。在无补偿装置、有热移位的管道直管段上，不得安装一个以上的固定支架。

7）导向支架或滑动支架的滑动面，应洁净平整。不得有歪斜和卡涩现象，其安装位置应从支承面中心偏向位移相反方向，按管道位移值一半偏移安装，保温层不得妨碍热位移。有热位移的管道，在热负荷运行时，应及时对支、吊架进行检查调整。

8）补偿器两侧的支架形式，应根据补偿器形式而定。方形补偿器两侧的第一只支架应为滑动支架；而波纹及套筒式补偿器的两侧的第一只支架应为导向支架；

9）支架的受力部件，如横梁、吊杆及螺栓等的规格，应符合设计或有关标准图集的规定。

10）弹簧支、吊架的弹簧安装高度，应按照设计要求调整，并且做出记录。弹簧的临时固定件，应待系统安装、试压和绝热完成后方可拆除。

11）铸铁、铅、铝及大口径管道上的阀门，应设置专用支架，不得以管道支承。

12）管道紧固在槽钢或工字钢的翼板斜面时，其固定螺栓处应垫有斜垫片。

13）不得在金属屋架上任意焊接支架，确需焊接时，应征得设计单位同意。但在钢屋架下弦为单角钢或圆钢时，绝对禁止焊接支、吊架。不得在设备上任意焊接支架，如设计单位同意焊接时，应在设备上焊接加强板，再焊上支架。

14）支架埋入墙体内一般应开脚，其埋入深度不得小于150mm。孔洞不宜打得太大，用水浇湿后，用1：2水泥砂浆与少量石子进行固定。支架墙洞要填塞饱满，低于粉刷层3～5mm。利用膨胀螺栓固定支架时，螺栓的直径大小应根据各种规格的膨胀螺栓的剪切力与受拉力，能满足支架的受力大小来选用。砖墙墙面上，不得使用膨胀螺栓固定支架。

15）钢管立管支架安装，应符合下列规定

（1）层高度小于或等于5m时，每层必须安装1个；

（2）高度大于5m时，每层不得少于2个；

（3）管道支架的安装高度，距地面应为1.5～1.8m，2个以上的支架应均称安装，同一房间的管卡应安装在同一高度。

第四节 阀门安装

阀门的主要功能，就是控制、调节管道内输送介质的流量和压力，在管道检修或事故时切断介质，管道和设备在停止运行时放空。

1.机电工程常用阀门的分类及用途

1）闸阀：主要用于切断管道内流动介质（水、油品、气体），适用于全启全闭的场合；允许介质双向流动，流动阻力小，也可作为调节用阀。

2）截止阀：一般用途同闸阀，密封性能较闸阀好，但不允许介质双向流动、流动阻力大，适用于水、油品、蒸汽。在调节参数不严格时可替代调节阀，但此时不起关闭作用。

3）球阀：一般用途同闸阀，允许作节流用，可用于要求启闭迅速的管道上。流动阻力小、结构简单、密封性能好，适用于水、油品、气体和蒸汽。

4）旋塞阀：依靠旋塞体，绕阀体中心线旋转，以达到开启和关闭的目的。用于切断、分配和改变管道内介质流向。旋塞阀有直通式、三通式和四通式，适用于低压、小口径和介质温度不高的水、油品和气体系统管道。

5）球阀：依靠阀芯，绕阀体中心线旋转，以达到阀门畅通或闭塞；球阀密封可靠、结构简单、启闭迅速，适用于水、油品、气体。

6）蝶阀：依靠蝶板，在阀体内绕固定轴旋转；旋角的大小，便是阀门的开启（闭）度，达到阀门的开闭或调节目的。蝶阀结构简单、开启迅速，切断和节流都能用；流体阻力小；适用于水、油品、气体。

7）止回阀：是依靠流体本身的力量自动启闭的阀门，作用是阻止介质倒流。按照结构形式分为升降式和旋启式。

8）安全阀：当介质压力超过规定数值时，能自动排泄，使设备或管路免除破坏的危险。当压力排放至规定压力时，又能自动关闭的作用，适用于水、油品、气体、蒸汽。

9）减压阀：通过阀瓣的节流，将介质的压力降低，并借助阀后压力的作用调节阀瓣的开启度，使阀后的压力自动保持在一定范围内的阀门，适用于水、气体、蒸汽。

10）疏水器：能自动排泄不断产生的凝结水，并且能阻止蒸汽泄漏的阀门，适用于蒸汽、凝结水。

11）隔膜阀：阀杆与介质隔绝，阀瓣是柔软的橡胶膜或塑料膜，借助阀杆的升降来控制橡胶膜或塑料膜，作启闭作用的阀门。阀门耐压、耐温低，适用于腐蚀介质酸、碱。

2. 阀门的型号与选用请参照本书第四篇常用资料第八章《管道阀门代号与选用》

3. 阀门选用的一般原则

1）根据介质特性、工作压力、工作温度，选择阀门的阀体材料；根据阀体材料、查其公称压力与最大工作压力表，确定阀门的公称压力级别；根据公称压力、介质特性和工作温度，选择阀门的密封面材料。

2）按照计算管径，确定阀门的公称直径。

3）根据阀门的用途和生产工艺条件的要求，选择阀门的驱动形式。

4）根据管道的连接方法和阀门的公称直径，选择阀门的连接形式。

5）根据阀门的公称压力、公称直径、介质特性和工作温度等，选择阀门的类别。

4. 高级民用建筑内常用阀门的选用

1）给排水系统

给水系统：管径≥65mm时，一般采用铜质法兰闸阀、止回阀和过滤器，铸钢阀体的减压阀、止回阀等阀门；管径≤50mm时，一般采用铜丝口闸阀或球阀、减压阀、止回阀和过滤器等阀门；

排水系统：一般采用灰铸铁或可锻铸铁闸阀、止回阀等阀门。

2）消防系统：一般采用铸钢闸阀、减压阀、止回阀、法兰蝶阀、截止阀和过滤器等阀门。小口径阀门一般也采用铜丝口闸阀或球阀。

3）空调水系统：系统压力较低时，一般采用灰铸铁或可锻铸铁闸阀、止回阀等阀门，法兰蝶阀、截止阀和过滤器等阀门；系统压力较高时，采用铸钢闸阀、止回阀等阀门。小口径阀门也采用铜质丝口闸阀、球阀和过滤器。

4）各系统阀门的材质、型号和连接方式的选用，应按照设计要求进行，当设计无要求时，可按照各系统的工作压力，按照阀门选用的一般要求进行。

5. 阀门安装要点

1）阀门安装的一般要求

（1）阀门在安装前的检验：

a. 阀门在安装前，必须按照国家有关验收规范要求和本企业标准《阀门（组件）试验工艺》ZD—3.05—2005要求，进行阀门的检验与试验。

b. 阀门的外观无损伤，阀杆与阀芯的连接应灵活可靠。

c. 阀芯与阀座的结合应良好，无缺陷。

d. 阀杆无弯曲、锈蚀，阀杆与填料盖配合良好。

e. 阀休的连接法兰盘和螺纹完好无缺陷。

（2）阀门在安装前，必须根据设计要求核对阀门的型号、规格、材质和压力等级等是否符合要求。并且按照介质流向，确定阀门的安装方向。

（3）法兰连接或螺纹连接的阀门，应在阀门关闭的状态下安装；在安装前，应检查阀门的填料，其压盖螺栓必须有足够的调节余量。

(4) 焊接连接的阀门与管道连接时，其焊缝应采用氩弧焊施焊，保证管道内壁清洁。焊接时，阀门不宜关闭，防止过热变形。采用丝口连接的阀门，宜在阀门后设置活接口，便于阀门的检修和更换。

(5) 水平管道上安装的阀门，其阀杆一般应安装在管道的水平中心线以上半周范围内。

(6) 阀门的操作机构和传动装置，必须启闭灵活、指示明确。

(7) 安装铸铁阀门时，应避免强力连接或受力不均，引起阀体的破裂。

(8) 阀门的安装位置，不应妨碍设备、管道和阀门本身的拆装、检修和操作。并排布置的阀门，其手轮之间的净距离不得小于100mm，为了减小管道布置间距，并排布置的阀门宜错开安装。

(9) 直通升降式止回阀，只能安装在水平管道上。立式升降式止回阀、旋启式止回阀，可以安装在水平管道上，也可安装在介质由下向上流动的垂直管道上。

(10) 阀门在搬运、安装过程中不得随手抛掷，安装前应将阀体清理干净。阀门在吊装时，吊装用的绳索不得捆扎在手轮、阀杆和法兰盘螺孔上。

(11) 法兰连接的阀门连接或丝口连接的阀门，其法兰连接和丝口连接安装的技术要求，同管道法兰与丝口连接要求。

2) 安全阀安装

(1) 安全阀，必须经专业检测单位检测、调整、重作铅封后，才能安装。并且应有检测单位，检测校验合格证明。

(2) 安全阀应垂直安装，安全阀的进口管道直径最小应等于安全阀进口直径；安全阀的出口管道直径，不应小于安全阀出口直径。

(3) 当几个安全阀并联安装时，进出口管道的截面积，不应小于各支管截面积的总和。

(4) 液体安全阀，一般应排入密封系统。气体安全阀，一般排入大气。单独排入大气的安全阀，其出口管道的管径，按管道压力降不大于其定压的10%决定，但不应小于安全阀出口管径。

(5) 一般情况下，安全阀前不应安装隔断阀。有特殊需要时，可以在安全阀前面安装带铅封的闸阀，保证阀门处于开启状态。并应在闸阀与安全阀之间，加装一只直通大气的 *DN*20mm 的检查阀。

(6) 安全阀的开启和回座的压力，应符合设计要求；安全阀经检测、调整检验合格后，在工作压力下不得有泄漏现象。

(7) 气体安全阀，在出口管道翻高前的管段底部，开设 *DN*15mm 的排水管排水，排水管段不得设置阀门。液体安全阀，在出口管道的翻高前管段底部，开设 *DN*15mm 的排水管排水，排水管段设置阀门，在安全阀启动后，将管段内剩水排尽。

3) 减压阀安装

(1) 减压阀组，应设置在振动较小、周围较宽敞的地方。不得安装在靠近设备及容易受冲击的地方，并且应考虑到检修操作的便利。

(2) 减压阀的阀体，应垂直安装在水平管道上。两侧应安装隔断阀，对设置在不宜断气、断水的管道系统上的减压阀组，应设置旁通管。

(3) 减压阀的前后应设置压力表，对压力稳定要求较高的管道系统上的减压阀组，应加装安全阀保护。

(4) 减压前的管径，一般比减压阀大一档或同口径。减压后的管道，一般应比减压阀口径大1～2档。蒸汽系统的减压阀组前，应设置疏水排水装置。

4) 疏水器安装

(1) 疏水器应设置在蒸汽加热设备的最低点。按照设计要求，在管道翻高敷设管段前和较长水平敷设管道，也应设置疏水装置。

(2) 疏水器的前后，应设置隔断阀（一般采用截止阀），疏水器前应加装过滤器。当疏水器组需设置旁通管时，旁通管与阀组可水平平行敷设或在阀组上面安装，旁通阀不得有漏汽现象。

（3）每个蒸汽加热设备，应单独设置疏水器。疏水器应按照阀体上的指示箭头方向安装。

第五节　卫生器具安装

1. 卫生器具的组成与分类

卫生器具由洗沐器具、洗涤器具及排污器具等组成，是室内给排水系统的重要组成部分。它的作用是供洗沐、洗涤和收集并排除日常生活、生产中所产生的污、废水，满足卫生要求。

洗沐器具是指各类洗脸盆、浴盆、妇女卫生盆等，供人们沐浴、盥洗之用；洗涤器具是指洗涤盆、污水盆、化验盆等，供人们洗涤物品之用；排污器具是指大便器、小便器、大便槽和小便槽等各类便溺用卫生器具，它们各自还配备有冲洗设备，如冲水箱、冲水阀、冲水管等。

卫生器具的材料应耐腐蚀、耐摩擦、耐老化，并具有一定的强度。器具表面要光滑，不易积垢，容易清洗。在功能上，卫生器具应能彻底排除污、废水，同时尽量节约用水和减少噪声。

卫生器具除了大便器外均应在排水口处设置适宜的排水栓，以防止较粗大的污、杂物进入排水管道，引起管道堵塞。

2. 卫生器具的材料与种类

制造卫生器具的材料主要有陶瓷、搪瓷铸铁、水磨石和塑料等，其中陶瓷多用于大便器、小便器、洗脸盆、卫生盆、化验盆等，搪瓷铸铁和玻璃钢等多用于浴盆，水磨石用于污水盆。卫生器具常用的种类有以下几种。

1）洗脸盆

（1）立柱式洗脸盆（见图 2-6-2）。

（2）台式洗脸盆（图 2-6-3）。

（3）托架式洗脸盆（图 2-6-4）。

2）坐便器

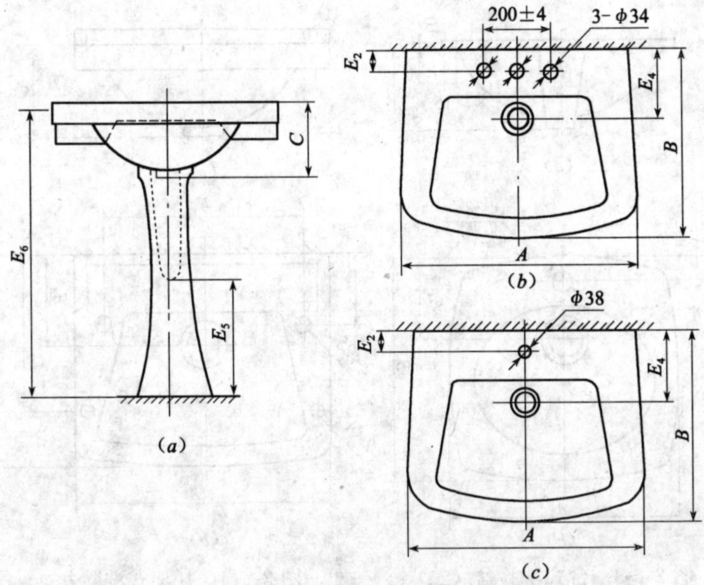

图 2-6-2 立柱式洗脸盆立

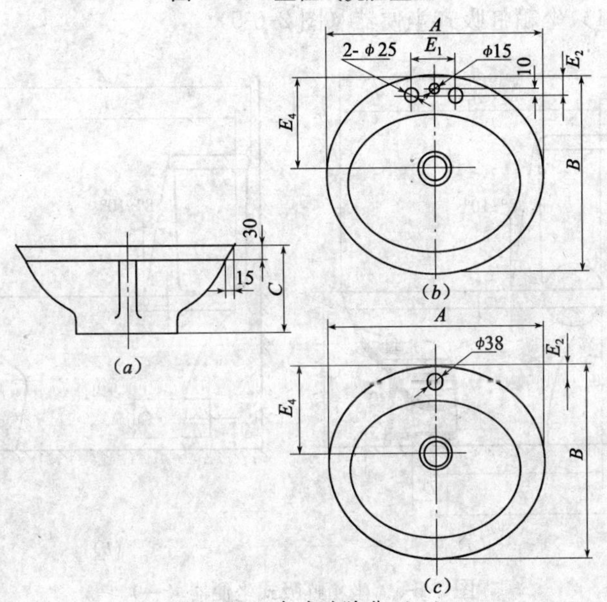

图 2 6 3 台式洗脸盆（一）

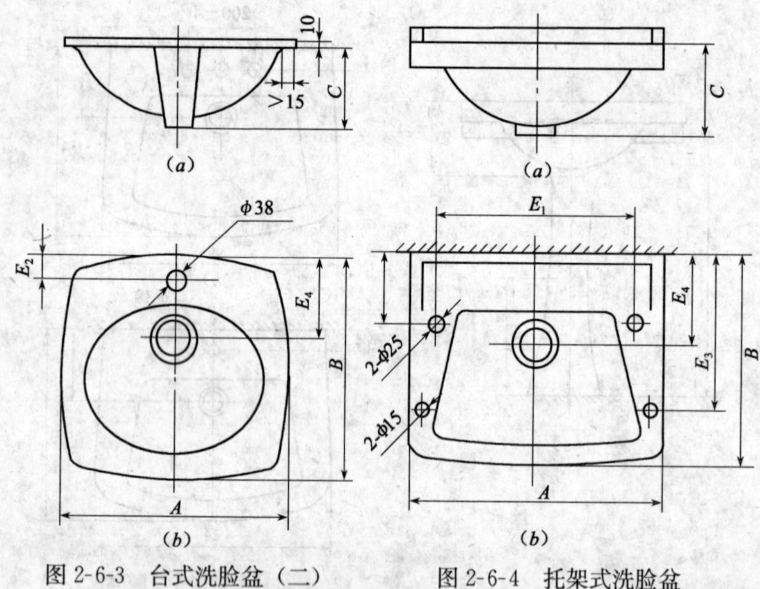

图 2-6-3　台式洗脸盆（二）　　　图 2-6-4　托架式洗脸盆

（1）坐箱虹吸式坐便器（图 2-6-5）。

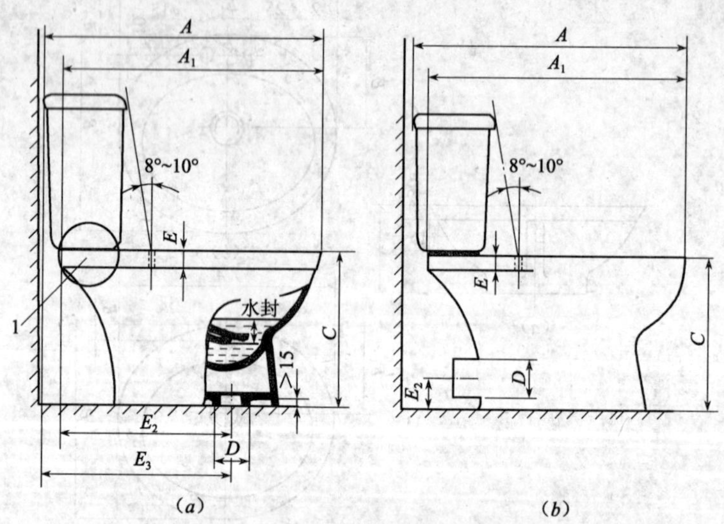

图 2-6-5　坐箱虹吸式坐便器（一）

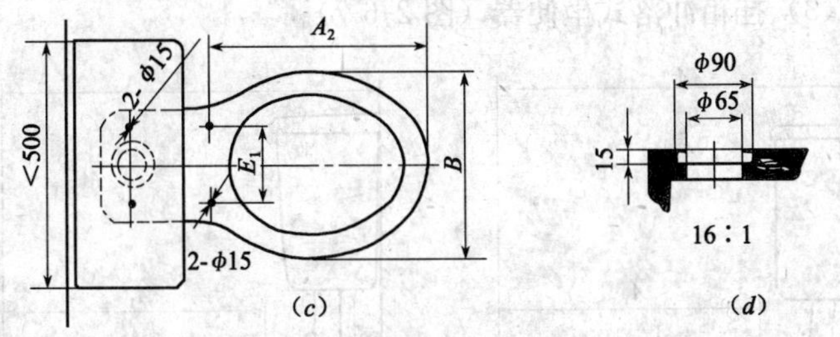

图 2-6-5　坐箱虹吸式坐便器（二）

（2）挂箱虹吸式坐便器（图 2-6-6）。

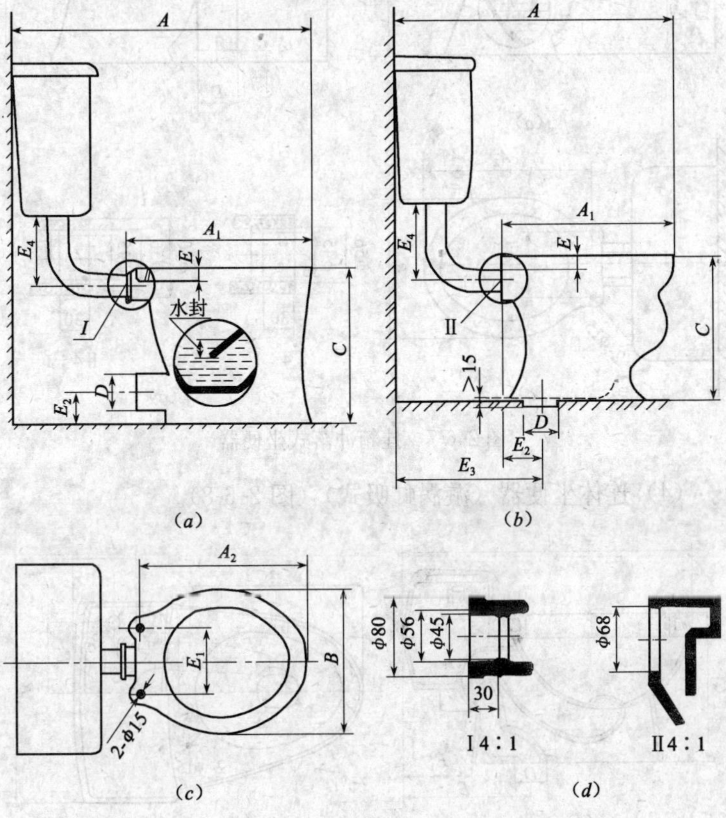

(a)　(b)

(c)　(d)

图 2-6-6　挂箱虹吸式坐便器

（3）挂箱冲落式坐便器（图 2-6-7）。

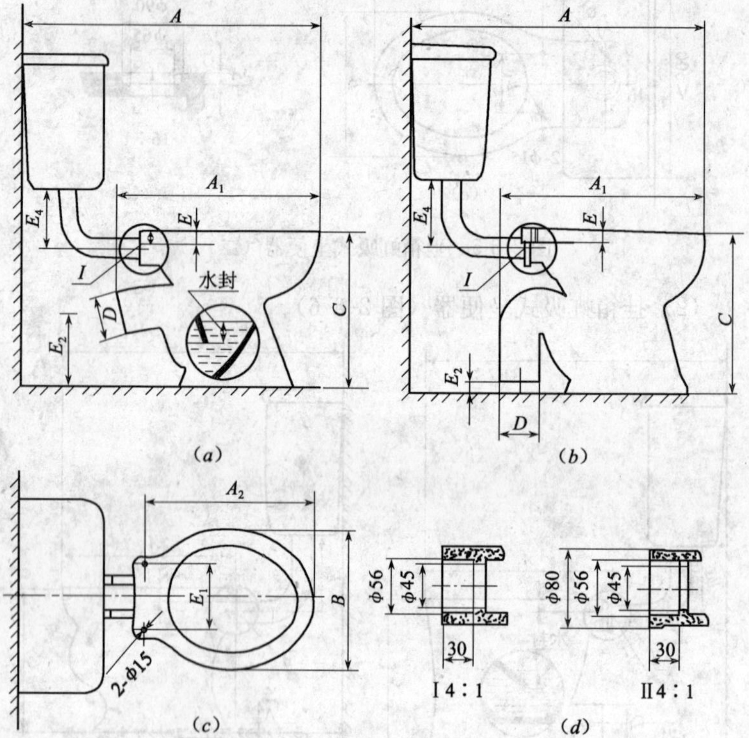

(a)　(b)　(c)　(d)

图 2-6-7　挂箱冲落式坐便器

（4）连体坐便器（漩涡虹吸式）（图 2-6-8）。

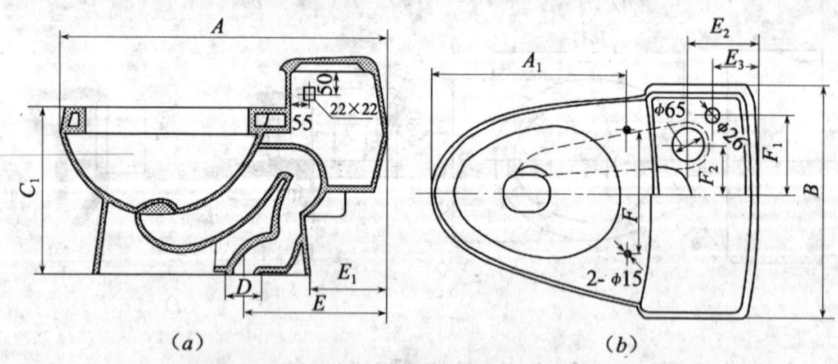

图 2-6-8　连体坐便器（漩涡虹吸式）（一）

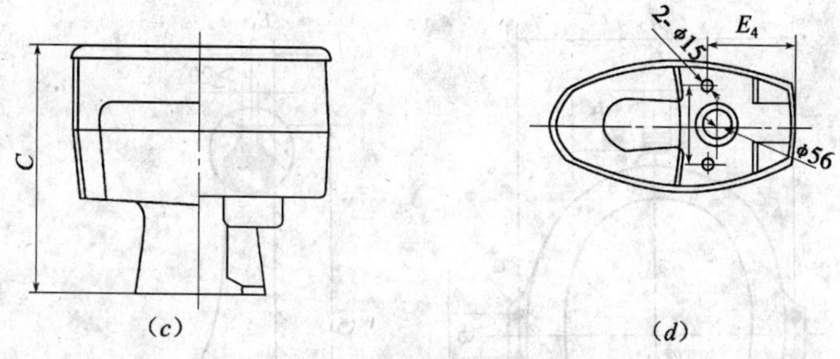

图 2-6-8　连体坐便器（漩涡虹吸式）（二）

3）蹲便器（图 2-6-9）

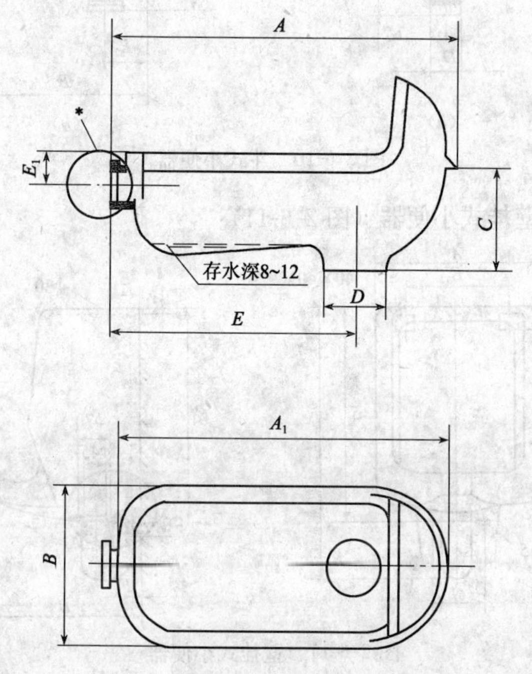

图 2-6-9　蹲便器

4）小便器

（1）斗式小便器（图 2-6-10）。

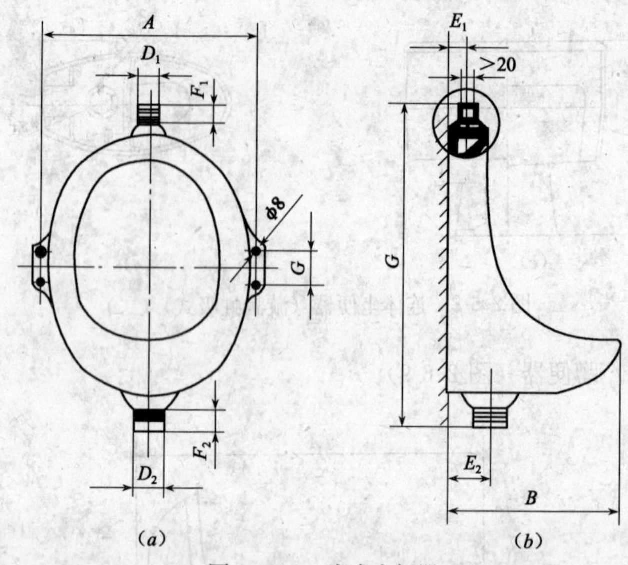

图 2-6-10　斗式小便器

（2）壁挂式小便器（图 2-6-11）。

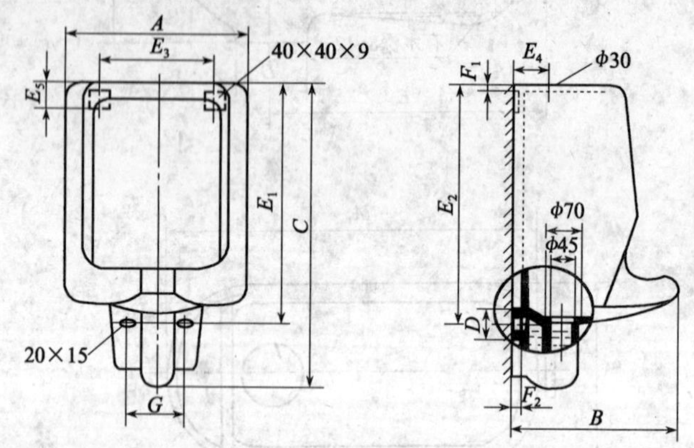

图 2-6-11　壁挂式小便器

（3）落地式小便器（图 2-6-12）

5）卫生盆（净身器）图 2-6-13。

6）水盆

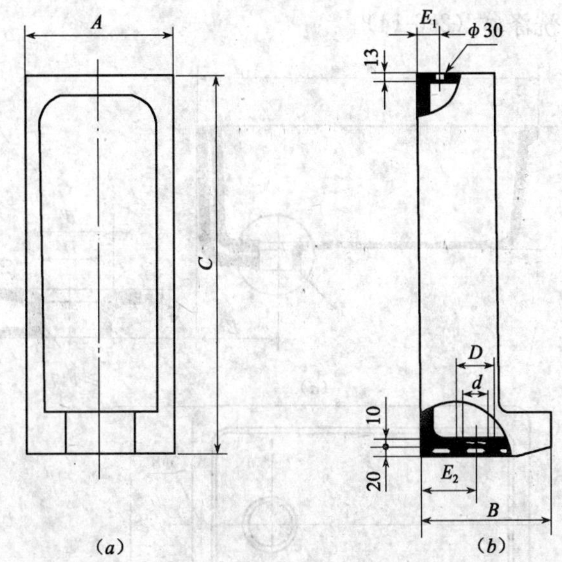

图 2-6-12　落地式小便器

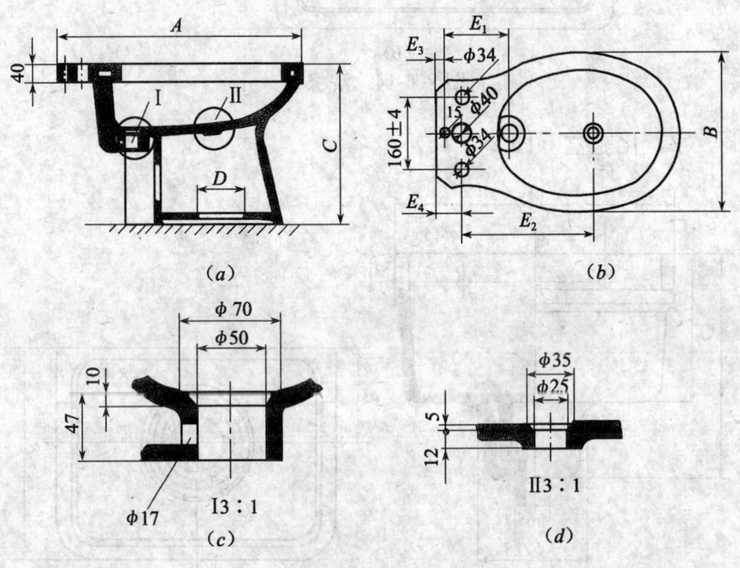

图 2-6-13　卫生盆（净身器）

（1）洗涤盆（2-6-14）。

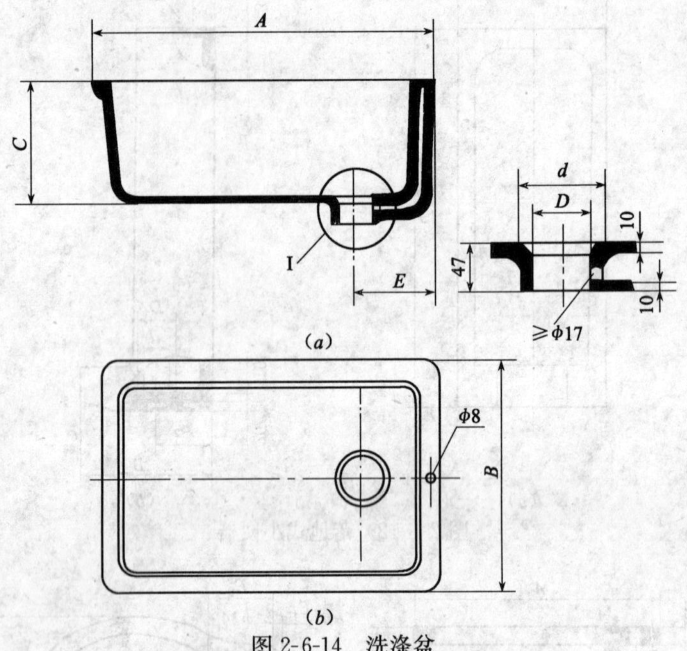

图 2-6-14　洗涤盆

（2）化验盆（图 2-6-15）

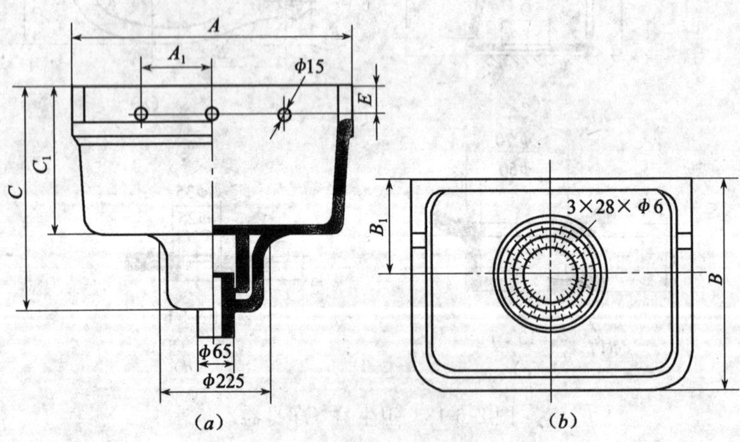

图 2-6-15　化验盆

3. 卫生器具的设置

卫生器具是建筑中使用最频繁的设备，它的设置是否合理，直接影响人们的生活和工作，体现一幢建筑物功能的优与劣。因此，卫生器具的设置必须符合卫生标准和建筑设计要求，满足人们的使用需求。

1）卫生器具的设置标准

卫生器具的设置标准是根据不同类型建筑物的使用要求，对应设置的卫生器具的种类和数量做出的规定。

一般住宅建筑，卫生间内设有大便器和浴盆，标准较高的住宅还设有洗脸盆。普通旅馆的卫生间内一般设有坐便器、浴盆和洗脸盆；高级宾馆的一般客房的卫生间内也设有坐便器、浴盆和洗脸盆（俗称三大件），但所选用器具的质量、外形、色彩和防噪声有较高的要求；高级宾馆的部分高级客房的卫生间内除设置有三大件卫生器具外，还设有妇女卫生盆（净身器）。

2）卫生间的布置形式

常见住宅、公寓、旅馆卫生间的平面布置形式见图 2-6-16。

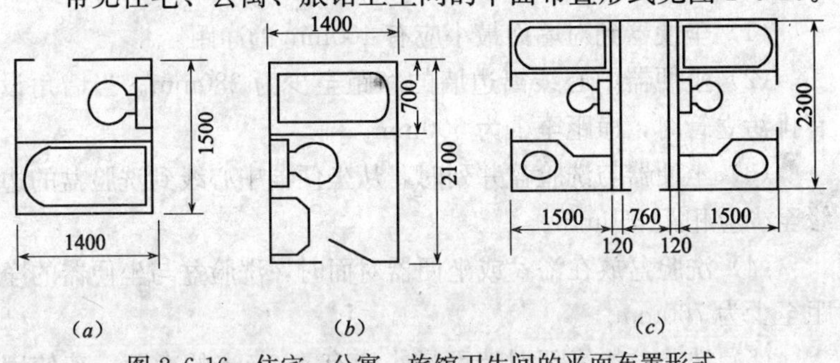

图 2-6-16　住宅、公寓、旅馆卫生间的平面布置形式
(a) 二件布置；(b) 三件布置；(c) 宾馆卫生间

3）卫生间的布置

卫生间布置的主要任务是确定卫生间的面积和对卫生器具进行选型、设置，要求做到卫生器具的布局合理、使用方便。卫生间的面积一般根据当地气候条件、生活习惯和卫生器具设置的数量确定，住宅卫生间的面积不宜小于 2.5～3.5m²，公寓及旅馆

卫生间的面积不宜小于 3.5～4.5m²。卫生器具应根据其规格、尺寸和数量合理布置，并综合考虑排水立管的位置。对于污、废水分流的排水系统，排除生活废水的器具或设备如浴盆、洗脸盆、洗衣机、地漏等应尽量靠近，有利于管道的布置和敷设。卫生间内卫生器具布置的最小间距要求见图 2-6-17。

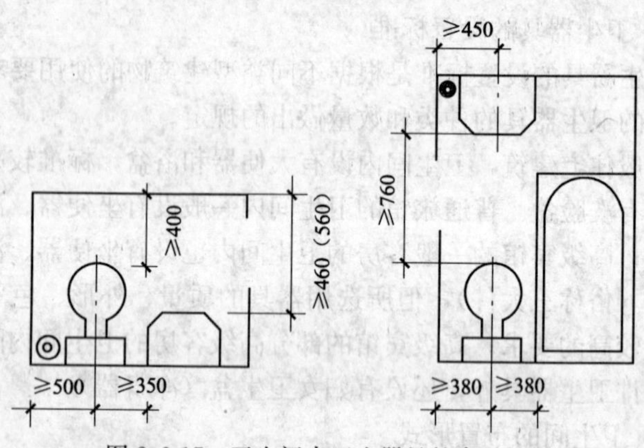

图 2-6-17　卫生间内卫生器具的布置间距

（1）坐便器到对墙面最小应有 400mm 的净距。

（2）坐便器中心线离边墙的净距至少为 380mm。当墙角设有排污立管时，净距至少为 500mm。

（3）坐便器与洗脸盆并列时，从坐便器中心线到洗脸盆的边缘至少应相距 350mm。

（4）洗脸盆放在浴盆或坐便器对面时，洗脸盆与坐便器的净距至少为 760mm。

（5）洗脸盆边缘至对墙面最小应有 460mm 的净距，若使用者身材较魁梧，则应有 560mm 的净距。

（6）洗脸盆上边缘与镜子底部的间距为 200mm。

4. 卫生器具的安装

1）质量标准

（1）卫生器具安装允许偏差

陶瓷卫生器具的尺寸允许偏差必须符合表 2-6-6 的规定。

陶瓷卫生器具的尺寸允许偏差　　表 2-6-6

项　　目	尺寸范围（mm）	允许偏差		备　注
外形尺寸	>100	±3	（%）	
	⩽100	±3	（mm）	
孔眼距产品中心线偏移	>100	3	（%）	
	⩽100	3	（mm）	
排出口距边	>300	±3	（%）	
	⩽300	±10	（mm）	
皂盒、手纸盒等小件制品		−3	（mm）	
孔眼尺寸	φ⩽15	+2		
	15<φ<30	±2		
	30⩽φ⩽80	±3		
	φ>80	±5		
孔眼圆度	40⩽φ⩽70	1.5		二、三级品相应递增 0.5
	70<φ⩽100	2.5		
	φ>100	4.0		二、三级品相应递增 1
孔眼安装面（孔眼半径加 10）平面度		2		

（2）外观质量

陶瓷卫生器具一级品洗净面、可见面的外观缺陷允许范围必须符合表 2-6-7，超过规定但又不影响使用的为二级品或三级品。

陶瓷卫生洁具一级品外观缺陷允许范围　　表 2-6-7

缺陷名称	单位	洗面器		水　槽		便器类		水　箱
		洗净面	可见面	洗净面	可见面	洗净面	可见面	可见面
裂缝	（mm）	不允许	极少	不允许	极少	不允许	极少	不允许
棕眼、斑点	（个）	各 20	各 50	少许		少许		各 25
橘釉、烟熏		不明显		不明显		不明显		不明显
落脏	（mm²）	不允许	4	20		14		低水箱 10 高水箱 14
缺釉	（mm²）	不允许	少量	少量		少量		少量
磕碰	（mm²）	不允许	50	不允许	50	不允许		不允许
坑包 φ⩽4.0mm	（个）	2	3	3	5	2	3	2

（3）变形

a. 陶瓷卫生器具的允许最大变形数值必须符合标准的规定。

b. 陶瓷卫生器具的变形部位及测量方法见有关标准。

2）卫生器具的安装尺寸

（1）常用卫生器具的安装高度

常用卫生器具的安装高度见表 2-6-8。

卫生器具的安装高度　　表 2-6-8

序号	卫生器具名称	卫生器具边缘离地面高度（mm）	
		居住和公共建筑	幼儿园
1	架空式污水盆（池）(至上边缘)	800	800
2	落地式污水盆（池）(至上边缘)	500	500
3	洗涤盆（池）(至上边缘)	800	800
4	洗手盆（至上边缘）	800	500
5	洗脸盆（至上边缘）	800	500
6	盥洗槽（至上边缘）	800	500
7	浴盆（至上边缘）	480	—
8	蹲、坐式大便器（从台阶面至高水箱底）	1800	1800
9	蹲式大便器（从台阶面至低水箱底）	900	900
10	坐式大便器（至低水箱底）		
	外露排出管式	510	—
	虹吸喷射式	470	370
11	坐式大便器（至上边缘）		
	外露排出管式	400	—
	虹吸喷射式	380	—
12	大便槽（从台面至冲洗水箱底）	不低于 2000	—
13	立式小便器（至受水部分上边缘）	100	—
14	挂式小便器（至受水部分上边缘）	600	450
15	小便槽（至台阶面）	200	150
16	化验盆（至上边缘）	800	—
17	净身器（至上边缘）	360	—
18	饮水器（至上边缘）	1000	—

注：① 洗净面——产品安装后使用时水能冲洗的可见面；
② 可见面——产品安装后观察者站在一般位置容易见到的面；
③ 裂缝——龟裂、炸裂和坯裂的总称。龟裂是釉面的细裂缝；炸裂是生产过程中形成应力而产生贯穿坯体的细裂缝；坯裂是五种覆盖的裂缝；
④ 棕眼——不大于 1.5mm 的无釉部分或釉面小孔；
⑤ 斑点——釉面异色污点；
⑥ 橘釉——釉面缺乏光泽，呈橘皮状；
⑦ 烟熏——釉面局部或全部呈异色；
⑧ 落脏——釉面附着物形成的突起；
⑨ 缺釉——比棕眼大而坯体不受损伤的五种部分；
⑩ 坑包——釉面不平呈现的直径大于 1.5mm 的破口泡、不破口泡（上凸、下凹）；
⑪ 磕碰——局部碰落成残缺。

(2) 卫生器具的给水配件安装高度：

卫生器具的给水配件安装高度见表 2-6-9。

给水配件安装高度　　表 2-6-9

项次	卫生器具给水配件名称	给水配件中心距地面高度（mm）	冷热水龙头距离（mm）
1	架空式污水盆（池）水龙头	1000	—
2	落地式污水盆（池）水龙头	800	—
3	洗涤盆（池）水龙头	1000	150
4	住宅集中给水龙头	1000	—
5	洗手盆水龙头	1000	—
6	洗脸盆：		
	水龙头（上配水）	1000	150
	冷热水管上下并行其中热水龙头	1100	—
	水龙头（下配水）	800	150
	角阀（下配水）	450	—
7	盥洗槽水龙头	1000	150
	冷热水管上下并行其中热水龙头	1100	150
8	浴盆水龙头（上配水）	670	
	冷热水管上下并行其中热水龙头	770	
9	淋浴器：		
	截止阀	1150	95（成品）
	莲蓬头下沿	2100	—
10	蹲式大便器（从台阶面算起）：		
	高水箱角阀及截止阀	2040	—
	低水箱角阀	250	—
	手动式自闭冲洗阀	600	—
	脚踏式自闭冲洗阀	150	—
	拉管式冲洗阀（从地面算起）	1600	—
	带防污助冲器阀门（从地面算起）	900	—
11	坐式大便器：		
	高水箱角阀及截止阀	2040	—
	低水箱角阀	250	—
12	大便槽冲洗水箱截止阀 (从台阶面算起)	不低于 2400	
13	立式小便器角阀	1130	—
14	挂式小便器角阀及截止阀	1050	—
15	小便槽多孔冲洗管	1100	—
16	实验室化验龙头	1000	—
17	妇女卫生盆混合阀	360	—
18	饮水器喷嘴嘴口	1000	—

（3）卫生器具的排水管径和最小坡度

卫生器具的排水管径和最小坡度见表 2-6-10。

连接卫生器具的排水管管径和最小坡度　　表 2-6-10

项次	卫生器具名称	排水管管径（mm）	管道的最小坡度
1	污水盆（池）	50	0.025
2	单双格洗涤盆（池）	50	0.025
3	洗手盆、洗脸盆	32～50	0.020
4	浴盆	50	0.020
5	淋浴器	50	0.020
6	大便器：高低水箱	100	0.012
	自闭式冲洗阀	100	0.012
	拉管式冲洗阀	100	0.012
7	小便器：手动冲洗阀	40～50	0.020
	自动冲洗水箱	40～50	0.020
8	妇女卫生盆	40～50	0.020
9	饮水器	25～50	0.01～0.02

注：成组洗脸盆接至共用水封的排水管的坡度为 0.01。

（4）应注意的问题

在安装卫生器具前确定安装尺寸是十分重要的，如将尺寸搞错，势必会造成给、排水毛坯管道的大量返工或修整。但目前有各式各样的新产品、进口产品进入住宅、公寓、宾馆等建筑，它们与我国常用卫生器具的安装尺寸有差别。因此在安装卫生器具之前，应了解清楚选用的卫生器具的型号、规格，最好能有一份生产厂家提供的安装指导书，通过在施工现场试安装或选定一个具有代表性的卫生间作为样板，在卫生间内安装浴盆、洗脸盆、大便器等卫生器具后，确定给、排水预留管口和预埋件的准确位置，然后再铺开进行安装。

3）常用卫生器具的安装

（1）器具的固定及支托架安装

水箱、挂式小便器及面盆支托架安装在混凝土墙或实心砖砖墙上时，可采用膨胀螺栓进行固定。

水箱、挂式小便器和面盆支托架安装在多孔砖砖墙上时，可采用预埋木砖或砖墙上钻孔栽入螺栓的方法进行固定。预埋的木砖应用沥青浸过，预埋时凹进净墙面 10mm。砖墙上钻孔栽螺栓时，钻孔直径不宜过大，并应将孔内清理干净，用水浇湿。栽入孔内的螺栓长度不得小于 120mm，尾部应开脚。螺栓栽入后，用 1 份水泥 2 份黄砂的水泥砂浆和适量的石子堵塞。

水箱、挂式小便器和面盆支托架安装在石膏板等墙上时，应采用双头螺栓、扁钢进行对夹的形式固定。必要时在墙的背面采用型钢支架进行固定。

水箱、大便器、小便器等瓷器具固定时，固定螺栓上应垫以铅垫圈或胶圈，螺栓拧紧时应松紧适度。面盆支托架应按尺寸安装，符合面盆的安装标高要求。预埋的木砖和螺栓的位置应正确，安装平整牢固。

（2）浴盆安装

a. 浴盆就位

浴盆应在土建粉刷前进行就位，然后交土建铺贴瓷砖。铺贴瓷砖时，应将浴盆边缘镶进瓷砖 10～15mm。

按浴盆的实际尺寸，在浴盆两条底筋处用红砖、水泥砂浆砌筑支座墩子，用水平尺找平。墩子的高度应符合浴盆安装高度为 480mm 的要求。

浴盆在支座墩子达到强度后就位安装。安装时先用水泥砂浆铺平在支座墩上，然后将浴盆就位，用水平尺纵向、横向找平，稳固好。浴盆与支座墩子的缝隙用水泥砂浆填充抹平。

b. 排水安装

浴盆排水管径为 40mm，排水管中心距墙（下水口一侧）110mm，高出地面 20～30mm（带有螺纹），距另一毛墙 380mm。

在溢水与落水圆盘下涂抹油灰，在溢水与落水孔背面加垫 3mm 厚橡胶圈，分别拧紧溢水管与落水管的根母，擦净油灰。

在排水三通的下口装好铜管，加垫涂以厚白漆的麻丝圈后将格林拧紧，将铜管与三通和预留排水管连接起来。三通的水平端套在浴盆的落水横管上，缠绕涂以厚白漆的麻丝圈后，用格林装紧。

在浴盆溢水立管上套上格林，缠绕涂以厚白漆的麻丝圈后插入排水三通上口，用格林装紧。

浴盆排水安装后应灌水检查铜管及溢水孔、落水孔有无渗漏现象，然后用牛皮纸或两层旧报纸糊好浴盆面，以免损坏搪瓷或堵塞排水口。

浴盆就位、排水安装完毕后，装排水管一端墙壁下应开一个尺寸大于 300mm×300mm 的检查门。

c. 给水安装

浴盆冷热水管一般为嵌墙暗敷，管径为 *DN*15mm 或 *DN*20mm，热水在左、冷水在右，冷热水管中心距等于混合龙头中心距（一般为 150mm）。暗敷的冷热水管中心距光墙面 40mm，与龙头连接后，龙头中心距浴盆为 150mm，龙头伸进浴盆内 50mm。

安装混合龙头时，先找平、找正预留的冷、热水管口，复测冷、热水管的进墙尺寸，然后进行龙头的安装。龙头格林拧紧时，应加垫橡胶圈。龙头安装后，龙头压盖应紧贴瓷砖面，孔隙用白水泥嵌塞。带软管混合龙头的莲蓬头固定墙卡安装高度为 1500mm，位于浴盆边的墙上，如图 2-6-18 所示。

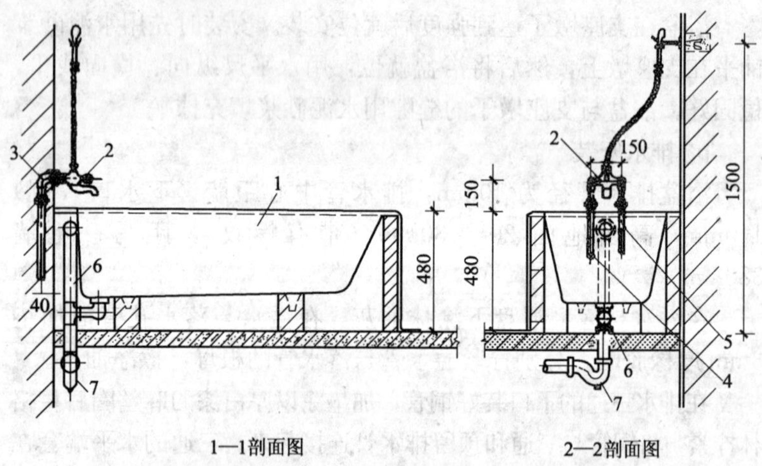

图 2-6-18　浴盆安装（一）

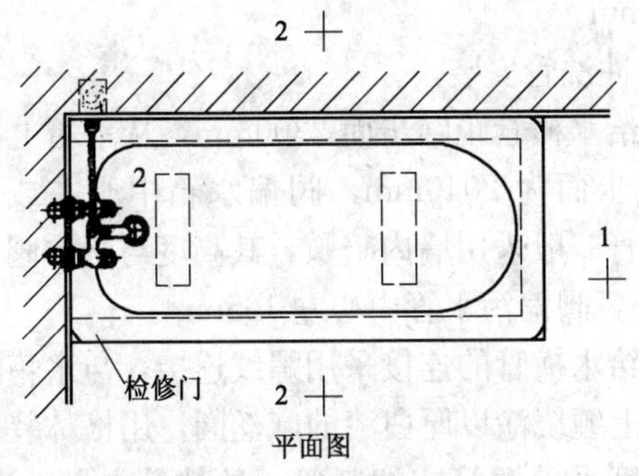

图 2-6-18　浴盆安装（二）

（3）蹲式大便器安装

a. 大便器安装

蹲式大便器在厕所踏步平台砌筑、内粉刷完成后安装。

大便器安装在砖砌坑内，砌砖距大便器边应大于 40mm。在底层安装大便器时，应夯实土层，以混凝土做底座。

安装大便器时，四周以黄砂填实，在污水管承口内抹上油灰，然后将大便器排水口插入污水管承口内压实，抹光油灰，用水平尺放在大便器上沿进行纵、横向找平、拨正，用临时封堵封好大便器排水口。

安装后的大便器中心线应与墙面垂直，上边缘高出踏步粉光面 5～15mm。大便器污水管口中心距光墙面的距离，高水箱蹲便器为前落水时为 640mm，后落水时为 360mm；低水箱蹲便器为前落水时为 760mm。预留污水管承口应高出地面 75mm，大便器一个踏步高度为 200mm。

b. 水箱安装

以大便器中心线为准，在墙上用线锤定出水箱安装的中心线，并画在墙上。从踏步面向上量出水箱进水阀及水箱的安装高度（指水箱底），然后根据水箱固定螺栓孔的位置在墙上画出十字线，用螺栓固定。

水箱的安装高度（自踏步面至水箱底），高水箱为 1800mm，低水箱为900mm。

c. 给水、冲洗管安装

高水箱的给水横管距踏步面2300mm，从水箱上面越过，给水阀高度距踏步面为2040mm，阀偏水箱中心左或右400mm。低水箱给水横管一般采用墙内暗敷，其高度与给水阀相同，距踏步面为600mm，阀偏污水管中心左165mm。

给水阀与给水横管的连接采用螺纹连接，与水箱的连接采用铜管，在铜管上缠绕涂以厚白漆的麻丝圈，用格林装紧。

水箱冲洗管采用铜管或塑料管，冲洗管上部乙字弯和底部90°弯头的制作，铜管采用氧—乙炔焰加热煨弯，塑料管则通过热甘油加热煨弯。高水箱冲洗管管径为32mm，低水箱为50mm。

冲洗管与水箱连接时，用涂以厚白漆的麻丝缠绕在管子上，插入水箱出水口用格林拧紧。冲洗管与大便器的连接采用橡皮碗，将橡皮碗大端套在大便器进水口上，小端套在冲洗管上，用成品喉箍紧固，或用铜丝绑扎两道，铜丝拧紧要错位90°左右，然后用油灰填充窝牢接口。对高水箱冲洗管，在距踏步1000mm处安装管卡固定。

d. 成排安装要求

大便器安装时，应拉线检查预留的污水管口中心是否在一条线上，标高是否一致，并复测相邻污水管口的间距，如有误差应予以调整。

相邻大便器的中心间距为900mm，靠墙有污水立管的大便器，其器具中心距光墙面为600mm。

水箱安装时，先挂两端的水箱，然后拉线安装中间的水箱。

（4）坐式大便器安装

a. 大便器安装

坐式大便器在厕所内粉刷铺贴磁砖和土建地面工作完成后安装。

将大便器出水口对准预留的污水管口放平、放正，在大便器两侧固定螺栓孔处画好印记，然后移去坐便器，在印记处画十字线。

在十字线中心钻孔，安装膨胀螺栓或预埋开脚螺栓，螺栓的规格应与大便器上的孔相匹配。

里S式大便器安装时，将涂以油灰或纸筋水泥的大便器排水口插入污水管口内，轻轻压实，用水平尺校平、找正，然后在固定螺栓上垫以铅垫圈并拧紧螺栓。外S、高P、低P式大便器安装时，将大便器排水口插入污水管承口内，用水平尺校平后拧紧固定螺栓，然后在大便器与污水管连接处塞入1～2圈油麻丝，再填塞纸筋水泥并抹光。大便器安装后，用1～2桶水灌入大便器内，以冲去粘贴在排水管口上的油灰或纸筋水泥。

里S式大便器污水管口中心距光墙面400mm左右，管口比光地面高10mm。外S、高P式大便器污水管口中心距光墙面150mm，承口及承口中心分别高于地面75mm和180mm，其中高P式污水管中心与地面成30°角。低P式大便器的污水管承口距光墙面150mm，管口略向上斜，污水管口中心距光地面90mm。

b. 水箱安装

对准坐便器尾部中心，在墙上画好垂直中心线，按水箱的安装高度要求在墙上标出水箱进水阀和水箱的标高，然后根据水箱固定孔的位置在墙上画十字线，用螺栓固定。坐装式水箱安装时，将水箱出水口插入大便器进水孔中，内垫上橡胶垫，然后拧紧铜螺栓（螺栓处垫有橡胶圈）。

水箱的安装高度，高水箱为1800mm；低水箱有两种：外露排出管式为510mm，虹吸喷射式为470mm。

c. 给水、冲洗管安装

高水箱的给水管、阀的安装要求同蹲式大便器。低水箱的阀门距地面高度，里S、外S和低P式为250mm，高P式为300mm，均偏污水管中心左或右165mm左右。

给水阀与给水横管的连接采用螺纹连接，与水箱的连接采用铜管，在铜管上缠绕涂以厚白漆的麻丝圈，用格林装紧。

冲洗管与水箱连接时，用涂以厚白漆的麻丝缠绕在管子上，插入水箱出水口用格林拧紧。冲洗管与大便器的连接，里S式直接用马桶卡，以涂厚白漆的麻丝圈为垫料；外S、高P、低P式采用橡皮碗，用铜丝绑扎两道，其中低P式大便器的进水口为凹进平口式时，采用橡皮塞头连接。坐式大便器安装见图2-6-19。

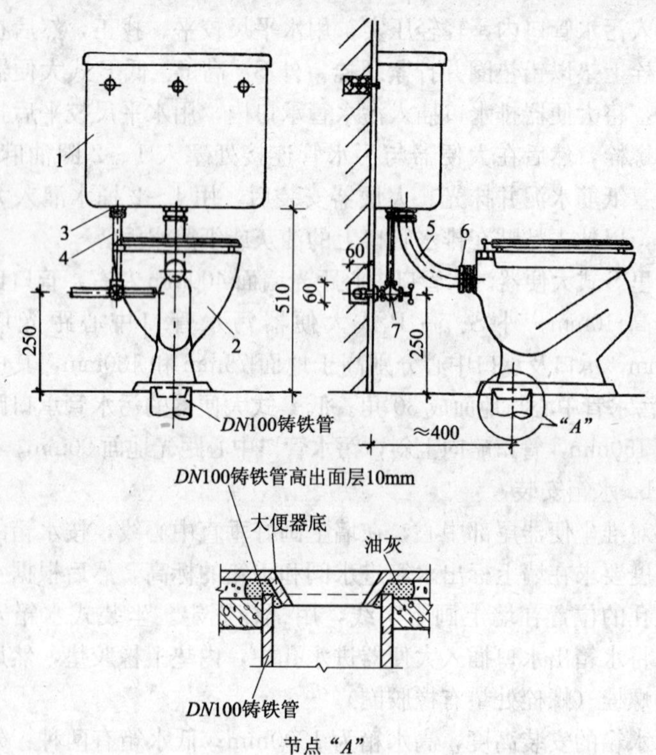

图2-6-19　坐式大便器安装

1—低水箱；2—坐式大便器；3—进水阀铜配件；4—进水铜管；5—冲洗管（DN50）；6—锁紧螺母；7—角式截止阀

（5）小便器安装

a. 挂式小便器安装

按给水管中心画一条垂线，由地坪向上量出小便器安装的高度并画一水平线。根据小便器固定孔眼的水平、垂直距离，在墙上由中心垂线向两侧画出固定孔眼的十字线。

用螺栓固定小便器，小便器与墙面的缝隙嵌入白水泥，补齐抹光。

小便器给水横管明敷时距地面 1200mm，暗敷时为 1050mm，冷水头子距地面 1050mm，阀门一般采用三角阀门或截止阀，用铜管与小便器连接。

小便器出水口与存水弯连接处，用油灰作填料塞紧。存水弯下口与污水管口连接处，用麻丝圈、白漆作填料，铜格林收紧，存水弯通塞处用麻丝圈涂白漆装紧。瓷质存水弯插进承口部应先嵌塞 1～2 圈麻丝，再用纸筋水泥塞满抹光。

小便器排水管管径为 *DN*32mm 或 *DN*40mm，采用 S 式存水弯时，排水管中心在小便器中心偏左或右 125mm，距光墙面 80mm，排水管露出地面 150mm。采用活络 P 式存水弯时，排水管应敷设在墙内，管中心距光地面 300mm，离小便器中心偏左或右 65mm。采用固定 P 式存水弯时，排水管弯头中心离光地面 300mm，离光墙面 80mm，离小便器中心偏左或右 78mm。采用瓷质直型存水弯时，排水管应采用 *DN*50mm 的排水铸铁管，排水管承口露出地面 85mm，距光墙面 80mm，排水管中心与小便器中心对正。

b. 立式小便器安装

检查给、排水预留管口是否在一条垂线上，清理排水预留管周围地坪，在排水预留管承口内填入油灰或纸筋水泥，在小便器下铺垫纸筋水泥。

将立式小便器排水口对准排水管口插下去压紧，并找正、找平。小便器与墙面、地面缝隙嵌入白水泥抹平、抹光。

冷水头子中心距地面 1120mm，用角式长柄截止阀以铜格林连接。

立式小便器排水管径为 *DN*50mm，排水管中心距光墙面 150mm，承口顶面距光地面 20～30mm。小便器排水栓垫 3mm 厚橡皮，用 *DN*50mm 根母拧紧，承口内填入纸筋水泥。

c. 水箱安装

瓷质水箱底距地面 2100mm，用三个木螺钉加铅垫固定在墙上。

冷水管中心距地面 2500mm，冷水头子中心距地面 2340mm，用角式截止阀和铜管与水箱连接。

冲洗管一般采用镀铬铜管，以螺纹连接，冲洗管上以管卡固定。立式小便器安装见图 2-6-20。

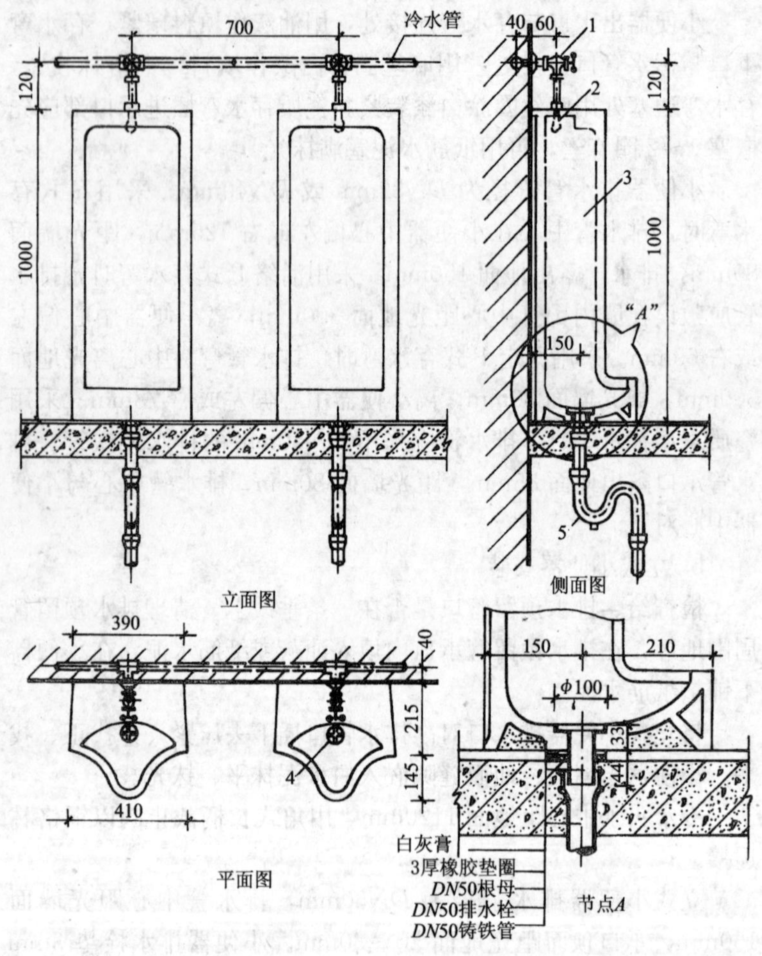

图 2-6-20 立式小便器安装

1—角式长柄截止阀；2—喷水鸭嘴；3—立式小便器；4—转水栓（*DN*50）；5—铸铁存水弯（*DN*50）

(6) 洗脸盆安装

a. 脸盆就位

按排水管口中心在墙上画垂线，由地面向上量出安装高度（洗脸盆上边缘）并画水平线。立式洗脸盆应先将支柱立好，脸盆安放在柱上，使脸盆中心对准垂线，找平后画好脸盆固定孔眼位置，同时将支柱在地面上的位置做好印记；托架式洗脸盆按盆宽在水平线上标出支架安装位置的十字线，钻孔后用螺栓或螺丝将托架固定在墙上。

立式洗脸盆安装时，在地面支柱位置上垫好纸筋水泥，将支柱稳固好，然后安装脸盆，拧紧固定螺栓，固定螺栓处垫以铅垫圈或橡胶圈，用水平尺找平找正。支柱与脸盆、支柱与地面接触处，用白水泥勾缝抹光。

托架式洗脸盆的托架安装好后，将脸盆用螺栓固定在托架上，用水平尺找平、找正。如洗脸盆安装在台板上，应复核台板的高度、水平度，在盆与板的接缝处打入密封胶。

b. 给水安装

在水嘴根部垫好油灰，插入脸盆给水孔眼内，在反面套上胶垫眼圈，带上根母后用手按住水嘴拧紧。

给水阀与预留给水管连接时，按实际尺寸配好短管，采用螺纹连接。如为暗装管道，先将压盖套在短管上，连接后压盖紧贴墙面，孔隙用白水泥嵌塞。

给水阀与水嘴连接时，按实际尺寸配好铜管，在两端缠绕涂以厚白漆的麻丝圈，分别插入阀门和水嘴内，拧紧上、下格林装紧。

洗脸盆冷水管中心距地面 350mm，热水管中心距地面 525mm，冷热水阀门距地面 450mm，用镀铬铜管与洗脸盆连接。

c. 排水安装

立式洗脸盆排水管应暗装，采用 P 式存水弯。托架式洗脸盆如装 P 式存水弯，排水管应暗敷于墙内，管中心距地面 400mm，管口（带螺纹）伸出光墙面 10～15mm，与落水铜管连接时，用内填涂以厚白漆麻丝圈的格林装紧，再将压盖盖住。如装 S 式存水弯，排水管为明装，管口套好螺纹，伸出地面 250mm，与落水铜管连接方法同上。

洗脸盆采用 P 式存水弯时，排水管中心即为脸盆安装中心；采用 S 式存水弯时，排水管中心应偏脸盆中心左或右 85mm。

安装脸盆排水栓时，在脸盆排水孔上垫上油灰，将排水栓插入孔内，在反面套上垫有油灰的橡胶圈，带上根母并拧紧。排水栓中的溢水口应对准脸盆排水孔中的溢水口孔。

d. 成排安装要求

成排安装时，应拉线检查预留的给、排水管口中心是否在一条线上，标高是否一致，并复测相邻排水管口的间距，如有误差应予以调整。相邻洗脸盆的中心间距为 700mm，高低误差不应大于 3mm。

脸盆安装时，可先进行两端脸盆的就位，然后拉线安装中间的脸盆。

洗脸盆安装见图 2-6-21。

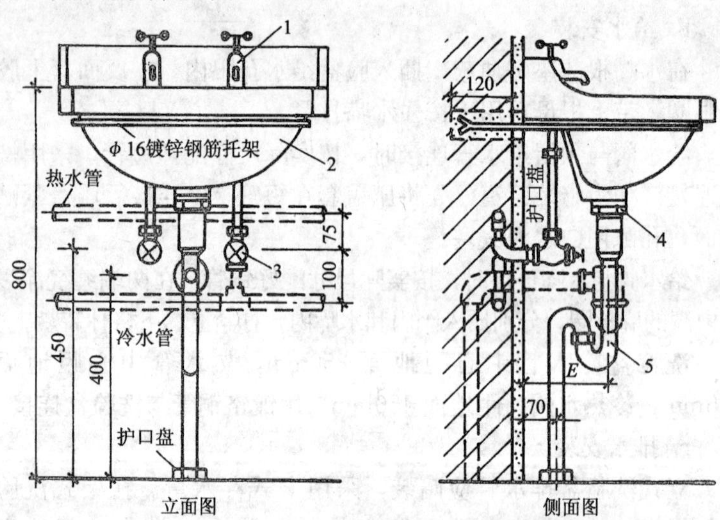

图 2-6-21　洗脸盆安装

1—镀铬龙头；2—洗脸盆；3—角式截止阀；4—排水栓（*DN*32）；5—镀铬或塑料存水弯（*DN*32）

(7) 白瓷水盆安装

a. 白瓷水盆排水管管径为 DN50mm，如装 P 式存水弯，其排水管应暗敷，存水弯上口距光地面 580mm，水盆上口边缘距光地面 800mm，排水管中心应与水盆下水口中心对直，不得偏斜。

b. 采用 S 式丝扣存水弯时，排水管距光墙面 90mm，存水弯上口距粉光地面 580mm，排水管中心偏落水中心左或右 150mm。

c. 排水栓溢水孔应对准水盆溢水口，安装后应注意防止油灰将溢水口堵塞。

(8) 盥洗槽安装

a. 盥洗槽的长度在 4200mm 以内可用一个排水栓。槽的上口边沿距地面 800mm，如单装冷水龙头时，冷水管中心距光地面 1000mm；如装冷热水龙头时，冷水管在下面，管中心距地面 1000mm，热水管在上面，管中心距地面 1100mm，冷热水龙头相距 150mm，冷水龙头在热水龙头的右面，水龙头中心距光墙面 180mm，冷水龙头之间相距 700mm。

b. 盥洗槽排水管可明装，也可暗装。存水弯上口距地面 450mm。排水栓应在土建粉刷前镶接好，落水表面低于槽底 5mm。

(9) 淋浴器安装

a. 单管淋浴器冷水管中心距光地面 1000mm，阀门距地面 1150mm。

b. 双管淋浴器的冷水管中心距地面 900mm，热水管在冷水管上方，两管中心间距 100mm。明阀中心距地面 1150mm，两阀中心间距 150mm，冷水阀门在右面，热水阀门在左面，冷水管上装三通并与水平面成 60°角，用元宝弯绕过热水横管。

c. 淋浴器上部横管中心距地面 2240mm，莲蓬头底面距地面 2100mm。冷热水管中心距墙面 40mm，莲蓬头连接横管长 370mm。

d. 淋浴器下面安装水龙头时，龙头中心距地面600mm。

e. 淋浴器为管件组装时，应用 *DN*15mm 的管子，距地面1800mm处装管卡。成组安装时活接头应装在热水管明阀之上，淋浴明阀应安装在同一水平线上。

（10）妇女卫生盆安装

a. 卫生盆高360mm，长575～590mm，宽370mm，盆体用4个木螺钉固定在地面上。

b. 排水管管径为 *DN*32mm，管中心距墙面大于或等于380mm，露出光地面50mm，套好丝扣。

c. 卫生盆铜器不带存水弯，应在排水管道施工时安装 *DN*50mm 铸铁存水弯。

d. 下水铜器与排水管连接时，可用麻丝圈白漆作垫料，用铜格林拧紧。

e. 冷水管中心距地面75mm，热水管在冷水管上方，其管中心距地面225mm，角形截止阀中心距地面150mm，两阀间距160mm。

f. 冷热水管与卫生盆龙头连接时，应尽量保持垂直，尽量避免铜管弯曲。

（11）大便槽安装

a. 大便槽蹲位最多不得超过12个。

b. 大便槽如男女合用一只水箱和污水管排水口时，应由男厕所冲往女厕所。

c. 冲洗管下端应装45°弯头，弯头底部不得碰到便槽的瓷砖，一般高出瓷砖面50mm，冲洗管应以管卡固定。

d. 大便槽污水管中心距光墙面400mm，距另一墙面槽端为450～550mm，污水口直径为100mm时应装承口端，承口高出毛地坪70～80mm，不得装插口端。如污水管口直径为150mm，则可装插口端，插口端面距毛地坪高度亦为70～80mm，管口应平整。

大便槽的冲洗水量、冲洗管及排水管管径见表2-6-11。

大便槽的冲洗水量、冲洗管及排水管管径　　表 2-6-11

蹲位数	每蹲位冲洗水量（L）	冲洗管管径（mm）	排水管管径（mm）
3～4	12	40	100
5～8	10	50	150
9～12	9	70	150

（12）小便槽安装

a. 小便槽排水管装好后，应用塞头堵住，防止浆水流入，待土建完工后，再装罩式排水栓（胖顶落水），排水栓用纸筋水泥与管子连接。

b. 小便槽排水口应在槽的中心，一般距毛墙 160mm。

c. 小便槽冷水管头子距踏步面 2350mm，距水箱中心偏左或偏右 400mm。冲洗管应用管卡固定。多孔管两端装管帽，管中心距地面 1100mm，多孔管的孔径为 2mm，间距为 40mm，孔的出水方向与墙面成 45°夹角。

（13）卫生器具盛水试验

a. 浴盆、洗脸盆、洗涤盆、化验盆盛水时，水应放至溢水孔处；蹲式大便器盛水量放至大便器边沿以下 5mm 处；水泥洗涤池、拖布盆盛水量不少于池深的 2/3；大、小便槽盛水量不少于槽深的 1/2；坐、蹲式大便器的水箱和大便槽冲洗水箱的盛水量放至控制水位。

b. 盛水试验的时间为 24h，以不漏不渗为合格，试验结束后应做好试验记录。

（14）卫生器具安装的一般要求

a. 器具的安装应牢固、平稳，器具完好洁净，不污损。

b. 器具安装的坐标、标高正确，单独器具允许误差 10mm，成排器具允许误差 5mm。器具安装的垂直度偏差不大于 3mm。

c. 给水镀铬配件完整无损，阀件、水嘴开关灵活，水箱铜器动作正确、灵活。给水连接铜管尽量不弯曲，必须弯曲时弯头应光滑、美观、不扁。

d. 暗装配管的预留头子尺寸正确，镶接自然。镶接后的装饰法兰罩与墙面配合良好。

第六节 给水管道安装

一、给水系统及方式

1. 室内给水系统

1）系统的组成

室内给水系统一般由引入管、干管、立管、支管、阀门、水表、配水龙头或用水设备等组成，供日常生活饮用、盥洗、冲刷等用水。当室外管网水压不足时，尚需设水箱、水泵等加压设备，满足室内任何用水点的用水要求。

2）系统管网的布置形式

各种给水系统可按照水平配水干管的敷设位置，布置成下行上给式、上行下给式和环状式三种管网形式。

下行上给式的水平配水干管敷设在底层或地下室天花板下，多用于利用室外管网水压直接供水场合。上行下给式的水平配水干管敷设在顶层天花板下或吊顶内，也可敷设在屋顶上（非冰冻地区），对高层建筑也可敷设在技术夹层内，多用于设有高位水箱的建筑。环状式的水平配水干管或配水立管互相连成环状，在有两根引入管时，也可将两根引入管通过配水立管和水平配水干管连通，组成贯穿环状，多用于高层建筑、大型公共建筑的给水系统。

3）给水方式

室内给水方式应根据室外管网的水压和水量、建筑物的高度、卫生器具及用水设备材料的承压能力和使用要求等因素决定，一般可分为以下三种。

（1）直接供水方式。当室外管网的水压、水量在任何时间内都能满足室内任何用水点用水要求时采用，可设计成不设高位水箱与设置高位水箱两类（图 2-6-22）。其中图 2-6-22（*a*）适用于室外管网水压、水量能经常满足用水要求的单层或多层建筑；图 2-6-22（*b*）适用于室外管网水压周期性不足，室内要求水压稳定且允许设置高位水箱的多层建筑。

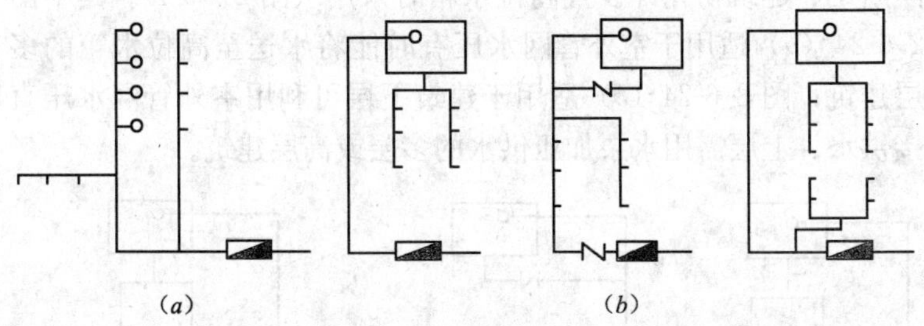

图 2-6-22　直接供水方式

（2）水泵加压供水方式。当室外管网的水压经常低于建筑物的用水水压要求时采用，通常设有水池、水泵和水箱（图 2-6-23)。其中图 2-6-23（*a*）适用于室外管网水压经常不足、允许设置高位水箱的多层或高层建筑；图 2-6-23（*b*）适用于层高较高、需分区控制系统压力的高层或超高层建筑。

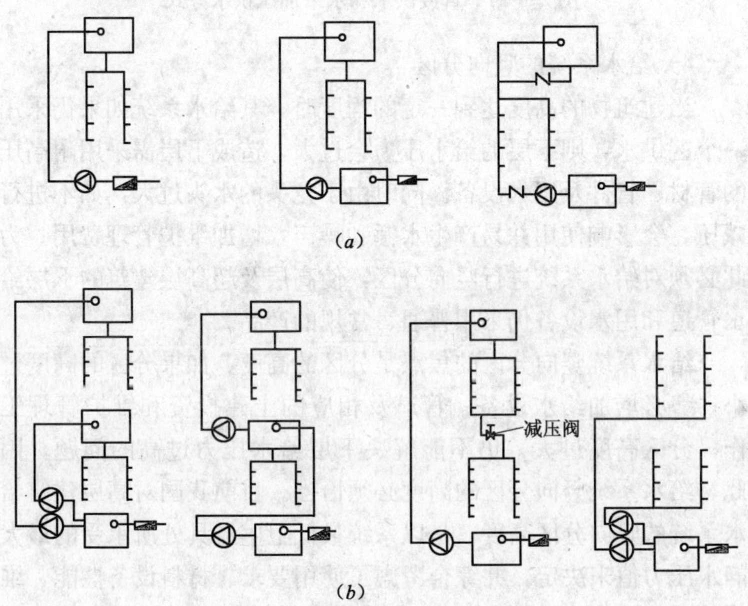

图 2-6-23　水泵加压供水方式

（3）直接供水和水泵加压供水方式。当室外管网水压经常或间断足、建筑物允许设置高位水箱时采用（图 2-6-24）。其中图 2-6-24（*a*）适用于室外管网水压有时能将水送至高位水箱的多层建筑；图 2-6-24（*b*）适用于建筑下层可利用室外管网水压直接供水、上层需用水泵加压供水的多层或高层建筑。

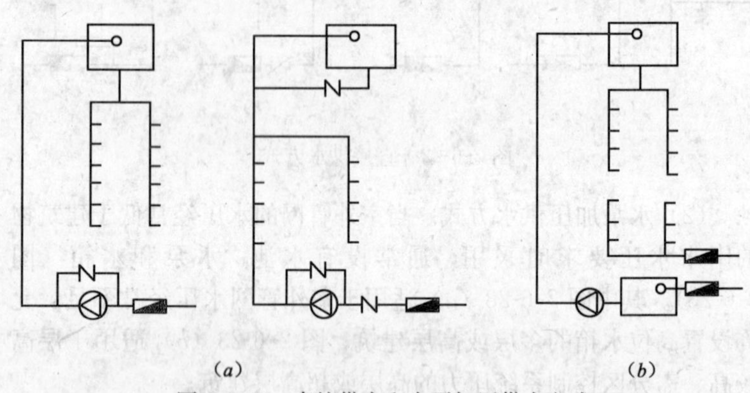

图 2-6-24　直接供水和水泵加压供水方式

4）给水系统的竖向分区

当建筑物的高度达到一定的程度时，其给水系统如果仍采用一个区供水，则下层的给水压力会过大，造成下层需采用耐高压的管材、管件及用水设备。同时由于龙头的水头过大，如不进行减压，会影响使用并易产生水锤和噪声，增加维护管理费用。为此必须对给水系统进行竖向分区，使高层及超高层建筑的下层给水管道和用水设备仍采用普通、常规的产品。

给水系统竖向分区的焦点是分区的高度，如果分区的高度过小，势必增加给水设备、管道及相应的土建投资和维护管理工作；分区高度过大，仍不能解决下层给水压力过高的问题。因此，给水系统竖向分区的高度必须恰当。目前我国对高层建筑给水系统的竖向分区高度，是以系统最低卫生器具处所承受的最大静水压力值来决定，并综合考虑了使用要求、材料设备性能、维修管理、建筑物层数等条件。按现行国家标准《建筑给水排水设计规范》的规定，高层建筑给水系统中分区最低卫生器具配水点处的静水压为：住宅、旅馆、医院宜为0.30～0.35MPa，办公楼宜为0.35～0.45MPa。当卫生器具配水点处静水压超过上述规定时，宜采取减压限流措施。

给水系统竖向分区可采取各分区独立设置高位水箱和水泵、高位水箱串联分区供水和减压阀分区减压供水等方法，如图2-6-23（*b*）所示。

2. 室外给水系统

1）系统的组成

以地面水为水源的给水系统，一般由以下各部分组成。

（1）取水构筑物：从天然水源取水的构筑物。

（2）一级泵站：从取水构筑物取水后，将水压送至净水构筑物的泵站构筑物。

（3）净水构筑物：处理水并使其水质符合要求的构筑物。

（4）清水池：为收集、储备、调节水量的构筑物。

（5）二级泵站：将清水池的水送到水塔或管网的构筑物。

（6）输水管：承担由二级泵站至水塔的输水管道。

（7）水塔：收集、储备、调节水量，并可将水压入配水管网的建筑。

（8）配水管网：将水输送至各用户的管道。一般可将室外给水管道狭义地理解为配水管网。

2）配水管网的布置形式

配水管网可根据用户对供水的要求，布置成树枝状管网和环状管网两种形式。

树枝状管网是从单独的干管上分出若干支管，形状如树枝。环状管网的干管前后贯通，连接成一个环状。前者投资较省，但只是一个方向供水，安全可靠性较差；后者费用较高，但安全可靠性好，适用于供水不允许中断的场合。

3）配水管网的敷设方式

室外配水管网一般采用埋地铺设，埋设覆土深度不小于

0.7m 且必须在当地冰冻线以下。铺设的位置，通常沿马路或平行于建筑物。配水管网上每隔一定距离及在分叉支管的地点和支管进入建筑物之前，设置闸阀和阀门井，便于检修。

二、给水设施及管道安装

1. 给水设施

1）水泵

给水加压通常采用离心式清水泵，其选用和接管要求如下。

（1）给水系统无水箱（罐）时，水泵的扬程应满足最不利处的配水点或消火栓所需水压。有水箱时，水泵的扬程应满足水箱进水所需水压和消火栓所需水压。

（2）当水泵从室外管网直接抽水时，泵的吸水管上应装设阀门、止回阀和真空压力表，并设置连通水泵吸水管和出水管的旁通管，见图 2-6-25，旁通管上装设阀门和止回阀。在水泵吸水时，应保证室外管网的水压不低于 0.1MPa（从地面算起）。

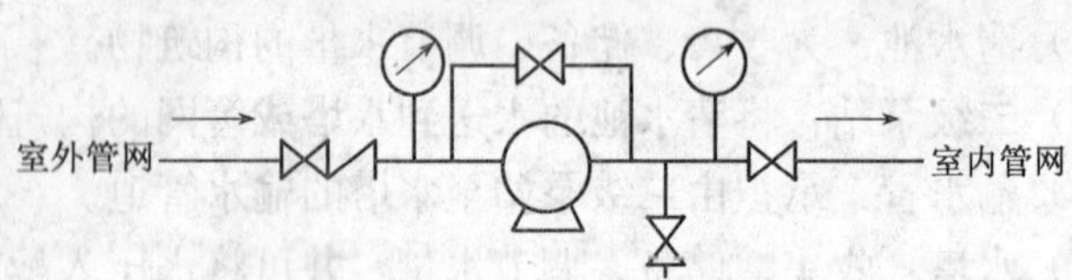

图 2-6-25 直接从室外管网抽水时管道的连接方式

（3）水泵的出水管上应装设阀门、止回阀和压力表，并宜采取防水锤措施。水泵吸水管上应装设阀门和真空压力表。

（4）每台水泵宜设置单独的吸水管，水平吸水管应有不小于 0.005 的沿水流方向上升的坡度。水平管异径连接时采用偏心大小头，取管顶平。靠近水泵进口处的吸水管，要有一段长度约为 2～3 倍管径的直管，以保证水流稳定。

（5）当水泵设在给水管网的最低处时，在其出水管止回阀后装设泄空管。

（6）当水泵不从室外管网直接抽水时，为了便于泵的启动，水泵应设计成自灌式。

（7）一般高层建筑、大型民用建筑、建筑小区的给水系统应设置一台备用泵，备用泵的型号、规格与主泵应相同。设置在建筑物内的水泵应设置减振垫，与管道的连接处安装可曲挠接头。

2）高位水箱

高位水箱用于贮水和稳定水压，其形状有圆形、方形和矩形，圆形不常用。水箱通常用碳素钢板、钢筋混凝土、玻璃钢等材料制成。使用碳素钢板制作水箱，施工安装方便、重量轻，但易锈蚀，造价较高；钢筋混凝土适用于大型水箱，经久耐用，造价较低，但重量重；玻璃钢水箱耐腐蚀、重量轻、安装维护简便，但造价较高，目前较少使用。

（1）水箱的容积

无水泵加压的高位水箱，其容积为室内管道最大小时流量与室外管网供水压力不足时间的乘积。有水泵加压时，如水泵为自动开关控制，水箱容积不得小于日用水量的5%；水泵为手动控制时，容积不得小于日用水量的12%。水箱还供消防用水时，应包括消防用水贮备量。

（2）设置高度

水箱的设置高度，应使其最低水位的标高满足最不利配水点的流出水头要求。对于贮备消防用水的水箱，还应满足最不利点消火栓流出水头的要求，当不能满足时，设置气压水罐等增压设施。

（3）水箱的配管

进水管：一般从侧壁接入，离水箱顶150～200mm。当利用室外管网压力进水时，进水管出口一般装设不少于两个的浮球阀，浮球阀前装有检修阀门。安装浮球阀时，应注意进水管距水箱顶盖要有足够的距离。

出水管：从侧壁或底部接出，一般高出水箱底100mm。当出水管与进水管合用一条立管时，出水管上应设止回阀。单独出水时，只装阀门即可。

溢水管：从侧壁接出，离水箱顶距离不应小于100mm，溢水沿口比最高水位高20mm，用以控制水箱的最高水位。溢水管上不得装设阀门，不得与排水系统直接连接，出口应设网罩。

排水管：从底部接出，一般与溢水管相连，用于水箱清洗后的泄水。排水管上应装设阀门，不得与排水系统直接连接。

信号装置：信号管一般从侧壁接出，其管底的设置高度与溢流管的溢流面齐平，管径为15～20mm。信号管上不得装设阀门，一般接至值班人员房间的水盘处。

使用水泵加压时，在水箱侧壁或顶盖上安装液位继电器或信号器，使水箱液位与水泵联锁。

3）水池

在室外管网不能满足室内用水量要求，或不允许水泵从室外管网直接抽水的情况下，需设置水池。水池可布置在独立水泵房的屋顶上，也可布置在室外呈地面水池或地下水池，或布置在室内地下室。一般以布置在室内地下室居多。

（1）水池的容积

水池的有效容积与水源的供水能力、水泵的抽水量及其连续运行的时间有关，需满足最大同时工作水泵15min的出水量。当消防和生活合用一个水池时，还应包括消防用水贮备量。

（2）水池的配管

水池的配管有进水管、水泵吸水管、溢水管、通气管、排水管（地面式水池）等。水池进水管出口装有浮球阀，控制水池的进水量。水泵设计在水池水位下，使水泵启动时呈自灌状态。水池的进水管与水泵的吸水管设在水池的两端，以保证池内水经常流动；设在一端时，须在水池内加设导流墙。溢水管用以控制水池的最高水位，并采用间接排水方式。当设计采用室外地下式水池时，水池的溢水水位应高于地面。

4）气压给水装置

（1）工作原理

气压给水装置是在一个密闭的压力罐内，通过压缩空气的压力将水压送到配水点上，来代替高位水箱。当罐内水量减少至设计最低水位时，泵启动将水压入压力罐，罐内空气被压缩。当罐中到达最高水位时，泵停止运转，水由压缩空气压至配水点。而后水位又下降至低水位，水泵再次投入运转。由于水与空气接触，空气会逐渐减少，因此需设置空气压缩机补充空气，如图（2-6-26）所示。如使用隔膜式气压罐（图 2-6-27），空气与水隔开，则不需要空气压缩机，且能保护水质免遭脏空气和空压机润滑油的污染。

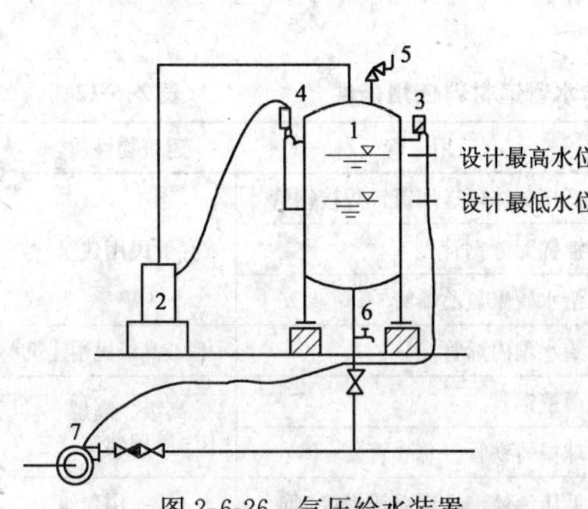

图 2-6-26　气压给水装置

1—气压水罐；2—空压机；3—压力继电器；4—水位继电器；5—安全阀；6—泄水龙头；7—水泵

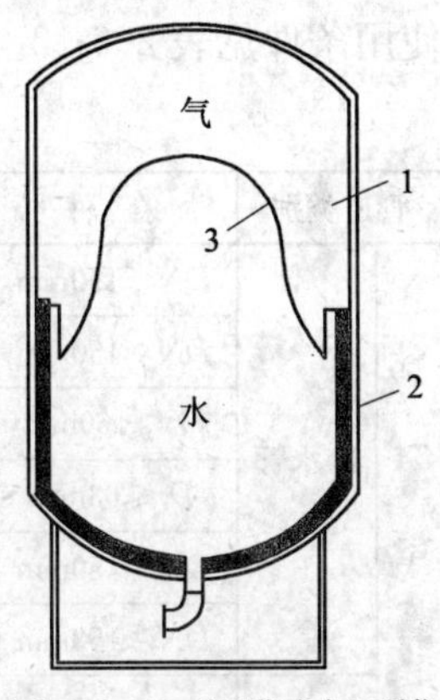

图 2-6-27　隔膜式气压罐

1—钢板；2—衬里；3—隔膜

气压给水装置分为变压式和定压式两种。当用户对水压没有特殊要求时，常采用变压式，罐内空气压力随供水工况而变化，系统处于变压状态下工作。当用户要求水压稳定时，可在变压式气压给水装置的供水管上安装调压阀，或在双罐变压式气压给水装置的压缩空气联通管上安装调压阀，使阀后水压或气压在要求的范围内，成为定压式。

（2）附属设备

补气装置：用于控制气压罐最高工作水位，防止罐内空气太少。常用的补气方式有利用空气压缩机补气、利用水泵出水管中积存空气补气和利用水射器补气等。

排气装置：设置排气阀控制气压罐最低工作水位，防止罐内空气过多。常用的排气阀有浮球排气阀和电磁排气阀。

其他附属装置：气压罐上还装有密闭入孔，液位计或窥视窗、压力表、止气阀、止水阀、安全阀、放气阀、泄水阀等。对于恒压式气压给水装置，还需安装自动调压阀。

2. 给水管道

1）材料的选用

给水管道的材料应根据水质要求和建筑物的性质选用，具体使用条件见表 2-6-12。

给水管道材料使用条件　　表 2-6-12

<table>
<tr><th colspan="2">管道类别</th><th>条　件</th><th>宜　用　管　材</th><th>建筑物性质</th></tr>
<tr><td rowspan="11">室内</td><td rowspan="6">冷水管</td><td>$DN \leqslant 150$mm</td><td>低压流体输送用镀锌焊接钢管</td><td rowspan="3">一般民用建筑</td></tr>
<tr><td>$DN \geqslant 150$mm</td><td>镀锌无缝钢管</td></tr>
<tr><td>$D_e \leqslant 160$mm</td><td>给水硬聚氯乙烯管</td></tr>
<tr><td>$D_e \leqslant 63$mm</td><td>给水聚丙烯管</td><td>一般或高级民用建筑</td></tr>
<tr><td>$DN \leqslant 150$mm</td><td>薄壁铜管</td><td rowspan="2">高级、高层民用建筑</td></tr>
<tr><td>$DN \geqslant 150$mm</td><td>球墨铸铁管（总立管）</td></tr>
<tr><td rowspan="3">热水管</td><td rowspan="2">$DN \leqslant 150$mm</td><td>低压流体输送用镀锌焊接钢管</td><td>一般民用建筑</td></tr>
<tr><td>薄壁铜管</td><td rowspan="2">高级民用建筑</td></tr>
<tr><td>$D_e \leqslant 63$mm</td><td>给水聚丙烯管</td></tr>
<tr><td rowspan="2">饮用水</td><td>$DN \leqslant 150$mm</td><td>薄壁铜管、不锈钢管</td><td rowspan="2">高级民用建筑</td></tr>
<tr><td>$D_e \leqslant 63$mm</td><td>给水聚丙烯管</td></tr>
<tr><td rowspan="4">室外</td><td rowspan="4">冷水管</td><td>$DN \leqslant 150$mm</td><td>低压流体输送用镀锌焊接钢管</td><td>地上</td></tr>
<tr><td>$DN \leqslant 65$mm</td><td>低压流体输送用镀锌焊接钢管</td><td rowspan="3">地下</td></tr>
<tr><td>$DN \geqslant 80$mm</td><td>给水铸铁管</td></tr>
<tr><td>$D_e 20 \sim 630$mm</td><td>给水硬聚氯乙烯管</td></tr>
</table>

2）材料的性能与规格

（1）低压流体输送用镀锌焊接钢管

低压流体输送用镀锌焊接钢管原称镀锌钢管或白铁管，是应用于给水系统最多的一种钢管，用 GB700 规定的 Q195、Q215A 和 Q235A 钢制造，表面采用热浸镀锌，其纵向焊缝用炉焊法或高频焊法焊成。该钢管按管壁厚度的不同分为普通管（工作压力≤1.0MPa）和加厚管（工作压力≤1.6MPa）两种，可用手动工具或机械在管端上加工管螺纹，采用螺纹连接管件、阀门等。目前应用于民用建筑工程生活用水系统基本都采用内衬（涂）塑镀锌焊接钢管。

（2）给水硬聚氯乙烯管

给水硬聚氯乙烯管（GB/T 10002—96）是用以在给水系统中替代镀锌钢管的一种塑料管，以聚氯乙烯树脂为主要原料，加入必要的添加剂，经挤出成型，具有无毒、卫生和重量轻、耐腐蚀、不结垢、阻力小、耐压强度较高、安装方便等优点。该塑料管按壁厚不同分为公称压力0.60、0.80、1.00、1.25和1.60MPa五个等级，使用温度不超过45℃。

（3）给水聚丙烯管

给水聚丙烯管是一种新型的节能塑料产品，由耐热级聚丙烯经高分子弹性体改性而成，具有重量轻、耐热性能好、耐腐蚀、导热性低、管道阻力小等优点。按壁厚的不同分为公称压力1.0、1.25、1.6、2.0、2.5和3.2MPa六个等级，冷水管最小压力等级为1.0MPa，热水管最小压力等级为2.0MPa。适用于系统工作压力不大于0.6MPa，工作水温不大于70°。

（4）给水铸铁管

给水铸铁管具有耐腐蚀、寿命长的特点，广泛应用于埋地铺设的给水管道。近年来在大型的高层建筑中，将组织致密、韧性更好的球墨铸铁管设计为总立管，应用于室内给水系统。

分类：给水铸铁管按铸造方法和材质的不同进行分类，如表2-6-13所示。

给水铸铁管分类　　　　表2-6-13

铸造方法 材质	离心铸造	连续铸造
灰口铸造	砂型离心铸铁管（GB 3421—82）	连续铸铁管（GB 3422—82） 柔性机械接口灰口铸铁管（GB 6483—86） 梯唇型橡胶圈接口铸铁管（GB 8714—88）
球墨铸铁	离心铸造球墨铸铁管（GB 13295—91）	连续铸造球墨铸铁管（上海铸管厂标准）

规格：各类给水铸铁管的公称通径范围为75～1500mm，壁厚按等级分为2～4档，具体见表2-6-14。

给水铸铁管规格　　表2-6-14

铸铁管名称	壁厚等级	公称通径（mm）	有效长度（mm）	接口形式
砂型离心铸铁管	P、G级	200、250、300、350、400、450、500、600、700、800、900、1000	5000、6000	承插式
连续铸铁管	LA、A、B级	75、100、150、200、250、300、350、400、450、500、600、700、800、900、1000、1100、1200	4000、5000、6000	承插式
柔性接口灰口铸铁管	LA、A、B级	100、150、200、250、300、350、400、450、500、600	4000、5000、6000	N、N1、X型胶圈机械接口
梯唇型橡胶圈接口铸铁管	LA、A、B级	75、100、150、200、250、300、400、450、500、600	5000、6000	梯唇型胶圈接口
离心铸造球墨铸铁管	K8、K9、K10、K12级	100、150、200、250、300、350、400、500、600、700	4000、5000、5500、6000	N1、X、S型胶圈机械接口
		100、150、200、250、300、350、400、500、600、700、800、900、1000、1200	4000、5000、5500、6000	T型滑入式接口
连续铸造球墨铸铁管	K11、K12级	500、600、700、800、1000、1200、1500	5000、6000	承插式

水压试验：按标准铸造的铸铁管应进行水压试验，当达到规定压力时，稳压时间不少于30s，用钢锤轻击管件，以无渗漏为合格。水压试验标准见表2-6-15、表2-6-16。一般情况下，管子的最高工作压力可按试验压力的50%确定。

灰口铸铁管水压试验标准（MPa）　　表2-6-15

公称通径（mm）	离心铸铁管		连续铸铁管		
	P级	G级	LA级	A级	B级
≤450	2.0	2.5	2.0	2.5	3.0
≥500	1.5	2.0	1.5	2.0	2.5

球墨铸铁管水压试验标准（MPa）　　　　表 2-6-16

公称通径（mm）	离心铸铁管				连续铸铁管	
	K8 级	K9 级	K10 级	K12 级	K11 级	K12 级
≤300	4	5			公称通径 500～1500mm，试验压力为 3.0MPa（上海铸管厂标准）	
350～600	3.2	4	5	7.2		
700～1000	2.5	3.2	4	6		
1200	1.8	2.5	3.2	4		

（5）薄壁铜管

工程中常用的紫铜管材料牌号为 T2、T3、TP1、TP2，分为软、硬两种。黄铜管的材料牌号为 H62、H68、HPb59 等，分为软、半硬、硬三种。建筑给水铜管一般采用 TP2 牌号的硬铜管，管径小于等于 25mm 时可采用半硬铜管。给水系统使用的铜管管材可按表 2-6-17 确定。

建筑给水铜管管材规格表（mm）　　　　表 2-6-17

公称直径（DN）	外径 D_e	1.0MPa		1.6MPa	
		壁厚 δ	计算内径 d_j	壁厚 δ	计算内径 d_j
15	15	0.7	13.6	0.7	13.6
20	22	0.9	20.2	0.9	20.2
25	28	0.9	26.2	0.9	26.2
32	35	1.2	32.6	1.2	32.6
40	42	1.2	39.6	1.2	39.6
50	54	1.2	51.6	1.2	51.6
65	66.7	1.2	64.3	1.2	64.3
	67	1.5	64	1.5	64
80	76.1	1.5	73.1	1.5	73.1
	85	1.5	82	1.5	82
100	108	1.5	105	1.5	105
125	133	1.5	130	2.5	128
150	159	2.0	155	3.0	153
200	219	4.0	211	5.0	209

(6) 不锈钢管

建筑工程常用不锈钢管有无缝管和焊接管两种，常用的奥氏体不锈钢有 0Crl8Ni9、1Crl8Ni9、2Crl8Ni9、0Crl8Ni9Ti、1Crl8Ni9Ti 等，俗称 18—8 不锈钢（前一组数字为平均含铬量，后一组数字为平均含镍量）。建筑给水一般采用薄壁不锈钢管，管道所选用的管材和管件应具有国家认可的产品检测机构的产品检测报告和产品出厂质量保证书；生活饮用水用的管材和管件，还应具有卫生部门的认可文件。

薄壁不锈钢管管材、管件的选材可根据其用途按表 2-6-18 的规定执行。

管材和管件的材料及用途　　　　表 2-6-18

牌　　号	用　　途
0Cr18Ni9（304）	冷水、热水、饮用净水等管道
0Cr17Ni12Mo2（316）	耐腐蚀要求高的管道
00Cr17Ni14Mo2（316L）	海水管道

3. 室内给水管道安装

1）管道的连接（连接的技术要求详见第五章）：

(1) 低压流体输送用镀锌焊接钢管采用螺纹连接；

(2) 给水硬聚氯乙烯管一般采用承插连接，其中承插粘接适用于管外径 20～160mm，橡胶圈连接适用于管外径≥63mm，与金属管配件、阀门等的连接采用螺纹或法兰连接。螺纹连接时使用注射成型的螺纹塑料管件，塑料管件宜作为外螺纹，金属管配件为内螺纹。若塑料管件作为内螺纹，则宜使用在注射螺纹端外部嵌有金属加固圈的塑料连接件。给水硬聚氯乙烯管螺纹连接时，宜采用聚四氟乙烯生料带作为密封填充物，不宜使用厚白漆、麻丝。

(3) 给水聚丙烯管采用热熔承插连接，与金属管配件连接时，使用带金属嵌件的聚丙烯管件作为过渡，该管件与聚丙烯管采用热熔承插连接，与金属管配件采用螺纹连接。

(4) 不锈钢管采用电焊、氩弧焊或卡压式连接。

(5) 薄壁铜管一般采用承插钎焊焊接。

(6) 给水铸铁管采用橡胶圈、石棉水泥或膨胀水泥承插接口连接，在交通要道等振动较大的地段采用青铅接口。

(7) 球墨铸铁管采用橡胶圈机械式接口或承插式接口连接，也可以采用螺纹法兰连接的方式，即将球墨铸铁管的承口端或法兰端割除，在管子的两端用车床车制管螺纹，管端面加工为密封面，管道连接时将螺纹法兰拧入管端，在两管端密封面之间垫入橡胶密封圈，然后拧紧法兰螺栓来连接管子。

2) 埋地管铺设

(1) 室内给水管网一般枝状布置，单向供水。对不允许间断供水的建筑，从室外环状管网不同管段设两条或两条以上引入管，在室内连成环状或贯通枝状双向供水。引入管应有不小于0.003的坡度，坡向室外给水管网。

(2) 每条引入管上应装设阀门和水表。当生活和消防共用给水系统，且只有一条引入管时，应绕水表设旁通管，旁通管上装设阀门。

(3) 两条或两条以上引入管在室内连通时，每条引入管上应装设止回阀。

(4) 给水引入管与污水排出管管外壁的水平净距不宜小于1.0m。

(5) 给水管与排水管平行埋设或交叉埋设的管外壁最小允许距离，应分别为0.5m和0.15m。交叉埋设时，给水管宜在排水管的上面；如给水管必须铺在排水管下面时，应加设套管，其长度不小于排水管径的3倍。

(6) 给水管道穿过承重墙或基础时，应预留洞口，且管顶上部净空不得小于建筑物的沉降量，一般不宜小于0.1m。

(7) 给水管道穿过地下室或地下构筑物外墙时，应采取防水措施对有严格防水要求的，采用柔性防水套管，一般可采用刚性防水套管。

3）干管敷设

（1）给水管道不得敷设在烟道、风道内，不宜穿过橱窗、壁柜、木装修，不得穿过大便槽、小便槽和配电间。当给水立管距小便槽端部小于等于0.5m时，应采取建筑隔断措施。

（2）给水管道不宜穿过伸缩缝、沉降缝，如必须穿过时，可在墙中或墙的两侧安装金属软管或用弯头盘过沉降缝，此时管道支架的安装应能保证管子的位移。

（3）给水横干管宜敷设在地下室、技术层、吊顶内，立管可敷设在管道井内。

（4）给水管道与其他管道共架敷设时，宜敷设在排水管、冷冻管的上面或热水管、蒸汽管的下面。

（5）给水立管和装有3个或3个以上配水点的支管始端，应装设阀门和活接头。

（6）给水横管宜设0.002～0.005的坡度，坡向泄水装置。

4）支管敷设

（1）冷、热水管上下并行安装时，热水管在冷水管的上面；垂直并行安装时，热水管在冷水管的左侧。

（2）在卫生器具上安装冷、热水龙头时，热水龙头在冷水龙头的左侧。

（3）安装螺翼式水表，表前与阀门应有8～10倍水表直径的直线管段，其他水表的前后应有不小于300mm的直线管段。

（4）明装在室内的分户水表，表外壳距墙表面不得大于30mm，表前后直线管段长度大于300mm时，其超出管段应煨弯沿墙敷设。

（5）支管应有不小于0.002的坡度，坡向立管。

（6）支管配水点应根据卫生器具的型号和位置来确定安装坐标，一般卫生器具的给水配件安装高度见本章卫生器具给水配件安装节。

5）阀门的设置

（1）给水管网的阀门按下列要求选择

管径小于或等于 50mm 时，宜采用截止阀；管径大于 50mm 时，宜采用闸阀或蝶阀。

在双向流动的管段上，应采用闸阀或蝶阀。

在经常启闭的管段上，宜采用截止阀。

不经常启闭而又需快速启闭的阀门，应采用快开阀门，但配水点处不宜采用旋塞。

（2）用于分区给水的减压阀，其设置要求如下

减压阀宜设置两组，其中一组备用。环网供水和设置在自动喷水灭火系统报警阀前时，可单组设置。

减压阀前后应装设阀门，宜装设压力表，减压阀前应装过滤器，并应便于排污。

当减压阀阀前压力超过阀后给水分区允许工作压力时，不得绕减压阀设旁通管。

6）管道的暗装和明装

（1）给水管暗装时，应在墙上画线定位，然后剔出墙槽，将预制好的管子嵌在槽内，找平找正后用钩钉固定。墙槽的宽度和深度宜为管子外径加 30mm。

（2）嵌墙暗装的管道应及时进行试压，试压合格后用 1：2 的水泥砂浆封闭填补密实。各配水点预留口应做出毛墙面，并用加长丝堵封堵。

（3）明装管道的支吊架形式应根据管材、管径、建筑结构及敷设位置决定。小口径管子一般采用管卡、吊卡，大口径管子采用型钢支架。钢管支吊架的间距要求见表 2-6-19，铜管支吊架的间距可按钢管支吊架间距的 4/5 确定，给水硬聚氯乙烯管、聚丙烯管的支吊架间距要求见表 2-6-20、表 2-6-21。

钢管管道支架的最大间距（mm）　　表 2-6-19

公称直径（mm）		15	20	25	32	40	50	70	80	100	125	150	200	250	300
支架的最大间距（m）	保温管	1.5	2	2	2.5	3	3	4	4	4.5	5	6	7	8	8.5
	不保温管	2.5	3	3.5	4	4.5	5	6	6	6.5	7	8	9.5	11	12

给水硬聚氯乙烯管道的最大支撑间距（mm） 表 2-6-20

外　径	20	25	32	40	50	63	75	90	110
水平管	500	550	650	800	950	1100	1200	1350	1550
立　管	900	1000	1200	1400	1600	1800	2000	2200	2400

给水聚丙烯管道支架最大间距（mm） 表 2-6-21

公称外径 D_e	20	25	32	40	50	63
横管	650	800	950	1100	1250	1400
立管	1000	1200	1500	1700	1800	2000

（4）金属立管管卡安装时，层高小于或等于 5m 的，每层安装 1 个；层高大于 5m 的，每层不少于 2 个。管卡安装高度，距地面为 1.5～1.8m，2 个以上管卡可匀称安装。给水支 $DN \leqslant$ 20mm 安装，在转角、水表、水龙头或末端的 100mm 处，应设管卡固定。$DN \geqslant$ 40mm 的水平管道，应用型钢支架固定。

（5）管道穿墙或楼板应配合土建预留孔洞。

（6）明装给水管道距墙、柱的尺寸见表 2-6-22。

明装不保温给水管道距墙、柱尺寸及双立管间距（mm） 表 2-6-22

公称直径	管子中心距粉饰后墙、柱表面距离			双立管间距
	单立管	双立管	水平支管	
15	40	40	40	80
20	40	40	40	80
25	50	50	50	80
32	50	50	50	80
40	60	60	60	80
50	70	70		
65	90			
80	100			
100	110			
125	130			
150	140			

注：保温管道距墙、柱表面距离，按表中所列数字增加保温层厚度。

（7）给水金属管道的安装允许偏差要求见表 2-6-23。

室内给水管道安装允许偏差　　表 2-6-23

<table>
<tr><th colspan="4">项　　目</th><th>允许偏差（mm）</th></tr>
<tr><td rowspan="6">水平管道纵、横方向弯曲</td><td rowspan="2">给水铸铁管</td><td colspan="2">每米</td><td>1</td></tr>
<tr><td colspan="2">全长（25mm 以上）</td><td>不大于 25</td></tr>
<tr><td rowspan="4">碳素钢管</td><td rowspan="2">每米</td><td>管径≤100mm</td><td>0.5</td></tr>
<tr><td>管径＞100mm</td><td>1</td></tr>
<tr><td rowspan="2">全长（25mm 以上）</td><td>管径≤100mm</td><td>不大于 13</td></tr>
<tr><td>管径＞100mm</td><td>不大于 25</td></tr>
<tr><td rowspan="4">立管垂直度</td><td rowspan="2">给水铸铁管</td><td colspan="2">每米</td><td>3</td></tr>
<tr><td colspan="2">全长（5m 以上）</td><td>不大于 15</td></tr>
<tr><td rowspan="2">碳素钢管</td><td colspan="2">每米</td><td>2</td></tr>
<tr><td colspan="2">全长（5m 以上）</td><td>不大于 10</td></tr>
<tr><td colspan="2">成排管段和成排阀门</td><td colspan="2">在同一直线上间距</td><td>3</td></tr>
</table>

7）塑料管的安装

（1）给水硬聚氯乙烯管宜采用 1.0MPa 等级的管材，管道一般宜明敷，但在管道可能受到碰撞的场所，宜暗敷或采取保护措施。给水聚丙烯管宜暗敷，暗敷方式分直埋和非直埋两种：直埋是指嵌墙和地坪面层内敷设；非直埋是指管道井、吊顶内或地坪架空层敷设。

（2）明敷的给水立管宜布置在用水量大的卫生器具或设备附近的墙角、墙边或立柱旁，防止碰撞。

（3）塑料管道应远离热源，立管距灶边净距不得小于 400mm，当条件不具备时，应采取隔热防护措施，但最小净距不得小于 200mm。管道与供暖管道的净距不得小于 200mm。

（4）塑料管道与其他金属管道平行敷设时，应有一定的保护距离，净距离不宜小于 100mm，且塑料管道宜布置在金属管道的内侧。

（5）塑料管道穿越楼板、屋面时，必须设置钢套管，套管高出地面、屋面 1mm，并采取严格的防水措施，见图 2-6-28。管道穿越处应设置固定支承点。

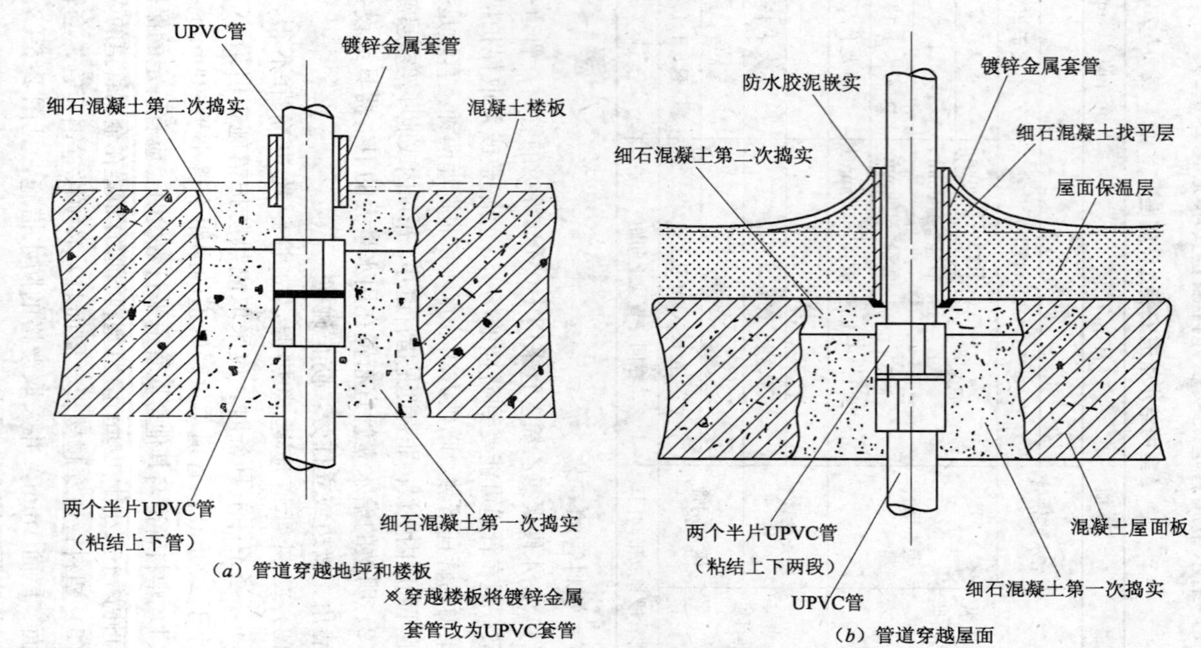

（*a*）管道穿越地坪和楼板

※穿越楼板将镀锌金属套管改为UPVC套管

（*b*）管道穿越屋面

图 2-6-28　管道穿越楼板、屋面

（6）采用金属管卡固定管道时，金属管卡与塑料管之间应用塑料带或橡胶物隔垫。在金属管配件与塑料管连接部位，管卡应设置在金属管配件一端，并尽量靠近金属管配件。在塑料管道的各配水点、受力点处，必须采取可靠的固定措施，给水硬聚氯乙烯管支承与固定措施见图 2-6-29。

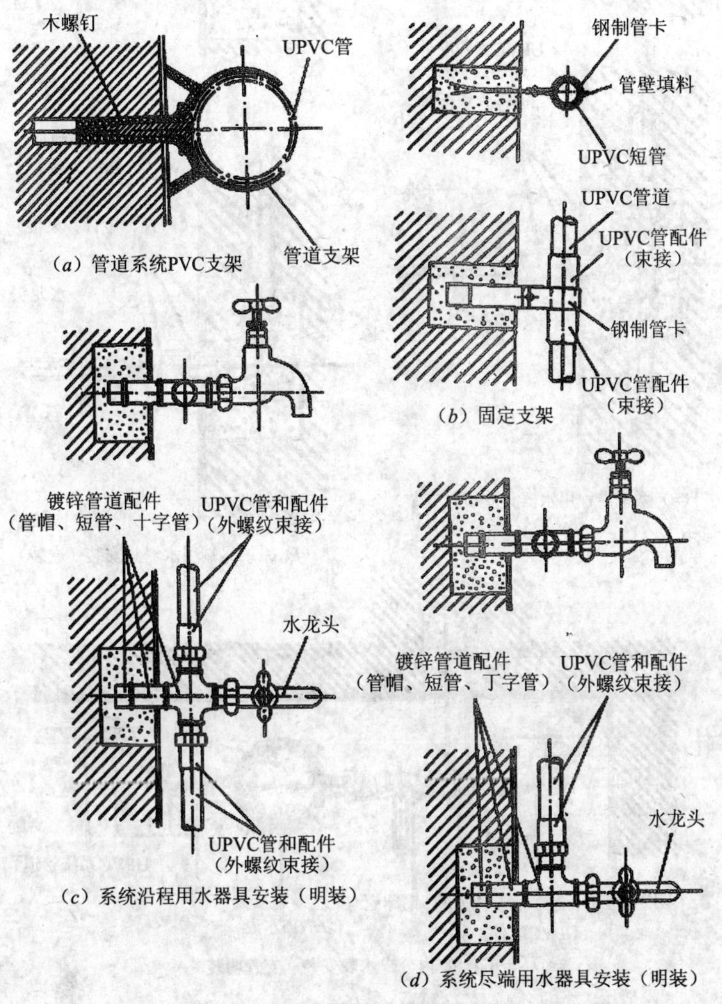

图 2-6-29　给水硬聚氯乙烯管支承与固定措施（一）

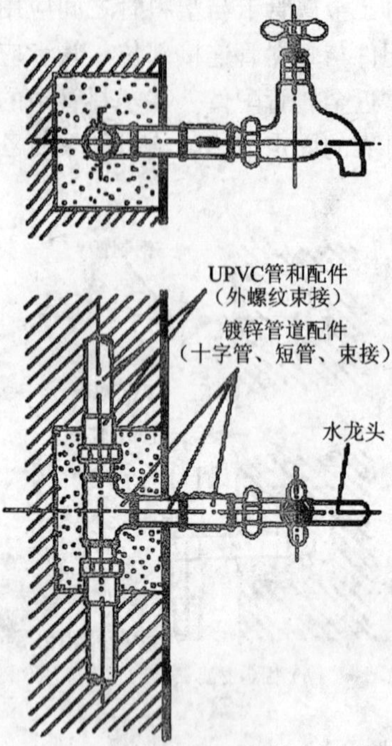

UPVC管和配件
（外螺纹束接）
镀锌管道配件
（十字管、短管、束接）
水龙头

（*e*）系统沿程用水器具安装（嵌装）

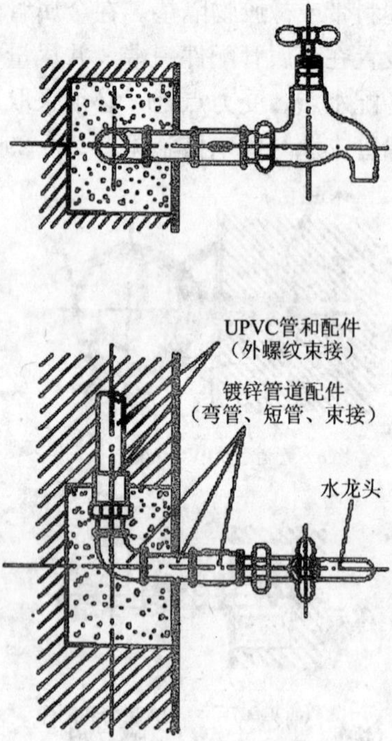

UPVC管和配件
（外螺纹束接）
镀锌管道配件
（弯管、短管、束接）
水龙头

（*f*）系统尽端用水器具安装（嵌装）

墙铆件
UPVC系统管道
UPVC给水立管
DN15铜球阀
UPVC配件
UPVC配件
DN15水表

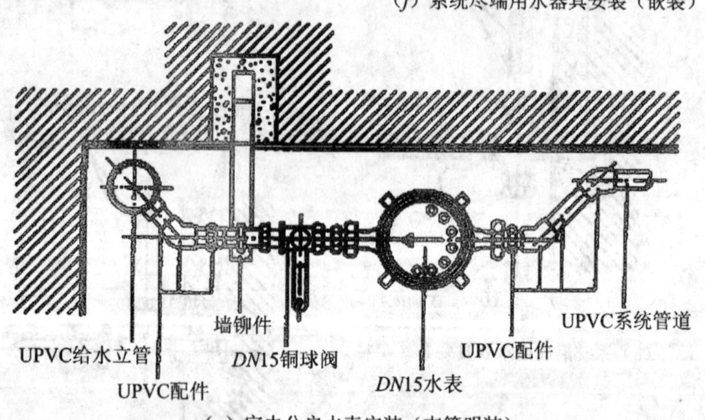

（*g*）室内分户水表安装（支管明装）

图 2-6-29　给水硬聚氯乙烯管支承与固定措施（二）

（7）室内地坪±0.00以下塑料管道铺设宜分两段进行，先进行地坪±0.00以下至基础墙外管段的铺设，待土建施工结束后再进行户外连接管的铺设。

（8）室内地坪以下管道铺设应在土建回填土夯实后重新开挖进行。铺设管道的沟底应平整，不得有突出的尖硬物体。土壤的颗粒径不宜大于12mm，必要时可铺100mm厚的砂垫层。

（9）埋地管回填时，管周回填土不得夹杂尖硬物直接与塑料管壁接触。应先用砂土或颗粒径不大于12mm的土壤回填至管顶上侧300mm处，经夯实后方可回填原土。室内埋地管道的埋深不宜小于300mm。

（10）埋地塑料管出地坪处应设置保护管，其高度高出地坪100mm。

（11）给水硬聚氯乙烯管安装允许偏差要求见表2-6-24、表2-6-25。

给水硬聚氯乙烯管安装坐标、标高允许偏差　表2-6-24

项		目	允许偏差（mm）
坐　标	室　外	埋地	50
		架空或地沟	20
	室　内	埋地	15
		架空或地沟	10
标　高	室　外	埋地	±15
		架空或地沟	±10
	室　内	埋地	±10
		架空或地沟	±5

给水硬聚氯乙烯管道、阀门安装允许偏差　表2-6-25

序　号	项	目	允许偏差（mm）
1	水平管道纵、横方向弯曲	每米	5
		每10m	≯10
		室外架空、地沟、埋地每10m	≯15

续表

序号	项	目	允许偏差（mm）
2	立管垂直度	每米	3.0
		高度超过5m	≯10
		10m以上，每10m	≯10
3	平行管道和成排阀门	在同一直线上间距	3

（12）水箱的进出水管、排污管，自水箱至阀门间的管道不得采用塑料管，公共建筑、车间内塑料管长度大于20m时应设伸缩节。

8）钢塑复合管安装

（1）给水系统采用的钢塑复合管管材，应符合下列要求

涂塑镀锌焊接钢管（焊接钢管）应符合现行行业标准《给水涂塑复合钢管》CJ/T120的要求。涂塑无缝钢管应符合现行行业标准《给水涂塑复合钢管》CJ/T120的有关要求。

衬塑镀锌焊接钢管（焊接钢管）应符合现行行业标准《给水衬塑复合钢管》的要求。衬塑无缝钢管应符合现行行业标准《给水衬塑复合钢管》的有关要求。

（2）给水系统采用的钢塑复合管管件应符合下列要求

衬塑可锻铸铁管件应符合现行行业标准《给水衬塑可锻铸铁管件》的要求。

衬塑钢管件应符合现行行业标准《给水衬塑复合钢管》的有关要求。

涂塑钢管件、涂塑球墨铸铁管件、涂塑铸钢管件应符合现行行业标准《给水涂塑复合钢管》CJ/T120的有关要求。

（3）管材及连接方式选择

当管道系统工作压力不大于1.0MPa时，宜采用涂（衬）塑焊接钢管，可锻铸铁衬塑管件，螺纹连接。

当管道系统工作压力大于1.0MPa且不大于1.6MPa时，宜采用涂（衬）塑无缝钢管、无缝钢管件或球墨铸铁涂（衬）塑管

件，法兰连接或沟槽式连接。

当管道系统工作压力大于1.6MPa且小于2.5MPa时，应采用涂（衬）塑的无缝钢管和无缝钢管或铸钢涂（衬）塑管件。采用法兰或沟槽式连接。

管径不大于100mm时宜采用螺纹连接，管径大于100mm时宜采用法兰或沟槽式连接。水泵房管道宜采用法兰连接。

（4）截管要求

截管宜采用锯床，不得采用砂轮切割。当采用盘锯切割时，其转速不得大于800r/min。

当采用手工锯截管时，其锯面应垂直于管轴心。

衬塑管应采用专用铰刀，将衬塑层厚度1/2倒角，倒角坡度宜为10°～15°。

涂塑管应采用削刀削成轻内倒角。

（5）安装要求

施工人员应经技术培训，熟悉钢塑复合管的性能，掌握基本操作技能。

室内埋地管应在底层土建地坪施工前安装；室内埋地管道安装至外墙外不宜小于500mm，管口应及时封堵。

钢塑复合管不得埋没于钢筋混凝土结构层中。

管道安装时的方向宜从大口径逐渐接驳到小口径。

管道穿越楼板、屋面、水箱（池）壁（底），应预留孔洞或预埋套管，预留洞孔尺寸应为管道外径加40mm。

管道在墙板内暗敷需开管槽时，管槽宽度应为管道外径加30mm；且管槽的坡度应为管坡。

钢筋混凝土水箱（池），在进水管、出水管、泄水管、溢水管等穿越处应预埋防水套管，并应用防水胶泥嵌填密实。

管径不大于50mm时可用弯管机冷弯，但其弯曲曲率半径不得小于8倍管径，弯曲角度不得大于10°。

埋地、嵌墙敷设的管道，在进行隐蔽工程验收后应及时填补。

管子与配件连接前，应检查衬塑可锻铸铁管件内橡胶密封圈或厌氧密封胶是否完好；用厌氧密封胶密封的管接头，养护期不得少于 24h，其间不得进行试压。

钢塑复合管不得与阀门直接连接，应采用黄铜质内衬塑的内外螺纹专用过渡管接头。不得与给水栓直接连接，应采用黄铜质专用内螺纹管接头。与铜管、塑料管连接时应采用专用过渡接头。

当采用内衬塑的内外螺纹专用过渡接头与其他材质的管配件、附件连接时，应在外螺纹的端部采取防腐处理。

9）给水铜管道安装

（1）管道布置与连接

在建筑给水铜管管道系统中，不宜直接连接钢管等其他金属管材、管件。

埋地、嵌墙安装的铜管宜采用塑覆铜管；铜管不得浇注在钢筋混凝土内（包括楼板和墙体）。除硬钎焊连接的铜管外，采用其他连接方式的铜管均不得暗设在墙内或地面垫层内。

管道穿越楼板、承重墙时，应预留孔洞并设套管。安装在楼板内的套管，其下端应与楼板平齐，顶部应高出室内地坪 20～50mm。安装在墙壁内的套管，其两端应与装饰面相平。

嵌墙敷设的铜管管径不宜大于 *DN*25，且宜采用塑覆铜管，槽内铜管应有固定措施。嵌墙敷设时，水平凹槽长度不得影响结构安全。

给水铜管安装时横管宜有 2‰～5‰的坡度，坡向泄水装置。铜管在进出水箱等设备的出入口处应增设支架加强。

铜管的连接可采用钎焊连接、法兰连接、沟槽连接、卡套连接、卡压连接等方式。

建筑给水铜管管道系统应采用铜制管件、附件。铜管与钢制设备的连接应采用铜合金配件。

（2）管道安装

管道安装前应进行检查，要求管子内外表面光洁，无针孔、裂缝、结疤、分层、气泡等缺陷。黄铜管不得有绿锈和严重脱锌。

管子端部应平整无毛刺。管子内外表面纵向划痕深度不大于

0.03mm；横向的凸出高度或凹入深度不大于0.35mm；疤块、碰伤或凹坑深度不大于0.03mm，其面积不超过管子表面积的0.5%。

铜及铜合金管应单独堆放，不得与钢管、铝管等金属管混放。

管子的切断可用锯床、手锯、砂轮切割机等，不得用氧-乙炔焰切割；管子的调直可用木榔头、橡皮榔头或木方尺进行，逐段调直，调直用的平台应垫上木板；夹持管子时，两侧应用木板衬垫，以免夹伤管壁。

法兰垫片一般采用石棉橡胶板或铜垫片，也可根据输送介质、工作温度和工作压力选择其他材质的垫片。

管道穿墙或楼板应设置钢套管，套管与管子之间的间隙内填加绝缘物；安装铜质波型补偿器时，其直管长度不得小于100mm；管子与支架之间须垫橡胶板、软塑料等进行隔离。

10）不锈钢管安装

（1）管子切割

手工和锯床切割：口径小数量少时可用手工锯锯断，管径≥125mm可采用锯床切断。

砂轮切割机切割：此方法切割速度快，效率高，但是需十分注意安全，防止砂轮片打碎飞出伤人。砂轮切割机不适用于切割厚壁不锈钢管，因容易产生卡住现象。

机械切割：用车床切割，这种方法可以把切割和坡口两道工序一起完成，但车床加工的管材长度受到限制。

碳弧气割：利用碳极电弧的高温把金属局部熔化，同时用压缩空气把熔化金属吹掉，达到切削金属的目的，这种方法适宜于焊口的返修及固定点的切割，采用此种方法切割后，应把热影响部分打磨光。

（2）管子的坡口

可用车床、电动坡口机、手工坡口机以及角向砂轮机进行加工。坡口加工的形式应根据选用焊接的方法及焊接规范进行。

由于奥氏体不锈钢具有韧性大、高温机械性能高、切割粘性强和加工硬化趋势强等不利因素，因此切割加工性能较差，在切割和坡口时。切削速度只能采用碳素钢切削速度的 40%～60%。切削刀具应用高速钢或硬质合金钢制成。

（3）弯管的加工

不锈钢管的弯头，当管径≥40mm 时一般采用冲压制成弯头，管径＜40mm 时可采用冷弯的方法。

管子冷弯一般在手动或电动弯管机上进行。冷弯的最小弯曲半径不得小于管子外径的 4 倍。

（4）不锈钢管焊接

不锈钢管焊接一般采用氩弧焊封底，手工电弧焊盖面，管内充氩保护，使管内侧焊缝不产生氧化，对于口径较小的不锈钢管，也可直接用氩弧焊封底和盖面。

手工电弧焊：不锈钢的手工电弧焊一般采用直流电焊机，焊接的电流不宜过大，一般要比焊接碳钢低 20%左右，采用电弧多层多道焊，层间温度不宜过高。

氩弧焊：焊接不锈钢的氩弧焊机一般有交流和直流两种，焊接奥氏体不锈钢宜采用直流氩弧焊机，氩弧焊使用的氩气其纯度要求达到 99.90%～99.96%。

不锈钢管焊接后，应对焊缝表面进行酸洗、钝化处理，酸洗、钝化液配方见表 2-6-26。

酸洗液、钝化液配方　　表 2-6-26

名称	配方成分				处理温度
	硝酸（HNO_3）比重 1.42g/cm^3	氢氟酸（HF）	重铬酸钾（$K_2Cr_2O_7$）	水（H_2O）	
酸洗液	20%	5%	—	余量	室温
钝化液	5%	—	2%	余量	室温

酸洗、钝化处理：先将焊缝处焊渣及飞溅物清除，并用不锈钢刷刷去，再用刷子涂上酸洗液，浸蚀 15～20min 再刷一次，然后用水冲去，再涂刷钝化液，1h 后冲洗并吹干。

（5）安装注意事项

不锈钢管安装前应检查管道材质是否符合要求，不锈钢管表面不应受到机械损伤。搬运不锈钢管时，应避免同碳钢相互摩擦，堆放时应与碳钢管分开，并防止受铁锈、雨水等腐蚀。

安装前应进行一般性清洗并揩干净，除去油渍及其他污物。如设计另有要求，应按要求作其他处理。当管子有机械损伤时，必须加以修整，使其光滑，并要进行酸洗和钝化处理（当划痕在0.2mm以下，且无黑斑时，允许不进行处理）。

不锈钢管坡口、对口与碳钢管坡口、对口相同。组对好的管道及管件的焊口，应便于施焊。减少横焊和仰焊。在不锈钢管安装过程中，应尽量扩大预制量，以减少固定焊口，力求做到整体预制安装。

不锈钢管道与碳钢支架之间应垫入不锈钢、不含氯离子的塑料或橡胶垫片，防止不锈钢管与碳素钢直接接触。

采用活套法兰连接时，为了使碳钢法兰不直接与不锈钢接触，可在活套法兰与不锈钢之间垫入橡皮、塑料、红纸板等，也可在碳钢法兰表面涂以保护漆。

不锈钢管穿过墙壁和楼板时，均应加装套管，套管与管道之间空隙里填加绝缘物，填入物不得含有铁屑、铁锈等杂物，一般可以填石棉绳。

一般情况下，不许将碳素钢制品焊接在不锈钢管道上。当设计允许焊接时，必须采用铬、镍含量高的不锈钢焊条，以减少碳钢对不锈钢合金成分的稀释和焊接过程中合金成分的烧损。

不锈钢管采用水为试验介质进行试验时，水的氯离子含量不得超过25ppm。

11）给水薄壁不锈钢管安装

（1）薄壁不锈钢管连接一般采用卡压连接，也可采用卡套式和压缩式连接。

（2）管材、管件

建筑给水薄壁不锈钢管管道所选用的管材和管件，应具有国家认可的产品检测机构的产品检测报告和产品出厂质量保证书；生活饮用水用的管材和管件，还应具有卫生部门的认可文件。

采用卡压式连接的管件与管材，其内、外径允许偏差应分别符合现行国家标准《不锈钢卡压式管件连接用薄壁不锈钢管》GB/T 19228.2和《不锈钢卡压式管件》GB/T 19228.1的规定。

（3）管道布置和敷设

建筑给水薄壁不锈钢管管道系统应全部采用薄壁不锈钢制管材、管件和附件。当与其他材料的管材、管件和附件相连接时，应采取防止电化学腐蚀的措施。

对埋地敷设的薄壁不锈钢管，其管材牌号宜采用0Cr17Ni12Mo2，并应对管沟或外壁采取防腐蚀措施。

引入管不宜穿越建筑物的基础。当穿越外墙时，应留孔洞，敷设套管，并考虑建筑物沉降、污水等不利因素。

管道不得浇注在钢筋混凝土结构层内；管道穿越承重墙或楼板时，应设套管。套管应高出室内地坪50mm。

管道不宜穿越建筑物的沉降缝、伸缩缝和变形缝。当必须穿越时，应采取相应的防护措施。

嵌墙敷设的管道宜采用覆塑薄壁不锈钢管。管道不得采用卡套式等螺纹连接方式，管径不宜大于20mm。管线应水平或垂直布置在预留或开凿的凹槽内，槽内薄壁不锈钢管应采用管卡固定。

敷设水平管宜具有0.002～0.003的放空坡度。

在引入管、折角进户管件、支管接出和仪表接口处，应采用螺纹转换接头或法兰连接。

（4）管道安装

施工前安装人员应经专业培训，熟悉薄壁不锈钢管和管件的性能，掌握卡压操作要点。

薄壁不锈钢管、管件不宜与水泥浆、水泥、砂浆、拌合混凝土直接接触。

管道安装间歇或完成后，管子敞口处应及时封堵。

管道穿墙壁、楼板及嵌墙暗敷时，应配合土建工程预留孔、槽。预留孔洞的尺寸宜比管外径大 50～100mm；嵌墙暗管的墙槽深度宜为管道外径加 20mm，宽度宜为管道外径加 40～50mm；架空管道管顶上部的净空不宜小于 100mm。

薄壁不锈钢管与阀门、水表、水嘴等的连接应采用转换接头，严禁在薄壁不锈钢水管上套丝。

安装完毕的干管，不得有明显的起伏、弯曲等现象，管外壁应无损伤。管道系统的坐标、标高的允许偏差应符合表 2-6-27 的规定。

管道的坐标和标高的允许偏差　　表 2-6-27

项目			允许偏差（mm）
坐标	室外	埋地	50
		架空或地沟	20
	室内	埋地	15
		架空或地沟	10
标高	室外	埋地	±15
		架空或地沟	±10
	室内	埋地	±10
		架空或地沟	±5

水平管道纵、横方向的弯曲，立管的垂直度，平行管道和成排阀门的位置允许偏差应符合表 2-6-28 的规定。

管道和阀门位置的允许偏差（mm）　　表 2-6-28

序号	项目		允许偏差
1	水平管道纵横方向弯曲	每 1m	5
		每 10m	≤10
		室外架空、地沟、埋地每 10m	≤15
2	立管垂直度	每 1m	3
		高度超过 5m	≤10
		高度超过 10m，每 10m	≤10
3	平行管道和成排阀门位置	在同一直线上，间距	3

饮用水管道在试压合格后宜采用0.03%高锰酸钾消毒液灌满管道进行消毒。消毒液在管道中应静置24h，排空后，再用饮用水冲洗。饮用水的水质应达到现行国家标准《生活饮用水卫生标准》GB 5749的要求。

薄壁不锈钢管固定支架间距不宜大于15m，热水管固定支架间距的确定应根据管线热胀量、膨胀节允许补偿量等确定。固定支架宜设置在变径、分支、接口及穿越承重墙、楼板的两侧等处。

薄壁不锈钢管活动支架的间距可按表2-6-29确定。

活动支架的最大间距（mm）　　　　表2-6-29

序　号	项	目	允许偏差
1	水平管道纵横方向弯曲	每1m	5
		每10m	≤10
		室外架空、地沟、埋地每10m	≤15
2	立管垂直度	每1m	3
		高度超过5m	≤10
		高度超过10m，每10m	≤10
3	平行管道和成排阀门位置	在同一直线上，间距	3

公称直径不大于25mm的管道安装时，可采用塑料管卡。采用金属管卡或吊架时，金属管卡或吊架与管道之间应采用塑料带或橡胶等软物隔垫。

在给水栓和配水点处应采用金属管卡或吊架固定；管卡或吊架宜设置在距配件40～80mm处。

对明装管道，其外壁距装饰墙面的距离：公称直径10～25mm时应为40mm；公称直径32～65mm时应为50mm。

管道穿过楼板时应设置套管，套管可采用塑料管；当穿过屋面时应采用金属套管，套管应高出地面、屋面50mm，并采取严格的防水措施。

与其他管道平行敷设时，应按设计要求预留保护距离，当设计无规定时，其净距不宜小于100mm。

12）水压试验

（1）室内给水管道试验压力为工作压力的1.5倍，但不得小于0.6MPa（给水聚丙烯不得小于1.0MPa）。

（2）低压流体输送用镀锌焊接钢管和球墨铸铁管水压试验时，达到试验压力后稳压10min，以压降不大于0.05MPa为合格，给水铜管（薄壁不锈钢管）以压降不大于0.02MPa为合格；塑料管试压时，达到试验压力后稳压1h，观察接头部位是否有漏水现象，若无泄漏，压力有所下降时，应补压至规定的试验压力值，其中给水硬聚氯乙烯管道要求15min内压降不大于0.05MPa，给水聚丙烯管道要求1h内压降不大于0.06MPa为合格。

（3）上述试验合格后，将试验压力降至工作压力作外观检查，以不漏为合格（给水聚丙烯管在工作压力的1.15倍下稳压2h，以压力降不超过0.03MPa，各连接处不渗漏为合格）。

（4）塑料管道的水压试验应在安装24h后进行，加压宜采用手动泵缓慢升压，升压时间不得少于10min。

13）冲洗、消毒

（1）给水管道系统在验收前，应进行通水冲洗，冲洗水的流速宜大于2m/s。冲洗时应不留死角，每个配水点龙头必须打开，系统最低点设放水口。冲洗时间控制在冲洗出口处排水的清洁度与进水相当为止。

（2）饮用水管道在使用前用每升水中含20～30mg的游离氯的水灌满管道进行消毒，含氯水在管中应留置24h以上。

（3）消毒完后再用饮用水冲洗，并经有关部门取样检验，符合国家《生活饮用水标准》方可使用。

4. 室外给水管道安装

1）沟槽开挖

（1）沟槽开挖前，根据设计图纸用经纬仪引出管道改变方向的转角桩，撒上白灰线，作为沟槽开挖的依据。

（2）沟槽底部的开挖宽度，可按下式计算：

$$B=D_1+2(b_1+b_2+b_3)$$

式中：B——管道沟槽底部的开挖宽度（mm）；

D_1——管道结构的外缘宽度（mm）；

b_1——管道一侧的工作面宽度（mm）；

b_2——管道一侧的支撑厚度；

b_3——现场浇筑混凝土或钢筋混凝土管渠一侧模板的厚度（mm）。

管道一侧的工作面宽度见表 2-6-30。

管道一侧的工作面宽度（mm）　　表 2-6-30

管道结构的外缘宽度 D_1	管道一侧的工作面宽度 b_1	
	非金属管道	金属管道
$D_1 \leqslant 500$	400	300
$500 < D_1 \leqslant 1000$	500	400
$1000 < D_1 \leqslant 1500$	600	600
$1500 < D_1 \leqslant 3000$	800	800

注：1. 槽底需设排水沟时，工作面宽度 b_1 应适当增加；
　　2. 管道有现场施工的外防水层时，每侧工作面宽度宜取 800mm。

（3）当地质条件良好、土质均匀，地下水位低于沟槽底面高度，且开挖深度在 5m 以内边坡不加支撑时，沟槽边坡最陡坡度可参照表 2-6-31 的规定。

深度在 5m 以内的沟槽边坡的最陡坡度　　表 2-6-31

土的类别	边坡坡度（高：宽）		
	坡顶无荷载	坡顶有静载	坡顶有动载
中密的砂土	1∶1.00	1∶1.25	1∶1.50
中密的碎石类土（充填物为砂土）	1∶0.75	1∶1.00	1∶1.25
硬塑的轻亚黏土	1∶0.67	1∶0.75	1∶1.00
中密的碎石类土（充填物为黏性土）	1∶0.50	1∶0.67	1∶0.75

续表

<table>
<tr><th rowspan="2">土的类别</th><th colspan="3">边坡坡度（高：宽）</th></tr>
<tr><th>坡顶无荷载</th><th>坡顶有静载</th><th>坡顶有动载</th></tr>
<tr><td>硬塑的亚黏土、黏土</td><td>1：0.33</td><td>1：0.50</td><td>1：0.67</td></tr>
<tr><td>老黄土</td><td>1：0.10</td><td>1：0.25</td><td>1：0.33</td></tr>
<tr><td>软土（经井点降水后）</td><td>1：1.00</td><td>—</td><td>—</td></tr>
</table>

注：1. 当有成熟施工经验时，可不受本表限制；

2. 在软土沟槽坡顶不宜设置静载或动载；需要设置时，应对土的承载力和边坡的稳定性进行验算。

（4）给水铸铁管铺设应开挖接口工作坑，工作坑的开挖尺寸见表 2-6-32。

接口工作坑开挖尺寸（mm） **表 2-6-32**

<table>
<tr><th rowspan="2">管材种类</th><th rowspan="2">管　径</th><th rowspan="2" colspan="2">宽　度</th><th colspan="2">长　度</th><th rowspan="2">深度</th></tr>
<tr><th>承口前</th><th>承口后</th></tr>
<tr><td rowspan="3">刚性接口铸铁管</td><td>75～300</td><td colspan="2">D_1+800</td><td>800</td><td>200</td><td>300</td></tr>
<tr><td>400～700</td><td colspan="2">D_1+1200</td><td>1000</td><td>400</td><td>400</td></tr>
<tr><td>800～1200</td><td colspan="2">D_1+1200</td><td>1000</td><td>450</td><td>500</td></tr>
<tr><td rowspan="4">预应力、自应力混凝土管，滑入式柔性接口铸铁和球墨铸铁管</td><td>≤500</td><td rowspan="4">承口外径加</td><td>800</td><td rowspan="4">200</td><td rowspan="4">承口长度加200</td><td>200</td></tr>
<tr><td>600～1000</td><td>1000</td><td>400</td></tr>
<tr><td>1100～1500</td><td>1600</td><td>450</td></tr>
<tr><td>>1600</td><td>1800</td><td>500</td></tr>
</table>

注：1. D_1 为管外径（mm）；

2. 柔性机械式接口铸铁、球墨铸铁管接口工作坑开挖各部尺寸，按照预应力、自应力混凝土管一栏的规定，但表中承口前的尺寸宜适当放大。

（5）人工开挖沟槽的槽深超过 3m 时应分层开挖，每层的深度不宜超过 2m。层间的留台宽度要求放坡开槽时不应小于 0.8m，直槽时不应小于 0.5m，安装井点设备时不应小于 1.5m。采用机械挖槽时，沟槽分层的深度按机械性能确定。

（6）开挖沟槽时宜单边抛土，堆土高度不宜超过 1.5m，距槽口边缘不宜小于 0.8m。

(7) 沟槽开挖不应扰动天然地基，槽壁应平整，沟槽中心线每侧的净宽不应小于管道沟槽底部开挖宽度的一半。槽底高程在开挖土方时允许偏差为±20mm，开挖石方时为+20mm、-200mm，用水准仪测量控制。

(8) 对易塌方的土质还应考虑对沟槽边的支撑，支撑材料选用钢材、木材或钢材木材混用。支撑的形式有木材撑板支撑、横排撑板支撑、钢板桩支撑等，采用何种支撑应根据土质、地下水位、开槽断面、荷载条件等因素进行设计，并符合有关规定。

(9) 对地下水位较高且出现地下流砂时，应采取降水措施。降水措施有沟边挖排水井、轻型井点排水及深井泵排水等，应根据排水量的计算、排水方法的选定、抽水机械的选型、排水井的构造等进行设计。

2) 给水铸铁管铺设：

(1) 给水铸铁管及管件在安装前应进行外观检查，表面不得有裂缝（可用手锤轻轻敲击管子进行检查）和妨碍使用的凹凸不平的缺陷；尺寸公差应符合现行国家产品标准的规定；采用橡胶圈柔性接口时，承口内表面和插口外表面应光滑、轮廓清晰，不得有沟槽、凸脊等影响接口密封性的缺陷。

(2) 管子、管件下沟前，应清除承口内部的油污、飞刺、铸砂及凹凸不平的铸瘤；柔性接口的承、插口工作表面应修整光滑。

(3) 室外给水管道应尽量埋地铺设，埋深由外部荷载、管材强度、管道交叉以及土壤地基等因素决定，一般覆土深度不小于0.7m，且应在冰冻线以下。

(4) 给水干管的位置，尽可能布置在两侧均有较大用户的道路上，以减少配水支管的数量。管道尽量避免穿越铁路、高级地面或重要的道路，必须穿越时，其设计应征得有关部门同意。

(5) 配水干管应根据具体情况设置分段和分区检修的阀门，阀门的间距不应超过5个消火栓的布置长度。管道低处应设置泄水管和泄水阀，管道隆起点和平直段的必要位置上应装设排气阀。

(6) 埋地管道在垂直或水平方向转弯处，应根据管径、转弯角度、试压标准和接口摩擦力等因素设置支墩，支墩不得修筑在松土上。一般管径≤350mm、试验压力不大于1.0MPa时，在一般土壤地区的弯头、三通处可不设支墩。

(7) 明装管道在转弯处应设固定支墩，给水铸铁管的承插接口处需设支墩。直线管段每隔8～12m设一个滑动支架，固定支架间距一般为60～70m，最大不超过100m。明装管道直线管段很长时，应设填料式伸缩器。

(8) 给水管应布置在污水管上方。当给水管与污水管平行设置时，管外壁净距不应小于1.5m。当给水管在污水管侧下方时，给水管必须采用金属管材，并根据土壤的渗水性及地下水位情况，妥善确定净距。

(9) 给水管道相互交叉时，净距不应小于0.15m。生活饮用水管与污水管或输送有毒液体管道交叉时，给水管应铺设在上面，且不应有接口重叠；当给水管道铺设在下面时，应采用钢管或钢套管，套管伸出交叉管的长度每边不小于3m，套管两端采用防水材料封闭。

(10) 室外给水管道与建（构）筑物、管线间最小水平净距要求见表2-6-33。

室外给水管道与建（构）筑物、管线间最小水平净距　表2-6-33

构筑物名称	与给水管道的水平净距（m）
铁路远期路堤坡脚	5
铁路远期路堑坡顶	10
建筑红线	5
低、中压煤气管（<0.15MPa）	1.0
次高压煤气管（0.15～0.3MPa）	1.5
高压煤气管（0.3～0.8MPa）	2.0
热力管	1.5
街树中心	1.5
通讯及照明杆	1.0
高压电杆支座	3.0
电力电缆	1.0

注：如旧城镇的设计布置有困难时，在采取有效措施后，上述规定可适当降低。

（11）给水铸铁管一般采用天然地基进行铺设，不做基础。如沟槽底为岩石或坚硬地基，应按设计规定施工；设计无规定时，在管身下方铺设砂垫层，砂垫层的厚度，当管子管径≤500mm时，不小于100mm；管径为500～1000mm时，不小于150mm；管径>1000mm时，不小于200mm。

（12）管子下沟采用人工下管或机械下管方法，一般管径大于500mm时多采用机械下管。管子下沟应在沟槽地基开挖尺寸和标高、坐标等符合设计要求后进行。

（13）管道安装允许偏差要求见表2-6-34。

给水铸铁管铺设允许偏差（mm）　　表2-6-34

项　目	允许偏差	
	无压力管道	压力管道
轴线位置	15	30
高程	±10	±20

（14）水压试验。

a. 室外埋地给水管道的强度、严密性试验应在管道铺设已经检查合格，并已回填了高度不小于0.5m的回填土后进行（接口部位不得回填土），试验管段还宜在不大于工作压力条件下浸泡48h，铸铁管的承插接口用湿草包等覆盖养护。

b. 管道水压试验前应对管端承受的总压力进行计算，以设计后背及堵板。堵板的厚度与试验压力和管径有关。

c. 试验管段的后背应设在原状土或人工后背上，土质松软时要采取加固措施。后背墙面要求平整，与管道轴线垂直。管道试验的长度应控制在1000m内。

d. 当试验管段的管径≥600mm时，端部的第一个接口应采用柔性接口，或采用特制的柔性接口堵板。

e. 埋地管道强度试验时应分级升压，每升一级检查后背、支墩、管身及接口，无异常现象再继续升压。管道的试验压力应符合表2-6-35的规定，达到试验压力后稳压10min，以接口、管身无破损及漏水现象为合格。

埋地铺设给水管道水压试验压力（MPa）　表 2-6-35

管材种类	工作压力 p	试验压力
钢管	p	p+0.5 且≮0.9
给水铸铁管	≤0.5	$2p$
	>0.5	p+0.5

f. 埋地管道严密性试验采用放水法或注水法进行，试验时不得有漏水现象，实测渗水量小于或等于表 2-6-36 规定的允许渗水量即为合格。对于管道内径≤400mm，且长度不超过 1000m 的管道，在试验压力下 10min 内压降不大于 0.05MPa，即可认为严密性试验合格。

埋地管道严密性试验允许渗水量　表 2-6-36

管道内径（mm）	允许渗水量［L/（min·km）］		
	钢管	铸铁管、球墨铸铁管	预（自）应力混凝土管
100	0.28	0.70	1.40
125	0.35	0.90	1.56
150	0.42	1.05	1.72
200	0.56	1.40	1.98
250	0.70	1.55	2.22
300	0.85	1.70	2.42
350	0.90	1.80	2.62
400	1.00	1.95	2.80
450	1.05	2.10	2.96
500	1.10	2.20	3.14
600	1.20	2.40	3.44
700	1.30	2.55	3.70
800	1.35	2.70	3.96
900	1.45	2.90	4.20

续表

管道内径 (mm)	允许渗水量 [L/ (min·km)]		
	钢　管	铸铁管、球墨铸铁管	预（自）应力混凝土管
1000	1.50	3.00	4.42
1100	1.55	3.10	4.60
1200	1.65	3.30	4.70
1300	1.70	—	4.90
1400	1.75	—	5.00

注：管道内径大于1400mm时，实测渗水量应小于或等于按下式计算的允许渗水量：钢管：$Q=0.05\sqrt{D}$；

铸铁管、球墨铸铁管：$Q=0.1\sqrt{D}$。

式中　Q——允许渗水量 [L/ (min·km)]；

D——管道内径 (mm)。

g. 非隐蔽性管道水压试验时，达到强度试验压力后稳压10min，以压降不大于0.05MPa且管道及附件无损坏为合格。然后将试验压力降至工作压力进行严密性试验，保持恒压2h，进行外观检查，无漏水现象为合格。

（15）给水铸铁管在验收前应冲洗消毒，以流速不小于1.0m/s的冲洗水连续冲洗，直至出水口处浊度、色度与入水口冲洗水浊度、色度相同为止。

（16）管道用含量不低于20mg/L氯离子浓度的清洁水浸泡24h，再次冲洗，直至水质管理部门取样化验合格为止。

3）给水硬聚氯乙烯管铺设：

（1）给水硬聚氯乙烯管材、管件应符合国家标准的要求，发现有损坏、变形、变质迹象或存放超过规定期限时，使用前应进行抽样鉴定。

（2）管材、管件的承、插口工作面应平整，尺寸准确，既要保证安装时插入容易，又要保证接口的密封性能。

（3）给水硬聚氯乙烯管道上所用的阀门和管件，其压力等级不应低于管道工作压力的1.5倍。

（4）室外给水硬聚氯乙烯管应埋地铺设，埋设深度应根据冰冻深度、外部荷载、与其他管线交叉等因素确定。一般情况下，埋设深度可在冰冻线以下0.2m，且还应符合下列条件：

a. 当 $de \leqslant 50$mm 时，管顶最小埋深为0.5m。

b. 当 $de > 50$mm 时，管顶最小埋深为0.7m。

（5）管道铺设应在沟底标高和管道基础质量检查合格后进行，如设计未规定采用其他材料的基础，管子应铺设在未经扰动的原土上。

（6）管子在吊运及下沟时，采用可靠的软带吊具，不得与沟壁或沟底激烈碰撞。

（7）在安装法兰接口的阀门和管件时，应采取防止造成外加拉应力的措施。在 $de > 100$mm 的管道系统中，阀门、消火栓或其他附属设施等节点处，必须设置单独基础。

（8）管道三通及弯头处是否设止推支墩及支墩的结构型式由设计决定。如设计无规定，管径＜100mm 的三通、弯头可不设止推支墩。支墩不得设置在松土上，其后背应紧靠原状土，否则应采取保证支墩稳定的措施。设置支墩时，支墩与管道之间垫以橡胶垫片，以防止管道损坏。

（9）管道在铺设过程中可以有适当的弯曲，弯曲的曲率半径不得大于管径的300倍。

（10）管道穿墙应设置预留孔或安装套管，管子与套管间用油麻填塞。管道穿越铁路、公路时应设钢筋混凝土套管，套管的最小直径为硬聚氯乙烯管管径加600mm。

（11）给水硬聚氯乙烯管的系统试压要求：

a. 硬聚氯乙烯给水管道安装完毕后应进行水压试验（在没有水源的地方允许采用气压试验）。对无阀门等中间连接的管道，试压管段长度不宜大于1.0km；对有中间连接件的管道可根据其位置分段进行试压。采用两种以上材质的管道，应按不同材质的试压要求分段进行。

b. 对于粘接连接的管道须在安装完毕48h后才能试压。管道的强度试验应在沟槽回填土厚度大于0.5m（距管顶）后才能进行。

c. 水压试验前应使管内充满水，并在无压情况下至少保持12h。

d. 先进行严密性试验，将管内水加压到0.35MPa，保持2h，以各部位无渗漏及不正常现象为合格。为保持管内压力，可向管内补水。

e. 严密性试验合格后进行强度试验，强度试验压力不得超过设计工作压力的1.5倍，最低不宜小于0.5MPa，保持压力2h或满足设计的特殊要求。每当压力降落0.02MPa时，应向管内补水，该补水量即为漏水量的计算值。强度试验的结果以漏水量及有无异常来判断，当渗水量不超过表2-6-37所规定的允许值，则强度试验合格。

不同管径每千米管段允许渗水量表　　　　表 2-6-37

管外径（mm）	每千米长管段允许漏水量（L/min）	
	黏接连接	橡胶圈连接
63～75	0.2～0.24	0.3～0.5
90～110	0.26～0.28	0.6～0.7
125～140	0.35～0.38	0.9～0.95
60～180	0.42～0.5	1.05～1.2
200	0.56	1.4
225～250	0.7	1.55
380	0.8	1.6
315	0.85	1.7

（12）管道在验收前应通水冲洗，冲洗水宜为浊度在10mg/L以下的净水，冲洗流速宜大于2m/s，以出口处水的浊度与进水相当为合格。

（13）生活饮用水管道经冲洗后，用含20～30mg/L游离氯的水灌满管道进行消毒，含氯水在管中应留置24h以上。消毒完毕后，再用饮用水冲洗，经有关部门取样检验水质合格后方可交工。

4）沟槽回填

（1）给水管道下沟铺设并经检查合格后，在水压试验前应除接口外及时进行回填，要求管道两侧及管顶以上回填高度不小于0.5m。水压试验合格后，再及时回填其余部分（对给水硬聚氯乙烯管宜在管内充满水的情况下回填)。

（2）沟槽的回填材料，除设计文件另有规定外，还要求槽底至管顶以上500mm范围内，不得含有机物、冻土及大于50mm的砖、石等硬块；冬季允许在管顶以上500mm范围以外可均匀掺人冻土，数量不超过填土总体积的15%，且冻块尺寸不超过100mm。采用石灰土、砂、砂砾等材料回填时，其质量要求应按设计规定执行。

（3）沟槽回填时，应清除砖、石、木块等杂物，沟槽内不得有积水。

（4）回填土的每层虚铺厚度，按使用的压实工具和要求的压实度确定。对一般压实工具，铺土厚度可按表2-6-38选用。

回填土每层虚铺厚度　　表2-6-38

压实工具	虚铺厚度（mm）	压实工具	虚铺厚度（mm）
木夯、铁夯	≤200	压路机	200～300
蛙式夯、火力夯	200～250	振动压路机	≤400

5. 室内热水供应系统

1）系统的组成

热水供应系统由热源、加热设备及管道组成，供厨房、浴室、卫生间等用水。

热源是指蒸汽、燃气、燃油、电能、太阳能、各种废热等。加热设备有直接用蒸汽加热的热水箱和间接加热的水加热器。管道可分为热媒循环管道、热水供应管道和冷水给水管道三部分，其中热媒循环管道是连接锅炉（或热力网）与水加热器或贮水器之间的管道，输送热媒蒸汽或热水；热水供应管道是连接水加热器或贮水器与各配水点之间的管道，包括回水管道；冷水给水管道是指自来水（或经水箱）接至锅炉或水加热器的给水管道。

图2-6-30所示为一典型的集中热水供应系统的组成。

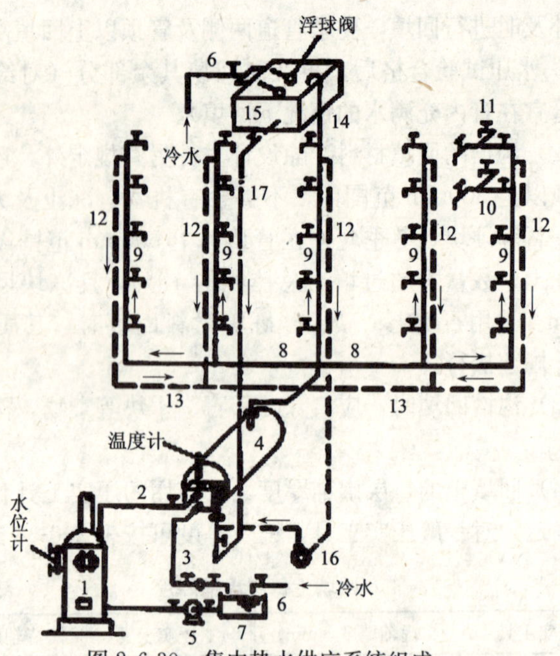

图 2-6-30　集中热水供应系统组成

1—锅炉；2—热媒上升管；3—热媒下降管；4—水加热器；5—给水泵（凝结水泵）；6—给水管；7—给水箱（凝结水箱）；8—配水干管；9—配水立管；10—配水支管；11—配水龙头；12—回水立管；13—回水干管；14—膨胀管；15—高位水箱；16—循环水泵；17—0 口热器给水管

2）系统的分类

热水供应系统的分类见表 2-6-39。

热水供应系统的分类　　　　表 2-6-39

分　类	系　统	主要设备或管路布置	适　用　范　围
按热水系统供应范围分类	局部热水供应系统	小型加热器（煤气、电、蒸汽、太阳能等加热器）	供应单个厨房、浴室、卫生间等用水，适用于用水量小且用水点分散的住宅、饭店、旅馆、医院等
	集中热水供应系统	锅炉、热交换器	适用于用水量较大且用水点集中的住宅、饭店、旅馆、公共浴室、医院等
	区域热水供应系统	锅炉、热交换器、热网管道	适用于建筑布置较集中、用水量较大的住宅、饭店、旅馆、医院等

续表

分　类	系　统	主要设备或管路布置	适　用　范　围
按热水管网的循环方式分类	全循环热水供应系统	供水干管、立管、支管均设置回水管	适用于要求能随时获得设计温度热水的建筑，如有高级宾馆、医院等
	半循环热水供应系统	仅供水干管设有回水管道	适用于对水温要求不严格、支管较短、用水较集中或一次用水量较大的建筑
	非循环热水供应系统	不设回水管	适用于连续用水或定时集中用水的建筑，如公共浴室等
按热水管网运行方式分类	全日循环热水供应系统		适用于医院、疗养院、高级宾馆等建筑
	定时循环热水供应系统		适用于住宅、旅馆、医院等建筑
按热水管网循环动力分类	自然循环热水供应系统	不设水泵	一般不采用
	强制循环热水供应系统	设置水泵	通常采用
按热水供应系统是否敞开分类	闭式热水供应系统	不设高位冷水箱	
	开式热水供应系统	设高位冷水箱	
按热水管网布置图式分类	上行下给式热水供应系统	供水干管敷设在顶层吊顶内	适用于多层住宅或高层、超高层建筑的某一分区
	下行上给式热水供应系统	供水干管敷设在底层地沟或地下室内	适用于多层住宅或高层、超高层建筑的某一分区
	分区供水热水供应系统	供水横干管敷设在顶层、中间技术层	适用于各类高层或超高层建筑

3）系统的选择

热水供应系统的选择，应根据使用要求、耗热量及用水点分布情况，结合热源条件确定。

（1）集中热水供应系统在条件允许时，应首先利用工业余热、废热、地热和太阳能，其次采用能保证全年供热的热力管网。当热力管网只在采暖期运行时，是否设置专用锅炉应进行技术经济比较。如区域性锅炉房或附近的锅炉房能充分供给蒸汽或高温水时，宜采用蒸汽或高温水作为热源，不另设专用锅炉。局部热水供应系统宜采用蒸汽、燃气、燃油、炉灶余热、太阳能或电能等作为热源。

（2）采用蒸汽直接通入水中的加热方式，宜用于开式热水供应系统，并符合下列条件：

a. 当不回收凝结水经技术经济比较为合理时；

b. 蒸汽中不含油质及有害物质；

c. 加热时应采用消声加热混合器，所产生的噪声不超过允许值。

（3）要求及时取得不低于规定温度热水的集中热水供应系统，应设置热水循环管道。

（4）设置热水循环管道的定时热水供应系统，应保证干管中的热水循环。设置热水循环管道的全日热水供应系统和定时供应热水的高层建筑，应保证干管和立管中的热水循环。有特殊要求的建筑物，还应保证支管中的热水循环。

（5）集中热水供应系统的建筑物，用水量较大的集中浴室、洗衣房、厨房等，宜设置单独的热水管网；热水为定时供应时，如个别单位对热水供应时间有特殊要求时，宜设置单独的热水管网或局部加热设备。

（6）高层建筑热水供应系统的分区与冷水给水系统的分区一致，各区水加热器、贮水器的进水均由同区的给水系统供应。

（7）当给水管道的水压变化较大且用水点要求水压稳定时，宜采用开式热水供应系统。

（8）当卫生器具设有冷热水混合器或混合龙头时，冷、热水供应系统应在配水点处有相同的水压。

（9）为使公共浴室淋浴器出水水温稳定，宜采取下列措施：

a. 采用开式热水供应系统。

b. 给水额定流量较大的用水设备的管道，应与淋浴器配水管道分开。

c. 多于3个淋浴器的配水管道，宜布置成环形。

d. 成组淋浴器的配水支管的沿途水头损失，当淋浴器少于或等于6个时，可采用每米不大于200Pa；当淋浴器多于6个时，可采用每米不大于350Pa，但其最小管径不得小于25mm。

e. 工业企业生活间和学校的淋浴室，宜采用单管热水供应系统，单管热水供应系统应有热水水温稳定的技术措施。

4）常用热水供应系统

（1）上行下给式热水供应系统

如图2-6-31所示，系统的供水干管可敷设在建筑物顶层吊顶内，回水干管和水加热器、泵等设置在地下室内。系统的放气通过供水总立管的最高点泄出，上部的供水横干管应有不小于0.003的坡度。

（2）下行上给式热水供应系统

如图2-6-32所示，系统的供水、回水干管和水加热器、泵等均设置在地下室内，系统的放气可通过最上端的龙头放热水时同时泄出，回水管要求低于立管顶端0.5m接出。

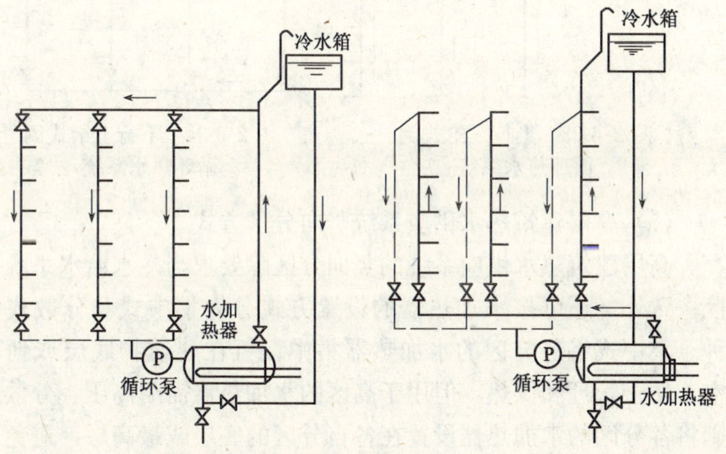

图2-6-31　上行下给式热水供应系统　图2-6-32　下行上给式热水供应系统

(3) 上行下给式倒循环热水供应系统

如图 2-6-33 所示，系统的供水、回水干管和水加热器、泵等均设置在建筑物顶层或上部设备层内，水加热器承受的压力较小。系统的放气通过设置专门的放空管泄出，供、回水横干管应有不小于 0.003 的坡度。

(4) 下行上给式倒循环热水供应系统

如图 2-6-34 所示，系统的回水干管和水加热器、泵等设置在建筑物顶层或上部设备层内，供水干管敷设在底层地沟或地下室内，水加热器承受的压力较小。系统的放气通过设置专门的放空管泄出，供水横干管应有不小于 0.003 的坡度。

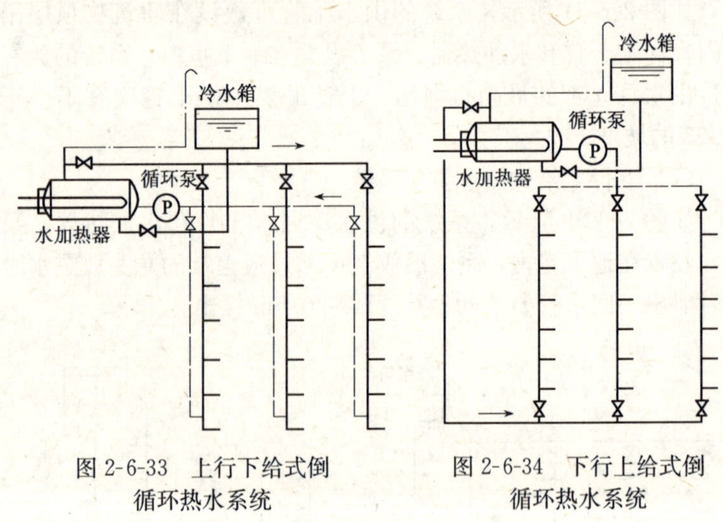

图 2-6-33　上行下给式倒循环热水系统

图 2-6-34　下行上给式倒循环热水系统

(5) 高层建筑热水供应系统竖向分区方式

高层建筑热水供应系统的竖向分区除要求与冷水给水系统分区一致外，还可按水加热器的设置方式分为集中式和分散式两种。集中式将各分区的水加热器集中设置在建筑物底层或地下室，便于管理和供热，但用于高区的水加热器需耐高压。分散式则将各分区的水加热器设置在各自分区的底层或最高层，避免了系统压力过大的问题，但分散管理和供热不便。见图 2-6-35。

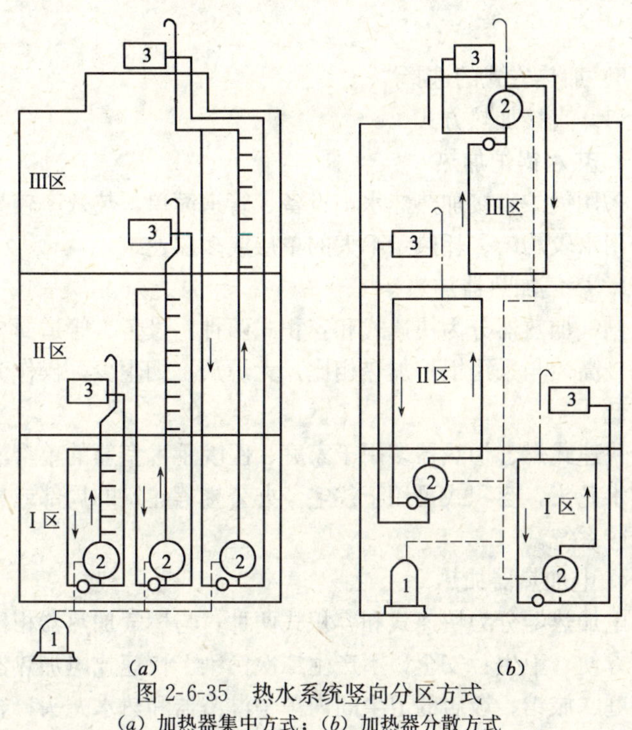

图 2-6-35　热水系统竖向分区方式
(*a*) 加热器集中方式；(*b*) 加热器分散方式
1—蒸汽锅炉；2—冰加热器；3—冷水箱

5) 加热设备的选用

加热设备应根据使用特点、耗热量、加热方式、热源情况和燃料种类、维护管理等因素按下列规定选用。

(1) 宜采用一次换热的燃油、燃气或煤等燃料的热水锅炉。

(2) 当热源采用蒸汽或高温水时，宜采用传热效果好的容积式、半容积式、快速式、半即热式水加热器。

(3) 间接加热设备的选型应结合设计小时耗热量、贮水器容积、热水用水量、蒸汽锅炉型号、数量等因素，经综合技术经济比较后确定。

(4) 无蒸汽、高温水等热源和无条件利用燃气、煤、油等燃料时，可采用电热水器。

(5) 当热源利用太阳能时，宜采用热管、真空管式太阳能热水器。

6）加热方式的选择

（1）直接加热方式

a. 热水锅炉加热

采用锅炉直接加热热水，设备、管道简单，热效率较高，适用于用水较均匀、耗热量不大的单层或多层建筑。

b. 燃气加热器加热

燃气加热器分为快速式和容积式两种，设备、管道简单，热效率较高。与采用锅炉加热相比，无炉灰，烟尘少，操作劳动强度减低。

快速式燃气加热器多用于家庭、医院手术室等的单个淋浴器或热水龙头，容积式可用于住宅、办公楼等建筑的局部或集中热水供应系统。

c. 电加热器加热

电加热器分为快速式和容积式两种，与燃气加热器相比，使用更方便、卫生、安全，不产生二次污染。快速式电加热器多用于家庭、旅馆、饭店的卫生间内单个淋浴器和热水龙头；容积式体积较大，使用前要预先加热，热损失大，故仅用于特殊情况下，如燃料和其他热源供应有困难，而电力有富余的地区。

d. 汽水混合加热

多孔管直接加热：多孔管是管壁表面钻有若干个直径为2～3mm小孔的钢管，小孔的总面积约为多孔管断面的2～3倍，钢管末端封死。将锅炉产生的蒸汽通入多孔管，蒸汽便从小孔中喷出，对水进行加热。这种加热方法简单、热效率高，维修管理方便，但噪声大，多用于耗热量较小、对噪声要求不严格的公共浴室、洗衣房等建筑。

蒸汽喷射器加热：蒸汽喷射器加热是将一定压力的蒸汽通入喷嘴，蒸汽经过喷嘴后以较大的速度喷射出来，在混合室入口处造成一个比引水室压力还低的低压区，从而使冷水不断地被吸入混合室，并被加热。蒸汽喷射器加热方式的噪声较多孔管低，可用于对噪声要求较严格的旅馆、医院、学校、办公楼等建筑。

（2）间接加热方式

a. 容积式加热器加热

容积式加热器有卧式和立式两种，热媒为高压蒸汽或高温热水。热媒进入加热器底部的 U 型加热盘管放出热量后，返回锅炉，而加热器内的水被加热供系统使用。容积式加热器能承受一定的水压，噪声低，但传热系数小、热效率较低，且体积大、占地面积大，维护管理较麻烦，适用于耗热量较大、要求供水温度稳定、噪声低的旅馆、医院、住宅、办公楼等建筑。卧式容积式加热器有 10 种型号，立式容积式力口热器亦有 10 余种型号。

b. 快速加热器加热

快速加热器采用行程式结构，传热系数较大、热效率较高，结构紧凑、占地面积小，但设备、管道较复杂，维护管理麻烦，对水质有一定的要求，不能贮存热水，适用于用水量较大且均匀的室内热水游泳池、热水采暖等加热装置。

c. 水箱盘管加热

水箱盘管加热是在水箱底部设置加热盘管，原理同容积式加热器的加热方式。这种加热方式设备简单，但传热系数小、热效率低，且体积大、占地面积大，适用于耗热量较大且有条件设置高位加热水箱的公共浴室、洗衣房等建筑。

7）热水贮水箱

当热水供应系统的供水与用水情况不一致时，一般采用设置热水贮水箱来调节加热设备供水与用水之间的不平衡。热水贮水箱有开式和闭式两种，开式水箱即高位水箱，水箱的设置高度应满足最不利点水压的要求；闭式水箱设在系统的下部，称为低位水箱，由于承受上部水的压力，所以水箱完全密闭。

采用容积式加热器时，加热器本身可贮存热水，不必再设置贮水箱。

在设有高位热水箱的系统中，应设置冷水补给水箱，补给水管一般接在热水回水管上。如建筑物的给水高位水箱可补给热水供应系统冷水时，可不另设冷水补给水箱。

8）热水供应系统附件

（1）自动调温装置

a. 直接式自动调温装置

直接式自动调温装置由温包感温元件和自动调节阀组成，温包放置在水加热器热水出口处或出水管道内。当热水温度升高或降低时，温包内液体的蒸发压力随之上升或下降，并经过毛细导管传导至安装在蒸汽管上的调节阀，自动调节进入水加热器的蒸汽量，达到控制温度的目的。

b. 间接式自动调温装置

间接式自动调温装置由电触点压力式温度计、电动阀门、齿轮减速箱和电气设备等组成。电触点压力式温度计的温包感受热水温度的变化，通过毛细管以压力信号传递至电触点压力式温度计，此温度计内设有所需温度控制范围的上下两个触点。当水加热器出口水温过高，压力式温度计指针与上触点接通，把蒸汽阀门关小；当水温下降时，压力式温度计指针与下触点接通，将阀门开大，达到调节蒸汽流量的目的。

（2）释压阀（安全阀）

对于闭式热水供应系统，应在水加热器上设置释压阀。当系统内压力超过释压阀设定压力值的10%时，泄出一部分热水，压力达正常后阀门关闭。释压阀一般安装在容积式加热器的冷水进水管上，大型水加热器应设置两个规格相同的释压阀。

（3）闭式膨胀水箱

闭式膨胀水箱用于闭式热水供应系统的热水膨胀吸收，其结构类似隔膜式气压水罐，一般安装在热水供水的总管上。

9）热水管道安装

（1）热水管道一般采用内衬（涂）塑镀锌焊接钢管螺纹连接、薄壁铜管承插钎焊连接和给水聚丙烯管热熔承插连接。热水用给水聚丙烯管的最小选用压力等级为2.0MPa，其敷设要求基本与冷水给水聚丙烯管相同。

(2) 热水横管应有不小于0.003的坡度，以便放气和泄水。

(3) 上行下给式热水供应系统的最高点，应设排气装置。下行上给式热水供应系统，利用其最高配水点放气。在系统的最低点，可利用最低配水点或设置泄水装置进行泄水。

(4) 下行上给式系统设有循环管道时，其回水立管应在最高配水点以下（约0.5m）与配水立管连接；上行下给式系统中只需将循环管道与各立管连接。

(5) 管道穿墙或楼板，应设置钢套管。安装在墙内的套管，其两端应与饰面相平；安装在楼板内的套管，其顶部高出地面20mm，底部与楼板底面相平。

(6) 管道嵌墙暗装、穿墙或楼板预留孔洞、立管支架的安装及明装管道距墙、柱的尺寸要求同冷水给水管道。

(7) 明装热水管道系统应有补偿管道伸缩的措施，一般可采用弯头自然伸缩或加装金属波纹管。固定支架应严格按设计要求设置。

(8) 低压流体输送用镀锌焊接钢管和薄壁铜管明装时的支吊架间距要求与冷水给水管安装要求相同，给水聚丙烯管的支吊架间距要求见表2-6-40。

给水聚丙烯管支吊架间距（热水）(mm)　　表 2-6-40

公称外径 D_e	20	25	32	40	50	63
横管	500	600	700	800	900	1000
立管	900	1000	1200	1400	1600	1700

(9) 直埋在地坪面层或墙内的给水聚丙烯热水管，当墙体材料耐温≤50℃时，应采用隔热措施。

(10) 热水贮水罐、容积式加热器与管道的连接，应符合下列要求：

a. 第二循环送水管应在贮水罐顶部接出。

b. 热水供应系统为自然循环时，第二循环回水管一般在贮水罐的顶部以下1/4贮水罐高度处接入。机械循环时，宜由贮水罐中心线以下接近底部位置接入，也可与给水管共用一个接头。

c. 第一循环送水管，应在贮水罐顶部以下1/4贮水罐高度处接入。

d. 第一循环回水管和冷水管，应分别在贮水罐底部接入。

e. 容积式加热器的热水循环管和冷水管，应在加热器的底部接入。

（11）在下列管段上应装设阀门：

a. 配水或回水环形管网的分干管。

b. 配水立管和回水立管。

c. 居住建筑和公共建筑中从立管接出的支管。

d. 配水支管的阀门控制的配水点不得超过10个。

（12）在下列管段上应装设止回阀：

a. 水加热器或贮水器的冷水供水管。

b. 机械循环的第二循环回水管。

c. 混合器的冷热水供水管。

（13）在下列部位应设置温度调节装置和温度计：

a. 要求水加热器出水温度稳定且有限制时，设自动温度调节装置。

b. 当热水供应系统和热力管网连接，并装有快速加热器时，设自动温度调节装置。

c. 在水加热器、贮水罐、冷热水混合器上应装设温度计，必要时在热水回水干管上也可装温度计。

（14）热水锅炉、水加热器、贮水器、热水配水干管、机械循环回水干管和有结冻可能的自然循环回水管应保温，保温层的厚度应经计算确定。

（15）热水管道安装完毕后，应进行水压试验。采用低压流体输送用镀锌焊接钢管和薄壁铜管的热水管道，其强度试验压力为工作压力的1.5倍，且不得小于0.6MPa，达到试验压力后稳压10min，以压降不大于0.05MPa为合格。然后将试验压力降至工作压力作外观检查，以不漏为合格。给水聚丙烯热水管的试压要求同冷水聚丙烯管，但试验压力为工作压力的 2.0 倍，且不得小于 1.5MPa。

第七节　空调水系统安装

空调水系统管道，是空调系统中的一个重要部分；系统一般由空调制冷机组、蒸汽热交换器提供冷源和热源，空调供、回水经设备换热交换后，产生空调系统冷冻水或热水，由系统的循环泵循环运行，经系统的空调机组、新风机组和风机盘管等空调设备，通过风机形成空气循环对流、降温或加热后达到调节室内气温的功能。

空调水系统，一般由冷冻水和热水系统组成空调供回水系统、冷水机组附属冷却水系统、空调设备产生的凝结水排放管道系统。

1. 空调水系统管道，常用管道材质的选用

冷冻水和热水空调供回水系统：当管道的管径≥70mm 时，一般采用流体（GB/T8163）无缝钢管，焊接或法兰连接；当管道的管径≤50mm，采用镀锌钢管、丝口连接。

冷却水系统：一般采用流体（GB/T8163）无缝钢管，焊接连接或法兰（镀锌后两次安装）连接。

凝结水系统：一般采用镀锌钢管，丝口连接；PVC 塑料给水管道，采用承插黏结连接。

2. 主要施工工艺流程

工艺流程方框图见图 2-6-36。

3. 空调水系统管道的施工

1）施工准备

（1）熟悉施工图和有关设计说明、管道工艺流程、输送介质温度、压力与连接形式等技术要求等文件。同时认真审阅施工图，注意施工图的设计深度和完整性，及时提出和解决设计图上存在的问题。

（2）参加设计图纸会审交底，填写好图纸交底记录，并做好签证和资料的归档工作。

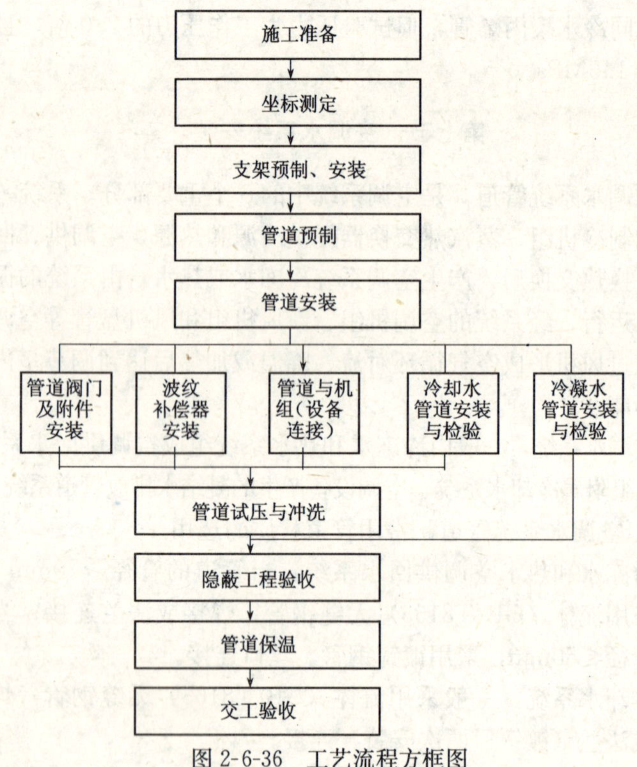

图 2-6-36　工艺流程方框图

(3) 按照设计施工图、技术要求，及时编制施工预算。根据预算和工程进度计划，提供公司规定的合格分供方生产的材料。

(4) 根据施工组织设计要求编制简要施工方案。向施工班组进行安全、技术交底，交技术执行标准、验收规范，交施工方法、工艺技术要求。并签发施工交底记录和施工作业任务书。

(5) 根据工程进度，按施工预算及时提出要料计划及加工件加工计划。进入库房或指定位置的材料，必须具备产品质量保证书和合格证，同时还应按验收规范要求，对进入现场仓库的材料进行检验和试验。各类阀门进现场后，应按验收规范要求进行抽查试压检验。并且及时做好状态标识和产品标识，严禁未经检验和试验的产品和不合格产品材料投入使用。

(6) 根据计量器具需用计划，分阶段组织计量器具进场。

(7) 根据施工进度，及时提供机具使用计划，确保机具及时到位。

(8) 根据空调水系统的工程量和进度计划要求，合理布置施工现场、安排各机电系统的施工顺序、配备好施工机具。合理安排施工人员进场，确保正常施工。

(9) 空调水系统管道的施工及验收，应符合 GB50243、GB50235 以及 CECS41 的有关规定。

2) 坐标测定

(1) 在现场管道安装部位的结构工程已完毕，并已检验合格达到强度要求；土建单位，已定出必需的定位轴线、标高控制线和抹灰层厚度控制标准；同时，施工现场平整符合安全施工要求时，进行管道的现场坐标测绘工作。

(2) 按设计施工图所标管道的坐标位置、管道口径、类别与规范要求，及时复验管道在穿越结构基础、沉降缝、墙板和楼板的预埋套管或预留孔、洞的坐标位置和结构预埋件位置。

(3) 应按设计施工图所规定的管道坐标、走向，根据已有建筑物和设备位置，室内标高基准线，用测量工具测量出管道及管道支架的现场安装的坐标位置、标高位置，并绘制出管道单线加工预制图及支架加工预制图。

3) 支架预制安装

(1) 支架预制：依据各个支架实际尺寸加工，画线下料、定位钻孔到焊接成型，并做好油漆防腐工作（底漆二度、面漆一度，管道安装完毕后再刷面漆一度）。

(2) 支架安装：管道支架型式选用合理、安装时平整牢固，排列整齐统一。管道与支架的接触紧密，支架与固定支架的设置位置、构造形式，应符合设计要求和施工验收规范规定。固定在建筑结构上的支、吊架，不得影响结构安全；支、吊架的焊接，不应有漏焊、欠焊或焊接裂痕等缺陷。当管道与管道支架、支座需要焊接时，管子处不应有咬边和烧穿现象。支架安装完毕后必须进行工序检查，检查合格后方可进行管道安装。

（3）常用管道支架形式：常用管道支架，按外形分为门型支架、悬臂支架、吊架和压制弯管托架等；按照管道的固定情况分为活动支架、导向支架和固定支架。

（4）管道的支架间距及允许偏差

钢管管道的支架最大间距，见表2-6-41；塑料管道的最大支撑间距见表2-6-42；其坐标和标高的允许偏差见表2-6-43。

钢管管道支架的最大间距　　表2-6-41

管道直径（mm）		15	20	25	32	40	50	70	80	100	125
支架最大间距（m）	保温管	1.5	2	2	2.5	3	3	4	4	4.5	5
	不保温管	2.5	3	3.5	4	4.5	5	6	6	6.5	7
管道直径（mm）		150	200	205	300	350～400		450	500～600		700
支架最大间距（m）	保温管	6	7	8	8.5	9		9.5	10		12
	不保温管	8	9.5	11	12	12.6		12.8	14		14.8

塑料管道的最大支撑间距（mm）　　表2-6-42

外　径	20	25	32	40	50	63	75	90	110
水平管	500	550	650	800	950	1100	1200	1350	1550
立　管	900	1000	1200	1400	1600	1800	2000	2200	2100

塑料管道的坐标和标高的允许偏差（mm）　　表2-6-43

项　目			允许偏差
坐　标	室　外	埋地	50
		架空或地沟	20
	室　内	埋地	15
		架空或地沟	10
标　高	室　外	埋地	±15
		架空或地沟	±10
	室　内	埋地	±10
		架空或地沟	±5

4）管道预制加工的一般要求

（1）预制加工：为了加快施工进度，保证施工质量，减少管道到位后的固定位置的仰焊、死角焊，尽量增加管道的预制阶段工作量。管道的预制加工，应按管道单线图进行；同时管道的预制加工组合件，应便于现场装配、垂直运输及吊装，并且要有足够的强度。

（2）无缝钢管的管径≤50mm时，应采用机械或钢锯、管子割刀等切断，管道的断口不准有缩颈和毛刺；管道焊接连接时，必须采用气焊焊接连接。当管道的公称通径≥65mm时，管道的切断和坡口，可采用机械或氧乙炔气割割断和坡口，但管端的表面不可有裂纹、毛刺和氧化物，焊接组对的对口及焊接质量，必须达到GB50236的要求。

（3）镀锌钢管螺纹连接时，管螺纹应光滑完整、无毛刺、乱丝现象。管螺纹的断丝长度不得超过10%。安装时，用手拧入2～3牙，一次装紧，不得倒回；同时要清除多余填料，并涂防锈油漆保护。

（4）PVC给水管道的连接，采用承插粘接连接；管道采用钢锯切断，管道的断口应平整光滑，管端的坡口倒角为10°～15°。管道与配件粘接处的表面无油腻和污垢，连接前应用细砂皮打毛或用清洁剂进行清洗；粘合剂的涂抹，应先涂抹管道的承口端、后涂抹插口，一次插入成型。管道在粘接后的1h内，不应受外力作用；接口固化牢固后，方可继续安装。

（5）无缝钢管、镀锌钢管和给水PVC管道的安装技术要求，详见本章第五节《常用管道的连接和安装技术》。

5）管道安装的一般要求

（1）管道安装顺序：一般先管道井总管、后支立管或平面支管，然后再与空调设备连接，冷冻机房管道安装。无缝钢管在安装前，必须先除锈，涂刷好第一度防锈漆。

（2）管道在气割修口或开制三通时，应避免将铁屑、铁块等异物进入管腔内。在施工临时告一段落时，应将管道的开口处、朝天敞口处及时封堵住，切实做好管道防堵预防工作。

（3）当空调水系统管道穿越楼板、隔墙时，应设置套管。有防水要求时，应设置刚性防水套管；套管的口径应比所穿越管道的口径大二挡，并应保证有大于保温层厚度的间隙，以利保温。管道焊缝与阀门仪表等附件的设置，不得紧贴墙壁、楼板和支架。

（4）在管道井内，安装空调水系统的总立管时，应在立管的底部楼板处设置管道承重支架。

（5）应按设计要求，合理设置空调供、回水系统的放气和排水装置。当供、回水管与其他管线、设备相碰避让，产生向上或下变位敷设时，其管道变位前的最高处，应加设放气装置；以利放尽管道内空气，避免产生气隔堵塞现象，影响管道供热或供冷的运行效果。

（6）空调供、回水系统管道安装的允许偏差，应符合表2-6-44的规定：

管道安装的允许偏差（mm）　　表 2-6-44

项目			允许偏差
坐标	架空及地沟	室外	25
		室内	15
	埋地		60
标高	架空及地沟	室外	±20
		室内	±15
	埋地		±25
水平管道平直度		$DN \leqslant 100$	$2L$‰最大 50
		$DN > 100$	$3L$‰最大 80
立管铅垂度			$5L$‰最大 30
成排管道间距			15
交叉管的外壁或绝热层间距			20

注：L——管子有效长度；DN——管子公称直径。

6）空调供、回水系统管道阀门及附件安装

（1）阀门安装时应按图纸要求核对阀门的规格、型号及压力等级、安装位置、介质流向和安装高度。循环水泵出口安装的止回阀，一般应采用缓闭式止回阀，以减少水锤的冲击力。

（2）阀门的手柄不得向下，电动阀、调节阀等阀类的阀头，均应向上安装；成排管线上的阀门应错开安装，其手轮间间距不得小于100mm。阀门应开启方便灵活，便于操作维修。

（3）压力表、温度计与流量计等仪表的型号、规格及安装位置，应符合设计与验收规范的要求，并应便于观察检修。

7）波纹补偿器的安装

（1）空调水系统管道上的补偿器，一般采用波纹补偿器。波纹补偿器一般分为四类：

a. 轴向型补偿器；

b. 横向型补偿器；

c. 角向型补偿器；

d. 压力平衡式补偿器。

不同的波纹补偿器，具有不同的补偿功能。选型时，必须按照设计使用要求正确选用。波纹补偿器在安装前，必须认真阅读生产厂家提供的产品安装说明书，按厂方规定的技术条件，核查进场的补偿器及其附件的质量和数量。

（2）波纹补偿器的安装：无论是钢管焊接还是法兰连接形式的补偿器，通常是待管道安装好，导向支架与固定支架安装定位后，再安装补偿器，以确保补偿器的同心度不受影响。

（3）波纹补偿器的安装顺序：

a. 根据补偿器安装状态下的长度，定出切割线切割管道。

b. 与钢管焊接连接的补偿器，其管端的接口须坡口；组对时，必须在补偿器二端对口都完成后，才能同时点焊固定，按焊接工艺要求焊接成型。

c. 法兰式补偿器安装时，必须将法兰与垫片临时安装在管道上；当补偿器安装定位后，进行管道法兰点焊固定。然后拆下补偿器，再进行管道法兰焊接，最后将补偿器安装定位。

(4) 波纹补偿器的导向支架与固定支架设置，必须按照设计要求排列布置安装。导向支架与固定支架选用的型钢大小和刚度必须符合设计要求，同时满足补偿器和管道在运行时产生的推力。在吊装补偿器时，不得将绳索捆绑在波节上，吊装的临时支撑件也不能靠在波节上。在补偿器的安装过程中，必须严防补偿器的波节遭受磕碰、电焊渣飞溅到波节上的现象，做好产品保护工作。

(5) 在波纹补偿器上设置的临时固定装置，应在管道试压结束后才能拆除或调整（约束固定装置必须按照厂商提供产品的要求，拆除或调整）。确保补偿器正常投入运行的补偿功能、安装质量达到设计及验收规范和产品安装技术要求。补偿器安装完毕后，应按要求填写补偿器安装记录表。

8) 空调供、回水系统管道与冷水机组、空调机组、泵类设备连接

(1) 空调供、回水系统管道与冷水机组、空调机组、泵类设备连接时，应根据产品设备的说明书和设计施工图要求，确定设备的进、出口及连接技术要求；同时，在冷水机组、空调机组、泵类设备的进口管道上，应设置过滤器；在与机组、泵类设备连接时，应采取隔振措施。设备的隔振，一般采用橡胶软接头或波纹软管接头，法兰连接或丝口连接。

(2) 隔振软接头设置的位置，应尽量靠近设备的连接口。管道软接头与设备之间的连接，必须在不受应力影响的状态下安装定位；严禁强行对口，造成隔振软接头长度尺寸的变化和同轴度偏差。隔振软接头的安装长度偏差及同轴度偏差应≤2mm。隔振软接头在安装前，应采取加设限位控制保护措施，确保隔振软接头安装达到施工验收规范的要求。

(3) 管道与机组、泵类设备连接时，必须对设备采取可靠的保护措施；防止交叉施工中异物、水泥砂浆污损设备和进入设备造成堵塞。同时在管道与设备连接前，应在连接法兰中间加设石

棉纸柏盲板封堵；防止在施工中产生的焊渣、小铁块、垃圾等异物进入设备，造成隐患，损坏设备。

（4）与隔振软接头相连接的管道，均应有牢固的支、吊架固定。确保管道与设备连接的施工质量达到设计与验收规范的要求。

（5）空调供、回水管道与冷冻机组、换热器等设备连接的管段，可以在循环清洗后安装。在系统循环清洗运行前，将连接设备的供、回水管道临时连通，进行空调供、回水系统管道的循环运行清洗。待空调供、回水系统管道清洗合格后再接通，进行系统的调试、负荷运行。

（6）空调供、回水管道与风机盘管的连接安装：当连接风机盘管的供、回水管道支管的三通向上方开启敷设时，管道的坡度应坡向水平支管、总管和立管。连接管道的水平标高，不能高于风机盘管的进、出口端的标高，否则容易产生气隔堵塞现象，不利于连接管道和风机盘管的排放气。供、回水管道与盘管连接的阀门一般采用球阀，供水管道上应加装过滤器，回水管道上加装电磁二通阀；管道与风机盘管的连接，应采用紫铜管胀口接管连接、橡胶软接头或不锈钢波纹管连接等软性隔震连接方式。

9）冷凝水管道安装与检验

（1）冷凝水管道一般采用镀锌钢管螺纹连接或给水 PVC 给水管道承插粘接连接。管道在安装时，管道的坡度、坡向应符合设计要求；有条件时应尽量加大空调器滴水盘与冷凝水管的高差，减少管道变向转弯敷设，确保冷凝水管道畅通。

（2）管道安装时，应及时进行支吊架固定，支架的设置间距和位置必须符合设计与规范的要求。管道的切口不得有缩颈或毛刺，严禁丝口填料进入管内。冷凝水管道水平敷设不宜过长，对设计中不合理的布置应向设计人员提出合理化建议。冷凝水管水平管道的起点与冷凝水管的立管顶部，宜设置透气口以利排水畅通。

（3）管道安装结束后，应做好管道通水试验。在试验前要清除空调器滴水盘内的垃圾异物，在通水试验时必须逐只检查空调器的滴水盘，不得有倒坡现象，灌水量宜为滴水盘高度 2/3，一次排放，畅通为合格。

（4）加强吊顶内与管道井内的管道检验，管道及支吊架安装良好，冷凝水管无被碰移位现象，管道与空调器滴水盘的连接软管无弯曲折瘪、无脱落现象，管道保温完好。安装质量完全符合设计与施工验收规范。

10）冷却水系统管道安装

冷却水系统是将系统内的冷却水运行至冷水机组冷凝器，经吸热升温后的热水，通过冷却水系统循环泵输送至冷却塔内；系统的热水在塔体内从上向下喷淋成水滴或形成水膜，而空气在塔体内由下而上或由一侧进入塔体内向上排出。冷却水与空气在塔内进行对流热交的越好，水温降低的就越多；冷却水经降温后，返回机组吸热；如此进行循环运行，确保制冷机组的正常运行。

（1）管道安装的一般要求，同5）管道安装的一般要求；

（2）冷却水系统的冷却塔设备，属于玻璃树脂制品；在施工前，必须落实可靠的安全防火措施，全体施工人员应认真学习和落实、执行各项安全防火措施，做好各项安全防火的监控工作。

（3）冷却水系统管道，应在冷却塔水箱的接管处设置阀门，用以调节水量。当冷却水系统管道在冷却塔水箱吸水时，需安装自动给水管、急速给水管和排污管。

（4）在冷却水系统管道的施工中，管道安装时，应采取预制加工后现场组装，尽量减少在冷却塔周围和塔面上部的动火施工；如确实需要在冷却塔周围和上部动火（点焊定位组对）时，必须在冷却塔周围和塔的上部铺设石棉布或铁皮遮盖防护。在动火点用白铁皮制作灰斗，避免火星掉落在冷却塔上。同时必须按照二级动火证要求申报，落实防火措施、灭火器具和监控保护工作。

（5）在冷却水系统管道的施工时，确定专职安全监控员配备灭火器材，对施工的动火部位进行直接的监控；在动火作业结束后，必须全面检查动火作业场所，确认无余留火种后才能离开。

（6）在与冷却塔管道的连接时，应先安装橡胶软接头和阀门，并且将阀门关闭。以免在管道组对焊接点焊时，冷却塔管内的拔风，将火星吸入冷却塔内。

4. 管道试压与清洗

1）试压前，管道施工技术人员必须熟悉设计施工图的要求，工艺流程、系统输送介质压力、温度等技术参数。根据空调水系统管道的施工顺序、进度和施工方法，选定管道试压顺序和循环清洗方法。编制出相应完善的施工方案，来指导空调水系统管道的试压。

2）管道试压

(1) 管道的试压试验，应分区、段进行。待系统施工完毕后，最后进行空调水系统的试压、开通工作。在空调水系统的试压前，应确认被试压范围的管道已施工完毕；管道的支吊架、阀门等附件已安装到位，并且经系统完整性的检查，都已符合规范验收要求。

(2) 管道的试压试验前，空调水系统管道试压的施工方案已审批，试压试验的准备工作已完成。

(3) 管道的试压试验前，应成立空调水系统管道试压工作的领导小组，明确各自的工作职责和检查范围，统一联络、统一指挥调动，加强巡回检查，确保试压与清洗工作顺利完成。

(4) 空调水系统在试压与循环清洗施工前，应根据施工方案要求，对当前要进行的试压与清洗管道的范围、施工方法与详细要求、安全与产品保护措施要求等，对全体参加施工人员进行安全技术交底，各分工负责人员明确各自责任后应该在交底记录单上签字。各参与施工人员应明确自己所承担的工作。

(5) 空调水系统在试压与循环清洗验收合格后，及时办理好试压验收记录表的签证工作。

3）空调水系统试压工作的工艺要求和方法，可按本书相关章节执行。

4）在空调水系统管道试压结束后，应进行管道循环清洗工作，可利用空调系统内供、回水循环泵做动力进行。

5）在空调水系统循环清洗前，应将系统管道的总支管道的末端连接之间加装循环冲洗阀门。如果设计没有考虑加设此管与阀门，可在施工前向设计或业主提出建议。讲明加设此管与切断阀门的目的与好处（主要可以分别对总管或者总支管进行循环清洗，能加强管道的自清洗流速与清洗效果，使循环清洗过程中总、支管内的水垢和异物垃圾不会进入风机设备内，防止产生设备堵塞，减少设备、管道检修清通工作。便于业主今后使用过程中的清洗保养，减少工作难度和工作量）。

6）系统进行循环清洗时，不允许循环清洗（吹洗）的设备应该隔离，如采用管道临时接通管道系统。同时应将系统内的仪表、流量控板、节流阀等拆除，及时做好各个管道阀门附件拆、装记录，待循环清洗结束后恢复安装。

7）空调水系统管道冲洗

（1）进水：进水前应关闭所有空调器和风机盘管的供回水阀门，防止管路内杂质进入表冷器内，同时开启系统中加设的冲洗阀门（当系统内不要求加设冲洗阀门时，可利用打开机房间内平衡管阀门进水）。利用系统高位膨胀水箱进水，临时增大膨胀水箱进水管管径，增加补给水流量（如采用气压罐定压的系统，可采取临时增压水泵加压进水）。注水时应打开系统中所有透气阀门（其自动透气阀应在系统冲洗完毕后安装），排尽系统内所有空气，保证系统管道充满水后再进行水冲洗。

（2）空调水系统管道的水冲洗见图 2-6-37：当系统注满水后，即可进行管路冲洗工作。管道的水冲洗，应先冲洗供水管后冲洗回水管；利用系统供回水的分水器分别进行（如系统内不设供回水分水器时，也可在供回水总管起（末）端开启不小于 *DN*40 的临时排污阀门进行冲洗）。供水管的冲洗应分路进行，冲洗时异程式系统应打开冲洗阀（同程式系统应按图 2-6-37 中 *b*、*c*、*e* 图所示流程形式，应将两冲洗阀轮流打开，在 *f* 图所示的流程形式中，则只要打开上部冲洗阀进行），回水管道冲洗时可全部开启。供水管在冲洗过程中，要不断补充进水边排水，保持冲洗时循环运行的水流量，尽可能将所冲洗管路内的杂质冲洗排出；当系统内排出水中无颗粒状杂质时，再另换一路进行。在供水管冲洗完毕后，利用系统满水状态下，做排水管路的无补水排放冲洗，各放气阀应全部开启以利排放冲洗。

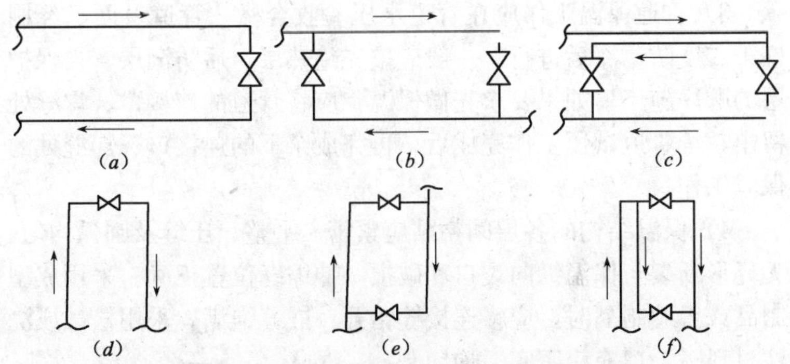

图 2-6-37　空调水系统管道的水冲洗示意图
(*a*) 异程式水平管；(*b*) 同程式水平管；(*c*) 同程式水平管；
(*d*) 异程式垂直管；(*e*) 同程式垂直管；(*f*) 同程式垂直管

8）空调水系统管道在冲洗完毕待系统进水完成后，即可进行系统的循环运行清洗。循环冲洗应先总管、后支管、再风机设备系统冲洗。通过几次循环运转冲洗、换水冲洗至水质排放检查，以水中无颗粒状态杂质时为合格。冲洗合格后应及时办理管道冲洗记录签证手续。

9）在空调水系统管道循环冲洗时，应及时做好管道巡回检查、清通工作，排放水应排至室外安全处或室内地沟和集水井，排水设备应完好，畅通无阻确保安全。

10）当系统循环清洗合格后，及时将系统灌满水，放尽供回水管道系统及空调器、空调设备、风机盘管内的空气，正常运转二小时无异常情况，即可投入系统负荷调试工作。

5. 管道保温

1）管道保温的施工及验收应按 GBJ126 规定执行。

2）为了减少散热损失，避免由于冷凝造成的滴漏，满足工艺要求，空调供回水管道、冷凝水管道与设备均应保温。保温材料的强度、密度、导热系数、耐热性能、吸水率及品种、规格均应符合设计要求。并且应根据制造商提供的产品合格证书或分析检验报告，对进场的产品进行检验，检查合格后方可使用。

3）管道保温工作应在管道水压验收合格，管道表面已经刷好第二度防锈漆后进行。一般应按先绝热层、后防潮层、再保护层的顺序施工。如果要求先做保温，应将管道的连接口、焊缝处留出，等管道试压工作完成后，再完成余下的连接口、焊缝处的保温工作。

4）保温结构的各层间粘贴应紧密、平整、压缝及圆弧均匀，无环形断裂与保温纵向裂口和破损，伸缩缝位置正确。采用成型制品或者缠制品时，应将连接缝错开，嵌缝饱满。采用松散或浇注材料时，填充应密实、均匀。

5）保温保护层采用卷材时，应紧贴保温层。保护层的表面无折皱、裂缝。采用镀锌板时应采用压边搭接，搭缝的设置应避开雨水冲刷方向，搭缝应紧密牢固。

6）阀门、法兰及可拆卸部件的两侧保温层，应留有空隙，但断面应封闭严密。支托架处的保温层不得影响管道活动面的自由伸缩，与垫木支架接触紧密，管道托架内及套管内的保温，应充填饱满。

6. 隐蔽工程验收

吊顶内、管道井内等管道应在保温前，进行隐蔽工程验收。施工单位在完成自检、互检和各项单项试验检查工作后，由专职质量检验人员与建设单位有关人员或者监理一起进行检查验收。验收标准与内容，应与隐蔽工程检查标准内容相同，检验合格后，即办理隐蔽工程验收记录表签证。同时，还要做好被验收部分的检查与保护工作。

附录：冷冻水管道支（吊）架的加工尺寸和要求

冷冻水管道压制弯管托架加工尺寸和要求见图 2-6-38 和表 2-6-45。

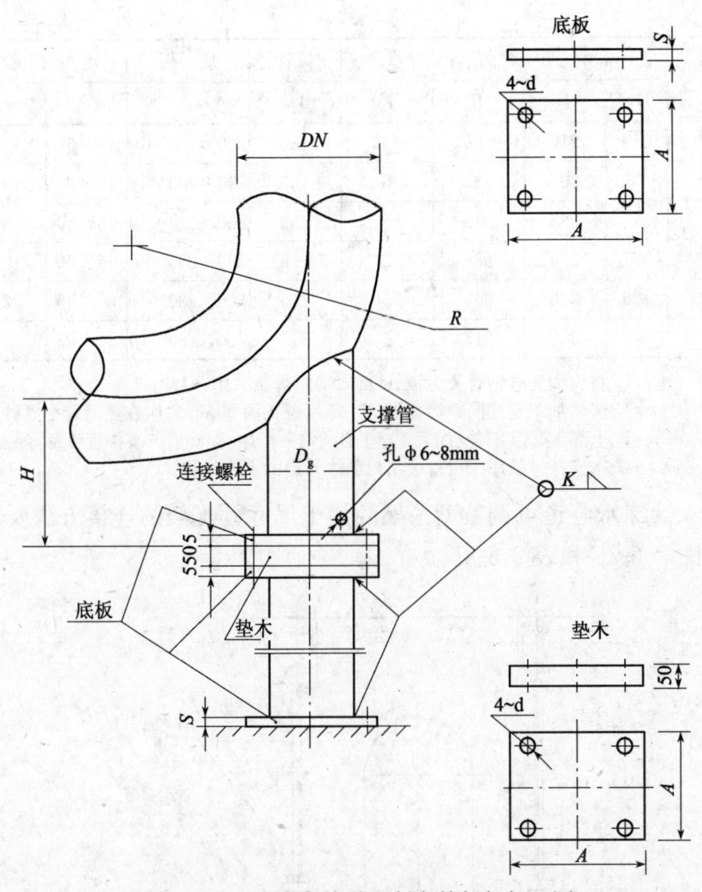

图 2-6-38　冷冻水管道压制弯管托架加工图

冷冻水管道压制弯管托架加工尺寸　　表 2-6-45

序号	管径	中心距	弯曲半径	焊缝高度	支撑管径	底　板	孔 与 螺 栓	
	DN	*H*	*R*	*K*	D_g	*A*×*A*×*S*	*M*×*L*	*d*
1	89	145	165	4	76	120×120×8	10×80	12
2	108	154	204	4	76	120×120×8	12×80	14
3	133	167	257	4	89	150×150×8	12×80	14
4	159	180	305	4.5	89	150×150×8	16×85	18

续表

序号	管径	中心距	弯曲半径	焊缝高度	支撑管径	底 板	孔与螺栓	
	DN	*H*	*R*	*K*	D_g	*A*×*A*×*S*	*M*×*L*	*d*
5	219	210	410	4.5	108	200×200×10	16×90	18
6	273	237	437	5	133	200×200×10	16×90	18
7	325	263	513	5	159	230×230×10	16×90	18
8	377	289	589	5	159	230×230×10	16×90	18
9	426	313	663	5	219	280×280×10	20×95	22
10	529	265	815	6	219	280×280×10	20×95	22

注：1. 材料为无缝钢管及钢板（Q235A），焊条采用T422；
2. 垫木加工宽度同钢板宽度A，厚度统一为50mm，应在热沥青中煮过；
3. 上部支撑管下端支撑管管壁上必须钻一个6～8mm孔，支撑管油漆同支架；
4. 本支架一般用于设备进出口低位管道的支撑设置。

冷冻水管道可调节型吊架的加工尺寸、支架的连接方法要求见图2-6-39和表2-6-46。

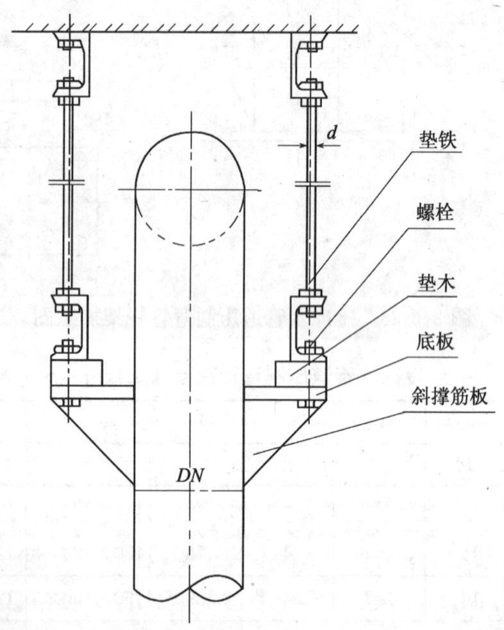

图2-6-39 冷冻水管道可调节型吊架的加工（一）

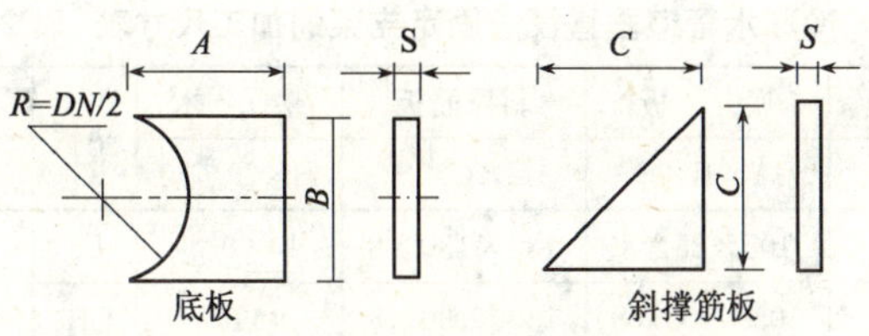

图 2-6-39　冷冻水管道可调节型吊架的加工（二）

冷冻水管道可调节型吊架的加工尺寸、支架的连接方法要求　　表 2-6-46

序号	管径 DN	底板 A×B×S	斜撑筋板 C×C×S	垫木 B×70×50	垫铁	连接螺栓 M×L	螺杆直径 D
1	89	105×85×8	130×130×8	90	[8	12×85	14
2	108	105×105×8	130×130×8	110	[10	12×85	14
3	133	150×130×8	130×130×8	135	[10	12×85	14
4	159	150×155×8	130×130×8	160	[10	16×90	16
5	219	180×215×8	160×160×8	220	[10	16×90	16
6	273	180×270×8	160×160×8	280	[10	16×90	16
7	325	180×320×8	160×160×8	330	[10	16×90	16
8	377	180×375×8	160×160×8	380	[10	16×90	16
9	426	180×425×8	160×160×8	430	[10	16×90	20

冷冻水管道垂直管道固定支架的加工尺寸、支架的连接方法要求见图 2-6-40 和表 2-6-47。

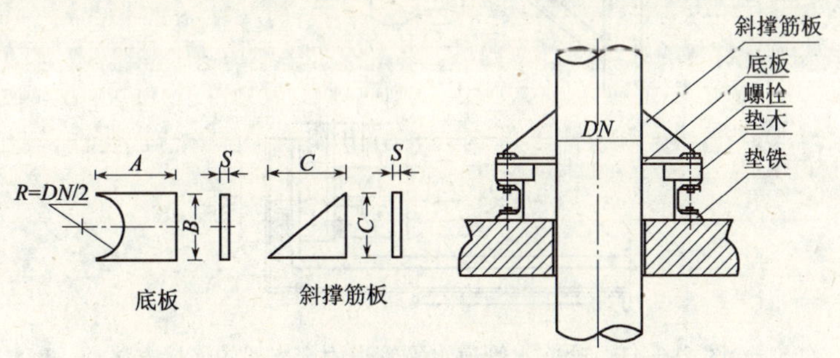

图 2-6-40　冷冻水管道垂直管道固定支架加工图

冷冻水管道垂直管道固定支架的加工尺寸表 表 2-6-47

序号	管 径	底 板	斜撑筋板	垫 木	垫铁	连接螺栓
	DN	*A*×*B*×*S*	*C*×*C*×*S*	*B*×70×50		*M*×*L*
1	89	105×85×8	130×130×8	90	[8	12×85
2	108	105×105×8	130×130×8	110	[10	12×85
3	133	150×130×8	130×130×8	135	[10	12×85
4	159	150×155×8	130×130×8	160	[10	16×90
5	219	180×215×8	160×160×8	220	[10	16×90
6	273	180×270×8	160×160×8	280	[10	16×90
7	325	180×320×8	160×160×8	330	[10	16×90
8	377	180×375×8	160×160×8	380	[10	16×90
9	426	180×425×8	160×160×8	430	[10	16×90

冷冻水管道水平管道固定支架的加工尺寸、支架的连接方法要求见图 2-6-41 和表 2-6-48。

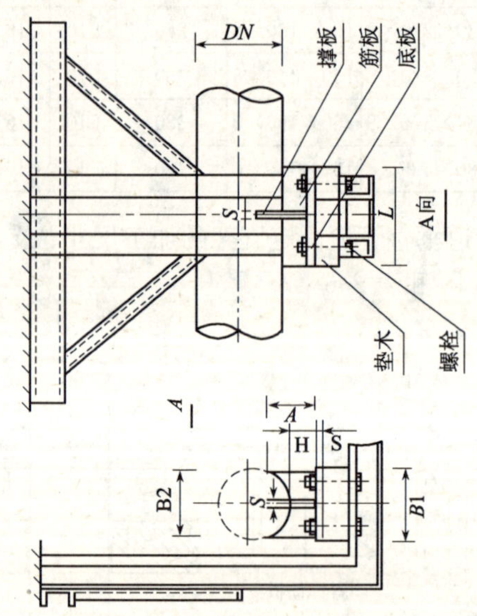

图 2-6-41 冷冻水管道水平管道固定支架的连接方法

冷冻水管道水平管道固定支架的加工尺寸　表 2-6-48

序号	管径	底			座			垫木	螺栓	支架	斜撑
	DN	L	B1	B2	A	H	S	B×70×50	M×L		
1	89	300	90	79	83	60	6	120	12×85	[8	∟50×5
2	108	300	110	94	88	60	6	120	12×85	[8	∟50×5
3	133	300	135	116	93	60	8	150	16×90	[10	∟50×5
4	159	300	160	138	100	60	8	180	16×90	[10	∟50×5
5	219	350	220	190	125	70	8	250	16×90	[12	∟63×5
6	273	350	280	239	140	70	8	300	16×90	[12	∟63×5
7	325	400	330	282	151	70	8	350	16×90	[16	[6
8	377	400	380	327	174	80	8	400	20×95	[16	[8
9	426	400	430	370	187	80	8	450	20×95	[16	[8
10	529	450	530	460	214	80	8	550	20×95	[16	[10

注：此固定支架适用于水平管道上，门型及单臂悬挂门型等支架形式。

第八节　消防系统管道安装

根据所使用灭火剂的种类和灭火方式，建筑消防灭火系统可分为以下三种：

（1）消火栓给水系统；

（2）自动喷水灭火系统；

（3）其他灭火系统，如干粉灭火系统、二氧化碳灭火系统、七氟丙烷灭火系统等。

用水来进行灭火是传统的灭火方法。在各种灭火剂中，水具有使用方便、灭火效果好、器材简单等优点，是目前建筑消防的主要灭火剂。水在与燃烧物接触后从燃烧物中吸收热量，对燃烧物起到冷却作用，同时水在汽化过程中产生大量水蒸气，体积大幅度增加，可隔绝空气并能稀释燃烧区内氧的含量从而减弱燃烧强度，起到灭火作用；另外经水枪喷射出来的压力水流具有很大的动能和冲击力，可以冲散燃烧物，使燃烧强度显著减弱。

一、消火栓给水系统

建筑消火栓给水系统是建筑内最基本的消防给水系统。其作用是把室外给水系统提供的水量经过加压（外网压力不满足需要时），输送到建筑物内的固定灭火设备，以供建筑灭火之用。

1. 室内设置消防给水与消火栓系统的规定

1）室内设置消防给水的要求

按照我国《建筑设计防火规范》GB 50016—2006 的规定，下列建筑应设置室内消火栓：

（1）建筑占地面积大于 300m^2 的厂房（仓库）；

（2）体积大于 5000m^3 的车站、码头、机场的候车（船、机）楼、展览建筑、商店、旅馆建筑、病房楼、门诊楼、图书馆建筑等；

（3）特等、甲等剧场，超过 800 个座位的其他等级的剧场和电影院等，超过 1200 个座位的礼堂、体育馆等；

（4）超过 5 层或体积超过 10000m^3 的办公楼、教学楼、非住宅类居住建筑等其他民用建筑；

（5）超过 7 层的住宅应设置室内消火栓系统，当确有困难时，可只设置干式消防竖管和不带消火栓箱的 DN65 的室内消火栓。消防竖管的直径不应小于 DN65；

（6）国家级文物保护单位的重点砖木或木结构的古建筑，宜设置室内消火栓。

2）室内消火栓的设置要求

（1）设有消防给水的建筑物，其各层（无可燃物的设备层除外）均应设置消火栓；

（2）室内消火栓的布置，应保证有两支水枪的充实水柱同时到达室内任何部位；

(3) 室内消火栓栓口的静水压应不超过 $80mH_2O$，如超过 $80mH_2O$ 时，应采用分区给水系统，消火栓栓口处的出水压力超过 $50mH_2O$ 时，应有减压设施；

(4) 消防电梯前室应设室内消火栓；

(5) 消火栓的间距应由计算确定。

2. 消火栓给水系统的组成与供水方

1) 消火栓给水系统的组成

消火栓给水系统是由水枪、水带、消火栓、消防管道、消防水池、高位水箱、水泵接合器及增压水泵等组成的，如图 2-6-42 所示。

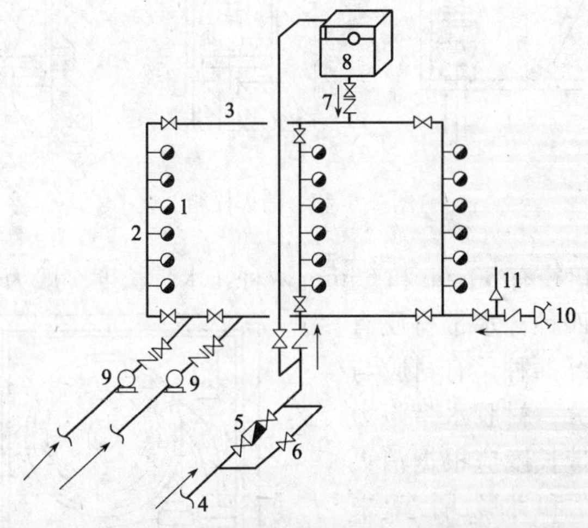

图 2-6-42 设水泵、水箱消防供水方式

1—室内消水栓；2—消防竖管；3—干管；4—进户管；
5—水表；6—旁通管及阀门；7—止回阀；8—水箱；
9—消防水泵；10—水泵接合器；11—安全阀

(1) 消火栓设备

一个完整的消火栓箱应由水枪、水带和消火栓组成，如图 2-6-43 所示。

水枪的喷嘴口径有 13、16、19mm 三种。口径 13mm 水枪可配备直径 50mm 水带，16mm 水枪可配 50mm 或 65mm 水带，19mm 水枪配备 65mm 水带。低层建筑的消火栓可选用 13mm 或 16mm 口径水枪。

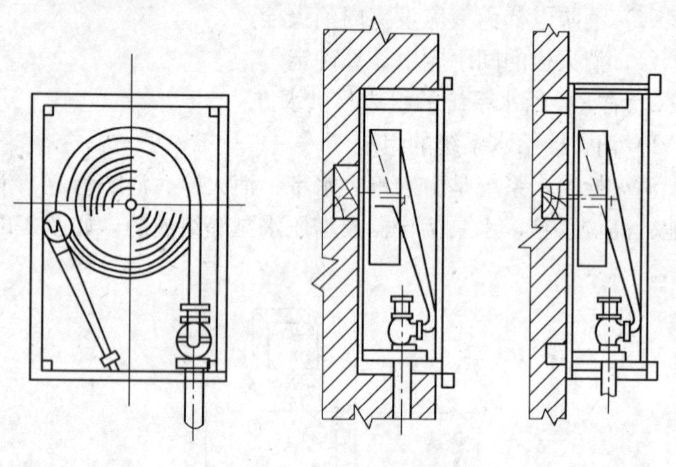

图 2-6-43　消火栓箱

水带口径有 50mm 和 65mm 两种，水带长度一般为 15、20、25、30m 四种；水带材质有麻织和化纤两种，有衬胶与不衬胶之分，衬胶水带阻力较小。水带长度应根据消火栓的布置和水力计算来确定。

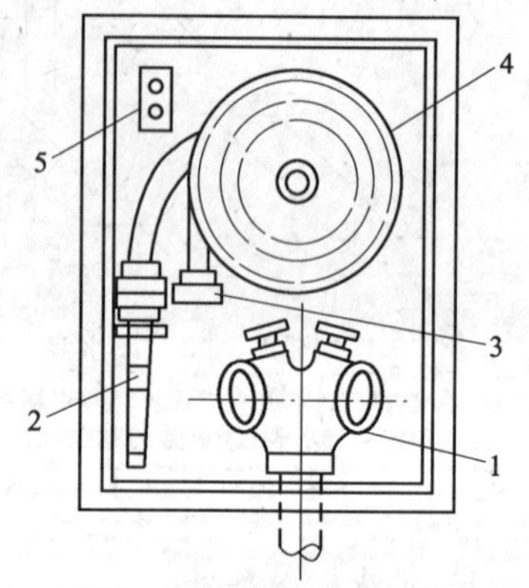

图 2-6-44　双出口消火栓

1—双出口消火栓；2—水枪；3—水带接口；4—水带；5—按钮

消火栓均采用内扣式接口的球形阀式龙头，并有单出口和双出口之分。双出口消火栓直径为 65mm，如图 2-6-44 所示；单出口消火栓直径有 50mm 和 65mm 两种。当每支水枪最小流量小于 5L/s 时选用直径 50mm 消火栓；

最小流量不低于 5L/s 时选用 65mm 消火栓。

（2）水泵接合器

在建筑内消防给水系统中应设置室外水泵接合器。其作用是使消防车向室内消防给水系统加压供水。如图 2-6-45 所示，水泵接合器有地上、地下和墙壁式三种，其型号及基本参数列于表 2-6-49。

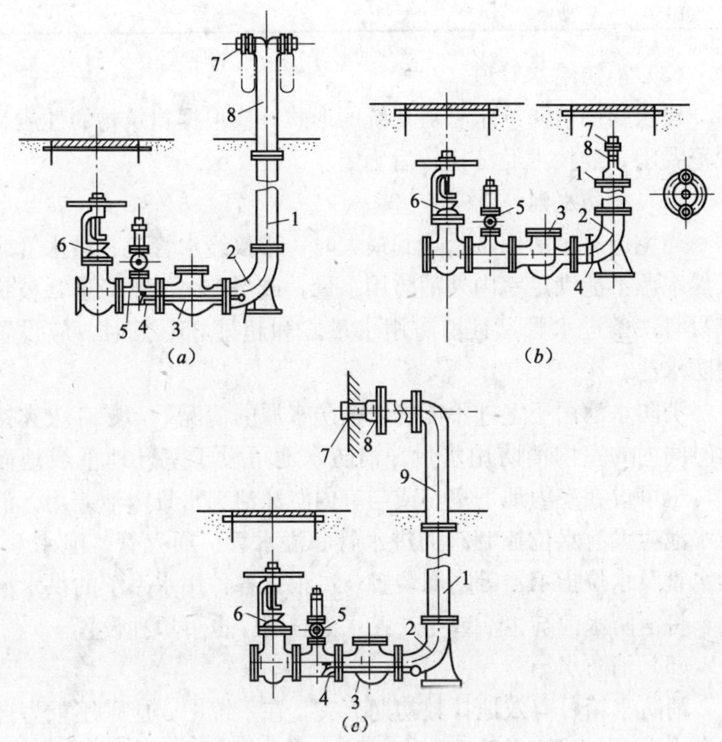

图 2-6-45　水泵接合器外形图

（a）SQ 型地上式；（b）SQ 型地下式；（c）SQ 型墙壁式

1—法兰接管；2—弯管；3—升降式单向阀；4—放水阀；5—安全阀；6—楔式闸阀；7—进水用消防接口；8—本体；9—法兰弯管

水泵接合器型号及其基本参数　　　　表 2-6-49

型号规格	形式	公称直径（mm）	公称压力（MPa）	进水口	
				型式	口径（mm）
SQ100 SQX100 SQB100	地上 地下 墙壁	100	1.6	内扣式	65×65
SQ150 SQX150 SQB150	地上 地下 墙壁	150			80×80

（3）消防给水管道

建筑物内消防给水管道系统的形式，应根据建筑物的性质和规范要求，经技术经济比较后确定。

（4）消防水池

当生产、生活用水量达到最大时，市政给水管道、进水管或天然水源不能满足室内外消防用水量，或当市政给水管道为枝状或只有一条进水管，且消防用水量之和超过 25L/s 时，应设置消防水池。

消防水池用于室外不能提供消防水源的情况下，贮存火灾持续时间内的室内消防用水量。消防水池可设于室外地下或地面上，也可设在室内地下室，或与室内游泳池、水景水池兼用。消防水池应设有水位控制阀的进水管和溢水管、通气管、泄水管、出水管及水位指示器等附属装置。可根据各种用水系统的供水情况，将消防水池与生活或生产贮水池合用，也可单独设置。

（5）消防水箱

消防水箱可有效地扑救初期火灾。在系统中，应采用重力自流供水方式；消防水箱宜与生活（或生产）高位水箱合用，以防止水质变坏；水箱的安装高度应满足室内最不利点消火栓所需的水压要求，并应保证贮存有该建筑室内 10min 的消防用水量。当室内消防水量不超过 25L/s，经计算水箱消防贮水量超过 $12m^3$ 时，仍可采用 $12m^3$；当室内消防用水量超过 25L/s，经计算水箱消防贮水量超过 $18m^3$，仍可采用 $18m^3$。

2）消火栓系统的给水方式

(1) 室外给水管网直接供水的方式

室外给水管网提供的水量和水压，应在任何时候均能满足室内消火栓给水系统所需的水量、水压要求，如图 2-6-46 所示。

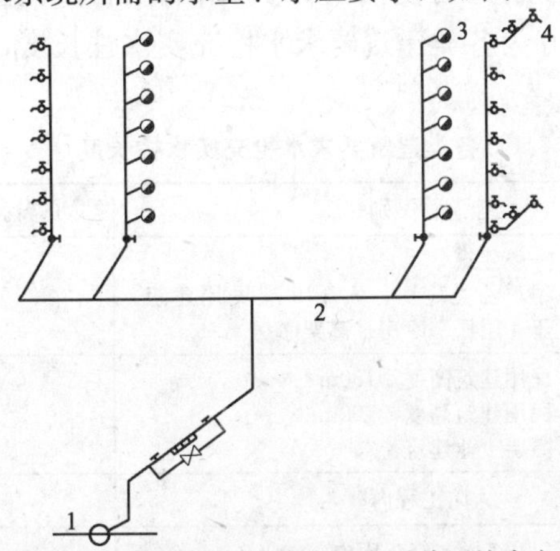

图 2-6-46 直接供水的消防—生活共用给水方式

1—室外给水管网；2—室内管网；3—消火栓及立管；4—给水立管及支管

此方式常采用两种系统：一种是消防管道与生活（或生产）管网共用系统；另一种是独立消防管道系统。

(2) 设有水泵、高位水箱的消火栓给水方式

当室外给水管网的水压不能满足室内消火栓给水系统的水压要求时，高位水箱由生活水泵补水，贮存 10min 的消防用水量，供火灾初期灭火，火灾后期由消防水泵加压供水灭火。

3. 消火栓给水系统的设置

1）水枪充实水柱的要求

消火栓设备的水枪射流，要求有一定强度的密实水流。如图 2-6-47 所示，所谓充实水柱是指水枪

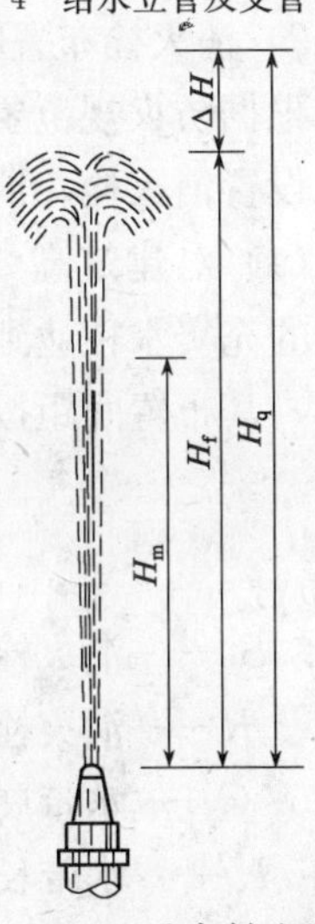

图 2-6-47 垂直射流组成

射流中应包含 90%全部水流的最有效的一段水柱。根据实验数据统计，当水枪充实水柱长度小于 7m 时，火场的辐射热使消防人员无法接近着火点；当水枪的充实水柱长度大于 13m 时，因射流的反作用力而使消防人员无法把握水枪灭火，影响灭火。表 2-6-50 为各类建筑要求水枪充实水柱长度，设计时可参照选用。

各类建筑要求水枪充实水柱长度　　　　表 2-6-50

建筑物类别		充实水柱长度（m）
低层建筑	一般建筑	≥7
	甲、乙类厂房，大于 6 层民用建筑，大于 4 层厂、库房、高架库房	≥10 ≥13
高层建筑	民用建筑高度≥100m	≥13
	民用建筑高度≤100m	≥10
	高层工业建筑	≥13
人防工程内		≥10
停车库、修车库内		≥10

2）消火栓布置间距

根据防火规范要求，在设有消火栓消防给水系统的建筑内应每层设置消火栓。消火栓的间距布置应满足下列要求：

（1）对建筑高≤24m，体积≤5000m^3 的库房，可采用一支水枪的充实水柱达到同层内任何部位，如图 2-6-48（a）和（c）所示，其布置间距按下列公式计算：

$$S_1 \leqslant 2\sqrt{R^2-b^2} \quad (2\text{-}1)$$

$$R = CL_d + h \quad (2\text{-}2)$$

式中　S_1——消火栓间距（m）；

R——消火栓保护半径（m）；

C——水带展开时的弯曲折减系数，一般取 0.8～0.9；

L_d——水带长度（m）；

h——水枪充实水柱倾斜 45°时的水平投影距离，对一般建筑（层高为 3～3.5m），由于两楼板间的限制，

一般取 $h=3.0\text{m}$，对于工业厂房和层高大于 3.5m 的民用建筑，应按 $h=H_{\text{m}}\sin45°$ 计算；

H_{m}——水枪充实水柱长度（m）；

b——消火栓的最大保护宽度，应为一个房间的长度加走廊的宽度（m）。

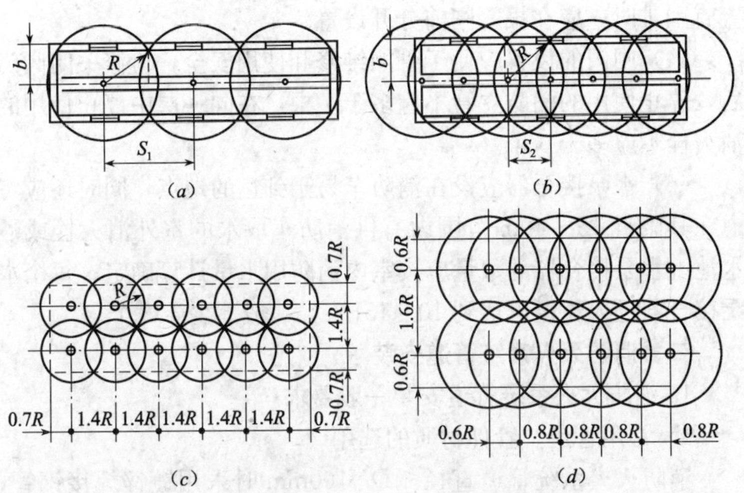

图 2-6-48　消火栓布置间距

（a）单排 1 股水柱到达室内任何部位；（b）单排 2 股水柱到达室内任何部位；（c）多排 1 股水柱到达室内任何部位；（d）多排 2 股水柱到达室内任何部位

（2）对于民用建筑应保证有 2 支水枪的充实水柱达到同层内任何部位，如图 2-6-48（b）和（d）所示，其布置间距按下列公式计算：

$$S_2 \leqslant \sqrt{R^2-b^2} \tag{2-3}$$

式中　S_2——消火栓间距（2 股水柱达到同层任何部位）(m)；

R，b——同式（2-1）。

3）消防给水管道布置原则

在进行建筑内消火栓给水管道布置时，应满足下列要求：

（1）室内消火栓超过 10 个且室内消防用水量大于 15L/s 时，室内消防给水管道中至少应有 2 条进水管与室外环状管网连接，并将室内管道连成环状或与室外管道连成环状。

（2）对超过6层的塔式和通廊式住宅、超过5层或体积大于$10000m^3$的其他民用建筑、多于4层的库房和厂房，如室内消防立管≥2条时，应至少每2根竖管相连组成环状管道。

（3）消火栓给水管网应与自动喷水灭火管网分开设置。若布置有困难时，应在报警阀前分开设置。

（4）闸门的设置应便于管网维修和使用安全，检修关闭阀门后，停止使用的消防立管不应多于1根，在同一层中停止使用的消火栓不应多于5个。

（5）水泵接合器应设在消防车易于到达的地点，同时还应考虑在其附近15～40m范围内有供消防车取水的室外消火栓或贮水池。水泵接合器的数量应按室内消防用水量计算确定；每个水泵接合器进入流量可达到10～15L/s，一般不少于2个。

二、消防灭火系统管道安装

1. 消防灭火系统管道安装一般要求

1）常用管道、管件材质的选用

消防灭火系统管道直径≤*DN*100mm时采用镀锌焊接钢管，丝口连接；管材必须符合现行国家规范《低压流体输送用焊接钢管》GB/T 3091的要求；

消防灭火系统管道直径＞*DN*100mm时，采用无缝钢管法兰（焊接）连接，镀锌后二次安装或采用镀锌无缝钢管，沟槽式接口方式连接；管材必须符合现行国家规范《输送流体用无缝钢管》GB/T 8163的要求；

2）消防灭火系统的施工

（1）消防灭火系统的施工，必须有相应资质等级的施工单位承担系统的施工，应按公安消防监督机构审批的设计图纸和技术文件进行，不得随意更改。确需修改时，应由原设计单位修改；

（2）施工现场管理，应具有相应的施工技术标准，健全的质量管理体系和施工质量检验制度，实现施工全过程的质量控制。

(3) 消防灭火系统施工前，应具备下列条件：

设计单位已向施工单位交底，并应记录；系统的组件、管材及管件的规格、型号，符合设计要求，并能保证连续施工；与施工有关的基础、预埋件和预留孔，经检查符合设计要求；施工现场的场地、道路、水、电等临时设施，能满足施工要求；

2. 室内消火栓灭火系统安装

1) 消火栓灭火系统施工流程见图 2-6-49。

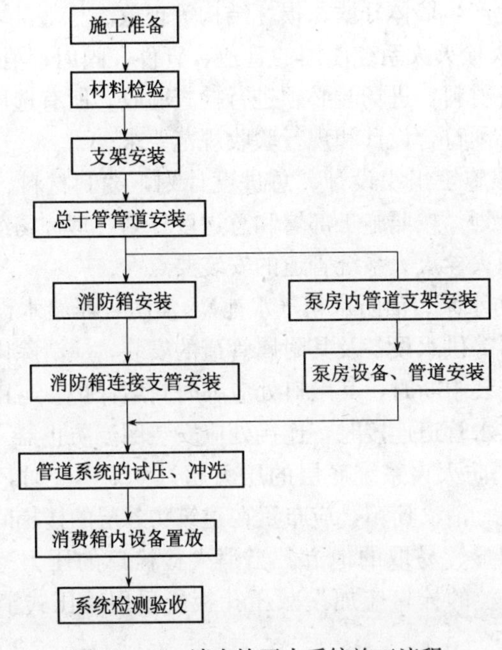

图 2-6-49 消火栓灭火系统施工流程

2) 室内消火栓系统安装

(1) 施工准备

a. 认真熟悉施工图和有关设计说明、技术要求等文件，明确设计技术要求及施工验收规范。同时认真审阅施工图，注意施工图的设计深度和完整性，参加设计图纸会审交底及时提出和解决设计图上存在的问题。

b. 施工现场管理，应具有相应的施工技术标准，健全的质量管理体系和施工质量检验制度，实现施工全过程的质量控制。

c. 核对消防箱的设置形式、箱体外型尺寸和箱内设备的设置要求。对于暗装型、半暗装型的消火栓箱，必须在土建墙板结构钢筋绑扎或墙体砌筑过程中，配合土建做好消火栓箱布置位置的留洞（孔）和复核检查工作。墙体留洞（孔）的位置大小、标高和深度，必须满足管道和箱体的安装要求和设计、验收规范的要求。避免产生墙体开凿、损坏结构等现象。

d. 消火栓灭火系统使用的管道、管件、阀门、消火栓（箱）与系统设备材料，进场时必须进行检查验收。所有选用材料和型号规格，必须符合设计和现行验收规范要求。

e. 按照施工组织设计、总进度计划，编制材料、机具和劳动力进场计划，按照施工部署和总进度计划合理进场组织施工。

(2) 消火栓灭火系统管道的安装要点

a. 消防水泵、消防水箱（水池）、消防气压给水设备和消防水泵接合器等供水设备及其附属管道的安装，应清除内部的污垢和杂物，安装中断时，其敞口处应临时封堵保护。与市政供水管道和生活供水管道连接时，连接处应安装倒流防止器。

b. 当消防灭火系统底层的压力超过 0.8MPa 时，宜采用分区给水系统。消火栓箱，应布置在建筑物各层的楼梯间、门厅和走廊内等明显、易取的地方。当消火栓栓口的压力＞0.45MPa 时，在消火栓的栓口应加设减压孔板或采用减压式消火栓减压供水。

c. 管道的安装顺序，一般按照楼层和水流方向自下而上、先水平干管、后立管和支管的顺序进行。

d. 消防灭火系统的水平干管、立管和进箱体的连接管道，必须按照设计与验收规范要求设置支吊架和管卡，管道的布置、坡度、坡向，都必须符合设计要求。

e. 管道的切割、丝接、法兰连接、焊接和沟槽式连接加工、支吊架制作等工序，应严格执行现行国家标准和验收规范要求。

f. 消防灭火系统管道的焊缝、法兰、连接管件和阀门和其他连接件设置的位置，应便于检修，且不得紧贴墙壁、楼板、支吊架和套管内。管道穿越墙板或楼板时，必须设置钢套管。管道与套管的间隙，应采用石棉水泥或其他不燃材料填塞，管道穿越有防水要求处，必须设置防水套管。

g. 镀锌钢管在埋地敷设时，必须符合设计和规范要求，做好管道的防腐处理。水压试验验收合格后，应进行隐蔽工程验收，并且填写隐蔽工程验收记录表，及时填土、分层夯实。

h. 消防灭火系统管道的阀门在安装前，应按照设计要求核对其型号、压力等级，并且按照水流方向确定其安装方向。

i. 消防灭火系统管道在连接时，不得采用强力对口、加偏垫或多层垫片的方法来消除接口端面的空隙、偏差和错口等缺陷。

j. 消防水泵出水管的管端处，应安装压力表、止回阀、试验阀和控制阀。压力表的量程，应为系统管道工作压力的1.5～2.0倍。

k. 消防水泵接合器的安装，应按照接口、本体、连接管、止回阀、安全阀、放空管、控制阀的顺序安装。整体式消防水泵接合器的安装，按照其使用说明书要求进行。消防水泵接合器，应安装在便于消防车接近的人行道或非机动车行驶地段。消防水泵接合器，距室外消火栓或消防水池宜为15～40m，并应设置与水喷淋水泵接合器有区分的永久性标志。消防水泵接合器分为地面式、地下式和墙壁式，其安装要求详见施工规范和国家有关标准图集。

(3) 消防箱安装

a. 室内常用消防箱的配置：一般配置有单栓、双栓和带灭火喉的消防箱等。消防箱选用必须根据设计要求进行。

b. 消火栓箱的安装：根据设计要求，可分为明装箱和暗装箱；消防箱的安装，要求做到稳、准、牢。同时在箱体的具体安装过程中，应根据消火栓箱的布置，选择合适开启门方向的箱体。

c. 消火栓箱的附件安装前，对箱体表面和消防箱门的玻璃，要逐个擦拭干净，麻织带和水枪按照设计或标准图集要求放好。

d. 消防箱的安装必须符合下列规定：

① 消火栓的栓口应朝外，单栓配置的消火栓箱的栓口不应安装在门轴侧。

② 消火栓栓口的中心离地应为 1.1m，允许偏差±20mm。同一建筑内应选用同一规格的消火栓、水带和水枪，以方便使用。

③ 消火栓的栓口中心距箱体侧面 140mm，距箱体后表面 100mm，允许偏差±5mm。

④ 消防箱体安装的垂直度的允许偏差 3mm。

⑤ 箱内配置的水龙带、水枪和快速接头绑扎好后，根据消防箱的配置要求，按照箱内构造，将水龙带、水枪和灭火喉等附件，置放在箱内挂钉、托架或支架上。

⑥ 为保证及时灭火，每个消火栓处应设置直接启动的消防水泵按钮或报警信号装置。

⑦ 在建筑物屋顶应设 1 个消火栓，以利于消防人员经常检查消防给水系统是否能正常运行，同时还能起到保护建筑物免受邻近建筑火灾的波及。在寒冷地区，屋顶消火栓可设在顶层出口处、水箱间，并采取防冻保温措施。

3. 室外消防给水管道安装

1）室外消防给水管道安装施工流程见图 2-6-50。

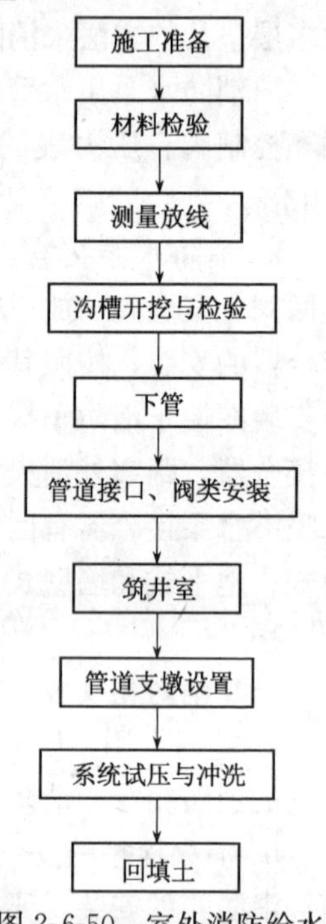

图 2-6-50　室外消防给水管道安装施工流程

2）施工准备

（1）施工前，应认真审阅设计施工图及有关施工文件，领会设计意图和技术要求。熟悉相关国家或行业验收规范和标准图集等。进行现场勘测，了解公用管线、场地设施和环境保护等条件，编制施工方案组织和指导现场施工。

(2) 按照施工组织设计、总进度计划，编制材料、机具和劳动力进场计划，按照施工部署和总进度计划合理进场组织施工。

(3) 室外消防给水管道的常用材质：塑料给水管、衬塑或涂塑镀锌钢管、给水铸铁管等，室外消防给水管道的安装一般技术要求。

(4) 塑料给水管的管件和黏结剂，应由同一厂家配套供应。

(5) 室外给水、消防管道使用的管材、管件、阀门、消火栓箱等材料，进场时必须进行检查验收。所有选用材料和型号规格，必须符合设计和现行验收规范要求。

3) 室外消火栓灭火系统的安装要求

(1) 安装前，应检查消火栓的型号、规格是否符合设计要求，消火栓启闭应灵活。消火栓安装位置和进出口方向应符合设计要求。

(2) 室外地下式消火栓与主管连接的三通或弯头下部，均应稳固在混凝土支墩上。并且保证管道底部与井底的间距，应不小于300mm，顶部距井盖底面不大于400mm。消火栓井的井盖应有明显消火栓字样标志。室外地下式的消火栓井的砌筑要求，应符合规范要求。

(3) 室外地上式消火栓，一般应高出地面640mm。安装时，应将消火栓下部的底座，稳固在混凝土支墩上。

三、消火栓给水系统的水力计算

消火栓给水系统应根据规范规定的消防用水量、水枪数量和水压进行水力计算，最终确定管网的管径，系统所需的水压，水池、水箱的容积和水泵的型号等。我国防火规范规定和各类建筑物消防用水量及同时使用的水枪数量等可根据表2-6-51和表2-6-52确定。

室内消火栓用水量　　　　　　表 2-6-51

建筑物名称	高度、层数、体积或座位数	消火栓用水量（L/s）	同时使用水枪数量（支）	每支水枪最小流量（L/s）	单立管最小流量（L/s）
厂房	高度≤24m，体积≤10000m^2	5	2	2.5	5
	高度≤24m，体积>10000m^2	10	2	5	10
	高度 25～50m	25	5	5	15
	高度>50m	30	6	5	15
科研楼、试验楼	高度≤24m，体积≤10000m^3	10	2	5	10
	高度≤24m，体积>10000m^3	15	3	5	10
库房	高度≤24m，体积≤5000m^3	5	1	5	5
	高度≤24m，体积>5000m^3	10	2	5	10
	高度 24～50m	30	6	5	15
	高度>50m	40	8	5	15
车站、码头、机场建筑物和展览馆等	体积 5001～25000m^3	10	2	5	10
	体积 25001～50000m^3	15	3	5	10
	体积>50000m^3	20	4	5	15
商场、病房楼、教学楼等	体积 5001～10000m^3	5	2	2.5	5
	体积 10001～25000m^3	10	2	5	10
	体积>25000m^3	15	3	5	10
剧院、电影院、俱乐部、礼堂、体育馆等	座位数 801～1200 个	10	2	5	10
	座位数 1201～5000 个	15	3	5	10
	座位数 5001～10000 个	20	4	5	15
	座位数>10000 个	30	6	5	15
住宅	层数 7～9	5	2	2.5	5
其他建筑	层数≥6 或体积≥10000m^3	15	3	5	10
国家级文物保护单位的重点砖木结构的古建筑	体积≤10000m^3	20	4	5	10
	体积>10000m^3	25	5	5	15

汽车库室内消火栓用水量　　　表 2-6-52

停车库、修车库的防火分类			消火栓用水量（L/s）	同时使用水枪数量（支）	每支水枪最小流量（L/s）
名称	类别	数量（辆）			
停车库	Ⅰ	＞200	10	2	5
	Ⅱ	101～200	10	2	5
	Ⅲ	26～100	10	2	5
	Ⅳ	≤25	5	1	5
修车库	Ⅰ	＞15	10	2	5
	Ⅱ	6～15	10	2	5
	Ⅲ	3～5	5	1	5
	Ⅳ	≤2	5	1	5

1. 消火栓口所需的水压

消火栓口所需的水压按下列公式计算：

$$H_{zh}=H_{q}+H_{d}+H_{k} \tag{2-4}$$

式中　H_{zh}——消火栓口的水压（kPa）；

H_{q}——水枪喷嘴处的压力（kPa）；

H_{d}——水带的水头损失（kPa）；

H_{k}——消火栓栓口水头损失，以 20kPa 为单位。

理想的射流高度（即不考虑空气对射流的阻力）为

$$H_{q}=\frac{v^{2}}{2g} \tag{2-5}$$

式中　v——水流在喷嘴口处的流速(m/s)；

g——重力加速度(m/s^{2})；

II_{q}——水枪喷嘴处的压力(kPa)。

水枪垂直射流组成如图 2-6-47 所示。实际射流对空气的阻力为

$$\Delta H=H_{q}-H_{d}=\frac{K_{1}v^{2}}{d_{f}2g}H_{f} \tag{2-6}$$

式中　K_{1}——由实验确定的阻力系数；

d_{f}——水枪喷嘴口径（m）；

H_f——垂直射流高度（m）。

把式（2-5）代入式（2-6）得

$$H_q - H_f = \frac{K_L}{d_f} H_q H_f$$

$$H_q = \frac{H_f}{1 - \frac{K_1}{d_f} \cdot H_f} \quad (2\text{-}7)$$

设$\frac{K_1}{d_f} = \varphi$，则

$$H_q = \frac{10H_f}{1 - \varphi H_t} \quad (2\text{-}8)$$

φ是与水枪喷嘴口径有关的阻力系数，可按经验公式 $\varphi = \frac{0.25}{d_f + (0.1d_f)^3}$计算，其值已列入表 2-6-53。

系数 φ 值 **表 2-6-53**

d_f(mm)	13	16	19
φ	0.0165	0.0124	0.0097

水枪充实水柱高度 H_m 与垂直射流高度 H_f 的关系式由下列公式表示：

$$H_f = \alpha_f H_m$$

式中 α_f——实验系数，$\alpha_f = 1.19 + 80(0.01H_m)^4$，可查表 2-6-54。

系数 α_f 值 **表 2-6-54**

H_m(m)	6	8	10	12	16
α_f	1.19	1.19	1.20	1.21	1.24

将式(2-8)代入式(2-7)，可得到水枪喷嘴处的压力与充实水柱高度的关系：

$$H_Q = \frac{10\alpha_f H_m}{1 - \varphi \alpha_f H_m} \ (\text{kPa}) \quad (2\text{-}9)$$

水枪在使用时常倾斜 45°～60°，由试验得知充实水柱长度基本与倾角无关，在计算时充实水柱长度与充实水柱高度可视为相等。

下面给出水枪射出流量与喷嘴压力之间的计算关系式。

根据孔口出流公式：

$$q_{ab}=\mu\frac{\pi d_1^2}{4}\sqrt{2gH_q}=0.003477\mu d_1^2\sqrt{H_q}$$

令 $B=(0.003477\mu d_1^2)^2$，则

$$q_{ab}=\sqrt{BH_q} \tag{2-10}$$

式中 q_{ab}——水枪的射出流量（L/s）；

μ——孔口流量系数，采用 $\mu=1.0$；

B——水枪水流特性系数，与水枪喷嘴口径有关，可查表 2-6-54；

H_q——同式（2-4）（mH_2O）。

为了方便使用，根据式（2-9）、式（2-10）制成表 2-6-55，根据水枪口径和充实水柱长度可查出水枪的射出流量和压力值（表 2-6-56）。

水枪水流特性系数 *B*　　表 2-6-55

水枪喷口直径（mm）	13	16	19	22
B	0.346	0.793	1.577	2.836

H_m，H_q，q_{ab} 技术数据　　表 2-6-56

充实水柱 H_m（m）	水枪喷口直径（mm）					
	13		16		19	
	H_q（mH_2O）	q_{xh}（L/s）	H_q（mH_2O）	q_{ab}（L/s）	H_q（mH_2O）	q_{xb}（L/s）
6	8.1	1.7	7.8	2.5	7.7	3.5
8	11.2	2.0	10.7	2.9	10.4	4.1
10	14.9	2.3	14.1	3.3	13.6	4.5
12	19.1	2.6	17.7	3.8	16.9	5.2
14	23.9	2.9	21.8	4.2	20.6	5.7
16	29.7	3.2	26.5	4.6	24.7	6.2

水带水头损失按下式计算：

$$h_d=10A_zL_dq_{ab}^2 \tag{2-11}$$

式中 h_d——水带水头损失（kPa）；

L_d——水带长度（m）；

A_z——水带阻力系数，见表 2-6-57；

q_{ab}——同式（2-10）。

水带阻力系数 A_z 值　　　　　表 2-6-57

水带材料	水带直径（mm）		
	50	65	80
麻织	0.01501	0.00430	0.00150
衬胶	0.00677	0.00172	0.00075

2. 消防水池、水箱容积的确定

1）消防贮水池的消防贮存水量计算

消防贮水池的消防贮存水量应按下式确定：

$$V_f = 3.6(Q_f - Q_L)T_x \tag{2-12}$$

式中 V_f——消防水池贮存消防水量（m^3）；

Q_f——室内消防用水量与室外给水管网不能保证的室外消防用水量之和（L/s）；

Q_L——市政管网可连续补充的水量（L/s）；

T_x——火灾延续时间，详见表 2-6-58。

火灾延续时间 T_x 值　　　　　表 2-6-58

建　筑　名　称	T_x（h）	备　注
居住区，工厂，丁、戊类仓库	2	火灾危险性分类见《建筑设计防火规范》中有关规定划分
甲、乙、丙类物品仓库，可燃气体储罐，煤、焦炭露天堆场	3	
易燃、可燃材料露天、半露天堆场（不包括煤、焦炭露天堆场）	6	
浮顶罐，地下和半地下固定顶立式罐，覆土储罐和直径≤20m 的地上固定顶立式罐	4	
直径>20m 的地上固定顶立式罐	6	
液化石油气储罐	6	
高层工业和民用建筑：重要的科研楼、档案楼、图书楼、商业楼、展览楼、综合楼、一类电信楼、财贸金融楼，纺织工业楼、可燃物品仓、其他丙类生产工业楼	3	
其他高层民用建筑，丁、戊类厂房，库房楼	2	
自动喷水灭火设备	1	

2）消防水箱的消防贮水量计算

按照我国建筑防火规范规定，消防水箱应贮存 10min 的室内消防用水总量，以供扑救初期火灾之用。计算公式为

$$V_x = 0.6Q_x$$

式中 V_x——消防水箱贮存消防水量（m^3）；

Q_x——室内消防用水总量（L/s）；

0.6——单位换算系数，$V_x = Q_x \times 10 \times 60/1000 = 0.6Q_x$。

在实际设计中，消防水箱的最小贮水量可按下面确定：一类建筑（住宅除外）不小于 18m^3；二类建筑（住宅除外）和一类建筑中的住宅不小于 12m^3；二类建筑的住宅不小于 6m^3。

3. 消防管网水力计算

进行消防管网的水力计算是为了确定消防给水管网的管径、计算或校核消防水箱的设置高度以及选择消防水泵。在进行消防管网水力计算时，常按以下步骤进行：

1）应首先选择最不利立管和最不利消火栓，以此确定计算管路，并按照消防规范规定的室内消防用水量进行流量分配，参见表 2-6-51 及表 2-6-52。

2）在最不利点水枪射出流量确定后，以下各层水枪的实际射出流量应根据消火栓口处的实际压力计算。在确定了消防管网中各管段的流量后，便可按流量公式计算出各段管径。消火栓给水管道中的一般设计流速以 1.4～1.8m/s 为宜，不允许大于 2.5m/s。消防管道沿程水头损失的计算方法与给水管网计算相同，其局部水头损失按管道沿程水头损失的 10%采用。对于环状管网，可假定某管段发生故障，仍按枝状网进行计算。

3）系统中设有消防水箱时，应以水箱的最低水位作为计算管路的起点，并进行水头损失计算和确定管径、水箱的设置高度或补压设备。

4）采用消防水泵时，应以消防水池最低水位作为起点选择计算管路，计算管径和水头损失，确定消防水泵的扬程。

【例】一栋 19 层的综合服务性大楼，其消火栓给水系统如图

2-6-51 所示。

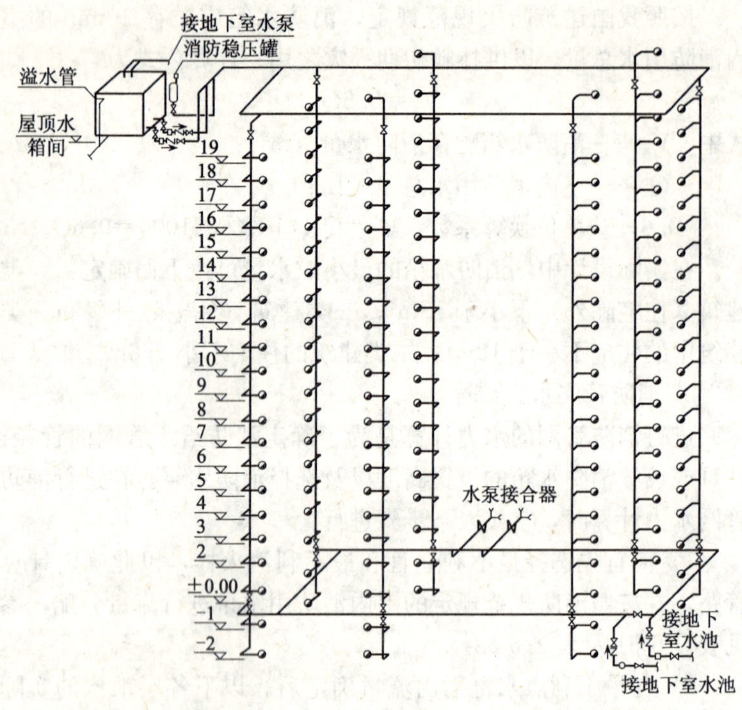

图 2-6-51　消火栓给水系统图

1）消火栓给水系统的选择

此建筑对消防要求较高，须保证消防安全可靠，室内消火栓给水系统采用独立消防给水系统。按《高层民用建筑设计防火规范》要求，采用两股水柱，每股流量 q_{xh}＝5.0L/s。消火栓保护半径为 28m。按此原则，在建筑物内布置消火栓并确定其数量。

从建筑平面图可知，地下 2～19 层均设 7 根消防立管，即每层设 7 个消火栓（其中 2 个消火栓为消防队员专用）。同时，为保证消防管道在发生火灾时能及时供给消防正常用水，且为了保护建筑物免受邻近火灾的威胁，在屋顶设置 4 个试验消火栓。为了便于消防，消火栓设置在使用方便且显眼的地方（设在楼梯间和走廊处）。消防管网布置成环状，室外设有 2 个或以上水泵接合器，以便消防车接入（水泵接合器应设在消防车便于接近的地方，即马路旁边），保证消防可靠。

由于此大楼为 60 多米的高层建筑，市政管网水压不能直接供至建筑物的最高处，所以应设消防泵。为了安全起见，设两台消防泵（一用一备）。同时，为了保证着火初期上层消火栓的压力，还专设了两台稳压泵。为了及时传递火灾信号、及时启动消防水泵，在消火栓内装有自动按钮，使水泵迅速启动，以便迅速消防。地下贮水池备用 2h 的消防用水，防止室外管网损坏时可保证大楼的消防。屋顶水箱贮存有 10min 的消防用水，以便在发生火灾时的前 10min 内能保证消防。平时消防管道所设置的阀门均应打开，使消火栓内充满水，并保证消防水量及水压、管道布置安全可靠。

2）消火栓给水方式

（1）10min 前：屋顶水箱→稳压泵→消防立管→消火栓。

（2）10min 后至 2h：地下贮水池→消防泵→消防立管→消火栓。

3）消火栓系统的组成

由消防水泵、稳压泵、消防立管、消火栓、水泵接合器等组成。

4）水箱及贮水池的贮水容积计算

（1）水箱容积计算：贮存在水箱中的消防水量按消防用水 10min、消防流量 40L/s 计算，其贮水量为

$$V=40\times10\times60/1000=24\text{m}^3$$

（2）贮水池容积计算：贮存在贮水池的消防水量按消防用水 2h×消防流量 40L/s 计算，其贮水量为

$$V=40\times2\times3600/1000=288\text{m}^3$$

5）消火栓系统的计算

（1）由于底层消火栓所承受的静水压力在 784kPa（80mH_2O）左右，因此该消火栓系统不分区。

(2) 根据该建筑性质，按规定，消火栓每支水枪最小流量 $q=5\text{L/s}$，故选择口径 65mm 的消火栓，喷口直径 $d=19\text{mm}$，水龙带长度 $L_d=25\text{m}$，设计充实水柱 $H_m=12\text{m}$。查表，$H_q=166.6\text{kPa}$（$17\text{mH}_2\text{O}$），$q_{xh}=5.2\text{L/s}>5.0\text{L/s}$，所以选取喷口流量 $q_{xh}=5.2L/\text{s}$。消火栓保护半径为

$$R_f=L_d+h=25\times0.8+0.71\times3=22.13\text{m}$$

根据上述数据，确定在每层设置 7 个消火栓，其中 2 个为消防队员专用。

水龙带的水头损失：

$$h_d=A_zL_dq_{xh}^2=0.00430\times25\times5.2^2=2.91\text{mH}_2\text{O}$$

每一层消火栓口处所需的水压：

$$H_{xh}=h_d+H_q=2.91+17=19.91\text{mH}_2\text{O}$$

考虑到着火时最不利消防竖管水枪数为 3 支，所以消防立管的流量为

$$Q=3\times5.2=15.6\text{L/s}$$

根据 $Q=15.6\text{L/s}$，立管管径 $d_g=100\text{mm}$，$v=1.78\text{m/s}$，$1000i=64.2$，得：

从消防泵到屋面试验消火栓的管长 $L=125\text{m}$；

沿程水头损失：$h_1=0.0642\times125=8.025\text{mH}_2\text{O}$；

总水头损失：$h=1.1h_1=1.1\times8.025=8.83\text{mH}_2\text{O}$；

试验消火栓到消防泵的高程差：$H_z=68\text{m}$；

消防泵所需总扬程：$H=h+H_z+H_{xh}=8.83+68+19.91=96.74\text{m}$；

消防泵的流量：$Q=15.6\times25.2\times2=41.6\text{L/s}$（考虑到着火处需 2 股水柱）；

选择消防泵：100DL×6 型立式多级分段式离心泵 2 台，其中 1 台备用，水泵参数为 $Q=35.0\text{L/s}$，$H=102.0\text{m}$。

为了保证起火初期高层消火栓的水压，在设置了消防主泵的同时，在屋面另设置 2 台 DA_1-50×2 型稳压泵，其参数为：$Q=5.0\text{L/s}$，$H=19.0\text{m}$。

(3) 消火栓减压孔板计算

为了使消火栓各层压力均接近 H_{xh}，需设减压孔板，从而保证消火栓正常使用。具体计算见表 2-6-59。

减压孔板计算表 **表 2-6-59**

楼层	栓口处压力 H (mH_2O)	剩余水头 H_0 (mH_2O)	$\sum h$ (m)	高差 Z (m)	消火栓管道管径 D(mm)	孔板孔径 d (mm)
19	26.32	9.32	7.77	65		
18	29.53	12.53	7.56	62		
17	32.75	15.75	7.34	59		
16	35.96	18.96	7.13	56		
15	39.17	22.17	6.92	53		
14	42.38	25.38	6.71	50		
13	45.59	28.59	6.50	47		
12	48.80	31.80	6.29	44		
11	52.02	35.02	6.07	41	70	17
10	55.23	38.23	5.86	38	70	17
9	58.47	41.47	5.65	35	70	17
8	61.65	44.65	5.44	32	70	16
7	64.86	47.86	5.23	29	70	16
6	68.08	51.08	5.01	26	70	16
5	71.29	54.29	4.80	23	70	16
4	74.50	57.50	4.59	20	70	15
3	79.42	62.42	4.27	15.4	70	15
2	83.28	66.28	4.01	11.8	70	15
1	87.78	70.08	3.71	7.6	70	15
−1	91.95	74.59	3.44	3.7	70	14
−2	95.81	78.81	3.18	0.1	70	

四、自动喷水灭火系统

自动喷水灭火系统，是当今世界上公认的最有效的自救灭火设施，也是应用最广泛、用量最大的自动灭火系统。当发生火灾时，自动喷水灭火系统能自动喷水灭火并同时发生火警信号，尤其是在扑灭初期其功效较高，成功率在95%以上。我国从开始应用自动喷水灭火系统，至今已有 70 年的历史。该系统的特点是灭火成功率高，但设施建设及控制较复杂，投资较高，并已被国际公认为最有效的自动扑救室内火灾的消防设施。自动喷水灭火系统在我国的应用范围和使用量正在不断扩展与增长。

1. 各类自动喷水灭火系统的设置原则

根据我国建筑设计防火规范规定，设置各类自动喷水灭火系统的原则见表 2-6-60。

设置各类自动喷水灭火系统的原则　　表 2-6-60

系统类型	设　置　原　则
闭式自动喷水灭火系统	（1）等于或大于 50000 纱锭的棉纺厂的开包、清花车间、等于或大于 5000 锭的麻纺厂的分级、梳麻车间，服装、针织高层厂房，面积超过 $1500m^2$ 的木器厂房，火柴厂的烤梗、筛选部位，泡沫塑料厂的预发、成型、切片、压花部位； （2）每座占地面积超过 $1000m^2$ 的棉、麻、毛、丝、化纤、毛皮及其制品库房，每座占地面积超过 $600m^2$ 的火柴库房，建筑面积超过 $500m^2$ 的可燃物品地下库房，可燃、难燃物品的高架库房和高层库房（冷库、高层卷烟成品库房除外），省级以上或藏书超过 100 万册图书馆的书库； （3）超过 1500 个座位的剧院观众厅、舞台上部（屋顶采用金属构件时）、化妆室、道具室、贵宾室，超过 2000 个座位的会堂或礼堂的观众厅、舞台上部、贮藏室、贵宾室，超过 3000 个座位的体育馆、观众厅的吊顶上部、贵宾室、器材间、运动员休息室； （4）省级邮政楼的邮袋库； （5）每层面积超过 $3000m^2$ 或建筑面积超过 $9000m^2$ 的百货楼、展览大厅； （6）设有空气调节系统的旅馆和综合办公楼内的走道、办公室、餐厅、商店房和无楼层服务台的客房； （7）飞机发动机试验台的准备部分； （8）国家级文物保护单位的重点砖木或木结构建筑； （9）建筑面积超过 $500m^2$ 的地下商店； （10）设置在地下、半地下的超过 $300m^2$ 的建筑和首层、二层、三层、四层及四层以上建筑的歌舞娱乐放映游艺场所； （11）建筑高度超过 100m 的高层建筑，除面积小于 $5m^2$ 的卫生间、厕所和不宜用水扑救的部位外，均应设置闭式自动喷水灭火系统； （12）建筑高度不超过 100m 的一类高层建筑及裙房的下列部位：公共活动用房，走道、办公室和旅馆的客房，可燃物品库房，高级住宅的居住用房，自动扶梯底部和垃圾道顶部； （13）二类高层民用建筑中的商场营业厅、展览厅等公共活动用房和超过 $200m^2$ 的可燃物品库房； （14）高层建筑中经常有人停留或可燃物较多的地下室房间、歌舞娱乐放映游艺场所等
水幕系统	（1）超过 1500 个座位的剧院和超过 2000 个座位的会堂、礼堂的舞台口与舞台相连的侧台、后台的门窗洞口；

续表

系统类型	设　置　原　则
水幕系统	(2) 应设防火墙等防火分隔物而无法设置的开口部位； (3) 防火卷帘或防火幕的上部； (4) 高层民用建筑物内超过 800 个座位的剧院、礼堂的舞台口宜设防火幕或水幕隔离
雨淋喷水灭火系统	(1) 火柴厂的氯酸钾压碾厂房，建筑面积超过 $100m^2$ 的生产、使用硝化棉、喷漆棉、火胶棉、赛璐珞胶片、硝化纤维的厂房； (2) 建筑面积超过 $60m^2$ 或贮存量超过 2t 的硝化棉、喷漆棉、赛璐珞胶片、硝化纤维的库房； (3) 日装瓶数量超过 3000 瓶的液化石油储配站的灌瓶间、实瓶库； (4) 超过 1500 个座位的剧院和超过 2000 个座位的会堂舞台的葡萄架下部； (5) 建筑面积超过 $400m^2$ 的演播室，建筑面积超过 $500m^2$ 的电影摄影棚； (6) 乒乓球厂的轧坯、切片、磨球、分球检验部位
水喷雾灭火系统	(1) 单台容量在 40MW 及以上的厂矿企业可燃油浸电力变压器、单台容量在 90MW 及以上可燃油浸电厂电力变压器或单台容量在 125MW 及以上的独立变电所可燃油浸电力变压器； (2) 飞机发动机试验台的试车部分； (3) 高层建筑内的下列房间：燃油、燃气锅炉房，可燃油浸电力变压器室，充可燃油的高压电容器和多油开关室，自备发电机房

2. 自动喷水灭火系统的种类

自动喷水灭火系统虽然种类有别，但均由水源、加压贮水设备、喷头、管网、报警装置等组成。根据喷头的开、闭形式和管网充水与否分为以下几种系统。

1）湿式自动喷水灭火系统

如图 2-6-52 所示，其特点是系统管网中为常压水，喷头为常闭。当建筑物发生火灾，火点温度达到开启闭式喷头时，水从喷头喷出进行灭火。由于管网中充有有压水，对管道系统的安装与维护均有较高的要求。

(1) 系统组成

湿式喷水灭火系统是由闭式喷头、报警装置（水力警铃、压力开关）、湿式报警阀、管网及供水设施等组成的。湿式喷水灭火系统主要部件见表 2-6-61。

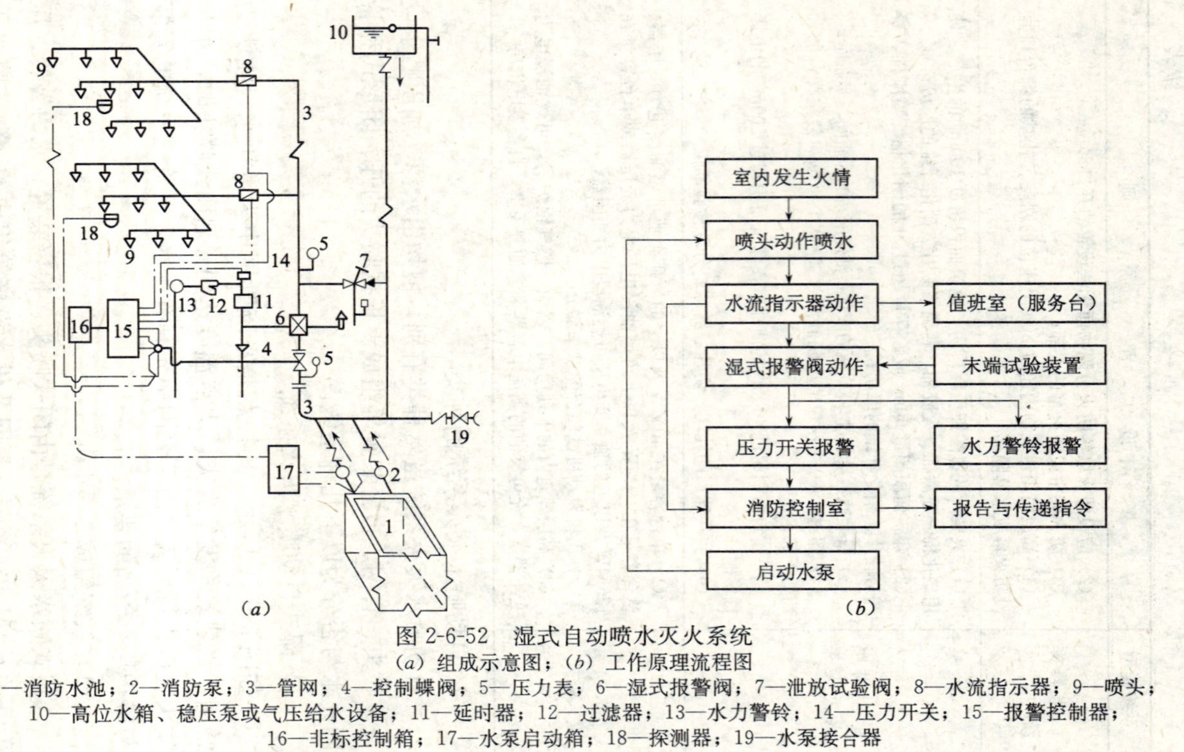

图 2-6-52　湿式自动喷水灭火系统

(*a*) 组成示意图；(*b*) 工作原理流程图

1—消防水池；2—消防泵；3—管网；4—控制蝶阀；5—压力表；6—湿式报警阀；7—泄放试验阀；8—水流指示器；9—喷头；10—高位水箱、稳压泵或气压给水设备；11—延时器；12—过滤器；13—水力警铃；14—压力开关；15—报警控制器；16—非标控制箱；17—水泵启动箱；18—探测器；19—水泵接合器

湿式喷水灭火系统主要部件　　　表 2-6-61

编　号	名　　称	用　　途
1	闭式喷头	感知火灾，出水灭火
2	火灾探测器	感知火灾，自动报警
3	水流指示器	输出电信号，指示火灾区域
4	水力警铃	发出音响报警信号
5	压力开关	自动报警或自动控制
6	延迟器	克服水压波动引起的误报警
7	过滤器	过滤水中杂质
8	压力表	指示系统压力
9	湿式报警阀	输出报警水流
10	闸阀	总控制阀门
11	截止阀	试警铃阀
12	放水阀	检修系统时放空用
13	火灾报警控制箱	接收电信号并发出指令
14	截止阀（或电磁阀）	末端试验装置
15	排水漏斗（或管）	排走系统的出水

（2）适用范围

适合安装在室内温度不低于 4℃、不高于 70℃且能用水灭火的建筑物、构筑物，如饭店、办公楼、医院、企业厂房、仓库及大型远洋客轮、货轮等场所，以及高层建筑和地下工程。

（3）工作原理

湿式喷水灭火系统在非喷水状态时，湿式报警内阀瓣上下水压平衡，阀瓣在重力的作用下，紧压在瓣槽上。瓣槽下的阀体内有一圈空腔，空腔与瓣槽之间有多个小孔，空腔阀体有一个出管接口，接向延时器和水力警铃。当阀瓣压在瓣槽上时，小孔被阀瓣堵住，没有水流入空腔，因此水力警铃不动作。当火灾发生时，喷头动作喷水，阀瓣上部水压下降，阀瓣下部的水压就大于上部水压，将阀瓣顶起，水流经阀腔向喷头供水，由于阀瓣离开了瓣槽，瓣槽内的小孔就敞开，水经小孔流入空腔，汇集后经接管流向延时器。延时器是一个上、下、侧三个方向有接管口的筒形体。

下部接管是用来泄水的，泄水量的大小可用接管上的阀门来调节。当侧向接口处由报警阀流来的水量很小时，由于泄水量大于入流量，水被泄走，不会发出警报。

所以，当管网压力稍有波动，阀瓣有瞬时抬升，少量水流入延时器是不会报警的，从而防止误报警。当火灾发生后，阀瓣抬起，一定量的水流入延时器内，若流入量大于泄水量，则水在延时器中上升并经上方出口涌向水力警铃，使警铃发出敲击警声。同时，压力开关在水压作用下接通电流，发出电信号报警，并启动供水水泵。这一系列的动作，大约在喷头开始喷水后 30s 内即可完成。

2）干式自动喷水灭火系统

管网中平时充有压力空气（或氮气），其喷头常闭，故称为干式灭火系统，如图 2-6-53 所示。当火灾火点温度达到开启闭式喷头时，该系统的灭火过程为：喷头开启，排气，充水，灭火。该系统的特点为：灭火不如湿式系统及时，但对建筑物装饰无影响，对环境温度也无要求，适用于无采暖的场所。

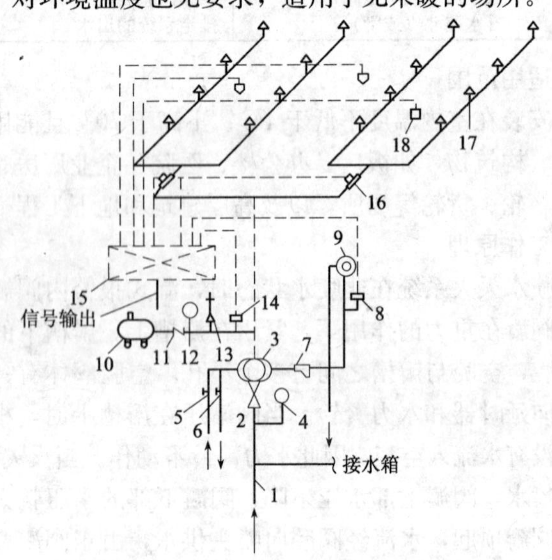

图 2-6-53　干式自动喷水灭火系统

1—供水管；2—闸阀；3—干式阀；4—压力表；5、6—截止阀；7—过滤器；8—压力开关；9—水力警铃；10—空压机；11—止回阀；12—压力表；13—安全阀；14—压力开关；15—火灾报警控制箱；16—水流指示器；17—闭式喷头；18—火灾探测器

（1）组成

干式喷水灭火系统是由闭式喷头、管道系统、干式报警阀、

报警装置、充气设备和供水设施等组成。干式喷水灭火系统主要部件见表 2-6-62。

干式喷水灭火系统主要部件　　表 2-6-62

编号	名称	用途
1	供水管	进水
2	闸阀	总控制阀
3	干湿两用阀、干式阀	系统控制阀，输出报警水流
4	压力表	提供供水系统压力
5	截止阀	试警铃阀
6	截止阀	系统检修时放空用
7	过滤器	过滤水中杂质
8	压力开关	自动报警或自动控制
9	水力警铃	发出音响报警信号
10	空压机	供给系统压缩空气
11	止回阀	维持系统气压
12	压力表	测量系统气压
13	安全阀	防止系统超压
14	压力开关	控制空压机启停
15	火灾报警控制箱	接收电信号，并发出指令
16	水流指示器	输出电信号，指示火灾区域
17	闭式喷头	感知火灾，出水灭火
18	火灾探测器	感知火灾，自动报警

(2) 特点及适用范围

干式喷水灭火系统的特点是在干式报警阀前的管道内充有压力水，在干式报警阀后的管道内充以压力气体（空气或氮气），因此不受温度影响。

干式喷水灭火系统的适用范围：

a. 适用于不需要采暖的建筑物内；

b. 适用于温度要求接近或低于 4°C 的建筑物内，如不采暖的仓库、冷藏室、冷库等；

c. 适用于环境温度在 70℃ 以上不宜用湿式喷水灭火系统的地方；

d. 适用于管网容积不宜超过 1500L 时，当设有排气装置时，不宜超过 3000L。

（3）干式喷水系统工作原理及工作程序

干式喷水系统工作原理是：失火时，喷头在火灾温度的作用下自动打开，排出管网中的压力气体，干式报警阀打开，水流入系统管网，并从打开的喷头中喷水灭火。

3）预作用喷水灭火系统

这是一种管网中平时无压，喷头常闭的灭火系统，如图2-6-54所示。其特点是：由火灾探测器报警，自动控制系统进行后续动作，启动闸门排气、充水，使原系统由干式变为湿式系统，只有当着火点温度达到开启闭式喷头时，才开始喷水灭火。相比之下，该系统更适用于建筑装饰要求高，灭火要求及时的建筑物。随着电子技术的发展，该系统将是自动灭火系统发展的主要趋势。

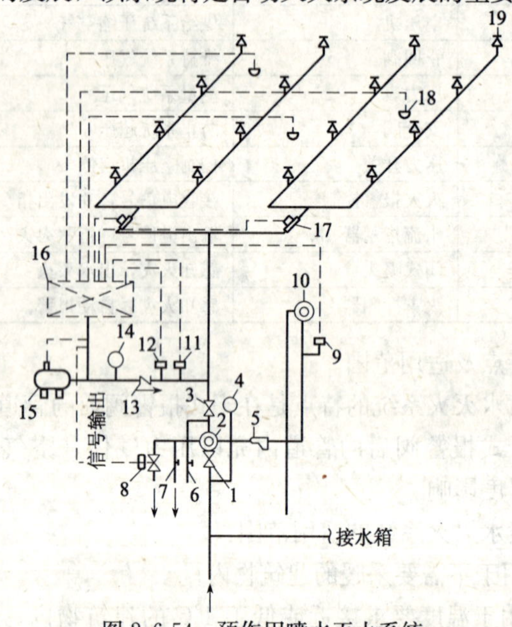

图 2-6-54　预作用喷水灭火系统

1—总控制阀；2—预作用阀；3—检修闸阀；4—压力表；5—过滤器；6—截止阀；7—手动开启截止阀；8—电磁阀；9—压力开关；10—水力警铃；11—压力开关（启闭空压机）；12—低气压报警压力开关；13—止回阀；14—压力表；15—空压机；16—火灾报警控制箱；17—水流指示器；18—火灾探测器；19—闭式喷头

（1）组成

预作用系统是由作用阀门、闭式喷头、管网、报警装置、供水设施以及探测和控制系统组成。预作用喷水系统主要部件见表2-6-63。

预作用喷水灭火系统主要部件　　表 2-6-63

编　号	名　称	用　途
1	闸阀	总控制阀
2	预作用阀	控制系统进水，先于喷头开启
3	闸阀	检修系统用
4	压力表	指示供水压力
5	过滤器	过滤水中杂质
6	截止阀	试验出水量
7	手动开启截止阀	手动开启预作用阀
8	电磁阀	电动开启预作用阀
9	压力开关	自动报警或自动控制
10	水力警铃	发出音响报警信号
11	压力开关	控制空压机启停
12	压力开关	低气压报警开关
13	止回阀	维持系统气压
14	压力表	指示系统气压
15	空压机	供给系统压缩空气
16	火灾报警控制箱	接收电信号并发出指令
17	水流指示器	输出电信号，指示火灾区域
18	火灾探测器	感知火灾
19	闭式喷头	出水灭火

（2）特点及适用范围

预作用喷水灭火系统的特点将湿式喷水灭火系统与自控技术相结合，集湿式和干式喷水灭火系统的长处，提高了系统的安全可靠性。

预作用喷水灭火系统适用于冬季结冻和不能采暖的建筑物内，以及不允许有误喷而造成水渍损失的建筑物（如高级旅馆、医院、重要办公楼、大型商场等）。

预作用喷水灭火系统的关键是其报警系统必须提前动作，即火灾探测器的动作必须先于喷头的动作。其管道内的充水时间不宜超过 3min，为了使该系统在火灾探测器发生故障时仍能正常工作，应设有系统手动操作装置。

(3) 预作用喷水灭火系统工作原理及工作程序

预作用喷水灭火系统的工作原理是：当发生火灾时，探测器启动，发生报警信号，启动预作用阀，使整个系统充满水而变成湿式系统，以后的动作程序即与湿式喷水灭火系统完全相同。

4) 雨淋喷水灭火系统

图 2-6-55 所示的是一种由自动控制闸门（喷头素开）控制的、使整个保护区域所有喷头喷水灭火的系统。当发生火灾时，该系统具有出水量大、灭火及时的优点，适用于火灾危险性大的建筑或部位。

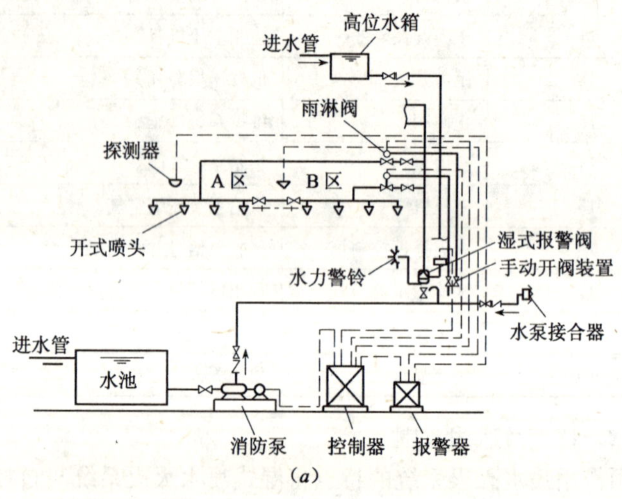

图 2-6-55　雨淋喷水灭火系统（一）
(a) 电动启动

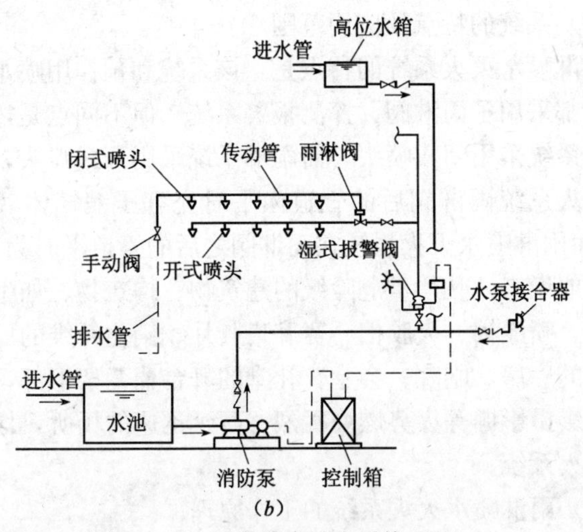

图 2-6-55　雨淋喷水灭火系统（二）
(b) 传动管启动

(1) 系统的组成

该系统是由雨淋：阀、开式喷头、管网、供水设施及探测系统和报警系统组成的雨淋喷水灭火系统主要部件见表 2-6-64。

雨淋喷水灭火系统主要部件　　　　表 2-6-64

编　号	名　称	用　途
1	水池	贮水
2	消防水泵	消防水加压
3	水泵接合器	与系统外部连接
4	控制箱	检修用以接电信号并发出指令
5	报警器	电信号报警
6	湿式报警阀	开、闭水流，同时报警
7	开式喷头	雨淋灭火（平时不出水，失火时喷水灭火）
8	手动阀	手动开启阀门
9	雨淋阀	自动控制消防供水（平时常闭、失火时自动开启）
10	水力警铃	机械报警
11	探测器	烟、温感报警
12	高位水箱	保证系统常压

(2) 系统的特点及应用范围

雨淋喷水灭火系统的特点是：该系统和预作用喷水灭火系统类似，都采用了雨淋阀、探测报警系统。但不同点是，预作用喷水灭火系统采用闭式喷头，而雨淋系统采用开式喷头，且预作用喷水灭火系统雨淋阀后的管道内平时充有压缩气体（也可为空管）；而雨淋喷水灭火系统在雨淋阀之后的管道平时为空管。

一般说来，凡严重危险级的建筑物、构筑物、如生产和使用硝化棉、喷漆棉、火胶棉、赛璐珞胶片、硝化纤维的厂房以及这些物品的库房，剧院、会堂、礼堂的舞台葡萄架下部，大型演播室和电影摄影棚等火势燃烧猛烈、蔓延迅速的场所，均采用雨淋喷水灭火系统。

(3) 雨淋喷水灭火系统的工作原理

雨淋喷水灭火系统的工作原理是：当火灾发生时，探测器动作，向控制箱发出报警信号，报警箱接到信号后，经过确认，发出指令，打开雨淋阀上的电磁泄压阀，使所有的开式喷头喷水灭火，同时启运水泵供水。

5) 水幕系统

该系统的最大特点是：喷头沿线布置，发生火灾时主要起阻火、冷却、隔离作用，如图 2-6-56 所示。该系统适用于需防火分区的交界处，如舞台与观众之间的隔离水帘、消防防火卷帘的冷却等。

(1) 系统的组成

水幕系统由雨淋阀、水幕喷头（包括窗口、檐口、台口等各种类型）、供水设施、管网及探测系统和报警系统等组成，水幕系统主要部件见表 2-6-65。

(2) 水幕系统的特点及适用范围

水幕系统采用开式的水幕喷头，喷出的水形成水帘状。因此，它不是直接用来扑灭火灾，而是与防火卷帘、防火幕配合使用。

水幕系统可用于防火分隔或防火分区，如用在大型剧场、会堂、礼堂的舞台口或其他高层建筑门窗、洞口等。

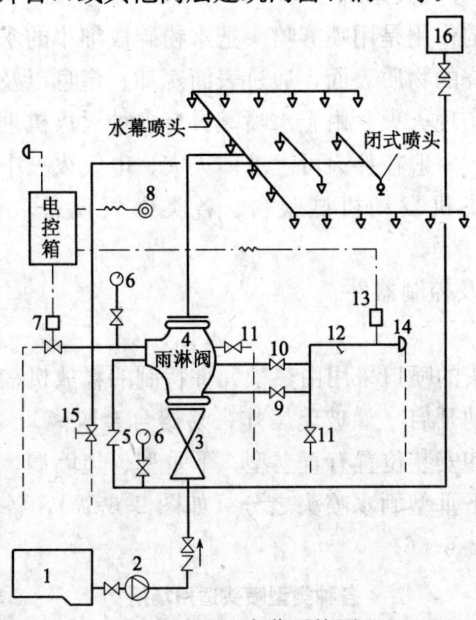

图 2-6-56　水幕系统图

1—水池；2—水泵；3—供水闸阀；4—雨淋阀；5—止回阀；6—压力表；7—电磁阀；8—按钮；9—试警铃阀；10—警铃管阀；11—放水阀；12—滤网；13—压力开关；14—警铃；15—手动快开阀；16—水箱

水幕系统主要部件　　表 2-6-65

编　号	名　称	用　　途
1	水池	贮水
2	水泵	消防水加压
3	水泵接合器	与系统外部连接
4	总控制阀	检修用
5	雨淋阀	自动控制消防供水（平时常闭、失火时自动开启）
6	水幕喷头	出水，隔火，阻火
7	开式喷头	自动控制消防供水（平时常闭，失火时自动开启）
8	手动阀	手动开启阀门
9	电磁阀	电动控制系统动作
10	控制箱	接收电信号，并发出指令

6）水喷雾灭火系统

该系统的作用是用喷雾喷头把水粉碎成细小的水雾之后，喷射到正在燃烧的物质表面，通过表面冷却、窒息以及乳化、稀释的共同作用实现灭火。由于水喷雾具有多种灭火机理，因而其适用范围较广，一般在扑灭可燃液体火灾、电气火灾中得到了广泛的应用，如飞机发动机试验台、各类电气设备、石油加工场所等。

3. 喷头及控制器件

1）喷头

闭式喷头的喷口采用由热敏元件特制的释放机构组件，受温度控制能自动开启（如玻璃爆炸、易熔合金脱离）。其构造按溅水盘的形式和安装位置有直立型、下垂型、边墙型、普通型、吊顶型和干式下垂型洒水喷头之分（如图 2-6-57），各种喷头的适用场所见表 2-6-66。

各种类型喷头适用场所　　表 2-6-66

喷头类别		适用场所
闭式喷头	玻璃球洒水喷头	因外形美观、体积小、质量轻、耐腐蚀，适用于宾馆等要求美观程度高和具有腐蚀性的场所
	易熔合金洒水喷头	适用于外观要求不高、腐蚀性不大的工厂、仓库和民用建筑
	直立型洒水喷头	适用安装在管路下经常有移动物体场所、尘埃较多的场所
	下垂型洒水喷头	适用于各种保护场所
	边墙型洒水喷头	安装空间狭窄、通道状建筑适用此种喷头
	吊顶型喷头	属装饰型喷头，可安装于旅馆、客厅、餐厅、办公室等建筑
	普通型洒水喷头	可直立，下垂安装，适用于有可燃吊顶的房间
	干式下垂型洒水喷头	专用于干式喷水灭火系统的下垂型喷头
开式喷头	开式洒水喷头	适用于雨淋喷水灭火和其他开式系统
	水幕喷头	凡需保护的门、窗、洞、檐口、舞台口等应安装这类喷头
	喷雾喷头	用于保护石油化工装置、电力设备等

续表

喷头类别		适　用　场　所
特殊喷头	自动启闭洒水喷头	这种喷头具有自动启闭功能，凡需降低水渍损失的场所均适用
	快速反应洒水喷头	这种喷头具有短时启动效果，凡要求启动时间短的场所均适用
	大水滴洒水喷头	适用于高架库房等火灾危险等级高的场所
	扩大覆盖洒水喷头	喷水保护面积可达 30～36m^2，可降低系统造价

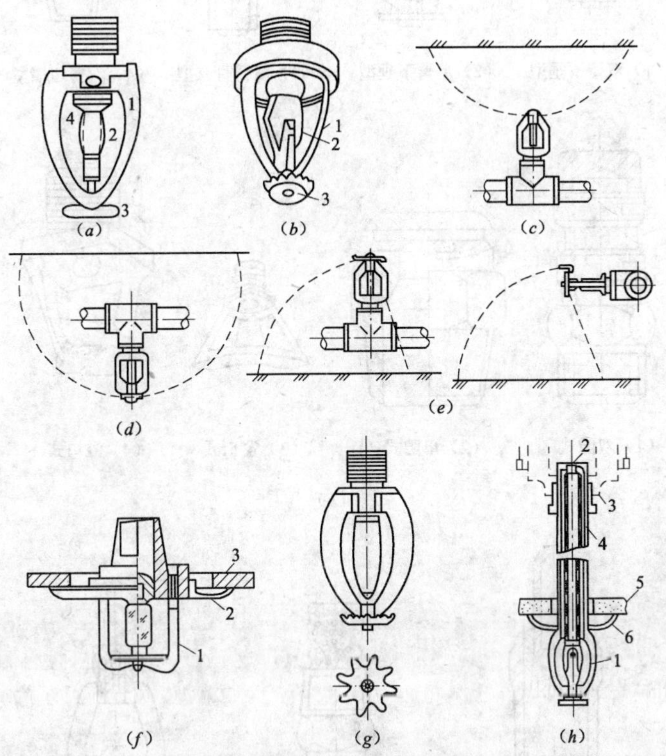

图 2-6-57　闭式喷头构造示意图

(*a*) 玻璃球洒水喷头；(*b*) 易熔合金洒水喷头；(*c*) 直立型；(*d*) 下垂型；(*e*) 边墙型（立式、水平式）；(*f*) 吊顶型；(*g*) 普通型；(*h*) 干式下垂型

(*a*) 1—支架；2—玻璃球；3—溅水盘；4—喷水口

(*b*) 1—支架；2—合金锁片；3—溅水盘

(*f*) 1—支架；2—装饰罩；3—吊顶

(*h*) 1—热敏元件；2—金属球；3—密封圈；4—套筒；5—吊顶；6—装饰罩

开式喷头分为开启式、水幕、喷雾三种，其构造如图 2-6-58 所示，喷头的适用场所见表 2-6-66。上述各种喷头的技术性能和色标参见表 2-6-67。

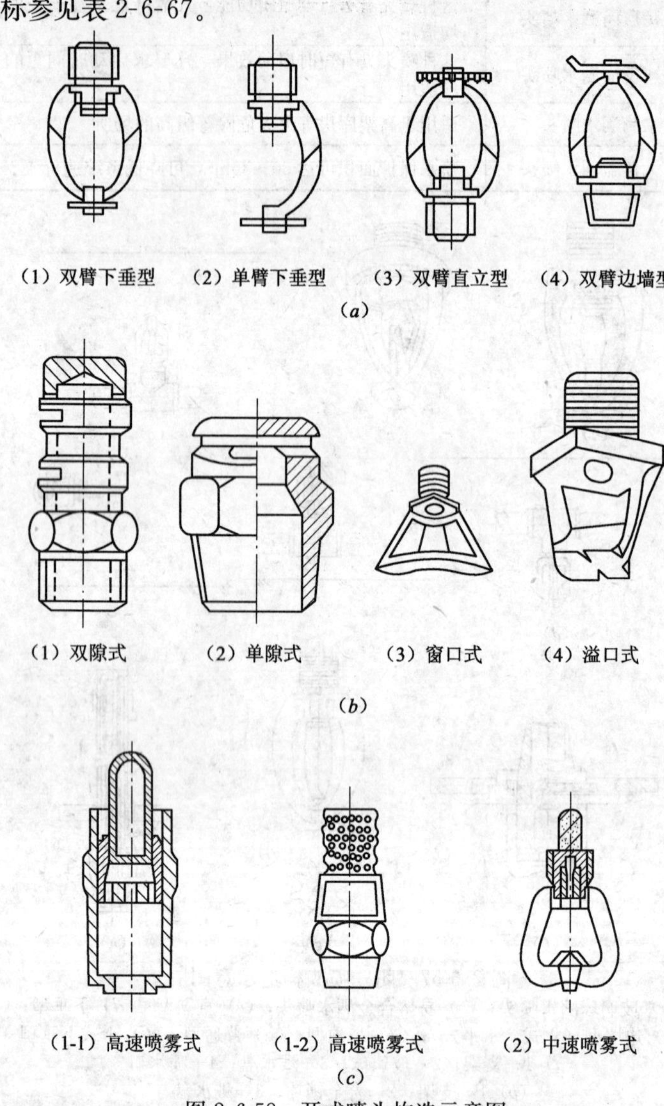

图 2-6-58　开式喷头构造示意图

(a) 开启式洒水喷头；(b) 水幕喷头；(c) 喷雾喷头

各类型喷头的技术参数　　表 2-6-67

喷头类别	喷头公称口径（mm）	动作温度（℃），颜色	
		玻璃球喷头	易熔元件喷头
闭式喷头	10，15，20	57 橙；68 红；79 黄；93 绿；141 蓝；182 紫红；227 黑；260 黑；343 黑	57～77，本色 80～107，白 121～149，蓝 163～191，红 204～246，绿 260～302，橙 320～342，黑
开式喷头	10，15，20		
水幕喷头	6，8，10，12.7，16，19		

2）报警阀

报警阀开启和关闭管道系统中的水流，同时传递控制信号到控制系统并启动水力警铃直接报警。根据使用条件有湿式、干式、干湿式和雨淋式四种类型，如图 2-6-59 所示，报警阀的规格有 *DN*50，65，80，125，150，200 等多种。

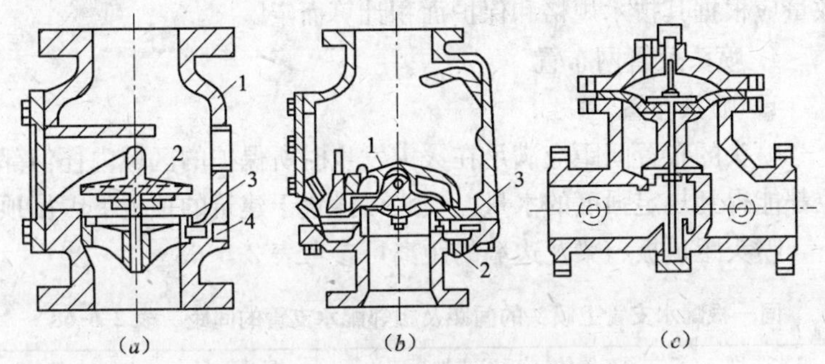

图 2-6-59　报警阀构造示意图

（*a*）座圈型湿式阀；（*b*）差动式干式阀；（*c*）雨淋阀

（*a*）1—阀体；2—阀瓣；3—沟槽；4—水力警铃接口

（*b*）1—阀瓣；2—水力警铃接口；3—弹性隔膜

3）水流报警装置

水流报警装置有水力警铃、压力开关和水流指示器。

水力警铃是在水流冲动叶轮时打铃报警。在系统中不得由电动报警装置替代。

在湿式喷水灭火系统中，当某个喷头开启喷水或管网发生水量泄漏时，管道中的水产生流动，导致指示器中的桨片随水流而动作，并接通延时电路20～30s之后，继电器发出区域水流电信号。通常将水流指示器安装于各楼层的配水干管或支管上。

压力开关也是一种直接报警装置，一般垂直安装于延迟器和水力警铃之间的管道上。在水力警铃报警的同时，由水压的升高自动完成电动报警，并向消防控制室传送电信号或直接启动消防水泵。

4）延迟器

延迟器用来防止由于水压的波动而引起报警阀开启导致的误报。报警阀开启后，水流需经30s左右充满延迟器后方或冲打水力警铃。

5）火灾探测器

目前常用的有烟感和温感两种探测器，烟感探测器是根据烟雾浓度进行探测并执行动作；温感探测器是通过火灾引起的温升产生反应。火灾探测器通常布置在房间或走道的天花板下面，其数量应根据其技术规格和保护面积计算而定。

4. 喷头及管网布置

1）喷头布置

喷头的布置间距应满足在火灾发生时所保护的区域内任何部位都能得到规定强度的水量。喷头可设置于建筑的顶板下、吊顶下，喷头距顶板、梁及边墙的距离可参考表2-6-68。

同一根配水支管上喷头的间距及相邻配水支管的间距　表2-6-68

喷水强度（L/min·m²）	正方形布置的边长（m）	矩形或平行四边形布置的长边边长（m）	一只喷头最大保护面积（m²）	喷头与墙柱最大间距（m）
4	4.4	4.5	20.0	2.2
6	3.6	4.0	12.5	1.8
8	3.4	3.6	11.5	1.7
12～20	3.0	3.6	9.0	1.5

喷头的布置应根据天花板、吊顶的装修要求布置成正方形、长方形和菱形3种形式，如图2-6-60所示。

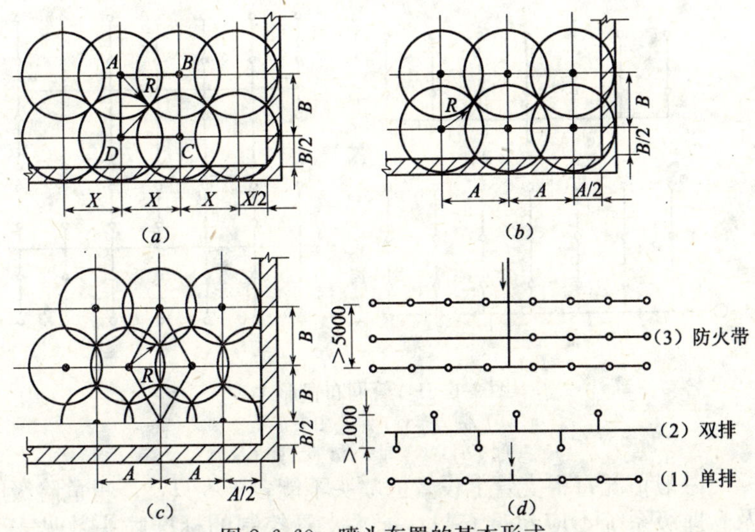

图 2-6-60　喷头布置的基本形式

(a) 喷头正方形布置；(b) 喷头长方形布置；(c) 喷头菱柱形布置；(d) 双排及水幕防火带平面布置

(a) X—喷头间距；R—喷头计算喷水半径；(b) A—长边喷头间距；B—短边喷头间距

喷头的间距应按下列公式计算：

(1) 为正方形布置时，

$$X=B=2R\cos 45^\circ$$

(2) 为长方形布置时，要求：

$$\sqrt{A^2+B^2}\leqslant 2R$$

(3) 为菱形布置时，

$$A=4R\cos 30^\circ\sin 30^\circ$$

$$B=2R\cos 30^\circ\sin 30^\circ$$

式中　R——喷头的最大保护半径，m。

水幕喷头布置根据成帘状的要求应成线状布置，根据隔离强度要求可布置成单排、双排和防火带形式。

2) 管网的布置及安装

自动喷水灭火管网的布置，应根据建筑平面的具体情况而定，如图 2-6-61 所示。

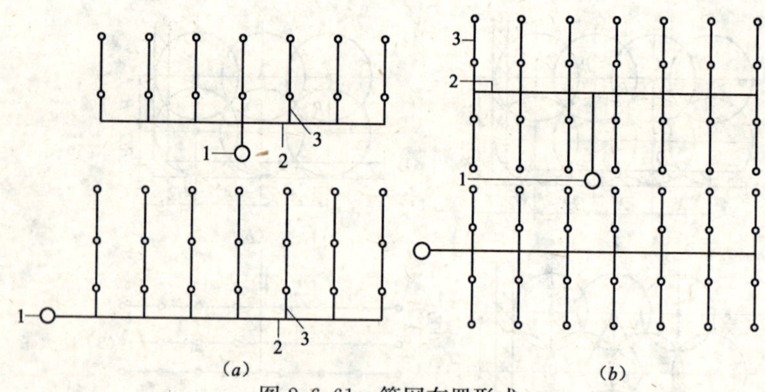

图 2-6-61　管网布置形式

(a) 侧边布置；(b) 中央布置

1—主配水管；2—配水管；3—配水支管

一般情况每根支管上设置的喷头不能多于 8 只，严重危险级及仓库级系统不应超过 6 只。配水支管控制的标准喷头数见表 2-6-69。一个报警阀所控制的喷头，湿式系统、预作用系统不宜超过 800 只；干式系统不宜超过 500 只。

轻、中危险等级系统中配水支管、配水管控制的标准喷头数　　表 2-6-69

公称管径 (mm)	控制的标准喷头数/只	
	轻　级	中　级
25	1	1
32	3	3
40	5	4
50	10	8
65	18	12
80	48	32
100		64

管网的安装应按以下考虑：

(1) 自动喷水系统报警阀后的管道应采用镀锌钢管或无缝钢管。

(2) 管道连接方式，对湿式系统，可用丝口连接或焊接；对干式、干湿式或预作用系统，管道宜用焊接方法连接。

(3) 在管道一定距离上设置支、吊装支架，其间距要求见表 2-6-70。

支架或吊架的最大间距　　　　表 2-6-70

公称管径（mm）	15	20	25	32	40	50	70	80	100	125	150
间距/m	2.5	3.0	3.5	4.0	4.5	5.0	5.5	6.0	7.0	7.5	8.0

五、自动喷水灭火系统的水力计算

1. 自动喷水灭火系统设计的基本参数和方法

1）设计的基本参数

自动喷水灭火系统设计的基本参数应按《自动喷水灭火系统设计规范》GB 50084—2001 的规定选取，民用建筑和工业厂房的系统设计基本参数见表 2-6-71。自动喷水灭火系统的持续喷水时间，应按火灾延续时间不小于 1h 确定。

民用建筑和工业厂房的系统设计基本参数　　表 2-6-71

火灾危险等级		喷水强度（L/min·m²）	作用面积（m²）	喷头工作压力（MPa）
轻危险级		4	160	0.10
中危险级	Ⅰ级	6		
	Ⅱ级	8		
严重危险级	Ⅰ级	12	260	
	Ⅱ级	16		

注：系统最不利点处喷头工作压力不应低于 0.05MPa。

水喷雾灭火系统的设计参数是喷雾强度、响应时间和持续喷雾时间等，参见表 2-6-72。

《水喷雾灭火系统设计规范》GB 50219 中的有关设计参数　表 2-6-72

防保目的	保　护　对　象		设计喷雾强度（L/min·m²）	响应时间（s）	持续喷雾时间（h）
灭火	固体火灾		15	45	1
	液体火灾	闪点 60～120℃的液体	20		0.5
		闪点高于 120℃的液体	13		
	电气火灾	油浸式电力变压器、油开关	20		0.4
		油浸式电力变压器的集油坑	6		
		电缆	13		

续表

<table>
<tr><th colspan="3">防保目的 / 保护对象</th><th>设计喷雾强度(L/min・m²)</th><th>响应时间(s)</th><th>持续喷雾时间(h)</th></tr>
<tr><td rowspan="4">防护冷却</td><td colspan="2">甲乙丙类液体生产、贮存、装卸设施</td><td>6</td><td>45</td><td>4</td></tr>
<tr><td rowspan="2">甲乙丙类液体贮存罐</td><td>直径 20m 以下</td><td rowspan="2">6</td><td rowspan="2">300</td><td>4</td></tr>
<tr><td>直径 20m 以上</td><td>6</td></tr>
<tr><td colspan="2">可燃气体生产、贮存、装卸设施和灌瓶间、瓶库</td><td>9</td><td>60</td><td>6</td></tr>
</table>

2）火灾危险等级的划分

火灾危险等级的划分应根据火灾荷载即可燃物的多少来确定，通常是规定各种场所公认的危险等级，参见表 2-6-73。

设置场所危险等级举例　　表 2-6-73

<table>
<tr><th colspan="2">火灾危险等级</th><th>设置场所举例</th></tr>
<tr><td colspan="2">轻危险级</td><td>建筑高度为 24m 及以下的旅馆、办公楼</td></tr>
<tr><td rowspan="2">中危险级</td><td>Ⅰ级</td><td>（1）高层民用建筑：旅馆、办公楼、综合楼、邮政楼、金融电信楼、指挥调度楼、广播电视楼（塔等）；
（2）公共建筑（含单、多高层）：医院、疗养院，图书馆（书库除外）、档案馆、展览馆（厅），影剧院、音乐厅和礼堂（舞台除外）及其他娱乐场所，火车站、飞机场及码头的建筑，总建筑面积小于 5000m² 的商场、总建筑面积小于 1000m² 的地下商场等；
（3）文化遗产建筑：木结构古建筑、国家文物保护单位等；
（4）工业建筑：食品、家用电器、玻璃制品等工厂的备料与生产车间等，冷藏库、钢屋架等建筑构件</td></tr>
<tr><td>Ⅱ级</td><td>（1）民用建筑：书库、舞台（葡萄架除外）、汽车停车场、总建筑面积 5000m² 及以上的商场、总建筑面积 1000m² 及以上的地下商场等；
（2）工业建筑：棉毛麻丝及化纤的纺织、织物及制品，木材木器及胶合板，谷物加工、烟草及制品，饮用酒（啤酒除外），皮革及制品，造纸及纸制品，制药等工厂的备料与生产车间</td></tr>
<tr><td rowspan="2">严重危险级</td><td>Ⅰ级</td><td>印刷厂、酒精制品、可燃液体制品等工厂的备料与车间等</td></tr>
<tr><td>Ⅱ级</td><td>易燃液体喷雾操作区域，固体易燃物品、可燃的气溶胶制品、溶剂、油漆、沥青制品等工厂的备料及生产车间，摄影棚、舞台“葡萄架”下部</td></tr>
<tr><td>仓库危险级</td><td>Ⅰ级</td><td>食品、烟酒，木箱、纸箱包装的不燃难燃物品，仓储式商场的货架区等</td></tr>
</table>

续表

火灾危险等级		设置场所举例
仓库危险级	Ⅱ级	木材、纸、皮革、谷物及制品、棉毛麻丝化纤及制品、家用电器、电缆、B组塑料与橡胶及其制品、钢塑混合材料制品、各种塑料瓶盒包装的不燃物品及各类物品混杂储存的仓库等
	Ⅲ级	A组塑料与橡胶及其制品，沥青制品等

A组：丙烯腈-丁二烯-苯乙烯共聚物（ABS）、缩醛（聚甲醛）、聚甲基丙烯酸甲酯、玻璃纤维增强聚酯（FRP）、热塑性聚酯（RET），聚丁二烯、聚碳酸酯、聚乙烯、聚丙烯、聚苯乙烯、聚氨基甲酸酯、高增塑聚氯乙烯（PVC，如人造革、胶牌等）、苯乙烯-丙烯腈（SAN）等；丁基橡胶、乙丙橡胶（EPDM）、发泡类天然橡胶、腈橡胶（丁腈橡胶）、聚酯合成橡胶、丁苯橡胶（SBR）等。

B组：醋酸纤维素、醋酸丁酸纤维素、乙基纤维素、氟塑料、锦纶（锦纶6、锦纶66）、三聚氰胺甲醛、酚醛塑料、硬聚氯乙烯（PVC、如管道、管件等）、聚偏二氟乙烯（PVDC）、聚偏氟乙烯氯丁橡胶、不发泡类天然橡胶、硅橡胶等。

3）设计计算方法作用面积法是《自动喷水灭火系统设计规范》推荐的设计计算方法。在设计计算时首先按照表2-6-70中对基本设计数据的要求，确定自动喷水系统中最不利点处的作用面积（以用F表示）的位置，此作用面积的形状宜为矩形，其长边应平行于配水支管，且不宜小于$1.2/\sqrt{F}$。

计算喷水量时，仅包括作用面积内的喷头。对于轻危险级和中危险级建、构筑物的自动喷水灭火，计算时可假定作用面积内每只喷头的喷水量相等，均以最不利点喷头喷水量取值，且应保证作用面积内的平均喷水强度不小于表2-6-70中的规定。最不利点处的作用面积内任意4个喷头围合面积内的平均喷水强度，轻危险级和中危险级不应低于表2-6-70中规定的85%；对于严重危险级建、构筑物的自动喷水灭火系统，在作用面积内每只喷头的喷水量应按喷头处的实际水压计算确定，以保证作用面积内任意4个喷头的实际保护面积内的平均喷水强度不小于表2-6-70中的规定。作用面积选定后，从最不利点喷头开始，依次计算各管段的流量和水头损失，直至作用面积内最末一个喷头为止。以后管段的流量不再增加，仅计算管道水头损失。

对仅在走道内布置1排喷头的情形，其作用面积法应按最大疏散距离所对应的走道面积确定。

对于雨淋喷头灭火系统和水幕系统，其喷水量应按每个设计喷水区内的全部喷头同时开启喷水计算。

2. 管网水力计算

自动喷水灭火系统管网水力计算的任务是确定管网各管段管径、计算管网所需的供水压力、确定高位水箱的设置高度和选择消防水泵。

1）设计计算步骤

（1）根据保护对象的性质，划分其危险等级和选择系统；

（2）确定作用面积和喷水强度；

（3）确定喷头的布置形式和保护面积；

（4）确定作用面积内的喷头数；

（5）确定作用面积的形状；

（6）确定第一个喷头的压力和流量；

（7）计算第一根支管上各喷头流量、支管各管段的水头损失以及支管流量和压力，并计算出相同支管的流量系数；

（8）根据支管的流量系数计算出配水干管各支管的流量和各管段的流量、水头损失、并计算出作用面积内的流量、压力和作用面积流量系数；

（9）计算系统供水压力或水泵扬程（包括水泵选型）；

（10）确定系统的水源和管网的减压措施。

2）水力计算公式

首先确定自动喷水系统中最不利点处的作用面积（以 F 表示）的位置，此作用面积的形状宜为矩形，其长边应平行于配水支管，且不宜小于 $1.2\sqrt{F}$。

（1）求系统的设计流量

系统的设计流量，应按最不利点处的作用面积内喷头同时喷水的总流量确定：

$$Q_s = \frac{1}{60}\sum_{i-1}^{n} q_i \tag{2-13}$$

式中 Q_s——系统的设计流量，L/s；

q_i——最不利点处的作用面积内各喷头节点的流量，L/min；

n——最不利点处的作用面积内喷头数。

（2）求喷头的出流量

喷头的出流量可根据保护面积、喷水强度以及喷头工作压力求出。

a. 根据保护面积和喷水强度求喷头的出流量：

$$q = DA_s \tag{2-14}$$

式中 q——喷头的出流量，L/min；

D——相应危险等级的设计喷水强度，L/（min·m²）；

A_s——喷头的保护面积，m²。

b. 根据喷头工作压力求喷头的出流量：

$$q = k\sqrt{10P} \tag{2-15}$$

式中 q——喷头的出流量，L/min；

k——喷头的流量系数；

P——喷头出口处的压力（喷头工作压力），MPa。

（3）求沿程水头损失和局部水头损失

a. 沿程水头损失计算公式

$$h = iL \tag{2-16}$$

式中 h——沿程水头损失，MPa；

i——每米管道的水头损失（管道沿程阻力系数），MPa/m；

L——管道长度，m。

$$i = 0.0000107 v^2 d_j^{-1.3} \tag{2-17}$$

式中 i——每米管道的水头损失，MPa/m；

d_j——管道（渠）的计算内径，取值应按管内径减 1mm 确定，m；

v——管内水的平均流速，m/s。

b. 局部水头损失计算方法

局部水头损失也应按公式（2-16）计算，i 为同管径同流量下的水力阻力系数，管道长度为管件的当量长度。

各种管件和阀门的当量长度见表 2-6-74，当采用新材料和新阀门时，应根据产品的要求确定管件的当量长度。

各种管件和阀门的当量长度　　　　表 2-6-74

管件名称	管件直径 *DN*（mm）											
	25	32	40	50	70	80	100	125	150	200	250	300
45°弯头	0.3	0.3	0.6	0.6	0.9	0.9	1.2	1.5	2.1	2.7	3.3	4.0
90°弯头	0.6	0.9	1.2	1.5	1.8	2.1	3.1	3.7	4.3	5.5	5.5	8.2
三通、四通	1.5	1.8	2.4	3.1	3.7	4.6	6.1	7.6	9.2	10.7	15.3	18.3
蝶阀				1.8	2.1	3.1	3.7	2.7	3.1	3.7	5.8	6.4
闸阀				0.3	0.3	0.3	0.6	0.6	0.9	1.2	1.5	1.8
止回阀	1.5	2.1	2.7	3.4	4.3	4.9	6.7	8.3	9.8	13.7	16.8	19.8
异径弯头	32	40	50	70	80	100	125	150	200			
	25	32	40	50	70	80	100	125	150			
	0.2	0.3	0.3	0.5	0.6	0.8	1.1	1.3	1.6			
U 型过滤器	12.3	15.4	18.5	24.5	30.8	36.8	49.0	61.2	73.5	98.0	122.5	
Y 型过滤器	11.2	14.0	16.8	22.4	28.0	33.6	46.2	57.4	68.6	91.0	113.4	

注：当异径接头的出口直径不变而入口直径提高 1 级时，其当量长度应增大 0.5 倍；提高 2 级或 2 级以上时，其当量长度应增加 1.0 倍。

3）系统设计流量的计算

系统设计流量的计算应保证任意作用面积内的平均喷水强度不低于表 2-6-40 中规定的数值。最不利点处作用面积内任意 4 只喷头围合范围内的平均喷水强度，轻危险级、中危险级不应低于表 2-6-40 中规定值的 85％；严重危险级和仓库危险级不应低于表 2-6-40 中的规定。

此外，轻危险级、中危险级场所中各配水管入口的压力均不宜大于 0.40MPa。轻危险级、中危险级场所中各配水管控制的标准喷头数参见表 2-6-38。

4）系统供水压力或水泵扬程计算（包括水泵选型）

自动喷水灭火系统所需的水压按下式计算：

$$H=Z+h_o+h_r+\sum h \tag{2-18}$$

式中 H——系统所需水压（或消防水泵的扬程），kPa；

Z——最不利点处喷头与给水管或消防水泵的中心线之间的静水压，kPa

h_o——最不利喷头的工作压力，kPa；

h_r——报警阀的局部工作压力，kPa；

$\sum h$——计算管路沿程水头损失与局部水头损失之和，kPa。

5）配水干管的减压计算

减压孔板、节流管和减压阀的设计，应参照相关规定进行计算。

近年来，在实际工程设计中采用减压阀作为减压措施的已经较为普遍阀应满足以下规定：

（1）为了防止堵塞，要求减压阀入口前设过滤器；

（2）为了利于减压阀稳定正常的工作，当垂直安装时，要求按水流方向向下安装；

（3）对于与并联安装的报警阀连接的减压阀，为检修时不关停系统，要求设有备用的减压阀。

【例】某综合楼地下2层，地上17层，建筑内最高层喷头安装标高54.6m。主楼为办公及写字楼，裙楼作为商业之用。除设消火栓系统外，要求另设自动喷水灭火系统。

根据该建筑的功能及使用性质，属于＞50m高的二类综合性建筑，火灾危险等级按中危险Ⅰ级设计，其自动喷水灭火系统技术数据见表2-6-75。

自动喷水灭火系统技术数据　　表2-6-75

作用面积（m^2）	设计喷水强度（L/(min·m^2)）	喷头工作压力（MPa）	喷头特性系数	延续时间（h）
160	6.0	0.1	80	1

供水系统采用枝状管网，按每个报警阀容纳的喷头数不宜超过 800 个的要求系统分成两个区。以主楼 17 层（最高），节点 1 处喷头最远为最不利点。对以下喷头处、管道分支连接处依次进行编号，直至自动喷水加压泵。自动喷水管道水力计算简图见图 2-6-62。

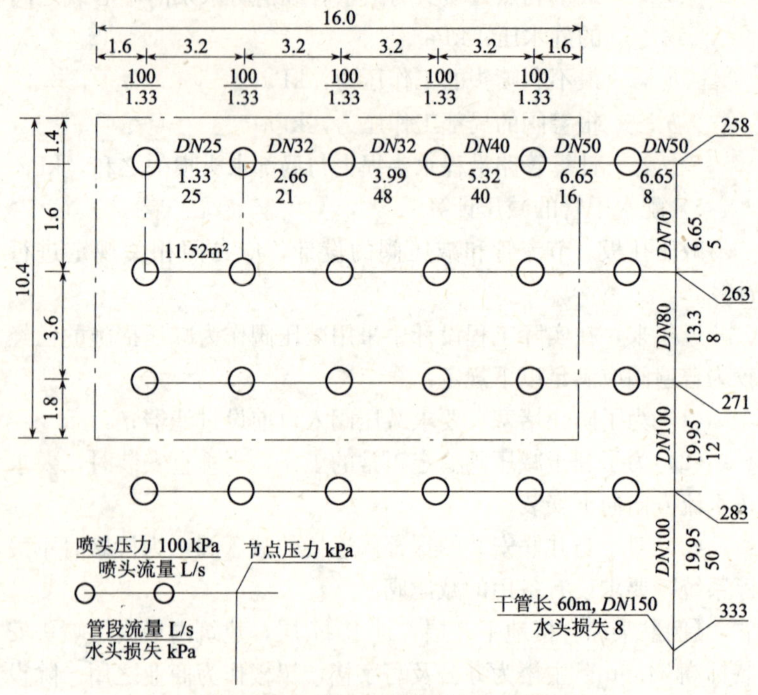

图 2-6-62　自动喷水管道水力计算图

按水力计算简图计算结果如下：

（1）作用面积 160m²，按长方形计算，长边 $=1.2\sqrt{F}=1.2\sqrt{160}=15$m，取 16m，短边取 10.4m，作用面积内设喷头15 只。

（2）每个喷头的喷水量：

$$q=k\sqrt{10P}=80\times1=80\text{L/min}=1.33\text{L/s}$$

（3）作用面积内设计秒流量：

$$Q_s = nq = 15 \times 1.33 = 19.95\text{L/s}$$

理论秒流量：

$$Q_l = 166.4 \times 6.0 \div 60 = 16.64\text{L/s}$$

设计秒流量为理论秒流量的 1.2 倍。

（4）作用面积内的计算平均喷水强度：

$$Q = 80 \times 15 \div 166.4 = 7.21\text{L/(min} \cdot \text{m}^2\text{)}$$

此值大于规定值 6.0L/(min·m²)。

（5）在作用面积内任取四只喷头，所围合范围的面积计算为

$$S = 3.6 \times 3.2 = 11.52\text{m}^2$$

其平均喷水强度为

$$q' = 80 \div 11.52 = 6.94\text{L/(min} \cdot \text{m}^2\text{)} > 6.0\text{L/(min} \cdot \text{m}^2\text{)}$$

（6）管段的水头损失计算：

$$\begin{aligned}\sum h &= 1.2 \times (25+21+48+40+16+8+5+8+12+50+8) \\ &= 1.2 \times 246 = 295.2\text{kPa}\end{aligned}$$

（7）自动喷水灭火系统所需的水压按（2-23）式计算：

$$\begin{aligned}H &= Z + h_o + \sum h + h_r \\ &= (54.6+5.0) \times 10 + 100 + 295.2 = 991.2\text{kPa}\end{aligned}$$

注意：以上计算未考虑系统减压，自动喷水给水总管中心标高以 5.0m 计，报警阀损失忽略未计。

系统设计秒流量取 Q=20L/s。

自动喷水水泵扬程取 H=110m。

3. 自动喷淋灭火系统的施工

1）喷淋灭火系统的施工流程见图 2-6-63

2）施工准备

（1）施工前应熟悉施工图、有关技术要求和验收标准，各类管道安装的施工方法与技术要领，编制详细的施工方案，指导施工；建立施工质量保证体系，控制施工过程中各道工序质量，从而保证管道工程施工达到设计与验收规范要求；

（2）设计部门已向施工单位进行技术交底；

（3）系统组件、管件及其他设备、材料和施工能力，能保证

正常施工；

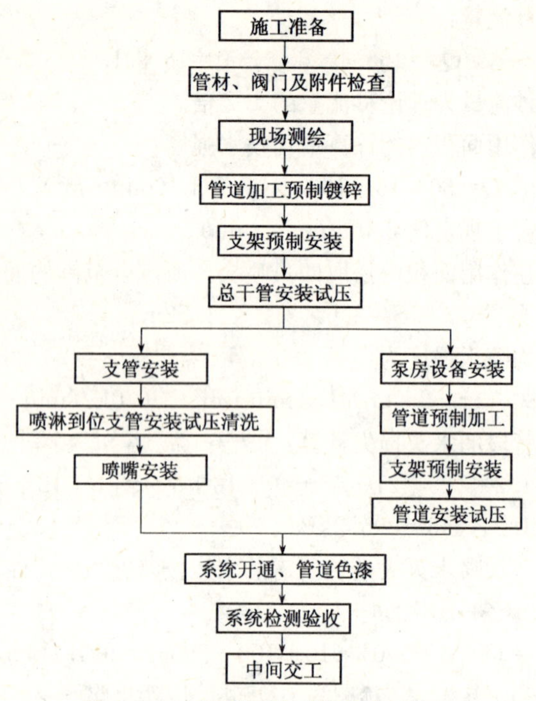

图 2-6-63 喷淋灭火系统的施工流程

(4) 施工现场及施工水、电、气能满足施工要求，并能保证连续施工。

3) 系统组件选用、设备及材料的检验

(1) 系统选用的组件、设备及材料，应符合设计要求和国家现行的有关标准的规定，并具有出厂合格证；

(2) 系统选用的喷头、报警阀、压力开关、水流指示器等主要的系统组件，均应为国家消防产品质量监督检测中心检测合格；

(3) 管材、管件的外观检查，应符合下列要求：

a. 表面无裂纹、缩孔、夹渣、折叠和重皮；

b. 螺纹密封面完整、无损伤、毛刺；

c. 镀锌钢管内外表面的镀锌层，应完整不得有镀锌层脱落、锈蚀等现象；

d. 各种非金属密封垫片应质地柔韧，无老化变质或分层现象，表面应无折损、皱纹等缺陷；

e. 法兰密封面，应完整光洁、不得有毛刺及径向沟槽。螺纹法兰的螺纹部分，螺纹应完整、无损伤。

（4）喷头的检验应符合下列要求：

a. 喷头的型号、规格应符合设计要求；

b. 喷头的商标、公称动作温度、型号、制造厂及生产年月等标志应齐全；

c. 喷头外观，应无加工缺陷和机械损伤；

d. 喷头螺纹的密封面，应完整、光滑，不得有伤痕、毛刺、缺丝或断丝现象；

e. 凡新安装系统，应检查是否采用合格的喷头；凡改造系统应检查是否采用的是与原系统同型、同规格或者是适合于该系统合格的新喷头，不得使用拆装下的旧喷头；

f. 闭式喷头应从每批（同一制造厂、同一规格、同型号、同时到货）中抽查1%，但不得小于5只，进行密封性能试验，试验压力为3.0MPa，试验时间不少于3min，应无渗漏，无损伤为合格。如有一只不合格，再抽查2%，但不得少于10只；重作试验时，如仍有一只不合格，不得使用该批喷头。

（5）阀门及其附件检验，应符合下列要求：

a. 阀门的型号，规格应符合设计要求；

b. 阀门及其附件应完好齐全，不得有任何加工缺陷和机械损伤，且均应是新的合格品；

c. 报警阀、水流指示器，除有商标、型号、规格等标志外，还应有水流方向的永久性标志；

d. 报警阀和控制阀的阀瓣及其操作机构，应动作灵活，阀体内应清洁，无异物堵塞；

e. 水力警铃的铃锤，应转动灵活，无阻滞现象；

f. 报警阀，应进行逐个渗漏检查；其试验压力为额定2倍的工作压力；试验时间为5min，阀处无渗漏为合格。

g. 喷淋系统的压力开关、水流指示器及水位、气压、阀门限位等自动监测装置，应有清晰的铭牌、操作指示标志和产品说明书。在安装前应进行逐个主功能检查，不合格者严禁使用。

4）自动喷水灭火系统安装

（1）自动喷水灭火系统安装的一般规定

a. 消防水泵、消防水箱、消防水池、气压水罐、水泵接合器等供水设施及其附属管道，在施工前，应清除其内部污垢和杂物。安装中断或安装完毕，其敞开口应及时封闭，防止杂物或污垢进入其内。

b. 供水设施安装时，其环境温度不应低于5℃，且应安装在不易损坏和便于维修的地方。

（2）消防水泵和稳压泵安装

a. 消防水泵、稳压泵的规格、型号、技术性能，应符合设计要求。并应有产品合格证和安装使用说明书。

b. 消防水泵、稳压泵安装应符合国家现行标准《机械设备安装工程及验收规范》的有规定。

（3）消防水箱安装和消防水池的施工

a. 消防水箱、消防水池的施工与安装，应符合现行国家标准《给水排水构筑物施工及验收规范》GBJ 141、《建筑给水排水及采暖工程施工及质量验收规范》GB 50242的有关规定。

b. 钢筋混凝土的消防水池或水箱的进水管、出水管，应加防水套管；有振动管道还应加柔性接头。

c. 消防水池、消防水箱的容积、安装位置，应符合设计要求。安装时，池（箱）外壁与建筑本体结构墙面或其他池壁之间的净距，应满足施工或装配的需要。无管道的侧面，净距不宜小于0.7m；安装有管道的侧面，净距不宜小于1.0m，且管道外壁与建筑本体墙面的通道宽度不宜小于0.6m；设有入孔的池顶，顶板面与上面建筑本体板底的净空不应小于0.8m；

d. 消防水池的溢流管、泄水管不得与生产或生活用排水系统直接相连，采用间接排水方式。

(4) 消防气压供水设备安装

a. 消防气压供水设备的容积、气压、水位及工作压力，应符合设计要求；

b. 消防气压供水设备与其供水泵应配套。罐体上的安全阀、压力表、泄水阀、水位指示器的安装，应符合设计要求；

c. 消防气压压供水设备的进、出水管，充气管，其上安装的止回阀、闸阀、安全阀、压等的安装位置、标高、出水管和出水管的方向等，均应符合设计和产品标志要求，且应保证装置四周净空不得小于0.7m，消防气压供水设备至顶棚或梁底的净距不应小于1.0m。

(5) 消防水泵接合器安装

a. 水泵接合器的组装，应按接口、本体及连接管、止回阀、安全阀、放空管、控制阀的顺序进行。止回阀的安装方向应保证消防车能将水通过水泵接合器送往室内消防给水管网。

b. 水泵接合器，应安设在消防车便于接近的人行道或非机动车行驶的地方。地下消防水泵接合器井的铸铁井盖上，应铸有“消防水泵接合器”的标志。并在附近建物墙上标有指示其位置的标志。地上消防水泵接合器应有与消火栓相区别的标志。墙壁消防水泵接合器应安装在距地面1.0m、距建筑物墙面的门、窗、孔、洞的净距离小于2.0m的地方，但不应安装在玻璃幕墙的下方。

c. 地下消防水泵接合器的安装，应使接合口处于井盖下方，且其顶部进水口与井盖面的距离不大于0.4m，但不小于井口盖的半径。

d. 在无地下水的地方设置地下消防水泵接合器阀门井时，其井壁可采用Mu7.5级砖、M5.0级水泥砂浆砌筑；有地下水的地方设置接合器阀门井时，应用Mu7.5级砖、M7.5级水泥砂浆砌筑。井室内外表面应用加有防水剂的1∶2水泥砂浆抹面，厚度不应小于20mm，抹面高度应高出最高地下水位250mm。管道穿阀门井壁处，宜用黏土填塞；两面用M7.5级水泥砂浆填塞，厚度不小于 50mm。

（6）喷头安装

a. 喷头安装，应在系统试压、冲洗合格后进行。在喷头安装时，不得对喷头进行拆装、改动，并严禁给喷头附加任何装饰性涂层。

b. 喷头安装，应使用专用扳手，严禁利用喷头的框架进行施拧；喷头的框架、溅水盘产生变形或释放元件损伤时，应采用规格、型号相同的喷头更换。

c. 喷头的型号、规格、使用场所，应符合设计要求。安装在易受机械损伤处的喷头，应加设喷头防护罩。

d. 喷头安装时，溅水盘与吊顶、门、窗、洞口或障碍物的距离应符合设计要求。

e. 当喷头的溅水盘，在高于附近梁底或高于宽度小于 1.2m 的通风管道、排管、桥架腹面时，喷头溅水盘高于梁底、通风管道、排管、桥架腹面的最大距离应符合《自动喷水灭火系统施工及验收规范》(GB 50261—2005）的要求。

f. 当梁、通风管道、排管、桥架宽度大于 1.2m 时，增设的喷头应安装在其腹面以下部位。

g. 当喷头安装在不到顶的隔断附近时，喷头与隔断的水平距离和最小距离，应符合《自动喷淋灭火系统施工及验收规范》（GB 50261—2005）的要求。

h. 设置在各危险等级建筑物、构筑物内，标准喷头的保护面积、喷头的间距及喷头与墙、柱面的间距，应符合表 2-6-76 规定：

各危险等级建筑物、构筑物内，标准喷头与墙、柱面的间距表　　表 2-6-76

建、构筑物危险等级分类		每只喷头最大保护面积（m^2）	喷头最大水平间距（m）	喷头与墙、柱面最大间距（m）
严重危险级	生产建筑物	8.0	2.8	1.4
	储存建筑物	5.4	2.3	1.1

续表

建、构筑物危险等级分类	每只喷头最大保护面积（m^2）	喷头最大水平间距（m）	喷头与墙、柱面最大间距（m）
中危险级	12.5	3.6	1.8
轻危险级	21.0	4.6	2.3

i. 喷头的溅水盘与吊顶、楼板、屋面板的距离不宜小于75mm，并不宜大于150mm。在门、窗洞口处设置喷头时，喷头距洞口上表面不应大于150mm；距墙面的距离不宜小于75mm，并不宜大于150mm。

j. 当吊顶至楼板或屋面板的净距大于800mm的闷顶和技术层，其内有可燃物或装设电缆、电线时，应在吊顶内或技术层内加设上喷。

（7）报警阀组安装

a. 报警阀组的安装，应先装水源控制阀、报警阀，然后应再进行报警阀的辅助管道连接。水源控制阀、报警阀与配水干管的连接，应使水流方向一致。报警阀组安装的位置应符合设计要求；当设计无要求时，报警阀组应安装在便于操作的明显位置，距室内地面的高度宜为1.2m；两侧与墙的距离不应小于0.5m；报警阀组间距不应小于1.0m；正面与墙的距离不应小于1.2m。安装报警阀组的室内地面，应有排水设施。

b. 报警阀组附件的安装，应符合下列要求：

压力表应安装在报警阀上便于观察的位置；排水管和试验阀应安装在便于操作的位置，水源控制阀应便于操作，且应有明显开闭标志和可靠的锁定设施（一般采用信号阀，弱电监控）。

c. 报警阀组的安装，应符合下列要求：

应使报警阀前后的管道中，都能顺利充满水。压力波动事，水立警铃不发生误报警；

报警水流通路上的过滤器，应安装在延迟器前，且便于排渣操作。

d. 干式报警阀组的安装，应符合下列要求：

应安装在不发生冰冻的场所；安装完成后，应向报警阀气室注入高度为50～100mm的清水；充气管管径不小于DN15mm，且应连接在报警阀组气室充注水位以上，连接管上应安装止回阀和截止阀。

安全排气阀应安装在气源与报警阀之间，且应靠近报警阀；加速排气阀应靠近报警阀，且应有防止水进入加速排气阀的措施；低气压预报警装置应安装在配水干管一侧；报警阀的充水一侧和充气一侧、空气压缩机的气泵和储气罐上和加速排气装置上，都应安装压力表。

e. 雨淋阀组的安装，应符合下列要求：

电动开启、传导管开启或手动开启的雨淋阀组，其传导管的安装应按照湿式报警阀的有关要求进行；开启控制装置的安装应安全可靠；

预作用系统雨淋阀组后的管道若需充气，其安装要求同干式报警阀。雨淋阀组的观察仪表和操作阀门的安装应符合设计要求，并应便于观察和操作；雨淋阀组的手动开启装置的安装位置应符合设计要求，且在发生火灾时，应能安全开启和便于操作。阀组的压力表，应安装在雨淋阀的水源一侧。

f. 水力警铃应安装在公共通道或值班室附近的外墙上。水力警铃启动压力不应小于0.05MPa。水力警铃与报警阀的连接应采用镀锌钢管。当管径等于15mm时，其长度不应超过6m。当管径等于20mm时，其长度不应超过20m。压力开关应竖直安装在通往水力警铃的管道上。

g. 信号阀、水流指示器安装：

水流指示器应垂直安装在水平管道的上侧，其动作方向应与水流方向一致。水流指示器的桨片、膜片动作应灵活，不得与管壁发生碰擦。

管网系统的控制信号阀，应安装在水流指示器前的管道上，与水流指示器之间的距离不应小于300mm。

(8) 喷淋系统管道的安装

a. 喷淋管道的镀锌焊接钢管（丝口连接）、无缝钢管法兰（焊接）连接、镀锌后二次安装或采用无缝钢管镀锌，沟槽式接口方式安装连接的技术要求；

b. 当喷淋灭火系统管道采用沟槽式接口方式安装连接时，沟槽管件和橡胶密封圈应符合现行国家标准要求；系统的配水干管（立管）与配水管（水平管）连接时，应采用沟槽式管件，不应采用机械三通；采用机械三通或四通连接时，支管的口径应满足表 2-6-77 规定：

采用支管接头（机械三通或四通）时支管的最大允许管径（mm） **表 2-6-77**

主管直径（*DN*）		50	65	80	100	125	150	200	250
支管直径（*DN*）	机械三通	25	40	40	65	80	100	100	100
	机械四通	—	32	40	50	65	80	100	100

c. 喷淋灭火系统的进水管不应少于 2 条。系统工作压力不应大于 1.2MPa。每个喷淋系统，应设有报警阀、控制阀、系统检验装置和压力表；楼层较多时，宜设置水流指示器及辅助电动报警装置。报警阀后的管道应为独立系统，不应再设置其他用水设施。

d. 自动喷淋灭火系统的配水管，最小口径为 *DN*25mm。采用闭式喷头时，系统应设置延迟器等防止误报警的装置。

e. 自动喷淋系统应设置不少于 2 只的室外消防接合器。当喷淋系统管道变径时，宜采用异径接头，在管道弯头处不得采用补芯。三通可用一个补芯，四通可用两个。公称直径大于 50mm 的管道不宜采用活接头。管道穿墙或楼板时应加设套管，管道与套管间的间隙应填塞柔性不燃材料。

f. 支架安装：垂直安装的总（干）管，其下端应设置承重固定支架，上部末端设置防晃支架固定。管道的干管三通与管道弯头处应加设支架固定，管道支吊架应固定牢固，管道支吊架的间距不应大于表2-6-78。

喷淋管道支架最大间距表　　　表2-6-78

公称直径（mm）	DN25	DN32	DN40	DN50	DN70	DN80	DN100	DN150
喷淋管道最大间距（m）	3.5	4.0	4.5	5.0	6.0	6.0	6.5	8.0

g. 喷淋灭火系统管道的支、吊架安装时，支、吊架与喷嘴间距不宜小于300mm；与末端喷嘴间距不宜大于500mm；配水支管上每一直管段相邻两喷嘴间至少设置一只支吊架。吊架应设置在相邻喷头间的管段上，相邻喷头间距不大于3.6m时，可装设一个；小于1.8m时，可隔段设置。

h. 喷淋及气体灭火系统管道的防晃支架设置，当管径大于等于DN50时，每段管道至少应设置一只防晃支架。当管道改变方向时，应加置一只防晃支架。

i. 消防灭火系统供水设备、泄压阀、报警阀、水流阀、监控阀、实验阀等的安装，必须严格按照《自动喷水灭火系统施工及验收规范》GB 50261—2005设计和施工。

j. 消防灭火系统管道的三通、接口与弯头等管件应避开支架、墙壁与楼板。管道的加工预制应集中在加工棚平台内，严格控制加工质量，发现问题及时整改调整，以确保管道预制加工，安装的质量处于受控状态。

k. 为确保喷淋系统管路安装的美观（管道横平竖直、凡是均匀分布的喷头均分布均匀并在同一水平线上），施工过程中应注意以下几点：

材料：保证管子的直度及同心度，配件应端正，而且无偏丝现象。

管路：为了确保预制质量，对丝接的管件质量从严把关，不合格品严禁使用；在预制好后，还要检查三通、弯头的方向是否在同一方向上，而且其中心线连接要和管道中心线平行，如有歪斜（或偏差），属于管件内螺纹质量问题，要重新更换；属于组装紧固未到位的，要进行重新处理；最终保证将来与装修配合安装喷头立支管时不致有歪斜或喷头不在同一条直线上的现象。横向成线（即在同一根管路喷头成一线的管路）相对比较容易做到。

l. 对纵向成线的喷淋管路：

首先对喷淋系统的主管道进行安装，安装应随时对主管路进行校直，确保主管道成一直线（同心度）直。支管的安装，对纵向在一条直线的喷头连接管路进行统一下料、统一套丝、统一安装，而后再复核喷头是否成一线，如不成一线则及时调整，同时确保施工的质量。

m. 喷头施工：

下喷淋头的安装位置，在满足规范要求的同时还应满足装饰的要求；因此为确保喷头最后安装位置的准确性，喷淋就位管的下料，应根据喷淋头的平面位置及安装高度确定。喷头的定位准确是施工的关键，喷头的平面位置，通过装饰给出的基准线在地面弹出；喷头的安装高度，以丝口不露出装饰面为准。

喷淋管道安装时，要密切注意装饰单位的施工进度，做好与装饰单位的协调配合；当每个区域的管道安装结束，应先采用气压进行试验检查，试验合格后，方可进行喷淋管道系统的水压试验。

六、消防水系统管道的试压与清洗

1. 水消防灭火系统管道试压的要求

1）水系统管道的试压，分为强度试验和严密性试验。液压试验，一般用洁净水进行；液压试验宜在5℃以上进行，否则需采取防冻措施。试压时，系统内的最高点与最低点应分别设置放空阀与泄水阀。系统注水时，应将系统内空气放尽；升压应缓慢升至工作（严密性试验）压力时，应进行管道系统外观检查，管道无渗漏与变形时，方可继续加压至强度试验压。

2）消火栓系统管道的试压：严密性试验试验压力按照设计工作压力要求进行。强度试验压力工作压力的1.5倍。当试验达到强度试验压力后（试验压力应根据设计要求进行），停压

10min 以无泄漏为合格。然后降至严密性试验压力，30min 内压力不降、无泄漏为合格。

3）灭火系统的管道试压

当喷淋灭火系统管道的设计工作压力≤1.0MPa 时，水压强度试验压为设计工作压力的 1.5 倍，并不应低于 1.4MPa；当设计工作压力＞1.0MPa 时，水压强度试验压为设计工作压力加 0.4MPa。

强度试验：当试验达到强度试验压力后，停压 30min，目测管网无泄漏和无变形，压力降不应大于 0.05MPa 为合格。

严密性试验：严密性试验应在水压试验和管网冲洗合格后进行。水压严密性试验压力为工作压力，且稳压 24h，无泄漏为合格。采用气体做严密性试验时，试验压力为 0.28MPa、稳压 24h，压降不大于 0.01MPa 时，为合格。

2. 水系统的试压与清洗的方法与要求，详见本书管道试压与清洗章节。

七、其他固定灭火设施

建筑内常用的其他固定灭火系统有以下几种。

1. 干粉灭火系统

干粉灭火系统是以干粉作为灭火剂的灭火系统。干粉灭火剂是一种干燥的、易于流动的细微粉末，平时贮存于干粉灭火器或干粉灭火设备中，灭火时由加压气体 CO_2 或 NH_3 将干粉从喷嘴射出，形成一股雾状粉流射向燃烧物，起到灭火作用。

干粉灭火剂对燃烧有抑制作用，当大量的粉粒喷向火陷时，可以吸收维持燃烧连锁反应的活性基团 H· 及 OH·，发生如下反应：

$$\text{M(粉粒)} + \text{OH}\cdot \longrightarrow \text{MOH}$$

$$\text{MOH} + \text{H}\cdot \longrightarrow \text{M} + \text{H}_2\text{O}$$

随着 H· 及 OH· 的急剧减少，使燃烧中断，火焰熄灭。此外，当干粉与火焰接触时，其粉粒受高热作用后爆成更小的微粒，从而增加了粉粒与火焰的接触面积，可提高灭火效力，这种现象被称为烧爆作用。还有，使用干粉灭火剂时，粉雾包围了火焰，可以减少火焰的热辐射，同时粉末受热放出结晶水或发生分解，可以吸收部分热量而分解生成不活泼气体。

根据用途干粉分为以下几种：

1）普通型（BC类）干粉：适用于扑救易燃、可燃液体如汽油、润滑油等引起的火灾，也可用于扑救可燃气体（如液化气、乙炔气等）和带电设备引起的火灾。

2）多用途型（ABC类）干粉：适用于扑救可燃液体、可燃气体、带电设备和一般固体物质如木材、棉、麻、竹等形成的火灾。

3）金属专用型（D类）干粉：适用于扑灭金属的燃烧。干粉可与燃烧的金属表层发生反应而形成熔层，与周围空气隔绝，使金属燃烧室熄。

干粉灭火具有灭火历时短、效率高、绝缘好、灭火后损失小、不怕冻、不用水、可长期贮存等优点。干粉灭火系统的组成如图 2-6-64 所示。

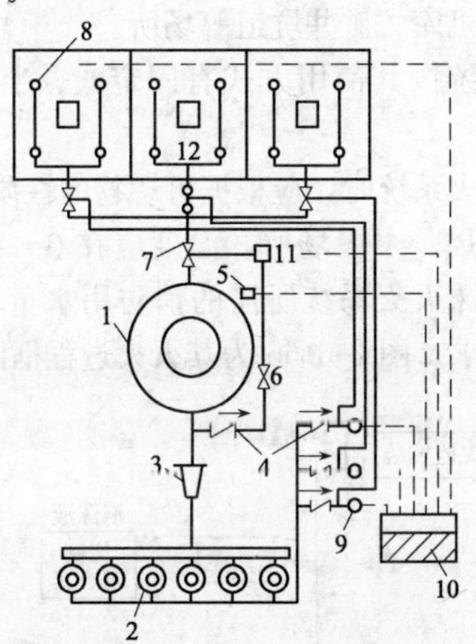

图 2-6-64　干粉灭火系统的组成

1—干粉贮罐；2—氮气瓶和集气管；3—压力控制器；4—单向阀；5—压力传感器；6—减压阀；7—球阀；8—喷嘴；9—启动气瓶；10—消防控制中心；11—电磁阀；12—火灾探测器

干粉灭火系统按其安装方式有固定式、半固定式之分，按其控制启动方法又有自动控制、手动控制之分，按其喷射干粉方式有全淹没和局部应用系统之分。

2. 泡沫灭火系统

泡沫灭火的工作原理是使其与水混溶后，产生一种可漂浮且粘附在可燃、易燃的液体、固体表面的混合物质，起到隔绝、冷却作用，使燃烧物质熄灭。

泡沫灭火剂有以下类型：

1）化学灭火剂

这种灭火剂由结晶硫酸铝 $Al_2(SO_4)_3 \cdot H_2O$ 和碳酸氢钠 $NaHCO_3$ 组成。使用时使两者混合反应后产生 CO_2 灭火，我国目前仅用于装填在灭火器中手动使用。

2）合成型泡沫灭火剂

目前国内应用较多的有凝胶型、水成膜和高倍数等三种合成型泡沫液。泡沫灭火系统广泛用于油田、炼油厂、油库、发电厂、汽车库、飞机库、矿井坑道等场所。

泡沫灭火系统按其使用方式有固定式、半固定式和移动式之分。

选用泡沫灭火系统时，应根据可燃物的性质选用泡沫液。泡沫罐应贮存于通风、干燥场所，温度应在 0～40℃ 范围内。此外，还应保证泡沫灭火系统所需的消防用水量、水温（T＝4～35℃）和水质要求。图 2-6-65 为其灭火过程框图。

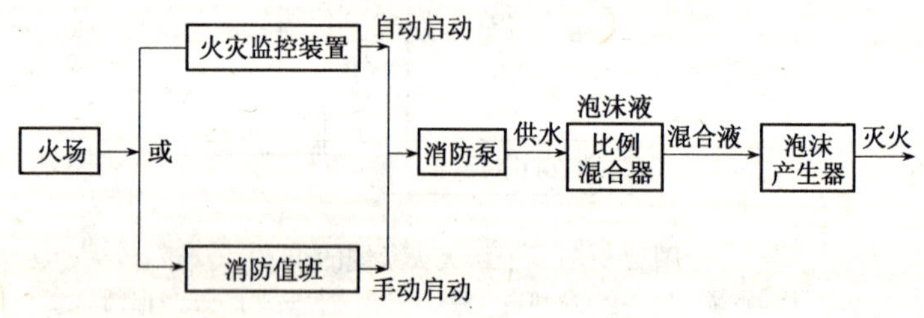

图 2-6-65　泡沫灭火过程

3. 二氧化碳灭火系统

二氧化碳灭火系统是一种具有不污损被保护物、灭火快、空间淹没效果好等优点的气体灭火系统。二氧化碳灭火剂属液化气体型，一般以液相二氧化碳贮存在高压瓶内。当二氧化碳以气体喷向燃烧物时，产生冷却和隔离氧气的作用。二氧化碳灭火系统的选用要根据防护区和保护对象具体情况确定。全淹没二氧化碳灭火系统适用于无人居留或发生火灾能迅速（30s 以内）撤离的防护区；局部二氧化碳灭火系统适用于经常有人的较大防护区内，扑救个别易燃烧设备或室外设备。

二氧化碳灭火系统可用于扑灭某些气体、固体表面、液体和电器火灾，图 2-6-66 为系统组成图。

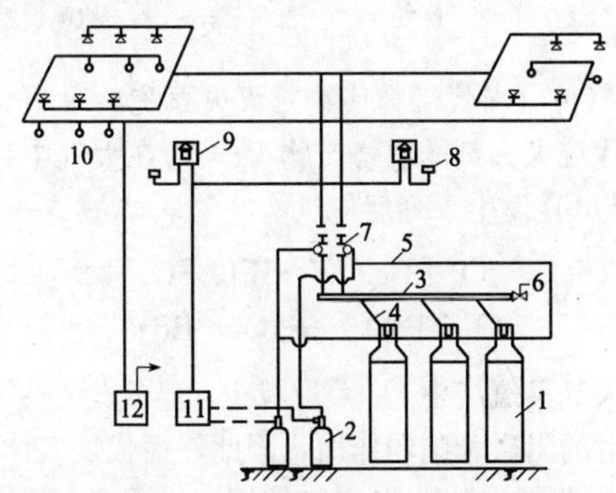

图 2-6-66　二氧化碳灭火系统组成

1—二氧化碳贮存容器；2—启动用气容器；3—总管；4—连接管；5—操作管；6—安全阀；7—选择阀；8—报警阀；9—手动启动装置；10—探测器；11—控制盘；12—检测盘

4. 蒸汽灭火系统

蒸汽灭火系统是在经常具备充足蒸汽源的条件下使用的一种灭火方式。其工作原理是向火场燃烧区内施放蒸汽，阻止空气进入燃烧区致使燃烧窒息。

这种灭火系统适用于石油化工、煤油、火力发电等厂房，也适用于燃油锅炉、重油油品等库房或扑救高温设备。具有设备造价低、淹没性好等优点，但不适用于大体积、大面积的火灾区，也不适用于扑灭电器设备、贵重仪表、文物档案等的火灾。

蒸汽灭火系统组成如图 2-6-67 所示。

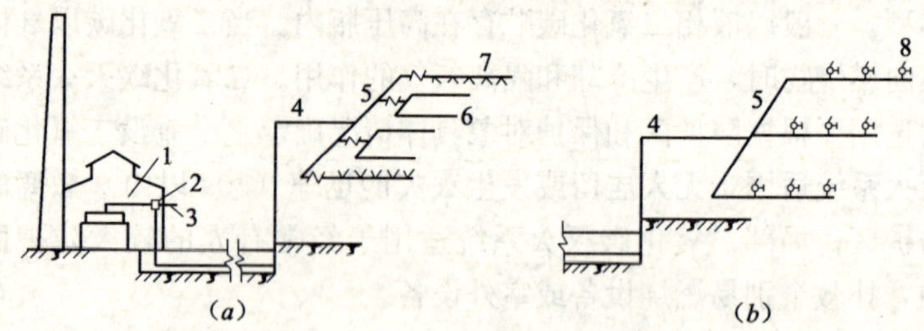

图 2-6-67　固定和半固定式蒸汽灭火系统

1—蒸汽锅炉房；2—生活蒸汽管网；3—生产蒸汽管网；4—输汽干管；5—配气支管；6—配气管；7—蒸汽幕；8—接蒸汽喷枪短管

5. 新型气体（卤代烷替代物）灭火系统

由于卤代烷灭火剂的燃烧产物 Br・可在大气中存留 100 年，在高空中能与 O_3 发生下列后应：

$$O_3 + Br\cdot \longrightarrow BrO + O_2$$
$$O_3 + BrO \longrightarrow 2O_2 + Br\cdot$$

这使得大气臭氧层中 O_3 大量减少，严重影响了臭氧层对太阳紫外线辐射的阻碍和削弱作用，因此，卤代烷气体灭火剂将于 2010 年在世界范围内禁止生产与使用。世界各国都在努力开展这方面的研究，寻找新型的气体灭火剂。

目前已研制了气溶胶灭火系统（EBM)、七氟丙烷灭火系统（FM—200)、烟烙尽（Inergen）灭火系统等，从而取代了卤代烷（Halon）灭火剂。这些替代物不仅在灭火性能上等于或优于卤代烷灭火剂，而且可以完全利用原有灭火系统的管路、喷头及设备。

气体灭火系统的类型较多，通常按灭火方式、系统结构特点、储存压力等级、管网布置形式进行分类，具体见表2-6-79。

气体灭火系统的类型 表 2-6-79

系统类型			定义	灭火剂	适用条件	优、缺点
按应用方式分类	全淹没灭火系统		在规定时间内，向防护区喷射一定浓度的灭火剂，并使其均匀地充满整个防护区的灭火系统	二氧化碳，七氟丙烷。烟烙尽，EBM气溶胶	防护区应是一个开孔率不超过3%的封闭空间，在此空间内能够建立有效扑灭火灾的灭火剂浓。并将灭火剂浓度保持一段所需要的时间；深位火灾的保护区内除泄压口外，其余开口均应在灭火剂喷放前自动关闭	可扑灭表面火灾和深位火灾；但要求防护区封闭良好，对防护区内的开口有严格的限制
	局部应用系统		向保护对象以设计速率直接喷射灭火剂，并持续一定时间	二氧化碳	保护区在灭火过程中不能封闭，或虽然能够封闭但不符合全淹没系统要求表面火灾所采用的灭火系统	可扑灭表面火灾，但不能扑灭深位火灾；对防护区要求不高
按系统结构特点分类	管网系统	组合分配系统	用一套灭火剂储存装置保护两个或两个以上防护区或保护对象的灭火系统	二氧化碳，七氟丙烷，烟烙尽	只考虑按照需要灭火剂最多的防护区配置系统总的灭火剂储存量，如组合中某个防护区需要灭火，则通过选择阀、容器阀等控制，定向释放灭火剂	储存容器数和灭火剂用量可以大幅度减少，造价低，维护方便；但设计复杂
		单元独立系统	用一套灭火剂储存装置保护一个防护区的灭火系统	二氧化碳，七氟丙烷，烟烙尽，EBM气溶胶	用单元独立系统保护的防护区在位置上是单独的，离其他防护区较远不利于组合，或是两个防护区相邻，但有同时失火的可能	设计简单，系统安全可靠；但储存容器数和灭火剂用量较大，造价高，维护困难
	无管网装置		由灭火剂储存装置、固定喷头以及控制系统组成的成套设备	二氧化碳，七氟丙烷，烟烙尽，EBM气溶胶	适用于保护体积和面积比较小的防护区或设备	系统简单，维护方便，可以不设储瓶间，节约用地；但保护区域不宜过大

续表

系统类型		定　义	灭火剂	适　用　条　件	优、缺点
按储存方式分类	高压系统	灭火剂在常温下贮存的灭火系统。CO_2贮存压力5.17MPa；FM—200贮存压力为2.5MPa及4.2MPa；烟烙尽储存压力为15MPa	二氧化碳，七氟丙烷，烟烙尽	高压储存容器中灭火剂的温度随贮存地点环境温度的变化而变化，贮存容器必须能承受最高预期温度所产生的压力；贮存容器的压力还受灭火剂密度的影响，在最高贮存温度下的充装密度要注意防止过大。该系统宜用于小型消防工程	用于大，中型消防工程时，瓶组多，占地大，阀门管件多，压力比低压系统高，安装难度大，维护复杂，受环境温度影响大
	低压系统	二氧化碳灭火剂在18℃下贮存的灭火系统，贮存压力为2.07MPa	二氧化碳	典型的低压贮存装置是压力容器外包一个密封的金属壳，壳内有绝缘体，在贮存容器一端安装一个标准的空冷机装置，它的冷却蛇管装于贮存容器内，该装置以电力操纵，用压力开关自动控制；宜用于环境温度在－30～－50℃之间的大型消防工程	性能更完善，灭火更迅速，操作更方便，工程越大，投资越省，占地面积越小，目前的低压贮存装置大多只配套一套制冷机组，运行不够安全
按管网布置形式分类	均衡管网系统		二氧化碳，七氟丙烷，烟烙尽	均衡管网系统必须具备三个条件： （1）从贮存容器到每个喷头的管道长度应大于最长管道长度的90%； （2）从贮存容器到每个喷头的管道等效长度应大于管道等效长度的90%（注：管道等效长度二实管长＋管件的当量长度）； （3）每个喷头的平均质量流量相等	有利于各部分灭火剂的均化，灭火效率高，管网灭火剂剩余量少，管网计算简单；管路相对复杂，使用范围均受均衡条件限制
	非均衡管网系统		二氧化碳	不具备均衡管网系统条件的系统为非均衡系统	管路简单，适用范围广，但灭火剂浪费多，管网计算复杂

第九节　管道试压与清洗

管道系统的试压与吹洗，是管道安装的一个关键工序。各类管道安装好以后都应该按设计要求和国家标准进行系统的试压与吹洗。

一、管道系统试压、吹洗与清洗前的必备条件

1. 管道系统的完整性检查、管道的试压、吹洗与清洗必须具备条件详见本篇第九章《管道试验与清洗》相关要求。

2. 管道试压与吹洗、清洗的施工准备

1）试压前，管道施工技术人员必须熟悉设计要求，工艺流程、压力和输送介质、温度等技术参数。根据各管道系统的施工顺序、进度和施工方法来选定的管道试压顺序和清洗方法，编制出相应完善的施工方案，来指导施工全过程。

2）管道试压应按施工进程分区、段进行，待系统施工完毕后，再进行系统试压与吹洗、清洗工作。试压前，被试压管道的施工应完毕，管道、支吊架、阀门等附件安装，经系统完整性检查后都已符合规范验收要求；试压与吹洗、清洗的施工方案已经审批；试压与吹洗、清洗的准备工作已组织完善后方可进行。

3）成立试压与吹洗、清洗工作小组，明确各自的工作职责和检查范围，统一联络、统一指挥调动，加强巡回检查，确保试压与清洗工作顺利完成。

4）在试压与吹洗、清洗施工前，应根据施工方案要求，对当前要进行的试压与吹洗、清洗管道的范围、施工方法与详细要求、安全与产品保护措施要求等，对全体参加施工人员进行安全、技术交底，各分工负责人员明确各自责任后应该在交底记录单上签字，各参与施工人员对自己所承担工作明确无误后方可进行。试压与吹洗、清洗验收合格后及时分别办理好试压验收与吹洗、清洗验收记录表的签证工作。

5）试压与吹洗、清洗器具的准备

（1）试压泵、计量器具、无线电对讲机等准备及使用性能检查。

(2) 管堵、管帽、法兰盲极、隔离板等临时措施用具的准备或制作。

(3) 橡胶软管、软管轧头、阀门等材料的添置。

6) 管道在试压与吹洗、清洗前还应做好以下工作

(1) 管道在试压前应将不能参与试验的系统、设备、仪表及管道附件等加以隔离，安全阀应拆除，调节薄膜阀和减压阀组如无旁通设置切断时，应用短管代替。并与加设的盲板的部位都应有明显标记，试压与吹洗结束后及时恢复，同时做好拆除（安装）记录，防止遗漏。

(2) 被试管道的安装记录必须齐全，并有设计规定的试验压力值。如设计无规定时，应参照国家有关施工验收规范要求执行。

(3) 液体管道试压压力标准值，应以最低点的压力值为准，其最低点的压力值不得超过管道附件、阀门的承载能力。

二、管道试压的一般要求

1. 管道试压工艺流程见图 2-6-68

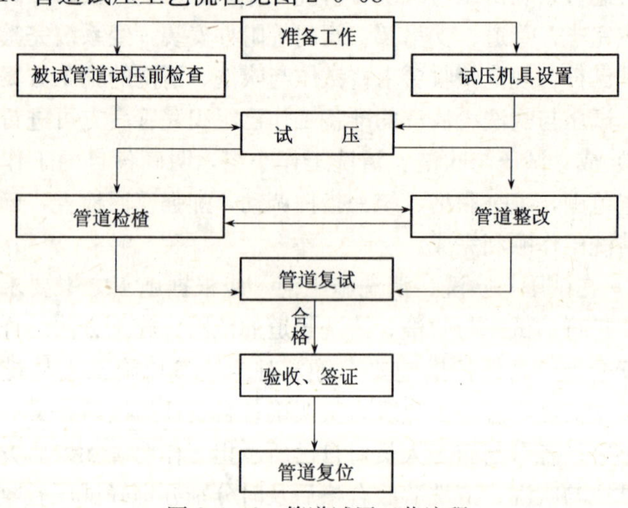

图 2-6-68　管道试压工艺流程

2. 管道试压分为强度试验和严密性试验，液压试验一般用洁净水进行液压试验；奥氏体不锈钢管液压试验时，水的氯离子

含量不得超过 25ppm，否则应采取措施。

3. 液压试验宜在 5℃以上进行，否则需采取防冻措施。并应用洁净清水进行。试压时，系统内的最高点与最低点应分别设置放空阀与泄水阀。系统注水时应将系统内空气放尽，升压应缓慢至工作（严密性试验）压力时，应进行管道系统外观检查，管道无渗漏与变形时，方可继续加压至强度试验压。达到强度试验压力后（试验压力应根据设计要求进行），停压 10min，以无泄漏为合格。

4. 管道的水压试压，可按系统分段（区）进行。

5. 严密性试验应以工作压力进行，保压检验时间按照设计与验收规范执行。

6. 试压时，应有建设单位代表、专检员、施工员在场时进行，试验合格后，当即办理签证。

7. 试验合格后，应及时做好管道焊口、法兰等接口的油漆防护工作，需要保温的管道，在油漆施工完成后进行。

三、管道系统的吹扫、清洗

管道系统在投入使用前，必须进行系统吹扫与清洗，以清除管道内的焊渣与杂物。吹扫与清洗，一般在强度试验合格后进行，对于管道内杂物较多的管道系统，可在试验前进行吹扫与清洗。

1. 管道系统吹扫、清洗的要求

1）管道系统的吹扫、清洗的方法，应根据管道的使用要求、工作介质及管道的内表面的脏污程度确定。公称直径≥600mm 的液体管道，宜采用人工清理；公称直径＜600mm 的液体管道，宜采用清水冲洗；公称直径＜600mm 的气体管道，宜采用空气吹扫；蒸汽管道采用蒸汽吹扫；非热力管道不得用蒸汽吹扫。

2）有特殊清洗要求的管道系统，应按照设计要求采用相应的吹洗方法进行。

3）不允许吹扫、清洗的设备及管道应与吹洗系统隔离。吹扫、清洗时，管道的脏物不得进入设备，设备吹出的脏物一般也不得进入管道。

4）管道吹扫、清洗应有足够的流量，压力不得超过设计工作压力，流速不低于工作流速。水冲洗时，流速一般不小于1.5m/s；气体吹扫时，其流速一般不小于20m/s。

5）管道吹扫、清洗时，金属管道（除有色金属管道外）应用锤（不锈钢管道用木锤）敲打管子，对焊缝、死角和管底等部位重点敲打，但不得损伤管子。

6）管道吹扫、清洗前，应考虑管道支、吊架的牢固程度，必要时应予加固。

2. 管道系统吹扫、清洗的一般要求

1）工作介质为液体的管道，一般应进行水冲洗，以清除管道内的焊渣等杂物。

2）冲洗用水可根据管道工作介质及材质选，用饮用水、工业用水、澄清水或蒸汽冷凝液等。

3）如管道分支较多，末端截面较小时，可将干管中的阀门拆掉1～2个，分段进行冲洗。如管道分支不多时，排水管可从管道末端接出。但排水管的截面积不应小于被冲洗管道截面积的60%。排水管应接至可靠的排水井或排水沟中，并应保证排泄畅通和安全。

4）水冲洗时，以系统内可能达到的最大流量或不小于1.5m/s的流速进行，直到出口处的水色和透明度与入口处目测一致为合格。

5）管道冲洗合格后应将水排尽，必要时可用压缩空气或氮气吹干。

3. 高级民用建筑内管道系统吹扫、清洗

1）给水系统管道冲洗

（1）给水系统冷水管道冲洗

a. 由高位水箱供水的冷水给水系统的管道，可采用高位水箱内水供水进行管道冲洗。

b. 由市政管网直接供水的冷水给水系统的管道，可利用市政管网的压力、流量进行管道冲洗；也可采用高位水箱内水临时接管供水进行管道冲洗。

c. 管道冲洗：应先总管、干管后支管，利用各区段供水切断阀门或水嘴，进行放水冲洗、排放检验；水泵至各高位水箱的供水管段，可利用水泵运行供水后，利用管道内的高水位进行自重力冲洗，也可在管道在分段试压试验时，利用试验过程中的放排水进行管道的冲洗。

d. 给水系统热水管道冲洗：可采用管道循环泵增压进行；也可利用高位水箱内水临时接管供水（与热水系统的膨胀管临时连接）进行管道重力冲洗，排水口设置可参考冷水管道进行。

e. 在给水系统中，小范围的给水系统可利用管道在分段试压时进行，可利用试压验收后放（排）水时进行冲洗。

f. 给水系统管道在冲洗验收合格后，还必须按照验收规范要求进行管道的消毒；管道消毒，采用含 20～30mg 的游离氯溶液灌满管道，并且在管道内留置 24h 以上，消毒后，再用清水进行冲洗，经有关部门取样、验收合格后，方可投入使用。

2）消防系统管道冲洗

（1）消火栓系统管道冲洗：可利用高位水箱内水供水（将系统与水箱连接管道上的止回阀阀芯临时拆除）进行管道系统的冲洗。其排水口，可利用底层消火栓和供水泵出口的试验阀分别进行。

（2）消防喷淋系统管道冲洗：可利用高位水箱内水经系统的持压管供水，进行管道冲洗；如系统采用持压泵进行定压时，可利用持压泵（或临时用增压供水泵）增压供水进行；其排水口可利用各层（各分区）喷淋系统排水实验阀和干管末端（喷嘴口）进行排放；喷淋供水总管冲洗使，应临时拆除报警阀用短管连接，并加装临时排放阀进行冲洗排放；水泵至报警阀管段的冲洗排放也可利用泵口的管道实验阀或系统设置的排水阀进行。

（3）消火栓系统的管道与喷淋总管冲洗可利用分段试压时进行自重力管道冲洗；喷淋系统楼面干（支）管的管道冲洗也可利用喷淋嘴安装到位之前的管道试压时进行。

3）空调水系统管道冲洗

（1）高层建筑内的空调水系统管道，可先采用管道系统的重力冲洗，然后利用系统循环泵进行系统的循环运行清洗。

（2）空调水系统管道冲洗前，应关闭所有空调器、设备和风机盘管的供回水阀门，防止管路内杂质随水流进入空调器表冷器、板交设备内。系统的重力冲洗，可利用系统高位膨胀水箱或系统最高点进水，临时增大膨胀水箱补水管和临时补水管的管径，增加补给水流量。管道在冲洗排放时，应分别打开系统各点放气阀，以利管道的排放畅通。

（3）系统的重力冲洗，必须按照先进行总管、垂直立管和平面支管的冲洗顺序进行。管道的重力水冲洗工作，也可在管道分段试压阶段施工时进行。

（4）系统重力冲洗完毕后，待系统进水完成后即可进行循环清洗。循环冲洗应利用总、支管处的冲洗阀连通阀进行；当系统内未设置冲洗阀连通阀时，应临时连通板交设备、空调器设备前的供回水管道。这样进行的系统循环冲洗，可增加管道的自清流速；管道总支管内残存的焊渣、铁锈及异物，通过系统的循环（放水）冲洗，进入系统循环水泵吸入口前的过滤器加以清除。以防止异物在清洗过程中，由总管进入支管或者由支管进入风机设备，减少清洗过程中清洗过虑器的工作量，加快施工进度，确保施工质量符合施工验收规范要求。

（5）在空调水系统循环清洗运行时，必须密切注意系统水泵泵组的进出口的系统供、回水的压差值。发现压差增大时，及时清通系统循环水泵前的过滤器，确保空调水系统循环清洗运行的流量和流速。系统的总、支管循环在清洗运行 2h 左右，检查系统排水点排水质量，同时可采取边补水、边排放的循环运行方式，加快和提高空调水系统循环清洗的速度和效果。

（6）在系统的总、支管循环清洗合格后，在开通板交设备、空调器。在设备开通时，必须严格按照以下顺序进行：

a. 先开通板交设备、空调器的供水阀供水，排尽设备内的空气。

b. 在空调设备内已灌满水的基础上打开回水阀，避免连接支管的管道内剩余杂物进入设备。

(7) 在系统全部开通循环 2h 后，应分别检查、清通板交、空调器等设备前的管道过滤器。通过几次循环运转冲洗、换水冲洗、水质排放检查，以水中无颗粒状态杂质时为合格。冲洗合格后应及时办理管道冲洗记录签证手续。

(8) 当系统循环运行清洗合格后，及时将系统进满水，放尽各管路系统及空调器、风机盘管内的空气，正常运转 2h 无异常情况，即可投入系统负荷调试工作。

第十节　消防系统调试

一、施工准备

1. 消防系统开通、调试与检测前，应进行以下工作：

1) 由项目经理负责组织专业施工员和施工班组负责人，成立消防系统开通、调试与配合检测工作小组，统一协调、指挥日常的消防系统开通、调试与配合强、弱电系统调试、检测验收施工。

2) 对所承担的消防系统管线、设备应进行全面的完整性检查。各系统的设备、管线和喷淋嘴的布置，必须按照设计要求安装到位、试压试验验收合格、管道施工完毕，消防各系统施工验收记录齐全，并且符合施工验收规范要求。

3) 对已经安装到位的主要控制设备消防水泵组、报警阀组、减压阀组、泄压阀组和机电控制系统、控制柜等。必须请各厂商技术人员会通其它专业施工员，对主要控制设备进行全面检查，确认已经安装到位的设备完好、产品安装符合设计和产品的使用验收要求，确保消防系统开通、调试与检测工作安全正常的开展。

4) 由各厂商提供各主要控制设备详尽的操作步骤、使用维护的说明书，并由技术人员进行现场指导施工人员的操作，保证各系统的正常运行。

5) 按照设计和规范要求，编制详细的施工方案，指导和组织施工人员进行消防系统开通、调试与检测。

6）各专业施工员，应熟悉各消防系统的管线布置、设备布置位置，全面了解消防系统的设计技术要求、消防调试检测的主要技术要求和方法，组织施工与配合强、弱电系统进行系统开通、联动调试与检测。

7）编制相应的自检自验、检测记录表。记录在开通、调试过程中，各系统管线、设备的检查、和开通、调试试运转检验记录，以利专业施工负责人全面掌握消防系统开通、调试的进度、完成范围，确保系统开通、调试顺利进行。

8）对已经安装到位的主要控制设备、消防水泵组、报警阀组、减压阀组、泄压阀组和机电控制系统、控制柜等，应进行清洁保养、外观完整性检查工作；消防系统各排放水点的排水设施必须畅通，各集水井的压力排水泵能正常运转。

9）对参与施工的全体人员应进行安全操作、产品保护和技术措施交底工作。交底当天系统开通、调试与检测的范围、主要施工方法、注意事项和产品保护教育。明确各区段施工负责人、各专业施工员的职责、参与施工调试人员各自负责系统的区域、巡视范围。发现问题及时向施工负责人通报，同时组织施工人员进行紧急处理，确保调试工作正常进行。

2. 消防系统开通、调试与检测时，必须配备相应有效的通信器具（对讲机），确保系统调试的指挥、协调施工。同时配备相应的检修工具、登高活动架和梯子、手电等器具，确保系统调试安全、正常开展。

3. 在消防系统开通、调试与检测过程中，必须根据各系统开通进程，应做好调试与检测范围内的警示、警告标志，及时向总包及相关施工单位发送书面通知。要求相关施工单位不得随意开启和动用消防设施，共同做好消防系统产品的保护和监护工作。

二、消防系统调试必须具备的条件

1. 消防系统施工完毕；

2. 消防水池、消防水箱，已储存设计要求的水量；

3. 系统供电正常；

4. 消防气压给水设备水压、气压符合设计要求；

5. 消火栓系统和自动喷淋系统管网内充满水；干式、预作用喷水灭火系统管网内的气压符合设计要求；阀门均无泄漏；

6. 与系统配套的火灾自动报警系统处于工作状态。

三、系统调试内容

1. 水源测试；

2. 消防水泵的调试；

3. 稳压泵的调试；

4. 报警阀的调试；

5. 排水设施的调试；

6. 联动调试。

四、消防系统的开通

1. 水源开通

消防系统的二路消防供水管道开通：关闭室外总体二路消防供水管进水阀、消防水泵组的出口阀门、二路进水总管之间切断阀。利用泵组设置的试验阀，放空室内消防供水管内的剩水。然后，分别开启室外总体二路消防供水管进水阀，利用泵组设置的试验阀进行放水检测，确保供水管道畅通。

2. 消防接合器通水检查

1）消火栓系统的消防接合器通水检查：分别关闭消防接合器管道、系统供水总管与系统供水环管管网切断阀、消火栓水泵的进水阀门，打开消防接合器阀门。利用室外消火栓水源，分别接至每只消火栓系统的消防接合器，打开泵组设置的试验阀放水，进行消防接合器通水能力检查。同时按设计要求，核实水泵接合器的数量和水源供水能力，并通过消防检测与验收时，消防车进行供水检测的验证。

2）自动喷淋消防接合器通水检查：分别关闭自动喷淋消防接合器管道、自动喷淋系统供水总管与各报警阀组连通的分路切断阀门、自动喷淋系统消防水泵的进水阀门。打开自动喷淋消防接合器切断阀，利用室外消火栓的水源分别接至喷淋系统的消防接合器，打开泵组设置的试验阀放水，进行消防接合器通水能力检查。同时按设计要求核实水泵接合器的数量和水源供水能力，并通过消防检测与验收时，消防车进行供水检测的验证。

3. 消防水系统的开通供水

1）无高位水箱定压系统的开通供水：可利用稳压泵稳压供水，使管网内的水压达到设计和验收规范要求。系统进水时，在室外供水系统压力所达到的区域，可先利用室外供水管道供水，在。在开通的管网充满水后，必须在巡视所进水区域系统管道、消火栓等完好无泄漏现象后，再利用稳压泵增压至消火栓系统所需工作压力。

2）高位水箱定压系统的开通供水：系统进水，则利用高位水箱进行。进水时，必须慢慢地开启供水阀缓慢供水。同时打开系统放气阀排气，在进水时必须加强巡视检查。

4. 消火栓水系统开通

1）消火栓系统管道的开通必须在管网安装、试压验收结束后进行。

2）消火栓系统的开通，必须按照先开通供水总管，后开通分路环管的先后进行。

3）由于分路环管管网服务区域较大，在开通前，应将管网内管路中各分段阀门关闭。先开通水泵泵组与总管总切断阀间的区域，再按照分段阀门排列区域先后开通，确保开通进水安全。分路环管管网的开通，也必须完成一路再开通一路的原则进行。

4）消火栓系统的开通供水：能利用室外供水压力所达到的区域，可先利用室外供水管道供水。当消火栓系统局部分区管道内的压力，不能达到设计所需压力时，则利用稳压泵增压供水。

5）消火栓系统的开通供水时，缓慢开启管网系统的进水控制阀控制进水速度，并且打开系统最高点的自动放气阀，尽可能排除管网系统内的集气。在系统开通后，所有必须开启的管线切断阀都必须开足，保证系统达到最大流量。并且做好阀门开启和关闭的记录，防止漏开启切断阀的现象发生。

5. 自动喷淋系统开通

1）自动喷淋系统的开通，必须按照先开通供水总管，后开通与报警阀组分路连接管道、再开通由报警阀组送至各区域喷淋管网的先后进行。供水总管管道系统开通必须在总管管网安装、试压验收结束后进行；与报警阀室分路连接管道，也必须按完成一路、开通一路；各区域的喷淋管网的开通进水，必须在管道安装完毕（喷淋嘴到位）、试压验收合格后进行。

2）在自动喷淋系统的开通前，必须先关闭自动喷淋系统（泵组）二路供水总管与各报警阀室连通的分路阀门、报警阀组、各防护分区管网的监控阀、放水试验阀门，检查确认后才能进行系统进水开通。在各区段进水过程中，必须按照各区段进水管道系统范围，检查与其相连系统管网的切断阀门、排放水试验阀，确认已经关闭后才能进行。同时在进水过程中，各加强巡视检查，防止漏水现象发生。

3）自动喷淋系统的开通供水时，必须关闭各报警阀组的控制阀，按照进水区域范围，慢慢开启报警阀组的进水控制阀或平面喷淋管网系统的进水控制信号阀，防止进水速度过快损伤水流指示器的传动部分，影响其报警灵敏度。

4）自动喷淋系统的开通供水：能利用室外供水压力或高位水箱供水能力所能达到的区域，可先利用室外供水管道或高位水箱供水。当喷淋系统管网内设置稳压泵增压补水的喷淋系统，则在系统满水后再开启稳压泵增压补水，至设计规定系统的静压工作压力。

5）在开通的管网充水过程中，必须在巡视所进水区域系统管道、报警阀组、各防护分区的监控阀、放水试验阀门、喷淋头等完好无泄漏现象。满水后，进行全面检查和记录所进水区段的静水压力（末端放水装置处压力表），检查合格后方可进行下一分段管网的开通与检查。当室外供水管道供水压力或高位水箱供水能力所能达到的区域，不能达到所需进水管网的压力值时，可利用稳压泵增压，在稳压泵增压过程中，强巡视监护，进行全面检查。

6）自动喷淋系统的开通供水时，打开系统最高点的自动放气阀，排除系统内集气。所有必须开启的管线切断阀必须开足，保证系统达到最大流量。并且做好阀门开启和关闭的记录，防止漏开启切断阀现象发生。

五、消防水系统调试

1. 消防水系统增压泵组调试

1）消防水系统增压泵组调试要求：以自动或手动方式启动消防水泵时，泵在5min内投入正常运转；应在备用电源切换后，增压泵应在30s内投入正常运行。

2）消防水系统稳压泵调试要求：模拟设计启动条件，稳压泵能立即启动；当系统达到设计压力时，稳压泵能自动停止运行。

3）消防水系统增压泵组与控制柜的检查与单机试车：在消防系统开通、调试与检测前，必须根据消防水系统增压泵组的控制原理，对控制柜、增压水泵泵组进行完整性检查和清洁保养工作，检查合格后分别对泵组进行单机试车，点动消防泵组，并且做好各项施工检验验收记录。

4）消防水系统增压泵组电气控制系统的模拟调试

（1）消防水系统增压泵组电气控制系统的模拟调试，必须在单机试车（点动）合格后进行。

（2）消防水系统增压泵组电气控制系统的模拟调试，必须切断水泵电源后进行。

（3）消防水系统增压泵组电气控制系统的模拟调试，必须按照设计控制原理、接线布置要求，对控制系统、控制柜进行检查与模拟测试试验。同时进行消防水系统增压泵组联动和故障自动切换的模拟调试检测工作。

（4）消防水系统稳压泵组电气控制系统的模拟调试，必须按照设计要求，调节好稳压泵组启动和停泵的压力继电器。在系统供水总管管道开通后，按照设计压力要求进行稳压泵组启动、停泵和故障自动切换的调试工作。调试结束后，将稳压泵组设置在自动档，确保已经进水的管网系统压力。

2. 消火栓水系统调试

1）消火栓系统调试要求

（1）消火栓（箱）设置位置应符合消防验收要求，标志明显，消火栓的水带取用方便，消火栓开启灵活、无渗漏。

（2）开启消火栓系统最高点与最低点的消火栓，进行消火栓的栓口喷水试验。当消火栓的栓口喷水时，按动消火栓系统报警按纽信号能及时传送至消防中心并启动系统水泵，消火栓栓口的压力≯0.5MPa，喷水水枪的充实水注符合设计规范验收要求。

（3）通过启动消防水泵，测量系统最不利点的试水装置流量、压力符合设计要求。

2）消火栓系统手动动压检测

（1）消火栓系统的手动动压检测，必须在消火栓管道系统的静压检验合格后进行。

（2）消火栓系统手动动压检测前，必须将系统的泄压装置、系统减压装置先粗调到设计要求范围，在动压检测时及时进行调整，确保系统的工作压力符合设计和验收要求。

（3）消火栓系统手动动压的检测，采用控制柜手动启动水泵方式，进行各消火栓系统的动压检测。

（4）消火栓系统手动动压检测时，必须先打开系统最高点消火栓或试验消火栓、底层消火栓各一只，进行放水检测试验。消火栓检测试验的排放水，必须在室外和屋顶平台的安全处排放，并且在排放区域用红绿旗围护警示、专人看护，确保操作安全。

（5）消火栓系统手动动压的检测必须由调试负责人统一指挥，在水泵房和消火栓放水点派专人负责启动和实施。动压检测时，必须组织施工人员对动压检测区域进行巡视检查，消火栓水枪在放水后应及时回复调试负责人，然后由调试负责人通知指挥水泵的启动（停止）。

（6）在消火栓水泵手动启动运行时，应及时调整系统的泄压装置与减压装置，同时在下一次消火栓水泵启动时进行复核，确保系统的最高工作压力符合设计要求。当消火栓系统手动动压检测结束后必须切断主泵电源，开启稳压泵自动档的电源，保证系统的工作压力正常。

3）消火栓系统报警按钮检测与联动动压检测

（1）消火栓系统报警按钮检测

a. 配合弱电系统对消火栓系统报警按钮检测时，必须切断主泵电源。

b. 配合弱电系统对消火栓系统报警按钮的全面检测，应采用模拟启动控制柜内接触器的形式进行。

c. 消火栓系统报警按钮检测时，按动楼层消火栓报警按钮，能及时启动水泵（控制柜内接触器动作）。

4）消火栓系统联动动压检测

消火栓系统联动动压检测时，必须先打开系统最高点消火栓或试验消火栓、底层消火栓各一只。按动楼层消火栓报警按钮，信号能及时传送至消防中心并启动系统水泵。同时进行消火栓主泵的故障自动切换功能检测，确保系统功能符合消防验收要求。消火栓系联动动压检测的自检检测完成后，再配合消防检测、验收单位进行消火栓系统联动动压检测验收。

3. 自动喷淋系统管网调试

1）报警阀组调试

（1）预作用自动喷淋系统报警阀组调试

a. 预作用自动喷淋湿式报警阀组调试前，各报警阀组必须按照设计与产品技术要求安装到位，各控制阀门启闭灵活。预作用自动喷淋系统管网内的气压符合设计与验收要求。自动气压稳压设备（压缩机）安装完好，自动供气（气压）启停运转符合设计与验收要求。

b. 预作用自动喷淋湿式报警阀组的低气压报警开关的测试，

稍稍开启系统的主排水阀的阀门，缓慢释放系统中的监测气压。检测低气压报警开关的动作情况，其动作压力约为 0.034MPa。

c. 预作用自动喷淋湿式报警阀调试：分别打开报警阀试水装置或流量测试阀，利用弱电系统的火灾探测器启动报警阀，报警阀能及时动作，按规定延时后水力警铃发出响亮的报警声，并启动消防水泵（可采用模拟启动方式）。

d. 预作用自动喷淋湿式报警阀调试结束后，必须按照产品的技术要求进行复位操作。操作顺序如下：

① 关闭雨淋阀膜片腔的供水控制阀、进水主控阀和系统供汽阀。

② 开启主排水阀与辅助排水阀的阀门，排空雨淋阀阀组内的存水后，关闭辅助排水阀。将雨淋阀复位，并且开启进水主控阀阀门。雨淋阀组在停止进水，主排水阀无排水时，关闭主排水阀的阀门。

③ 开启监测气体的系统供汽阀，使系统进入正常工作状态。

e. 预作用自动喷淋湿式报警阀组与管网连通切断阀，应在消防验收结束，移交业主后再开启。

（2）自动喷淋湿式报警阀组调试

a. 自动喷淋湿式报警阀组调试前，各报警阀组必须按照设计与产品技术要求安装到位，外观完整性检验合格，各控制阀门的启闭灵活。

b. 湿式报警阀调试：分别在湿式报警阀试水装置处放水和保护区喷淋管网末端的试验阀排水，湿式报警阀能及时动作，按规定延时后水力警铃发出响亮的报警声，水流指示器输出报警信号，压力井关接通电路报警并启动消防水泵（可采用模拟启动方式）。

（3）报警阀组调试，应符合以下要求

a. 淋湿式报警阀组调试时，在试水装置处放水，当报警阀进口水压大于 0.14MPa 时、放水流量大于 1L/s 时，报警阀应及时启动；带延时器的水力警铃应在 5～90s 内发出报警铃声；压力开关及时动作、并反馈信号。

b. 干式报警阀组调试时，开启系统试验阀，报警阀启动时间、启动点压力、水流到试验装置出口所需时间，均应符合设计要求；

2）喷淋系统手动动压检测

（1）喷淋系统的手动动压检测，必须在自动喷淋系统管道的静压检验合格后进行。

（2）自动喷淋系统手动动压检测前，必须将系统的泄压装置、系统减压装置先粗调调节到设计要求范围，在动压检测时及时进行调整，确保系统的工作压力符合设计和验收要求。

（3）自动喷淋系统手动动压的检测，采用手动控制启动水泵，进行各自动喷淋系统的动压检测。当每次自动喷淋系统手动动压检测告一段落时，必须切断主泵电源，启动稳压泵自动运行，确保系统工作压力。

（4）自动喷淋系统手动动压检测时，必须按照报警阀组分别进行。进行时，先打开被检测防护区喷淋管网末端的试验阀排水，检测系统的泄压装置、系统减压装置、报警阀组能否按照设计与验收要求运行，同时记录末端的试验阀排水时的压力表动压数据，确保系统运行正常后再进入自动联动检测。

3）配合弱电进行报警阀组、水流阀、信号蝶阀检测与调试

（1）配合弱电进行报警阀组、水流阀、信号蝶阀检测，必须在系统静压检测合格后进行，同时在检测时必须切断主泵电源。分别启闭系统管网内的信号蝶阀，配合弱电系统检测管网内的信号蝶阀的弱电控制接线，能正确将信号蝶阀的启闭信号输送至消防中心。同时分别按照报警阀组，打开喷淋管网的末端放水阀或报警阀组的试验阀，配合弱电系统检测管网内的对报警阀组、水流阀的弱电控制接线，能正确将报警阀组的压力开关启动信号、水流阀的启动信号输送至消防中心。

（2）配合弱电进行自动喷淋系统的模拟调试：在报警阀组、水流阀、信号蝶阀检测完成后，再进行自动喷淋系统的弱电系统

的模拟控制、启动调试。模拟控制、启动调试，必须能按照设计控制原理，对自动喷淋系统的增压泵组电气控制柜，进行模拟动作检测试验。

4）自动喷淋系联动动压检测

（1）自动喷淋系联动动压检测，必须在系统手动动压的检测、强（弱）电控制系统联动模拟调试工作完成后进行。

（2）自动喷淋系联动动压检测，按照报警阀组极其保护管网的分区分别进行。进行时，打开被检测防护区喷淋管网末端的试验阀排水，被检测的报警阀应及时动作，按规定延时后水力警铃发出响亮的报警声、水流指示器输出报警信号、压力开关接通电路报警并启动消防水泵；同时记录末端的试验阀排水排放水时的压力表动压数据与手动动压的检测进行对比复核。

（3）各报警阀组的出口端的最大供水流量测试，全开检测管网流量装置的主排水阀，按系统最大设计供水量作排放水检测，由弱电系统的流量计进行排放水流量检测数据，各报警阀组的出口端的最大供水流量必须满足设计与验收要求。

（4）当每次进行自动喷淋系联动动压的检测告一段落（或暂停）时，必须切断主泵电源，启动稳压泵自动档运行，确保系统工作压力。

（5）自动喷淋系统联动动压检测自检完成后，再配合消防检测与验收单位进行自动喷淋系统的联动动压检测与验收。

六、系统验收

1. 系统验收时，施工单位一般应提供下列资料

1）竣工验收申请报告、设计变更通知书、竣工图；

2）工程质量事故处理报告；

3）施工现场质量管理记录；

4）系统施工过程质量管理检查记录；

5）系统质量控制检查资料。

2. 系统验收时，同时应由强电、弱电配合，共同进行消防水系统的检测、联动调试与验收。

第十一节　室内燃气管道安装

由于天然气工程的开发，广大居民正在广泛使用天然气，从而改变了传统使用人工煤气的习惯。因天然气热值高、完全燃烧、干净等优点，深受广大市民的欢迎。目前，对于天然气管道的进户施工，与其他管道工程的施工有许多不同之处，根据对几个天然气管道进户工程施工的经验，介绍城镇居民住宅工作压力不大于0.005MPa的低压燃气管道的安装技术，供广大技术人员参考。

一、民用燃气管道主要安装工艺流程

民用燃气管道安装工艺流程见图2-6-69。

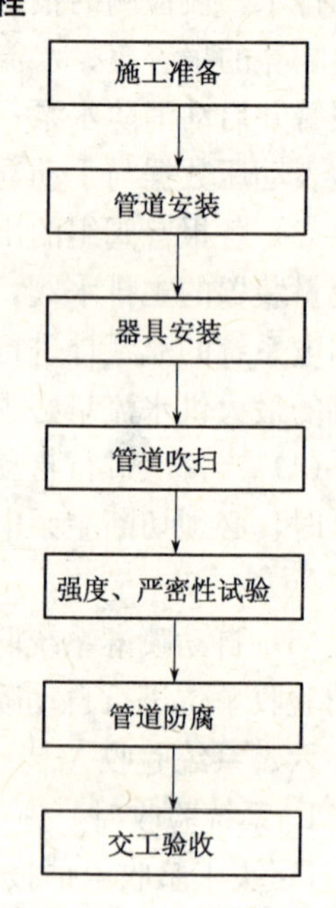

图2-6-69　民用燃气管道安装工艺流程图

二、主要施工工艺过程

1. 施工准备

认真熟悉图纸，编制施工方案，根据施工方案的施工方法和技术交底的具体措施做好准备工作，参考有关专业设备图和装修建筑图，核对各种管道的坐标、标高是否准确，有问题及时与设计和有关人员研究解决，做好变更洽商记录。在结构施工阶段时，积极配合土建预留孔洞、套管及预埋件。

1）材料、器具的检验

（1）室内燃气管道材料的选用除按设计文件规定外一般采用镀锌碳素钢管及镀锌管件，镀锌碳素钢管及管件的规格应符合规范要求，管壁内外镀锌均匀，无锈蚀、无毛刺，管材及管件均应有出厂合格证；胶管应采用耐油橡胶管。

（2）阀门的规格型号应符合设计要求。阀门应选用现行国家标准中适用于输送燃气介质，并且具有良好密封性和耐腐性的阀

门，室内一般选用旋塞或球阀。开关灵活，关闭严密，填料密封完好无渗漏，手轮完整无损坏。安装前应做强度和严密性试验。试验时，当压力达到试验压力后，在规定的持续时间内（$DN \leqslant 50$ 为 1min；$65mm \leqslant DN \leqslant 125mm$，为 2min）未发现渗漏为合格；旋塞的试验压力应使塞子旋转 180°，重复进行一次。严密性试验压力为阀件的公称压力 PN，阀门安装前应用气体进行气密性试验，不漏为合格。

（3）燃气表：居民家庭一般用皮膜家用燃气表。该表可分为四种类型：人工燃气表、天然气燃气表、液化石油气表和适合于上述三种燃气的通用表，安装时应分清楚类型。新表安装必须具备以下条件：厂家有生产许可证，产品有合格证；外观检查完好无缺；距出厂检验日期或重新校验日期不得超过半年。

（4）生活燃气灶具：燃气灶具类型家用燃气灶具按燃气的种类一般分为：人工煤气灶、天然燃气灶、液化石油燃气灶和适用于两种以上燃气的燃气灶。居民生活用燃气灶具应符合《家用煤气灶》标准。

（5）其他材料：该工程所用的型钢、管卡、螺栓、螺母、铅油、生胶带、密封垫、电气焊条等，选用时应符合设计文件和有关规范要求。

2）机具设备

（1）机械：套丝机、砂轮锯、台钻、电锤、手电钻、焊机、电动试压泵等。

（2）工具：套线板、管钳、压力钳、手锯、手锤、活络扳手、链钳、气焊工具、弯管器、手动试压泵等。

（3）检测器具：U 形管压力计、水平尺、线坠、钢卷尺、小线等。

3）施工条件

（1）技术准备：具有供施工用的设计图纸，并且已经过图纸会审、设计交底，已编制好施工方案；施工技术人员已向班组进行了图纸、施工方案和技术交底并做好书面记录。

（2）现场条件：地下管道铺设的位置泥土已回填夯实，沿管线位置障碍物清理干净，需立管安装位置的主体结构基本完，高层建筑在主体结构达到安装条件后，可适当插入进行；管道穿墙处已预留孔洞或安装套管，其洞口尺寸和套管规格符合要求，坐标、标高正确；管道需在管道井和吊顶内暗装的场所应未封闭，沿管线安装位置的模板及杂物清理干净，并有防坠落安全措施；需支管安装在墙中的墙体砌筑完毕，墙体未装修。

2. 管道安装：

1）燃气管道的安装应按设计施工图进行管道的预制和安装。

2）管道预制时首先要按设计图画出管道预制加工图，加工图上要注明支路、管径、变径、预留管口、阀门等位置，在现场进行实际测量，其方法可以在安装的结构位置做上标记，按标记分段量出实际安装的准确尺寸，标注在施工草图上，最后按草图进行预制加工。

3）燃气管道、管件及管道附件当设计文件无明确规定时，管径小于或等于 *DN*50，宜采用镀锌钢管或铜管；管径大于 *DN*50 或使用压力超过 10kPa，应符合设计文件规定或国家现行规范规定；铜管宜采用牌号为 TP2 的管材。

4）燃气管道安装要求

（1）燃气管道的切割：碳素钢管、镀锌钢管宜用钢锯或机械方法切割；不锈钢管应采用机械或等离子方法切割；不锈钢管采用砂轮切割或修磨时应使用专用砂轮片；铜管可采用机械或手工方法进行切割；管道切口应平整，无裂纹、重皮、毛刺、凹凸、缩口、熔渣、氧化物、铁屑等。

（2）燃气管道的弯曲半径宜大于管道外径的 3.5 倍。弯管截面最大外径与最小外径之差不得大于管道外径的 8%。铜制弯管及不锈钢弯管制作应采用专用弯管设备。弯管制作的其他要求应符合现行国家标准《工业金属管道工程施工及验收规范》GB 50235 的规定。

（3）管道、设备螺纹连接应符合下列规定：管道与设备、阀门螺纹连接时应同心，不得用管接头强力对口；管道螺纹接头宜采用聚四氟乙烯带做密封材料；拧紧螺纹时，不得将密封材料挤入管内；钢管的螺纹应光滑端正，无斜丝、乱丝、断丝或破丝，缺口长度不得超过螺纹的10%，丝扣松紧程度要适宜；铜管与球阀、燃气计量表及螺纹连接附件连接时，应采用承插式螺纹管件连接；弯头、三通可采用承插式铜配件或承插式螺纹连接件。

（4）燃气管道的连接方式应符合设计文件的规定。当设计文件无规定时，管径小于或等于 *DN*50 的燃气管道宜采用螺纹连接；管径大于 *DN*50 或使用压力超过 10kPa 的燃气管道宜采用焊接连接；铜管应采用硬钎焊连接。

5）燃气管道的焊接应符合下列规定

（1）管道与管件的坡口形式和尺寸应符合设计文件规定；当设计文件无明确规定时，应符合《城镇燃气室内工程施工及验收规范》(CJJ 94—2003）附录A的规定。

（2）管道的焊接，焊条、焊丝的选用应符合设计文件的规定；当设计文件无规定时，应按现行国家标准《现场设备、工业管道焊接工程施工及验收规范》GB 50236—98 中的规定。

（3）焊缝质量：焊完后焊缝应立即去除渣皮、飞溅物，清理干净焊缝表面，然后进行焊缝外观检查；焊缝质量应符合设计文件的要求；当设计文件无明确要求时，焊缝外观质量应符合 GB50 236—98 中表 11.3.2 中的Ⅲ级焊缝标准。

（4）铜管钎焊焊接应符合下列规定：铜管的焊接应采用硬钎焊形式，不得采用对接焊和软钎焊形式；钎焊材料宜采用低银铜磷钎料；钎焊前应用细砂纸除去钎焊处铜管处壁与管件内壁表面的污物及氧化层；焊接前应调整铜管插入端与管件承口处的装配间隙，使之尽可能均匀；钎接前应均匀加热被焊铜管及接头，与黄铜管件焊接时应添加钎剂，当达到加热温度时送入钎料，钎料应均匀渗入插口的间隙内，加热温度宜控制在645～790℃之间，钎料填满承插口间隙后应停止加热，保持静止，然后将钎焊部位清理干净；铜管钎焊后必须进行外观检查，钎缝应饱满并呈圆滑的焊角，钎缝表面应无气孔及铜管件边缘被熔融等缺陷。

6）室内燃气管道安装一般应先安装引入管，后安装立管，水平管、支管等；燃气管道垂直交叉敷设时，大管应置于小管外侧；燃气管道与其他管道平行、交叉敷设时，应保持足够的安全距。当明装电线与燃气管道交叉净距小于10mm时，电线应加绝缘套管，绝缘套管的两端应各伸出燃气管道10mm。

7）室内明设燃气管道与墙面的净距，当管径小于*DN*25时，不宜小于30mm；管径在*DN*25～*DN*40时，不宜小于50mm；管径等于*DN*50时，不宜小于60mm；管径大于*DN*50时，不宜小于90mm。2.4.8 燃气管道管卡、支架安装燃气管道管卡、支架应按设计要求或规范规定间距安装。吊卡安装时，先把吊杆按坡向、顺序依次穿在型钢支架上，吊环按间距位置套在管上，再把管抬起穿上螺栓拧上螺母，将管固定。安装托架上的管道上，先把管道就位在托架上，把第一节管装好U型卡，然后安装第二节管，以后各节管均照此进行，紧固好螺栓。

8）燃气管道的支承点不得设在管件、焊口、螺纹连接口处；立管宜以管卡固定，水平管道转弯处2m以内设固定托架不应少于一处；钢管的水平管和立管的支承之间的最大间距宜按表2-6-80选择；铜管的水平管和立管支承的最大间距宜按表2-6-81选择。

钢管支承最大间距　　　　表 2-6-80

管道公称直径（mm）	最大间距（m）	管道公称直径（mm）	最大间距（m）
15	2.5	100	7.0
20	3.0	125	8.0
25	3.5	150	10.0
32	4.0	200	12.0
40	4.5	250	14.5
50	5.0	300	16.5
70	6.0	350	18.5
80	6.5	400	20.5

铜管支承最大间距 表 2-6-81

公称外径（mm）		15	18	22	28	35	42	54
最大间距（m）	立管	1.8	1.8	2.4	2.4	3.0	3.0	3.0
	水平管	1.2	1.2	1.8	1.8	2.4	2.4	2.4
公称外径（mm）		67	85	108	133	159	219	—
最大间距（m）	立管	3.5	3.5	3.5	4.0	4.0	4.0	—
	水平管	3.0	3.0	3.0	3.5	3.5	3.5	—

注：当铜管采用钢质支承时，支承件与铜管之间应用石棉橡胶垫或薄铜片隔离。

9）燃气管道采用的支承固定方法宜按表 2-6-82 择用：

燃气管道采用的支承固定方法 表 2-6-82

管径（mm）	砖砌墙壁	混凝土制墙板	石膏空心墙板	木结构墙	楼板
*DN*15～*DN*20	管卡	管卡	管卡	管卡	吊架
*DN*25～*DN*40	管卡	管卡	夹壁管卡	管卡	吊架
*DN*50～*DN*75	管卡、托架	管卡、托架	夹壁托架	管卡、托架	吊架
*DN*80 以上	托架	托架	不得依敷	托架	吊架

10）燃气管道施工时，宜避免将管体焊缝朝向墙面，焊缝不明显的管道应事先作好标记。

11）敷设在管道竖井内的铜管或不锈钢波纹管的安装，宜在土建及其他管道施工完毕后进行，管道穿越竖井内的隔断板时应加套管，套管与管道之间应有不小于 5mm 的间距。

12）燃气管道穿过建筑物基础、外墙、承重墙、楼板时的钢套管或非金属套管管径不宜小于表 2 6 83 的规定；高层建筑引入管穿建筑物基础时的套管管径应符合设计文件的规定。

燃气管道套管直径 表 2-6-83

燃气管直径（mm）	*DN*15	*DN*20	*DN*25	*DN*32	*DN*40	*DN*50	*DN*65	*DN*80	*DN*100	*DN*150
套管直径（mm）	*DN*32	*DN*40	*DN*50	*DN*65	*DN*65	*DN*80	*DN*100	*DN*100	*DN*150	*DN*200

13）当引入管采用地下引入时，应符合下列规定

穿越建筑物基础或管沟时，敷设在套管中的燃气管道应与套

管同轴，套管与引入管之间、套管与建筑物基础或管沟之间的间隙应采用密封性能良好的柔性防腐、防水材料填实；引入管室内竖管部分宜靠实体墙固定；引入管的管材应符合设计文件的规定，当设计文件无规定时，宜采用无缝钢管；湿燃气引入管应坡向室外，其坡度应大于或等于0.01。

14）当引入管采用室外地上引入时，应符合下列规定

套管内的燃气管道不应有焊口及连接接头，升向地面的弯管应符合本工艺2.4.2条的规定，引入管的防护罩应按设计文件制作和安装；地上引入管与建筑物外墙之间净距宜为100～200mm；引入管保温层厚度应符合设计文件的规定，保温层表面应平整，凹凸偏差不宜超过±2mm。

15）燃气引入管不得敷设卧室、浴室、密闭地下室；严禁敷设在易燃或易爆品的仓库、有腐蚀介质的房间、配电间、变电室、电缆沟、暖气沟、烟道和进风道等部位。燃气引入管应设在厨房或走廊等便于维修的非居住房间内，当确有困难可从楼梯间引入，此时引入管阀门宜设置在室外。

16）燃气引入管进入密闭室时，密闭室必须进行改造，并设置换气口，其通风换气次数每小时不得小于3次。

17）燃气引入管的最小公称直径不应小于15mm。

18）燃气引入管阀门的安装位置，应符合下列要求：

（1）阀门宜设置在室内，对重要用户应在室外另外设置阀门，阀门应选择快速式切断阀。

（2）地上低压燃气引入管的直径小于或等于75mm时，可在室外设置带丝堵的三通，不另设置阀门。

19）建、构筑物内部的燃气管道应明设，当建筑或工艺有特殊要求时，可暗设，但必须便于安装和检修。

20）暗设燃气管道应符合下列要求：

（1）暗设的燃气立管，可设在墙上的管槽或管道井中，暗设的燃气水平管，可设在吊顶内和管沟中。

（2）暗埋在墙内的铜管或不锈钢波纹管，应使用专用的开凿

机开槽。管槽宽度家为管道外径加 20mm，深度应满足覆盖层厚度不小于 10mm 的要求。严禁在承重墙、柱、梁开凿管槽。

（3）暗埋的燃气铜管或不锈钢波纹管不应与各种金属和电线相接触，当不可避让时，应用绝缘材料隔开。

（4）暗设的燃气管道的管槽应设活动门和通风孔，暗设燃气管道的管沟应设活动盖板，并填充干沙。

（5）暗设的燃气管道可与空气、惰性气体、上水、热力管道等一起敷设在管道井、管沟或设备层中，此时燃气管道应采用焊接连接。

（6）燃气管道不得敷设在可能渗入腐蚀性介质的管沟中；当敷设燃气管道的管沟与其他管沟相交时，管沟之间应密封，燃气管道应敷设在钢套管中。

（7）敷设燃气管道的设备层和管道井应通风良好，每层的管道井应设与楼板耐火极限相同的防火隔断层并应有进出方便的检修门。

21）室内燃气管道不得穿过易燃易爆品仓库、配电间、变电室、电缆沟、烟道、进风道等地方。

22）室内燃气管道不应敷设在潮湿或有腐蚀性介质的房间内，当必须敷设时，必须采取防腐蚀措施。

23）燃气管道严禁引入卧室，当燃气水平管道穿过卧室、浴室或地下室时，必须采用焊接连接的方式，并必须设置在套管中，燃气管道立管不得敷设在卧室、浴室或厕所中。

24）当室内燃气管道穿过楼板，楼梯平台、墙壁和隔墙时，必须安装在套管中，套管内不得有接头，穿墙套管的长度与墙的两侧平齐，穿楼板套管上部应高出楼板 30～50mm，下部与楼板平齐。

25）燃气管道敷设高度（以地面到管道底部）应符合下列要求：

（1）在有人行走的地方，敷设高度不应小于 2.2m

（2）在有车通行的地方，敷设高度不应小于 4.5m

26）室内燃气管道阀门的设置位置应符合下列要求：

燃气表前；用气设备和燃烧器前；点火器和测压点前；放散管前。

27）高层建筑的燃气立管应有承重支撑和消除燃气附加压力的措施。

28）当建筑物位于防雷之外时，放散管的引线应接地，接地电阻应小于10Ω。

29）支管安装时，先量出支管的尺寸，然后断管下料、套丝、煨灯叉弯和调直。将丝口管两头抹厚白漆或聚四氟乙烯密封带，装好油任，与煤气表进行连接，把密封填料清理干净。

30）用钢尺、水平尺、线锤校对支管的坡度和与距墙间平行尺寸，并复查立管及煤气表有无移动，合格后用支管替换下煤气表。按设计或规范规定的压力进行系统吹洗及试压，吹洗合格后在交工前拆下连接管，再将煤气表安装到位，确认合格后再办理验收手续。

3. 燃气设备、表具安装

1）燃气设备安装前应检查用气设备的产品合格证、产品安装使用说明书和质量保证书；产品外观应有产品标牌，并有出厂日期；应核对性能、规格、型号、数量是否符合设计文件的要求。不具备以上检查条件的产品不得安装。

2）燃气表安装：

（1）用户计量装置的安装位置应符合下列要求：

a. 宜安装在非燃结构的室内通风良好处；

b. 严禁安装在卧室、浴室、危险品和易燃物品堆存处，以及与上述情况类似的地方；

c. 公共建筑和工业企业生产用气的计量装置，宜设置在单独房间内；

d. 安装隔膜表的工作环境温度应高于0℃。

（2）燃气表的安装应满足抄表、检修、保养和安全使用的要求。当燃气表装在燃气灶具上方时，燃气表与燃气灶的水平净距不得小于300mm。

（3）居民家庭每户应装一只燃气表，集体、营业、事业用户，每个独立核算单位最少应装一只表。

（4）燃气表安装过程中不准碰撞、倒置、敲击，不允许有铁锈，杂物、油污等物质掉入仪表内。

（5）家用燃气计量表的安装应符合下列规定：

a. 高位安装时，表底距地面不宜小于 1.4m；

b. 低位安装时，表底距地面不宜小于 0.1m；

c. 高位安装时，燃气计量表与燃气灶的水平净距不得小于 300mm，表后与墙面净距不得小于 10mm；

d. 燃气计量表安装后应横平竖直，不得倾斜；

e. 采用高位安装，多块表挂在同一墙面上时，表之间净距不宜小于 150mm；

f. 燃气计量表应使用专用的表连接件安装。

（6）每只家用燃气表一般在表前安装一个旋塞。

3）居民用灶具安装

（1）居民生活用气应采用低压燃气。低压燃烧器的额定压力为：天然气 2kPa；人工煤气 1kPa。

（2）安装燃气灶具的房间应满足以下条件

a. 不应安装在卧室、地下室内。若选用卧室套间当厨房，应设门隔开。厨房应具有自然通风和自然采光，有直接通室外的门窗或排风口，房间高度不低于 2.2m。

b. 耐火等级不低于二级，当达不到此标准时，可在灶上 800mm 及下方 100mm 范围内，加贴不可燃材料。

（3）新建居民住宅厨房允许的容积热负荷指标，一般取 580W/m^3。

（4）民用灶具安装，应满足以下条件：

a. 灶具应水平放置在耐火台上，灶台高度一般为 650mm。

b. 当灶和燃气表之间硬接时，其连接管道的管径不小于 DN15mm，并应装有一个活接头。

c. 灶具如为软连接时，连接软管长度不得超过 2m，软胶管与波纹管接头间应用卡箍固定，软管内径不得小于 8mm，并不应穿墙。

d. 公用厨房内当几个灶具并列安装时，灶与灶之间的净距不应小于 500mm。

e. 灶具应安装在有足够光线的地方，但应避免穿堂风直吹灶具。

4）热水器安装

热水器不宜直接设置在浴室内，可装在厨房或其它房间内，也可以装在通风良好的过道里，但不宜装在室外。

（1）安装热水器的房间应符合下列要求：

a. 房间高度应大于 2.5m。

b. 房间的容积应符合 3.3.3 的要求。

c. 热水器的排烟应符合下列规定

• 安装直接排气式热水器的房间外墙或窗的上部应有排气孔。（如图 2-6-70*a*）

• 安装烟道排气式热水器的房间应有烟道。（如图 2-6-70*b*）

• 安装平衡式热水器的房间外墙上，应有进排气筒接口。（如图 2-6-70*c*）

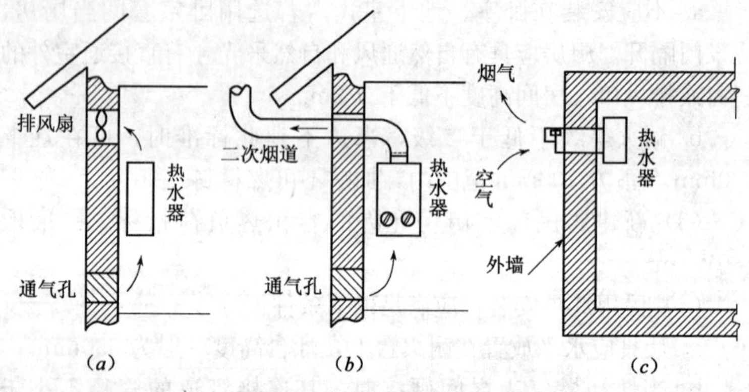

图 2-6-70　热水器安装示意图

（*a*）直接排气式热水器安装；（*b*）烟道排气式热水安装；（*c*）平衡式热水器安装

• 房间门或墙的下部应预留有断面积不小于 0.2m^2 百叶窗，或在门与地面之间留有高度不小于 30mm 的间隙。

（2）直接排气式热水器严禁安装在浴室内，烟道排气式和平衡式热水器可安装在浴室内。安装烟道排气式热水器必须符合下列要求：

a. 浴室容积应大于 7.5m^3

b. 浴室的烟道、送排气管接口和门的安装要求应符合上条（1）款C项规定。

（3）热水器的安装位置应符合下列要求：

a. 热水器主要装在操作和检修方便、不易被碰撞的部位，热水器前的空间宽度应大于 0.8m。

b. 热水器的安装高度以热水器的观火孔与人眼高度相齐为宜，一般距地面 1.5m。

c. 热水器应安装在耐火的墙壁上，固定应牢固。热水器外壳距墙的净距离不得不小于 20mm，如果安装在非耐火的墙壁上时应垫以隔热板，隔热板每边应比热水器外壳尺寸大 100mm。

d. 热水器的供气、供水管道宜采用金属管道连接，也可采用软管连接。当采用软管连接时，燃气管应采用耐油管，水管应采用耐压管。软管长度不得超过 2m。软管与接头应用卡箍固定。

e. 直接排气式热水器的排烟口与房间顶棚的距离不得小于 600mm。

f. 热水器与煤气表、煤气灶的水平净距不得小于 300mm。

g. 热水器上部不得有电力明线、电气设备和易燃物，热水器与电气设备的水平净距应大于 300mm。

（4）烟道式热水器的自然排烟装置应符合下列要求：

a. 在民用建筑中，安装热水器的房间应有单独的烟道，当设置单独烟道有困难时，也可设共用烟道，但排烟能力和抽力应满足要求。

b. 热水器的安全排气罩的上部，应有不小于 0.25m 的垂直上升烟气导管，导管直径不得小于热水器排烟口的直径。

c. 烟道应有足够的排烟能力和抽力；热水器安全排气罩出口处的抽力（真空度）不得小于 3Pa。

d. 热水器的烟道上不得设置闸板。

e. 水平烟道应有 1%的坡向热水器的坡度。水平烟道部长不得超过 3m。

f. 烟囱出口的排烟温度，不得低于露点温度。

g. 烟囱出口应设置风帽，其高度应高出建筑物的正压区。

4. 室内燃气管道的试验

1）室内燃气管道安装完毕后，必须按设计要求进行强度试验和严密性试验；室内燃气管道试验介质宜采用空气或惰性气体，严禁用水。

2）室内燃气管道试验前应具备以下条件

具有已批准的燃气管道试验方案；试验范围内的管道安装工程除涂漆、隔热层外，已按设计图纸全部完成，安装质量已符合设计要求和现行施工质量规范规定；焊缝、螺纹连接接头、法兰及其他待检部位尚未做涂漆和隔热层；按试验要求对管道已加固；待试验的燃气管道已与不应参与试验的系统、设备、仪表等隔断，泄爆装置已拆下或隔断，设备盲板部位及放空管已有明显标记或记录。

3）试验用压力表应在检验的有效期内，其量程应为被测最大压力的 1.5～2 倍。试验用弹簧压力表精度应为 0.4 级。

4）施工单位实施试验时，应预先通知燃气供应单位、建设单位、监理单位、设计院等参加。燃气工程的竣工验收，应根据工程性质由建设单位组织相关部门、燃气供应单位及相关单位按本规范要求进行联合验收。

5）试验时发现的缺陷，应在试验压力降至大气压时进行修补。修补后应进行复试。

6）民用燃具的试验与验收应符合国家现行标准《家用燃气燃烧器具安装及验收规程》CJJ12 的有关规定。

7）强度试验

（1）试验范围为居民用户引人管阀门至燃气计量表进口阀门（含阀门）之间的管道。

（2）进行强度试验前燃气管道应吹扫干净，吹扫介质宜采用空气。

（3）试验压力应符合下列规定：

设计压力小于10kPa时，试验压力为0.1MPa；设计压力大于或等于10kPa时，试验压力为设计压力的1.5倍，且不得小于0.1MPa。

（4）设计压力小于10kPa的燃气管道进行强度试验时可用发泡剂涂抹所有接头，不漏气为合格。设计压力大于或等于10kPa的燃气管道进行强度试验时，应稳压0.5h，用发泡济涂抹所有接头，不漏气为合格；或稳压1h，观察压力表，无压力降为合格。

8）严密性试验

（1）严密性试验范围一般为引入管阀门至燃具阀门之间的管道，严密性试验应在强度试验之后进行。

（2）中压管道的试验压力为设计压力，但不得低于0.1MPa，以发泡剂检验，不漏气为合格；低压管道试验压力不应小于5kPa。试验期间，居民用户试验15min，观察压力表，无压力降为合格。

（3）低压管道进行严密性试验时，压力测量可采用最小刻度为1mm的U形压力计。

9）燃气管道的防腐及涂漆

（1）引入管采用钢管时，应在除锈（见金属光泽）后进行防腐，防腐做法应符合国家现行标准《城镇燃气输配工程施工及验收规范》CJJ33的规定。

（2）室内明设燃气管道及其管道附件的涂漆，应在试压检验合格后进行；采用钢管焊接时，应在除锈（见金属光泽）后进行涂漆；先将全部焊缝处刷两道防锈底漆，然后再全面涂刷两道防锈底漆和两道面漆；采用镀锌钢管螺纹连接时，其与管件连接处安装后应先刷一道防锈底漆，然后再全面涂刷两道面漆。

（3）暗埋的铜管或不锈钢波纹管的色标，宜采用在覆盖层的砂浆内掺入带色颜料的形式或在覆盖层外涂色标；当设计无明确规定时，色标宜采用黄色。

（4）室内燃气管道的防雷、防静电措施应按设计要求施工。

5. 质量控制标准

1）管道的耐压强度试验和严密性试验结果，必须符合设计要求和施工规范的规定。

2）管道的坡度必须符合设计要求。

3）管道及管道支座（墩）严禁铺设在冻土或末经处理的松土上。

4）燃气引入管和室内燃气管道与其他各类管、电气线路距离必须符合设计要求或施工规范的规定。

5）管道支（吊、托）架及管座（墩）构造合理、正确，埋设平正、牢固，排列整齐，支架与管子接触紧密。

6）阀门的型号、规格、耐压强度和严密性试验结果，符合设计要求，位置，进出口方向正确，连接牢固紧密，启闭灵活，朝向合理，表面洁净。

7）楼板内套管，顶部高出地面不少于20mm，底部与底板齐平；墙壁内的套管两端与饰面平，固定牢固，管口齐平，环缝均匀。

8）埋地管道的防腐、材质和结构符合设计要求和施工规范规定，卷材与管道以及各层卷材间粘贴牢固，表面平整、无皱折、空鼓、滑移和封口不严等缺陷。

9）民用燃气管道允许偏差可按表2-6-84进行控制。

民用燃气管道允许偏差表　　　　表2-6-84

项次	项　　目	允许偏差（mm）	检验方法
1	坐标	10	用水准仪（水平尺）直尺拉线和尺量检查
2	标高	±10	

续表

项次	项目			允许偏差（mm）	检验方法
3	水平管道纵横方向弯曲	每米	$DN \leqslant 100$mm	0.5	用水平尺、直尺、拉线和尺量检查
			$DN > 100$mm	1	
		全长（25m 以上）	$DN \leqslant 100$mm	不大于 13	
			$DN > 100$mm	不大于 25	
4	立管垂直度	每米		2	吊线和尺量检查
		全长（5m）以上		不大于 10	
5	进户管阀门	阀门中心距地面		±15	尺量检查
6	燃气表	表底部距地面		±15	尺量检查
		表后面距墙内表面		5	
		中心线垂直度		1	
7	煤气嘴	距炉台表面		±15	尺寸检查
8	管道保温	厚度		$+0.1\delta$ -0.05δ	尺寸检查
		表面平整度	卷材板材	5	用钢针刺入保温层检查
			涂抹或其他	10	用 1m 靠尺、楔形塞尺和观察检查

6. 施工质量常见病和控制措施

1）燃气管道镀锌层损坏，管道变形，紧固管螺纹时由于管钳老化，卡不住管道，同时用力过大造成管道镀锌层损坏。

2）为了确保试压合格，特别要注意螺纹接口，应采用锥型管螺纹；丝扣应整齐光洁，不应有歪斜，裂痕和双头丝等现象，断丝和不完整的丝扣不得大于丝扣总长的 5%，中心线角度偏差不得大于 1°。

3）支架严禁用管钉，必须使用管卡固定管道。

4）立管上引出管高度不准确，由于层高超出允许偏差或测量不准确；立管距墙不一致或半明半暗，由于立管位置安排不当，或隔断墙位移偏差太大所造成；立管不垂直，主要是凿板洞时，不吊线或在测量时被挤位置而造成。应针对这此原因采取相应的技术措施。

5）立管的套管出地面高度不够，或掉落到顶板下面或套管缝内未装填料。这主要是由于堵洞时未配合好，检查不严或土建地面标高不准，抹灰太厚造成。应加强检查，搞好配合。

6）煤气如未经脱硫处理时，煤气管道的阀件应选用铁壳铁芯；如煤气经过脱硫处理，可用铜质密封圈的阀门。

7. 技术安全措施

燃气管路及设备安装完工后，必须经当地燃气管理部门检查验收合格后方可使用。气源调压箱处的开关，必须由燃气管理人员开关。

8. 交工验收

本工艺标准交工验收一般应具备以下质量记录：

1）材料和设备的合格证，送法定检测单位的检测报告及施工单位的在现场的检验记录。

2）管道和设备的预检记录。

3）管道和设备的隐检记录。

4）管道和设备的单项和系统强度试验记录。

5）管道和设备的单项和系统强度严密性记录。

6）管道的吹洗记录。

7）防腐涂层质量检查记录。

8）由建设或施工单位向燃气公司提出竣工验收申请，燃气公司会同设计、等有关单位共同验收的竣工验收记录。

第七章　工业管道安装

第一节　高压管道安装

在工业管道中，当设计压力 $P>10$MPa 时，该类管道即为高压管道；当工作压力≥9MPa，且工作温度≥500℃的蒸汽管道亦升为高压管道。

一、高压管道的施工应执行的规范及标准

(1)《高压管、管件及紧固件通用设计》(H1～31—67) 规范。

(2)《现场设备、工业管道焊接工程施工及验收规范》(GB 50236—1998)。

高压管道在施工过程中均须严格按照上述规范及标准组织施工和验收。

二、高压管道施工工艺

高压管道施工工艺见图 2-7-1。

三、高压管、管件等安装前材料验收

施工前对所有将被正式用于工程的高压管、管件、紧固件、阀门等都必须全数进行检查验收，并及时做好书面验收记录，及时填写检查记录表。

1. 高压管的验收

(1) 高压管必须具有制造厂的产品合格证，并核对应具有符合 H_3-67 要求的化学成分、机械性能等要求。

(2) 产品证明书上应注明：

① 供方名称或代号；

② 需方名称或代号；

③ 合同号；

④ 钢号；

⑤ 炉罐、批号和重量；

⑥ 品种名称和尺寸；

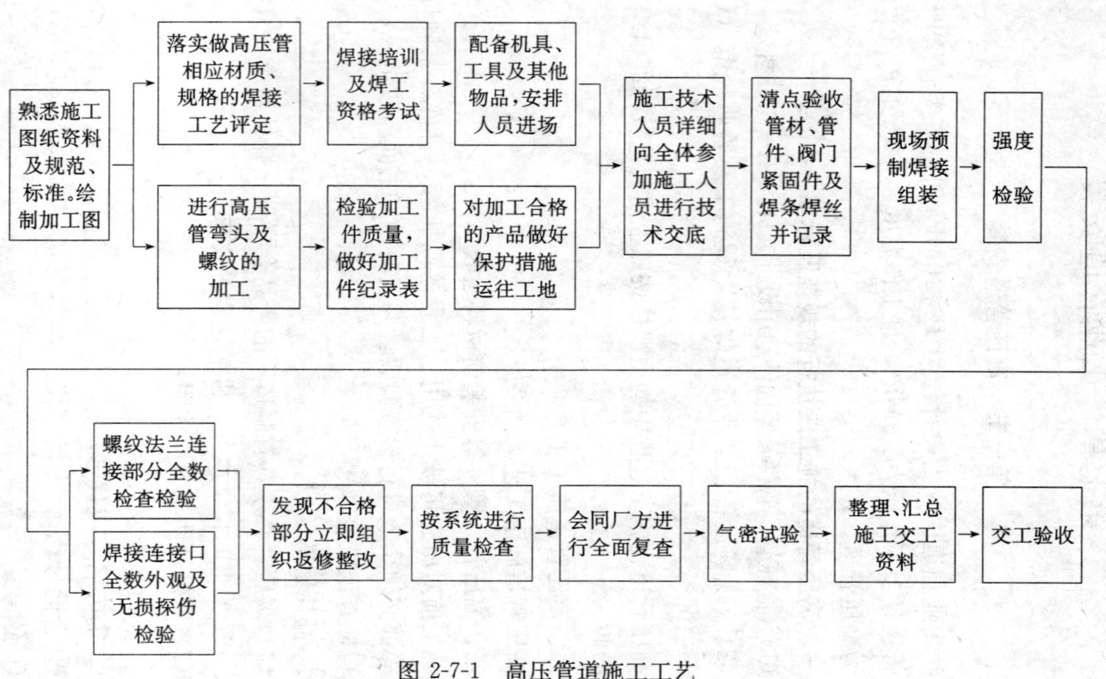

图 2-7-1　高压管道施工工艺

⑦ 化学成分；

⑧ 试验结果；

⑨ 标准编号。

(3) 凡材料合格证明书齐备并和实物全部相符的管材，可以不做校验性检验。

(4) 高压管如有下列情况之一，则应进行校验性检验。

① 证明书与到货实物的钢号炉罐号不符；

② 管子或标牌上无钢号、炉罐号。

(5) 高压管的校验性检验按规范要求进行。

(6) 高压管须全数逐根进行安装前的检查，检查前须逐根进行编号。

安装前检查内容主要有外观、直径、壁厚、长度以及复核材料合格证书上各项参数是否符合要求。检查后填写高压钢管、管件检查记录表见附表5。

(7) 不合格的管子必须做好记号并单独存放，以避免混用。

2. 高压管弯头的加工和检验

(1) 根据我公司的技术装备，凡外径在 ϕ83mm 以下的高压管弯头采用弯管机冷弯，冷弯后不作热处理。部分弯曲半径小、弯脚短、无法冷弯的可采用火焰加热煨弯、弯后不浇水，作自然冷却。

对外径 ϕ102mm 及 ϕ127mm 两种规格的高压弯头，采用中频加热煨弯、煨弯后须进行热处理。

(2) 高压管弯头加工完毕后应全数进行检验，运往工地后在现场应作抽查复核检验。检验主要内容有：

① 外观有无裂纹、分层、过烧等现象；

② 椭圆率应小于5%；

③ 弯管外侧壁厚减薄率应小于10%；

④ 实测角度，角度 α 的偏差 Δ 值不超过±1.5mm/m，最大不超过±5mm/m；

⑤ 硬度值（仅对中频弯管后进行热处理后的弯头）；

⑥ 弯管后的磁粉及超声波探伤结果。

检验后及时填写中高压弯管加工检查记录表。

3. 高压管件的检查检验

高压管件应全数逐个进行检查检验。

高压管件包括三通、异径管、弯头、螺纹法兰、各种透镜垫等全部高压管件。

（1）高压管件检查检验的主要内容有：

① 核对管件的质量证明书，并确认是否符合要求；

② 外观检查；

③ 外径、壁厚及其他有关尺寸；

④ 螺纹加工状况；

⑤ 密封面加工状况。

（2）检查完毕后应及时填写高压管、管件检查记录表。

注：本表为通用表，如表栏与检查内容不同，可修改使用，亦可另加附页使用。

4. 高压管螺纹的加工及检验

（1）高压管螺纹按《高压管、管件及紧固件通用设计》*H*6-67进行加工，并符合其中机械加工技术要求的各项规定。

（2）高压螺纹及密封面等应逐个进行检查。检查完毕后应及时填写高压螺纹加工检查记录表。

5. 高压管用螺栓螺母的检查

高压管用的螺栓螺母应全数按规范要求进行检查。检查后填写高压钢管、管件检查记录表。

注：填写时可按同一规格，每批每次检查数填写一行，亦可另附表式填写。

6. 高压阀门的检查

（1）高压阀门应逐个进行检查。

（2）高压阀门安装前应逐个进行强度和严密性试验，试验要求按 GB 50235—1997《工业金属管道工程施工及验收规范》3.0.5 与 6.9.7 条规定进行，并填写阀门试验检查记录表。

四、高压管道安装

1. 管道的测量、下料、加工

（1）高压管道安装前应根据施工图纸及现场实际情况，十分仔细并反复测量出所施工管线或管段中各部分的尺寸。量取的尺寸应精确。

（2）根据测量得到的尺寸并在复核所用管件的实际尺寸后进行切断下料，并绘制好加工图，提交加工工序。

（3）提交加工工序的管段，为便于加工及复核加工后的尺寸，必须用钢冲打上标记为加工标记和控制标记。钢冲印不深于 0.5mm。

2. 配管的组对

任何组对都必须避免使存在附加内应力的强制对口现象。

（1）螺纹法兰连接组对：

① 组对前应仔细检查管端密封及透镜垫密封面，排除任何影响密封性能的各种缺陷；

② 螺纹部分涂上二硫化钼油脂；

③ 管端密封面及透镜垫上涂上少许白凡士林或洁净的牛油；

④ 双头螺栓上涂上二硫化钼油脂；

⑤ 透镜垫位置应放置平稳、正确；

⑥ 均匀上紧螺栓；

⑦ 连接间隙尺寸如图 2-7-2 所示。可用钢皮尺或内卡测量。其中 $l_1 l_2$ 可参照表 2-7-1。

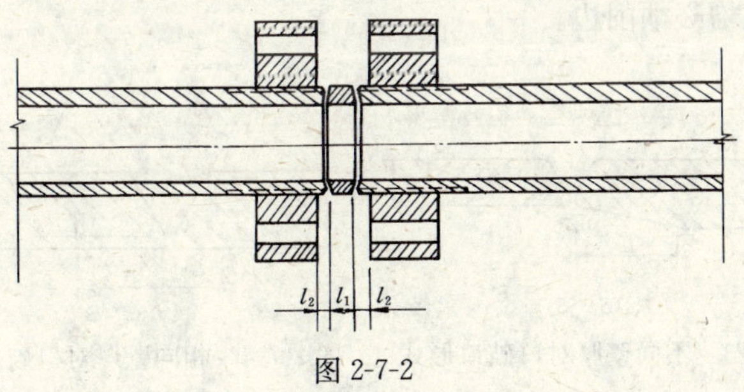

图 2-7-2

连接间隙尺寸（mm）　　　表 2-7-1

规　格	管径	l_1	l_2	规　格	管径	l_1	l_2
*PN*320　*DN*6	14×4	7.2	2	*PN*220　*DN*6	24×4	7.2	2
*PN*320　*DN*10	24×6	6.5	2	*PN*220　*DN*10	24×6	6.5	2
*PN*320　*DN*15	35×9	5.8	2	*PN*220　*DN*15	24×4.5	5.9	2
*PN*320　*DN*25	43×10	5.8	2	*PN*220　*DN*25	35×6	6.3	2
*PN*320　*DN*32	4.9×10	6.8	3	*PN*220　*DN*32	43×7	6	3
*PN*320　*DN*40	68×13	6.5	3	*PN*220　*DN*40	57×9	6.9	3
*PN*320　*DN*50	83×15	8.1	3	*PN*220　*DN*50	68×10	8.2	3
*PN*320　*DN*65	102×17	8.1	4	*PN*220　*DN*65	83×11	10.5	4
*PN*320　*DN*80	127×21	10.9	4	*PN*220　*DN*80	102×14	11.1	4
*PN*320　*DN*125	180×30	15.8	5	*PN*220　*DN*100	127×17	12.9	4

（2）焊接连接组对：

① 焊口组对前应将坡口两侧不少于 10mm 范围内的油漆、铁锈、油污等清除干净。

② 焊口组对时须特别注意避免错边现象。在高压管施工中，错边是最犯忌的，它将严重影响高压管质量，并是以后生产中引起事故的隐患之一。

③ 如发生不同壁厚的管子或管件进行组对，必须对较厚的管壁按 1∶4 的要求进行削边处理、如下图 2-7-3 和图 2-7-4。内外错边均必须削边。

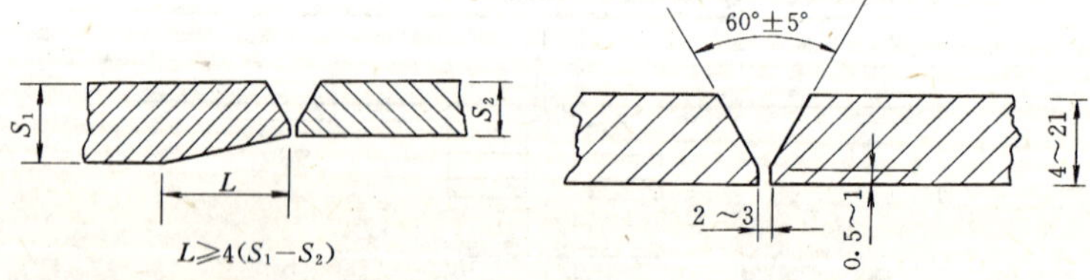

图 2-7-3　不同壁厚对口破口形式　　图 2-7-4　相同壁厚对口破口形式

④ 焊口对口间隙为2～3mm。

3. 高压管现场配管基本原则

(1) 高压管现场配管一般先施工大口径管道，再施工小口径管道；先施工主管道，然后再施工支管道。如实际情况许多，也可适当调整。

(2) 每根（每节）管子在安装前都应仔细地检查管内的清洁度，不允许有垃圾、杂物。

(3) 与传动设备连接的管线，为尽可能减少附加应力，安装顺序应从传动设备一侧逐步向外部施工；其最后固定封闭组装口应尽可能远离设备。

(4) 支吊架的施工应与管线施工同步进行。

(5) 现场管道吊装时，除应十分注意防止人身伤害外，应特别注意不碰坏高压管螺纹和密封面。不碰坏邻近管线、电缆及仪表器件等设施。如在不得已情况下，应事先通知施工员并有施工员转告厂方，得到厂方同意并办理好书面签证手续方可施工。

(6) 施工记录、工程资料应与工程施工同步。

4. 高压管的焊接

(1) 焊接工艺评定。为确保工程中高压管道的焊接质量，按GB 50236—1998规范的要求，为验证拟定的焊接工艺的可靠性，应进行焊接工艺评定。

焊接工艺评定试验的材质应根据该工程中高压管道材质而定。

焊接工艺评定标准按GB 50236—1998要求。现场正式焊接之前应收到可行的工艺评定书。

(2) 焊工资格。凡参加中高压管焊接的焊工，必须按GB 50236—1998规范的要求进行考试，并取得试件代号能覆盖工程中焊口直径与壁厚的有效的焊工资格合格证，才能上岗施焊。

(3) 焊接材料。根据工程中所需焊接的管道钢种相对应的焊接材料。当选用20号钢高压管道时，焊接材料可参考如下标准：

焊丝牌号为H08Mn2SiA，并附有卖方单位的质保书。

焊条牌号为E5015（结507），并附有卖方单位的质保书。焊条的烘焙见表2-7-2。

焊条烘焙要求 **表2-7-2**

焊条牌号	烘焙温度（℃）	烘焙时间（h）	保温温度（℃）
E5015	350～380	2	150～200

（4）焊接规范。焊接规范见表2-7-3～表2-7-6。

焊接规范表（适用于壁厚10.5～21mm的水平位置） **表2-7-3**

层次	焊丝牌号	规格	焊条牌号	规格（mm）	焊接电源及极性
1	H08Mn2SiA	ϕ2.5	—	—	直流正接
2			E5015	ϕ3.2	直流反接
3			E5015	ϕ3.2	直流反接
4			E5015	ϕ3.2	直流反接
5			E5015	ϕ3.2	直流反接

层次	电流（A）	电压（V）	焊接速度（mm/min）	氩气流量（L/min）
1	100～120	11～13	38～40	8
2	90～110	21～22.5	90～110	
3	90～110	21～22.5	70～90	
4	90～110	21～22.5	65～80	
5	95～115	21～22.5	55～70	

焊接规范表（适用于壁厚10.5～21mm的垂直位置） **表2-7-4**

层次	焊丝牌号	规格（mm）	焊条牌号	规格（mm）	焊接电源及极性
1	H08Mn2SiA	ϕ2.5	—	—	直流正接
2			E5015	ϕ3.2	直流反接
3			E5015	ϕ3.2	直流反接
4			E5015	ϕ3.2	直流反接
5			E5015	ϕ3.2	直流反接

续表

层　次	电流（A）	电压（V）	焊接速度（mm/min）	氩气流量（L/min）
1	100~120	12	38～40	8
2	100~120	21～24	150～160	
3	105～125	22～24	110～125	
4	105～125	22～24	160～170	
5	105～125	22～24	200～210	

焊接规范表（适用于壁厚5.25～10.5mm的水平位置）　　**表 2-7-5**

层　次	焊丝牌号	规格（mm）	焊条牌号	规格（mm）	焊接电源及极性
1	H08Mn2SiA	ϕ2.5	—	—	直流正接
2			E5015	ϕ2.5	直流反接
3			E5015	ϕ2.5	直流反接

层次	电流（A）	电压（V）	焊接速度（mm/min）	氩气流量（L/min）
1	100～120	12~13	40～50	6
2	65～85	21～23	50～70	
3	65～85	21～23	50～70	

焊接规范表（适用于壁厚5.25～10.5mm的垂直位置）　　**表 2-7-6**

层次	焊丝牌号	规格	焊条牌号	规格（mm）	焊接电源及极性
1	H08Mn2SiA	ϕ2.5	—	—	直流正接
2			E5015	ϕ2.5	直流反接
3			E5015	ϕ2.5	直流反接

层次	电流（A）	电压（V）	焊接速度（mm/min）	氩气流量（L/min）
1	100～120	12～13	40～50	6
2	75～85	22	160～170	—
3	75～85	22	160～170	—

（5）焊接要点：

① 施焊前做好焊口两侧的清洁工作，并做好挡风防雨措施，确保焊接质量。

② 施工时值寒冷的北方冬季时，施焊前必须预热。预热温度为 50～100℃；预热时须烘干结在管壁上的霜及潮气。

③ 焊缝必须圆滑过渡。

④ 引弧必须在坡口内，严禁乱打弧。

⑤ 焊条使用前必须在规定的温度和时间下经烘焙才能使用。

⑥ 焊缝表面不得有裂纹、气孔、夹渣等缺陷。

⑦ 焊缝应一次连续焊完。

⑧ 点固焊选用的焊接材料及工艺措施应与正式焊接要求相同；点固焊的焊缝长度一般为 10～20mm。

（6）焊接检验。检验标准《现场设备、工业管道焊接工程施工及验收规范》GB 50236—1998。

检验内容一般为焊缝表面质量和对接焊缝内部质量。

（7）高压管焊接缝返修

① 焊缝返修顺序见图 2-7-5。

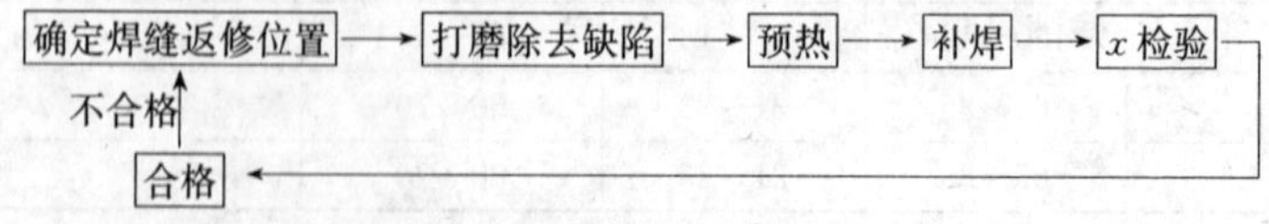

图 2-7-5　焊缝返修顺序

② 焊缝返修要求。焊缝同一位置上返修一般不得超过二次。

（8）高压管管座（凸台）的焊接示意如图 2-7-6 所示。

管座焊接要点：

① 为了保证焊接质量，封底层采用氩弧焊，第二层以上采用手工电弧焊。

② 每焊一层必须清理掉焊渣及杂物后方可焊下一层。

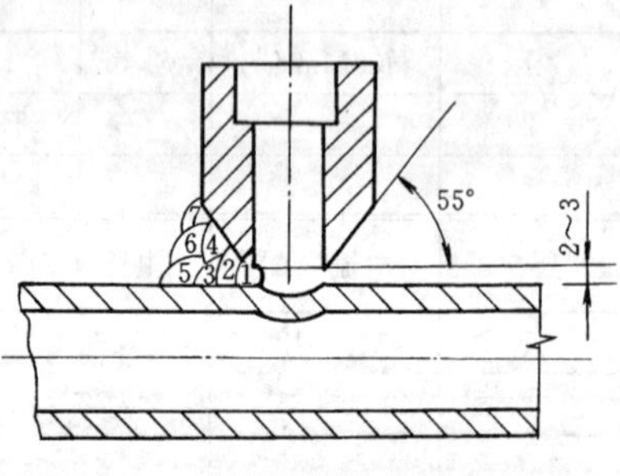

图 2-7-6　高压管管座焊接示意图

③ 焊缝的焊脚高应符合设计要求，其外形应平缓过渡，表面不得有气孔、裂纹、夹渣等缺陷，咬肉深度不得大于 0.5mm。

④ 焊前须预热，预热温度为 50～100℃。

5. 压力试验

管道安装完毕后，应对管道按系统或管段进行强度和严密性试验。

（1）强度试验：

① 强度试验压力为设计压力的 1.5 倍。

② 强度试验以洁净水为介质，水中的氯离子含量应小于25ppm。

③ 试验时，升压应缓慢，达到试验压力后，停压 10min，以无泄漏，目测无变形为合格。

（2）严密性试验：

① 严密性试验一般在强度试验合格后进行。

② 严密性试验压力按设计压力进行。

③ 严密性试验在达到压力值后，经全面检查，以无泄漏为合格。

④ 强度试验和严密性可分两个步骤一次性完成。

（3）压力试验注意事项：

① 压力试验前应对所试管线进行全面的完整性检查，并确认是否已符合条件。

② 压力试验前应核对软件资料，并确认是否已符合要求。

③ 试验用的压力表应经计量室校验过的，并在有效周检期内的，表的满刻度值应为最大被测压力的 1.5～2 倍。试验压力表应不少于 2 个。

④ 冬季试压时，试压前应充分考虑气候温度情况，采取有效措施，推荐如下措施：

a. 选择气温较高的白天进行，试压后放净吹净系统内的所有积水。

b. 在试压的水中加入适量的防冻剂，如乙二醇等。这种方法应先将被试系统用空气作小于 16MPa 试压，并无泄漏后再进行，否则可能造成防冻剂的大量浪费。

c. 采用夹布橡胶管低压蒸汽伴热加热措施。

⑤ 不论采取何种措施，试压后一定要排尽存水，特别是系

统中容易积水的凹部，应用吹扫法排除积水。

⑥ 高压管道试压时，管内压力很高，尤其是气密性试验，试压前和试压过程中应根据现场实际情况，要充分考虑技术措施（如制定试压方案）和采取必要的安全措施。

⑦ 压力试验合格后应及时填写管道试验检查记录表，并请有关人员及时签证。

五、工程资料

高压管道施工后一般应具备如下交工资料：

（1）开工报告。

（2）竣工报告。

（3）图纸会审、技术交底记录表。

（4）施工技术核定表。

（5）交工验收证书。

（6）工程问题联络单。

（7）加工件委托单及加工图。

（8）施工交底记录表。

（9）管道焊接施工检查记录表。

（10）阀门试验检查记录表。

（11）管道试验检查记录表。

（12）高压管螺纹加工检查记录表。

（13）中高压弯管加工检查记录表。

（14）高压钢管管件检查记录表。

（15）单线图及焊口位置记录。

（16）无损探伤报告单。

（17）焊接工艺评定资料。

（18）焊工资格考试资料。

（19）材料合格证及质量证明书。

（20）原材料复验资料。

（21）弯管无损探伤报告。

（22）全部 x 光有效软片。

（23）施工方案。

（24）各种工程会议纪要及设计修改通知单。

（25）竣工图及附件。

（26）质量检验评定资料。

（27）其他必须归档的资料。

附录　高压管安装时的参考标式（附表 2-7-1～附表 2-7-11）

图纸会审/技术交底 记录表　　　　**附表 2-7-1**

建设单位————　　　　　　　　　　编号————

单位工程————

分部分项名称		施工图名称	
合同编号		施工图编号	
任务单编号		类别型号规格	
图纸会审技术交底内容			
议定事项			
出席单位及人员			
主持人（签字）		地点	
记录人（签字）		日期	年　月　日

注：在施工（生产）前必须进行图纸会审与技术交底。有关设计修改部分应由设计单位另发设计变更通知或会议纪要，以作为施工（生产）的依据。（表内填写不下时可后附报告纸）。

工程问题联络单　　附表 2-7-2

建设单位————　　编号————

单位工程————

<table>
<tr><td>分部分项名称</td><td></td><td>施 工 图 名 称</td><td></td></tr>
<tr><td>工 程 编 号</td><td></td><td>施 工 图 编 号</td><td></td></tr>
<tr><td>问题内容</td><td colspan="3"></td></tr>
<tr><td>处理意见</td><td colspan="3"></td></tr>
<tr><td colspan="2">建设（或设计）单位意见</td><td colspan="2">施 工 单 位</td></tr>
<tr><td colspan="2">单位（部门）（章）　代表人　（签字）
年　月　日</td><td colspan="2">联系单位（部门）　（章）
联系人　（签字）
年　月　日</td></tr>
</table>

注：施工生产过程中发现的各种问题，均可填写本单，与建设单位、设计单位、土建单位以及公司内部各单位（部门）及时联系。其填写份数根据分送需要确定（并送工程处主管部门两份作工程资料用）。

施工技术核定表　　附表 2-7-3

建设单位————　　编号————

单位工程————

<table>
<tr><td colspan="2">分部分项名称</td><td></td><td>施工图名称</td><td></td></tr>
<tr><td colspan="2">合同编号</td><td></td><td>施工图编号</td><td></td></tr>
<tr><td colspan="2">任务单编号</td><td></td><td>类别型号规格</td><td></td></tr>
<tr><td>核定问题</td><td colspan="4"></td></tr>
<tr><td>处理意见</td><td colspan="4"></td></tr>
</table>

建设单位	设计单位	施工单位
建设单位（章） 代表人（签字） 年　月　日	设计单位（章） 代表人（签字） 年　月　日	施工队（章） 技术负责人（签字） 施　工　员（签字） 年　月　日

注：施工（生产）过程中因故需要修改原设计图时，由施工员按程序及时办理技术核定手续。一般技术核定，经施工队技术副队长审核（较重大的技术核定由工程队主任工程师审核，特重大的技术核定，由公司总工程师审核）和设计单位签证后，作为施工（生产）的依据。

附表 2-7-4

加工件委托书

建设单位________　　　　编　　号________

单位工程________　　　　工程编号________

分部分项________　　　　施工预算编号________

<table>
<tr><td>加工件名称</td><td colspan="5"></td><td rowspan="16">附图及技术要求：</td></tr>
<tr><td>图　号</td><td colspan="2"></td><td colspan="2">数　量</td><td></td></tr>
<tr><td>要求交货日期</td><td colspan="2">年　月　日</td><td colspan="2">实际交货日期</td><td>年　月　日</td></tr>
<tr><td colspan="6">需用材料分析表</td></tr>
<tr><td>序号</td><td>材料名称</td><td>材　质</td><td>型号规格</td><td>数　量</td><td>单　位</td></tr>
<tr><td>1</td><td></td><td></td><td></td><td></td><td></td></tr>
<tr><td>2</td><td></td><td></td><td></td><td></td><td></td></tr>
<tr><td>3</td><td></td><td></td><td></td><td></td><td></td></tr>
<tr><td>4</td><td></td><td></td><td></td><td></td><td></td></tr>
<tr><td>5</td><td></td><td></td><td></td><td></td><td></td></tr>
<tr><td>6</td><td></td><td></td><td></td><td></td><td></td></tr>
<tr><td>7</td><td></td><td></td><td></td><td></td><td></td></tr>
<tr><td>8</td><td></td><td></td><td></td><td></td><td></td></tr>
<tr><td>9</td><td></td><td></td><td></td><td></td><td></td></tr>
<tr><td>10</td><td></td><td></td><td></td><td></td><td></td></tr>
<tr><td colspan="3">委托单位负责人（签字）
年　月　日</td><td colspan="3">委托人（签字）
年　月　日</td></tr>
</table>

注：本单位内部加工件，由施工员在使用前填写此表，经施工队负责人审核签证后委托加工。

附表 2-7-5

高压钢管、管件检查记录表

编号——————

建设单位——————　　　　第———页共———页

单位工程		分部分项		施工图号					
制造厂名		证明书号		规格		钢号		炉罐号	

管子编号	外径(mm)		最小壁厚(mm)		长度(mm)	外形尺寸检查结果	硬度(HB)	机械性能化学成分		探伤结果			
	Ⅰ端	Ⅱ端	Ⅰ端	Ⅱ端				检查结果	检验单号	射线	超声波	磁粉	着色

备注	

	质量员(签字)	施工员(签字)	施工班(组)(签字)
年 月 日	年 月 日	年 月 日	年 月 日

高压管螺纹加工检查记录表

附表 2-7-6

编号————

建设单位————　　　　第——页共——页

单位工程			分部分项		施工图号			
序号	管线号	管子编号	公称直径（mm）	材质	加工图号	管子合格证号	螺纹及法兰配合鉴定	密封面鉴定
备注								
年　月　日		质量员（签字） 年　月　日		施工员（签字） 年　月　日		施工班（组）（签字） 年　月　日		

中高压弯管加工检查记录表

附表 2-7-7

编号——————

建设单位—————　　　　第———页共———页

<table>
<tr><td>单位工程</td><td></td><td>分部分项</td><td></td><td>施工图号</td><td></td></tr>
<tr><td>管线号或管段号</td><td></td><td colspan="4" rowspan="12">附图及说明：</td></tr>
<tr><td>管道规格</td><td></td></tr>
<tr><td>管道材质</td><td></td></tr>
<tr><td>设计温度(℃)</td><td></td></tr>
<tr><td>设计压力(MPa)</td><td></td></tr>
<tr><td>弯曲角度</td><td></td></tr>
<tr><td>弯曲半径(mm)</td><td></td></tr>
<tr><td>弯曲温度(℃)</td><td></td></tr>
<tr><td>椭圆率(%)</td><td></td></tr>
<tr><td>壁厚减薄率(%)</td><td></td></tr>
<tr><td>热处理后硬度(HB)</td><td></td></tr>
<tr><td>探伤鉴定</td><td></td></tr>
<tr><td colspan="2">
年　月　日</td><td>质量员(签字)
年　月　日</td><td>施工员(签字)
年　月　日</td><td colspan="2">施工班(组)(签字)
年　月　日</td></tr>
</table>

注：$1kgf/cm^2=0.0981MPa$。

阀门试验检查记录表

附表 2-7-8

编号——

建设单位——　　　　第——页共——页

单位工程			分部分项			施工图号						
序号	名称	型号规格	填料	数量	公称压力(MPa)	强度试验 介质	强度试验 压力(MPa)	强度试验 时间(min)	严密性试验 介质	严密性试验 压力(MPa)	严密性试验 时间(min)	试验结果
备注												
年 月 日	质量员(签字) 年 月 日			施工员(签字) 年 月 日				施工班(组)(签字) 年 月 日				

注：$1kgf/cm^2$＝0.0981MPa。

管道设备焊接施工检查记录表

附表 2-7-9

编号——

建设单位——　　　　第——页共——页

单位工程					分部分项					施工图号					
管线编号或设备代号	焊口或焊缝编号	焊工号	规格(mm)	材质	管线或焊缝等级	焊接材料		预热温度(℃)	热处理			焊后检查			焊缝最终评定
						初层	填充层		方法	记录号	硬度值(HB)	外观等级	无损检验		
													方法	报告号	
备注															

	质量员(签字)	施工员(签字)	施工班(组)(签字)
年　月　日	年　月　日	年　月　日	年　月　日

注：*RT*——射线探伤　*UT*——超声波探伤；*MT*——磁粉探伤；*PT*——着色探伤；*B*——火焰加热；*E*——电加热。

管道试验检查记录表

附表 2-7-10

编号——————

建设单位——————　　　　第———页共———页

<table>
<tr><td>单位工程</td><td colspan="2"></td><td colspan="2">分部分项</td><td colspan="2"></td><td>施工图号</td><td colspan="2"></td></tr>
<tr><td>管线号</td><td colspan="2"></td><td colspan="2">工作介质</td><td></td><td>工作温度(℃)</td><td></td><td>工作压力(MPa)</td><td></td></tr>
<tr><td colspan="5">强度试验</td><td colspan="5">严密试验</td></tr>
<tr><td>试验介质</td><td>试验压力(MPa)</td><td>试验部位</td><td>停压时间(min)</td><td>试验结果</td><td>试验介质</td><td>试验压力(MPa)</td><td>试验部位</td><td>停压时间(min)</td><td>试验结果</td></tr>
<tr><td></td><td></td><td></td><td></td><td></td><td></td><td></td><td></td><td></td><td></td></tr>
<tr><td rowspan="5">泄漏量试验</td><td rowspan="2">起止地点</td><td colspan="2">试验压力(MPa)</td><td colspan="2">试验温度(℃)</td><td colspan="2">试验时间(h)</td><td rowspan="2">允许泄漏率(%/h)</td><td rowspan="2">实际泄漏率(%/h)</td></tr>
<tr><td>开始 P_1</td><td>终了 P_2</td><td>开始 T_1</td><td>终了 T_2</td><td>开始 t_1</td><td>终了 t_2</td></tr>
<tr><td></td><td></td><td></td><td></td><td></td><td></td><td></td><td></td><td></td></tr>
<tr><td></td><td></td><td></td><td></td><td></td><td></td><td></td><td></td><td></td></tr>
<tr><td colspan="9">泄漏率计算公式：$A=\frac{100}{t}\left(1-\frac{P_2 T_1}{P_1 T_2}\right)\%$</td></tr>
<tr><td>备注</td><td colspan="9"></td></tr>
<tr><td colspan="3">建设单位代表(签字)
年　月　日</td><td colspan="2">质量员(签字)
年　月　日</td><td colspan="3">施工员(签字)
年　月　日</td><td colspan="2">施工班(组)(签字)
年　月　日</td></tr>
</table>

注：$1kgf/cm^2 \cong 0.1MPa$。

附表 2-7-11

图			例		
1	管道支架	SP—01	4	现场焊口	
2	管段号	L25—1	5	仪表(压力表)	PL
3	高压截止阀		6	焊口编号	

SP—01
L25—1
30°
SP—02
L25—2
SP—03
L25—3
30°
SP—05
L25—6
45°
P1—1
L25—5
SP—04
L25—4

材 料 表

序号	材料名称	规格	材质	标准号	数量	单位	备注

建设单位					
管线号	L25—10—ϕ102×14				第 页
	P=320kg/cm² T=150℃				共 页
设计		审核		描图	
安装单位					

第二节　液压管道安装

一、概述

液压管道主要是液压油泵与液压机之间的联络管道。它将高压油泵压出的介质输送到液压机，使液压机进行工作。

要进行液压管道的安装，首先要能看懂液压管道图，要看懂液压管道图首先要看懂液压管道图中的图例与符号。

二、液压系统图的图形符号说明

（1）本节所列液压管道图形符号，适用于液压油作工作介质的机器液压传动原理图和控制系统原理图。

（2）本节所列图形为各种液压原件基本符号，以及一部分常用的有关其他装置的符号。它只表示元件的职能、连接系统的通路，不表示元件的具体结构和参数。

（3）所列符号均以元件的静止位置或零位置表示，当系统的动作另有说明时例外。

（4）本节所列图形符号、名词术语仅为施工中积累资料及常用语，若与国家标准不一致时请遵守相应国家标准规定。

三、液压系统图的图例符号

液压系统图的图例符号见表 2-7-7。

四、液压管道安装工艺流程

1. 液压管道的安装工艺流程（图 2-7-7）

2. 液压管道的脱脂

液压管道的脱脂是液压管道安装工艺中的一个主要工序。脱脂情况的好坏将直接影响以后的工序质量。因此，管材在酸洗之前必须进行脱脂。而在管道的脱脂之前，对锈蚀严重的又要进行除锈处理。

液压管道的脱脂可参照本书管道脱脂的几种方法进行，亦可采用碱液加热法进行。

3. 液压管道的酸洗

液压管道的管材、配件，在脱脂合格后必须进行酸洗处理来去除管内的锈蚀。酸洗质量的好坏将直接影响到液压管道油循环的质量。

表 2-7-7

1. 管路及连接

名称	符号	名称	符号
工作管路		油管端部在油面之下	
控制管路		堵头	
泄漏管路		压力接头	
管路连接点		快速接头：没有单向阀	
连接管路		带单向阀	
交错管路		带一个单向阀的快速接头组	
软管		带两个单向阀的快速接头组	
油流方向		回转接头 有一条通路的回转接头	
排气装置		有三条通路的回转接头	
通油箱管路 油管端部在油面之上			

续表

名　　称	符　　号
伸缩接头	
2. 油泵、油马达和油缸	
名　　称	符　　号
定量油泵 　单向定量油泵	
双向定量油泵	
变量油泵 　单向变量油泵	
双向变量油泵	
定量油马达 　单向定量油马达	
双向定量油马达	

名　　称		符　　号
变量油马达 　单向变量油马达		
双向变量油马达		
摆动油马达（摆动油缸） ［回转角小于 360°］		
油泵油马达机组	单向定量油泵和定量油马达机组	
	单向变量油泵和定量油马达机组	
	单向变量油泵和变量油马达机组	
	双向变量油泵和定量油马达机组	
	双向变量油泵和变量油马达机组	

续表

名称		符号
单作用油缸	单作用柱塞油缸	
单作用油缸	单作用单活塞杆式油缸	
单作用油缸	单作用伸缩式套筒油缸	
双作用油缸	双作用单活塞杆式油缸	
双作用油缸	双作用带不可调缓冲式油缸	
双作用油缸	双作用带可调缓冲式油缸	
双作用油缸	差动油缸	
双作用油缸	双作用双活塞杆式油缸	

3. 控制方式

名称		符号
人力控制和操作	手动杠杆控制	
人力控制和操作	按钮控制	
人力控制和操作	脚踏控制	
弹簧控制		
机械控制		
液压控制	直接液压控制	
液压控制	先导液压控制	
液压控制	压力卸压控制	

续表

名称		符号	名称		符号
液压差动控制		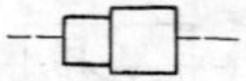	油马达控制	单向回转油马达控制	
压力—位移比例控制			油马达控制	双向回转油马达控制	
气动控制	气动压力控制	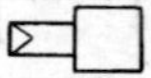	离心力控制		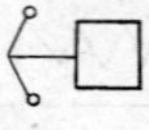
气动控制	气动卸压控制	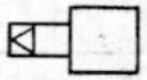	复合控制	电磁液压控制	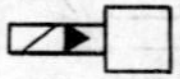
电磁力控制	单线圈电磁铁控制	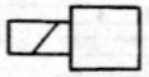	复合控制	手动电磁控制	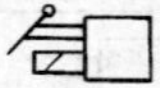
电磁力控制	双线圈电磁铁控制	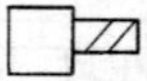	辅助机构	定位机构	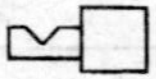
电磁力控制	差动电磁线圈控制	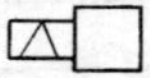	辅助机构	锁紧机构	
电动机控制	单向回转交流电动机控制	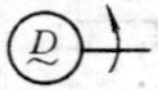	弹跳机构		
电动机控制	双向回转直流电动机控制	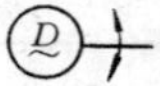			

续表

名称	符号
机械反馈机构	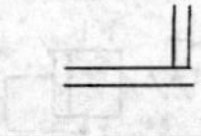
其他控制机构	 *

4. 阀的基本符号和规则

名称		符号
阀的基本符号		
多位置阀	二位置阀	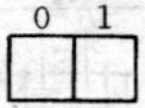 0 1
	三位置阀	1 0 2
五位置阀		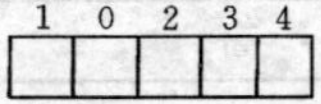 1 0 2 3 4

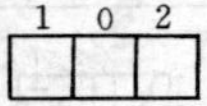

名称		符号
阀的过渡位置	二位置阀	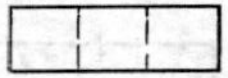
	三位置阀	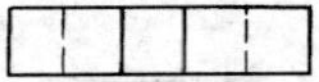
阀的位置及管路连接	二通调节阀的连接	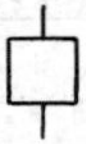
	二位三通阀的连接	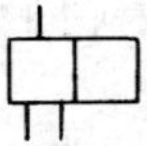
	三位四通阀的连接	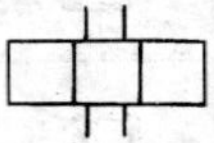
阀的内部通道及流向	常闭式二通调节阀	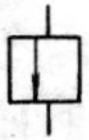
	阀内连通油路	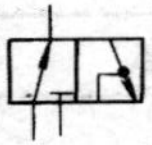

续表

名　称	符　号	名　称	符　号
阀内封闭油路	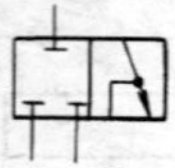	阀的调节位置 二通常闭式调节阀 静止位置	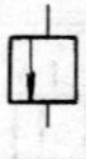
三位四通阀中间位置封闭	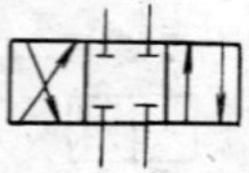	工作位置	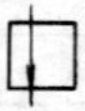
阀的通路标志	压力腔　P 及 P_1、P_2… 回油腔　O 及 O_1O_2…… 工作腔及二次压力腔　A、B、C… 油压控制腔　K 及 K_1K_2… 泄漏油腔　L 及 L_1L_2…	二通常开式调节阀 静止位置 工作位置	
远程控制卸荷阀	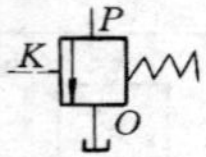 K P O	二位三通阀的调节（过渡位置封闭式） 静止位置	
直接控制顺序阀	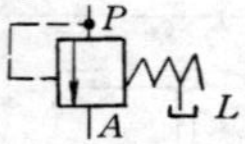 P L A	过渡位置	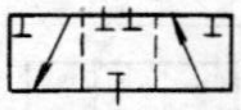
三位四通阀	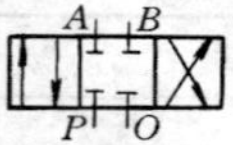 A B P O	工作位置	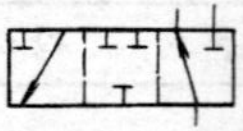

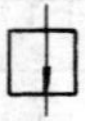

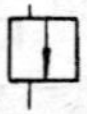

续表

名　称	符　号	名　称	符　号
二位四通阀的调节（过渡位置半开式） 静止位置		组合件范围线	
过渡位置	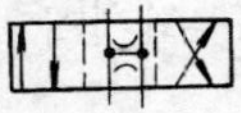	多位置转阀基本符号② 二位置转阀	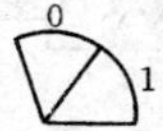 0　1
工作位置		三位置转阀	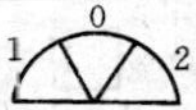 1　0　2
阀的代号表示法① 单独阀门	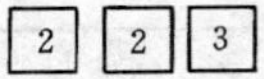 2　2　3	转阀管路连接内部通道流向及标志③	 APOB
阀　组	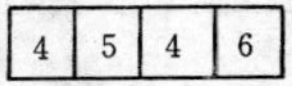 4　5　4　6	转动分配阀基本符号	
固定符号	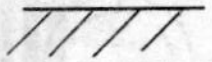	转动分配阀连接通道流向及标志 一路转动分配阀	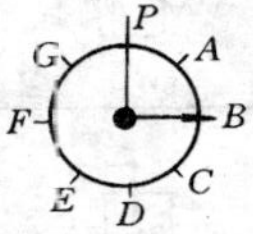 P A B C D E F G
可调性符号			

① 用阿拉伯数字表示重复出现符号。
② 调节位置按阿拉伯数顺序。
③ 图为二位四通阀。

续表

名　　称	符　　号
二路转动分配阀	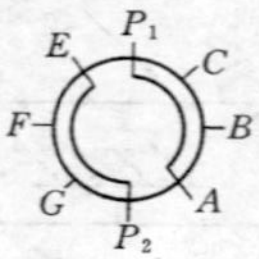

5. 压力控制阀

名　　称	符　　号
溢流阀（定压阀、安全阀） 直接控制溢流阀	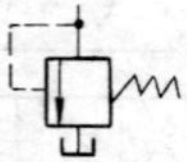
远程控制溢流阀	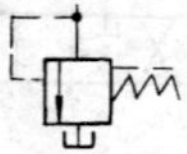
减压阀 定压减压阀	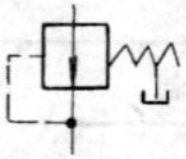

名　　称	符　　号
远程控制减压阀	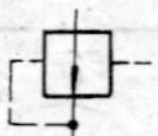
定差减压阀	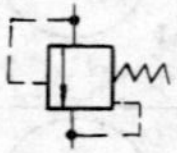
定比减压阀	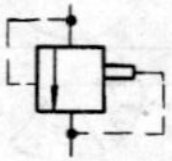
顺序阀 直接控制顺序阀	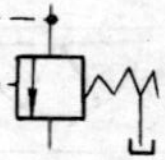
远程控制顺序阀	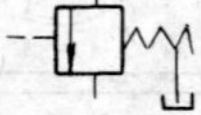
卸荷阀	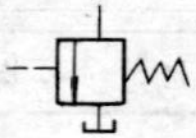

续表

名称	符号
限压切断阀	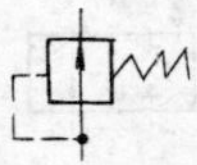
定比压力阀	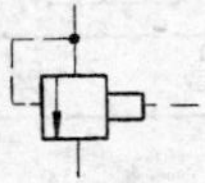

6. 流量控制阀

名称	符号
节流元件 固定节流器	
节流孔板	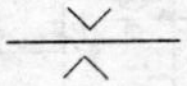
可变节流器	
节流阀 固定式节流阀	

名称	符号
可调式节流阀	
流量调节阀 串联式流量调节阀 详细符号	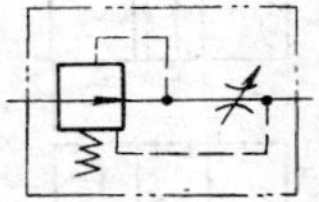
简化符号	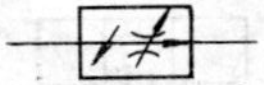
分路式流量调节阀 详细符号	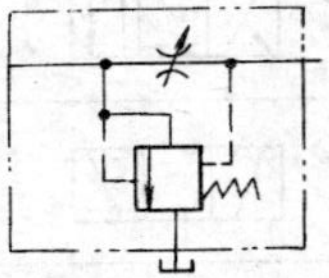
简化符号	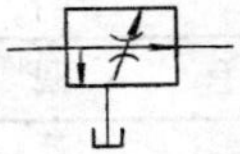

续表

名　　称	符　　号
分流阀 出口分流阀	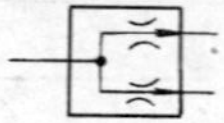
进口分流阀	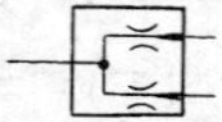
双向分流阀	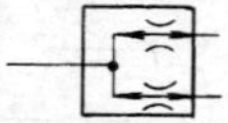
单路稳定分流阀	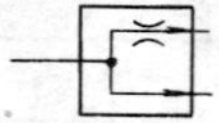

7. 方向控制阀

名　　称	符　　号
二位二通阀 常闭式二位二通阀	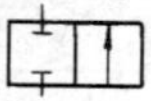
常开式二位二通阀	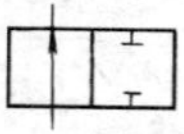
二位三通阀	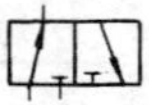

名　　称	符　　号
二位四通阀	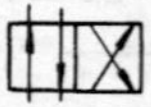
三位三通阀	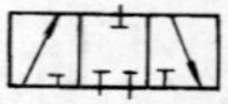
三位四通阀	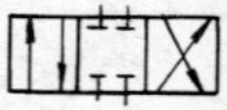
三位四通阀中间位置内部通路连通形式 AB 连接（U 型）	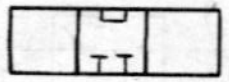
中间封闭（O 型）	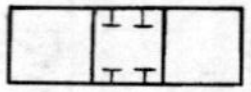
PABO 连接（H 型）	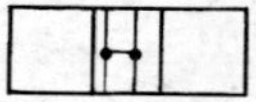
ABO 连接（Y 型）	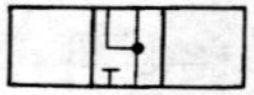
PAO 连接（K 型）	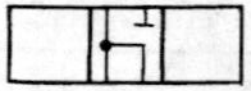

续表

名　　称	符　　号
PO 连接（M 型）	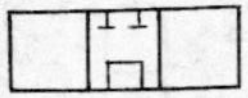
PABO 并开启连接（X 型）	
ABO 半开启连接（YX 型）	
PAB 连接（P 型）	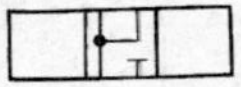
BO 连接（J 型）	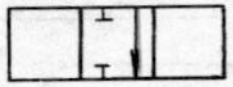
PA 连接（C 型）	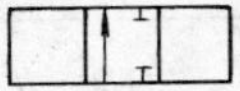
AO 连接（N 型）	
单向阀 单向元件	

名　　称	符　　号
一般单向阀	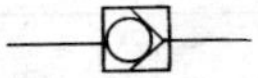
液压控制单向阀	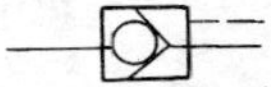
手动截止阀	
转阀 二位二通转阀	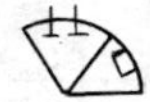
三位四通转阀	

8. 附件及其他装置

名　　称	符　　号
开式油箱	
充压油箱	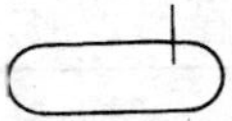

续表

名称	符号	名称	符号
蓄压器		油温调节器	
弹簧蓄压器	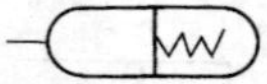	管路加热器 带加热介质通道的符号	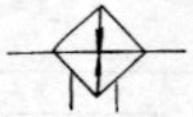
重锤蓄压器		简易符号	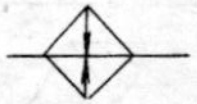
非隔离式气体蓄压器	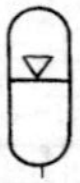	冷却器 带冷却介质通道的符号	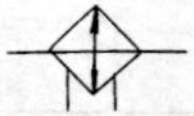
隔离式气体蓄压器		简易符号	
增压器	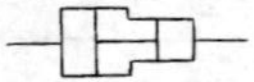	滤油器 粗滤油器及滤油器	

续表

名　　称	符　　号	名　　称	符　　号
精细滤油器		带电接触点的指针压力表	
压力继电器	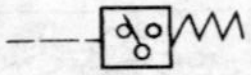	单指针式差压表	
电动机 交流电动机		真空表	
直流变速电动机		流量计	
其他原动机		温度计 直读温度计	
压力表 指针式压力表		带电接触点温度计	
带远程发送器的指针压力表		转速表	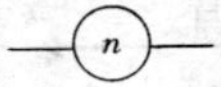

续表

名　　称	符　　号
扭矩表	
记录仪	
其他仪表	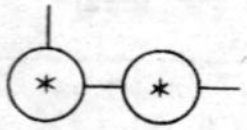
气动装置 空气压缩机	
气动马达	
真空泵	
空气调压器	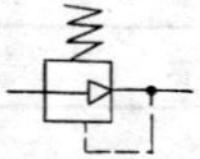

名　　称	符　　号
润滑注油器	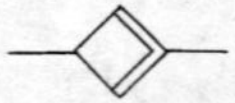
分水器	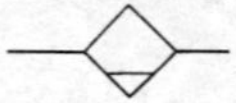
消音器	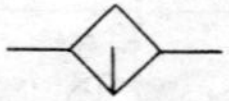
其他装置	

9. 基本符号的典型组合示例

名　　称	符　　号
手摇油泵	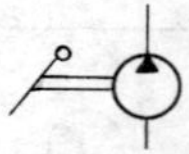
双联定量油泵	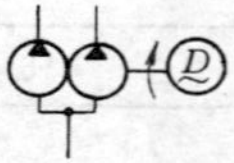

续表

名　称	符　号	名　称	符　号
压力补偿变量泵及定量泵组合的双联泵	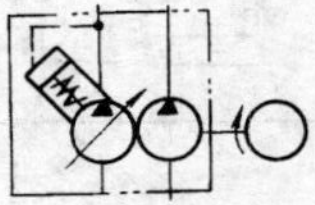	双级定量油泵	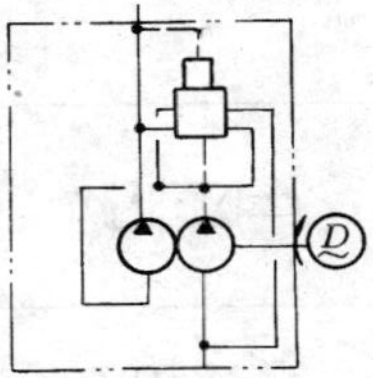
定压变量油泵	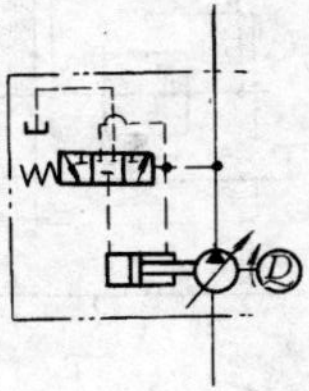	简化画法	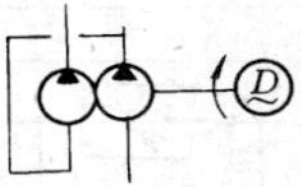
伺服控制变量油泵	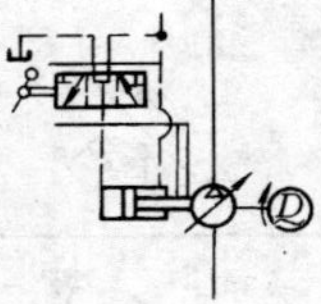	复合定量油泵	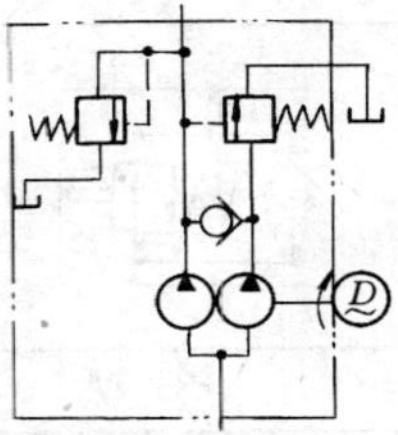

续表

名称	符号	名称	符号
电磁控制三位置变量油泵 JTB型径向柱塞泵 简图	 简图	带单向阀的减速阀	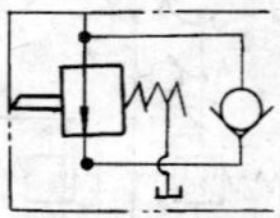
溢流阀远程控制	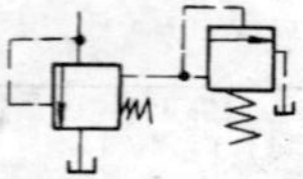	单向节流阀	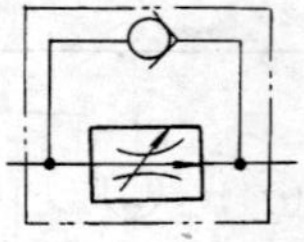
带单向阀的定压减压阀	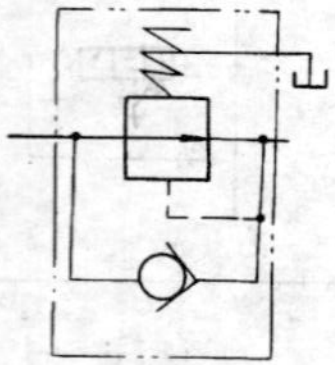	三位四通手动换向阀	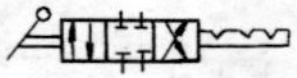
		二位四通电磁换向阀（弹簧复位，过滤位置封闭式）	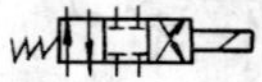
带单向阀的远程控制顺序阀	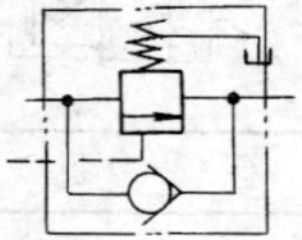	液动三位四通阀 PABO连接（H型）	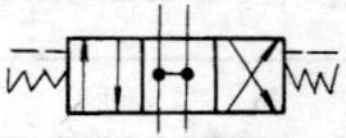

续表

名　　称	符　　号	名　　称	符　　号
三位四通电磁换向阀（弹簧复位）ABO连接（Y型）	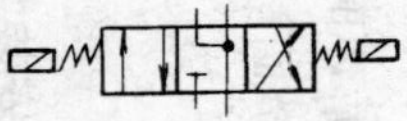	电磁液压二位四通换向阀（主阀过渡位置封闭）简化画法	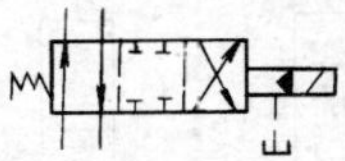
机械控制二位四通阀（带中间位置弹跳机构）		带阻尼器电磁液压三位四通换向阀 简化画法	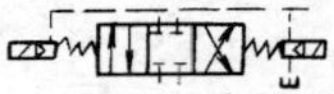
手动三位四通阀（带电磁锁紧机构）工作位置		双路油压自锁阀	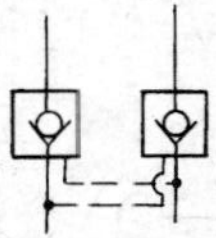
机械控制四位四通阀		二位四通转阀手动控制图	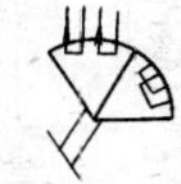
手动三位六通阀（三个位置定位）		三位四通转阀机械控制图	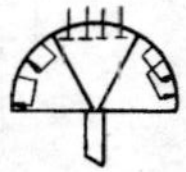

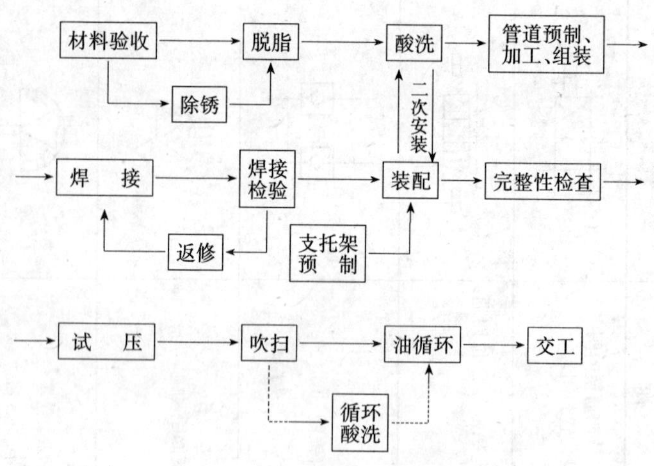

图 2-7-7　液压管道安装工艺流程

液压管道的酸洗可采用槽式二次酸洗法或循环酸洗法，但也有同时采用两种方法的，即管材用槽式酸洗法酸洗后进行预制、安装，经试压合格后再用循环法进行酸洗。此种工艺成本虽较高，但对液压管道的清洁度有保证，当进行油循环时就比较可靠、方便。无论采用哪种方法，都一定要严格按照酸洗的操作规程。

4. 液压管道的预制与安装

液压管道的预制安装除了可参照高压管道的安装方法和要求进行外还应注意如下几点：

(1) 管道、配件等安装的全过程一定要注意内部的清洁度，要有切实可行的防污染措施，否则对油循环将带来很大的难度。

(2) 需二次安装的管道、配件等在拆装前必须做好对位记号及编号。

(3) 液压管道的支架、垫木一定要按设计规范进行制作与安装，而且一定要紧固。

(4) 当管道采用法兰形式连接时，法兰螺栓紧固要受力均匀，不宜过紧，法兰间隙要一致。

5. 液压管道油循环

对已安装好的液压管道必须按设计要求进行完整性检查，确认合格后方能进行试压检验，经试压合格后的管道才能进行油循环清洗。油循环清洗工作一定要认真、仔细、耐心，要连续进行，要经常检查、调换滤网，取样化验后做好书面记录，直致达到设计规定的清洁度后作验收与交工。

第三节　不锈钢管道安装

一、不锈钢管的基本性能及用途

在炼油、化工装置的配管工程中，由于腐蚀和某些特殊工艺的需要，常常要用不锈钢材质的管子和配件，例如输送酸碱、硫氰酸钠、丙烯腈、丙烯酸甲酯、醋酸、尿素溶液的管道都要用不锈钢材质，否则，会因介质的腐蚀作用而使管道烂穿，造成事故，或者使管子不能长期使用。现代炼油化工工业的管道工程中，不锈钢管用得很广泛，而且品种也比较多。

在钢中添加铬、镍和其他金属元素，并达到一定的含量时，除使金属的内部金相组织发生变化外，还在钢的表面形成一层致密的氧化膜（也称钝化膜），可以防止金属进一步被腐蚀。这种具有一定耐腐蚀性能的钢材，称为“不锈钢”。

奥氏体不锈钢有很高的耐腐蚀性能，所以有时也称耐酸钢，它在炼油、化工、化肥、化纤、医药等工业部门中得到广泛的应用，例如金山腈纶厂工艺管道大部分是不锈钢管，约占60%～70%。

奥氏体不锈钢被加热到高温并急速冷却（淬火）时并不硬化，反而具有较低的硬度和较高的可塑性。

奥氏体不锈钢不具有磁性，而其他各类不锈钢（铁素体、马氏体、铁素体十马氏体、马氏体加碳化物等）具有铁磁性。所以我们在安装中可以根据这一特性识别奥氏体不锈钢与其他不锈钢。

奥氏体不锈钢的线膨胀系数比较大，约为 14.4×10^{-6}～16.9×10^{-6}。它们的抗拉强度也较碳钢高。

二、不锈钢管的种类

不锈钢管中，铬是最有效的合金元素，必须使铬的含量高于11.7%才能保证钢的耐腐蚀性能。实际应用的不锈钢，平均含铬量为13%的称为铬不锈钢。

铬不锈钢只能抵抗大气及弱酸的腐蚀。为了使钢材能抵抗无机酸、有机酸、盐类和碱类的化学作用，在钢材中除了添加铬以处，还需添加相当数量的镍（Ni)(在8%～25%之间）和其他元素。这种铬镍不锈钢的金相组织多数是纯奥氏体，所以通常称为奥氏体不锈钢。我国生产的不锈钢管，多数是用奥氏体不锈钢制成的。

典型的奥氏体不锈钢有18-8、18-12、25-12、20-25MO等类型（前一组数字为平均含铬量，后一组数字为平均含镍量）。不锈钢的钢号及化学成分见“管道材料”一节。

18-8铬镍不锈钢的奥氏体是亚稳定性的，在平衡状态下，它可能是奥氏体+铁素体，但一般经过固溶处理（加热至高温并以较快速度冷却）以后，可以是纯奥氏体。

18-8型铬镍不锈钢，按化学成分可分为三类：一类是简单的18-8铬镍钢，如0Cr18Ni9、1Cr18Ni9；另一类是为了防止晶间腐蚀而添加钛和铌的铬镍钢，如1Cr18Ni9Ti、Cr18Ni11Nb，称为稳定化18-8钢（或18-8Ti，18-10Nb)；第三类是为了提高钢在硫酸、盐酸和某些有机酸中耐腐蚀性能，以及提高钢的抵抗点腐蚀的能力而添加钼和铜的铬镍钢，如Cr18Ni13Mo2Ti，Cr18Ni9Cu3Ti，前者称为18-8Mo或18-12Mo。由于这些钢是在18-8铬镍不锈钢的基础上发展起来的，在热处理方面有许多共同处，总称为18-8型铬镍钢。

三、不锈钢管的管材，阀件与管件

1. 管材

工艺管道中采用的不锈钢管有无缝不锈钢管及不锈钢板制成的卷板钢管。

不锈钢管在使用前必须检查其出厂合格证。出厂合格证应标明钢号、炉号、批号、化学成分，机械性能及成品状况等。一般不锈钢管均属于甲供材料，施工人员要提醒领料人员向甲方索取出厂合格证或抄件。与此同时，还要进行必要的外观检查。有重皮、裂缝的管子不得使用。

如果没有出厂合格证，则应对每一批管子按照有关规定在现场实验室进行分析检验，鉴定合格（并补填合格证）后方可使用。

由于不锈钢的价格特别高（一般为碳素钢管价格的10倍以上），施工中不允许擅自用大口径管代替小口径管或用厚壁管代替原设计的管子。

为了不破坏管子的氧化膜，运输不锈钢管时，运输工具应具有木板面，预制和组装焊接时，应使用不锈钢或硬度低于不锈钢的铝及其合金制成的榔头敲打管子，我们以前在金山工程中使用木榔头作施工用敲打工具，在吴泾我们安装不锈钢高压管，因为管壁较厚，所以特别制作了一批不锈钢榔头作安装工具。

当碳素钢屑或钢锈落到不锈钢管面上时，会使管子表面渗碳和产生点腐蚀，因此，在运输和堆放时，应将不锈钢管和碳素钢管分开，并将不锈钢管放在木板上面。

2. 阀件

选择不锈钢管道上所需的阀件应根据输送介质的化学性质、温度及压力的高低来决定。目前采用的不锈钢阀件、衬胶阀件、搪瓷隔膜阀件及高硅铁阀件，如：

不锈钢阀门：J41W—$\frac{16}{40}$　　Q41SA　16等

隔膜阀：G41CJ—6　　G41TC—6等

高硅铁阀门：X41G—2.5

值得注意的是，目前设计中大部分不锈钢阀门采用1.6MPa左右的，而目前由于市场采购不到，往往用4.0MPa级或6.4MPa级来代替低压阀门，这是一个客观情况，所以管道施工员要摸清情况，除办理有关签证手续外，必须调整预算并且加工与之相应的配对法兰、螺栓、垫片焊环等，以免影响施工进度。

3. 法兰

安装在不锈钢管道上的法兰，主要采用松套（活套）法兰、焊接法兰两种，选用法兰时应注意以下几点：

（1）采用卷边松套钢法兰时，其卷边圈的钢号应与管子相同。

（2）采用焊环活动法兰时，其焊环的钢号应与管子相同。

（3）采用对焊松套法兰时，其肩圈的钢号应与管子相同。

（4）除上述法兰外，还可采用 HG 20592—1997 规定制造榫槽面平焊法兰。

几种常用法兰的联结形式见图 2-7-8～图 2-7-11。

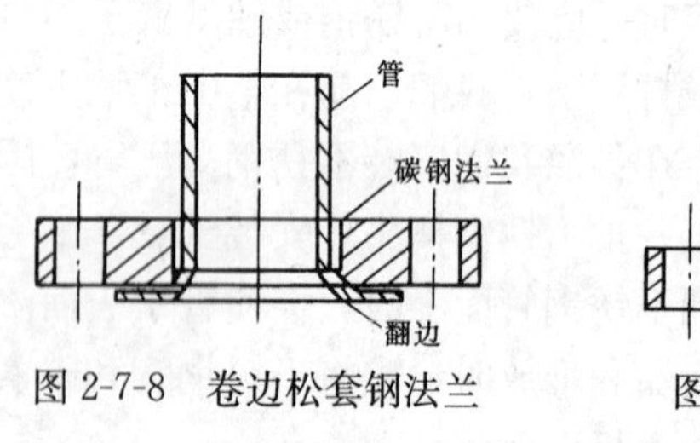

图 2-7-8　卷边松套钢法兰

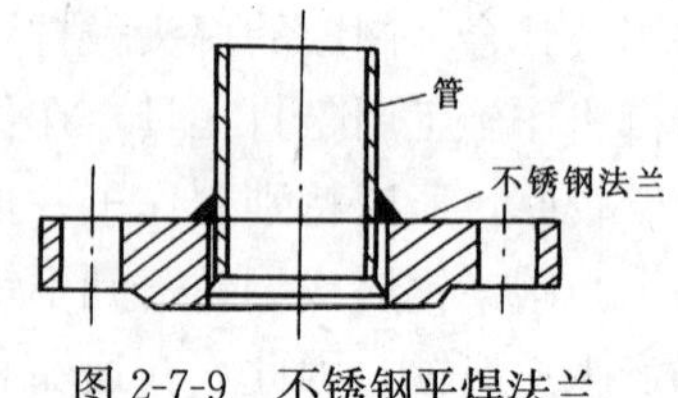

图 2-7-9　不锈钢平焊法兰

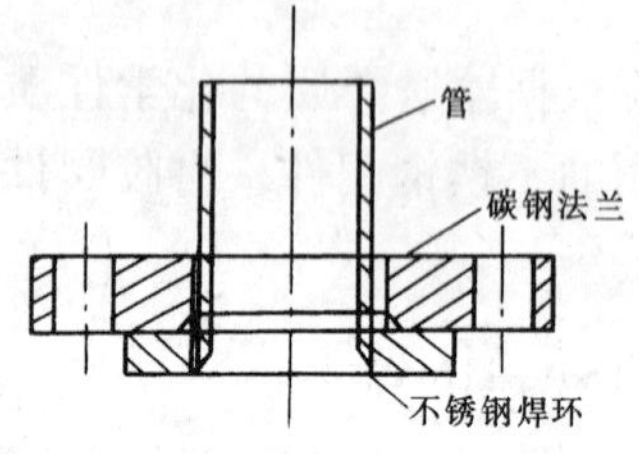

图 2-7-10　焊环活动法兰

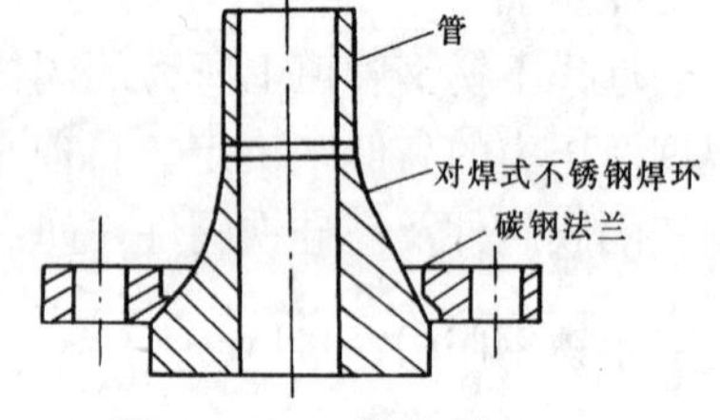

图 2-7-11　对焊松套法兰

法兰的垫片应采用软衬垫或带软垫料的波纹金属垫。

焊环活套法兰及卷边活套法兰等管子与法兰接触处宜用绝缘物隔开，避免渗碳。

不锈钢管的卷边必须用专门的工具，目前用得较多的是不锈钢平焊法兰及焊环活套法兰，卷边法兰由于制作较难，所以很少采用。

4. 管件。

不锈钢管道弯头可用冷弯、冲压弯、虾米弯。如采用热煨弯，除严格控制加热温度与终弯温度外，弯后必须进行固溶处理及内外面的酸洗钝化工作，使管子表面光亮为止。目前不锈钢冲压弯用得较多，但是要事先落实加工单位及提出要求。

不锈钢三通一般开孔焊制，并且必须用机械的方法进行开孔及制作马鞍，如某三通数量多，就不宜在现场制作，要及早提出加工计划。

不锈钢异径管有冲压和卷制两种，ϕ150mm 以内宜冲压，ϕ150mm 以上则必须用钢板卷制。

制作不锈钢各种配件的材料必须与管子材料相同。

四、不锈钢管安装工序

1. 管材的检查与验收

安装不锈钢管道时，准备管子和管件需要花费很多的时间和劳动力，因此在安装工程施工组织设计中，必须说明应做的准备工作。

管子的验收和准备工序主要有以下几道工序：

（1）检查运到现场的管子是否与合格证上的记录和设计规定相符。

（2）检查管子外表面的状态。如表面状态不好，须将管内、外面进行酸洗钝化处理或喷砂处理，喷砂处理后用压缩空气吹净。

（3）将管子两端加工成适宜的坡口。

（4）按照钢号将管子堆放好。

2. 不锈钢管的加工

管子经矫正后，根据管径的大小和拥有机具的情况，选用既保证质量又工效高的切断方法。

不锈钢管不可用氧乙炔焰切断和电弧焊切断。

不锈钢管的切断一般用如下方法：

（1）切割：

① 用手工锯和锯床锯断，对于口径小，数量少的，可用手工锯进行；公称口径 200mm 以下的可用锯床切断；对于高压用的不锈钢厚壁管的切断，采用锯床较为理想，用砂轮切割机容易引起卡住现象。在锯切中要产生大量的热量，应该配有冷却液。

② 砂轮切割机切断：此方法切割速度快，效率高，同时只要把砂轮切割机稍作改进，即可进行大口径不锈钢管的切断。但是需十分注意安全，防止砂轮片打碎飞出伤人。砂轮切割机不适用于切断厚壁不锈钢管和圆钢类材料。

③ 机械切割：用车床和坡口机切割，这种方法可以把切断和坡口两道工序一起完成，但是车床受管材长度限制，对于切断短材是比较理想的。

④ 碳弧气刨：利用碳极电弧的高温把金属局部熔化，同时用压缩空气把溶化金属吹掉，达到刨削金属的目的。这种方法适宜于焊口的返修及固定点的切割，采用此种方法切割后，宜把热影响部分打磨光。

另外还可用等离子切割、氧熔剂切割、氩气保护电弧切割及管子割刀切割，但这些方法现场安装用得较少。

（2）管子的坡口：可用车床、电动坡口机，手工坡口机以及角向砂轮机进行。坡口加工的形式应根据选用焊接的方法及焊接规范进行。

由于奥氏体不锈钢具有韧性大，高温机械性能高，切削黏性强和加工硬化趋势强等不利因素，因此切削加工性能较差，在切割和坡口时，切削速度只能采用碳素钢切削速度的 40%～60%。

切削刀具应用高速钢或硬质合金钢制成。

硬质合金钢的硬度高，它比高速钢具有更好的耐热性，在1000℃左右的高温下能保持其切削性能，因此，特别适用于不锈钢的加工。一般采用 YG8、YG6 等钨钴合金制造加工不锈钢的粗车刀、切断刀，用 YT14、YT15 等钨钴钛合金制造加工不锈钢的精车刀。

为了提高加工件的表面光洁度和延长刀具使用寿命，必须使用冷却液。

(3) 不锈钢管的开孔和钻孔。不锈钢管开孔以便连接支管时，应先在管上划上孔洞的大小并敲好中心孔，用高速钢钻头或铣刀一次加工出所需的孔。管径较大时，则先划好洞边线，在孔洞的周围钻出很多个直径 8～12mm 的小孔，然后用凿子凿去小孔之间的残留部分并磨光。

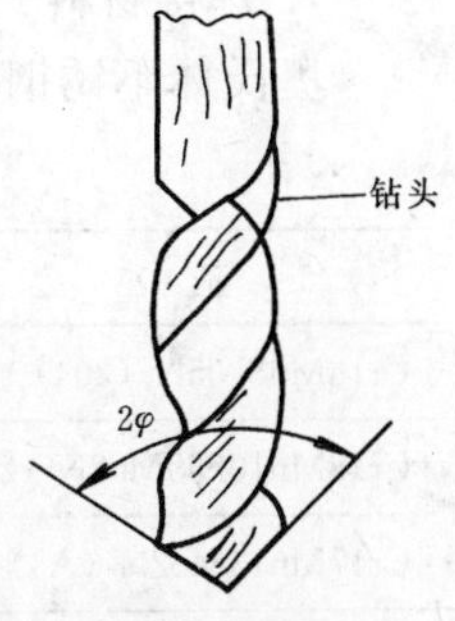

图 2-7-12

钻不锈钢管的钻头，最好要将原来的顶角 2φ 从 118°增大到 130°～150°，这样可以提高钻头的耐用度，见图 2-7-12。

钻孔中不能过分地提高速度并必须使用冷却液。

不锈钢管的开孔也可采用砂轮切割机进行，速度快，效率高。

3. 管道的敷设

不锈钢管道的安装应尽量采用预制，减少现场直接安装工作量。在预制和安装过程中要注意以下几点：

(1) 管内不应留有杂物，如有杂物，应用压缩空气或其他方法清除后方可进行安装。

(2) 装配预制的管道及部件要考虑便于焊接；尽量减少固定焊口。

(3) 法兰衬垫的尺寸应准确，不得凸入管内，衬垫材料根据输送介质、压力及温度选用或按设计要求。

(4) 一般情况下，不许将碳素钢制品直接焊接在不锈钢管上，必须焊上过渡板。

(5) 不锈钢管与碳钢支架接触处为防止渗碳现象，宜采用石棉橡胶板或不锈钢片之类物体进行隔绝。

由于不锈钢管道输送的介质多数是腐蚀性的，因此，除阀件和设计规定需要安装法兰的地方外，一般不得随意增加法兰，为了安全，法兰不许装在主要出入口及门的上空。

其他一般施工规则参照碳素钢管道的施工方法及工作常规进行。

五、不锈钢管的焊接

不锈钢管道焊接一般可以采用不熔化电极氩弧焊、手工电弧焊，埋弧焊等方法进行焊接。

1. 焊接材料

奥氏体不锈钢常用焊条见表 2-7-8。

奥氏体不锈钢常用电焊条　　表 2-7-8

基本金属	常用电焊条
Cr18Mn8Ni5N（204）	奥 132、奥 137、新奥 717
Cr18Mn10Ni5Mo2N（204＋Mo）	奥 242
Cr17Mn13Mo2N（A4）	奥 707
1Cr18Ni9Ti	奥 132、奥 137、奥 102、奥 112、奥 122
Cr18Ni13Mo2Ti	奥 212、奥 202、奥 207、奥 022
Cr18Ni13Mo3Ti	奥 242
00Cr18Ni10	奥 002
00Cr17Ni13Mo2	奥 022
00Cr17Ni13Mo3	奥 022

各种焊条在使用时应保持干燥，钛钙型药皮应经 150℃烘烤一小时；低氢型应经 200～300℃烘烤一小时（不能多次重复烘烤）。

常用的不锈钢焊丝牌号有 H0Cr18Ni9、H1Cr18、Ni9Ti、H0Cr18Ni9Si2、H1Cr18Ni9Ti、H1Cr18Ni9Nb、HCr18Ni11Mo 等。

2. 焊接工艺

不锈钢的焊接目前一般采用氩弧焊封底，手工电弧焊盖面，管内宜充氩保护，使管内侧焊缝不产生氧化和“开花”现象。对于口径较小的不锈钢管，也可直接用氩弧焊封底和盖面。

（1）手工电弧焊。不锈钢的手工电弧焊一般采用直流电焊机，采用负极性接法（负极接工件，正极接焊条），焊接的电流不宜过大，一般要比焊接碳钢低 20% 左右，并以短弧窄道焊为宜。

（2）氩弧焊。焊接不锈钢管的氩弧焊机一般有交流和直流两种，焊接奥氏体不锈钢宜采用直流氩弧焊机，正极性接法。（负极接电极，正极接工件）。

氩弧焊使用的氩气其纯度要求达到 99.90%~99.96%。

奥氏体、奥氏体＋铁素体不锈钢，采用恰当的电焊条焊接后，一般不需要进行热处理。因此，在焊接后立即对焊缝浇水急冷，以便尽快通过危险温度范围的作法是不宜采用的，它将使焊缝的热影响区产生残余应力，不但降低管子的屈服强度与疲劳强度，而且有时还会出现裂纹。

焊接完成后，对全部或部分焊缝按照不锈钢焊接技术规程的规定进行质量检查。

3. 焊接注意事项

奥氏体不锈钢管的焊口装配方法和要求基本上与碳素钢管相同。

（1）为保护管子，焊工使用的榔头和刷子最好用不锈钢制作的。

（2）焊接前应用不锈钢刷子及丙酮或其他有机溶液，如酒精、香蕉水等将管子对口端头的坡口面及内外壁 30mm 以内的脏物、油渍等仔细清除，清洁脱脂工作不应早于施焊前两小时坡口上的毛刺应用锉刀或砂纸清除。

（3）点焊应沿圆周等距离 3～4 处，点焊长度应为 5～20mm，点焊的焊条或焊丝必须与正式施焊焊条相同。

（4）为了防止飞溅物落在管材上，焊前最好在焊口附近涂一道宽 40～50mm 的石灰浆保护层或在焊口附近盖上石棉橡胶板。

转动焊口最好在手动支架上进行。

不允许在焊口外的母材上引弧及熄弧。最好使用引弧板。

不锈钢管道应在0℃以上进行焊接。在0℃以下焊接时，应在点焊前开始预热（用氧乙炔焰进行），预热到不低于手感到灼热的温度，并将这种温度保持到整个接头焊完为止。但施焊的最低气温不得低于零下20℃。

参加不锈钢管道焊接的焊工，在焊前必须经过不锈钢焊接培训，考试合格，方可参加施工。

奥氏体不锈钢管焊接后的焊缝处一般不能打焊工代号的钢印，可以用涂色标记、金属标签或在管道单线图上记载焊工代号等方法来识别。

焊接完毕后的焊缝及邻近区域应进行酸洗钝化处理。

六、不锈钢的腐蚀与处理

管子在预制，焊接过程中会产生残余应力，焊接时焊口的温度很高，管子在制作热加工弯头、大小头时同样要经过高温，在其冷却过程中，必然要在450～800℃的危险温度区停留一些时间，多少会产生一些晶间腐蚀。

为了消除有害的残余应力和晶间腐蚀倾向，必须进行热处理。

1. 消除应力处理

奥氏体不锈钢管道，如经过冷加工或焊接后存在内应力，当输送的介质含有氯离子（或溴离子）时，会引起应力腐蚀。应力腐蚀是指介质与应力共同作用下引起的腐蚀，由于应力的存在，促使腐蚀加快进行，使管件破坏。

管子经过消除应力处理以后，其屈服强度与疲劳强度可以得到提高，并可产生裂纹。

消除冷加工后的残余应力，一般是将管件加热至250～425℃，更常用的是300～350℃，对于不含钛或铌的管件不应超过450℃，然后进行回火。

消除冷加工及焊接后的残余应力，需要在较高的温度下进行，一般采用850～870℃，其冷却方式，对于含钛或铌的管件可直接在空气中冷却，不含钛和铌的管件应经水冷至450℃（即以快速通过危险区）以后，再空气冷却。

18-8 型不锈钢消除应力处理的效果主要取决于温度的高低，加热时间与冷却方式无明显影响。

2. 固溶处理

固溶处理的目的是消除管子或管件在加工焊接过程中产生的晶间腐蚀倾向。

固溶处理是使不锈钢在危险温度范围受热时离析出来的碳化物在高温时溶解，并为随后的快速冷却而固定在奥氏体中。

固溶处理的加热温度，应根据钢的含碳量来选择，在含碳量低于 0.1%时，采用 1050～1100℃，当含碳量为 0.1%～0.2%时，应加热到 1100～1150℃，当加热到上述温度后，要保持一小时左右，然后冷却，冷却方式一般采用水淬，那就是把经加热后的管件放在水中急速冷却。必须避免过分的提高温度，以免发生晶粒长大和出现大量的铁素体。晶粒长大和铁素体的增多会降低管件的机械加工性能和耐腐蚀性能。

18-8 型不锈钢经固溶处理后，其硬度不会增加，反而会有些降低。

经固溶处理的管件，仍然需要防止在 450～850℃危险温度范围加热和使用，否则会使碳化物重新析出，形成晶间腐蚀。

3. 稳定化处理

对于含钛、铌稳定化元素的 18-8 不锈钢，在高温（450℃以上）下使用时，必须进行这一处理。

稳定化处理是含钛、铌的 18-8 钢经固溶处理后再在 850～900℃下保温 2～4h，然后进行空冷的 种处理方法。这样使得在固溶处理时部分溶于固溶体中的钛。能有足够时间析出，与碳形成碳化钛，在随后的危险温度范围加热时，避免形成碳化铬。

非稳定型 18-8 钢不适用这种处理。

4. 酸洗钝化处理

在预制加工、焊接和热处理过程中，会使不锈钢表面的氧化膜损坏或氧化，使管子的抗腐蚀性能变坏。在预制装配过程中有可能使碳素钢或其他不耐腐蚀的颗粒附着在不锈钢的表面，这些颗粒将会引起局部腐蚀。

为了除去管子表面的附着物和使其形成新的钝化膜，在焊接和热处理后应进行酸洗钝化处理。

酸洗钝化的配方及方法较多，现列举几种如下：

(1) 在20%硝酸、2%氟化钠、2%氯化钠、76%的水中酸洗1～2h，然后用5mL硝酸，1g重铬酸钾、5mL水配制成的纯化液进行钝化1h，然后冲洗吹干。

(2) 用浓度为40%的硫酸涂刷于焊缝处，浸蚀15～20min，再刷一次，用细钢丝刷刷去，用水冲洗。

(3) 用20%的硝酸、1%的氢氟酸、79%的水进行浸泡15～30min，然后水冲洗。

(4) 用浓度为15%～20%的硝酸抹在焊缝处，浸蚀15～20min，再抹一次，然后水冲洗。

(5) 用浓硝酸、盐酸和水按25∶3∶72的比例配制溶液，抹于焊缝处，浸蚀1min，用尼龙刷刷去，再用水冲洗。

(6) 用浓度为95%的硝酸1份、浓度为30%的盐酸4～6份、水20份的混合液，加入适量面粉（或硅藻土）拌成糊状，涂于焊缝区表面，浸蚀6～10min，然后刷去并用水冲洗。

5. 不锈钢的晶间腐蚀

(1) 晶间腐蚀的原因。晶间腐蚀发生于晶粒边界，所以称为晶间腐蚀。晶间腐蚀是不锈钢危险的一种破坏形式。它的特点是腐蚀沿晶界深入金属内部，并引起金属机械性能迅速下降。

一般认为晶间腐蚀的形成过程是：不锈钢在450～850℃的危险温度范围内停留一定时间后，如果钢中碳量较多，则奥氏体晶粒内多余的碳，以碳化铬形式沿奥氏体晶界析出（碳化铬的含铬量比奥氏体钢平均含铬量高得多）。铬主要是来自晶粒表层，由于晶粒内的铬来不及补充，结果在靠近晶界的晶粒表层造成贫铬。在腐蚀介质作用下，晶间贫铬层遭到迅速的腐蚀而产生晶间腐蚀。焊接过程总会使靠近焊缝母材上或相邻焊道上的某一区域被加热到上述危险温度，并停留一段时间。因此，在母材的成分不当或焊条选择不当等条件与焊接工艺条件共同作用下，焊接接头有可能产生晶间腐蚀的倾向。

（2）防止：

① 焊接工艺：焊接速度宜快些，不作横向摆动，前后道时间间隔长些；焊接时采用小规范，窄道焊。

② 选择适当的母材材料及焊接材料，必要时对母材做试验。

③ 焊后进行固溶处理。

（3）晶间腐蚀试验

为了保证不锈钢焊接后有良好的抗晶间腐蚀性能，有时按设计要求，需要对焊丝、焊条、母材及焊接接头进行晶间腐蚀倾向性试验，以检验焊条、焊丝等原材料的质量及焊接工艺的正确性。

晶间腐蚀的试验方法见表 2-6-8。

经 YB44～64A、B、C 法试验的试样，由反应器中取出，洗净烘干后，弯曲 90°，用放大倍数不大于 10 倍的放大镜检查，如表面出现横向裂纹，则认为材料的抗晶间腐蚀不合格。如试样不能进行弯曲，则需进行金相检验。根据金相磨片整个边界腐蚀深度＞30mm 或磨片边界上有个别晶界腐蚀深度＞50mm 的，均作为不合格。

D 法试样经阳极腐蚀后，用水冲洗，再以酒精冲洗及烘干，而后将试件表面上所获得的侵蚀圈放在≥30 倍的显微镜下进行观察。如果在阳极腐蚀部位观察到连续不断的网状组织时，则认为材料抗晶间腐蚀性能不合格，如观察到一些不连成网的条状组织，则认为合格。

E 法试样在三个试验周期中，如果发现在一个周期内试样失重数值折算成的深度超过 2mm/年时，则属不合格，对未经弯曲的金相试样进行检验时，如发现晶界被破坏，这时，即使只破坏一层晶粒，也认为试样不能通过E法试验。

表2-7-9为晶间腐蚀检验方法及适用范围。

晶间腐蚀检验方法及适用范围　　表2-7-9

名　称	检　验　方　法	适　用　范　围
A法（硫酸铜—硫酸法）	将试样放在硫酸铜和硫酸水溶液中煮沸，沸腾时间一般为72h	铬镍不锈钢材及焊接构件
B法（硫酸铜—铜屑法）	将试样放在加有铜屑的硫酸铜和硫酸水溶液中煮沸，因有铜屑，沸腾时间比A法短，总沸腾时间为24h	
C法（硫酸铜—硫酸锌粉法）	将试样放在加有锌粉的硫酸铜和硫酸水溶液中煮沸，总沸腾时间为144h	0铬23镍28钼3钛、铬23镍27钼2钛钢的焊接
D法（阳极酸洗法）	将试样表面作为阳极，装有60%硫酸电解液的铅容器作为阴极，通直流电进行电解腐蚀，通电试验时间为5min	18-8型铬镍钢及经过焊接，热锻或弯曲等制成品，仅适用于检查单相组织，不适用于检查焊缝金属
E法（沸腾硝酸法）	将算好量的试样放在沸腾硝酸（浓度为60%）溶液中煮沸，每个试验周期沸腾时间为48h，试验为三个周期	18-8型铬镍钢及焊件，其他铬镍钢拟用于65%浓度的硝酸（65℃到沸点）中使用的焊条

第四节　合金钢管道安装

一、管道材料检验

合金钢管道主要用于输送高温高压汽水或油品介质、高温腐蚀介质、高压易燃易爆有毒介质及低温介质，因此对管道材料质量要求较高，管道施工前必须按国家、部颁或外商有关标准规定进行质量检验，检验合格后才能使用。

供安装使用的合金钢管子、管件必须有制造厂的出厂合格证明书和质保书，并确认以下项目符合国家、部颁或有关的技术标准：（1）化学成分；（2）热处理后的机械性能；（3）金相分析结果；（4）无损擦伤结果；（5）低温用材料的低温冲击试验结果。

合金钢管子验收时，如有证明书与到货钢管的钢管或炉罐号不符或者无钢号、炉罐号时，应进行校验性检查。

校验性检查时，对全部钢管逐根编号，检查硬度，从每批钢管中选出硬度最高和最低的各一根，每根制备五个试样，其中拉力试验两个，冲击试验两个，压扁或冷弯试验一个，按国家规定标准进行试验，并从机械性能试验的钢管或试样上取样做化学分析。经试验后其化学成分和机械性能均应达到相应技术标准后才能认为合格。在校验性检查中，如有不合格项目，须以加倍数量的试样复查，复查只进行原来不合格项目，复查的试样要在原来不合格的钢管和与该钢管硬度接近的另一钢管上截取。当复查结果仍有一个项目不合格时，则应对该批管子逐根检查，不合格者不得使用。

对于无制造探伤合格证的合金钢管应逐根进行探伤；虽有探伤合格证，但经外观检查发现缺陷时，应抽 10％进行探伤，如仍有不合格者，则应逐根进行探伤。用于高压的合金钢管公称直径大于 6mm 的磁性管采用磁力法，非磁性高压管，一般采用荧光法或着色法进行探伤。

合金钢管还应按不同工艺要求进行其他的必要的检查，这类检查由设计部门或使用单位提出。

合金钢管子入库前还应逐根进行外径、壁厚和长度检查，管外径和壁厚的公差应符合管子生产技术标准规定。管子和管件入库保管时，应按材质、规格分别放置，妥善保管，防止锈蚀，做好标志，防止用错。

合金钢阀门应逐个进行强度和严密性试验，试验介质一般为洁净水，当工作介质为轻质石油产品或温度大于 120℃的石油蒸馏产品时，阀门应用煤油进行试验，试验压力按国家标准规定。合金钢阀门还应逐个对壳体进行光谱分析，复查材质，并在每批合金钢阀门中取10%且不少于一个，进行解体检查内部零件，如有不合格则需逐个检查。解体检查的阀门，质量应符合下列要求：

（1）合金钢阀门的内部零件进行光谱分析，材质正确；

（2）阀座与阀体结合牢固；

（3）阀芯与阀座的接合良好，并无缺陷；

（4）阀杆与阀芯的连接灵活、可靠；

（5）阀杆无弯曲、锈蚀，阀杆与填料压盖配合合适，螺纹无缺陷；

（6）阀盖与阀体的接合良好；

（7）垫片、填料、螺栓等齐全，无缺陷。

高压螺栓、螺母要进行硬度检查，从每批螺栓、螺母中各取两个作试样，检查其硬度是否符合技术标准规定，若有不合格应加倍检查，如仍有不合格则应逐个检查。当直径大于或等于M30、且工作温度高于或等于500℃时，则应逐个检查。螺母硬度不合格者不得使用。硬度不合格的螺栓，应取该批硬度最高和最低的各一根，校验机械性能，若有不合格再取其硬度最接近的螺栓加倍校验，如仍有不合格，则该批螺栓不得使用。

二、弯管制作

合金钢管道所需弯管大都采用锻压弯头，对于不便采用冲压弯头的场合，仍需现场弯制。用管子弯制弯管其弯曲角度应根据设计图纸及现场实际情况而定。最小弯曲半径的规定与碳钢管相同，即中低压钢管热弯时$R \geqslant 3.5D_W$，冷弯时$R \geqslant 4D_W$；高压钢管冷、热弯时均为$R \geqslant 5D_W$。

管子弯曲的加工方法仍可采用冷弯或热弯。冷弯一般在液压弯管机或机械弯管机上进行，弯曲速度要慢，为了保证弯管椭圆率达到规定要求，较大口径合金钢管冷弯时均应在管内设置芯棒，由于合金钢管具有一定的回弹特性，因此弯曲角度要增加3°～8°，以保证回弹后角度达到要求。合金钢管冷弯后应按规定进行热处理，以消除冷加工产生的残余应力，常用合金钢管冷弯后的热处理条件可参照表2-7-10。

常用合金钢管冷弯后热处理条件　　表2-7-10

钢　号	壁厚(mm)	弯曲半径(mm)	热　处　理　条　件			
			回火温度(℃)	保温时间(min/每毫米壁厚)	升温速度(℃/h)	冷却方式
12CrMo	>20	任意				炉冷至300℃
15CrMo	10～20	≤3.5D_W	680～700	3	<150	后空冷
	<10	任意	不　处　理			
	>20	任意				炉冷至300℃
12Cr1MoV	10～20	≤3.5D_W	720～760	5	<150	后空冷
	<10	任意	不　处　理			

合金钢管热弯时，可采用中频感应加热弯管机或火焰弯管机等进行机械弯管，也可以采用人工地炉加热弯管。用地炉加热合金钢管时用焦炭作燃料，燃料中的硫、磷含量应尽量低。管子加热过程中，升温要缓慢、均匀，不断地转动管子，使加热管段受热均匀，并使管子热透。为防止加热过程中渗碳，可将管子放在碳钢管内加热。管子加热应正确掌握火候，利用热电偶高温计对加热部位进行测量，测量点可在加热长度范围内选2～3个地方，每次测量结果要做好记录。不允许管子有过烧现象。

管子在弯曲过程中，用力应均匀并连续和不间歇地进行，速度要慢一些。低合金钢管弯曲过程中不宜浇水，中、高合金钢管弯曲过程不准浇水，以防因冷却过快而使合金钢管组织出现冷硬段和造成内部微裂纹。合金钢管在弯曲过程中，仍然必须用高温计对管子的加热部分进行测量检查，不得使管子温度降低到700℃以下，如果在热弯温度区间内，弯曲还没有达到需要的角度时，可重新加热一次，再进行弯曲。淬硬性较大的合金钢管弯管弯制好之后不允许直接在空气中直接降温冷却，应用保温被裹起来，进行保温冷却。

合金钢管热弯温度见表2-7-11。

常用合金钢管子热弯温度及热处理条件　　表 2-7-11

序号	钢号	热弯温度区间（℃）	热处理条件		
			热处理温度（℃）	恒温时间	冷却方式
1	15Mn	1050～900	不处理		
2	16Mn				
3	16Mo	1050～800	920～900 正火 875～850 完全退火 750～725 高温回火	每毫米厚恒温 2min，总恒温时间 2h，保温 2.5h	5℃以上静止空气中冷却
4	12CrMo				以 15℃/h 的速度降到 600℃，然后在 5℃以上的静止空气中冷却
5	15CrMo				
6	Cr5Mo	1050～800			以 40～50℃/h 的速度降到 650℃，然后在 5℃以上的静止空气中冷却。处理后的硬度值 HB 为 200～225
7	12Cr1MoV	1050～800	1020～980 正火加 760～720 回火	每毫米壁厚恒温 1min，但总恒温时间不少于 20min，保温 3h	空冷

弯制好的弯管应进行质量检查。弯管表面应无裂纹、分层和过烧等缺陷，弯曲处的壁厚减薄率、椭圆率、弯曲角度偏差值及弯管内侧波浪度的要求均与碳钢管相同。

合金钢管热弯后必须进行热处理，以消除弯曲过程中产生的内应力，同时使管子在弯曲过程中在温度低于 930℃时变坏的金属组织恢复正常。

弯管的热处理条件见表 2-7-11。弯管的热处理方法根据预制加工厂和现场设备条件而定，最好放进退火炉进行加热，在工地上条件不具备时，也可以放在用钢板焊制的沙箱内进行加热。

不论用哪一种方法都要使弯管受热均匀，并按热处理条件进行冷却。

合金钢管弯管热处理后需检查硬度，其值应符合管子出厂的技术标准。用于高压的合金钢弯管应进行无损探伤。

三、合金钢管道安装工艺

1. 管道下料方法

合金钢管下料应尽量采用机械方法，如采用锯床、砂轮切割机或车床，坡口采用坡口机或车床，厚壁管 U 型坡口，一般用车床加工。对于大口径合金钢管，与采用钢管与砂轮同时作相对旋转的大型砂轮切割机进行切割和坡口磨削加工。含铬、钼等元素较低的合金钢管口径较大又无大型砂轮切割机时，可以采用氧乙炔焰切割和坡口，但必须将切割表面的热影区除去，其宽度一般不小于 0.5mm。合金钢管子切断后应及时标上原有标记，以防用错。

2. 管道安装顺序

合金钢管道的安装应根据整个装置或车间内管道种类、排列方法、敷设方式、管径大小、复杂程度、要求高低等因素综合考虑安排。从总体来看应首先地下后地上，先“工艺”后“辅助”的程序进行施工。由于合金钢管大都用于要求较高的场合，特别是焊接后还要根据要求进行热处理，因此一般应先安排合金钢管道施工，并且依照先大后小，先高压后低压的程序，对大口径、高压管、特殊管道和主工艺管道优先安装。至于机泵的润滑和密封管路施工不宜太早，一般安排在油系统使用或试车前进行。

3. 管道组对

管道组对前应检查管子、管件的坡口尺寸是否正确，只有坡口形式、尺寸、精度等达到了国家标准或相应的技术标准后才能进行组对。管子、管件组对时，应采用手工或机械等法清除距管端不小于 10mm 距离内的油污、铁锈、毛刺等污物，清理合格后应及时施焊。管子、管件组对时所用的组对卡具，如果需焊在管子或管件上时，当母材为中、高合金钢时，其材质应与母材相同，焊接卡具的焊接工艺及焊接材料应与正式焊接要求相同。卡具的拆除宜采用氧乙炔焰切割，母材为中、高合金钢时应以机械方法或砂轮片磨削。焊接的残留痕迹应进行修整；有淬硬倾向的母材，应作磁粉探伤或着色渗透检验。

4. 管道连接

合金钢管道根据使用条件不同，可采用焊接连接和法兰连接，与仪表接头可采用螺纹连接。

管道焊接方法及要求在第三节作了详细介绍，各不同材质的管道有不同的焊接方法。为了保证管道的严密性，管道的坡口形式一定要符合要求，对口时不得有应力，焊后按相应技术标准对焊缝进行质量检验。

法兰连接根据输送介质的压力、温度、毒性、爆炸性等因素选用不同形式的法兰。中、低压法兰连接与碳钢管道要求相同，应注意保持法兰密封面的平整光洁，不得有毛刺及径向沟槽，橡胶石棉板、橡胶板等软垫片应质地柔软，无老化现象和分层现象。金属垫片的加工尺寸、精度、光洁度及硬度符合要求，表面应无裂纹、毛刺、凹槽、径向划痕等缺陷。金属缠绕式垫片不应有径向划痕、松散、曲等缺陷。垫片安装时，应根据需要，分别涂以石墨粉、二硫化钼油脂、石墨机油等涂剂。合金钢螺栓和螺母应涂以二硫化钼油脂、石墨机油或石墨粉。

高压螺纹法兰一般均采用机械加工，密封面及密封垫的光洁度应符合要求。装配管端法兰时，要用双手将法兰拧入，法兰拧入时，应使管端螺纹倒角外露，但不得将螺纹露出，以免影响检修时拆卸。用于紧固的螺栓、螺母必须逐个检查配套，精度必须符合要求，螺栓上应涂以二硫化钼或石墨机油。

5. 管道布置的一般要求

在一个车间或一个化工装置中，对管路的布置首先要保证高温高压或低温合金钢管道的正确性，并达到下列要求：

（1）合金钢管道尽可能架空敷设。为降低流体阻力，应尽量减少转弯，缩短管线。

（2）由于没有高压管道补偿器，通常用弯管作热补偿，因此，高温设备间的合金钢管道不宜完全用直管，弯管部分也不宜用管架固定，应采用托架，必要时采用弹簧托吊架。

（3）合金钢管道架空排列时，应考虑以下条件：

① 重量较大的管道应靠近管架支柱；

② 液化气和低温管道不应与不保温的热油或蒸汽管线布置在一起；

③ 分层排列时，合金钢管道宜布置在底层。

（4）沿塔及立式容器敷设管道时，应尽量靠近设备外壁。

（5）成排布置时，注意设置一定的净距离，以保证安装和检修的方便。

（6）管道布置应尽量避免产生“气囊”和“液囊”，并保证管道的规定坡度。

6. 管道支吊架安装

合金钢管道应根据输送介质的温度、压力、腐蚀性及功能（如一般工艺配管、塔槽配管、大型传动设备配管等）选用支吊架。常用的支吊架有普通支吊架和弹簧支吊架两大类。支吊架的设置应严格按设计规定进行，使支吊架不但起到承载管子自身材料和所输送介质重量，而且起到调节管道运行状态下产生的振动、冲击和膨胀（或收缩）的功能。

高温高压合金钢管道的管托与支承梁之间应垫聚四氟乙烯贴面的钢板，以防止温度升高引起管托与钢梁之间摩擦力增大而产生过大应力。低温合金钢管道的管托与支承梁之间，垫以氨基甲酸乙酯块，用于防止冷量损失。凡支架与合金钢管道焊接部分，必须是同材质的材料，否则应采取相应措施，例如先在管壁外焊一块衬板，衬板应用同材质管材切割而成，再将管托焊在衬板上，避免在管道上出现异种钢焊接的影响。有应力消除要求的管道，当管托与管子焊接完成后，应进行热处理，以消除应力。

由于弹簧支吊架具有良好的减震作用，能吸收设备在运转时传递给管道的震动，避免管子因设备振动的影响而产生共振，同时它又能吸收管子因膨胀引起的位移，从而降低管子的温度应力，因此，重要传动设备（高转速、大功率设备）的主要进出口管道及高温、高压管道运行中震动大的部位均要设置弹簧支吊架。正确地安装弹簧支吊架，并进行必要的调整，使之能按照设计状态工作，是非常重要的。

弹簧支吊架是一个装有一条或多条圆柱形螺旋弹簧的立式圆筒，再配以连杆螺栓、调节螺母、吊身、管卡等组成，其形式可分为变载荷弹簧支吊架和恒载荷支吊架两类。变载荷弹簧支吊架，其弹簧载荷是可变的、可调的，它可以吸收管子支承方向的振动，多用于管道位移较大，以及要求支架距离较小的场合。恒载弹簧支吊架用于固定载荷，管道位移较小的场合，这种弹簧支吊架的弹簧是水平放置的，它通过一组铰链横杆机构，使弹簧对支承点的反作用力仍在垂直方向上。

各种弹簧支吊架有不同的负荷值和不同的结构形式，适用于不同的部位的管道，因此，在安装时必须按图纸规定的型号或代号“对号入座”，不可以任意更换。弹簧支吊架应垂直安装，以保证负荷准确和工作时自由伸缩。

弹簧支架安装时，首先根据图纸要求用螺栓或焊接方法把支架与支承梁连接起来，然后装好管卡，再转动位于支架上面的管卡面的调节螺母，使螺栓带动的法兰与管卡紧贴，调整高度一般掌握在 30～30mm 范围之内，过大了就会使带法兰的螺栓从螺母上脱落，如无特殊要求时，法兰与管卡下筋板之间不能焊牢。

弹簧吊架安装时，首先将 U 型夹子焊在吊梁的下方，然后将管卡装在管子上，再将弹簧吊架与 U 型夹子连接好，在弹簧吊架下面用花篮螺丝与管卡连接起来，当调整好长度之后，上紧固定螺母，这样就安装好了。

所有弹簧支吊架在出厂前均已按设计冷态载荷锁定（左右各有一块定荷板），在被支承管道投入运行前，这些定荷卡板不得解除，以免因管道施工、试压过程中的外力影响，导致弹簧支吊架超载而损坏。在水压试验合格，管道投入运行前，撤走一切临时支撑物，再把定荷卡板拆下，定荷卡板取下前应使管道重量与弹簧负载处于平衡状态，即弹簧支吊架内支撑板离开凹槽上下面，处于自由状态。取下定荷卡板要观察指针是否指在冷态组装值上，如不在其上，应转动花篮螺栓来调整负荷，使指针处于冷态组装值上，并记录负荷和位移值，进入热态运行后，亦应记录指针的指示值，设计值和实际值的误差可在10%范围之内。

弹簧支吊架全部安装完毕，要进系统调整，调整时应使一条管系上各个弹簧支吊架尽量同时进行，调整过程中要取得联系，使调整工作协调地进行。在调整弹簧支吊架过程中应当稳定地、缓慢地进行，不允许用榔头敲击，以免损坏弹簧和其他零件。

7. 合金钢管道安装时需注意的方面

（1）管道安装前必须检查管子内有无脏物、砂石、铁屑等杂物，以防堵塞。有脱脂要求的管子、管件必须经脱脂检查合格，并未被重新污染的情况下才能安装。对高洁净度要求的管道，管子安装前必须按设计要求进行酸洗钝化处理。

（2）管道安装时，应使用正式管架固定，合金钢管道不应焊接临时支撑物，如有必要时应符合焊接的有关规定。管道穿过楼板、墙壁、基础、铁路、公路时，均应加装套管进行保护，在套管内不允许有接口。

（3）合金钢管进行局部弯度校正时，加热温度应控制在临界温度以下，以防金属组织变坏而影响管子的使用。合金钢管道系统安装完毕后，应检查材质标记，发现无标记时须复查钢号。

（4）高温或低温管道法兰连接的紧固螺栓，在试运转时一般应按下列规定进行热紧或冷紧。

① 管道热紧和冷紧温度见表2-7-12。

② 热紧或冷紧应在保持工作温度24h后进行。

热紧和冷紧温度　　表 2-7-12

管道工作温度（℃）	一次热、冷紧温度（℃）	二次热、冷紧温度（℃）
250～350	工作温度	—
>350	350	工作温度
−20～−70	工作温度	—
<−70	−70	工作温度

③ 紧固管道法兰螺栓时，管道最大内压力应根据设计压力确定。当设计压力小于 6MPa 时，热紧最大内压力为 0.3MPa；设计压力大于 6MPa 时，热紧最大内压力为 0.5MPa。冷紧一般应卸压。

④ 紧固要适度，并有安全技术措施，保证操作人员安全。

（5）需要热处理的预拉伸管道焊缝，在热处理完毕后，方可拆除预拉伸时所装的临时卡具。

（6）高温高压合金钢管道，当管壁温度超过金属材料蠕变温度时，应按设计规定的位置设置监察管段及蠕胀测点。监察管段应选该批管子中壁厚负偏差最大的管子，监察管段安装前，应从该管子的两端各切取长度 300～500mm 的管段，连同监察备用管，做好标记，一并移交生产单位。蠕胀测点的焊接应在管道清洗前进行，每组测点应在管道的同一横断面上，并沿圆周等距分布。同一直径管子的各对蠕胀测点，其径向尺寸应一致，偏差值不应大于 0.1mm。

第五节　铝及铝合金管道安装

一、铝管的基本性能及用途

铝管是化工工业及其他工业中常用的管道材料。常用作输送腐蚀性介质，如 98%的浓硝酸、碳酸氢铵、尿素、醋酸、磷酸、甲醛、过氧化氢等的管道，还经常用作输送某些要求介质洁净的管道，如纯水。当硝酸的浓度在 80%～98%时，铝管的耐腐蚀性要比不锈钢好。但是，铝不耐碱及盐水。

铝是一种银白色的轻金属，工业管道常用的铝管分为纯铝及铝合金两种，工业纯铝有 L2、L3、L4 等，工业中常用的铝合金有 LF2、LF3、LF21 等。

各种铝管的化学成分及机械性能可参看管道有关材料。铝的熔点在 660°左右。铝的线膨胀系数比较大，为 24×10^{-6} （20～100℃）所以在配管中要特别考虑对口间隙和考虑吸取膨胀量的措施。

纯铝的塑性较大，强度和硬度较低。在铝中加入少量的其他元素，如镁、铜、锰等，就可以大大提高铝的强度和硬度，因此，工业上采用得较多的是铝合金。

铝在低温环境中，强度和机械性能仍然很好，甚至有所提高，所以在冷冻食品、液化装置、深冷设备的管道方面经常使用它。

（1）铝及铝合金的品种较多，在一个建设项目中有两种以上不同牌号的管子时，应做好涂色标记，分别堆放，以免混淆。

（2）管子与管件安装前应检查其内外表面，其纵向划痕不得超过 0.03mm，局部凸出高度或凹入深度不得大于 0.3mm。

（3）管子的调直应用木榔头、橡皮榔头或木方尺逐段敲击，调直用的平台应铺上木垫板。

（4）管道和配件的连接方法：

① 焊接：管子焊接前可采用车削、锯、锉等方法开坡口，不可用气割或磨割的方法开坡口。

② 法兰连接，常采用平焊铝法兰、对焊松套钢法兰、铝管管口卷边松套法兰等形式。

平焊铝法兰和对焊松套法兰的肩圈应用与管子牌号相同的材料制造。活动法兰盘用 Q235 钢制造.

法兰的垫片采用柔软的材料，如：橡胶板、石棉橡胶板等材料。

铝管的工作压力一般较低，通常在 0.25～1MPa 范围内。

（5）焊接后的管道应检查管道内是否有熔化金属流入，以免造成断面缩小或堵塞。

（6）铝管卷边。管道采用卷边松套法兰连接时，其卷边用特制的模子进行。卷边的方法比较多，可根据现场的工具情况，管道数量、质量要求的情况，决定其方法。下面介绍直接在管子上卷边的一种方法，采用此方法，内模套要换四次，α 的角度分别为 45°、90°、120°、180°，外换的内径比铝管外径大 1mm，管段长度与外模高之差等于卷边肩外径与管子外径之差。图 2-7-13 为铝管卷边示意图。

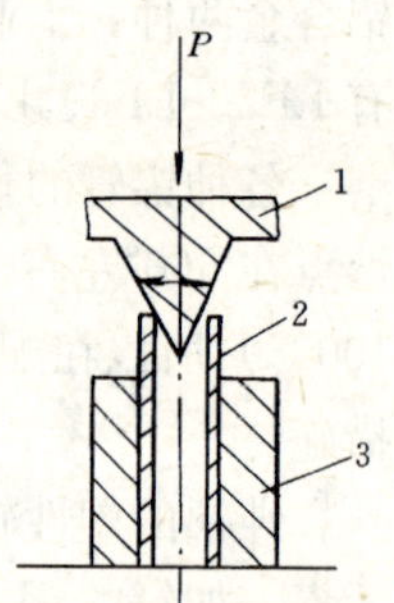

图 2-7-13 铝管卷边示意
1—内模；2—铝管；3—外模

(7) 采用卷边法兰或焊环松套法兰连接时，安装前要把肩圈及焊口处用锉刀锉平，否则会造成密封不良的现象。采用卷边松套法兰时，在加工中还要注意：①卷边部分应平整光洁，不得有瘤、缩颈、皱折、斑痕、凹坑、刮伤及裂纹等影响密封性能的缺陷；②卷边部分的厚度不得小于 0.8 倍管壁厚度；③法兰与卷边部分接触应均匀，不得有任何摆动。

(8) 铝管的煨弯。铝管的弯头可采用冲压弯、虾米弯及煨弯。目前冲压弯还比较少，大口径管用虾米弯及冲压弯，*D*g150 以下的管子目前用煨弯的较多。铝管冷弯一般较困难，容易产生裂口及折断等现象，一般还把铝管稍微加热，然后进行弯曲，加热温度约 300℃左右，可借用其他方法进行测量或凭肉眼的经验进行。

(9) 铝管的三通及异径管。铝管开三通可用锯子进行，锯成后用锉刀进行修正，其要求基本与碳钢相同。铝管的异径管采用冲制和卷制的方法。由于铝的强度及硬度较低，加工比较容易。

(10) 由于铝的标准电位负值大（−1.67V），它与标准电位负值较小或正电性的金属及其合金如铁（−0.44V）、铜（+0.345V)等相接触，在腐蚀介质的作用下，要产生接触腐蚀而破坏，所以一般不能与标准电位负值较小的或正电性的金属及其合金直接连接或接触，特别是采用丝口方式与这些金属及合金直接连接时，要不了多长时间，就会因产生接触腐蚀而破坏，或者不能拆卸。如在 6000m^3 制氧站冷箱管道中，采用铜铝仪表活接头就碰到过这种情况。

铝管在与法兰、支架等接触时，也要采取隔离措施，防止接触腐蚀。如支架垫上绝缘物或涂上油漆后与铝管接触。

(11) 铝管的支架间距可按同样直径和壁厚的碳素钢管支架间距的三分之二～四分之三取用，纯铝管强度较低，取三分之二；合金铝管强度较高，可以取四分之三。

支架、托架的形式也要考虑铝管的特性，采用适当的形式。

(12) 由于铝不耐碱的腐蚀，所以保温时不得使用石棉板、石棉绳、石棉粉等带有碱性的材料，应选用中性的材料。

二、铝管的焊接

铝及其合金的焊接可采用气焊、优质电弧焊、钨极手工氩弧焊，溶化极自动和半自动焊，埋弧自动焊等。在施工现场用得较多的是氧乙炔气焊和钨极氩弧焊。

铝和氧的亲和力很大，因此在铝和铝合金表面总有一层难熔的氧化铝薄膜。氧化铝的熔点（2050℃）远远超过铝合金的熔点（一般 600℃左右），而且密度大。在焊接过程中，氧化铝的薄膜会阻碍金属间的良好熔合，容易造成夹渣。另外，铝在焊接中也很容易产生氧化、烧穿、塌陷、变形、气孔等不良现象，因此，在焊接时，焊工应掌握铝焊接特性，采取必要的措施，提高焊接技能，才能获得优良的焊缝。

1. 焊接材料

铝管焊接选用焊条见表 2-7-13～表 2-7-15。

同种铝及铝合金焊接用焊丝举例

表 2-7-13

母　材	填 充 焊 丝
纯铝 L4、L6	同母材，或用丝 301、丝 311
LF21	同母材，或用丝 321、丝 311
LF3	同母材，或用 LF5、丝 311
LF5	同母材，或用 LF6、丝 311

异种铝质铝合金焊接用焊丝举例

表 2-7-14

母　材	填充焊丝
L6(L4)与 LF21	LF21 或丝 321
LF21 与 LF2	LF3 或丝 331
LF21 与 LF3	LF3 或丝 331
LF21 与 ZL7	ZL7 或丝 311
LF21 与 ZL10	ZL10 或丝 311
LF21 与 ZL11	ZL11 或丝 311
LF21 与 ZL12	ZL12 或丝 311

铝焊丝的牌号、成分及用途　　　　表 2-7-15

统一牌号	名称	化学成分					熔点(℃)	用途
		镁	锰	硅	铁	铝		
丝 301	纯铝焊丝	—	—	—	—	99.6	660	焊接纯铝或要求不高的铝合金
丝 311	铝硅合金焊丝	—	—	4～6	—	余量	580～610	通用焊丝
丝 321	铝锰合金焊丝	—	1.0～1.6	—	—	余量	643～654	焊铝锰及其他合金焊缝有良好的耐触性及一定的强度
丝 331	铝镁合金焊丝	4.7～5.7	0.2～0.6	0.2～0.5	≤0.4	余量	638～660	焊铝镁及其他合金，焊缝有良好的耐腐蚀性及机械性能

焊丝直径有 1、2、3、4、5、6mm 数种，长度为 1m。

气焊时还要用铝焊粉，一般选瓶装的“粉 401”铝焊粉。

2. 焊接的一般要求

(1) 焊前清理：这项工作是保证铝及铝合金焊接质量的重要措施。任何一种焊接方法都要求在焊前严格清除工件焊口及焊丝表面的氧化膜和油污，否则，焊缝会产生熔合不良。清洗的质量好坏也会直接影响到焊缝的气孔倾向和机械性能。常采用以下两个方法清理。

① 化学清洗，此法效率高，质量稳定，适用于清洗焊丝及尺寸不大，成批生产的工件。其清洗方法如下：

先在 10%左右氢氧化钠水溶液中清洗约 7～20min，使氢氧化钠与氧化铝作用生成易溶的氢氧化铝 [$Al(OH)_3$]；然后取出用水清洗干净；再放入 20%左右硝酸水溶液中中和约 1～2min，再放入水中清洗并随后干燥。清洗的水要注意水质，并使其流动。

② 机械清理。当管子表面较干净，没有什么油污，另外如工件太大，多层焊及化学清洗后又污染时，常用机械清理法。一般用铜丝刷和不锈钢钢丝刷、锉刀、刮刀等进行。要使金属露出

光泽为止。一般不用砂轮打磨。

清理后的工件最好是立即进行焊接，存放时间不应超过24h，否则会重新产生氧化膜。

（2）垫板：铝在高温时强度很低，焊接时金属往往容易下塌。为了保证焊透又不致下塌，可采用垫板来托住熔化金属垫板可用石墨板、不锈钢板或碳钢板等。垫板表面开一个圆形弧槽，以保证焊缝反面成形。

（3）点焊：焊接前，应注意使被焊管两端头的外径和壁厚相同。壁厚偏差不能大于壁厚的20%或1mm，取二者较小值。管子直径在40mm以下时对称地焊两点，大于40mm的管子沿圆周等距离地点焊3～4点。点焊的焊条和其他要求同正式焊接一样。

（4）焊前预热：薄的铝件一般不预热，5～8mm以上的铝件可采用预热的方法，预热温度100～300℃左右。对于氩弧焊厚度为20mm以下的均可不预热。

（5）焊后清理，氩弧焊焊完后完全可以不用清理，用其他焊接工艺焊完后，需要及时清理掉焊缝及附近的残存焊粉和焊渣，以免腐蚀铝管。清理方法如下：

① 用60～80℃的热水冲洗，并用毛刷或铜刷将残渣刷干净。

② 将接头浸入5%的硝酸溶液中，温度为15～20℃，保持10min。

③ 将接头浸入2%的重铬酸钾溶液中，温度为60～80℃，保持5min。

3. 气焊

管壁厚度在1～3mm时，可以不开坡口平口对接，其间隙为壁厚的四分之一左右。

壁厚大于3mm时，开V形坡口，其间隙为1～2mm。

气焊时必须使用焊药，牌号粉401（又名铝焊粉）。它是一种碱金属的氯化物和氰化物混合组成的侵蚀性溶剂。调好的溶剂应在8～10h内用完，否则会产生分解。

焊接时使用中性焰。薄壁管最好采用左向焊法，以免烧穿，壁厚大于5mm时，则用右向焊法。焊接时间尽可能短，焊枪嘴的规格一般要比焊接碳素钢时大2号。

4. 钨极手工氩弧焊

在目前的情况下，氩弧焊是焊接铝及其合金的最完善的方法之一。由于施焊时不用焊药，免除了由于焊药残渣而引起的接头腐蚀。另外，焊接时氩气流对焊接区域的冲刷，使焊接接头冷却，从而改善了接头的组织性能，并减少焊接变形。

铝的氩弧焊应采用交流电源。用交流电源时，三氧化二铝能被破碎而蒸发掉，而且电极温度也不会升高。交流电的一个半周期是正极性接法，另一个半周期是反极性接法，在反极性接法的半周期内，破碎了表面的氧化层，在正极性接法的半周期内，氧化层可能覆盖着熔池，如两个半周期大小相等，正周期在清除氧化层后，在氩气保护下不会再次氧化。

若用直流电源正极性接法（正极接工件）就不能产生阴极破碎作用，熔池表面被一层氧化铝覆盖着，阻碍了焊接金属的相互熔合，所以这种方法不能用来焊接铝及其合金。采用直流电源反极性接法，原则上可以进行焊接，焊接时，电子跳向电极，正氩离子从电极向工件移动，因为密度较大，在跳向阴极（工件）的时候，使表面的氧化物破碎。这种接法的钨极只能承受很小的电流，电流大了温度升高容易产生钨极烧损现象，因此，只能用于小直径薄壁管的焊接。

氩弧焊用的氩气纯度必须达到99.96%，电极尽量采用钍钨极，当电流在250A以下时也可以采用纯钨棒。

引弧时最好在引弧板上引弧，这样可以避免直接在工件上引弧的，产生不良影响。

铝管焊接时一般采用左向焊法，如无特殊规定，管内一般不充氩气。

在焊接中断或结束时，应特别注意产生弧坑、裂纹或缩孔。一般铝管焊口的渗漏毛病绝大部分出现在结束或中断的弧坑上，这是我们在现场施工中很值得注意的一点。

附录　空分装置铝镁合金管道安装

空气分离装置是工业装置中不可缺少的一个公用工程装置，在国内设计的 6000m^3/h 装置中，鉴于它在工艺上的特殊要求，塔内配管均为铝镁合金管道，材质为 LF21、LF2，管道安装质量的好坏将直接影响装置的工作状况、产品质量的好坏。在此对杭氧厂的空分装置的管道安装谈些体会，以供同行参考，并借此机会使铝镁合金管道安装工艺得到进一步提高。

一、空气分离基本工作原理

在同一压力下，由氧和氮及其他稀有气体组成的混合气体的冷凝点与它被液化了的沸点是不一致的。而不同组分混合气的冷凝点及不同组分液体的沸点也是各不相同的。空气分离的基本原理，就是利用上述这些特性进行精馏过程，来获取我们所需要的气体。

二、施工组织

空分塔内部铝镁合金管道，根据杭氧厂出的管道图上布设，地位狭小，管道多，纵横交叉，空间立体交叉，因此在施工时必须注意以下几个原则：

先大管径，后小管径；先下面，后上面；先主管道，后辅助管道，最后计器管道。为了满足以上施工程序，也使施工小队在施工时及时看懂图纸，了解先后施工方法。为了解决以上问题，我们就根据杭氧厂提供的有关图纸技术资料绘制了塔内铝镁合金管道立体走向单线图册，可参照图册上图号按程序先后预制安装。按照上述情况，空分塔内管道施工力量（人员数量）开始不宜过多，首先可组织一部分力量在预制棚预制，部分力量进入塔内安装，在预制工作接近到尾声时，大部分力量可进入塔内全面展开安装。为此对于塔内管道安装人数以投入两个管工班组的力量为宜。（8～20 人班），焊工配备可配合格焊工 5～6 名。由于塔内管道较多，施工期短，对于管道预制工作来说时间更为关键，为了能加快施工进度及不受气候影响而贻误施工进度，为此需要设置管道预制大棚，供铝镁合金管道预制之用。场地基本上要设置在空分塔附近，预制棚大小大约不小于 $15m\times20m=300m^2$ 左右，周围要能防雨水、防风。另外，备有照明及氩弧焊机用水用电及排水，水的压力不小于 0.15MPa。

三、临时设施

1. 集中供气、供水

空分装置安装需要使用各种气体，如：乙炔、氧气、氩气、空气，特别氩气使用量较大，施工时氩气瓶在冷箱上更换氩气频繁，也很费力，为此可采取氩气瓶集中串联管道输送方法。另外氩弧焊机用水及排水问题，由于氩弧焊机设在冷箱上部，因此塔上设有若干用水点及排水点，供氩弧焊机使用。水压力必须满足使用点高度（就是主冷箱最高点），一般水压力不宜低于 0.4MPa，如果满足不了以上要求，必须设有水泵串联进行加压。(附图 2-7-1 和附图 2-7-2)。

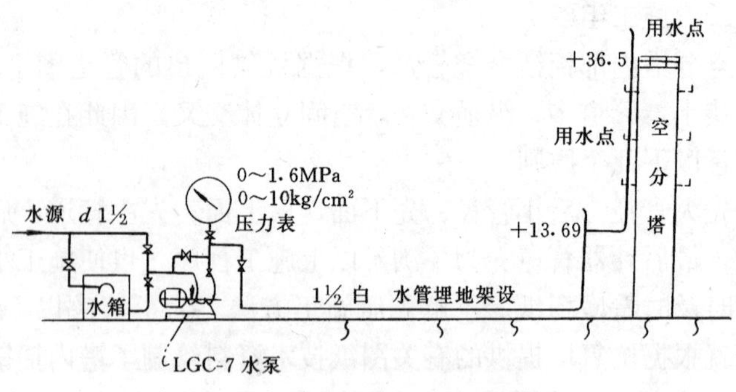

附图 2-7-1　用水点流程图

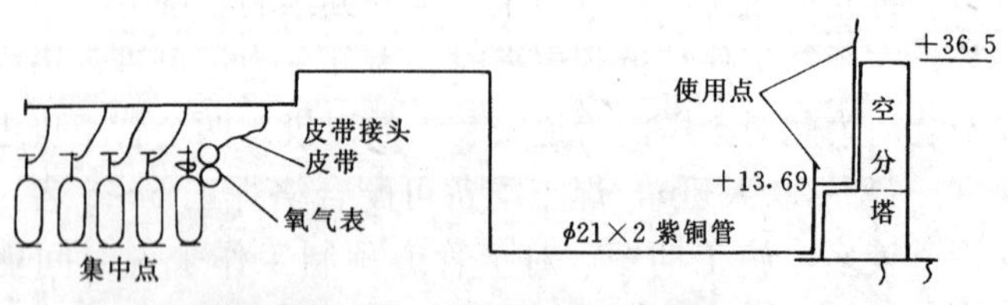

附图 2-7-2　集中供气流程图

2. 施工脚手

空分塔内管道较多，体积小，而且高，施工快慢主要在于脚手架搭建配合工作，因此在塔内管道施工之前必须搭好脚手。脚手架材料可采用钢管或毛竹，形式采取井型结构，如采用钢管脚手既防火又安全，搭建每层高度为1.7～1.8m。脚手架上走道采用部分脚手板及竹篱笆。

3. 施工照明

由于空分塔全为钢结构，全密封，施工周期比较集中，时间短，也可能要在夜间施工，因此必须架设照明，为了确保安全施工，故采用安全电压灯具，型号采用24V/2kVA碘钨灯，配合隔离变压器，布设位置基本上设在冷箱角部。

四、施工机具

（1）塔内铝镁合金管道安装，主要是铝镁合金管切断工序需要机具，我们施工时用石化二厂进口的手提式往复锯，现在我公司动力科也有此类机具。

铝镁合金管及配件在预制安装前必须进行脱脂，纯化，因此需要制作若干只槽，槽的大小及长度，宽1m，高0.8m，长6m，纯化槽使用时因有酸性，因此在槽内衬硬质塑料板，板的厚度为≥6mm。

（2）塔内管道安装，要考虑到管道吊装工作配备，因此很必要采用0.5t链条葫芦，基本上每一档施工人员不少于2只，而且必须要加长葫芦链条。

（3）塔内铝镁合金管道安装，焊接工作量比较大，因此氩弧焊机需要量也相应较多，根据我们施工情况来看，因为塔内管道上下立体交叉施工，为了焊机皮带及电源线不过长，所以在选定焊机数量及位置时考虑上下设置焊机，一般施工一套空分装置所需要氩弧焊机塔本身约为6～7台，预制棚处大约为3台，最好要有备用机若干台。

（4）氩弧焊机维修工作也是管道施工质量及施工进度关键之一，因此在施工之前一定要备有年轻化专业维修人员，人数不少于3人。有关其他施工机具，大部分都是我们公司常用工具如：角向砂轮、砂轮切割机、风动砂轮、圆型不锈钢丝刷、直型不锈钢丝刷、粗牙锉力、记号颜色笔等等。

五、塔内配管注意事项

(1) 根据空气分离装置特点，塔内管道较多，上下交叉复杂，焊接要求高。因此对塔内配管安装、程序为先大后小、先下后上、先难后易、小管让大管、热管让冷管的原则。

(2) 冷箱内部的阀门和管道、管道附件，在安装前必须清洁干燥，不得沾有油污，凡是杭氧厂提供的管件，阀门均已进行了脱脂处理，一般不必重新去油，但须仔细检查，如发现沾有油污必须重新进行脱脂处理。

(3) 在配管之前必须要在容器，阀门就位，并确认其位置、阀口方位均安置正确后，才能进行配管安装。

(4) 管道设计考虑温度的变化，补偿形式采用立体布置，因而不得任意改变走向和缩短管路，所有液体管道在水平走向时均应倾斜5%坡向取出点，以防液体存留管内。

(5) 在安装中，管道与阀门法兰或容器上法兰的焊接，待法兰密封面装上垫圈并用螺栓拧紧后才允许焊接。

(6) 凡是管道和冷箱壁上阀门连接时，其连接管道必须增加长度10～16mm余量，随后进行预压，预压形式可根据施工图及实际情况，原则上在管道段上弯头处预压，在阀门两端预压量必须相等。

(7) 冷箱内配管预制安装时，必须考虑到计器管取压点引出，如分析、压力、液面、流量、温度，并记上仪表位号，便于计器管道安装。

(8) 由于铝材较软，在预制过程中避免管材和钢制平台及钢件直接接触而损坏管材表面，影响管材质量，所以在预制平台上敷设厚4mm橡皮，敷设面积可根据实际情况来选定，铝镁合金管在预制工作时要考虑管道焊接时转动必须要采用橡皮滑动托架(橡皮滑轮市场外购)。

(9) 冷热管线不应靠近，间距应大于 200mm，各种液体管或冷管应尽量靠近里档，气体管道要在液体管道外围。管道与保冷箱壳之间的间距，气体管道>300mm，液体管道>400mm。

(10) 液体管道配置：应注意防止由于液体不断气化而增加冷损。液体排放管的配置如附图 2-7-3 所示。图中（*a*）的配置方法是不合理的，整个排液管都充满了液体，由于靠近筒壳段温度升高。管内气体液化，气泡向上返回容器内新的液体又继续下流，这样不断地往返，整根管内始终有液体不断汽化，四周围管壳温度降低，产生结霜现象，甚至冻裂保温筒壳。管路配置应按图中（*b*）和（*c*）所示，在容器附近，向上做一弯曲，其高度需高出工作的最高液面，当阀门关闭时形成一个液封，这样液体就不会流到阀门一侧，不会造成液体不断汽化而增加冷损。

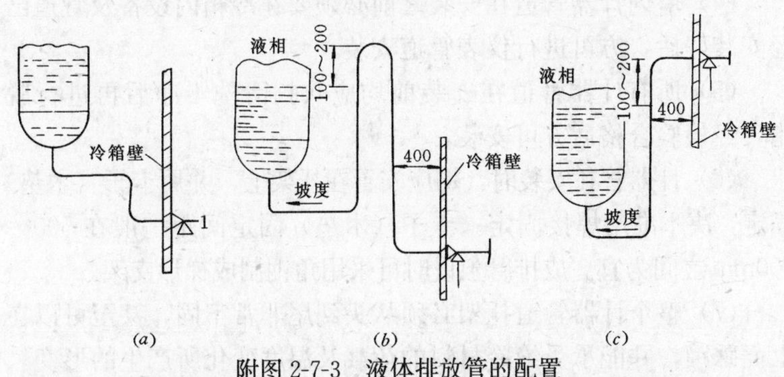

附图 2-7-3 液体排放管的配置

（*a*）不正确装法；（*b*）阀门低于取压点；（*c*）阀门高于取压点

六、塔内计器管道注意事项

(1) 计器管道不应与设备及管道相接触，防止管内气体凝结。

(2) 通向液面指示计下阀的液体管和液体分析管，自设备中接出后应即转成水平，用 5%倾斜坡向筒壳附近，再沿着筒壳水平敷设，然后向上与阀件连接。

(3) 通向液面指示计上阀、阻力计上下阀、气体分析阀及压力表阀的管道，自设备中接出后，应即转成垂直向上不小于

150mm，再转成水平到筒壳附近，然后转向与阀件连接，如附图 2-7-4 所示。

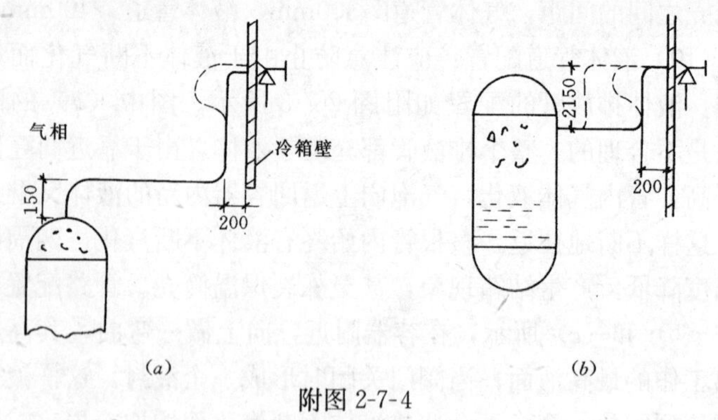

附图 2-7-4

(4) 塔内计器管道在安装之前必须要在冷箱内设备及管道已经安装好后，方可进行仪表管道安装。

(5) 所有计器管道在安装前均应吹扫清洗干净后再进行脱脂，经检验合格后方可安装。

(6) 计器管在安装时，均应安置在托架上，并用卡子（木垫）固定，决不准用焊接固定。卡子（木垫）固定间距一般在 500～700mm 之间为宜。成排管敷设时可采用角钢制成梯形支架。

(7) 整个计器管道托架必须从头到尾非常牢固，甚至可以在上面踩蹈，并能承受绝冷材料的荷载及温度变化所产生的形变。

七、塔内铝镁合金管脱脂

1. 脱脂

凡是安装在塔内的铝镁合金管道、阀门、配件等，均在安装之前进行清洗和脱脂，如果制造厂作过清洗脱脂处理，可不作脱脂，但必须会同厂方有关人员进行现实检查是否被油脂污染，经双方确认作出决定方可预制及安装。如有被油污染，则应再作清洗脱脂处理。

2. 脱脂剂选用

根据目前市场上脱脂剂种类大致上有以下几种：二氯乙烷、

四氯化碳、三氯乙烯、工业酒精。在空分装置所采用的脱脂剂大多数采用四氯化碳及工业酒精。例如：自动阀箱（阀片）、阀门芯子可采用工业酒精、二氯乙烷脱脂；铝合金管材、铝合金配件采用四氯化碳进行脱脂。

有关以上几种脱脂剂中的有害物质、特性及使用安全技术方面，可参阅中华人民共和国化学工业部部标准《脱脂工程施工及验收规范》HG 20202—2000 安全技术有关条文。

3. 清洗和脱脂程序

脱脂→碱洗→清水冲洗→硝酸液光化→清水冲洗或蒸汽冲洗，一般最后采用清水冲洗。

4. 清洗方法

将材料放入浓度 8%、温度为 60～70℃的苛性钠溶液中浸 1～3min，取出随即用清水冲净，随后将材料放入 30%的硝酸液中光化 1～2min，取出后用清水冲净直至露出金属光泽。

八、系统压力试验、吹扫、整体裸冷试验

冷箱内的管道只有经三方确认后才能进行上述几项工作，冷箱内部系统压力试验、吹扫、整体裸冷试验工作均以厂方为主进行，安装单位作配合、试漏及修补工作。在试压及整体裸冷工作进行时，应由各方组成一专业小组，专人负责，统一指挥，严格按设计规范进行。

第六节　铜及铜合金管道安装

一、铜及铜合金管的基本性能及用途

铜是常用的有色金属，有纯铜及铜的合金，铜的合金品种比较多。

铜的耐腐蚀性能较好，在没有氧化剂存在时，铜在水中及非氧化性酸中是稳定的。它对醋酸、草酸、油酸、硼酸、氢氧化钠、氢氧化钾、硫酸钠、硝酸钠、三氧化铝、漂白粉、氯化氢等腐蚀性介质具有较高的抵抗能力。

当铜被加热到 400℃以上的温度时就会发生氧化，温度越

高，氧化越厉害。

铜的相对密度为8、9，线膨胀系数为16.6×10^{-6}。铜的导热及导电性能较好。铜的延性、展性都很好，容易加工成各种形状，加热到400℃进行退火后，可以使它更加柔软。

不含其他合金元素的铜叫做纯铜，通常也称作紫铜，常用的牌号有T1、T2、T3、T4等几种，其含铜量不低于99.5%。

铜中加入一些其他元素，就是铜合金。铜和锌的合金称为黄铜；铜和锡的合金是青铜，铜和镍的合金是白铜。铜中加入了一些其他元素之后，可以提高它的强度、硬度、易切削性、弹性、耐腐蚀性等。

在石油、化工工业的管道工程中，用得较多的有黄铜管和紫铜管，一般用来输送对铜不起腐蚀作用的一些腐蚀性介质、深冷系统管道、氟利昂制冷管道以及对介质清洁度要求较高的管道，如高速精密机械的润滑油管、蒸馏水管等。在自控仪表中，常用紫铜管作为仪表的二次信号管及气源管。

二、铜管的安装

(1) 铜及其合金的牌号较多，工地上要按照牌号和管径分别堆放好。管子在安装前必须检查其内外表面是否有缺陷，其纵向划痕深度不大于0.03mm，横向凸出高度或凹入深度不大于0.35mm，疤块、碰伤的凹坑，其深度不超过0.03mm，其表面积不超过管子表面积的0.5%。

(2) 管子的调直可用木榔头、橡皮榔头或木方尺进行，调直平台上要垫上木垫板。

(3) 铜管的弯头：铜管的弯头有冷弯、煨弯，虾米弯等几种。冷弯用弯管机进行，煨弯采用得也较多，大于100mm的铜管弯头可采用虾米弯。

煨弯：紫铜管的煨弯较容易，先在管内灌砂，捣实，然后用炉火加热或氧乙炔焰加热，进行煨制。由于铜管经加热退火后很柔软，所以煨弯时用的力不需很大，而且在煨弯结束后，如测得角度稍有不对，可以在冷状态下较容易地校正。黄铜管煨制弯头比较难，容易产生开裂和折断现象，所以 ϕ18mm 以下的铜管可用小型手动弯管机进行冷弯。

(4) 三通、异径管。铜管的三通可用承插式三通或开孔制作三通，开孔可用钢锯或其他方法进行，然后用锉刀修正成适宜的坡口和间隙。异径管一般采用承插式和铜板放样卷制两种。

(5) 铜管的连接方式：

① 螺纹连接，铜管的螺纹连接方法与水煤气管一样，在大多数情况下是带圆锥形外螺纹的管子与圆柱形内螺纹的管路附件连接。工作压力较高的铜管螺纹，应在车床上进行加工。

② 焊接连接：有胀口承插式焊接连接、对接式焊接及套筒焊接等几种，如图 2-7-14～图 2-7-16 所示。

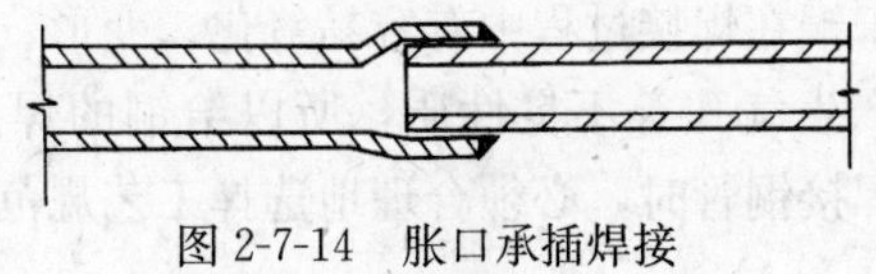

图 2-7-14　胀口承插焊接

图 2-7-15　对接焊接

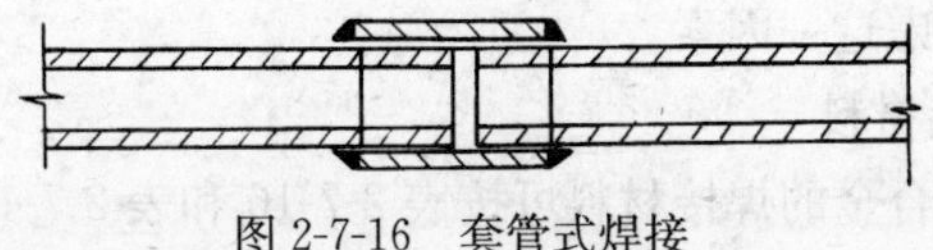

图 2-7-16　套管式焊接

对口焊接时，管子必须坡口（壁厚小于 3mm 可以不开坡口）坡口角度为 70°～90°，钝边 1～1.5mm，间隙 2～3mm。

③ 法兰连接：常采用的方法有铜管卷边松套法兰、平焊铜焊环松套法兰、平焊铜法兰、凹凸面对焊铜法兰等。铜管卷边松套法兰的制作方法与铝管卷边松套法兰方法基本相同。

铜法兰或铜焊环与铜管连接时可采用焊接，不承受冲击弯曲负荷的地方可以用钎焊。

铜法兰的垫片一般采用石棉橡胶板或根据介质情况使用。

(6) 铜管的工作压力在2.5～6.4MPa范围内。

(7) 铜管的支架与碳素钢基本相同，支架的间距可按同样直径和壁厚的碳素钢管的四分之三取用。

铜管采用承插口焊接连接方法的较普遍，承口可用钢制模具进行加工。用套管方法焊接连接时，套管的内径稍大于铜管的外径，不能太大。在仪表铜管施工中，还常常用卡套式接头、喇叭口密封式接头以及其他一些特殊类型的接头，这在仪表管一节中将会讲到。

三、铜管的焊接

铜管的焊接可以采用气焊、钎焊、手工电弧焊、氩弧焊、碳弧焊等。由于铜在焊接过程中有容易氧化、变形、某些元素的蒸发和烧损及产生气孔等不良性质，所以给铜的焊接带来不少困难。因此，焊接铜管时，必须合理地选择工艺规范，不断提高操作技能。

铜的导热性能很好，比碳钢大约大8倍，因此，如焊接时采取的规范不当，则母材难以熔化，造成填充金属和母材熔合不良，产生焊不透等现象。

铜的热胀冷缩性很大，因此，焊接时容易产生较大的变形，必须充分考虑这一因素。

1. 焊接材料

铜及铜合金的焊接材料可按表2-7-16和表2-7-17选用。

铜及铜合金的电焊条　　表2-7-16

牌号	药皮类型	焊芯成分(%)	焊接电源及接法	主要用途
铜107	低氢型	纯铜	直流反对法	焊接紫铜等
铜227	低氢型	Sn～8，P～0.3，Cu余量	直流反接法	焊接磷青铜、铜、黄铜
铜237	低氢型	Al～8，Mn～2，Cu余量	直流反接法	焊接铝青铜及铜合金，亦可用于铜合金与钢的焊接

铜及铜合金的焊丝 **表 2-7-17**

牌号	名　称	焊丝成分（%）	熔　点	主　要　用　途
丝 201	特制紫铜焊丝	锡 1.0～1.2，硅 0.35～0.5，锰 0.35～0.5，磷 0.1，铜余量	1050℃	适用于紫铜的氩弧焊及氧-乙炔气焊，焊接工艺良好，机械性能高
丝 202	低磷铜焊　丝	磷 0.2～0.4 铜余量	1060℃	适用于紫铜碳弧焊及氧-乙炔气焊
丝 221	锡黄铜焊　丝	锡 0.8～1.2 硅 0.15～0.35 铜 59～61，锌余量	890℃	适用于氧-乙炔气焊黄铜和钎焊铜、铜镍合金、灰铸铁和钢
丝 222	铁黄铜焊　丝	锡 0.7～1.0，硅 0.05～0.15，铁 0.35～1.20，锰 0.03～0.19，铜 57～59，锌余量	860℃	用途与丝 221 相同，但流动性较好，焊时烟雾少
丝 224	硅黄铜焊　丝	硅 0.30～0.70 铜 61～69 锌余量	905℃	用途与丝 221 相同。由于含硅多，气焊时能有效地控制锌的蒸发，消除气孔

注：焊丝规格：ϕ1mm 和 ϕ2mm 时为圈装；ϕ3mm 的长度分 650mm 及 1000mm 两种。

2. 紫铜管的焊接

（1）气焊：焊前应仔细清理焊丝及焊件表面坡口处的脏物。采用中性焰焊接、氧化焰会使熔池氧化，在焊缝中生成脆性的氧化亚铜，碳化焰会使焊缝产生气孔。

焊丝可用丝 201、丝 202，或用一般的紫钢丝或母材的切条。焊粉可用粉 301 或自行配制。

焊接前，工件需进行预热，预热温度 400～500℃。

气焊紫铜所获得的接头，其强度通常比母材低些。为了改善接头的金属质量，可以对焊接接头进行锤击和热处理。

（2）手工电弧焊：焊前必须清理焊接边缘，并进行 400～500℃的预热。因为焊接紫铜的焊条一般都是碱性低氢型，所以电源采用直流反接。

长焊缝应采用逐步退焊法。焊接速度尽可能快。多层焊时，必须彻底清除层间熔渣。焊后最好对焊缝进行锤击，以清除应力及改善焊缝质量。

（3）手工氩弧焊：紫铜氩弧焊通常采用直流正接法，焊前也必须对焊件和焊丝作必要的清理。焊前最好也采取预热措施。

紫铜氩弧焊丝有丝201或用紫铜丝，如T2。为了消除气孔和提高焊缝强度，可以使用气焊铜焊粉，用无水酒精调成糊状后刷在焊接坡口上，焊丝口不用焊粉。

焊接时应采用引弧板引弧。在正确选择填充焊丝和焊接工艺的情况下，紫铜的手工氩弧焊焊接接头的强度基本上能达到母材的性能。

3. 黄铜管的焊接

（1）气焊：是在黄铜管道的连接中最常用的方法之一。

焊前必须仔细清理焊件坡口及焊丝表面，如管壁比较厚，必须进行适当的预热，预热温度400～500℃。

黄铜气焊焊丝可用牌号：丝221、丝222、丝224等，也可以用母材切条作为填充焊丝。焊粉用粉301，或自行配制。

为了减少锌的蒸发，焊接火焰应采用轻微的氧化焰，使熔泄表面覆盖一层氧化锌薄膜，防止锌的蒸发。也可以用中性焰。

（2）电弧焊：焊前表面应作仔细清理，一切会产生氢气的油类杂质，特别要严格清理。采用直流电源反接法。

黄铜的电弧焊焊条可用铜227、铜237等。多层焊接时，层与层之间的氧化皮及渣应清除干净。

黄铜芯焊条在焊接过程中会产生比较严重的烟雾，对焊工的健康有害，而且妨碍工作，故必须加强通风措施。

（3）手工氩弧焊：黄铜的手工氩弧焊可采用标准的黄铜焊丝、丝221、丝222和丝224，也可以采用与母材相同成分的材料作填充焊丝。电源用直流正接法，也可以用交流电流，用交流电流焊接时，锌的蒸发比直流正接轻。

4. 铜管的钎焊

钎焊是利用成分与基本金属不同的，并且熔点较焊件为低的钎料和焊件一同加热，使钎料熔化，但焊件不熔化，借助毛细管吸力作用，使钎料填满连接处的间隙而把焊件连接在一起的方法。

钎焊时，被焊工件温度较低，因而具有工件的金相组织和机械性能变化不大、变形较小、接头平整光滑、焊台过程简单、生产效率高等优点。铜管钎焊一般使用在不承受冲击、弯曲负荷或承受低冲击、振动负荷的场所。

铜管钎焊常用的钎料有铜磷钎料、铜锌钎料、银钎料等，钎焊铜管时常用的熔剂为 101 银钎熔剂，它适用于在 550～850℃温度范围内钎焊各种铜及其合金，另外也可以用 75%硼酸、20%硼砂组成的混合物作为熔剂。用铜磷钎料钎焊紫铜时可以不用熔剂，但钎焊铜合金时仍然需用熔剂。

接头形式：由于对接接头的强度小，钎焊铜管时一般不来用。搭接接头是钎焊铜管时常用的接头形式。搭接长度一般为管壁厚度的 6～8 倍。管子直径小于 25mm 时，搭接长度为 1.2D～1.5D。除了正确运用接头形式外，还要注意焊件连接面之间的间隙。间隙过大过小都会使钎焊接头质量变差。采用铜锌钎料时间隙为 0.10～0.30mm，采用铜磷钎料时，间隙为 0.03～0.25mm。铜及铜合金钎焊前，表面必须进行清理。钎焊时，首先用轻微带乙炔过剩的中性焰将工件加热到接近钎焊的温度，然后把钎料置于火焰下稍微加热并沾上熔剂（同时把熔件撒在工件的接合处），用火焰的外焰将熔剂熔化。待熔剂熔化后，立即将钎料与工件接触并使其熔化渗流到工件接合间隙里。钎焊过程中，必须保持所要求的温度，钎焊后的管件必须清洗焊缝接头。钎焊加热的时间，力求最短。

第七节　铅管安装

一、铅管的性能及用途

1. 铅的性质

铅是带有银灰色光泽，软而且重的低熔点金属。我们常见到的铅呈蓝灰色，没有光泽，这是因为它在空气中易氧化，表面生成氧化铅膜的缘故。

铅与其他金属结合，能组成合金。铅的导热性能和导电性能较差，机械强度较低，随着温度的升高，强度的降低更为显著，因此铅制的设备和管道使用温度一般不能超过 140℃铅管的硬度较低，不耐磨，因此不宜输送有固体颗粒悬浮的介质。铅有良好的焊接、铸造、锻压等工艺性能和很强的阻止各种射线穿透的能力。

铅的相对密度 11.34，熔点 327.4℃，线膨胀系数 29.5×10^{-6}。

铅的耐腐蚀性能较好，是有名的耐硫酸腐蚀的材料，室温下能耐 96%以下所有浓度的硫酸，在浓度为 70%～80%、温度 150℃的硫酸作用下，铅还是很稳定的。尤其是在稀硫酸及硫酸盐溶液中，铅的耐腐蚀性能更为突出。

铅对 10%以下的盐酸、亚酸硫、磷酸、氢氟酸、铬酸以及海水等是稳定的。

铅不耐硝酸的腐蚀，因为铅与硝酸作用生成的硝酸铅很容易被硝酸溶解。铅在发烟硫酸中也是不耐腐蚀的。

2. 用途

铅在工业中有较广的用途，除了用于铸铁给水管的接头，制造铅锡焊丝和保险丝，在原子能工业中用作防止射线的材料之外，广泛用于石油、化工、染料、农药、合成橡胶、化纤等工业部门，用途最大的是在硫酸生产中，无论是老的生产稀硫酸的铅室法，还是较先进的生产浓硫酸的接触法都应用大量的铅和铅管。

由于铅有毒，不能用于食品工业的设备与管道中，也不能作饮水管道材料用。

近年来，由于石墨、塑料和玻璃钢的发展，在防腐蚀领域中代替了一些铅材的使用，但由于铅有良好的耐腐蚀性能和优异的工艺性能，而且铅不像塑料、玻璃、钢带那样容易老化。同时废铅可以回收，其回收率可达 75%，所以铅的用途还是较为广泛。

用来制造管道的铅及硬铅的牌号见表2-7-18。一般铅中某种金属的含量低于0.5%时称为杂质，而高于0.5%时就叫做合金组分。

铅的牌号 **表2-7-18**

类别	牌号	主要成分%		杂质含量总和%（不大于）
		铅（不小于）	锑	
软铅	Pb2	99.99	—	0.01
	Pb3	99.98	—	0.02
	Pb4	99.95	—	0.05
	Pb5	99.90	—	0.10
	Pb6	99.50	—	0.50
硬铅	PbSb0.5	余量	0.3~0.8	0.15
	PbSb2	余量	1.5～2.5	0.20
	PbSb4	余量	3.5～4.5	0.20
	PbSb6	余量	5.0～7.0	0.30

二、铅管的安装工艺

1. 铅管的调直与整圆

铅管在运输和装卸过程中，容易产生弯曲或者压扁，因此在安装前必须将弯的管子调直，将被压扁的管子整圆。

铅管的调直应在木板铺的平台上，用木槌敲打调直。

公称直径大于50mm的铅管整圆，可用一根外径小于铅管内径的碳素钢管（管端最好有一半球形封头）穿在铅管内，并把钢管的两端放在支撑架上，然后用木槌敲打铅管被压扁的地方，随着敲打边转动管子，直到将铅管整圆为止。

公称通径不大于50mm的铅管整圆，可将铅管两端堵塞，在管道内通入压力为0.3～0.4MPa的压缩空气，然后用焊炬对压扁的地方加热，使管内的压缩空气把管子胀圆。加热时，要注意使加热部分受热均匀，升温不要太快，当管子被胀圆时，不要使加热过分。

2. 铅管的切断

铅管的切割方法有机械切割法和火焰切割法两种，直径较小的管子，可用粗齿锯切断。切割时，为了不使铅屑黏附于锯齿上，减少摩擦，可在锯口滴上少许机油，直径较大的铅管，尤其是硬铅管，可用焊炬切割。焊炬切割（熔割），就是利用焊炬火焰的高温使铅沿切割口熔化流出，达到切割的目的，割缝比较宽，所以用于切割较大和较厚的管子。

切割时，应将铅管放好，焊炬作适当的摆动，以增加熔铅的流出。为了得到较小的割缝，可以采用氧过剩焰，这种火焰温度高而集中，冲击力大，能使铅迅速熔化流出。铅管如能滚动则更有利，且能用火焰割出坡口，组对时用锤轻击割口，刮净就可以施焊。

铅板的切割可用剪割、刀割、锯割、铡割等方法和火焰切割法。

3. 铅管的坡口

软铅管的坡口可以用刮刀加工，硬铅管的坡口用粗齿锉刀加工。厚度在 4mm 以下的铅管可以不切坡口，留有 1～2.5mm 的间隙，厚度在 4mm 以上的铅管应开 60°～90°的 V 形坡口，并留 1～2.5mm 的间隙，2～3mm 的钝边。

4. 铅管的弯曲

(1) 空心煨弯：铅管煨弯，不需在管内装砂，这是因为煨制时温度升高，铅的硬度将更加降低，如果管内装了砂，会使砂粒嵌入管壁而难以清除。再则，由于铅的机械强度较低，煨弯时，如果装入填充物，易使弯管外侧管壁拉薄，保证不了弯管的质量。经验证明，只要操作得当，一般的成品铅管，都可以空心煨弯，并不发生明显的断面变形和管壁拉薄现象。

为了减小弯头的椭圆度和防止弯头腹部发生凹陷，可以将弯头腹部两侧的管壁，在弯曲前稍加拍打，使弯曲部分的管子断面成卵圆形，如图 2-7-17 所示。

图 2-7-17

煨弯前把需煨管的长度在管子上画出，这一段长度可按下式算出：

$$L=\frac{\pi\times R\times Q}{180^{\circ}}$$

式中 L——弯曲部分长度；

π——圆周率；

Q——煨弯角度；

R——弯曲半径。

煨弯时分小段进行，每次可煨成 20°～25°，每一小段的长度和每次煨的角度，根据弯曲半径 R 和角度来决定。施煨时，将打成卵圆形的部分朝上，按其分段位置用焊炬进行加热，加热宽度20～30mm。（管径大的，则可再宽些），长度约为管周长的3/5，温度 100～150℃左右，见图 2-7-18。

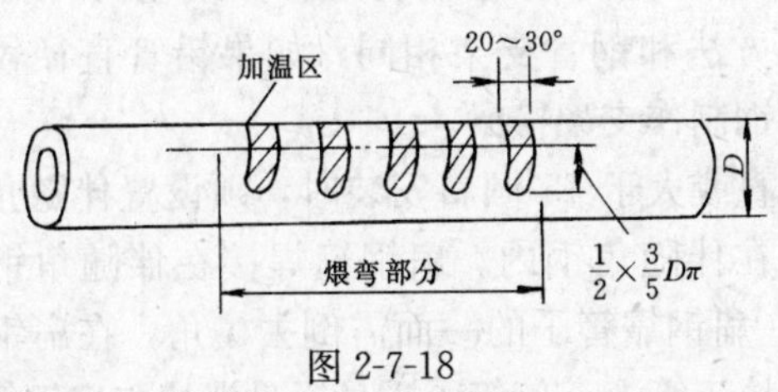

图 2-7-18

加热后煨弯时用力要均匀，不能过猛，第一段弯好后要用湿布拭抹冷却，以防连续煨下一段时发生变形，有时煨好的管子，在加热区可能出现凸出，可以用打板轻轻敲击打平。

硬铅管的煨弯较困难，掌握不好就会断裂。一般直径100mm 以上的管子都用割制组对的焊接弯头。硬铅管煨弯的关键在于准确的撑握温度，最好在管内通入蒸汽，将管子加热到100℃左右，再进行分段加温煨制，能得到较好的效果。

（2）剖割煨弯：铅板卷管和某些弯曲半径 R 小，而角度大的铅管，不能用空心煨弯方法，可以采用剖割煨制法，常能得到较好的效果。

煨制前，先将管子从中间割开，割口长度为弯曲部分伸直长度加上煨制后两半管子的错口差（煨 90°时约为管径长）。

煨制时先将上半片管子加热煨弯，如出现凹凸现象，可用小锤伸进管内敲击，并用样板校核。煨好后再煨制下半片管子，这一半管子的加热位置。应在割口的两侧，每煨到两片管子割口相合了一段，就将管内这一段焊缝焊好，当全部煨好，管内焊缝也随之焊完。再对外面将焊缝焊好，最后割齐管口即成。如图 2-7-19。

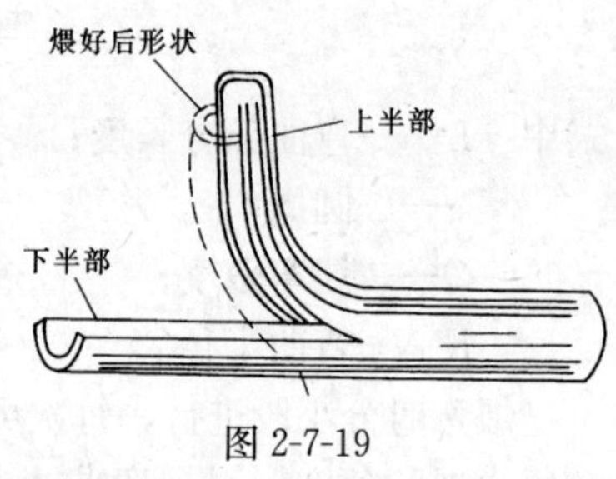

图 2-7-19

5. 铅管的支架

由于铅管软而且重，为了防止产生弯曲，铅管应敷设在托撑角钢上，因此在支架横梁上应设置连续的托撑角钢。支架横梁的形式与安装方法和钢管支架相同，如果铅管直径较大，管壁较厚，应用槽钢制作支架横梁。

铅管垂直或大于 45°倾斜安装时，须设置伴随角钢，管子用扁钢箍固定在伴随角钢内。扁钢箍焊接在伴随角钢上，间距为 1.5m 左右，扁钢靠管子的一面需倒去棱角，在扁钢箍的上方焊一铅质防滑块于管上，使管子重量通过滑块与扁钢箍支承在伴随角钢上，防止管子下滑。

铅管的托撑角钢或伴随角钢，在适当的位置应断开一定距离，以作为热膨胀的补偿。

6. 铅管的连接方式：

铅管的连接方式一般为焊接和平焊法兰及反边活套法兰连接，反边方法与铅、铜等的反边相同，也可以用铁榔头无需膜具敲击反边，反边以后用锉刀锉平。

铅管开三通需带圆角。在用焊接式组对立管时，每根立管的一端要稍扩张成喇叭形，便于焊接。

铅管使用法兰连接时，必须使用软垫片。

三、铅管的焊接

铅管的焊接方法，目前采用的主要是气焊，其中有氢氧焰焊接和氧乙炔焰焊接两种，最普遍的是采用氢氧焰焊接。

氢氧焰是铅焊比较理想的热源，它有足够的温度（2500℃左右），燃烧过程中不掺有其他反应，因此燃气纯净，熔池表面比较清洁，有利于焊接质量的提高。并且由于可以采用低压的等压式焊接，因此火焰的气流比较缓和，能适应熔铅流动性强的特点，易保持熔池的平稳。

氧乙炔焰一般采用喷射式焊枪。由于火焰冲击力大，温度较高，容易冲溶池，使铅层烧透而流失，因此必须采用口径较小的焊炬，用中性焰进行焊接。

铅焊的焊条一般是自制，可用熔铅在铁膜中浇铸而成。也可以用铡刀把铅板铡成正方形断面的长条，刮去棱角即可作焊条使用。焊条的断面最好为圆形或近似圆形，直径必须均匀，焊条面应干净，没有灰尘、油脂等脏物，也不能有可见的氧化层。

新制的焊条，呈金属光泽，氧化层极小，最适用于铅焊。要考虑使用情况，不要一次铸制得太多，焊条最好在一周内用掉。最多不超过两周，以免积压而氧化严重，不能使用。

焊接时，采用中性焰氢气略微过剩是铅焊最适宜的火焰。

由于熔铅流动性好，密度不大，因此焊接时熔铅很容易流失，仰焊比较困难。在焊接铅管中，应尽量避免仰焊。在对口的时候，应尽量少对固定焊口，尽可能地把焊口放在水平位置进行转动焊接。转动焊接不仅焊接方法简便，而且焊接速度快，质量好，但组对的管段不宜过长，一般每段不应超过20m，因为铅管软，而且重，如果组对的管段过长，不仅转动很费力，而且还会使管子产生弯曲。另一方面，如果管段较长，不仅给吊装带来困难，而且还会在吊装过程中产生弯曲变形或断裂。焊接前，应将焊缝坡口面及两侧管子端部20～40mm内的氧化层剖净，使其露出金属光泽，刮净的焊口不允许有水分和其他脏物侵入，并且应在两小时内焊完，以免再次氧化。

管子对好后，先点焊固定，公称直径小于100mm的管子点焊三处，每处长20～25mm，公称直径大于100mm的管子，点焊应不小于四处，每处长度 30～35mm。点焊高度为管壁厚度的五分之三。

点焊固定后即可进行焊接。在焊接过程中不断地转动管子，使焊缝保持最适宜的位置。

一般铅管管壁都较厚，所以是分层施焊，焊接第一层可以不加或少加焊条，每焊完一层应把焊缝表面刮净，再焊接下一层，最后一层应高出管子表面 2～3mm。

当不同材质的铅管相焊时，应按焊件的工艺要求，采用其中强度较高或者纯度较高材质的焊条。

水平敷设的硬铅管固定焊口，可把对接管两端割成 T 形缝，并把此割缝扳开，然后进行焊接，但是在施工中一般尽量避免这种开洞焊接，可在固定口加装卷边活套法兰或平焊法兰。

垂直敷设的硬铅管，可采用环形板连接接头，即在下一段管子的顶部焊一圆环，然后将上一段管子对正后焊接，垂直敷设的软铅管，可采用承插焊接接头。

用焊接连接的铅管，不论什么位置的焊缝，都不得有高低不平、未焊透、砂眼、夹层、坠落及咬边等缺陷。凡是有缺陷的焊缝，应刮去后进行补焊或者割掉重焊。

铅的热胀系数为碳钢的三倍，铅焊后似乎在焊缝及热影响区会残留极大的应力，其实不然，因为铅质地很软，熔点又不高，且铅能够塑性变形，有自行消降应力的能力，所以铅焊后不必热处理消除应力。焊缝强度和韧性与母材无显著差别。

第八节　长输管道安装

长输管道一般指工作压力小于 10MPa 的输送石油及其产品、天然气的管道。长输管道一般埋地敷设，其线路较长，管线往往穿越公路、铁路、河流，敷设于城郊、野外。因此，长输管道具有其工作压力高、输送线路长、输送介质为易燃易爆、危险性大及埋地敷设于野外等特点。

长输管道施工的内容有：管沟开挖、钢管防腐、管道预制、管道下沟、管道穿越、试气试压、通球扫线等。

一、管沟开挖

1. 测量放线

管沟开挖前应根据施工图纸测量放线。测量放线使用经纬仪、水准仪、皮尺等工具，然后沿管线敷设位置打百米桩和转角桩，并撒放白灰线，作为管沟开挖的依据。控制桩上应注明桩号、里程、高程，转角桩还应注明角度。在地形地势起伏地段和转角地段，应根据管沟开挖施工的需要打加密桩，以使撒放白灰线到位正确。

在测量放线过程中，应根据图纸对管线经过处地下构筑物或其他隐蔽工程，作出明显标志，以便在管沟开挖时采取相应的措施。

2. 施工宽度要求

通常管道施工占地宽度不宜超过20m，特殊地段（如运管车辆回转掉头地段等场合）可适当增加占地宽度。管道施工占地宽度的布置要求见图2-7-20。对人工开挖、运管、下沟的，可适当减小占地宽度。

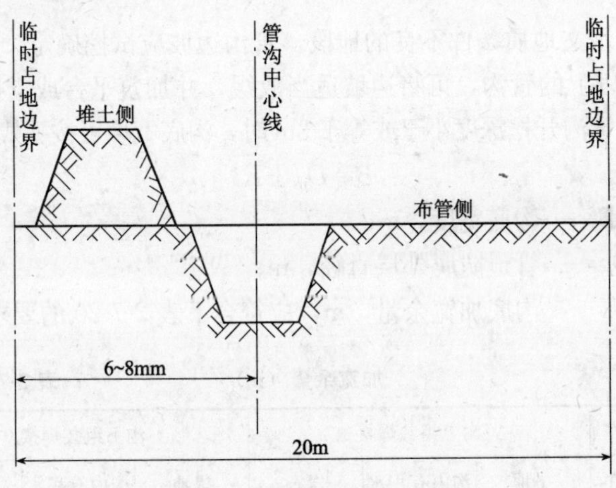

图 2-7-20　临时占地边界线

3. 管沟的尺寸

管沟开挖的深度和边坡坡度要求应符合设计图纸。当设计图纸无明确要求，或缺少地质资料、管沟深度小于5m且不加支撑时，其边坡可参照表2-7-19确定。

管沟允许边坡坡度　　表2-7-19

土壤名称	边坡坡度		
	人工开挖	机械开挖	
		沟下挖土	沟上挖土
砂土	1∶1.0	1∶0.75	1∶1.0
亚砂土、含卵砾石土	1∶0.67	1∶0.5	1∶0.75
亚黏土	1∶0.5	1∶0.33	1∶0.75
干黄土	1∶0.25	1∶0.10	1∶0.33
未风化岩	1∶0		
细粉流沙	1∶1.0～1∶1.5		
次生黄土	1∶0.50		

在水文地质条件不良的地段，管沟边坡应试挖确定。挖深超过5m以上的管沟，可将边坡适当放缓，并加筑平台或支撑。

当管沟开挖深度小于或等于3m时，沟底宽度可按下式确定：

$$B=D_m+K$$

式中　B——沟底宽度，m；

D_m——管道防腐外层直径，m；

K——沟底加宽余量，m，应符合下表2-7-20的要求。

加宽余量（m）　　表2-7-20

施工条件	沟上组装焊接			沟下组装焊接		
地质条件	旱地	沟内有积水	岩石	旱地	沟内有积水	岩石
K值	0.5	0.7	0.9	0.8	1.0	0.9

当管沟深度大于3m而小于5m时，沟底宽度应加宽0.2m。当管沟深度大于5m时，应根据土壤类别确定沟底的宽度。用机械开挖管沟时，沟底宽度应根据机械的切削尺寸而定。对石方开挖段，其管沟深度应加深300mm。

管沟开挖的断面尺寸应准确，转角符合设计要习之。其管沟尺寸的允许偏差应符合表2-7-21的规定。

管沟开挖尺寸允许偏差　　表2-7-21

检查项目	允许偏差（mm）
管沟中心线偏移	≤100
管沟标高	+50 −100
管沟宽度	±100

4. 管沟的开挖

管沟开挖前，应采用机械或人工按占地宽度将占地范围内的杂草、树木、石块等清除干净，其沟、坎、陡坡等应予以平整，并开出施工便道，满足施工机械、运管车辆的通行。不使用大型施工机械和运管车辆时（即人工运管、下沟），施工便道的承载能力无特殊要求。

管沟开挖时，应将控制桩移至堆土一侧的占地边界内，堆土时不得将控制桩掩埋。管沟开挖不得两边抛土，应将挖出的土石方堆放在布管的另一侧，且距沟边不得小于0.5m。在农田地区开挖管沟时，应将表层熟土和底层生土分层堆放。

石方开挖段在安全允许范围内可采用爆破法施工，但必须符合有关规定。对爆破区域附近的居民、野生保护动物、房屋建筑、通信线、动力线和地下构筑物，应制定适当的安全保护措施。

管沟开挖遇到地下构筑物及其他障碍设施时，应采用人工开挖样洞的方法，摸清地下构筑物及其他障碍设施的正确位置及布局，在制定安全技术措施后再全面开挖。

在一些土质较差地段开挖，可视实际情况采用打咬口桩、回令撑固定等措施，确保开挖的管沟不塌方，以保证管沟开挖和沟内敷管、焊接施工安全。

采用大型施工机械（如轮斗、单斗挖掘机及各种吊装设备等）开挖管沟、吊运管子时，如机械上方有架空高压输电线路，应采取绝缘隔离措施并保持规定的安全距离（见表 2-7-22）。

大型施工机具与高压输电线路安全距离　　表 2-7-22

<table>
<tr><th rowspan="2">输电线路电压（kV）</th><th rowspan="2">最小垂直安全距离（m）</th><th colspan="2">最小水平安全距离（m）</th></tr>
<tr><th>开阔地区</th><th>途经受限制地区</th></tr>
<tr><td>1 以下</td><td>3</td><td rowspan="6">交叉为 8；
平行设备
最高位置
加高 3</td><td></td></tr>
<tr><td>1～10</td><td>4.5</td><td>3</td></tr>
<tr><td>35</td><td rowspan="2">70</td><td>3.5</td></tr>
<tr><td>60～110</td><td>5.0</td></tr>
<tr><td>154～220</td><td>7.5</td><td>5.5</td></tr>
<tr><td>330</td><td>8.5</td><td>6.0</td></tr>
</table>

注：最小水平安全距离指边线与施工设备边缘之距离。

二、钢管防腐绝缘

钢管的防腐绝缘施工集中在防腐厂房内进行，防腐绝缘采用的材料、工艺应符合设计和规范的要求。

钢管防腐施工前，应对管子材料和管件进行验收。管子材料和管件应具备制造厂的质量证明书，各种技术指标应符合现行有关标准的规定。如无出厂质量证明书或对质量证明书有疑问时，应对材料和管件进行复验，合格后方可使用。

钢管防腐绝缘后，应核对防腐等级，检查防腐绝缘的质量，并做好记录，只有符合质量要求的防腐绝缘管子才能出厂送施工现场。防腐绝缘钢管装车运输时，应使用专用吊具，防止防腐绝缘层遭到破坏。每层钢管间应垫放软垫隔离，捆绑时使用外套胶管的钢丝绳，绳子与钢管之间衬以软垫。严禁采用撬、滚、滑等损伤防腐层的方法卸车。

三、管道预制

防腐绝缘钢管送至施工现场后，采用机械或人工方法布管于管沟边进行组对焊接，钢管外壁与管沟边缘的安全距离不得小于500mm。布管时，要求钢管首尾衔接，相邻两管口呈锯齿形错开。

钢管组对前，在距管沟边缘1m以外处，为每根钢管设置高度为400～500mm的支撑。支撑材料严禁使用硬土块、冻土块及石块等，钢管在搁空后进行组对焊接。钢管组对时应清除管内杂质，焊接后的管段在下班前用临时盲板封堵管端敞开口，防止动、杂物进入管内。管道的预制长度根据管道下沟采用的吊管机数量及吊点间距来确定。

钢管的坡口、组对及焊接应按设计或规范要求进行。管道的焊接工艺评定参照现行的《压力容器焊接工艺评定》的规定执行，焊工考试规则参照《锅炉压力容器焊工考试规则》执行。

钢管组对前，应将管端20mm范围内的污油、铁锈、熔渣等清除干净。对螺旋钢管还应将管端的螺旋焊缝进行补焊，其长度不应小于50mm。

钢管组对时，应避免强力对口，且应保护好钢管绝缘层。用内对口器组装管道时，可不进行定位焊。在根部焊道焊完后，才能撤出对口器。用外对口器或无对口器组装时，应进行定位焊。钢管的组对要求应符合表2-7-23的规定。

钢管组装规定 **表2-7-23**

序号	检查项目	组装规定
1	螺旋焊缝或直缝错开间距	不得小于100mm弧长
2	相邻环缝间距	不得小于1.5倍管外径
3	错边量	小于3/1000管外径，且不大于2mm
4	定位焊长度（焊口定位焊不少于4至6处，均匀分配），下向焊不需定位焊	定位焊总长度不应小于焊道总长度的50%
5	定位焊缝厚度	不得大于2/3壁厚

长输管道的弯管除采用弹性敷设改变方向外，还可采用冷弯弯管、热弯弯管、冲压弯头或斜口连接，具体选用应按设计要求。各种弯管的曲率半径见表 2-7-24。

弯管的最小曲率半径　　表 2-7-24

序号	弯 管 名 称	最小曲率半径
1	冷弯弯管	40*DN*
2	热弯弯管	4*DN*
3	冲压弯头	2.5*DN*
4	斜口连接	偏转角<3

管道焊缝应全部进行无损探伤。采用 X 射线损伤时，管线工作压力大于或等于 4MPa 的，合格级别为Ⅱ级焊缝标准；管线工作压力小于 4MPa 的，合格级别为Ⅲ级焊缝标准。焊缝根部允许有未焊透，但在任何连续 300mm 焊缝长度中，未焊透的总长度不得大于 25mm。在条件限制时，也可用超声波探伤代替 X 射线探伤，此时如管线工作压力大于或等于 4MPa，焊缝合格级别为工级；管线工作压力小于 4MPa，焊缝合格级别为Ⅱ级。如做 100%超声波探伤，则应做 5%的 X 射线探伤复查。

管道焊接在雨天、雪天，风速超过 8m/s，相对湿度超过 90%的环境下，应采取有效的保护措施，否则应停止野外焊接作业。

管道焊接完毕，经无损探伤检查合格后，应立即对焊缝处进行防腐绝缘补口，并作好焊接及探伤记录。

四、管道下沟

下沟前检查。管道下沟前应将管沟内塌方、石块、雨水、油污等清除干净，石方段管沟的松软垫层厚度不得低于 300mm，管沟或涵洞的深度、标高及断面尺寸应符合设计要求。

钢管防腐层应用高压电火花检漏仪进行检查，对电火花击穿处进行修补。防腐绝缘层的检查应符合表 2-7-25。

防腐绝缘层高压电火花检测标准　　表 2-7-25

防腐种类	防腐绝缘等级	检测电压（kV）	检测标准
沥青	普通级	16～18	以未击穿为合格
	加强级	22	以未击穿为合格
	特加强级	26	以未击穿为合格
环氧煤沥青	普通级	＞2	以未击穿为合格
	加强级	＞3	以未击穿为合格
胶黏带		24	以未击穿为合格
环氧粉末	0.4mm 厚	2	以未击穿为合格

管沟经检查合格后，应立即将管道下到沟内。在地下水位较高的地段、水稻田地段，管沟开挖、管道下沟和回填土应连续进行，防止发生塌方、浮管等事故。

管道下沟应使用专用吊具，起吊高度以 1m 为宜。对管子外径大于或等于 529mm 的管道，下沟时应用 3 台吊管机同时吊装；管子外径小于 529mm 的管道下沟，应使用至少 2 台吊管机。吊管时的吊点间距设置应符合表 2-7-26 的规定，一次下沟的管道长度根据吊管机使用量和吊点间距确定。

不同管径钢管吊管间距　　表 2-7-26

序号	管外径 D（mm）	允许间距（m）	管外径 D（mm）	允许间距（m）
1	1220	32	351	15
2	1020	29	325	15
3	920	27	299	14
4	820	25	273	13
5	720	23	245	12
6	630	21	219	11
7	529	19	168	9
8	478	18	159	8
9	426	17	114	6
10	377	16	108	6

管道下沟时应轻放至沟底，并妥帖安放在管沟中心，其允许偏差不得大于100mm。起吊过程中，应使用外套胶管的钢丝绳，严禁损伤管道防腐层。

管道下沟后应对管线直线度进行目测，对管顶标高进行测量并做好记录。还应检查管道在沟内有无悬空现象，发现钢管防腐层有碰伤擦破的应立即修补，设计有阴极保护测量点的引线应焊接牢固。在检查合格后立即进行回填土，要求地下水位高的地段和穿越河流地段一次回填完；石方段的管道四周用软土回填，高出管顶的厚度为300mm，并应高出地表面300mm；任何部位的回填土深度不应低于800mm，并要求恢复地貌。

回填土后用低压音频信号检测仪检查漏点，连续10km。内漏点不得多于5处。

五、穿跨越工程

长输管道的穿跨越是指管道穿越公路、铁路、河流、渠道等，管道穿越公路、铁路宜采用顶管法，管道穿越公路、铁路、河流和渠道还可采用钻孔法，亦可采用大开挖直埋法及跨越法。

1. 管道顶管穿越

（一）长输管道施工工艺流程见图2-7-21。

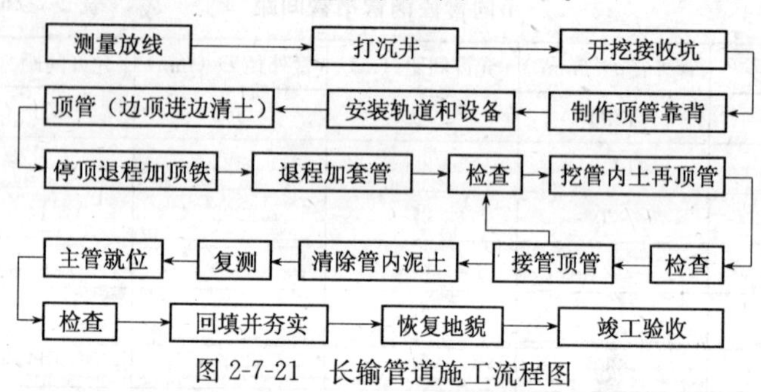

图2-7-21　长输管道施工流程图

（二）测量放线

1）根据设计给定的控制桩位，用经纬仪放出穿越轴线，并打出穿越管线中心桩、施工作业带边线桩，撒上白灰线。

2）放线时，同时放出操作坑与接收坑的位置与尺寸。根据现场实际情况，选择进场方便的一侧布置操作抗，另一侧布置接收坑。

3）在穿越施工的全过程中，随时用测量仪器进行配合。

（三）沉井的制作

为有效的防塌和保障施工作业人员的人身安全，沉井的制作原则首先是坚固，在沉井安全的基础上考虑其经济性。沉井采用钢筋混凝土结构，平面形状为矩形，操作坑内空间为 8m×3.5m，接收坑内空间为 4m×3.5m，深度在套管管底埋深的基础上再加深 0.2m。沉井壁厚度为 0.4m，做靠背墙的一侧厚度为 1.0m。其周围留有进场便道。

（四）顶管口及主管线连头处的处理

套管入土的沉井壁上留有一个直径 1400mm 的圆孔，为了防止地下水和管上方塌方，在顶管口处安装橡胶止水带。

（五）顶进

安装好千斤顶和顶铁之后，开始顶进。

1）安装好顶铁并拼牢，此时顶进前方已开挖了一定的长度，启动油泵，活塞慢慢地伸出，当第一根套管顶进土层 5.5m 后，停止顶进，吊装上第二根套管，安装好第二根套管后开始顶进第二根套管。在顶进的过程中，随时测量套管的水平左右偏差，因为第一根套管的顶进是否正确，对以后顶进的偏差有很大影响。

2）顶进完第一根套管后，重复第一根套管的顶进方法，直至套管端部达到接收坑为止。

3）在顶进过程中，严格控制千斤顶的工作压力，顶进遵循“先挖后顶、随挖随顶”的原则，采用连续作业，避免中途停止造成顶力增大，增加顶进难度。顶管示意见图 2-7-22。

（六）套管的焊接、补口

按照设计要求和规范规定进行套管的焊接与补口补伤。

（七）挖土与运土

1）管前挖土是保证顶进质量、地上构筑物和施工人员安全的关键，管前挖土的方向及开挖的形状，直接影响顶进的准确性。管子在地层中是沿着已经挖好的上壁前进，管子上方的超挖量不超过 15mm，在管周下方 135°范围内不超挖，保证管壁与土壁相平，在松软的土层可以有 1～2cm 的厚土层，在顶进的过程中由管端切去。

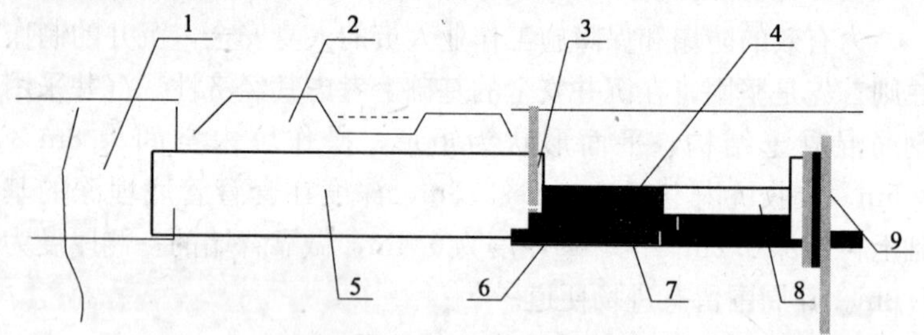

图 2-7-22　顶管示意图

1—接收坑；2—公路、河流；3—沉井；4—顶铁；5—套管；6—导轨；7—坑底垫层；8—千斤顶；9—承力后座

2）挖土的长度不超过管端 300mm，挖好之后立即顶进，在挖土过程中严格控制挖土量，以确保挖土施工人员的安全。

3）运土：采用四轮小车运土，土运至管口处再用单斗将其吊到地表。

（八）管道的测量与纠偏

1）测量次数：开始顶第一节管子时，每顶进 20～30cm，测量一次高程和中心线，在正常顶进过程中，每顶进 50～100cm 测量一次，校正时，每顶进一次即测量一次。

2）顶进偏差的校正

顶进过程中发现管位偏差 10mm 左右，即应进行校正。纠偏校正应缓缓进行，使管子逐渐复位，不得猛纠硬调。人工挖土顶管的校正方法有：

（1）挖土校正法：偏差值为 10～20mm 时可采用此法。即在管子偏向设计中心左侧时，可在管子右侧适当超挖，而在偏向一侧不超挖后留台，使管子在继续顶进过程中，逐渐回到设计位置。

（2）斜撑校正法：偏差较大时或采用挖土校正法无效时，可采用圆木或方木一端顶在偏向侧开挖的土壁上，另一端顶在管子内壁上，开动千斤顶，利用斜撑产生和分力，使管子得到校正。

（3）顶镐校正法：偏差较大时，利用顶镐代替顶木，这种装置更有利于校正和纠偏。

（九）管道敷设

1）套管顶管作业时，在穿越的一端进行管道的预制。待套管顶管完成后，将预制好的管道一次穿越敷设完毕。

2）穿越之前，管道应做好焊缝的无损探伤检查、防腐测试，单独进行强度和严密性试验。

3）穿越施工时，为保护管道的防腐层不被损坏，在管道上安装滑轮或滑块，具体要求根据设计图纸确定。

2. 定向转穿越

（一）水平定向钻施工工艺见图 2-7-23

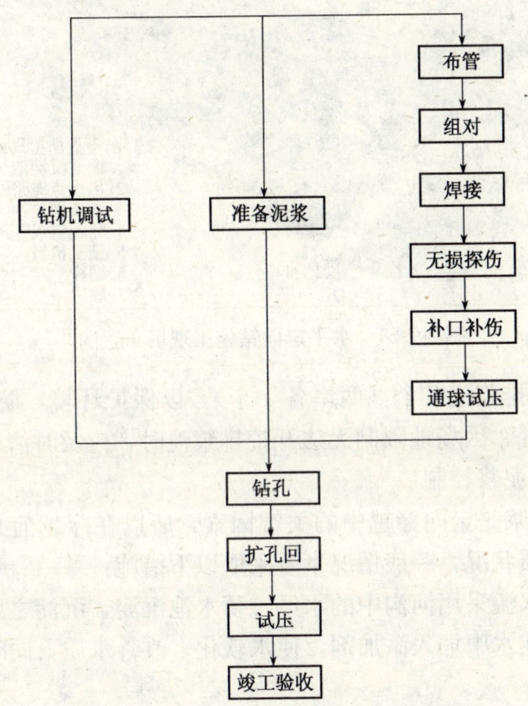

图 2-7-23　水平定向钻施工工艺流程

（二）场地修筑

1）便道修筑：扫线、修施工便道，按要求用推土机将部分地面杂物和障碍推掉，形成宽 10m 的便道，对低洼地带要垫土推平压实，确保施工机具设备顺利进场作业。焊接场地预先挖开并铺垫好钢板保证交通畅通，开挖宽度不小于 1.5m。两岸通讯联系采用施工用电台及对讲机进行。

2）钻机场地：钻机场地布置平整，在场地四周挖排水沟排水，钻机、主罐及吊车摆放场地铺垫钢板。钻机进场需从水泥路铺垫 50m 长、4m 宽的钢板。水平定向钻施工布置图见图 2-7-24。

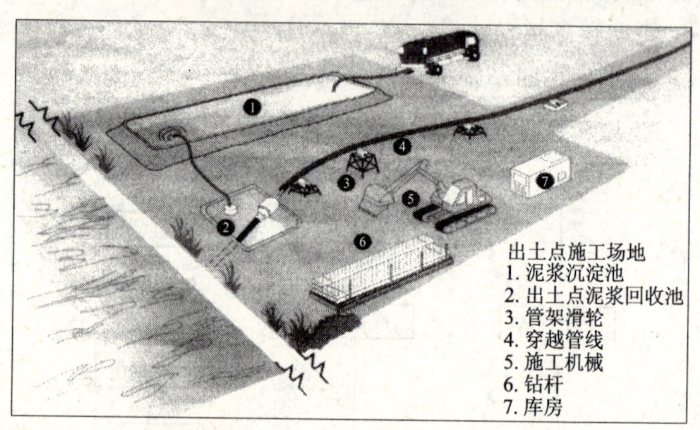

图 2-7-24　水平定向钻施工现场布置图

3）挖排浆池 2 个（两岸各 1 个），以保护环境，防止污染。在入土点处，因场地限制无法开挖排浆池时，应及时清理泥浆。

（三）泥浆控制

1）泥浆是定向穿越中的关键因素，所以在穿越前必须了解地层的地质状况，一般情况下要采取以下措施：

（1）水源采用河沟中的水经过蓄水池沉淀，沉淀之后的水存入水罐，在水中加入添加剂，使水软化，改善水质，同时提高水的 pH 值。

（2）照事先确定好的泥浆配比用一级膨润土加上泥浆添加剂，配出合乎要求的泥浆。

(3) 使用的泥浆添加剂有：降失水剂、提黏剂和防塌润滑剂等。所加添加剂符合环保要求。

(4) 为了确保泥浆的性能，使膨润土有足够的水化时间，在用量不改变的情况下，我们采取增加泥浆储存罐的数量来满足要求。

2) 回流泥浆的处理：在焊接场地挖一个 8.0m×8.0m×1.5m 返浆收集池，泥浆通过排浆池收集，经沉淀之后处理；在钻机场地内也挖一个 6m×6m×1.5m 泥浆池，回收不了的泥浆排送到指定的地方。

（四）穿越施工过程

1) 钻导向孔：导向孔的钻进是整个定向钻施工的关键，一般采用先进的 DD-330 水平定向钻机进行整个穿越工程的施工。其钻导向孔的钻具组合是：9.5″铣齿钻头＋7″无磁钻铤＋5″钻杆，控向设备采用英国 Sharewrll 公司生产的 MGS 定向系统，在整个穿越过程中采用地面信标系统（Tru-Trucker system）配合 MGS 系统进行准确跟踪定位，确保出土位置准确无误。水平定向钻施工见图 2-7-25。

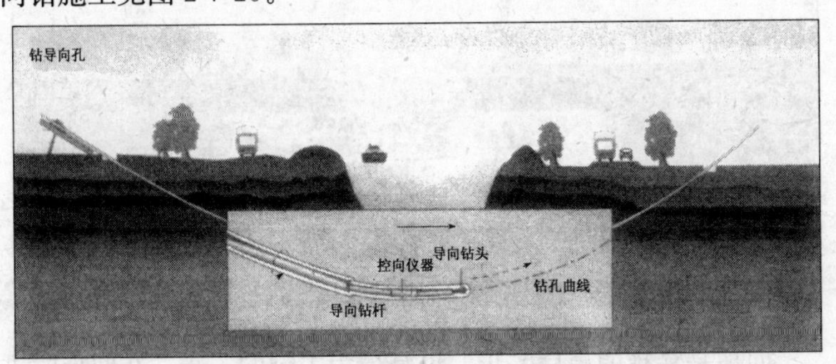

图 2-7-25　水平定向钻施工示意图

2) 预扩孔：为了整个穿越万无一失，采用多级预扩孔，从刮刀扩孔开始，经过飞旋式扩孔，最终采用桶式扩孔。水平定向钻扩孔施工示意见图 2-7-26。

3) 管线回拖：将穿越的管道吊入发送沟中，在发送沟内注满水。回拖中对全线认真检查，挖掘机配合巡线。

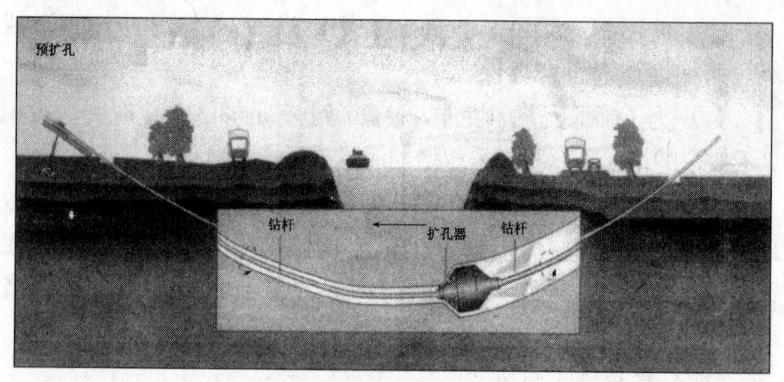

图 2-7-26　水平定向钻扩孔施工示意图

穿越管道在焊接场地一次预制完成，要求做好焊缝的无损探伤检查、防腐测试、压力试验及通球扫线工作。在各项检查合格后，将管线吊放在滑送道上，拖管头要焊接牢固，并须经无损检验确认无缺陷。水平定向钻回拖施工示意见图 2-7-27。

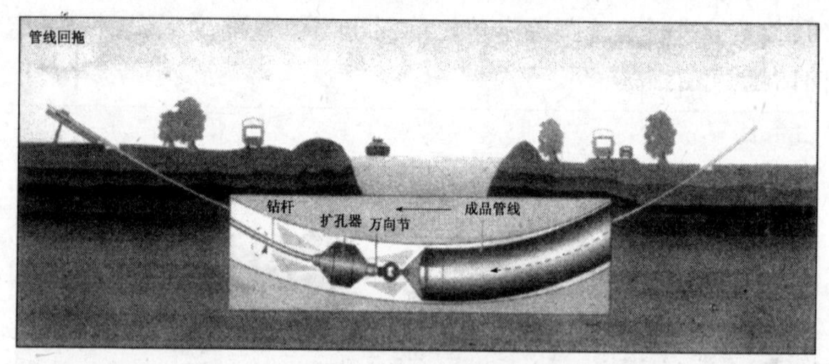

图 2-7-27　水平定向钻回拖施工示意见图

回拖是穿越的最后一步，也是最为关键的一步。在回拖时进行连续作业，避免因停工造成阻力增大。

（五）施工平面布置见图 2-7-28

钻机场地布置见图 2-7-29（各附属设备位置在具体施工时可根据场地情况摆放）。

3. 其他方法

管道穿越等外公路或临时行车便道时，可采用开挖法施工，管沟用机械与人工配合挖掘。用机械挖沟时，沟底留出200mm用于人工修整。

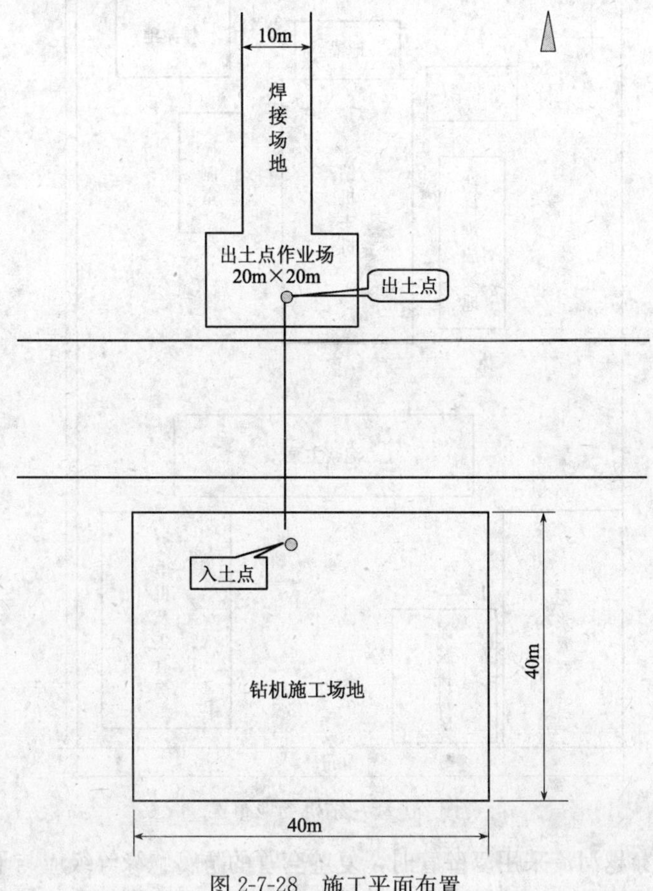

图2-7-28 施工平面布置

管道穿越水位季节性变化较大的河流时，应在旱季枯水期采用导流开挖法施工。对于水深、流急的通航河流，可采用水下挖沟和水底拖管或浮运方法施工。采用拖管法施工时，应采取有效的保护措施，防止钢管外防腐损坏。大中型通航河流也可采用定向钻穿越法施工，用定向钻钻机将管道直接敷设在设计规定的河底内。

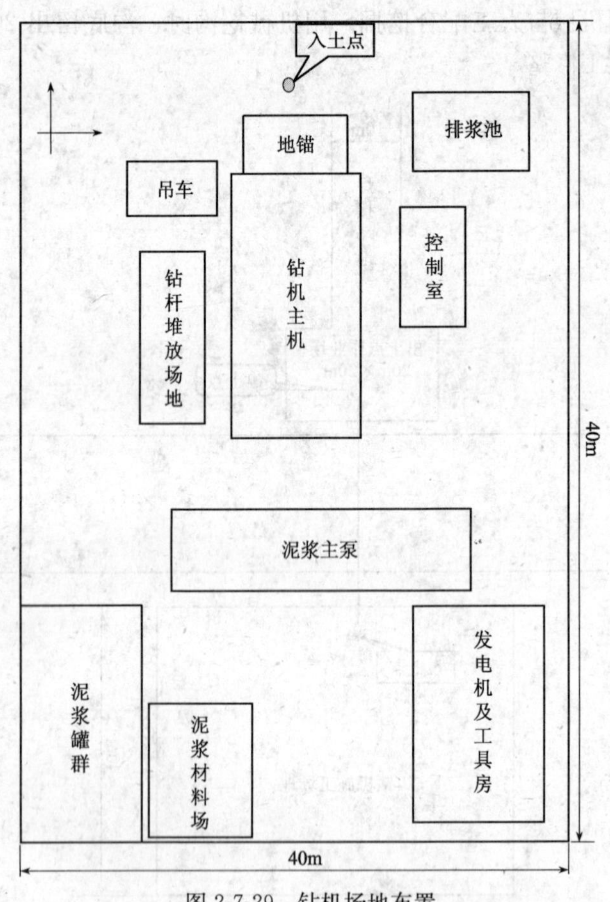

图 2-7-29　钻机场地布置

穿越河流采用复壁管时，复壁套管的防腐绝缘等级应与干线管道相同。复壁管下沟后，其环形空间内应灌注水泥浆，硅酸盐水泥的强度等级不宜小于 42.5。灌注水泥浆前，套管按设计要求进行严密性试验。试验时主管内应充满水，其水压不宜低于试验压力值的 1/3，相当于套管压力。环形空间在灌浆前用水清洗，水泥浆灌完后，在 1.5MPa 以上的压力下进行压力凝固。

4. 管道跨越

对跨越工程，应做好主管道对地绝缘，其金属构件外露部分应做防腐处理。拱跨结构的每段钢管组装斜口角度应准确，各段钢管在同一平面内，任意两点轴线允许偏差为全弧长度的±1%，每10m轴线弧长为±4mm。悬索结构的管道应按设计规定作预拱长度拉伸，其允许偏差为规定值的±1%；钢丝绳应进行预拉伸，预拉张力应符合设计规定或为1.25倍最大工作拉力。

穿跨越工程的管道应选择质量好、长度较长的钢管，以减少中间焊缝。焊缝应作100%射线探伤检查，合格等线为Ⅱ级标准。管道在穿跨越施工前应进行强度试验和严密性试验，

试验压力同非穿跨越管道，试验介质为清洁水，强度试验和严密性试验的时间分别不得少于4h和8h。

六、阴极保护

管道保护工程一般采用牺牲阳极法阴极保护，阳极材料选用镁合金阳极，设备材料及施工按设计规范文件执行。

当设计选用镁合金为阴极保护时，镁阳极采用组式安装，组的埋设间距为200m左右一组，每组安装4支阳极规格为22kg的两支，14kg的两支，每千米埋设5组（如有特殊情况可适当调整）。

七、管道分段试压

管道的分段试压在回填土后进行，分段以10～15km长度为宜，每段的自然高差不得大于30m，管道宜用水做试验介质，输气管道以空气作介质。

采用水做试验介质时，压力表的精度等级不得小于1.5级，压力表标定刻度应为试验压力的1.5～2.0倍。采用气体做试验介质时，压力表的精度等级不应小于1级，表盘直径不小干150mm，最小刻度不应大于每格0.02MPa。每根试压管线上安装的压力表不得少于两块，分别安装于管道两端。温度计应安装在无阳光照射的地方。

强度试验压力的管道环向应力应为0.9倍管材屈服强度与焊缝系数的乘积，并应符合下式的规定。但在任何情况下，强度试验压力不得小于1.25倍的工作压力，且不低于2MPa。严密性

试验的压力等于管道的工作压力。

$$强度试验压力\quad P=\frac{1.8\delta\sigma_s\phi}{D}$$

式中 P——强度试验压力，MPa；

δ——钢管的公称壁厚减去壁厚的负偏差，mm；

σ_s——钢管屈服强度标准值，MPa；

ϕ——焊缝系数；

D——钢管外径，mm。

1. 水压试验

采用水作试验介质时，应在管道的高点装设排气阀，排尽管内的空气。管道试验压力升至强度试验压力值的 1/3 和 2/3 时，各停压 15min。升压至强度试验压力时，稳压 4h，其压降不大于 1%为合格。然后将压力降至工作压力作严密性试验，稳压 24h，其压降不大于 1%为合格。管道的试验压力值以最高点压力为准，且低点压力下管道的环向应力不得超过管材本身的屈服强度与焊缝系数的乘积。试验稳压期间应对管道作全面检查，发现渗漏应作好标识，降压后处理。

2. 气压试验

采用气体作试验介质时，试验压力的升压应均匀缓慢，每小时升压不得超过 1MPa。当强度试验压力大于 3MPa 时，应分 3 次升压，分别为 1/3 和 2/3 强度试验压力值，各稳压 30min，对管道进行观察。如无问题，则继续升压至强度试验压力。当强度试验压力为 2～3MPa 时，应分两次升压，在升压至强度试验压力值的 1/2 时，稳压 30min 进行观察。如无问题，则继续升压至强度试验压力。

并压至强度试验压力后稳压 6h，以管道无断裂、无变形、无渗漏、压降小于 2%为合格。然后将压力降至工作压力作严密性试验，稳压 24h，以无渗漏、压降率不大于允许压降率为合格。管道的压降率可按下式计算：

$$\Delta P=100\left(1-\frac{P_z T_s}{P_s T_z}\right)$$

式中　ΔP——压降率（%）；

T_s、T_z——稳压开始和终了时管内气体的绝对温度，K；

$P_s P_z$——稳压开始和终了时气体的绝对压力，MPa。

$$P_s = P_{s1} + P_{s2}$$

$$P = P_{z1} + P_{z2}$$

P_{s1}、P_{z1}——稳压开始和终了时的压力表读数，MPa；

P_{s2}、P_{z2}——稳压开始和终了时当地的大气压，MPa。

P_z、P_s、T_z、T_s 各值均指全线各测点平均值。

管道的允许压降率为：

$$[\Delta P] = \frac{500}{DN}$$

式中　$[\Delta P]$——允许压降率，%；

DN——钢管公称直径，mm。

当钢管公称直径小于或等于 300mm 时，允许压降率规定为 1.5%。

采用气体介质试压放空时，排放口应选择在地形较高、人烟稀少的地方，或距居民点、工矿企业、森林、公路、铁路、通航河道、港口、大型桥梁，仓库和建筑物等 300m 以上，否则应制订有效的安全措施。放空管必须有可靠的接地装置，以防静电引起的火灾。

在气压升压过程中，施工人员不得沿管线检查。当试验压力超过 4MPa 时，沿管线两侧各 6m 范围内应划为禁区。若为架空管道，禁区范围则增大 1 倍。在试压过程中发现渗漏等问题，应卸压后处理。如需焊接作业，则应将压力降至 0.02MPa 以下（不得出现负压）方可进行。

八、通球扫线及全线试压

通球扫线时采用一外径比管道内径稍大的清管球（或清管器）通常清管器的过盈量在 3%左右，在水或压缩空气的推动下，通过挤擦管内壁而达到清扫管内腔的目的。

通球扫线的主要设备有设置在发球端的加压水泵或空气压缩

机及发球装置、压力表等，还有管线末端设置的收球装置。发球装置可采用大小头形式，用于装填清管球，其大端与水泵或空压机相连，小端与管线相连。收球装置的作用是回收管内杂物和清管球，因此可用型钢或钢筋加工成网格形式，接于管线末端。

通球时应观察压力表指示情况，做好排量、压力记录。在收球装置处应观察水色变化和水量情况。当清管球正常运行时，压力表指针平稳波动。当清管球进入收球装置后，压力表指针会突然下降，成一低值，此时管线末端大量排水或排气，水色清洁。若压力表指示压力突然变化为一定值，而清管球并未进入收球装置时，说明球被卡住或基本解体，可通过加大水或压缩空气的推球压力（最大推球压力不得大于管线工作压力的 1.25 倍），或发出第二个清管球（甚至第三个球）继续扫线。

对于清管球被阻无法通出的，可用放射性同位素或低频信号跟踪仪查找球受阻的位置，或根据进水、进汽量估算球的位置，采取开天窗的方法取出球。

大型河流的穿跨越管段，除穿越前需单独进行压力试验外，还应进行通球扫线，合格后方可与干线管道连接。

管线全线连通后，还应进行严密性试验，其试验介质、压力、时间及升压要求和合格标准与分段试压时相同。

第九节　乙炔管道安装

乙炔管道的敷设通常有几种形式，即厂区架空敷设、厂区埋地敷设、车间和站内敷设。

乙炔管道一般采用无缝钢管；管线上的阀门不应选用闸阀。阀门和附件应采用钢、可锻铸铁或球墨铸铁制造，也可采用含铜量不超过 70％的铜合金制造。

乙炔管道应采用焊接连接，与设备、附件等处连接时尽可能采用法兰连接。特殊情况下可采用丝口连接时，其丝口的填料应用黄粉（一氧化铅）调以甘油或聚四氟乙烯生料带，不得使用白漆油麻作填料。

法兰及垫片的使用，中、低压乙炔管道可采用平焊法兰，石棉橡胶板垫片；高压乙炔管道采用对焊高颈法兰，波纹金属垫片。

乙炔管道上所用的压力表、流量表等仪表应采用专供乙炔气体使用的仪表，并有证明文件。在压力表盘上应有“乙炔——禁火”字样，否则严禁安装。

一、厂区架空乙炔管道安装注意事项

（1）为防止管道漏气产生爆炸和燃烧，严禁乙炔管道穿过生活间、办公室以及不准使用乙炔的场所。

（2）架空的乙炔管道应当敷设在用非燃烧材料（混凝土、钢铁等）做的支架上，也可敷设在耐火厂房的外墙支架上。

（3）禁止将乙炔管道与电线、电缆敷设在同一支架上。禁止将乙炔管道架设在煤气管道上面。

（4）架空乙炔管道可单独敷设或与其他非燃烧气体管道、水管道以及同一使用目的的氧气管道共架敷设，彼此间距见表 2-7-27。

架空乙炔管道与其他管道共架敷设之间的间距　　表 2-7-27

管线名称	平行敷设（m）	交叉敷设（m）
给、排水管	0.25	0.25
热力管（13kg/cm^2 以下的蒸汽管及热水管）	0.25	0.25
非燃烧气体管道	0.25	0.25
燃气管、燃油管和氧气管	0.50	0.25
滑触线	3.00	0.50
裸导线	2.0	0.50
绝缘电线和电缆	1.0	0.50
导线穿金属管	1.0	0.25
插接式母线、悬挂式干线	3.0	1.0
非防爆性开关、插座、配电箱等	3.0	3.0

注：与乙炔同一使用目的的氧气管道平行敷设时可减少到 0.25m。

（5）架空乙炔管道，由于受气温影响而产生的热胀或冷缩采用管道自然补偿方法解决。

（6）架空乙炔管道与建筑物的最小水平净距，见表 2-7-28。

架空乙炔管道与建筑物的最小水平净距　　表 2-7-28

建、构筑物名称	水平净距（m）	建、构筑物名称	水平净距（m）
三级四级耐火建筑物	3.0	道路路面及排水沟边缘	1.0
有爆炸危险的厂房	4.0		
铁路钢轨外侧边缘	3.0	熔化金属地点及明火地点	10.0

（7）架空乙炔管道应有不小于 0.003 的坡度，在管道最低点应设置排水器，在寒冷地区排水器要保温，图 2-6-30 为排水器及其安装图。

（8）当架空乙炔管道必须靠近热源时，则在温度超过 70℃的地方应采取隔热措施。

（9）架空乙炔管道为防止静电感应及雷电感应而产生火花，应在室外部分每隔 100m 接地一次，其接地电阻要求不应大于 20Ω。

二、站内和车间内乙炔管道安装注意事项

（1）站内和车间内的乙炔管道，应沿墙或柱子架空敷设，高度不宜小于 2.5m。

（2）站内和车间内的乙炔管道如不能架空时，可敷设在不通行地沟内。地沟内必须全部填满沙子并不得与其他地沟连通。

（3）站内和车间内的乙炔管道穿过墙壁或楼板时，应敷设在套管内，套管内的管段不应有焊缝，管道和套管之间应用非燃烧材料如石棉绳之类填塞。

（4）车间的进口处，应装设安全水封。在每个焊制炬或淬火炬的接管处，应装设岗位回火防止器。

图 2-7-31 岗位回火防止器示意图。

（5）室内架空敷设的乙炔管道及乙炔站易爆房间内的所有的乙炔管道，应每隔 25m 接地一次，接地电阻不大于 20Ω。

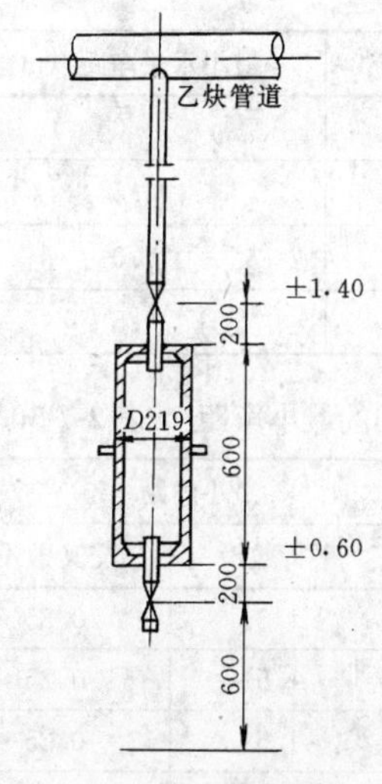

图 2-7-30　排水器安装图

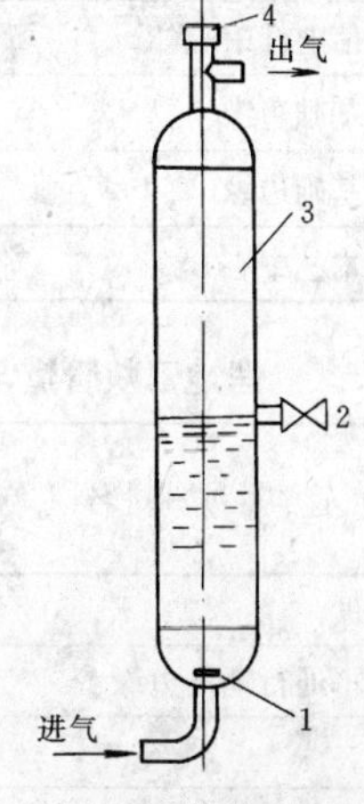

图 2-7-31　岗位回火防止器示意图

1—止回阀；2—检水阀；3—筒体；4—防爆膜

三、厂区埋地乙炔管道安装注意事项

（1）埋地乙炔管道的敷设深度，应根据地面承受不同运输工具的负荷来确定，一般管顶距地面不小于 0.7m。

（2）埋地乙炔管道不应与电力、照明和通信电缆、水管、蒸汽管道敷设在同一地沟内。

（3）埋地乙炔管道与建筑物的最小水平净距见表 2-7-29，与其他管线之间的最小净距见表 2-7-30。

埋地乙炔管道与建筑物的最小水平净距　　表 2-7-29

建、构筑物的名称	最小水平净距（m）
离有地下室的建筑物基础边缘和通行沟道的边缘	3.0
离无地下室的建筑物基础边缘	2.0
铁路钢轨外侧边缘	3.0
道路路面边缘	1.0
铁路、道路的排水沟或单独的雨水明沟边	1.0

续表

建、构筑物的名称	最小水平净距（m）
照明、通信电杆中心	1.0
架空管架基础边缘	1.5
围墙离栅基础边缘	1.0
乔木或灌木丛中心	1.5

埋地乙炔管道与其他管线之间的最小净距　　表 2-7-30

管　线　名　称	最小净距（m）	
	平行敷设	交叉敷设
给排水管	1.5	0.25
热力管或不通行地沟边缘	1.5	0.25
氧气管	1.5	0.25
煤气管：煤气压力≤0.15MPa	1.0	0.25
煤气压力≤0.15～0.3MPa	1.5	0.25
煤气压力≤0.3～0.8MPa	2.0	0.25
不燃气体管	1.5	0.25
电力或电讯电缆	1.0	0.5
排水明沟	1.0	0.5

（4）埋地乙炔管道穿过铁路或道路时，其交叉角不宜小于45°，管道顶部距铁轨顶部不应小于1.2m，距道路路面不应小于0.7m，敷设在铁路或主要公路下面的管段应加设套管。套管的两端应伸出铁路路基，并距轨道不小于2m，距道路边不小于1m。如铁路边或道路边有排水沟时，则应延伸出水沟1m，套管内管段应尽量减少焊缝。

（5）埋地乙炔管道，可与非燃烧气体管道或同一使用目的的氧气管道平行敷设在同一标高上，其净距不应小于250mm，并在管道上部高300mm范围内先用砂填平捣实，然后再进行回填土。

（6）埋地乙炔管道不应穿过露天堆场的下面。

（7）埋地乙炔管道不宜设窨井。必要时，应设单独的窨井并严禁其他管道直接通过。乙炔管道也严禁直接通过其他管道窨井、沟道。

（8）埋地乙炔管道应有0.003以上的坡度，并在最低点设置冷凝排水器，如图2-7-32所示。

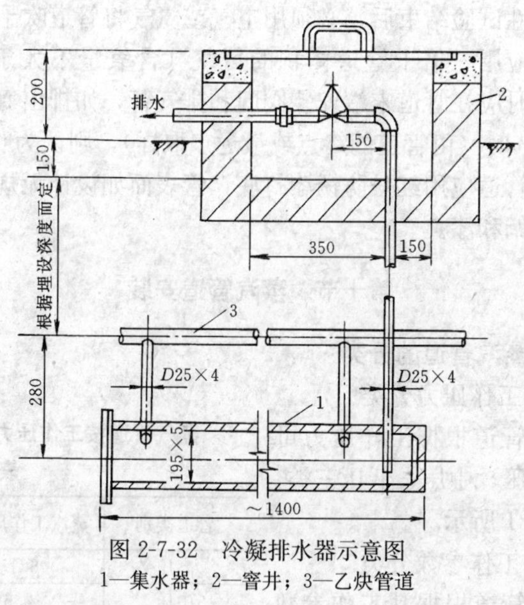

图2-7-32 冷凝排水器示意图

1—集水器；2—窨井；3—乙炔管道

（9）埋地乙炔管道及其管件的表面，应有防腐措施。防腐绝缘层的类别选择和要求与氧气管道相同。

（10）埋地乙炔管道应在车间入口处接地一次，接地电阻不应大于20Ω。

四、乙炔管道试压程序和方法

乙炔管道应以水压进行强度试验，以气压进行严密性试验。管道工作压力不小于0.07MPa时，强度试验压力为2.2MPa；工作压力在0.07～0.15MPa时，强度试验压力为3.2MPa。管道以水压进行强度试验时，应先升压至强度试验压力，稳压10min，然后将压力降至严密性试验压力，进行外观检查，如无破裂、变形、渗水和降压等现象，则认为强度试验合格。

强度试验合格后，再以气压进行严密性试验，试验压力应为工作压力的1.25倍，但不应小于0.01MPa。试验时应升压至气密性试验压力，保持12h，如平均每小时漏气率不大于0.5%，则认为试验合格。

严密性试验结束后，必须用空气或氮气将管道吹干净。管道使用前，应用三倍于管道体积的氮气（含氧量不大于1%）吹刷，吹刷时应在管道末端安装阀门和排气管，如排出氮气内氧含量少于3%时（由管道的终点或最远点取样），则认为吹刷合格。

乙炔管道应用红丹防锈漆打底，管表面如设计无规定时一般再涂白色调和漆。

第十节　蒸汽管道安装

一、蒸汽管道的分类

1. 按工作压力分类

蒸汽管道根据工作压力可以分为高压、中压、低压三类，如表2-7-31所示。

蒸气管道按工作压力分类

表2-7-31

管道类别	蒸汽工作压力（MPa）
高压	6.1～10.0
中压	2.6～6.0
低压	≤2.5

2. 按工作参数分类

蒸汽管道根据其工作参数可以分成四大类，如表2-7-32所示。

蒸汽管道按工作参数分类　　表2-7-32

管道类别	介质名称	工作参数	
		压力（MPa）	温度（℃）
Ⅰ	过热蒸汽 过热蒸汽 过热蒸汽	不　限	611～660 571～610 451～570
Ⅱ	过热蒸汽 饱和蒸汽	≤3.9 8.1～18.4	351～450 >120
Ⅲ	过热蒸汽 饱和蒸汽	≤2.2 1.7～8.0	251～350 >120
Ⅳ	过热及饱和蒸汽	0.1～1.6	121～250

二、蒸汽管道安装工艺

(1) 蒸汽管道安装时应设有坡度，室外管道坡度一般为0.003。蒸汽管道的坡度最好与介质流向相同，但不论与介质流向相同或相反，一定要设坡向疏水装置。室内蒸汽管道坡度应与介质流向一致，以减少噪声。当与其他管道同一支架共同敷设时，如果常年或季节性供气时亦可不设坡度，但应加设疏水装置。

(2) 蒸汽管线安装时，在水平管道上，阀门的前侧、流量孔板的前侧以及最低处均应设置疏水装置或放水阀。

(3) 当蒸汽支管从主管上接出时，其支管应从主管的上方或两侧引出，以防止凝结水流入支管内。水平管道上变径时宜采用偏心异径管（俗称大小头)。异径管下侧应取底平，以利排水。

(4) 当装置内有不同蒸汽压力管道时，其疏水装置不许接在同一根排水管上。疏水装置的设置位置及距离应严格按设计图纸进行安装。

(5) 蒸汽管道上的伸缩补偿装置在安装时应严格按照设计规定的位置设置，并应按设计提供的补偿量对补偿器进行预拉伸。

(6) 蒸汽管道支架安装。蒸汽管线上的支架安装是蒸汽管道安装中的一个关键工作。蒸汽管道支架安装好坏将直接影响到其使用寿命的长短。

① 蒸汽管道滑动支架安装。安装导向支架和活动支架的托架时，支架中心与托架中心应一致，不能使活动支架热胀后偏移，靠近补偿器两侧的支架安时应装偏心，其偏心长度应该是该点距固定点的管道热伸量的一半。偏心的方向都应以补偿器的中心为准。

管道托架与管道焊接时要焊牢固，不许有假焊及咬肉等现象。

② 蒸汽管道的弹簧支吊架安装时其弹簧一定要根据设计提供的数据进行预固定。

③ 蒸汽管道固定支架安装时要严格按设计规定的位置。所有焊缝应按设计规定要求进行，固定块要完全接触，不许有点接触现象。

④ 蒸汽管道安装完毕后，要仔细检查，全面清除管线上所

有的临时支架、撑架，尤其是补偿器的临时撑架。

(7) 蒸汽管道的试压可参照设计规范或本书的试压章节。

(8) 蒸汽管道的热管与冲洗。蒸汽管道试压合格后，在正式运行之前必须进行加热，用水和蒸汽进行冲刷，将系统中存在的垃圾杂质排除。

在冲洗前，应将管道中的流量孔板、滤网、调节阀等仪表件等拆除，待冲洗干净后再装上。

在送蒸汽热管时，总阀应缓慢打开，勿使蒸汽流量、压力增加过快。同时将疏水器旁路打开，以排除水分及垃圾。

当管道加热过程正常后即为加热完毕，即可进行冲洗。其程序是先大管后小管，先总管后支管，一路一路进行冲洗、确认。

冲洗合格后，将阀门、仪表件进行复位，同时将所有冲洗加热用的临时管线全部拆除。

第十一节　煤气管道安装

一、煤气的种类及性质

(一) 煤气的种类

煤气是一种优质而且较理想的气体燃料，并且是化工中的一种很重要的原料。

煤气的来源除天然煤气以外，人工煤气是用煤或石油制取的。

用煤做原料制取的煤气主要有干馏煤气和气化煤气。干馏煤气是在炼焦炉中将煤在隔绝空气的情况下加热分解而得到的可燃气体，有炼焦煤气及半焦煤气等。气化煤气是煤在煤气发生炉中进行气化所获得的煤气，有空气煤气、水煤气、混合煤气、蒸汽氧煤气及高压气化煤气等。

用石油为原料制取的煤气有液化煤气及裂化煤气。液化煤气又叫液化石油气，是炼油过程中的副产品；裂化煤气是石油化工厂的渣油与水蒸气同时喷入高温（800℃）的炉内时，因催化剂的作用催化裂解而成的。

各种煤气的一般成分及发热量见表2-7-33。

各种煤气的一般成分及发热量

表 2-7-33

煤气名称	煤气成分												发热量 (kJ/m²)
	N_2	H_2	O_2	CO	CO_2	CH_4	C_2H_6	C_3H_8	C_4H_{10}	C_5H_{12}	C_mH_n	H_2S	
天然煤气													
天然气	1.3				0.05	97.8	0.5	0.2	0.1	0.05			8000～15000
石油煤气	10.6				0.6	61.2	12.2	6.1	3.9	1.7		3.7	
人工煤气													
炼焦煤气	10	56	1	6	3	22					2		3800～4200
半焦煤气	8	9		9	13	54					7		6100～6700
空气煤气	66	0.5		32.5	1								990～1000
水煤气	6.3	43	0.2	39	6	0.5							2400 左右
混合煤气	53.4	13		27	6	0.6							1200 左右
蒸汽氧煤气		51.4	0.1	21	25.5	1.8					0.2		2142
高压气化煤气	4	55	0.3	18	3	18					0.7		3610～4000
液化煤气		13				70					17		9800 左右
裂化煤气	3.3	52	0.7	12	6	22					4		4400 左右

（二）煤气的性质

1. 煤气中的水分

煤气中或多或少总有一些水蒸气，含有水蒸气的煤气就是湿煤气。湿煤气中一定数量的水蒸气随着煤气温度的变化，可能达到饱和状态，这时的煤气温度称为煤气的露点。在埋地敷设的管道中或在冬天，煤气的温度不能保持在露点以上，便会产生凝结现象，凝结水积聚多了会堵塞管路，使燃烧不稳。为此在煤气系统中，必须装置排除凝结水的设备。

2. 煤气的毒性

从煤气的组成成分可以看出，一氧化碳是人工煤气可燃成分之一，是煤气的主要成分，一氧化碳是无色无味气体，比空气略轻，毒性剧烈，当一氧化碳被吸入人体肺部时，就与红血素化合，人就会因血液中缺氧而窒息以致死亡。硫化氢是煤气净化不完全时含有的有毒气体，它具有臭鸡蛋的气味，比空气略重，在空气中浓度小时会刺激人的眼睛、口鼻，造成流泪、呕吐、头痛等；当浓度高时，可造成窒息、昏迷或死亡。二氧化碳和甲烷会减少空气中氧的含量，使人窒息甚至死亡，但这种情况只有在空气中浓度达 5%以上时才会发生。

因此在使用人工煤气时，对所有煤气设备及输送管道应特别注意防止漏气，并注意燃烧器的燃烧情况，避免造成煤气中毒。

3. 煤气的爆炸性

煤气的爆炸属于混合气体爆炸，煤气与空气混合如果达到一定浓度范围，遇火焰就会引起爆炸。引起爆炸危险的浓度范围称为煤气的爆炸浓度极限。引起爆炸的最小浓度称为煤气的爆炸下限，引起爆炸的最大浓度称为爆炸上限。各种可燃气体的爆炸极限是不一样的，而煤气的爆炸极限由于其组成成分不同而不同。表 2-7-34 是各种可燃气体的爆炸极限。

任何混合气体的爆炸都必须具备两个条件，一是达到爆炸浓度，二是必须有引起爆炸的火源（火花或明火）。所以只要防止煤气管路及煤气设备漏气，使用煤气的房间具有良好的通风条件，爆炸是完全可以避免的。

各种可燃气体的爆炸极限（体积%）　　表 2-7-34

气体名称	爆炸极限		气体名称	爆炸极限	
	下限	上限		下限	上限
甲烷 CH_4	5.3	15.0	氢 H_2	4.1	75.0
乙烷 C_2H_6	3.2	12.5	一氧化碳 CO	12.5	75.0
丙烷 C_3H_8	2.4	9.5	硫化氢 H_2S	4.3	45.5
丁烷 C_4H_{10}	1.9	8.5	氨 NH_3	15.7	27.4
戊烷 C_5H_{12}	1.4	8.0	炼焦煤气	5.6	31.0
乙炔 C_2H_2	2.3	82.0	水煤气	6.2	72.0
乙烯 C_2H_4	3.0	16.0	发生炉煤气	20.7	73.7

4. 煤气的腐蚀性

煤气中的许多气体，在高温下能对金属起腐蚀作用，硫化氢同管道和设备的金属作用时生成硫化铁，而硫化铁的透气性很大；二氧化碳在700℃时就能腐蚀钢；氢在高温下能扩散穿过金属壁，使金属的脆性增大。但这些性质是在高温情况下起作用，而硫化氢在常温情况下对铜有腐蚀，因此在煤气厂内，尚未脱硫净化的煤气管道上，不能采用铜密封面的阀门。

二、煤气管道安装工艺

(一) 煤气管道压力分类及材料选用

1. 煤气管道按输送煤气压力分类

(1) 低压煤气管道 $P\leqslant0.005$MPa。

(2) 中压煤气管道 0.005MPa$\leqslant$0.015MPa。

(3) 次高压煤气管道 0.015MPa$<P\leqslant$0.03MPa。

(4) 高压煤气管道 0.03MPa$<P\leqslant$0.08MPa。

高压、次高压和中压煤气管道用于城市煤气干管的输送。工业企业的煤气管道一般属于中、低压煤气管道；民用煤气管道为低压管道。上述分类都是进行设计时的分类，与施工安装的关系是使用的材料不同及压力试验要求有所不同。

2. 煤气管道的材质选用

煤气管道可用铸铁、钢及塑料等管材，但以铸铁管及钢管使用最广。目前低压管道口径在 DN80mm 以下的用白铁管；口径 DN80mm 以上的用铸铁管，中压管道采用铸铁管和钢管；高压、次高压管道采用钢管：有卷板钢管、螺旋焊接钢管、无缝钢管等。低压小口径管子也有采用塑料管及黄铜管等的。从发展趋势看，随着对土壤防腐蚀方法的改进及焊接技术的提高，钢管的应用必将越来越广。

铸铁管的接口：低压管道采用水泥接口，中压管道采用耐油橡胶圈和水泥接口。在接口数量中，每 10 个接口中应有一个青铅接口。对有特殊要求的管道，应采用青铅接口。

钢管的焊接接口应符合施工及验收规范中Ⅳ类管道的要求。

煤气管道所使用的填料应气密性良好，并且不能被苯所溶解，因此，丝扣填料不能用麻丝，法兰垫片不得使用橡胶及石棉板。白铁管的丝扣填料可以采用厚白漆、黄粉甘油或聚四氟乙烯生料带。法兰衬垫采用焦油或红铅油浸过的石棉绳，DN400mm 以下管道可用油浸石棉纸垫；DN300mm 以下管道允许用石棉橡胶板。

阀门应采用铁壳铁芯，如煤气脱过硫的可以用铜质密封圈的阀门。

3. 煤气管道的特殊附件

除一般的法兰、阀门以外，煤气管道还应有下列附件：

(1) 安全阀。安全阀又叫防爆阀，一般安装在车间的入口处，厂区及车间架空管道可以不装，设计有特殊考虑的例外，埋地煤气管一律不装防爆阀。安全阀形式如图 2-7-33 所示，安全阀上装有一块隔板，亦叫安全膜。当管内压力突然升高时，安全膜首先破裂，气体由安全阀冲出泄压，并掀动阀盖，因而支撑杆自动脱落，泄压后阀盖在重锤的作用下封闭阀口，防止空气渗入管路系统。安全阀上的隔板安装前均需进行破裂试验，试验压力为工作压力的 1.25 倍，试验中为了减小隔板的有效厚度，可以用在隔板上面刻划井字形沟槽的办法处理。隔板一般为铝板制成，安全阀的装配质量、完整性、动作部件的灵活性及盖板部分的密封性都要良好。

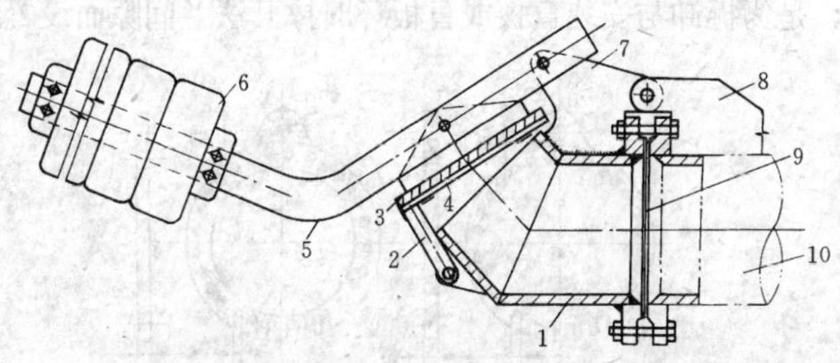

图 2-7-33　煤气管安全阀

1—外壳；2—支撑杆；3—盖板；4—衬垫（工业橡胶）；5—杠杆；6—重锤；7—柱架；8—拉板；9—隔板；10—装配连接管

（2）排水器。它是用来排除煤气管道中冷凝水的附件，安装在管道的低点，分连续排水器和定期排水器两种。发生炉煤气管一般用连续排水器，直管段每 150～200m 至少装一个。埋地管及直径在 200mm 以下架空煤气管，可以使用定期排水器。城市埋地煤气管全部用定期排水器，安装间距不大于 500m。排水管直径一般为 25～50mm。

连续排水器中的水封高度是根据管网工作压力确定的。

定期排水器适用于凝结水较少的煤气管道。架空管道使用的一种立式定期排水器。为了防止泄漏煤气，橡胶球与排泄管接触处应加工成光滑弧面。

排水器安装在低于零度处应进行保温，连续排水器的试验压力为 0.01MPa，定期排水器试验压力为 0.02MPa。

（3）盲板、盲板环及盲板支撑。煤气管道在管段的适当位置应设有盲板环、盲板支撑，并备有盲板，以便在检修时与其他部分切断。盲板分不承压与承压两种。停气检修时，阀门关闭后为防止阀门不严密在阀门后安装不承压盲板；对正在运行的煤气管道进行抢修时，则在管道的两法兰之间安装承压盲板。

在正常运行时，管道上安装的是盲板环，旁边备有盲板，一旦需要切断管道时，打开螺栓取出盲板环，插入盲板并上紧螺栓。图 2-7-34 为承压和不承压的盲板环和盲板。图 2-7-35 为盲板支撑装置，是为拆卸与安装盲板或盲板环时撑开法兰间隙而设置的。

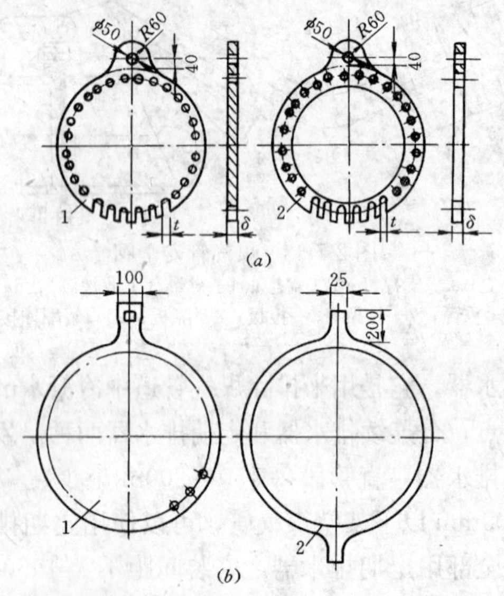

图 2-7-34　煤气管道盲板及盲板环

(a) 承压盲板及盲板环；(b) 不承压盲板及盲板环

1—盲板；2—盲板环

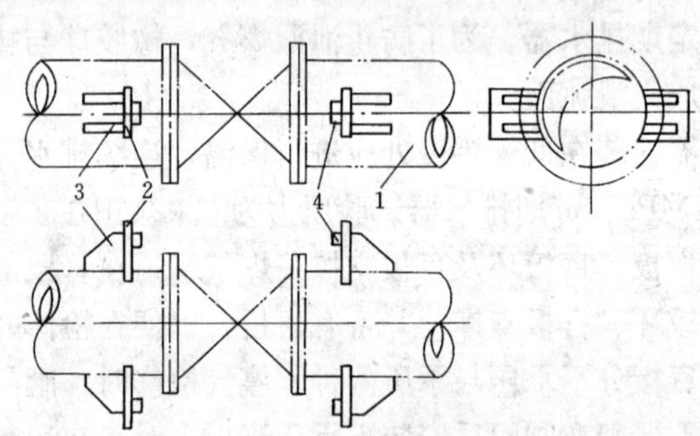

图 2-7-35　煤气管道盲板支撑

1—煤气管；2—支撑板；3—加强板；4—支撑座

(4) 蒸汽吹扫管、放散管及取样嘴。煤气管投产运行时，要排出管道中的空气和煤气与空气的混合物；管道在检修前要放出管道中的煤气；检查管道中是否存在有煤气空气的危险混合物，需要取样化验；管道运行一段时间后，会积聚一些焦油、灰尘等沉淀物，需通入蒸汽吹扫。因此煤气管道上应装有蒸汽吹扫管、放散管和取样嘴。

在管道系统的高点、阀门处及管道末端等位置，应安装放散管及蒸汽吹扫口，以便分段清扫煤气管道。放散管的安装位置应保证管道各处无吹不到的死角。放散管应引出室外高出屋脊 2m。放散管闸阀与煤气管道之间管段上安装取样旋塞。图 2-7-36 所示为蒸汽吹扫管装配形式，吹扫管的蒸汽压力应低于煤气管试验压力。蒸汽与煤气管道连通的橡胶管，在不吹扫时应断开，防止煤气窜入蒸汽管道。厂区煤气管道，每 100m 至少装一个蒸汽吹扫管。

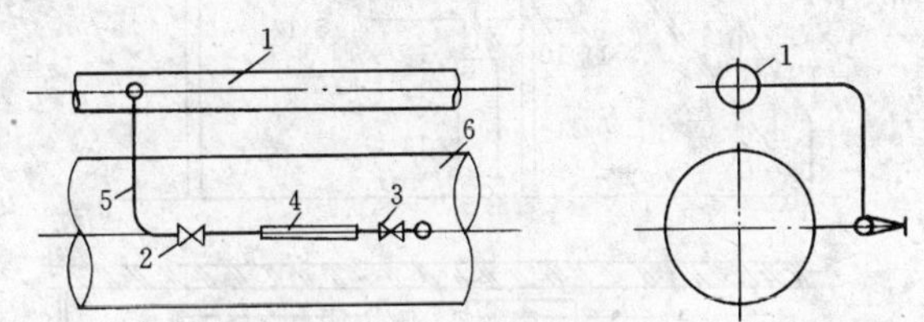

图 2-7-36　蒸汽吹扫管装配

1—蒸汽管；2—闸阀；3—旋塞；4—橡胶软管；
5—吹扫管；6—煤气管

(一) 煤气管道的敷设

1. 煤气管道的敷设形式

工业煤气管道布置形式有树枝状和环状，通常采用的是树枝状管网。这种系统简单实用，节省材料，缺点是检修主干管时所有用户都要停止使用。为此，有些规模较大的工业企业敷设两条主干管，形成双干线式系统。两条干管平时都供气，只是在检修时，需要检修的一条才停止供气，这就增强了系统供气的可靠性。

厂区煤气管道一般采用架空敷设，管径小于 300mm 时可采用埋地敷设。车间内煤气管道一般也是架空敷设。

城市煤气管道一般都采用埋地敷设。

2. 架空煤气管道安装要求

(1) 煤气管道入口装置。煤气管道从厂区接入车间前，均设置入口装置，以便于管理。当管道直径大于 300mm 时，还应在入口装置上装设平台。入口装置一般设有控制阀门、盲板、吹扫口、放散管、排水器、压力表、安全阀等，安装形式如图 2-7-37 所示。

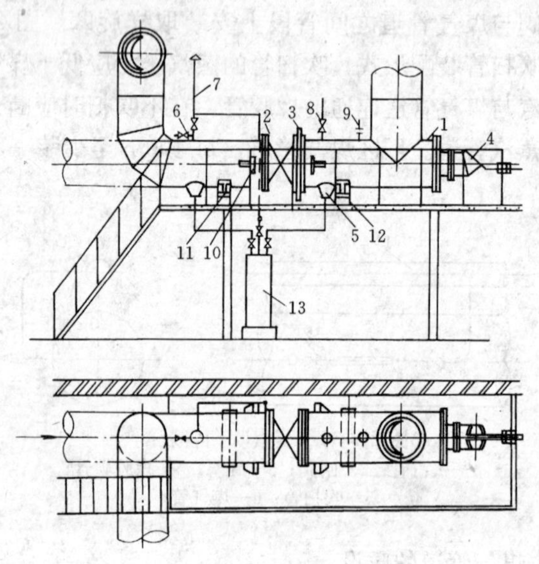

图 2-7-37 架空煤气管道车间进口装置

1—煤气管；2—闸阀；3—盲板及盲板环；4—安全阀；5—集水器；6—取样阀；7—放空管；8—吹扫管；9—压力表接管；10—盲板支撑；11—固定支架；12—活动支架；13—排水器

(2) 煤气管道都要装置静电接地，以消除由于煤气管道气体流动与管壁摩擦产生的静电，避免发生爆炸。一般室外煤气管道每隔 100m 接地一次，车间内架空管道可每隔 30m 接地一次，车间入口要作接地。

作静电接地的管道，各段管子间应导电良好，每对法兰或螺纹接头间电阻值超过 0.03Ω 时，应有导线跨接。焊接连接的管道应用镀锌扁铁进行接地。静电接地的电阻值不应超过 100Ω。

(3) 架空管高度，管底至路面的垂直净距不小于 4.5m，跨越厂区铁路时，其垂直净距不小于 5.5m。

(4) 架空管道应有 0.001～0.003 的坡度，最低处应设置排水器。

(5) 架空管道与其他管道共架敷设时，应放在输送酸、碱等腐蚀性介质管道的上层。与其他管道平行时应考虑安装检修方便，管道间的净距不宜小于 200mm。

(6) 管径≥500mm 的架空管道，应设有检修孔。

(7) 架空管道不准设置在堆放易燃易爆物品的场所。架空管不宜放置在低温（接近 0℃）和有腐蚀性气体、液体的场所，如必须设置时，应采取防冻防腐蚀措施。

(8) 架空管的伸缩应设置好补偿装置。煤气管道使用的补偿器一般有波形、鼓形和套筒式三种。车间内部不准使用套筒式，只有当煤气管敷设在屋面上时，为减少推力，才允许敷设套筒式补偿器。

煤气管道补偿器除补偿管道最大的热伸缩量外，还应有一定的富裕补偿量（鼓形或波形 3～4mm 壁厚者，富裕量取 25%～30%。壁厚大于 5mm 者取 30%～50%，套筒式取 30%）。

鼓形或波形补偿器应充分退火，每一组补偿器片数不得多于 4 个。

3. 埋地管道安装要求

(1) 地下煤气管道与建筑物、构筑物基础或相邻管道之间的水平和垂直净距，一般分别按表 2-7-35 和表 2-7-36 取值。

如受地形限制布置有困难，而又确无法解决时，经与有关部门协商，采取行之有效的防护措施后，上述表 2-7-34 表 2-7-35 的规定，均可适当降低。

(2) 地下煤气管道宜埋设在土壤冰冻线以下，其管顶的覆土深度，尚应遵守下列规定：

地下煤气管道与建筑物、构筑物或相邻管道之间的最小水平净距（m）　　**表 2-7-35**

序号	项目		地下煤气管道			
			低　压	中　压	次高压	高　压
1	建筑物的基础		2.0	3.0	4.0	6.0
2	热力管的管沟外壁、给水管或排水管		1.0	1.0	1.5	2.0
3	电力电缆		1.0	1.0	1.0	1.0
4	通信电缆	直埋	1.0	1.0	1.0	1.0
		在导管内	1.0	1.0	1.0	2.0
5	其他煤气管道	$DN\leqslant300$mm	0.4	0.4	0.4	0.4
		$DN>300$mm	0.5	0.5	0.5	0.5
6	铁路钢轨		5.0	5.0	5.0	5.0
7	有轨电车的钢轨		2.0	2.0	2.0	2.0
8	电杆（塔）的基础	≤35kV	1.0	1.0	1.0	1.0
		>35kV	5.0	5.0	5.0	5.0
9	通信、照明电杆（至电杆中心）		1.0	1.0	1.0	1.0
10	街树（至树中心）		1.2	1.2	1.2	1.2

地下煤气管道与构筑物或相邻管道之间的最小垂直净距（m）　　**表 2-7-36**

序　号	项　　目		地下煤气管道（当有套时，以套管计）
1	给水管、排水管或其他煤气管道		0.15
2	热力管的管沟底（或顶）		0.15
3	电缆	直埋	0.50
		在导管内	0.15
4	铁路轨底		1.20
5	有轨电车轨底		1.00

① 埋设在车行道下时，不得小于 0.8m。

② 埋设在非车行道下时，不得小于 0.6m。

③ 埋设在水田下时，不得小于 0.8m。

(3) 地下煤气管道的敷设坡度，一般不小于 0.003，坡向排水器。

(4) 地下煤气管道的地基宜为原土层。凡可能引起管道不均匀沉降的地段，其地基应进行处理。

(5) 地下煤气管道不得在堆积易燃易爆材料和具有腐蚀性液体的场地下面通过，并不宜与其他管道或电缆同沟敷设。当需要同沟敷设时，必须采取防护措施。

(6) 煤气管道在铁路，电车轨道和城镇主要干道下穿过时，应敷设在套管或地沟内；套管或地沟端部可安装检漏器。

(7) 埋地钢管，应根据土壤腐蚀的性质，采取防腐蚀措施。一般施工城市煤气管道时，应在管道加工预制场做好直管段的防腐，在现场只对焊接接头进行防腐。

4. 室内民用煤气管道安装

(1) 煤气引入管应于室外用矮立管或高立管引入室内，不得埋地穿墙进入室内。矮立管引入方式见图 2-7-38。其顶端不准采用弯头，而应采用三通。

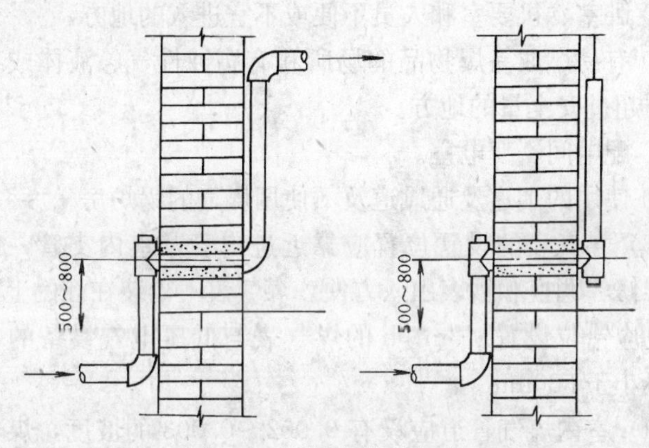

图 2-7-38 矮立管引入管

外墙用高立管引入室内时，在离地 500～800mm 处应装三通管，让立管转折，高立管的顶部应采用三通，见图 2-7-39。

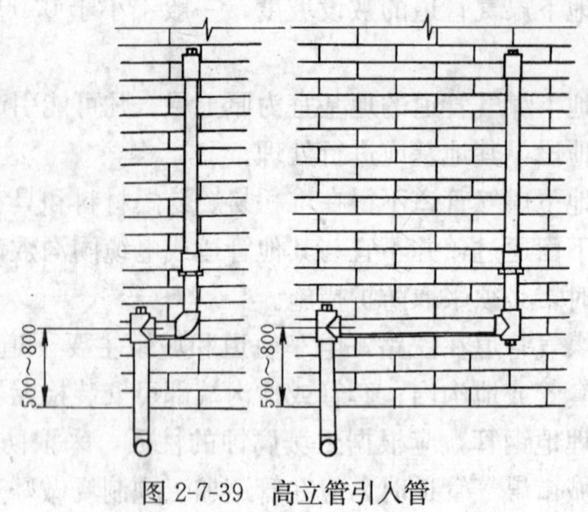

图 2-7-39 高立管引入管

（2）室内煤气管道不得穿越下列场所。

① 人防工程、地下室、密闭的或通风不良换气次数达不到 6 次/时以上的半地下室，人员不能站立或不便操作的非密闭半地下室。

② 卧室、机要室和人员不便或不宜进入的地方。

③ 有易燃或易爆物品的场所和有腐蚀性气、液体或有放射性物质超过安全量的地方。

④ 配电间、变电室。

⑤ 使用的烟道及通风道及不使用煤气的锅炉房。

（3）煤气表的设置位置应靠近进户管及室内支管，便于施工、维修、调换和抄表出入方便。煤气表不得装在灶的上方，表与灶具应错位设置。$3m^2/h$ 的煤气表与低压电气设备的水平净距，不小于 500mm。

（4）室内煤气管道应设有 0.002～0.003 的坡度，煤气表进口应坡向引入管，煤气表出口应坡向用具。进户引入管应以 0.005 的坡度坡向室外管网。

（5）煤气管需要穿过公用厕所、公共浴室及穿越水斗时，应设置在套管中。用气管道在无法避免而必须穿过卧室时，也应设置套管，套管的长度应超出穿越部位的两端各 30～50mm。煤气管道穿越楼板，应设置在套管中，套管的上端应高出楼板 80～100mm，下端应与楼板平齐。套管与煤气管之间应用麻丝填实并用热沥青封口。

(6) 室内煤气管道应以明装为主。当建筑或工艺上有特殊要求，且建筑材料许可时，可以暗装，但必须符合消防规范。

三、煤气管道的试压要求

煤气管道的试压，按各个规范管辖范围不同而有不同的要求，可分成下述三种情况。

(一) 工业企业煤气管道

工业企业的煤气管道属于工业管道范围，按《工业金属管道工程施工及验收规范》GB 50235—97 执行。

(二) 城市煤气管道

城市煤气管道属于各地的煤气公司管辖，关于压力试验尚无国家标准的规范，而由各地的煤气公司规定，一般先进行强度试验，接着再做严密性试验。

1. 强度试验

煤气管道的强度试验用压缩空气进行，试验压力为工作压力的 1.5 倍，但不小于 0.3MPa，根据管道的压力分类及管道的材质，试验压力按表 2-7-37 规定。

煤气管道强度试验压力　　表 2-7-37

管道类别	钢管			铸铁管	
	次高压	中压	低压	中压	低压
试验压力 (MPa) (kg/cm^2)	0.45 (4.5)	0.3 (3)	0.3 (3)	0.2 (2)	0.1 (1)

煤气管道的强度试验，主要是为了发现明显的泄漏点，在打到规定压力后，用肥皂水检查接口是否泄漏。如经 10min 管段内压力无明显下降，且外观检查也未发现问题，则认为该管段强度试验合格。

2. 严密性试验

煤气管道的严密性试验必须在全部回填土后进行。为了使管道内的压缩空气温度和土壤温度相平衡，必须根据管径大小进行一段时间的稳压，然后再对压力进行测量，开始读数和记录时间。

（1）煤气管道严密性试验标准及读测前的稳压时间见表2-7-38和表2-7-39。

煤气管道严密性试验标准　　表 2-7-38

管道类别	钢　管			铸　铁　管	
	次高压	中　压	低　压	中　压	低　压
试验压力（兆帕）（千克力/厘米^2）	0.3 (3)	0.15 (1.5)	0.1 (1)	0.15 (1.5)	0.02 (0.2)

煤气管道严密性试验读测前稳压时间　　表 2-7-39

管子直径（mm）	D_g200 以下	D_g200～400	D_g400 以上
稳压时间（h）	12	18	24

（2）严密性试验的压力降允许值。严密性试验一般为开始读数后恒压 24h，其允许压力降可按下列公式计算：

① 钢制煤气管：

$$\Delta P_{允} = 300 \cdot \frac{T}{D}(\text{mmHg})$$

② 铸铁煤气管：

$$\Delta P_{允} = 660 \cdot \frac{T}{D}(\text{mmH}_2\text{O})$$

式中　$\Delta P_{允}$——允许压力降（mmHg 或 mmH_2O）；

D——管道内径（mm）；

T——试验持续时间（时），一般为 24h。

如果试验管段有几种管径时，以上算式中的$\frac{1}{D}$按下式计算：

$$\frac{1}{D} = \frac{d_1 l_1 + d_2 l_2 + \cdots + d_n \cdot l_n}{d_1^2 \cdot l_1 + d_2^2 \cdot l_2 + \cdots + d_n^2 l_n}$$

式中　d——管道内径（mm）；

l——管段长度（m）。

（3）严密性试验的实际压力降计算。因为在严密性试验时，观测时间要延续24h，在此时间内气温、地温和气压的变化都会直接影响漏气率计算结果的准确性，所以实测水银U型压力计的压力降，应根据观测时间始末的地下土壤温度和大气压力的变化加以修正，修正后的实测压力降用下式计算：

$$\Delta P_{实}=(P_1+B_1)\cdot\frac{273+t_2}{273+t_1}-(P_2+B_2)(\text{mmHg})$$

式中 $\Delta P_{实}$——实际压力降（毫米水银柱）；

P_1——试验开始时压力计读数（mmHg）；

P_2——试验结束时压力计读数（mmHg）；

B_1——试验开始时大气压力（mmHg）；

B_2——试验结束时大气压力（mmHg）；

t_1——试验开始时埋管深度处土壤温度（℃）；

t_2——试验结束时埋管深度处土壤温度（℃）。

修正以后的实际压力降 $\Delta P_{实}$，如果小于用公式计算出来的允许压力降，则管道的严密性试验为合格。

（三）民用煤气管道

民用煤气管道严密性试验的合格标准如下：

（1）工作压力在1500～5000Pa水柱的煤气管道，一般以一倍于工作压力的空气进行检验。要求在10min内压力下降不大于100Pa。

（2）工房、里弄、团体、事业单位等煤气工程，用3000Pa的空气压力进行严密性试验，要求10min内压力不下降为合格。

第十二节 高压管道预制与加工

高压管道的预制加工，一定要按照国家规范和设计院有关规定标准，同时根据现场实际情况施工，有必要强调以下几点：

一、高压管道预制加工工艺流程

高压管道的预制加工工艺流程见图2-7-40。

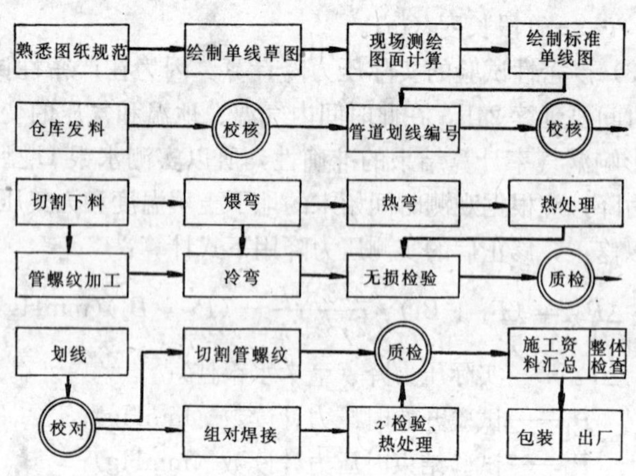

图 2-7-40　高压管道的预制加工工艺流程

二、加工前准备工作

1. 绘制单线图

根据现场施工安装需要，绘制高压管道单线图既能明了地反映管位的实际状态，又能根据图示要求进行预制与安装。一般应派遣有较丰富实践经验的，且有较强责任心的工人或技术人员去现场实测，结合施工图进行绘制。

2. 现场实测

要做到正确无误，测量时宜两人以上，对测量出来的数据要进行复核验证，确认无误时才能填到空白尺寸的单线图上去。

3. 测量用的仪器、量具

应预先进行复验，校核其精度，只有确认其合格后才能使用。测长度用的钢卷尺，选用两根卷尺为标准尺，其中一根为施工用，另一根作为备用，在该工程中高压管道测量均以该两尺为准，即平时所说的“标准尺”。

测量中所计量的长度均以管中到管中为原则；丝口法兰连接时则以管端面为基准。

三、高压管道的组对、焊接

为了确保其组装的准确度，要设置质检停止点，对已组对未正式施焊的管段的材质、尺寸、角度、编号等进行检验，确认合格后填写组装合格焊接许可证（表）。

在焊接式高压管的管件、法兰、焊口组对时，亦可参照中低压工艺管道安装时的组对方法，以确保其准确程度。

1. 直管段焊接口组对法（图 2-7-41）

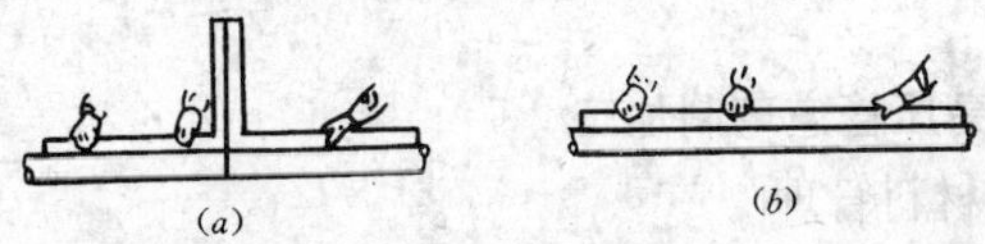

图 2-7-41　直管段焊接口组对

2. 直管与 90°弯管焊接口组对（图 2-7-42）

3. 直管与 45°弯管管口组对（图 2-7-43）

4. 直管与三通焊接口组对（图 2-7-44）

5. 直管与法兰焊接口组对（图 2-7-45）

图 2-7-42　直管与 90°弯管焊接口组对

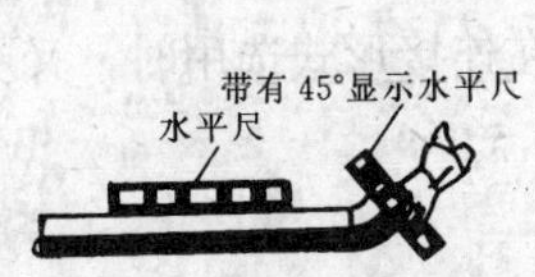

图 2-7-43　直管与 45°弯管焊接口组对

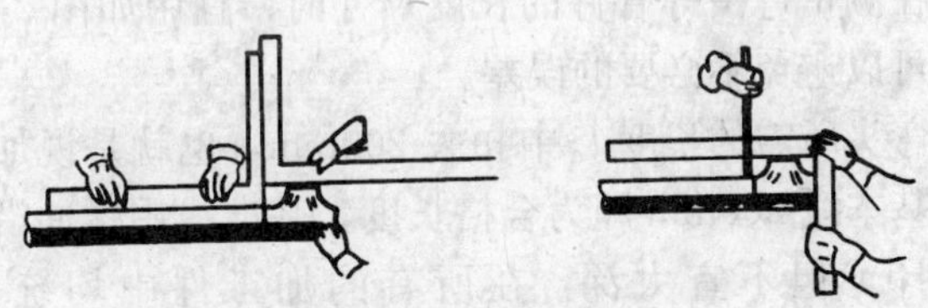

图 2-7-44　直管与三通焊接口组对

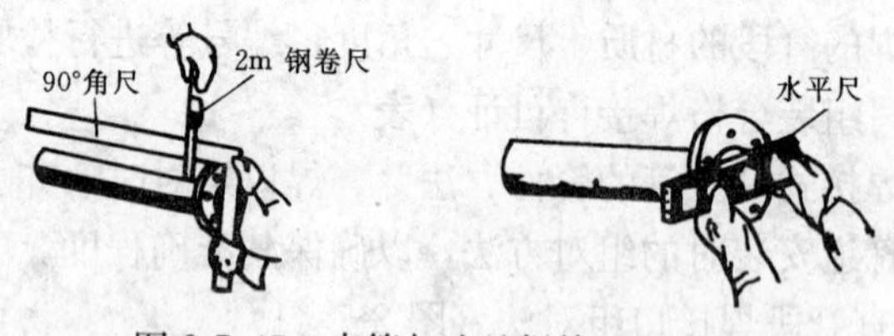

图 2-7-45　直管与法兰焊接口组对

四、高压管道弯制加工

1. 原材料管理

高压管道根据各种材质，不同壁厚应进行分类堆放，并做好明显的色标，防止错领错用，对于加工用的高压管道，都必须逐根逐根地进行检查验收，并做好高压管道验收记录。每批材料都必须有化学成分分析、机械性能试验和无损检验等检测报告，并应逐根核对钢号，防止混淆。

2. 加工件的确定原则

根据单线图来决定哪几根管段需预制加工，并绘制管件加工图，注明根据设计院规定标准的加工技术要求。在选定加工件（如弯管）的长度时，要考虑到管子加工、安装检修的方便，不准将法兰、焊口置于墙壁（角）、楼板或管架上，在整个管路系统中，尽量减少和避免接头；在连接形式选用时，又要尽量减少法兰接头。

3. 管段加工

为了确保图示所需的尺寸，在弯头等管件的长度 L 截取后，再去车管螺纹。为了避免工序与工序之间的交接误差和测量定位误差，在测量弯头等管件的长度尺寸时，宜用如图 2-7-46 所示方法，可以避免不必要的误差。

在弯头所需的长度 L 中扣去 200mm，也就是说加工后的管端面距基本线 200mm 即为合格长度，基准线用样冲沿管道一周均匀打印，但不宜太深，在所有的加工件中均统一长度为 200mm，基准线设置太长，不易复核，若太短，在加工管螺纹时被削去，一般以 200mm 为宜。

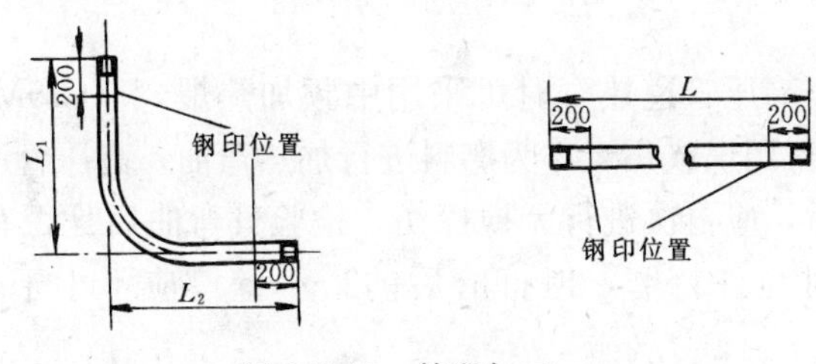

图 2-7-46 管段加工

加工后的高压管段长度允许偏差：自由管段一般为±5mm，封闭段一般为±3mm。

对切割后的加工管段要用钢印打上原来的管道原始编号；对被切割后剩余管道，同样要做好钢印的移植工作，也就是说，原来经验收合格的管子，每根管道都已打上钢印编号，并已填入高压管道验收记录表，对被切割后剩余的管道，不论其长度均应打上明显的原管道钢印号，留作今后加工用料，在加工选材时，凡没有编上钢印号的管段均不选用。

4. 高压管道的冷弯和热弯

（1）一般对钢号为 20、15Mn、12CrMo、1Cr18Ni9Ti 的高压管道应尽量采用冷弯，冷弯后一般可不进行热处理。

（2）若管子热弯时应控制温度，现列举常用钢号管道热弯温度参考值。

材质为 20 钢的高压管道热弯时，其热弯温度以 1050～750℃为宜；15Mn 热弯温度以 1050～900℃为宜；12CrMo、15CrMo、Cr5Mo 管热弯温度以 1050～800℃为宜，但 12CrMo、15CrMo 管子热弯后需经 920～900℃高温正火处理，在 5℃以上空气中冷却，Cr5Mo 管道热弯时严禁浇水，热弯后需经 850～875℃退火处理。

奥氏体不锈钢管道如需热弯，其热弯温度以 1200～900℃为宜，热弯后须整体进行固溶淬火处理（1050～1100℃水淬），并取同批管子试样两件作晶间腐蚀倾向试验，如有不合格者，则应全部热处理，但热处理次数不得超过 3 次，否则该管道应予报废。

(3) 高压管道热弯时可采用中频加热煨弯（Cr5Mo 材质例外），不得用煤或焦炭作为燃料进行加热弯曲。高压管道在弯曲、热处理后，应再次进行无损探伤，检验其弯曲后是否有所损伤，有缺陷时允许打磨，但打磨后的最小壁厚应不小于公称壁厚的 90％。

(4) 高压管道经弯曲后应符合下列要求：

① 无裂纹、分层、过烧等缺陷；

② 壁厚减薄率不大于 10％；

③ 椭圆率不大于 5％；

④ 高压管道弯曲角度偏差值不得超过±1.5mm/m，最大不超过±5mm。

五、高压管道螺纹加工

高压管道螺纹及端面密封面的加工，一般按设计院规定的化工部《高压管、管件及紧固件通用设计》和 GB 50235—1997 标准进行加工，在加工时还应着重注意以下几点：

1. 车削高压管螺纹

为保证螺纹根部的最小壁厚，一定要以管段端面内圆定心，并要严格控制管子螺纹的轴向平行偏差和轴向倾斜，因为无论是轴向平行偏差或倾斜偏差，都将会严重减薄管壁厚度，从而降低管道强度。

高压管螺纹的轴向偏差和轴向倾斜允许值可参照表 2-7-40。

高压管螺纹允许偏差　　　　表 2-7-40

序号	公称直径（*DN*）	平行偏差（mm）	倾斜偏差
1	≤32	0.3	0.3/100
2	40～65	0.4	0.4/100
3	80～100	0.5	0.5/100
4	125～150	0.6	0.5/100

高压管螺纹的加工，除了保证其精度和光洁度外，还有重要的一点是一定要严格遵照规范的要求正确处理好管螺纹根部的收

尾，高压管螺纹的收尾均应参照 GB/T 3—1997 进行。

螺纹根部收尾过渡时一定要逐渐过渡，不能突变。应首先对加工端的管外径按规范进行切割，根部以锥形螺纹过渡。尤其用镗床加工管螺纹时要特别注意，不能采用退刀槽法加工，因为采用退刀槽法加工后（尤其是当管外径与螺纹高径差较大时），外观检查螺纹根部就有一定突变。

2. 管螺纹与法兰的配合

在高压管螺纹进行加工时，可用螺纹量具进行检查，若有法兰时，则用法兰进行匹配较佳，其松动程度只要将法兰能用手拧入即可，不应过分松动，相匹配上去的法兰不再拧下，作今后安装时连接法兰附在管段上。在法兰拧入前，特别要注意的是先要刷净机加工的铁屑等杂物。若法兰拧入时有被卡现象，可用木槌等敲击法兰侧面四周，若仍不能旋入或越旋越紧时只能退出，不准强击旋入，否则会将丝口咬死或拉毛，导致管段报废。

3. 丝口法兰式连接高压管端面密封面的加工

管道密封面的加工要严格按规范进行，其密封面应为平面而不是球面，在安装过程中，曾发现有些端面按透镜垫形状加工的现象，在高压管法兰连接时其密封面接触应为线状，中间透镜垫为金属，虽然规范规定垫片选材时较母材低一档，但往往有些建设单位在垫片加工时仍选用同材质材料，因此任何不规范的端面加工形式和光洁度都将会直接影响其密封性能，从而直接影响安装质量和其投产使用的可靠性和安全性。

六、质量控制

在高压管道的预制加工过程中，要及时进行质量检查，各道工序之间应有交接手续，全部预制加工工序完毕后，要及时填写高压管道记录表，并对加工管段核对编号，如发现编号不明显时则应重编，所有的预制加工记录应与工件同步，反对事后补办。

七、丝口法兰式连接高压管端密封面的修理

在端面加工过程中（尤指镗床加工时），当管端密封面光洁度达不到标准时，可采用研磨法进行修理。

当产品在运输搬运过程中，由于撞击将其密封面损坏，视其损坏程度可用机械或手工修理。

当选用已经使用过的阀门、管件及管道时，因为原密封面已受压变形或受介质腐蚀而受损，有的已为点腐蚀，根据它的损坏程度，若变形较大或锈蚀较深时，一般先用电动刮刀进行手持法刮削，刮削时要控制其与管子的夹角，将其缺陷基本消除后，然后再用磨具对其密封面进行研磨修复。

无论用哪些方法进行修理，最终除了确认其夹角和光洁度外，还要检查密封面的接触情况，检测时直接用新的透镜垫圈涂上印油或复印纸进行压印检查，观察其接触面的压印，当其压印为均匀线状且不间断即为合格，擦净后涂上干净黄油并将管段旋入法兰 2～3 圈备装。

总之，高压管道的预制和安装，都是一项专业技术要求较高的技术工作，通过实践证明，只要遵照规范和标准，只要从材料、加工件预制到安装的整个过程中，做到层层把关、职责分明，及时认真做好各种原始施工记录，就能顺利地保质保量地完成这项工作。但怎样才能进一步提高管道的测量和预制的正确性，如何能最大限度的进行预制，是今后进一步研究和探讨的新课题。

第八章　管 道 焊 接

第一节　管道的坡口加工和接头组对

（1）管子、管件的坡口形式、尺寸及组对的选用，应考虑易保证焊接接头的质量、填充金属少、便于操作及减少焊接变形等原则。

管子、管件的坡口形式和尺寸，当设计无规定时，应按表2-8-1及表2-8-2的规定进行。

焊接常用的坡口形式和尺寸　　　　**表 2-8-1**

序号	坡口名称	坡口形式	手工焊坡口尺寸（mm）				备注
1	I形坡口	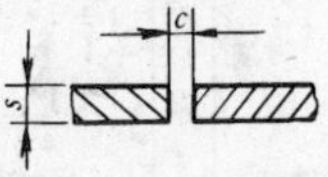	单面焊	S	≥1.5～2	>2～3	
				C	$0^{+0.5}$	$0^{+1.0}$	
			双面焊	S	≥3～3.5	>3.6～6	
				C	$0^{+1.0}$	$1^{+1.5}_{-1.0}$	
2	V形坡口	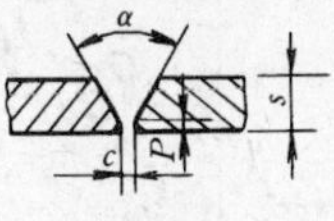		S	≥3～9	>9～26	
				α	70°±5°	60°±5°	
				C	1±1	2^{+1}_{-2}	
				p	1±1	2^{+1}_{-2}	
3	带垫板V形坡口	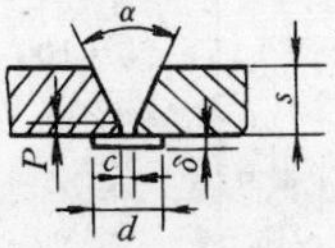		S	≥6～9	>9～26	
				C	4±1	5±1	
			$p=1\pm1$　$\alpha=50°\pm5°$ $\delta=4\sim6$　$d=20\sim40$				
4	X形坡口	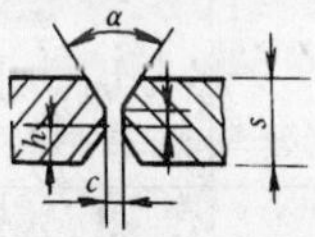	$S\geqslant12\sim60$ $C=2^{+1}_{-2}$ $p=2^{+1}_{-2}$ $\alpha=60°\pm5°$				
5	双V形坡口	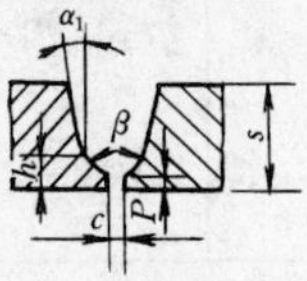	$S\geqslant30\sim60$ $C=2^{+1}_{-2}$ $P=2\pm1$ $\alpha_1=10°\pm2°$ $\beta=70°\pm5°$ $h=10\pm2$				

续表

序号	坡口名称	坡口形式	手工焊坡口尺寸（mm）	备注
6	U形坡口	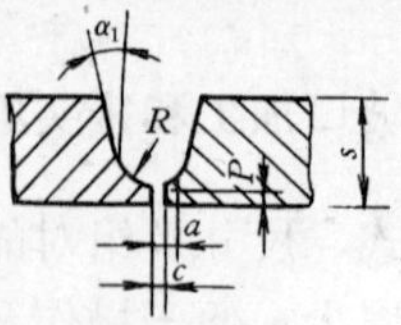	$S\geqslant 20\sim 60$ $C=2^{+1}_{-2}$ $p=2\pm 1$ $R=5\sim 6$ $\alpha_1=10^\circ\pm 2^\circ$ $\alpha=1.0$	
7	T形接头不开坡口	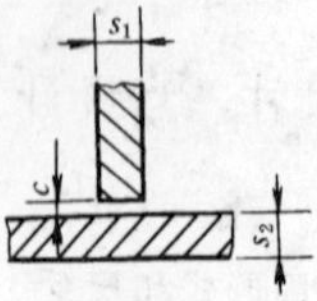	$S_1\geqslant 2\sim 30$ $C=0^{+2}$	
8	T形接头单边V形坡口	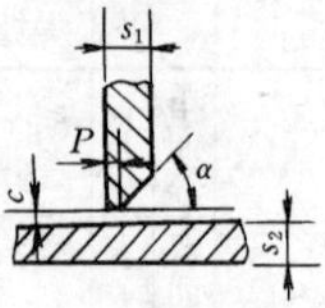	S_1: $\geqslant 6\sim 10$　$\geqslant 10\sim 17$　$>17\sim 30$ C: 1 ± 1　2^{+1}_{-2}　3^{+1}_{-3} p: 1 ± 1　2^{+1}_{-2}　2^{+1}_{-2} $\alpha=50^\circ\pm 5^\circ$	
9	T形接头对称K形坡口	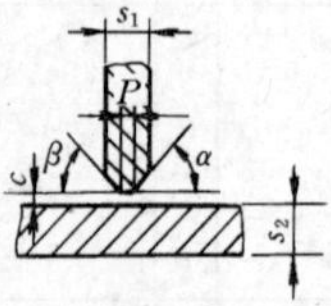	$S_1\geqslant 20\sim 40$ $C=2^{+1}_{-2}$ $p=2\pm 1$ $\alpha=\beta=50^\circ\pm 5^\circ$	
10	管座坡口	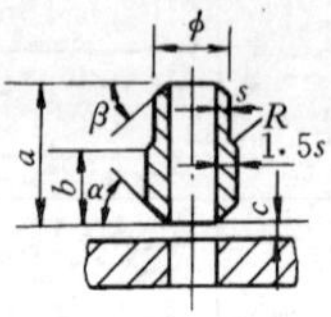	$a=100$ $b=70$ $c=2\sim 3$ $R=5$ $\alpha=50^\circ\sim 60^\circ$ $\beta=30^\circ\sim 35^\circ$	管径 $\phi\leqslant 76$
11	管座坡口	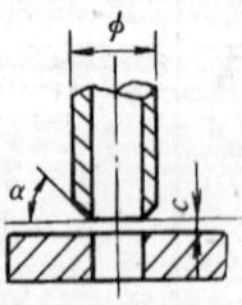	$c=2\sim 3$ $\alpha=45^\circ\sim 60^\circ$	管径 $\phi 76\sim\phi 133$

有色金属管子、管件坡口形式及尺寸（mm） 表 2-8-2

序号	坡口名称	坡口形式	尺寸				备注
			壁厚 s	间隙 c	钝边 P	坡口角度 α	
铝及铝合金手工钨极氩弧焊							
1	I形	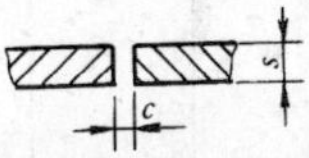	3～6	0～1.5	—	—	
2	V形	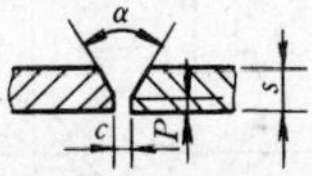	6～20	0.5～2	2～3	$70^{\circ}{}^{+5^{\circ}}_{0^{\circ}}$	
3	U形	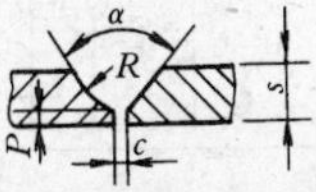	>8	0～2	1.5～3	60°±5°	R=4～6
铝及铝合金熔化极氩弧焊							
1	I形	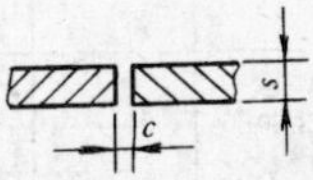	≤10	0～3	—	—	
2	V形	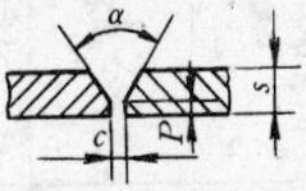	8～25	0～3	3	70°±5°	
3	U形	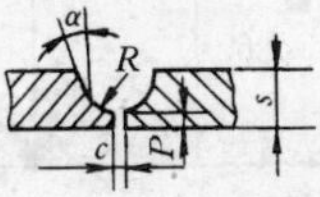	>20	0～3	3～5	15～20°	R=6
				0	5	20°	
铝及铝合金氧-乙炔焰焊							
1	I形	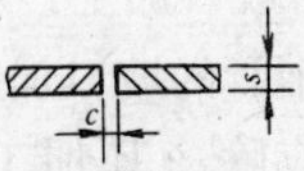	<3	1～1.5	—	—	
2	V形	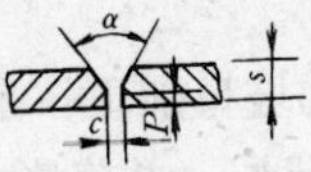	3～10	2～4	0.5～2	70°±5°	

续表

序号	坡口名称	坡口形式	尺寸				备注
			壁厚 s	间隙 c	钝边 P	坡口角度 α	
紫铜钨极氩弧焊							
1	I形		≤2	0	—	—	
2	V形		3～4	0	—	65°±5°	
3	V形		5～8	0	1～2	65°±5°	
黄铜氧-乙炔焊							
1	I形		≤3	0～4	—	—	单面焊
			3～6	3～5	—	—	双面焊不能两侧同时焊
2	V形		8～12	3～6	0	65°±5°	
3	V形		>6	3～6	～3	65°±5°	

（2）管子坡口的加工方法，应按下列规定进行：

① Ⅰ、Ⅱ级焊缝（见表2-8-1）的坡口加工，应采用机械方法；铝及铝合金、铜及铜合金和不锈钢管的坡口加工，应采用机械方法。若采用等离子弧切割时，应除净其加工表面的热影响层；

② Ⅲ及Ⅳ级焊缝（见表2-8-2）的坡口加工，也可采用氧-乙炔焰等方法，但必须除净其表面的氧化层，并将影响焊接质量的

凹凸不平处磨削平整；

③ 有淬硬倾向的合金钢管，采用等离子弧或氧-乙炔焰等方法切割后，应消除加工表面的淬硬层。

（3）壁厚相同的管子、管件组对时，应符合下列要求：

① Ⅰ、Ⅱ级焊缝不应超过壁厚的 10%，且不大于 1mm；

② Ⅲ、Ⅳ级焊缝不应超过壁厚的 20%，且不大于 2mm；

③ 铝及铝合金、铜及铜合金不应超过壁厚的 10%，且不大于 1mm。

（4）不同壁厚的管子、管件组对，应符合下列要求：

① 内壁错边量：超过第 3 条规定时，应按图 2-8-1 及图2-8-2 所规定的型式进行加工；

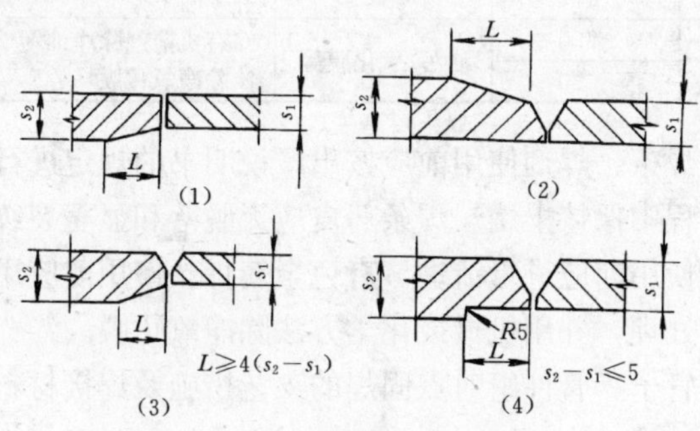

图 2-8-1 轧制焊件坡口形式

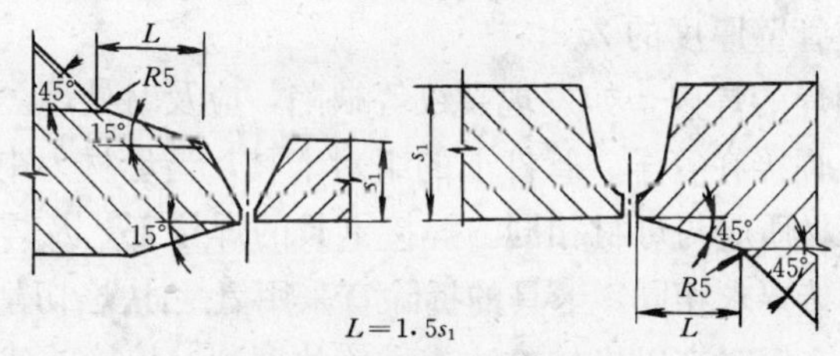

图 2-8-2 锻铸焊件坡口形式

② 外壁错边量：当薄件厚度小于或等于 10mm、厚度差大于 3mm，薄件厚度大于 10mm、厚度差大于薄壁厚度的 30%或

超过 5mm 时，应按图 2-8-1 及图 2-8-2 所规定的型式进行修整。

铝及铝合金、铜及铜合金当厚度差大于 3mm 时，也应符合此要求。

（5）管子、管件组对时，应检查坡口质量，坡口表面上不得有裂纹、夹层等缺陷。

（6）管子、管件组对时，应按表 2-8-3 的规定，对坡口及其内外侧进行清理。清理合格后应及时施焊。

坡口及其内外侧清理要求　　表 2-8-3

材　质	清理范围(mm)	清　理　物	清　理　方　法
碳素钢 不锈钢 合金钢	≮10	油、漆、锈、毛刺等污物	手工或机械等
铝及铝合金	≮50	油污、氧化膜等	有机溶剂除净油污、化学或机械法除净氧化膜
铜及铜合金	≮20		

（7）焊条、焊剂使用前应按出厂说明书的规定进行烘干，并在使用过程中保持干燥。焊条药皮应无脱落和显著裂纹。

焊丝使用前应进行清理。有色金属焊丝使用前应用有机溶剂进行脱脂处理，并用机械或化学方法除净氧化膜。

（8）管子、管件组对点固焊的工艺措施及焊接材料应与正式焊接一致。

点固焊的点焊长度一般为 10～15mm，高度为 2～4mm，且不应超过管壁厚度的 2/3。

点固焊的焊肉，如发现裂纹等缺陷，应及时处理。

（9）焊接在管子、管件上的组对卡具，当母材为中、高合金钢时，其材质应与母材相同。焊接卡具的焊接工艺及焊接材料应与正式焊接要求相同。卡具的拆除宜采用氧-乙炔焰切割。母材为中、高合金钢时应以机械方法或砂轮片磨削。焊接的残留痕迹应进行修整；有淬硬倾向的母材，应作磁粉探伤或着色渗透检验。

（10）管子、管件组对点固焊，应保持焊接区域不受恶劣环境条件（风、雨、雪）的影响。

第二节 焊 缝 代 号

本标准规定在图纸上标注焊缝符号的规则。

焊缝代号主要由基本符号、辅助符号、引出线和焊缝尺寸符号等组成。

基本符号和辅助符号用粗实线绘制，引出线用细实线绘制。

基本符号是表示焊缝横剖面形状的符号，它采用近似于焊缝横剖面形状的符号来表示，见表 2-8-4。

基本符号　　　　表 2-8-4

序号	焊缝名称	焊缝型式	符号
1	I 形焊缝		
2	V 形焊缝		
3	钝边 V 形焊缝		
4	单边 V 形焊缝		
5	钝边单边 V 形焊缝		
6	U 形焊缝		
7	单边 U 形焊缝		
8	喇叭形焊缝		
9	单边喇叭形焊缝		
10	角焊缝	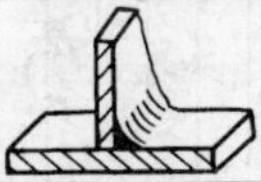	

第三节 管道焊接材料选用及焊后热处理温度控制

管道焊接材料及焊后热处理温度选用见表 2-8-5。

焊接材料及焊后热处理温度选用表

表 2-8-5

钢种	C	C-Mo	½Cr-½Mo	1Cr-½Mo	1¼Cr-½Mo	½Cr-½Mo-V	1Cr-½Mo-V	1½Cr-1Mo-V	1¾Cr-½Mo-V	2Cr-½Mo	2¼Cr-1Mo	2Cr-½Mo-VW	3Cr-1Mo	3Cr-1Mo-VTi	5Cr-½Mo	7Cr-½Mo	9Cr-1Mo	12Cr-1Mo-V	18-8
C	1-a-A																		
C-Mo	1-a-B	3-b-B																	
½Cr-½Mo	2-a-C	3-b-C	3′-c-C																
1Cr-½Mo	2-a-C	3-b-C	3-c-C	4-c-C															
1¼Cr-½Mo	3-b-C	3-b-D	3′-c-C	4-c-C	4-c-C														
½Cr-½Mo-V	3-c-C	4-C-D	4-c-D	4-c-C	4-c-C	5-d-E													
1Cr-½Mo-V	3-c-C	4-c-D	4-c-D	4-c-C	4-c-C	5-d-E	5-d-E												
1½Cr-1Mo-V	4-c-C	4-c-D	4-c-D	4-c-D	4-c-D	5-d-E	5-d-E	5-d-E											
1¾Cr-½Mo-V	4-c-C	4-c-D	4-c-D	4-c-D	4-c-D	5-d-E	5-d-E	5-d-E	5-d-E										
2Cr-½Mo	4-c-C	4-c-D	4-c-D	4-c-D	4-c-D	5-d-E	5-d-E	5-d-E	5-d-E	6-e-E									
2¼Cr-1Mo	4-c-D	4-c-D	4-c-D	5-d-E	5-d-E	5-d-E	5-d-E	5-d-E	5-d-E	6-e-E	6-e-E								
2Cr-½Mo-VW	4-c-D	5-d-E	5-d-E	5-d-E	5-d-E	5-d-E	5-d-E	5-d-E	5-d-E	6-e-E	6-e-E	6′-f-F							
3Cr-1Mo	4-c-D	5-d-E	5-d-E	5-d-E	5-d-E	5′-d-E	5′-d-E	5′-d-E	5′-d-E	6-e-E	6-e-E	6′-f-F	6′-f-F						
3Cr-1Mo-VTi	4-c-D	5-d-E	5-d-E	5-d-E	5-d-E	5′-d-E	5′-d-E	5′-d-E	5′-d-E	6-e-E	6-e-E	6′-f-F	6′-f-F	6″-f-F					
5Cr-½Mo	6-e-E	6-e-E	6-e-E	6-e-E	6-e-E	6-e-E	6-e-E	6-e-E	6-e-E	6-e-E	6-e-E	6″-f-F	6″-f-F	6″-f-F	7-h-F				
7Cr-½Mo	6-e-E	6-e-E	6-e-E	6-e-E	6-e-E	6-e-E	6-e-E	6-e-E	6-e-E	6-e-E	6-e-E	6″-f-F	6″-f-F	7-h-F	7-h-F	7′-F			
9Cr-1Mo	6-e-E	6-e-E	6-e-E	6-e-E	6-e-E	6-e-E	6-e-E	6-e-E	6-e-E	6-e-E	6-e-E	6″-f-F	6″-f-F	7-h-F	7-h-F	7′-F	8-F		
12Cr-1Mo-V	6-e-E	6-e-E	6-e-E	6-e-E	6-e-E	6-e-E	6-e-E	6-e-E	6-e-E	6-e-E	6-e-E	6″-f-F	6″-f-F	7-h-F	7-h-F	7′-F	8-F	8-g-F	
18-8	9-i-A	9-i-A	9-i-A	9-i-A	9-i-A	9-i-A	9-i-A	9-i-A	9-i-A	9-i-A	9-i-A	9-i-A	9-i-A	9-i-A	9-i-A	9-i-A	9-i-A	9-i-A	10-j-A

代号说明：

焊条：1—结 422、426、427
2—结 506、507
3—热 107 3′—热 207
4—热 307
5—热 317 5′—热 337
6—热 407 6′—热 347
6″—热 417
7—热 507 7′—热 607
8—热 707 8′—热 817
9—奥 302、307
奥 402、407
10—奥 132、137(耐腐蚀)

焊丝：
a—H08MnA
H08MnReA
b—H08CrMo
c—H13CrMo
d—H08CrMoV
e—H08Cr2Mo1
f—H08Cr2MoVNb
g—H16Cr10MoNiV
h—H1Cr5Mo
i—HCr25Ni13
HCr25Ni20
j—H1Cr19Ni9Ti

热处理温度℃：
A—一般不进行热处理
B—620～670
C—650～700
D—670～720
E—720～750
F—750～780

注：1. 当两侧钢材之一为奥氏体不锈钢，且工作温度低于 425℃时，可选用与所焊奥氏体不锈钢相应的焊条（焊丝）。
2. 对工作温度大于 425℃的耐热钢管子、管件等承压部件进行补焊或在其上焊接管接头，若限于条件焊后无法进行热处理时，推荐选用镍基焊条。

为降低或消除焊接接头的残余应力，防止产生裂纹，改善焊缝和热影响区的金属组织与性能，应根据钢材的淬硬性、焊件厚度及使用条件等综合考虑，进行焊前预热和焊后热处理。

管道焊接时，应按表 2-8-6 的规定进行焊前预热。焊接过程中的层间温度，不应低于其预热温度。

常用管子、管件焊前预热及焊后热处理要求　　表 2-8-6

钢　　号	焊　前　预　热		焊后热处理	
	壁厚（mm）	温度（℃）	壁厚（mm）	温度（℃）
10、20 ZG25	≥26	100～200	>36	600～650
16Mn 15MnV 12CrMo	≥15	150～200	>20	600～650 520～570 650～700
15CrMo ZG20CrMo	≥10 ≥6	150～200 200～300	>10	670～700
12Cr1MoV ZG20CrMoV ZG15Cr1MoV	≥6	200～300 250～300	>6	720～750
12Cr2MoWVB 12Cr3MoWVSiTiB Cr5Mo	≥6	250～350	任意	750～780
铝及铝合金	任意	150～200	—	—
铜及铜合金	任意	350～550	—	—

注：1. 当焊接环境温度低于 0℃时，表中未规定作预热要求的金属（除有色金属外）均应做适当的预热，使被焊母材有手温感；表中规定须作预热要求的金属（除有色金属外），则应将预热温度作适当的提高。

2. 黄铜焊接时，其预热温度：壁厚为 5～15mm 时，为 400～500℃；壁厚大于 15mm 时为 550℃。

3. 有应力腐蚀的碳素钢、合金钢焊缝，不论其壁厚条件，均应进行焊后热处理。

4. 黄铜焊接后，焊缝应进行焊后热处理。焊后热处理温度：消除应力处理为 400～450℃；软化退火处理为 500～600℃。

异种金属焊接时，预热温度应按可焊性较差一侧的钢材确定。

预热时，应使焊口两侧及内外壁的温度均匀，防止局部过热，加热区附近应予保温，以减少热损失。

焊前预热的加热范围，以焊口中心为基准，每侧不小于壁厚的3倍；有淬硬倾向或有延迟裂纹的管道，每侧应不小于100mm；铝及铝合金的焊前预热应适当加宽；紫铜的钨极氩弧焊，当其壁厚大于3mm时，预热宽度每侧为50～150mm；黄铜的氧-乙炔焊，预热宽度每侧为150mm。

焊后热处理温度应按表2-8-6的规定进行。管道的焊接接头的焊后热处理，一般应在焊接后及时进行。

易产生焊接延迟裂纹的焊接接头，如果不能及时进行热处理时，应在焊接后冷却到300～350℃时（或用加热的方法），予以保温缓冷。若用加热方法时，其加热范围与热处理条件相同。

焊后热处理的加热范围，以焊口中心为基准，每侧应不小于焊缝宽度的3倍。

焊后热处理的加热速率、恒温时间及降温速率应符合下列规定：

加热速率：升温至300℃后，加热速率不应超过$\frac{220\times25\cdot4}{5}$℃/h（s—壁厚，mm），且不大于220℃/h。

恒温时间：碳素钢每毫米壁厚为2～2.5min；合金钢每毫米壁厚为3min，且不少于30min。

冷却速率：恒温后的降温速率不应超过$275\times\frac{25\cdot4}{S}$℃/h，且不大于275℃/h；300℃以下自然冷却。

异种金属焊接接头的焊后热处理要求，一般应按合金成分较低侧的钢材确定。

第四节 焊接检验

管道焊后必须对焊缝进行外观检查，检查后应将妨碍检查的渣皮、飞溅物清理干净。

外观检查应在无损探伤、强度试验及严密性试验之前进行。

各级焊缝表面质量标准见表 2-8-7。焊缝宽度以每边超过坡口边缘 2mm 为宜。

对接接头焊缝表面质量标准（mm）　　　表 2-8-7

编号	项　　目	焊　缝　等　级			
		Ⅰ	Ⅱ	Ⅲ	Ⅳ
1	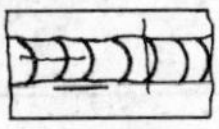 表面裂缝  表面气孔 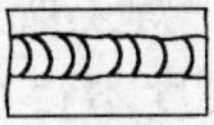 表面夹渣 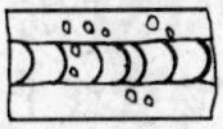 熔合性飞溅	不允许		不允许	
2	 咬边	深度：$e<0.5$ 长度小于等于焊缝全长的 10%，且小于 100			
3	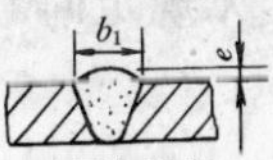 表面加强高	$e\leqslant 1+0.10b_1$ 但最大为 3		$e\leqslant 1+0.20b_1$ 但最大为 5	
4	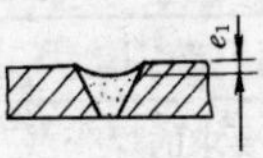 表面凹陷 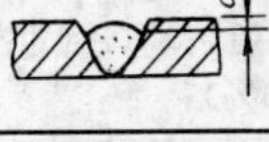	不允许		深度 $e_1\leqslant 0.5$ 长度小于或等于焊缝全长的 10%， 且小于 100	

续表

编号	项目	焊缝等级			
		Ⅰ	Ⅱ	Ⅲ	Ⅳ
5	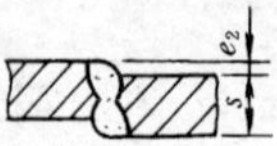 接头坡口错位 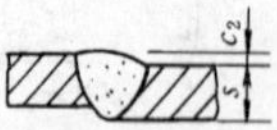	e_1<0.15S 但最大为3		e_2<0.25S 但最大为5	

角焊缝的焊脚高度应符合设计规定，其外形应平缓过渡，表面不得有裂缝、气孔、夹渣等缺陷，咬肉深度不得大于0.5mm。

各级焊缝内部质量标准，应符合《现场设备、工业管道焊接工程施工及验收规范》(GB 50236—1998) 的规定。

规定必须进行无损探伤的焊缝，应对每一焊工所焊的焊缝按比例进行抽查，在每条管线上最低探伤长度不得少于1个焊口。

若发现不合格者，应对被抽查焊工所焊焊缝，按原规定比例加倍探伤，如仍有不合格者，则应对该焊工在该管线上所焊全部焊缝进行无损探伤。

凡是进行无损探伤的焊缝，其不合格部位必须进行返修。返修后仍按原规定方法进行探伤。

管道各级焊缝的射线探伤数量，当设计无规定时，应按表2-8-8的规定执行。

管道焊缝射线探伤数量　　表 2-8-8

焊缝等级		探伤数量（%）	适用范围
Ⅰ		100	高于Ⅱ级焊缝质量要求的焊缝
Ⅱ	A	100	Ⅰ类管道及Ⅱ类管道固定焊口
	B	15	Ⅲ类管道及Ⅱ类管道转动口（Ⅲ类管道固定焊口探伤数量为40%）

续表

焊缝等级		探伤数量（%）	适用范围
Ⅲ	A	10	Ⅳ类管道固定焊口
	B	5	Ⅳ类管道转动焊口
Ⅳ	A	5	Ⅳ类铝及铝合金管道焊口（其中固定焊口探伤数为15%）
	B	由检查员根据现场情况提出时做，但不多于1%	Ⅴ类管道焊口

Ⅱ、Ⅲ级焊缝射线和超声波探伤可选一种方法或两种方法分主次同时使用。超声波探伤数量与射线数量相同。

当选用超声波探伤时，应经施工技术总负责人批准，并应对超探部位作射线探伤复验。复验长度为规探伤数量的20%，且不少于300mm或一个焊口。

但管接头壁厚大于21mm且无法进行单壁透照时，可不进行复验。

Ⅰ级焊缝应以发现裂纹为目的进行100%的超声波探伤。

Ⅳ级焊缝的超声波探伤可参照Ⅳ级焊缝射线探伤办法处理。

同一焊缝允许返修次数：碳素钢不超过3次；合金钢、不锈钢及有色金属不超过两次。

焊缝经过热处理后，应按图2-8-3所示，进行硬度的测定，每个焊口不少于1处，每处三点（焊缝、热影响区、母材）。

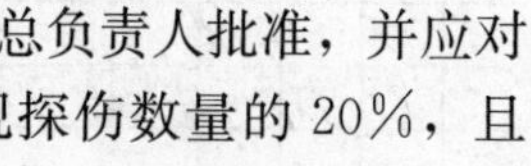

图 2-8-3　硬度测定点
1—焊缝；2—热影响区；
3—母材

检查数量：当管外径大于57mm时，为热处理焊口总量的10%以上；当管外径小于或等于57mm时，为热处理焊口总量的5%以上。

焊缝及热影响区的硬度值：碳素钢不应超过母材的120%；合金钢不应超过母材的125%。

热处理后，当硬度值超过规定时，应重新进行热处理，并仍须作硬度测定。

Ⅰ、Ⅱ类焊缝应填写管道焊接工作记录（表 2-8-9）。需着色检验的焊缝宜在底层焊后和热处理后及时进行，并填写管道焊缝热处理及着色检验记录（表 2-8-10）。

Ⅰ、Ⅱ类焊缝焊接工作记录　　表 2-8-9

单位工程名称＿＿＿＿＿＿＿＿　　No＿＿＿＿＿＿

分部分项工程名称＿＿＿＿＿＿　　＿＿年＿＿月＿＿日

管线号	焊缝编号	规格	材质	焊接方法	焊接材料	预热温度（℃）	探伤检查结果及证件号	焊工姓名及代号

部门负责人＿＿＿　技术负责人＿＿＿　质量检查员＿＿＿　施工人员＿＿＿

管道焊缝热处理及着色检验记录　　表 2-8-10

单位工程名称＿＿＿＿＿＿＿＿　　No＿＿＿＿＿＿

分部分项工程名称＿＿＿＿＿＿　　＿＿年＿＿月＿＿日

管线号	焊缝编号	规格	材质	焊接方法	焊工代号	热处理质量检查		着色检查		备注
						硬度	证件号	底层焊道	热处理后	

部门负责人＿＿＿　技术负责人＿＿＿　质量检查员＿＿＿　试验人员＿＿＿

第九章　管道试验与清洗

第一节　管 道 试 验

一、管道压力试验技术要求

1. 一般要求

1）管道压力试验应符合下列要求

（1）压力试验应以设计文件规定的要求进行。采用气体为试验介质时，应采取有效的安全措施。

（2）当现场条件不允许使用液体或气体进行压力试验时，经建设单位同意，可同时采用下列方法代替：

① 所有焊缝（包括附着件上的焊缝），用液体渗透法或磁粉法进行检验；

② 对接焊缝用100％射线照相检验。

2）管道压力试验前应具备下列条件：

（1）试验范围内的管道安装工程除涂漆、绝热外，已按设计图纸全部完成，安装质量符合有关规定。

（2）有热处理和无损检验要求的部位，其热处理和无损检验结果合格。

（3）焊缝及其他待检部位尚未涂漆和绝热。

（4）管道上的膨胀节已设置了临时约束装置；按试验的要求管道已经加固。

（5）试验用压力表已经校验，并在周检期内，其精度不得低于1.5级，表的满刻度值应为被测最大压力的1.5～2倍，表盘直径不小于100mm，被试验管线上应至少安置两个压力表（城市燃气管道试压时，压力表精度不应小于1级，最小刻度不应大于0.02MPa，表盘直径不小于150mm）。

（6）待试管道与不能参与试验的系统、设备、仪表及管道附件已用盲板或采取其他措施隔离，加置盲板的部位应有明显的标记和记录。管道上的安全阀、爆破板及仪表元件等已拆下或加以隔离。

(7) 对输送剧毒流体的管道及设计压力大于等于 10MPa 的管道，在压力试验前，下列资料已经建设单位复查：

管道组成件的质量证明书；管道组成件的检验或试验记录；管子加工记录；焊接检验及热处理记录；设计修改及材料代用文件。

(8) 试验方案已经过批准，并已进行了技术交底。

3) 试验过程中如遇泄漏，不得带压处理。消除缺陷后，应重新进行试验。试验完毕后，不得再在管道上开孔、施焊。

4) 管道试验时，应划定禁区，无关人员不得进入。

5) 试验结束后，应及时拆除盲板、膨胀节限位设施，选择合适的方法、地方排尽试验介质。

2. 管道试验技术措施

1) 完整性检查

管道在试验前，应按设计图纸对安装的管道进行全面检查，避免发生管道因安装有误而造成的重复试验。完整性检查的主要内容如下：

(1) 按设计图纸检查管道是否全部安装完毕，管道的走向、坡度和标高是否正确。

(2) 检查管子、管配件（弯头、三通、异径管等）和管路附件（阀门、法兰、螺栓等）的材质、规格、压力等级等是否符合设计要求。

(3) 检查各类支架的形式、材质、位置是否符合设计或规范要求，其制作、焊接和安装是否正确。管道的临时支吊架应拆除（加固支架除外）。

(4) 按工艺流程检查阀门的安装方向是否正确，手轮的设置是否合理。

(5) 按仪表施工图纸检查管道上各类仪表的取源点是否正确，有无遗漏。

(6) 检查焊缝的焊接和热处理工作是否完成，并经检验合格。焊缝处不得涂刷油漆或绝热。

（7）各类施工记录和检测记录应齐全，数据完整、真实，抽检检测数符合设计或规范要求。

2）管路附件的处理

（1）管道试验时，安全阀、爆破板应拆下或加以隔离。

（2）止回阀应注意试验介质的注入方向，当试验介质逆向注入时，可将止回阀临时转向或拆除阀芯，试验结束后复原。

（3）调节阀如装在系统中与管道一同试验时，有手控装置的应手动开启，气动式的可用氮气瓶充气开启。不与管道一同试验时，有旁通管路的用盲板隔离，无旁通管路的将阀拆除后用短管连接。焊接式的调节阀宜在管道试验后安装。

（4）流量孔板应拆下，待管道吹扫后再复位。

（5）工艺用压力表不得装在试验管线上。无套管的温度计、热电偶接口处用管塞封闭，待管道吹扫后安装。

（6）液位计应将其操作阀门关闭，与试验系统隔离。

（7）其他不能承受压力试验或吹扫时易损坏的管路附件应用法兰短管临时替代，待管道试验或吹扫后复位。

（8）过滤器与管道同时试压时，应将过滤网拆除。所有需拆除的管道附件和增设的临时试压盲板必须编号并做好记录，待试压合格后及时复位。

（9）弹簧支吊架的临时固定件，应待系统试验、绝热完毕后方可拆除。

3）隐蔽管道应进行二次压力试验；隐蔽前进行第一次试验，隐蔽后与系统一起进行第二次试验。

二、管道压力试验

1. 压力试验装置（见图 2-9-1、图 2-9-2）

选用水泵或空压机时，其扬程或压力应能符合试验压力值的要求；水泵（空压机）至管道系统的试压临时接管及管路附件，其压力等级应能满足试验压力值的要求；试压临时接管的连接应按正式施工的工艺要求进行；当气压试验的管道系统较大时，可在空压机前设置储气罐；当管道系统对洁净度有要求时，应在试压临时接管上设置过滤器等设备。

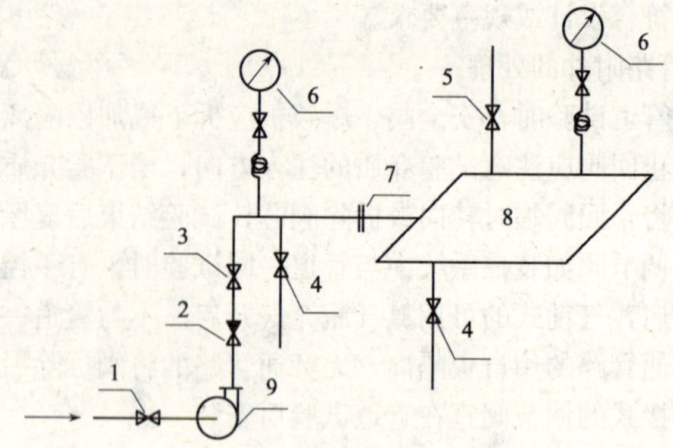

图 2-9-1 液压试验装置简图

1—闸阀；2—止回阀；3—控制阀；4—排放阀；5—放空阀；6—压力表；7—活接头；8—管道系统；9—水泵

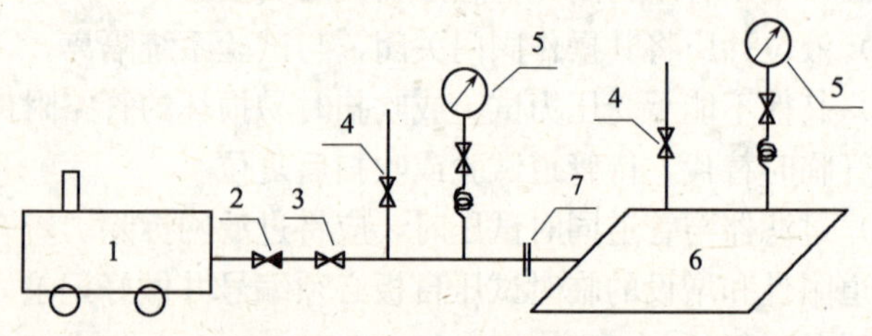

图 2-9-2 气压试验装置简图

1—空压机；2—止回阀；3—控制阀；4—排放阀；5—压力表；6—管道系统；7—活接头

2. 压力试验方法

1）液压试验

（1）液压试验应使用洁净水，当对奥氏体不锈钢管道或对连有奥氏体不锈钢管道或设备的管道进行试验时，水中氯离子含量不得超过 25×10^{-6}（25ppm）。当采用可燃液体介质进行试验时，其闪点不得低于 50℃。

（2）向管道系统中注入液体时，应将空气排尽。升压应缓慢，达到试验压力后停压 10min，然后降至设计压力，停压 30min，不降压、无泄漏和无变形为合格。

(3) 液压试验宜在环境温度5℃以上进行，当环境温度低于5℃时，应采取防冻措施。试验时应测量试验温度，严禁材料试验温度接近脆性转变温度。

(4) 对位差较大的管路（线）试验时，如以最高点的试验压力为准，应将试验介质的静压计入试验压力中，使最低点处的压力不超过管道组成件的承压力，否则将分段处理。

(5) 当管道与设备作为一个系统进行试验，管道的试验压力等于或小于设备的试验压力，应按管道的试验压力进行试验；当管道试验压力大于设备的试验压力，且设备的试验压力不低于管道设计压力的1.15倍时，经建设单位同意，可按设备的试验压力进行试验。

(6) 当管道的设计温度高于试验温度时，试验压力应按下式计算：

$$P_s=1.5P[\sigma]_1/[\sigma]_2$$

式中 P_s——试验压力（表压），MPa

P——设计压力（表压），MPa

$[\sigma]_1$——试验温度下，管材的许用应力，MPa

$[\sigma]_2$——设计温度下，管材的许用应力，MPa

当 $[\sigma]_1/[\sigma]_2$ 大于6.5时，取6.5。

当 P_s 在试验温度下，产生超过屈服强度的应力时，应将试验压力 P_s 降至不超过屈服强度时的最大压力。

2) 气压试验

(1) 气压试验必须有设计文件规定或经建设单位同意，应符合下列条件，并有经施工单位技术负责人批准的安全措施：

① 公称直径小于或等于300mm、试验压力小于或等于1.6MPa的管道系统；

② 公称直径大于300mm、试验压力等于或小于0.6MPa的管道系统；

③ 脆性材料管道组成件未经液压试验合格，不得参加管道系统气体试验；

④ 不符合本条 A、B 的管道系统必须用气压试验代替时，其所有的焊接接头应经无损检测合格。

（2）试验时，严禁使试验温度接近金属的脆性转变温度。

（3）试验前，必须用压力为 0.2MPa 的空气进行预试验。

（4）气压试验时，应逐步缓慢增加压力，当压力升至试验压力的 50%时，如未发现异状或泄漏，继续按试验压力的 10%逐级升压，每级稳压 3min，直至试验压力。达到试验压力后稳压 10min，再将压力降至设计压力，停压时间应根据查漏工作需要而定。以发泡剂检验不泄漏为合格。

3）泄漏性试验

（1）输送剧毒流体、有毒流体、可燃流体的管道必须进行泄漏性试验，试验压力应为设计压力。

（2）泄漏性试验应在压力试验合格后进行，试验介质宜采用空气。试验时压力应逐级缓慢上升，达到试验压力后停压 10min，以发泡剂检验不泄漏为合格。

（3）泄漏性试验应重点检验阀门填料函、法兰或螺纹连接处、放空阀、排气阀、排水阀等。

（4）经气压试验合格，且在试验后未经拆卸过的管道可不进行泄漏性试验。

（5）泄漏性试验可结合试车工作，一并进行。

（6）当设计文件规定以卤素、氦气、氨气或其他方法进行泄漏性试验时，应按相应的技术规定进行。

4）真空度试验

真空系统在压力试验合格后，还应按设计文件规定进行 24h 的真空度试验，增压率不应大于 5%。增压率按下式计算：

$$\Delta P=\frac{P_2-P_1}{P_1}\times 100\%$$

式中 P_1——试验初始绝对压力；MPa

P_2——24h 时的实际绝对压力；MPa

ΔP——24h 的增压率%

3. 压力试验标准

管道压力试验应按设计文件的规定进行，当设计未明确时，可按现行国家标准、规范要求执行。

4. 压力试验安全技术措施

1）管道试验前，应检查管道与支架的紧固性和管道堵板的牢靠性，确认后才能进行试验。

2）管道试验时，液压试验升压应缓慢，气压试验压力应逐渐缓升。

3）试验压力较高或采用气压试验的管道应划定危险区，安排人员警戒，禁止无关人员入内。管道试验合格后，试验介质宜在室外合适地点排放，并注意安全。液压试验泄压时，应打开放气阀，防止系统中形成负压。

4）受压中的管道不得受到冲击，不得在受压管道上放置电焊搭铁线。

5）一般在液压试验压力达 0.4MPa 以上。气压试验压力达 0.02MPa 以上时，不得紧法兰螺栓。

6）试验检查人员在检查时，不可正对阀门出口、盲法兰等，以防意外。

7）负责升压、降压人员，应严格按规定的程序操作。

8）供试验检查人员行走、登高的脚手架等设施，应经验收合格，牢固可靠。

5. 试验用机具、量具

试验常用的机具、量具可参照表 2-9-1。

试验常用机具、量具表　　表 2-9-1

序　号	名　　称	规格与型号	单　　位	数　　量
1	电动试压泵	按需选用	台	若干
2	手动试压泵	按需选用	台	若干
3	空压机	按需选用	台	若干
4	临时接管	按需选用	米	若干

续表

序　号	名　　称	规格与型号	单　　位	数　　量
5	控制阀	按需选用	只	若干
6	止回阀	按需选用	只	若干
7	排放（气）阀	按需选用	只	若干
8	对讲机	按需选用	只	若干
9	压力表	按需选用	块	若干
10	潜水泵	按需选用	台	若干

第二节　管道系统吹扫与清洗

1. 管道系统吹扫与清洗工艺流程见图 2-9-3。

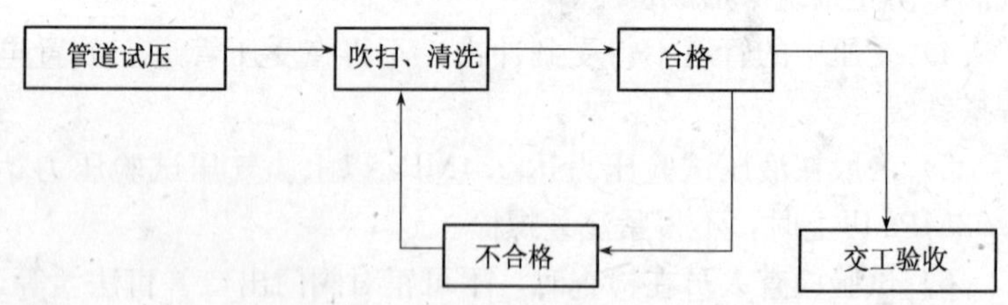

图 2-9-3　管道系统吹扫、清洗工艺流程图

2. 工艺过程

各种管道在投入使用前，必须进行清洗，以清除管道内的焊渣等杂物。一般管道在压力试验合格后进行清洗，对于管道内杂物较多的管道系统，可在压力试验前进行清洗。

1）管道系统吹扫清洗时必须具备的条件

（1）管道系统吹扫、清洗前应熟悉有关施工资料，认真阅读设计技术文件及施工验收规范，熟悉施工现场的环境条件。

（2）试验范围内的管道安装工程，除涂漆、绝热未施工外，均已按设计图纸全部完成，安装质量符合相关规定。

（3）有热处理和无损检验要求的部位，其检测结果均已合格。

(4) 管道上的膨胀节已设置了临时约束装置，管道已按试验要求进行加固。

(5) 管道系统吹扫、清洗用的检测器具应在有效周检期内，其精度符合规定要求，压力表不得少于两块。

(6) 需吹扫、清洗的管道系统与不需吹扫、清洗的管道系统均已采取措施隔离，设置盲板的部位应有明显的标记和记录。

(7) 管道吹洗前，不应安装孔板、法兰连接的调节阀、重要阀门、节流阀、安全阀、仪表等，对于焊接连接的上述阀门和仪表，应采取流经旁路或卸掉阀头及阀座加保护套等保护措施。

(8) 输送有毒流体的管道及设计压力大于等于 10MPa 的管道，在管道系统吹扫、清洗前压力试验应合格，有关资料已经建设单位复查。

(9) 管道系统吹扫、清洗方案已批准，并已进行了技术交底。

2) 管道的吹扫、清洗应符合下列要求

(1) 管道系统吹扫、清洗的方法应根据管道的使用要求、工作介质及管道内表面的脏污程度确定。公称直径大于或等于 600mm 的液体或气体管道，宜采用人工清理；公称直径小于 600mm 的液体管道宜采用水冲洗；公称直径小于 600mm 的气体管道宜采用空气吹扫；蒸汽管道应以蒸汽吹扫；非热力管道不得用蒸汽吹扫。

(2) 有特殊清洗要求的管道系统，应按设计文件规定采用相应的吹洗方法。

(3) 管道吹洗的顺序应按主管、支管、疏排管依次进行，吹洗出的脏物，不得进入已吹洗合格的管道。吹扫压力不得超过容器和管道系统的设计压力。

(4) 吹洗前应检验管道支、吊架的牢固程度，必要时应予以加固。

(5) 管道系统吹扫、清洗合格后，应及时恢复原状和封闭。

(6) 管道吹洗合格并复位后，不得再进行影响管内清洁的其他作业。

3. 水冲洗

1）冲洗管道应使用洁净水，冲洗奥氏体不锈钢管道时，水的氯离子含量不得超过25ppm。

2）冲洗时，宜采用最大流量，流速不得低于1.5m/s。

3）排放水应引入可靠的排水井或水沟中，排放管的截面积不得小于被冲洗管截面积的60%。排水时，不得形成负压。

4）管道的排水支管应全部冲洗。

5）水冲洗应连续进行，以排出口的水色和透明度与入口水目测一致为合格。

6）当管道经水冲洗合格后暂不运行时，应将水排净，并应及时吹干。

7）系统水处理

生活给水管道试压冲洗合格后，应将系统内的存水放空，进行管路消毒。消毒时应灌注含20～30mg/L有效氯的溶液，静置消毒时间不少于24h。消毒结束，放空管道内消毒液，再用生活饮用水冲洗管道，使其输送水质符合现行的《生活饮用水卫生标准》，方可交付使用。

4. 空气吹扫

1）空气吹扫应利用生产装置的大型压缩机，也可利用装置中的大型容器蓄气，进行间断性的吹扫。吹扫压力不得超过容器和管道的设计压力，流速不宜小于20m/s。

2）吹扫忌油管道时，气体中不得含油。

3）空气吹扫过程中，当目测排气无烟尘时。应在排气口设置贴白布或涂白漆的木制靶板检验，5min内靶板上无铁锈、尘土、水分及其他杂物，应为合格。

5. 蒸汽吹扫

1）为蒸汽吹扫安设的临时管道应按蒸汽管道的技术要求安装，安装质量应符合规范规定。

2）吹洗用蒸汽的压力和流量应按设计计算确定，吹洗压力不应大于管道工作压力的75%。蒸汽管道应以大流量蒸汽进行吹扫，流速不应低于 30m/s。

3）蒸汽吹扫前，应先行暖管、及时排水，并应检查管道热位移。

4）蒸汽吹扫应按加热—冷却—再加热的顺序，循环进行。吹扫时宜采取每次吹扫一根，轮流吹扫的方法。当设计无规定时，以出口处蒸汽为纯净气体为合格，吹洗次数应为 2～3 次，每次间隔 20～30min。

5）通往汽轮机或设计文件有规定的蒸汽管道，经蒸汽吹扫后应检验靶片。当设计文件无规定时，其质量应符合表 2-9-2 的规定。

吹扫质量标准 **表 2-9-2**

项　目	质量标准	项　目	质量标准
靶片上痕迹大小	ϕ0.6mm 以下	粒数	1 个/cm^2
痕深	≤0.5mm	时间	15min（两次皆合格）

注：靶片宜采用厚度 5mm，宽度不小于排汽管道内径的 8%，长度略大于管道内径的铝板制成。

6）除本规范第 4.5.5 条规定的蒸汽管道检验外，蒸汽管道还可用刨光木板检验，吹扫后，木板上无铁锈、脏物时，应为合格。

6. 化学清洗

1）需要化学清洗的管道，其范围和质量要求应符合设计文件的规定。

2）管道进行化学清洗时，必须与无关设备隔离。

3）化学清洗液的配方必须经过鉴定，并曾在生产装置中使用过，经实践证明是有效和可靠的。

4）化学清洗合格的管道，当不能及时投入运行时，应进行封闭或充氮保护。

5）化学清洗后的废液处理和排放应符合环境保护的规定。

7. 油清洗

1）润滑、密封及控制油管道，应在机械及管道酸洗合格后、系统试运转前进行油清洗。不锈钢管道，宜用蒸汽吹净后进行油清洗。

2）油清洗应以油循环的方式进行，在循环过程中每8h应在40～70C°的范围内反复升降油温2～3次，应及时清洗或更换滤芯。

3）当设计文件或制造厂无要求时，管道油清洗后应采用滤网检验，合格标准应符合表2-9-3的规定。

油清洗合格标准　　　　表 2-9-3

机械转速（r/min）	滤网规格（目）	合　格　标　准
≥6000	200	目测滤网，无硬颗粒及粘稠物；每平方厘米范围内，软杂物不得多于3个
<6000	100	

4）油清洗应采用适合于被清洗机械的合格油，已清洗合格的管道，应采取有效的保护措施。试运转前应采用具有合格证的工作用油。

8. 高压、超高压天然气管道清管

1）高压、超高压天然气管道应在下沟回填后进行分段清管和分段试压，在投产前还应进行天然气管道的干燥。

2）穿（跨）越大中型河流、铁路、二级以上公路、高速公路的管段应单独进行清管和试压。

3）门站、调压站应进行预验收。

4）清管

（1）分段试压前，应采用清管球（器）进行清管，分段清管的长度不宜超过18km。管道全部竣工后应进行整体清管；

（2）分段清管应在待清通管的始终点分别安装临时清管收发装置，并不应使用场站内设施，管道沿途装置测压点。清管接收装置应设置在地势较高的地方，50m内不得有居民和建筑物；

（3）清管球充水后直径过盈量应为管内径的5%～8%，清管球内注水压力应与清管压力相同；

（4）对不同管径的管道应选用相应规格的清管球（器）作分

级清通，先大口径后小口径，先干管后支管；

(5) 清管前，应确认管段内的线路截断阀处于全开状态；

(6) 清管时的最大压力不得超过管线设计压力；

(7) 清管器应适用于管线弯头的曲率半径；

(8) 清管过程中，沿途每隔一定距离应设置人员监听管内清扫情况；

(9) 管道清通合格标准：清通次数不得少于两次，清通后应无杂质、污水等排出，同时做好记录。

9. 燃气管道清管与吹扫

1) 燃气管道在下沟回填后应进行清管和吹扫，在投产前还应进行管道的干燥。

2) 管径不小于 *DN*100 的燃气管道应进行清管和吹扫；管径小于 *DN*100 的燃气管道只进行吹扫。

3) 管道的清管

(1) 管道的清管应在待清通管道的始、终点分别安装清管球(清管器)的发射和接收装置，沿途并安装测压点；

(2) 清管球或清管器的直径应为管道内径的 1.05 倍，材质为氯丁橡胶。顶球的最大压力不得大于设计压力的 1.25 倍；

(3) 对不同管径的管道应选用相应规格的清管球或清管器分级清通，先大口径后小口径，先干管后支管；

(4) 清管球内注水压力应与清管压力相同；

(5) 人工煤气管道中的抽水管在清管前应拆除，待清管合格后再行安装；

(6) 清管过程中，沿途每隔一定距离应设置人员监听管内清扫情况；

(7) 清通次数不得少于两次，清通后应无杂质、污水排出，同时应作好记录。

4) 管道的吹扫

(1) 吹扫的介质应采用压缩空气，吹扫流速不宜低于 20m/s 吹扫压力不应大于设计压力；

(2) 吹扫时压缩机出口端宜安装油水分离器和过滤器，防止有害物质进入管道；

(3) 埋地聚乙烯燃气管道进行吹扫时，压缩空气的温度不应超过 40℃，吹扫压力不应大于 0.4MPa；

(4) 全线应分段吹扫，每段吹扫的长度，钢管和铸铁管不宜超过 1km；

(5) 吹扫时应按先干管后支管的顺序进行；

(6) 当有若干分支管时，各支管应分别进行吹扫。调压设备不得与管道同时进行吹扫；

(7) 吹扫、清洗的管道系统内阀门应处于全开启状态；

(8) 吹扫应反复数次，直至所有管道吹扫干净。

吹扫的合格标准为：管道内无撞击响声、流水声；吹扫口无锈灰、焊渣、泥土、石块等杂物吹出，同时作好记录。引入室内的支管吹扫，在管道吹扫口用白布检查，无污物吹出为合格。

10. 交工验收

管道系统吹扫、清洗合格后应由施工单位会同监理、建设单位等共同检查确认，并填写“管道系统吹扫及清洗记录”。

第三节　职业健康与安全技术措施

1. 管道系统试验、吹扫、清洗的施工必须严格按施工方案执行的同时，还应执行国家相关的《施工现场防火规定》及《消防安全管理规定》。

2. 试压后系统最高处的排气阀和出口应用临时管子接至地漏、屋面雨水沟等处，防止气水喷出污染周边环境。

3. 试压时如遇渗漏，应及时用容器盛水，特别是精装修部位与吊顶内；消除渗漏泄压时，应将排放口用软管接至室外、雨水沟、地漏处，拆卸需修复的管段时，应用塑料薄膜或溶器接盛管段内的存水。

4. 检漏、修复渗漏需进入吊顶内或拆卸吊顶时，应注意佩戴干净的工作手套，以防吊顶复板污染。

5. 水压试验合格后，应选择合适的地方排放管内试验用水，不允许排放到已经消毒清理的生活、消防水箱内。

6. 管道清管、试压及干燥施工前，应编制施工方案，制定安全措施，并充分考虑施工人员及附近公众与设施安全。

7. 清管、试压及干燥作业应统一指挥，并配备必要的交通工具、通信及医疗救护设备。

8. 吹扫放散位置应设置在开阔地带，不得危及人和物的安全。

9. 管道系统试验、吹扫、清洗时应设置工作区，有明显的警戒线或警示标志，严禁非工作人员进入。

10. 管道系统吹扫、清洗的排放口（处）应有安全的保护设施，排放时应有专人监护。

11. 气体吹扫时，管道上及其附近不得放置易燃物。

12. 清洗排放的脏液不得污染环境，严禁随地排放。

13. 化学清洗时，操作人员应着专用防护服装，并应根据不同清洗液对人体的危害佩带护目镜、防毒面具等防护用具。

第十章　管道的脱脂与酸洗

第一节　管 道 脱 脂

一、脱脂的目的

脱脂的目的可分为两大类：

第一类：油脂等有机物与物料、催化剂接触，会造成危险或危害的工程。属于这一类的有：

（1）遇油脂等有机物会发生燃烧或爆炸的氧、浓硝酸等强氧化剂工程；

（2）油脂等有机物与化工生产的物料相混合后，能改变物料使用特性的工程；

（3）油脂等有机物能引起化工生产用的触媒中毒，影响化工过程正常进行的工程。

第二类：是为了清除设备、管道的工作表面氧化物的需要。或因要求设备、管道的工作表面除去杂质，提高其清洁度，而必须脱脂的工程（如：油润滑系统、液压系统等的脱脂，或是催化剂因无机物等杂质中毒，以及因防锈酸洗而要求彻底清洗的工程）。

二、脱脂剂的种类及其性状

1. 脱脂剂的种类

各种脱脂剂按其作用、机理的不同，可以分为两类：

第一类：有机脱脂溶剂（以下简称溶剂）。如二氯乙烷、三氯乙烯、四氯化碳、氟利昂—113 等。它的作用机理是：溶解油脂。

第二类：水洗涤溶液（以下简称溶液）。如氢氧化钠、金属清洗液等。它的作用机理是：消除油脂与金属表面的粘结，然后使油乳化。

2. 各种溶剂和溶液的性状及其优缺点

（1）溶剂类：

① 四氯化碳。是一种无色、易挥发、不燃烧的液体。其蒸汽无论是与空气还是氧气，都不会形成有爆炸危险的混合物。但是，它的毒性颇大，特别是接触火焰会分解，放出有毒气体——光气。这种溶剂的最大缺点是：在有金属存在时，如在铁的存在下遇水后，会发生部分水解，生成微量盐酸，会引起设备腐蚀（还有细微的铝粉决不能与四氯化碳相接触，尤其是当铝或溶剂在热的时候，否则会引起严重爆炸的危险）。因此，在使用时，一方面要防止有水侵入，另一方面要添加抑制剂。即在每升四氯化碳内加入1.34g苯酚和0.96g苯甲酸。但也应注意，上述抑制剂不适用于有色金属制品的脱脂。

② 三氯乙烯。是一种有氯仿气味、无色、不易燃的液体。前苏联有人做过试验：溢出的三氯乙烯用火柴去点，不燃烧；用灼热的电炉丝去点，发生局部闪火（此时溶剂的液体温度为36℃）。当形成浓度为12%～40.7%（体积）的蒸汽、空气混合物时，以及在密闭式设备里，温度在36～58℃之间，用灼热的电炉丝去点，火焰就会四处蔓延起来。三氯乙烯有毒，与火焰接触后会生成有毒气体——光气。

三氯乙烯在使用过程中会分解，并放出氯化氢气体（有毒）。分解时还会伴有深棕色的液体产生。因此，应在使用前加入0.007%二苯胺或三乙醇胺稳定剂。

③ 二氯乙烷。是一种无色、易燃的液体溶剂。在空气中的燃烧界限为6.2%～16%（体积），燃烧温度界限为8～31℃。在空气中燃烧时，产生带黑色的烟气，并放出有毒的蒸汽。前苏联就不推荐其为脱脂剂。

④ 氟利昂—113。是一种无色、不易燃的液体。自燃温度超过700℃。它的毒性比汽油、丙酮都小。是一种溶解性能良好的通用溶剂。它能充分地与碳氢化合物、油、脂、润滑油，以及大多数硅氟有机化合物混合，不腐蚀钢铁、镍、铜、钛、铝，以及以这些金属为基础的合金。但是，聚乙烯和某些品种的橡皮在氟利昂—113介质中就不稳定。氟利昂—113与大多数其中包括硝

酸、乙炔、氯气、油类和汽油等，都不起化学反应。与液氧接触也是稳定的。如用氟利昂—113 的蒸汽脱脂时，对锌、铝、镁等金属的腐蚀作用都不大，即使在有游离水或酒精或甲醇存在时，长期与氟利昂—113 接触的情况下，腐蚀作用也不大。

⑤ 作为溶剂使用的汽油，本是石油精馏产品。用汽油作为机器零件的脱脂，可达到相当高的清洁度。但是，由于汽油引起火灾的危险性颇大，所以，一般只允许在有良好的防火设施条件下，以及在机器制造厂内使用。此外，以汽油为溶剂的脱脂，只允许对单个零件的脱脂，而不允许用汽油对组装好的设备脱脂。

⑥ 工业酒精（乙醇）。是以食物或木材等原料生产的水解精馏乙醇。无色、有酒味、易挥发。在规范里列为常用脱脂剂之一。但有资料表明，前苏联的脱脂经验中已将其排除在外，因为酒精不能确保必须的脱脂清洁度。他们作了试验证明：脱脂件在酒精中，除去的油量不大于原有油量的 50%，而残留的油膜厚度竟达到几十微米。所以，工业酒精不是理想的脱脂剂。

从上述可知，氟利昂—113、四氯化碳、三氯乙烯是属于非易燃、易爆的溶剂；汽油、工业酒精、二氯乙烷则属于易燃、易爆的溶剂。有机溶剂的优点是：消除油脂的污垢能力很强。如四氯化碳、三氯乙烯的溶解油脂能力约大于汽油 40 倍，而且在低温时的溶解能力也很强；脱脂的净化程度高，设备、零件和管道上残留溶剂清除快。溶剂的缺点是：有不同程度的毒性，价格和成本较高，在多数情况下需要相当复杂的辅助设备。另外，如不加抑制剂、稳定剂时，腐蚀性更大。还有，大多数溶剂由于沸点较低，容易挥发，具有爆炸危险性。使用溶剂的危险性还在于溶剂能产生电位相当高的静电电荷。所以，对此应采取的相应的措施是：a. 在更换容器、倾倒溶剂时，不得有很快的流速；b. 作必要的电气接地措施。

（2）溶液类：溶液类中最具有代表性的脱脂物是氢氧化钠（别名：烧碱、火碱、苛性钠），白色块状或粉末状。不会燃烧，但遇水、水蒸气则大量放热，并成为腐蚀性液体（特别是对铝制品）。遇酸会发热，并中和。其优点是无毒，操作也较安全。一般经氢氧化钠脱脂后的零件、管道，用水冲洗、中和及干燥后即可投入使用。以氢氧化钠为主体的脱脂溶液配方的种类较多。其缺点是必须将溶液加热，在较高的温度下进行脱脂才有效果，并且费时，清除设备、管道内表面的残留溶液却比较困难，最后还得用辅助措施，以及用蒸汽干燥，有的甚至需用机械搅拌等手段。

三、常用脱脂剂的适用范围、配比及使用条件

1. 当使用溶剂类时

（1）工业四氯化碳。适用于黑色金属、铜和非金属件。但对黑色金属脱脂时，应防止有水侵入。因为当有铁存在时，水在四氯化碳溶剂内会产生微量盐酸。而盐酸则对钢铁来说是种腐蚀剂。因此，应绝对避免有水侵入四氯化碳溶剂中。

（2）工业三氯乙烯。也适用于黑色金属及铜类金属件，但必须加入稳定剂后才能使用。因为只有在稳定剂的作用下，才能使三氯乙烯对一般金属无腐蚀性。

（3）工业二氯乙烷。在规范中虽作为常用脱脂剂之一，但由于其有易燃、易爆的缺点，最好不采用。

根据规范编制说明的有关试验资料介绍，脱脂件的表面，每 $1m^2$ 脱脂溶剂不少于 3.18L。由此，经过计算，现整理成表 2-10-1，以供备料、脱脂时参考。

2. 当使用溶液类时

在《脱脂工程施工及验收规范》(IIG 20202—2000) 的附表二中，以氢氧化钠为主的脱脂溶液有三种配比（方），以磷酸钠为主的脱脂溶液有一种，可分别用于一般钢铁、铜以及铜合金件。但脱脂要求温度在 60～90℃之间进行。对于一般钢制件浸入溶液温度不能低于 80℃，喷洗温度不宜低于 60℃；对于有色金属一般在 70～80℃之间处理，要求常加搅拌。脱脂后，放入热水中洗涤，用清水冲洗洁净至中性，然后干燥。

脱脂溶剂单位耗量　　表 2-10-1

序号	管子内径(d)		管子内表面面积(m^2)	溶剂用量		说明
	公制(mm)	英制(in)		L/m	kg/m	
1	15	$\frac{1}{2}$	0.0471	0.15	0.24	1. 以四氯化碳为例的需要量(四氯化碳的相对密度为:1.595) 2. 表内括号中的数值是规范表 4.0.3 所列的数值 3. 如采用三氯乙烯时,溶剂的用量则相应减少 8.7%
2	20	$\frac{3}{4}$	0.0628	0.20	0.32	
3	25	1	0.0785	0.25(0.3)	0.40(0.48)	
4	32	$1\frac{1}{4}$	0.1005	0.32(0.4)	0.50(0.64)	
5	40	$1\frac{1}{2}$	0.1256	0.40(0.5)	0.64(0.80)	
6	50	2	0.1571	0.50(0.6)	0.80(0.96)	
7	70	$2\frac{1}{2}$	0.2199	0.70	1.12	
8	80	3	0.2513	0.80	1.28	
9	100	4	0.3142	1.00	1.60	
10	125	5	0.3927	1.25	2.00	
11	150	6	0.4712	1.50	2.39	
12	200	8	0.6283	2.00	3.19	
13	250	10	0.7854	2.50	3.99	
14	300	12	0.9425	3.00	4.79	
15	平面型材料(如板材)		$1m^2$	3.18	5.07	

近来，获得杭州制氧机厂提供的技术资料《金属制件除油清洗工艺守则》(GY 98—80) 介绍，其碱溶液（除油液）的配方请见表 2-10-2。各种配方用于不同的金属。另外，由于铝是属于两性金属，易与碱反应，因此，对精密的铝制件不能在碱性溶液中脱脂。另外，对铆接制件或其他有机复合件的制件也不宜在碱溶液中脱脂。尤其应提出的是，精密的钢制件，因碱溶液容易损坏其表面光洁度，并使精加工面发暗，所以也不能在碱溶液内脱脂。

"杭氧"脱脂碱溶液的配方表　　　　表 2-10-2

编号	组　分 (g/L)					清洗温度 (℃)
	氢氧化钠	磷酸三钠	碳酸钠	水玻璃	OP-7 或 OP-10	
1 号	80～100	50	50		30	80～90
2 号	100～150		30～50	5～10		
3 号	30～50	20～30	20～30	2～3		
4 号	20～30	70～80		5～3	20～30	
5 号	5～10		50～100	30～40		
6 号	10～20	50～80		30～40		

按照表 2-10-2 所列的配方，其中 1 号、2 号溶液是通常采用的，表中 OP-7 为聚氧乙烯烷基酚醚-7，OP-10 为聚氧乙烯烷基酚醚-10。为了使矿物油、脂能与碱溶液起作用，在溶液中加入一些表面活性剂（如水玻璃），以降低表面张力。同时，为了降低水的硬度，常添加一些磷酸盐。加入碳酸钠的目的是控制脱脂溶液的 pH 值在除油过程中的变化。必须指出 pH 值不能大于 10，否则高浓度的碱溶液不但不能有效地去除油脂，往往会导致金属锈蚀，特别是对铝、镁以及它们的合金。

杭氧厂还有一种脱脂的经验配方是采用非离子型表面活性剂（表 2-10-3）。它的特点是既能脱脂，又可清洗水溶性污物。其中最为方便的是可采用 664 清洗剂与水的混合液。664 清洗剂的主要组分为聚氧乙烯脂肪醇醚、聚氧乙烯辛烷基酚醚-10、烷基二乙醇酰胺及油酸、三乙醇胺。

“杭氧”非离子型金属脱脂液配方　　表 2-10-3

配　方	重量（%）	清洗温度（℃）	配　方	重量（%）	清洗温度（℃）
平平加 聚乙二醇 油　酸 三乙醇胺 亚硝酸钠 水	0.6 0.3 0.4 1.0 0.3 余量	室温，或加热至 50	664 清洗剂 105 清洗剂 6503 清洗剂 水	1 1 1.5 余量	80～90
664 清洗剂 水	3～4 余量	65～75	664 清洗剂 平平加 三乙醇胺 乳化油 水	0.3～0.5 0.3 0.3 0.01 余量	50～60

非离子型脱脂液的优点在于不易燃、无毒性、溶液稳定、性质柔和，对于一般精密制件、铝制件较为适用。如需清洗钢制件时，可适量添加 0.2%苯骈三氮唑。其缺点是：成本高，清洗后会产生发粘现象，必须用热水将脱脂件反复清洗。还有，该脱脂液内含有有机溶剂，所以，对带有有机复合层的组合件不宜采用。

武钢一米七轧机工程中，对脱脂碱溶液也有几种配方，其中一种的配方是：氢氧化钠 10%，碳酸钠 3%，磷酸三钠 4%，硅酸钠 2%，水 81%（重量比），用于液压系统的管道脱脂，效果较好。

在宝钢工程中，日本推荐的碱溶液脱脂配方及其使用条件如表 2-10-4 所示。其温度要求却明确指出不得大于 80℃。

日本的碱溶液脱脂配方及使用条件　　表 2-10-4

序号	溶液浓度（重量比）（%）	温度（℃）	处理时间	适用对象	备　　注
1	氢氧化钠 3～5	80	1～2h	沾油较多的管子	经这种处理后，可以不再脱脂
2	氢氧化钠 10～20	常温	20～30min	管接头、管材	
3	氢氧化钠 5	50	2～3h	管接头、管材	

以上各种以碱、水为主体的脱脂液，经处理过后均需用水冲洗等过程。因此，工艺工程耗时较多，与溶剂脱脂比较，不能不

说是个缺点。

四、溶剂脱脂的一般工艺

首先，我们了解到用溶剂脱脂的方法有如下几种：(1) 槽浸法；(2) 涂擦法；(3) 灌浸法；(4) 循环法；(5) 喷淋法；(6) 冷凝法；(7) 超声波法。现在概略地介绍一般工艺。

1. 槽浸法

适用于一般机械零件。或形状比较简单的管材，直接放入存有溶剂的槽内浸泡。但为了避免溶剂挥发，槽上面应设置简易的盖板。特别应注意的是溶剂槽不使阳光直射和置于工作场所的下风侧，并防止雨水浸入槽内。槽浸法还得与涂擦法结合起来才能取得更好的效果。

2. 涂擦法

适用于一般手工容易触的零部件的表面，或较宽敞的容器管道表面，以及油脂沾污轻微的脱脂件表面，可用无短纤维的、干净的织物蘸以溶剂来回擦脱脂件，以达到去除油脂的目的。但有一点必须注意：脱脂件表面如有毛刺时应事先经过处理，以避免操作人员受伤，或纤维组织物留在毛刺部位，致使造成事故的隐患。

3. 灌浸法

适用于容积不大的容器，管道等内表面或人工操作无法进入其内部的场合。对于一般小口径的容器，或细长的管道内部脱脂时，采用这种方法较好，只要将溶剂灌注入其内（但不应灌满），然后用堵物塞住其口，轻微转动，摇晃，使溶剂在内壁、四周都能浸润到。如果能用通气鼓泡的搅拌方法，那效果更为显著。当然，如采用通气鼓泡的搅拌方法时，脱脂件的顶端应设置通气孔。否则会增加脱脂件内部的压力，也是不允许的。

4. 循环法

适用于各种管道的内循环。这种方法对溶剂的耗量可以压缩到最低限度。只要把溶剂存放在贮液容器内，通过与泵的联结，使溶剂在管道系统内作闭路循环一段时间，以达到脱脂的目的。但如采用这种方法脱脂时，应注意如下几个问题：

（1）循环的溶剂量应不少于脱脂系统的容积的两倍；

（2）保证循环时管道系统内没有死角，必要时，某些管顶部应设置放气阀，以便定时排气（但应注意不要把溶液排除了）；

（3）最好采用脉冲式泵（即往复式泵），而不采用离心泵，更不应使用设备所备的泵。

（4）管接头中某些垫料（如有机复合件、橡胶制品等）以及某些精密阀件（如液压系统的伺服阀等）应不参与循环。在脱脂前暂用其他阀类代替：

（5）回液（溶剂回路）管道上应设置过滤器，以防止杂质参与再循环，并定期清理，更换滤网；

（6）在作循环脱脂时，整个系统应有良好的电气接地措施；

（7）循环系统中应设置有压力计及温度计，以便及时发现溶剂在系统中的压力和温度变化；

（8）应按流程定出循环路线流向，保证不遗漏应脱脂的管段。

5. 喷淋法

适用于诸如制氧设备中精馏塔内的脱脂。它是使用泵或唧筒。将溶剂输送到需要脱脂容器的顶部，通过莲蓬头形式的喷嘴，使溶剂形成雾状或液滴，淋洒到脱脂件表面的四周，并使其顺流而下至各层塔板，最后任溶剂淌至塔内底层，集一个引出管或槽，将残余溶剂回收。采用这种方法脱脂时应着重注意的是：

（1）应确信淋洒的溶剂是遍布各个脱脂件表面的，并且是有成效的；

（2）不宜用二氯乙烷作为脱脂剂；

（3）容器、塔体等设备上的顶部应临时设置一排气管，并将其通往顶部的室外（假设容器、塔体是在室内环境时），使排气管处于工作场所的下风侧；

（4）注意容器、塔体内的温升和压力变化。此点，在盛夏季节和室外容器、塔体时尤应注意。

6. 冷凝法

适用于大型密闭容器内部的脱脂。如大型贮罐等。它是采取蒸发溶剂为蒸汽，将其通入密闭的容器内，使溶剂蒸汽在容器内壁冷凝成液滴，溶解油脂后流淌至容器底部集中回收。这种工艺方法的效果较好，但工艺设备复杂，而且，容器内部是事先经过“粗”脱脂的。此外，溶剂蒸汽的产生。只能用间接加热法和溶剂的蒸汽温度要严格控制在溶剂沸点温度以上的1～2℃范围之内，所以对现场操作技术要求也是比较高的，因此，目前还很少使用。

7. 超声波法

适用于形状复杂的脱脂件，主要是利用超声波源对溶剂产生高频振荡。如与槽浸法、灌浸法、循环法配合使用，其脱脂效果就格外显著。

上述7种脱脂方法，归纳起来，槽浸法、涂擦法、灌浸法、喷淋法比较简单。但是，必须指出，槽浸法、涂擦法对操作人员造成一定的危险性，因为一般有机溶剂是有毒性的。因此，必须加强操作时的通风，保证空气中含有溶剂的最大浓度不大于规定值，加强操作人员的劳动防护，并应严格遵守安全操作规程。此外，不论采用哪一种脱脂方法，对残余溶剂应全部回收，不得任意排放入下水道，更不得用火焚烧含有残余溶剂的油脂。因为这种处理方法会严重污染环境和加速对操作人员健康的危害。

五、脱脂工作中对环境有害物质的最高允许浓度

随着我国社会主义工农业的建设发展，以及吸取国内外的经验和教训，在对待环境保护方面，中央的总方针是：“全面规划，合理布局，综合利用，化害为利，依靠群众，大家动手，保护环境，造福人民”。所以，我国卫生部在2002年颁发《工业企业设计卫生标准》(GBZ 1—2002）中，对一系列化工生产的产品气体，在工人操作的车间大气中都有严格的限制，即其气体的最高容许浓度不得超过某一个值。现结合脱脂工作的溶剂及有关施工中常遇到的介质、物质的气体最高允许浓度值见表2-10-5；对有害物质进入水体的最高允许浓度见表2-10-6。

脱脂工作地点空气中有害物质的最高允许浓度　　表 2-10-5

标准编号	名　　称	最高允许浓度 (mg/m^2)	备　　注
6	二甲苯	100	
26	丙　酮	400	
30	甲　苯	100	
32	光　气	0.5	
52	苯	40	
63	氨	30	
61	苛性碱（换算成 NaOH）	0.5	易灼伤皮肤
65	浓硝酸（换算成 NO_2）	5	同上
82	硫酸及三氧化硫	2	
85	氯	1	
86	氯化氢及盐酸	15	
90	二氯乙烷	25	通过皮肤、呼吸道吸收中毒
91	三氯乙烯	30	
92	四氯化碳	25	
97	溶剂汽油	350	

脱脂工作地点排入水体有害物质的最高允许浓度　　表 2-10-6

标准编号	名　称	最高允许浓度 (mg/L)	标准编号	名　称	最高允许浓度 (mg/L)
11	四氯化碳	5.0	34	石油和石油产品：多硫的 其余的	2.0 0.1
13	硫酸	20～30			
14	硝酸和盐酸	30～35	40	二氯乙烷	2.0
15	氨	5.0	41	苯酸	0.3
19	苯	0.5			

从表 2-10-6 和表 2-10-7 要求可知：第一、对脱脂工作的溶剂尽量少暴露于大气。放置于闭式容器内操作的方法显得更有现实意义；第二、要严禁溶剂残液任意排放入水体。

六、安全防范措施

为了搞好溶剂脱脂工作，做好防范性措施也是防微杜渐之策。因此，接触这项工作的有关人员应对若干有机溶剂、无机溶液的理化性能、危险特性、消防方法、储运注意事项、施工现场中毒症状、急救以及防范措施等应有一概念性的了解，现简明地分述如下：

1. 二氯乙烷

其分子式为$ClCH_2CHCl$，分子量 98.96。

（1）理化常数：相对密度 1.257（20℃时），凝固点－35.7℃，沸点 83.5℃，闪点 13.33℃，自燃点 412.78℃，爆炸极限 6.2%～15.9%，燃烧热值 271Kcal/mal（蒸汽：25℃），蒸汽压 100mmHg（29.4℃），蒸汽压 63mmHg（20℃），蒸汽密度 3.35，比热 0.3054 cal/g℃，膨胀系数 0.0016/℃（10～30℃时）。

（2）危险特性：遇高热、明火、强氧化剂有引起燃烧危险。

（3）消防灭火剂：泡沫、雾状水、二氧化碳、黄沙。

（4）储运注意事项：应储存于阴凉通风仓库内，远离火种、热源，防止日光直射，要与氧化剂、硝酸、酒精等分开储存。搬运时应轻装轻卸，防止包装损坏。在分装、灌桶时应慢速倾倒，切勿快速灌注，以防止静电积聚。

（5）中毒症状：轻者有头痛，嗜睡，恶心，呕吐，眼、鼻、咽喉粘膜轻度刺激症状，面部发红。严重者则全身无力眩晕，剧烈呕吐，上腹部疼痛，肝脏常肿大，心悸，血压升高，极严重者可以谵妄，全身震颤，甚至昏迷而死亡。

（6）急救：急性中毒时，应立即施行人工呼吸，吸氧，必要时注射强心剂，并及时送医院治疗。

（7）操作人员个人劳动保护措施：

① 操作时应尽可能采取密闭、隔离措施；

② 使操作人员处于上风侧；

③ 尽量避免在无劳动保护用品的情况下与二氯乙烷直接接触；

④ 操作人员应戴防毒面具，穿着胶皮手套、围裙及长筒套鞋。

（8）预防：禁止在操作现场吸烟和进食；下班时，劳动保护用品不得带回寝室和食堂。

2. 三氯乙烯

分子式C_2HOl_3，分子量 131.4。

（1）理化常数：相对密度 1.4556（25℃），熔点：－73℃，沸点 87.1℃，自燃点 420℃，爆炸极限 12.5%～90%，蒸汽密度 4.53，蒸

汽压 100mmHg（32℃），燃烧热值 230.01Kcal/gnal（18.7℃）。

（2）危险特性：有毒。遇高温、明火有火灾危险。

（3）消防灭火剂：泡沫、雾状水、二氧化碳、砂土。

（4）储运注意事项：应储存于阴凉通风的仓库内，远离热源，防止阳光直射，并应与酒精等分别储存。本品如储存过久会发生变质。如发现桶口有白色结晶，则是由于三氯乙烯分解所引起，同时会有少量光气产生，其毒性就会增大。

（5）中毒症状，三氯乙烯有强烈的麻醉作用。

① 神经系统损害：容易引起三叉神经麻痹，表现为面部感觉麻木，角膜溃疡等。视神经受损，出现视力下降、有时还可有上、下肢麻木、无力、疼痛等多神经炎症状。

② 消化系统损害：恶心、呕吐、剧烈腹痛等。

③ 呼吸系统损害：嗅觉减低，咳嗽、胸痛等。

（6）急救：发现中毒者，立即撤离现场，施以吸氧或氧碳混合气体，并立即作静脉注射 10％葡萄糖酸钙 10～20mL，或静脉注入 50％葡萄糖 40～60mL 后，急送医院对症治疗。

（7）劳动保护措施：同二氯乙烷的（7）条。

（8）预防：同二氯乙烷的（8）条。

3. 四氯化碳

别名四氯甲烷，分子式 CCl_4，分子量 153.84。

（1）理化常数：

相对密度 1.595（20/4℃），熔点 －22.6℃，沸点 76.8℃，蒸汽压 100mmHg（23℃），114.5mmHg（25℃）。

（2）危险特性：有毒。不会燃烧，在遇潮湿空气以及在光的作用下，能缓慢分解而生成盐酸，对金属产生腐蚀；受高热，特别是接触火焰后能放出剧毒的光气，使操作人员由呼吸道吸收中毒。

（3）消防灭火剂：砂土、二氧化碳。

（4）储运注意事项：应储存于阴凉通风的仓库内，远离热源，并避免阳光直射。应与强氧化剂、酸类、酒精等隔离存放。搬运时应轻装轻卸，防止包装损坏盛暑，气温过高时，应于夜间运输。

（5）中毒症状：主要引起肝脏，肾脏以及神经系统的损害。

① 消化系统损害：剧烈的呕吐、呃逆、腹痛、腹泻、呕血、便血，有时出现黄疸、肝区疼痛、肝肿大。

② 泌尿系统损害：尿量减少，甚至完全尿闭，尿中出现蛋白血球，血中非蛋白氮增高，重症可有痉挛与尿毒症表现。

③ 神经系统损害：头痛，头晕、眩晕、呕吐、意识不清，有时表现为嗜睡等抑制状态，也有时有错觉、幻觉等兴奋状态。轻者可仅有头痛、疲乏、眩晕等。此外，有时侵犯视神经，引起视野缩小，视神经炎、视神经萎缩等。

④ 皮肤损害：引起各型皮炎。通过皮肤也可以吸收一小部分，但不易中毒。

（6）急救：急性中毒时，应立即施行人工呼吸、吸氧，必要时注射可拉明等强心剂，并及时送医院治疗。

（7）劳动保护用品：同二氯乙烷的（7）条。

（8）预防：同二氯乙烷的（8）条。

4. 光气

分子式 $COCl_2$，分子量 98.92。

（1）理化常数：相对密度 1.37（20℃），熔点 −118℃，沸点 8.3℃。

（2）危险特性：毒性比氯气约大 10 倍，剧毒。空气中含 30～50mg/m^2 的光气可致人急性中毒。

（3）消防措施：雾状水、二氧化碳。有微量光气时，可用水蒸气冲散；较严重时，可用液氨喷雾解毒。

（4）中毒症状：主要作用于呼吸系统。在中毒初期，对呼吸道的刺激症状很少，仅有轻微的气管、支气管刺激症状，如干咳等。但往往几小时后症状突然加重，皮肤显著发绀，呼吸困难。甚至窒息，鼻翼煽动，口吐血性泡沫，同时可见浅表静脉扩张，脉搏快速，血压下降，继而进入虚脱，甚至心力衰竭而死亡。

（5）急救：

① 使中毒者半卧位，以减少氧的需要量，注意通风，但需

保暖；

② 立即吸入氧气或5%氧碳混合气体；

③ 立即注射5%～10%氯化钙或10%葡萄糖酸钙5～10mL；

④ 如无上述条件时，应立即送至医院治疗。

(6) 劳动保护措施：应戴劳防用品，商店有售MP1型的防毒面具。

(7) 预防：同二氯乙烷的（8）条。

注：光气虽不是脱脂用的无机气体，但由于四氯化碳和三氯乙烯因遇高温或火焰会生成光气。因此，需作一般了解。

5. 氢氧化钠

分子式NaOH，分子量40.01。

(1) 理化常数：

相对密度2.12（20/4℃），熔点318.4℃，沸点1390℃，蒸汽压。1mmHg（739℃）。

(2) 危险特性：虽不会燃烧，但遇水和水蒸气会大量放热，并成为腐蚀性液体。遇酸发生中和并发热。

(3) 消防灭火剂：黄沙、土、水。

(4) 储运注意事项：应储存于地势高而干燥的仓库或货棚内，防止雨水、潮气侵入。应远离易燃、可燃物和酸类。搬运时应轻装轻卸，包装要严密完整，防止包装破损。在搬运时，操作人员应用防护手套及围裙，以防皮肤直接与苛性碱接触。

(5) 受伤害症状：

① 皮肤或粘膜接触氢氧化钠后，会引起局部变白刺痛，周围红肿，起水泡，重者可引起糜烂，呈化学性烧伤现象；

② 消化系统损害：主要是误“食”引起，导致口腔、食道、胃黏膜糜烂，形成食道、胃狭窄。有时食道、胃黏膜裂成伞形，可发生危及生命的出血。

(6) 急救：如遇皮肤灼伤，应迅速用清水冲洗20min；或用稀醋酸、柠檬酸或2%硼酸充分洗涤伤口，然后再作对症治疗。如遇误服的受伤害者，应迅速让患者口服稀醋酸、酸果汁、稀盐酸、柠檬酸之类弱酸液，以中和苛性碱。另外，口服蛋白水、生鸡蛋、牛乳、淀粉糊或橄榄油，以保护肠、胃黏膜。禁止采用灌肠、洗胃或用催吐药物，以免扩大症状的危险。

(7) 劳动保护措施：脱脂操作时，应配戴眼镜、口罩、橡皮手套、围裙和套靴。

(8) 预防：经常漱口。以及在现场配有2%硼酸溶液和稀醋酸等药物备用。

七、脱脂工作现场必须具备的条件

由于有机溶剂有毒、易燃、易爆等特性。因此，在施工现场应具备：

(1) 清除一切引燃物品。临时工棚不应用竹、木材料搭设；

(2) 具备必需的溶剂药品仓库，并确保脱脂溶剂不与其他物品混合存储；

(3) 具备各种适用的储罐容器，以便初、终脱脂和残余溶剂回收之需；

(4) 脱脂现场应设置："严禁烟火"、"禁止吸烟"、"有毒物品"、"闲人莫入"等醒目示牌，以策安全；

(5) 脱脂现场附近应设置操作人员休息室，并设置劳动保护用品储存柜以及解毒药品柜，且有专人负责；

(6) 应有相应的消防设施；

(7) 脱脂工作场地最好设置在室外，但应满足：既不受阳光直接照射；又能避免雨、水浸入。应设在工作场所的下风侧。

(8) 如必须在室内脱脂时，应配备排风机和必要的通风排气管，以便调节室内空气。对排气管应接至屋面上方，以利溶剂蒸汽释放于大气中。

(9) 对氢氧化钠等残余溶液，应具备中和处理设施。只有经中和的废液可排入下水道内。

总之，脱脂工作是件细致和较复杂的工作，需要集思广益，群策群力，只有通过实践，以取得经验。

第二节 管道酸洗

一、槽式酸洗法

槽式酸洗法，主要是将酸洗件置放在盛有酸洗液的容器内用沉浸法将管内锈蚀清除的方法。采用该工艺酸洗时其工艺分散，易于控制和检查，缺点是占用施工场地大。

（一）酸洗工艺

酸洗工艺如下：

除锈 → 脱脂 → 酸洗 → 水冲洗 → 二次酸洗 → 中和 → 钝化 → 水冲洗 → 蒸汽吹扫 → 热风干燥 → 涂油 → 包扎

（二）操作方法

1. 脱脂

管道的脱脂是酸洗工艺中的一个主要工序。脱脂不合格将直接影响到酸洗的质量，在钝化时也形成不了钝化膜。

脱脂可用氢氧化钠、磷酸三钠、硅酸钠碱溶液、用蒸汽加热法进行。用碱液法脱脂时，必须用高压水将碱液及异物冲洗干净。

2. 酸洗

管子可在12%～14%的盐酸溶液中，温度控制在15～20℃，浸泡4h即可取出。若管子锈蚀严重时，可适当延长浸泡时间。为了防止酸蚀，可在酸液中加入1%乌洛托品。

3. 水冲洗

在酸槽中取出的管子倒尽酸液后用压力水（宜用饮用水）进行冲洗，但冲洗时间不宜过长。

4. 二次酸洗

一般情况下不采用，只有在锈蚀严重时管子有油化状况下采用。

5. 中和

酸洗后的管子必须进行中和处理，使管子呈中性。一般可采用氨水作为中和介质。

6. 钝化

中和后的管子取出后立即放在钝化槽中进行钝化处理。根据有关资料介绍，用10%亚硝酸钠、1%氨水、89%的水溶液作钝化处理的管子可维持一个月左右不生锈。

7. 干燥

从钝化槽中取出的管子迅速用水冲洗干净后立即用蒸汽吹干（最好用过热蒸汽），管口等处仍有水分时必须用约80℃热风吹干，再涂油包扎。

（三）平面示意布置图

图2-10-1为槽式酸洗设备布置简图。

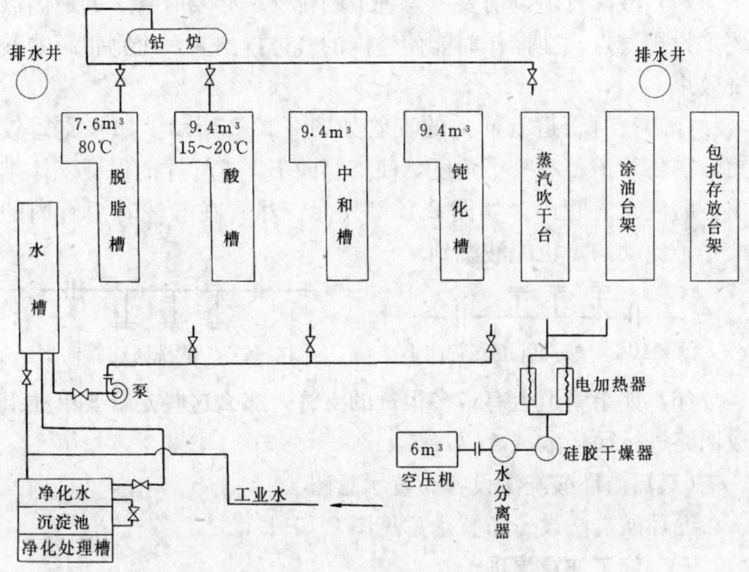

图2-10-1　槽式脱脂酸洗设备布置简图

二、循环酸洗法

循环酸洗法将酸液用泵加压后在管道内进行系统循环的方法来脱除锈蚀。该方法施工场地较小，但循环酸洗的除锈程度较难控制。

（一）循环酸洗工艺流程

循环酸洗工艺流程如下：

管道完整性检查 ⟶ 通水试漏检查 ⟶ 循环酸洗 ⟶ 中和 ⟶ 钝化 ⟶ 热水冲洗 ⟶ 蒸汽吹干 ⟶ 热风吹干 ⟶ 涂油

（二）循环酸洗操作方法

（1）循环酸洗以前要确认系统的管道在制作或安装中已脱脂干净，否则必须先进行脱脂后才能进行循环酸洗。

（2）首先酸洗主管。

（3）将管道串联起来，组成一个回路，一个回路大约在150m以内为妥，串联的管子要考虑到管子的截面，进酸管子的截面要比回酸管子的截面大，以使酸洗液充满管道。

（4）酸洗管道以前要考虑管道的排气，必要时管子的最高点要增设排气点，在操作时能使管内的气体排出来，否则将影响酸洗效果。

（5）有时管道有向上的支管如图2-10-2所示。如果支管较短，需将管道转动一个角度，使支管向下，这样才能保证气体排出，酸液充入管内，如图2-10-3所示。尽管在酸洗时短管内的酸是不流动的，也能酸洗到。

图2-10-2　酸洗管道支管向上　　图2-10-3　酸洗时支管向下

（6）如果管道上有很多很长的支管，那么这些支管要单独组成回路进行循环酸洗。

（三）循环酸洗法设备布置示意图

循环酸洗法设备布置示意见图2-10-4。

三、施工注意事项

（1）酸洗场地如果设在厂房内，要远离生产设备，远离地下室，以防跑酸，损坏设备。

（2）酸洗场地如设在厂房内，厂房地坪一定要加以保护，防止酸腐蚀。

（3）酸洗操作人员要带好防酸手套，穿好防酸衣鞋，倒酸时必须戴好眼镜。

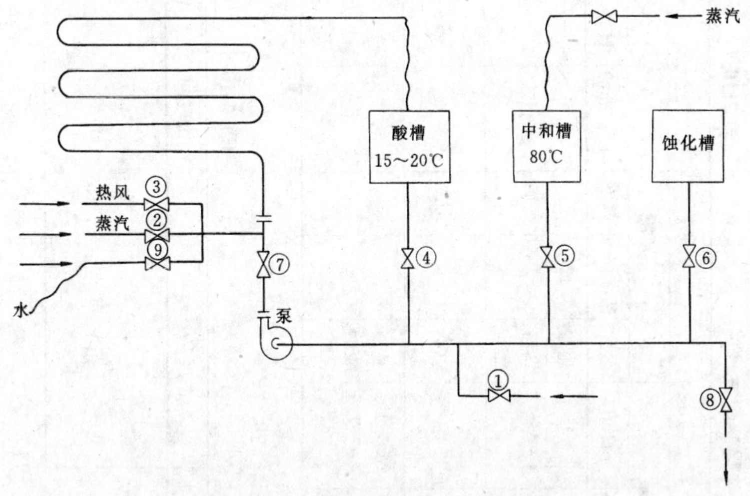

图 2-10-4　循环酸洗设备布置简图

（4）向酸槽内倒酸以前必须先将水灌入槽内才能倒酸，否则将会产生酸爆炸事故，烧伤人身。

（5）酸洗场地要有水龙头、苏打溶液，以备发生事故时使用。

（6）酸缸要放在酸洗场地外面安全的地方，且不要日晒雨淋。

（7）酸液经长期使用要更换时，必须用碱进行中和后才能排入下水井。

（8）氨液要单独放在防火的仓库内，最好放在地下仓库或阴凉的地方，防止由于温度过高自爆及发生火灾。

（9）向中和槽倒氨液时要戴口罩及眼镜，以防氨气熏人中毒。

（10）操作人员要尽量避开在厂房内飘移着的酸雾，操作时最好站在上风头。

（11）循环酸洗时，必须先经过水试漏才能使酸液进入管道，否则会因为漏酸腐蚀生产设备。

（12）酸洗时间要严格掌握，酸洗时防止过酸洗。

四、碳素钢、低合金钢管道、不锈钢管道酸洗、中和、钝化液配方

酸洗、中和、钝化配方见表 2-10-7 和表 2-10-8。

碳素钢及低合金钢管道酸洗、中和、钝化液配方 **表 2-10-7**

溶液	循环法									槽式浸泡法				
	配方一					配方二				配方				
	名称	浓度(%)	温度	时间(min)	pH 值	名称	浓度(%)	时间(min)	pH 值	名称	浓度(%)	温度	时间(min)	pH 值
酸洗液	盐酸	9～10	常温	45	—	盐酸	12～16	120	—	盐酸	12	常温	120	—
	乌洛托品	1				乌洛托品	0.5～0.7			乌洛托品	1			
中和液	氨水	0.1～1	60℃	15	>9	碳酸钠	0.3	—	—	氨水		常温	5	—
钝化液	亚硝酸钠	12～14	常温	25	10～11	亚硝酸钠	5～6	动态 30 再静态 120	7.2～7.3	亚硝酸钠		常温	15	10～11
	氨水													

不锈钢管道酸洗液配方 **表 2-10-8**

名称	分子	体积比(%)	温度(℃)	浸泡时间
硝酸	HNO_3	15	49～60	15min
氢氟酸	HF	1		
水	H_2O	84		

第十一章 交 工 验 收

第一节 管道工程施工记录

施工管理、检查记录是编制交工文件的重要依据，体现施工安装真实的过程。为了加强对施工管理（检查）记录的了解和掌握，确保工程质量、施工记录的完整性，对管道专业的施工管理（检查）记录进行论述，使施工技术人员施工过程中能正确填写，及时衡量施工质量的标准，保证施工进度与工程资料的同步，把握工程质量的重要环节，促进施工项目管理要求，承担施工项目管理职责。

1. 组成

管道专业施工管理（检查）记录，一般由施工管理、检查记录使用说明、目录、施工管理记录表、管道工程检查记录表、压力管道质量记录表组成（包括借用表式）。对特殊的管道及引进设备可在编制施工方案时另行设计施工验收质量记录表式，也可使用外商提供的专用表式。

1）施工管理记录签证要求

（1）施工单位内部（单方）签证：一般由一“长”、两“员”签证有效。其它各方签证如下：

施工班组长：负责提供原始记录，在正式记录的相应处签证（包括日期）。

质量检查员：项目部质量检查员，根据抽、互检结果，在正式记录的相应处签证（包括日期）。

施工技术员：项目部施工技术人员，根据施工班（组）提供并确认的原始记录，整理、填报正式记录，并在相应处签证（包括日期）。

（2）施工单位、建设单位（或监理单位）、设计单位双方（或三方）签证：

需双方（或三方）签证的，应在检查过程中，由施工技术员邀请建设单位（或监理单位）、设计单位共同参加，待确认后，由施工技术员整理、填报正式记录。内部签证后，交建设单位（或监理单位）或设计单位的现场代表签证有效。

2）施工检查记录表签证要求

（1）施工检查记录的部分表式不需要建设单位签证：由施工技术员，质量检查员，施工班（组）长签证。

（2）建设单位（或监理单位）签证：凡属于各类阀门试验记录，阀门调试记录，管道系统压力试验记录，管道吹洗（通水）记录，燃气、燃油管道通球检查记录，卫生洁具满水检查记录，排水管道通球（通水、灌水）试验检查记录，管道系统调试记录及隐蔽工程验收证书或特殊（重要）的工程部位施工检查记录必须请建设单位（或记录单位）代表会同检查并签证。

3）填写份数

（1）施工管理记录一般填写四份，分送项目部、分公司、公司主管部门、建设单位。

（2）施工检查记录一般为四份，由施工技术员整理后填写，经有关人员会签确认后装订成册，分送建设单位、公司主管部门、分公司主管部门及项目部。(特殊情况列外)。

2. 施工管理（检查）记录（管道专业）分类

施工管理（检查）记录是施工项目过程的原始记录，是施工质量管理的重要技术文件之一，为了加强施工项目的质量管理，按国家现行颁发施工验收规范要求验收。把适用于管道专业的施工管理（检查）记录表格进行分类，一般可以分成三大类，施工技术人员可以根据不同的工程要求进行选用。

1）管道专业施工管理（检查）记录分类

（1）施工管理记录见表 2-11-1。

（2）管道工程检查记录见表 2-11-2。

（3）压力管道质量记录见表 2-11-3。

施工管理记录 表 2-11-1

序号	名称	备注
1	封面	
2	文件（资料）目录	
3	工程概况表	
4	开工报告	
5	图纸会审、设计交底记录	
6	施工交底记录	
7	施工交底记录（续表）	
8	施工技术核定表	
9	隐蔽工程验收证书	
10	交工、中间交工验收证书	
11	重大质量事故鉴定报告	
12	工程问题联络单	
13	项目部上岗人员登记表	
14	上岗无损检测人员登记表	
15	焊接作业指导书	

管道工程检查记录 表 2-11-2

序号	名称	备注
1	管道安装检查记录	
2	管道焊接施工检查记录（一）	
3	各类阀门（散热器等）试验记录	
4	管道补偿器安装记录	
5	阀门调试记录	
6	管道静电接地测试记录	
7	管道系统压力试验记录	
8	管道吹洗（通水）检查记录	
9	燃气、燃油管道通球检查记录	

续表

序 号	名 称	备 注
10	焊后热处理报告	
11	射线照相试验报告	
12	射线照相试验报告（续表）	
13	超声波检验报告	
14	磁粉检验报告	
15	渗透检验报告	
16	卫生洁具满水检查记录	
17	排水管道通球（通水、灌水）试验记录	
18	卫生器具安装检查记录	
19	排水管道及配件安装检查记录	
20	消火栓系统安装检查记录	
21	管道绝热工程施工检查记录	
22	管道系统调试记录	
23	散热器安装检查记录	
24	管道（风管）绝热工程施工检查记录	
25	管组件安装检查记录	

压力管道质量记录 **表 2-11-3**

序 号	名 称	备 注
1	特种设备安装改造维修告知书	
2	压力管道施工方案审批表	
3	压力管道简要施工方案	
4	施工技术交底	
5	施工技术核定表	
6	项目部上岗人员登记表	
7	上岗无损检测人员登记表	
8	焊接作业指导书	

续表

序　号	名　　　　称	备　　注
9	图纸会审、设计交底记录	
10	压力管道安装检查记录	
11	压力管道埋地安装检查记录	
12	压力管道埋地安装管沟检查记录	
13	压力管道焊接施工检查记录	
14	管道焊接施工检查记录表（二）	
15	各类阀门（散热器等）试验记录	
16	管道补偿器安装检查记录	
17	阀门调试记录	
18	管道静电接地测试记录	
19	管道系统压力试验记录	
20	管道吹洗（通水）检查记录	
21	燃气、燃油管道通球检查记录	
22	焊后热处理报告	
23	高压管件加工记录	
24	管道（风管）绝热工程施工检查记录	
25	隐蔽工程验收证书	

第二节　管道竣工图编制技术

竣工图是建设工程在施工过程中所绘制的一种“定型”图样，它必须真实地记录建筑、结构、设备、电器、工艺管线、仪表、给排水、消防、暖通、环保等设施的实际情况，是工程交工验收、维修、管理、改建、扩建的依据，是国家的重要技术档案。

1. 编制标准

竣工图是在施工过程中形成的，它记录了施工全过程的结果，真实反映了其内容的准确性，与工程建设文件一样具有代表性。竣工图是用图表形成结合简洁文字来说明建筑物、构筑物和内、外部设施布置的最终状况。竣工图的规范编制对工程项目的科学管理、安全运行起着极其重要的作用。它是工程项目的真实写照，是工程项目主要竣工资料之一。竣工图编制遵守国家规范为GB/T 50328《建设工程文件标准整理规范》和《上海市建设工程竣工档案的编制及报送规定》。

2. 编制要求

1）编制原则

竣工图编制原则可用八个字来表达：及时、准确、真实、完整。

（1）及时：竣工图的编制应与工程建设同步。各分部分项工程完成后，应及时收集有关资料，编制该分部分项工程的竣工图。单位工程竣工后应在短时间内（或合同规定要求）编制完竣工图移交建设单位。

（2）准确：变更单上的内容应准确地修改到竣工图上，编制的竣工图应能准确地反映工程的实际竣工情况。

（3）真实：竣工图应真实地把工程的竣工面貌表示出来，竣工图应与现场的实际情况表示一致。

（4）完整：竣工图应力求完整，每个系统的每张图纸不得遗漏，每张竣工图都要修改到位，做到变更内容和竣工图相对应。

2）编制依据

竣工图应根据现行的制图标准、以及国家相关建设法规文件来编制，并以施工设计交底、图纸会审纪要、设计变更（修改）、洽商通知、技术核定单、工程联系单等变更内容为依据。（除设计单位发出的修改通知，其他变更内容必须由设计、施工、建设、监理单位共同签收才能有效，注明编号或日期）。

3）竣工图编制要点

（1）编制竣工图的图纸应为蓝图，同一单位一般编制三套（或以合同要求），即建设单位保存一套，城建档案管理部门保存一套，施工单位保存一套。

（2）竣工图上修改的字体应端正，和原图上的字体大小相适宜，禁止错字、别字、草字的出现。使用绘图仪绘图，线条粗、细均匀，按标准进行绘制。绘制使用黑色碳素绘图墨水（或水笔），严禁使用铅笔、圆珠笔、非黑色碳素墨水绘图和写字。

（3）修改的内容和有关说明均不得超过原图框，修改后的图纸要求整洁、无涂抹等现象。如果图面混乱不清，涂抹污染严重，均应重绘。

（4）一张更改通知单涉及多张图纸的，如果图纸不在同一卷册的应将复印件附在有关卷册中。

（5）在同一建筑物的标准图、通用图可不编入竣工图中，但应在图纸目录中列出图号，指明该图所在的位置，并在编制说明中注明。

（6）竣工图应按单位工程或专业编制，并配有详细编制说明和目录。

（7）国外引进项目、引进技术或由外方承包的建设项目，外方提供的竣工图应由外方签字确认。

（8）要求安排专业的技术人员绘制竣工图。施工过程中发生的变更内容均应绘制到竣工图上，并在变更单上注明变更内容所在的竣工图号。凡重新绘制到竣工图上的内容都要有修改依据，使竣工图与修改依据保持一致。

3. 竣工图绘制的方法

1）竣工图编制的基本形式

竣工图是工程档案中最重要的部分，是竣工验收备案的必备资料之一，是检查施工单位是否按图施工的凭证。工程竣工图是以施工图纸为基础，根据各种变更文件在原图上修改或重新绘制而实现的，竣工图编制一般分为以下几种形式：

（1）凡施工图纸没有变更，按原图施工的（包括图纸目录、设计总说明等），由施工单位在原施工图上加盖“竣工图”章，作为竣工图。

（2）有一般性设计变更，并能在原施工图纸上修改补绘为竣工图，由施工单位在原施工图纸（新蓝图）上加以修改并加盖“竣工图”章。

（3）凡建筑结构形式，工艺、平面布置等内容改变较大，或者在一张图纸上改动部分超过 40%、或虽然改变不超过 40%修改后图面混乱、分辩不清的个别图纸需要重绘竣工图，并加盖“竣工图”章。

（4）如果条件允许重新绘制竣工图，可以由设计单位绘制。由设计单位绘制的竣工图也应在图纸上加盖“竣工图”章，原施工图纸可不必归档。

2）竣工图绘制的方法

竣工图具体的绘制方法应视图面、改动的位置、改动的繁简等情况而定，竣工图幅面上所反映的图形、尺寸、规格、材质等内容应与施工后的实物相一致，同一套竣工图应尽可能用同一种方法绘制，这是竣工图纸绘制的基本标准。

（1）杠改法

杠改法是在蓝图上将需要取消或修改的数字、文字、符号等内容用直尺画一横杠杠掉（不允许涂抹掉或用修正液涂抹），在适当的位置改上正确的内容，用直尺画出引出线后标注修改依据。杠改法适用于尺寸、设施点的编号、坐标、标高、管线号、设备型号、注释、文字的取消和修改。（见图 2-11-1）

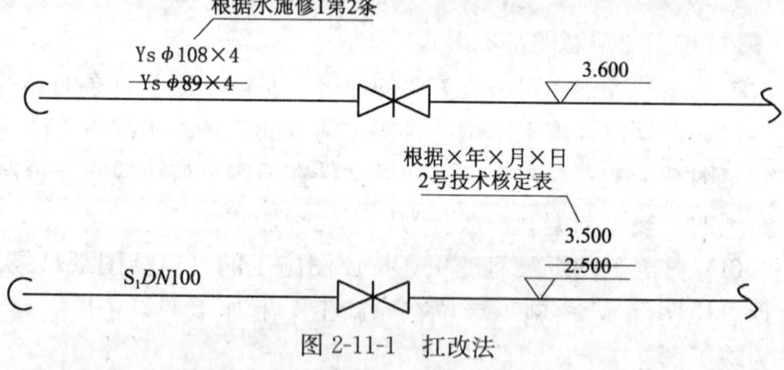

图 2-11-1　杠改法

（2）叉改法

在蓝图上将要去掉或修改的内容，打叉表示取消，将需要修改的内容绘制图上，并用细实线画出引出线注明修改依据的修改方法。适用于少量线条的简单图形的修改。（见图 2-11-2）

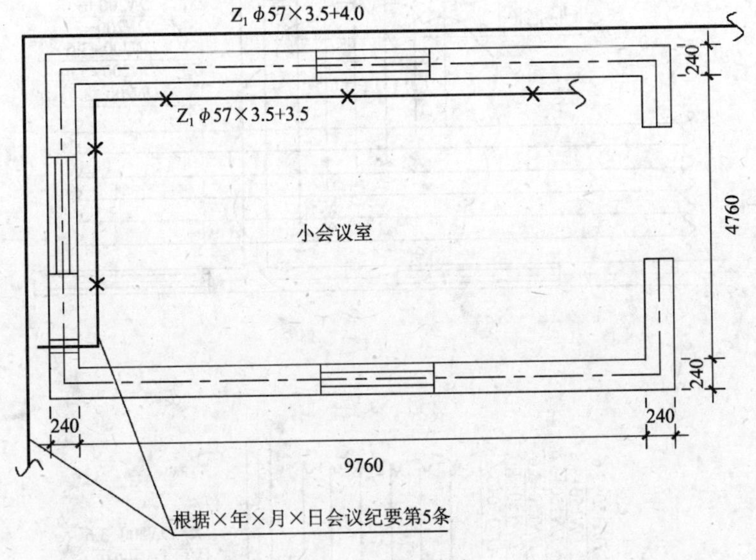

图 2-11-2　叉改法

（3）圈改法

对较多图形的修改：将被修改的部分图形圈出，按制图规范在其附近的适当位置，画出修改后的图形，注明修改依据。（见图 2-11-3）

（4）补绘法

在蓝图上将增加的内容按实际绘出，或将修改后的内容绘制在图纸空白处，用细实线引出后标明修改依据的修改方法。

（5）注改法

在竣工图修改过程中，在原施工图上无法用规范的图例或符号加以表达的，或用规范的绘图方法修改后仍无法明确表达清楚的，可以用精炼的语言在图签附近适当加以说明，并注明修改依据。凡可以用图示表达的，一律不能用文字说明。

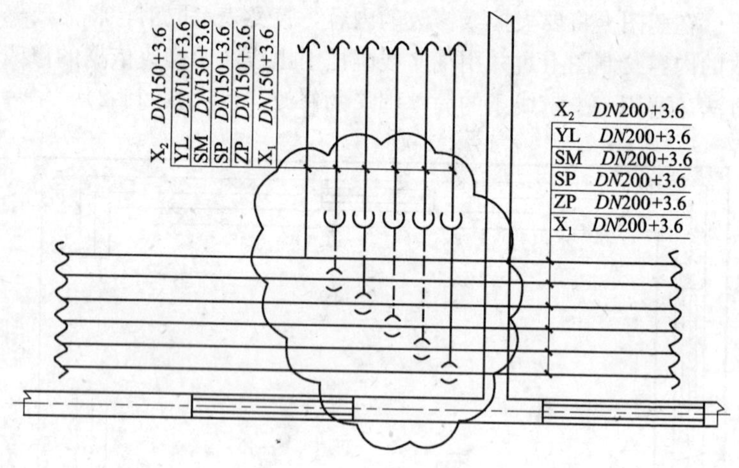

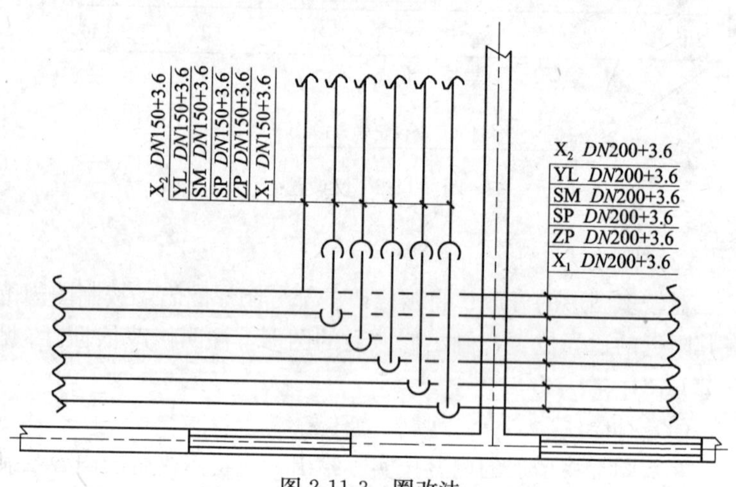

图 2-11-3　圈改法

（6）刮改法

刮改法是在原施工图底图上刮去需要更改的内容，按绘图规范重新绘制正确内容，再晒蓝图，由施工单位、监理单位审核签证后作为竣工图。刮改法只能在底图修改过程种使用。

3）竣工章的式样和加盖要求

（1）竣工章是施工图改变为竣工图的重要依据。竣工章的式样和尺寸（按统一规格：高 50mm，宽 80mm）。

竣　工　图	
编制单位名称	
编制人	
技术负责人	
编 制 日 期	年　　月　日

（2）竣工章加盖时必须使用红色不褪色印泥，加盖在蓝图右下角图纸图签附近空白处，如果图签附近有内容的，可以找一些内容比较少的部位加盖，但不能加盖在图缝中间，也不能加盖图纸背面。竣工图的封面和图纸目录也要加盖竣工章。

（3）竣工章的填写时必须使用碳素墨水，“编制单位名称”一栏的单位名称可以直接刻在竣工章上，“编制人”和“技术负责人”必须由编制人和技术负责人分别签字，不允许盖姓名章，不允许同一个人签字，不允许由别人代签。监理单位必须严格审核竣工图编制的准确性和真实性，并有现场监理和总监理工程师签字盖章。

4）竣工图审核与组卷

（1）审核与会签

为了确保竣工图内容的真实性、准确性和可靠性，分包单位、总包单位、监理单位必须切实做好竣工图编制的审核工作。

① 审核修改依据性文件材料准确性。检查修改依据性文件材料内容是否完整，每一修改条款是否标注相应的图纸图号，修改条款是否前后矛盾，如有矛盾必须确定以哪一条为准。

② 审核竣工图修改的准确性。检查文件材料中每一修改条款是否均已修改到竣工图上，相关竣工图是否修改到位，竣工图修改和实际是否相符。

③ 审核竣工图修改的规范性。竣工图修改时采用的修改方

法是否规范，是否采用标准的绘图方式，是否采用绘图工具进行修改。

④ 根据上述要求有顺序的进行审核，符合要求后加盖竣工章由编制人和施工单位技术负责人分别签字，通过现场监理审核签字后，由各专业监理工程师和总监理工程师签字，并由监理单位加盖监理单位公章。（设计院审核，加盖设计院的公章。）

（2）组卷要求

① 竣工图的编制说明概括了专业竣工图的划分范围，包括被修改图纸数量。

② 竣工图被修改过的图纸在目录内明确注明，并与施工过程中所形成的修改文件相对应。

③ 竣工图按 4 号图纸（297mm×210mm）规格折叠，图面朝里，图标要外露，页号标在右上角。

④ 竣工图按单体工程排列，并按单体内的专业组卷。

⑤ 竣工图可以不装订，同一项目应统一。

⑥ 竣工图与其他竣工资料移交给有关部门，应办理清点交接手续。

竣工图编制是一项既严肃认真、又细致而繁琐的工作，它贯穿于工程的整个施工过程，要编制好竣工图，各单位都要给予足够的重视。建立以施工单位为主，设计单位配合，监理单位协调，建设单位督促的机制，使竣工图编制更完善、更规范。

第十二章 起重基础知识

起重技术在管道安装中也得到广泛地运用。管道的起吊、运输都涉及起重技术，尤其在化工装置高塔塔顶配管中更离不开起重技术。由于起重的知识面广，机械种类多，现场不同情况使用不同的方案，在这里只能简单地介绍一下绳索技术。

第一节 白 棕 绳

白棕绳在管道安装时较多用，它适用于轻的物件吊装，同时还用来作溜绳和缆风绳。严禁用于机械传动和摩擦大、速度快的作业场合和有腐蚀性物品的吊装。国产白棕绳规格如表 2-12-1 所列。

国产旗鱼牌白棕绳规格表　　表 2-12-1

直径（mm）	8	13	16	19	22	25
破断力（kg）	325	800	1150	1300	1850	2400

白棕绳在工程中常用的扣结方法有图 2-12-1 所示几种，可供施工时参考。

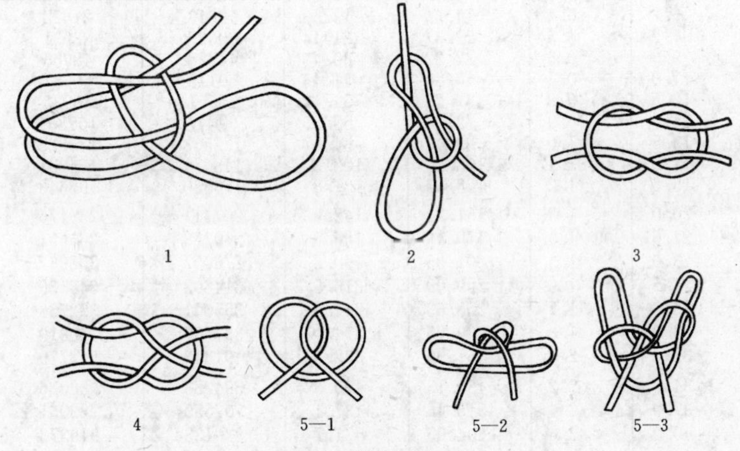

图 2-12-1　常用绳扣（一）

1—双头杠棒结；2—鲁棒结；3—抄手结；4—抄手克结；5—座身结

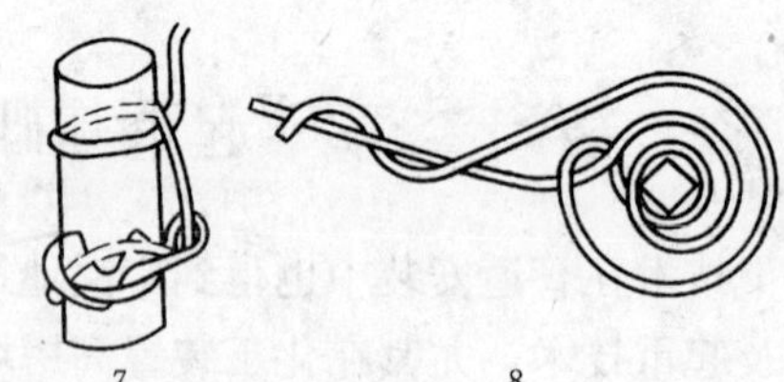

图 2-12-1 常用绳扣（二）
6—挂钩结；7—单头克结；8—围绳结

第二节 钢 丝 绳

钢丝绳在工程中很常用，但它在使用中特别注意严禁与导电电线接触，特别是与电焊软线、搭地线等接触。同时亦不宜与坚硬物体摩擦。常用钢丝绳规格性能见表 2-12-2 及表 2-12-3。

钢丝绳 6×19（GB 1102—74） **表 2-12-2**

绳 6×19
股（1+6+12） 【用 途】 各种起重、提升和牵引设备。
绳纤维芯

直径（mm）		钢丝总断面积（mm^2）	钢丝绳参考重量（kg/100m）	钢丝绳公称抗拉强度（MPa）	
				1370	1520
钢丝绳	钢 丝			钢丝破断拉力总和（N）≥	
6.2	0.4	14.32	13.53	19613	21673
7.7	0.5	22.37	21.14	30695	33931
9.3	0.6	32.22	30.45	44228	48935
11.0	0.7	43.85	41.44	60115	66587
12.5	0.8	57.27	54.12	78551	86985
14.0	0.9	72.49	68.50	99047	109834
15.5	1.0	89.49	84.57	122583	135822
17.0	1.1	108.28	102.3	148571	164261
18.5	1.2	128.87	121.8	176520	195643
20.0	1.3	151.24	142.9	207411	229476
21.5	1.4	175.40	165.8	240753	266251
23.0	1.5	201.35	190.3	276057	305967
24.5	1.6	229.09	216.5	314303	348136
26.0	1.7	258.63	244.4	355001	392756
28.0	1.8	289.95	274.0	397660	440319
31.0	2.0	357.96	338.3	491313	543779
34.0	2.2	433.13	409.3	594283	658026
37.0	2.4	515.46	487.1	707550	783061
40.0	2.6	604.95	571.7	830133	919373
43.0	2.8	701.60	663.0	963013	1064022
46.0	3.0	805.41	761.1	1103248	1220928

续表

直径(mm)		钢丝绳公称抗拉强度(MPa)			1667MPa时的许用拉力（N）		
		1667	1814	1961	安全系数		
钢丝绳	钢丝	钢丝破断拉力总和（N）≥			3.5	5	8
					浪风用	吊装用	千斤用
6.2	0.4	23830	25890	28047	6809	4766	2979
7.7	0.5	37265	40501	43836	10647	7453	4658
9.3	0.6	53642	58448	63155	15326	10728	6705
11.0	0.7	73060	79532	86004	20874	14612	9133
12.5	0.8	95419	103460	112286	27262	19084	11927
14.0	0.9	120622	131409	141706	34463	24124	15078
15.5	1.0	149061	162300	175049	42589	29812	18633
17.0	1.1	180442	196133	212314	51555	36088	22555
18.5	1.2	214766	233398	252521	61362	42953	26846
20.0	1.3	252031	274096	296161	72009	50406	31504
21.5	1.4	292238	317735	343723	83497	58448	36530
23.0	1.5	335387	364807	394718	95825	67077	41923
24.5	1.6	381479	415312	449145	108994	76296	47685
26.0	1.7	431002	468758	507004	123143	86200	53875
28.0	1.8	482978	525636	568295	137994	96596	60372
31.0	2.0	596735	649200	701666	170496	119347	74592
34.0	2.2	721769	785513		206220	144354	90221
37.0	2.4	859063	935064		245447	171926	107383
40.0	2.6	1005182	1093441		287195	201036	125648
43.0	2.8	1166991	1269961		333426	233398	145874
46.0	3.0	1338608	1461191		382459	267722	167326

注：1. 粗线左侧可供应光面或镀锌钢丝绳；右侧只供应光面钢丝绳；

2. 本表许用拉力数值未包括“折减系数 φ”（φ=0.85），选用时请注意。

钢丝绳 6×37（GB 1102—74） **表 2-12-3**

绳 6×37
股（1+6+12+18） 【用 途】 各种起重、提升和牵引设备。
绳纤维芯

直 径（mm）		钢丝总断面积（mm²）	钢丝绳参考重量（kg/100m）	钢丝绳公称抗拉强度（MPa）	
				1370	1520
钢丝绳	钢 丝			钢丝破断拉力总和（N）≥	
8.7	0.4	27.88	26.21	38246	42365
11.0	0.5	43.57	40.96	59722	66195
13.0	0.6	62.74	58.98	86102	95321
15.0	0.7	85.39	80.27	117189	129448
17.5	0.8	111.53	104.8	152983	169165
19.5	0.9	141.16	132.7	193681	214275
21.5	1.0	174.27	163.8	238792	264780
24.0	1.1	210.87	198.2	289296	320187
26.0	1.2	250.95	235.9	344213	380988
28.0	1.3	294.52	276.8	404034	447674
30.0	1.4	341.57	321.1	468758	518772
32.5	1.5	392.11	368.6	537894	595754
34.5	1.6	446.13	419.4	612425	678130
36.5	1.7	503.64	473.4	691369	765409
39.0	1.8	564.63	530.8	774725	858082
43.0	2.0	697.08	655.3	956638	1059118
47.5	2.2	843.47	792.9	1157185	1279768
52.0	2.4	1003.80	943.6	1377834	1524934
56.0	2.6	1178.07	1107.4	1613194	1789714
60.5	2.8	1366.28	1284.3	1873070	2074106
65.0	3.0	1568.43	1474.3	2152560	2383016

续表

直径(mm)		钢丝绳公称抗拉强度(MPa)			1667MPa时的许用拉力（*N*）		
		1667	1814	1961	安全系数		
钢丝绳	钢丝	钢丝破断拉力总和（*N*）≥			3.5	5	8
					浪风用	吊装用	千斤用
8.7	0.4	46385	50504	54623	13253	9277	5798
11.0	0.5	72569	79042	85416	20734	14514	9071
13.0	0.6	104440	113757	122583	29840	20888	13055
15.0	0.7	142196	154455	167203	40627	28439	17774
17.5	0.8	185836	202017	225553	53096	37167	23230
19.5	0.9	234869	255954	276548	67105	46973	29359
21.5	1.0	290277	315774	341762	82936	58055	36284
24.0	1.1	351078	382459	413350	100308	70216	43885
26.0	1.2	418254	455029	491803	119501	83651	52282
28.0	1.3	490823	533972	577612	140235	98165	61353
30.0	1.4	569276	619290	669794	162650	113855	71160
32.5	1.5	653613	710982	768841	186747	130723	81702
34.5	1.6	743344	809049	874753	212384	148669	92918
36.5	1.7	839449	913489	985568	239843	167889	104931
39.0	1.8	940948	1019892	1103248	268842	188190	117619
43.0	2.0	1162088	1260155	1363124	332025	232417	145261
47.5	2.2	1402351	1529837		400672	280470	175294
52.0	2.4	1672034	1819134		477724	334407	209004
56.0	2.6	1961330	2132946		560380	392266	245166
60.5	2.8	2275143	2476179		650041	455029	284393
65.0	3.0	2613472	2843930		746706	522694	326684

注：1. 粗线左侧可供应光面或镀锌钢丝绳；右侧只供应光面钢线绳。

2. 本表许用拉力数值未包括“折减系数 φ”（φ=0.82），选用时请注意。

第十三章　现场施工实用小技术

第一节　管子重量计算

求管子的重量也是以管子的体积乘材质的密度。

一般碳钢密度为 7.85g/cm^3；铸铁为 7.2g/cm^3。

管子重量计算公式为

$$P=\pi L(D-S)S\gamma \quad \text{g}$$

式中　P——管子重量（g）；

L——管子长度（cm）；

D——管子外径（cm）；

S——管子壁厚（cm）；

γ——管子材质的密度。

【例】 求 ϕ219×10 碳钢无缝钢管 1m 长的重量。

【解】 代入式中

$$\begin{aligned}P&=\pi L(D-S)S\gamma\\&=3.1416\times100(21.9-1)\times1\times7.85\\&=2466\times20.9\\&\approx51.54\text{kg}\end{aligned}$$

第二节　弯曲管道尺寸计算

任意弯曲角度和弯曲半径的弯管（图 2-13-1），可按表 2-13-1 进行计算。

【例】 已知图 2-13-2 所示管段的转角 $\alpha=32°$，弯曲半径为 320mm，已装管段距转弯点 O 为 1200mm，现取一根直管制作弯管，试作画线图。

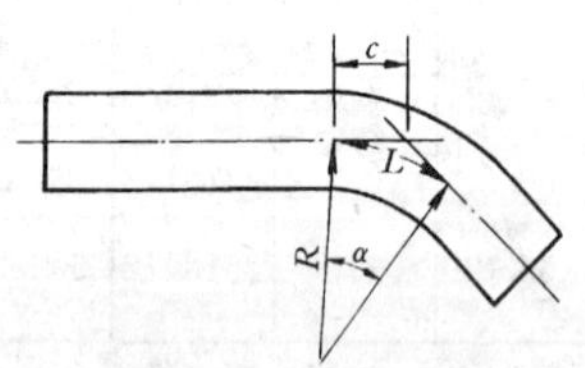

图 2-13-1　任意弯曲角度和弯曲半径的弯管

【解】 加工弯管的直管段长度 $b=1200-c$

表 2-13-1

弯曲角度 α (°)	半弯直长 c	弯曲长度 L	弯曲角度 α (°)	半弯直长 c	弯曲长度 L
1	0. 0087R	0. 0175R	46	0. 4245R	0. 8029R
2	0. 0175R	0. 0349R	47	0. 4348R	0. 8203R
3	0. 0261R	0. 0524R	48	0. 4452R	0. 8378R
4	0. 0349R	0. 0698R	49	0. 4557R	0. 8552R
5	0. 0436R	0. 0873R	50	0. 4663R	0. 8727R
6	0. 0524R	0. 1047R	51	0. 4769R	0. 8901R
7	0. 0611R	0. 1222R	52	0. 4877R	0. 9076R
8	0. 0699R	0. 1396R	53	0. 4985R	0. 9250R
9	0. 0787R	0. 1571R	54	0. 5095R	0. 9425R
10	0. 0875R	0. 1745R	55	0. 5205R	0. 9599R
11	0. 0962R	0. 1920R	56	0. 5317R	0. 9774R
12	0. 1051R	0. 2094R	57	0. 5429R	0. 9048R
13	0. 1139R	0. 2269R	58	0. 5543R	1. 0123R
14	0. 1228R	0. 2443R	59	0. 5657R	1. 0297R
15	0. 1316R	0. 2018R	60	0. 5774R	1. 0472R
16	0. 1405R	0. 2793R	61	0. 5890R	1. 0647R
17	0. 1494R	0. 2967R	62	0. 6009R	1. 0821R
18	0. 1584R	0. 3142R	63	0. 6128R	1. 0996R
19	0. 1673R	0. 3316R	64	0. 6249R	1. 1170R
20	0. 1763R	0. 3491R	65	0. 6370R	1. 1345R
21	0. 1853R	0. 3665R	66	0. 6494R	1. 1519R
22	0. 1944R	0. 3840R	67	0. 6618R	1. 1694R
23	0. 2034R	0. 4014R	68	0. 6745R	1. 1868R
24	0. 2126R	0. 4189R	69	0. 6872R	1. 2043R
25	0. 2216R	0. 4363R	70	0. 7002R	1. 2217R
26	0. 2309R	0. 4538R	71	0. 7132R	1. 2392R
27	0. 2400R	0. 4712R	72	0. 7265R	1. 2566R
28	0. 2493R	0. 4887R	73	0. 7399R	1. 2741R
29	0. 2587R	0. 5061R	74	0. 7536R	1. 2915R
30	0. 2679R	0. 5236R	75	0. 7673R	1. 3090R
31	0. 2773R	0. 5411R	76	0. 7813R	1. 3265R
32	0. 2867R	0. 5585R	77	0. 7954R	1. 3439R
33	0. 2962R	0. 5760R	78	0. 8098R	1. 3614R
34	0. 3057R	0. 5934R	79	0. 8243R	1. 3783R
35	0. 3153R	0. 6109R	80	0. 8391R	1. 3963R
36	0. 3249R	0. 6283R	81	0. 8540R	1. 4173R
37	0. 3345R	0. 6458R	82	0. 8693R	1. 4312R
38	0. 3443R	0. 6632R	83	0. 8847R	1. 4486R
39	0. 3541R	0. 6807R	84	0. 9004R	1. 4661R
40	0. 3640R	0. 6981R	85	0. 9163R	1. 4835R
41	0. 3738R	0. 7156R	86	0. 9325R	1. 5010R
42	0. 3839R	0. 7330R	87	0. 9484R	1. 5184R
43	0. 3939R	0. 7505R	88	0. 9657R	1. 5359R
44	0. 4040R	0. 7679R	89	0. 9827R	1. 5533R
45	0. 4141R	0. 7854R	90	1. 0000R	1. 5708R

查表 2-13-1，当 $\alpha=32°$，$c=0.2867R=0.2867\times320\approx$ 91.7mm

因此，直段长 b=1200−91.7=1108.3mm

查表 2-13-1，当 $\alpha=32°$，$L=0.5585R=0.5585\times320\approx$ 178.7mm

根据计算结果，可进行画线，如图 2-13-2（b）所示。

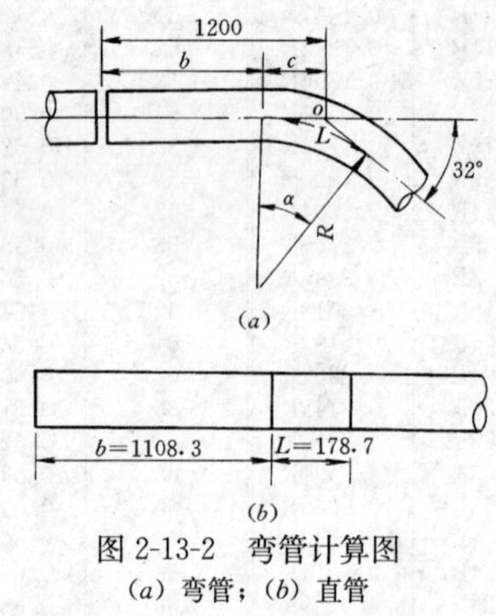

图 2-13-2　弯管计算图

（a）弯管；（b）直管

第三节　管道直径计算

已知管道介质流量及流速，求取所用管道直径，可用下式计算：

$$d=\sqrt{\frac{4Q}{3600\pi v}}\quad \mathrm{m}$$

式中　Q——介质流量（m^3/h）；

v——介质流速（m/s）。

管道中的介质流速，通常采用下列数值：

（1）水及低黏滞性液体（酒精、苯、弱酸及弱碱溶液）——1～2.5m/s；

（2）高黏性液体（各种油类）——0.5～1.5m/s；

（3）压缩空气及饱和蒸汽——20～30m/s；

（4）过热蒸汽及高压气体——30～60m/s。

根据计算求得的管径值，由生产的管子规格中，按管子外径及壁厚选定所用的管子。

第四节 直管壁厚计算

工程上一般采用简化方法进行强度计算

实际计算中，将所需要的壁厚分为两个部分：

（1）承受内压力所需壁厚；

（2）壁厚附加值。

钢管承受内压所需壁厚按下列二式之一计算（适用于 $S_y \leqslant D_w/4$ 的条件下）：

$$S_y = \frac{PD_w}{200[\sigma]\phi + P}$$

$$S_y = \frac{PD_n}{200[\sigma]\phi + P}$$

式中 S_y——钢管承受内压所需壁厚（mm）；

P——计算内压力，指表压力，可采用管内介质压力（MPa）；

D_w——管子外径（mm）；

D_n——管子内径（mm）；

$[\sigma]$——管子在工作温度下的额定许用应力（以管材的强度极限除以安全系数）（MPa）；

ϕ——管子的焊缝系数，

无缝钢管 ϕ=1mm；焊缝钢管 ϕ=0.8mm。

钢管的计算壁厚为：

$$S = S_y + C$$

式中 C——壁厚附加值（mm）。

在求得管子计算壁厚以后，应化整到与钢管常用壁厚相接近的较大值来选定壁厚值。也可在 0.03（S_y+C）的范围内向小的方向化整。

反之，如已知管壁厚度 S，需根据管道的内压力来验算管子耐压强度时，可由公式求得管子容许承受的最大应力为：

$$\sigma_{zs}=\frac{P[D_w-(S-C)]}{200\phi(S-C)}\quad \text{MPa}$$

式中　σ_{zs}称为内压折算应力，其值不得大于材料的额定许用应力，即 $\sigma_{zs}\leqslant[\sigma]$ 时，认为管子耐压强度合格。

常用钢管和钢板的额定许用应力可查表而得。

在选取许用应力时，管壁温度可近似采用等于管内介质温度。

壁厚附加值（C）包括下列三项：

（1）壁厚负公差：制造管材时的壁厚负公差应考虑在壁厚附加值之内。因壁厚负公差而减少的厚度，即壁厚负公差附加值为：

$$C_1=\frac{m}{100-m}S_y$$

各种无缝钢管壁厚负公差的百分数可参照制造厂产品标准。

各种钢管的壁厚负公差的采用值，均不得小于 0.5mm。

（2）腐蚀裕度：因腐蚀介质对管壁的腐蚀而增加的管壁厚度称为腐蚀裕度。

（3）螺纹深度：当管道采用管螺纹连接形式时，其壁厚的附加值还应包括螺纹深度。一般管道螺纹深度附加值表见表2-13-2所示。

普通管螺纹深度附加值表（mm）　**表 2-13-2**

管子公称直径 D_N	螺纹深度附加值
10～20	1.162
25～180	1.479

第五节　弯管的壁厚计算

弯管壁厚除需考虑钢管的负公差和腐蚀减薄量外，还须考虑弯管所引起的壁厚减薄和弯曲应力的影响。在工程上可采用下列方法确定弯管壁厚：

（1）弯管的弯曲半径 $R\geqslant3.5D_w$（或 Dg）时，由于影响量

不大，可以采用直管壁厚；

（2）弯管的弯曲半径 $R<3.5D_w$（或 Dg）时，以及采用冲压弯头时，可将弯制时的壁厚减薄和弯曲应力的影响一并考虑在壁厚附加值内，并用下式计算：

$$\left.\begin{aligned}&C=A_1S_y+(1\sim1.5)\\&A_1=\frac{\dfrac{50}{n(4n+1)}+m}{100-m}\end{aligned}\right\}$$

式中 A_1——弯管壁厚附加系数；

n——管子弯曲半径与管子直径的比值，

$$n=\frac{R}{D_w}\left(\text{或 } n=\frac{R}{Dg}\right)$$

其他符号同前。

在实际计算中，弯管壁厚附加系数的采用值如下：

当 $n=2\sim3$ 时：$m=15$、$A_1=0.22$；$m=12.5$、$A_1=0.18$

当 $n=1.5$ 时：$m=15$、$A_1=0.24$；$m=12.5$、$A_1=0.22$

当 $n=1$ 时：$m=15$、$A_1=0.30$；$m=12.5$、$A_1=0.26$

第六节 管道最小壁厚计算

钢管的壁厚除考虑强度因素外，还要考虑刚度、外力冲击以及实际产品的规格。要根据影响壁厚的综合因素，规定管壁的最小采用厚度。如果计算求得的壁厚小于最小采用壁厚，应选用最小采用壁厚。表 2-13-3 列出碳钢与合金钢无缝钢管的最小采用壁厚。这些最小采用壁厚，当管子外径 $D_w\leqslant377$mm 时，可满足公称压力 $Pg\leqslant4$MPa 耐压强度要求；当管子外径 $D_w\geqslant426$mm 时，可满足公称压力 $Pg\leqslant2.5$MPa 的耐压强度要求。

【例】 现有规格为 $\phi159$mm×45mm 的 10 号钢无缝钢管，能否用于输送工作压力为 2.5MPa、温度为 400℃的过热水蒸气？

【解】 管子壁厚附加值按 2mm 考虑，求得的内压折算应力为：

碳钢与合金钢无缝钢管的最小采用壁厚　　表 2-13-3

外径(mm)	最小采用壁厚(mm)	外径(mm)	最小采用壁厚(mm)
14～17	2	108	5
18～34	2.5	219	6
38～60	3	273	7
76～39	3.5	325	8
108～133	4	377～530	9
140～159	4.5		

$$\sigma_{zs}=\frac{P[D_w-(S-C)]}{200\phi(S-C)}$$

$$=\frac{25\times[159-(4.5-2)]}{200\times1\times(4.5-2)}=78.3\text{MPa}$$

查表第四篇常用资料附表得，10 号钢号在 400℃下的额定许用应力为［σ］＝81MPa，大于上述求得的折算应力，即 $\sigma_{zs}<[\sigma]$。所以，这种管子完全能满足工作条件的要求，可用于输送压力为 2.5MPa、温度为 400℃的过热水蒸气。

第七节　卧式容器与管道中液体容积计算

管道安装完毕，进行水压试验，以测定管道的耐压强度及密封性。试验时常利用已制备好的卧式容器蓄水，这样就需预先计算卧式容器的蓄水容积及管道容积。

卧式容器的蓄水容积利用下式计算：

$$V=VC\cdot K\quad \text{m}^3$$

式中　VC——容器的容积，等于 $\frac{\pi d^2}{4}L$，m^3；

K——倍数，根据表 2-13-4 按 $\frac{h}{d}$ 的比值选用；

d——容器的内径（m）；

h——容器内的水高度（m）；

L——容器长度（m）。

【例】　卧式容器的容积 $V_c=10.35\text{m}^3$，内径为 $d=1.2$m，$L=9.6$m，蓄水高度为 $h=0.88$m，

h/d 与 k 值的对应关系　　　　表 2-13-4

h/d	k	h/d	k	h/d	k	h/d	k	h/d	k
0.02	0.005	0.22	0.163	0.42	0.339	0.62	0.654	0.82	0.878
0.04	0.013	0.24	0.185	0.44	0.424	0.64	0.676	0.84	0.897
0.06	0.025	0.26	0.207	0.46	0.449	0.66	0.7	0.86	0.914
0.08	0.038	0.28	0.229	0.48	0.475	0.68	0.724	0.88	0.932
0.1	0.052	0.3	0.252	0.5	0.5	0.7	0.748	0.9	0.948
0.12	0.069	0.32	0.276	0.52	0.526	0.72	0.771	0.92	0.963
0.14	0.085	0.34	0.3	0.54	0.551	0.74	0.793	0.94	0.976
0.16	0.103	0.36	0.324	0.56	0.576	0.76	0.816	0.96	0.987
0.18	0.122	0.33	0.349	0.58	0.601	0.73	0.837	0.98	0.995
0.2	0.142	0.4	0.374	0.6	0.625	0.8	0.858	1	1

则

$$\frac{h}{d}=\frac{0.88}{1.2}=0.733$$

查表 2-10-4，取 k 值

$$\frac{h}{d}=0.72 \text{ 及 } \frac{h}{d}=0.74$$

k 值在 0.771 及 0.793 之间，利用内插法求得 $k=0.785$。代入公式

$$V=10.85\times0.785=8.52\text{m}^3$$

管内蓄水的体积常利用管外径、管子壁厚、每米长管道的表面积和管道截面面积求得，其有关数据见表 2-13-4 及表 2-13-5。

1m 长管道根据不同管径的截面积与表面积　表 2-13-5

管子外径 D_w (mm)	截面积 (cm^2)	表面积 (m^2)	管子外径 D_w (mm)	截面积 (cm^2)	表面积 (m^2)	管子外径 D_w (mm)	截面积 (cm^2)	表面积 (m^2)
18	2.545	0.057	133	138.9	0.418	720	4.071	2.262
25	4.909	0.079	159	198.6	0.5	820	5.281	2.576
32	8.042	0.1	219	376.7	0.688	920	6.648	2.890
38	11.34	0.119	273	585.3	0.858	1020	8.171	3.204
45	15.9	0.141	325	829.6	1.021	1120	9.852	3.519
57	25.52	0.179	377	1116	1.184	1220	11.690	3.833
26	45.36	0.239	426	1425	1.338	1420	15.837	4.461
89	62.21	0.23	530	2206	1.665	1620	20.612	5.089
108	96.61	0.339	630	3117	1.979			

第八节 各种型材理论重量的计算方法

各种型材理论重量的计算方法见表 2-13-6 和表 2-13-7。

基本公式 **表 2-13-6**

W(重量,kg)$=F$(断面积,mm^2)$\times L$(长度,m)$\times g$(密度,g/cm^2)$\times 1/1000$

注：由于型材在制造过程中的允许偏差值，因此用公式计算的理论重量与实际重量有一定出入，只能作为估算时的参考。

钢材断面积的计算公式表 **表 2-13-7**

项目	钢材类别	计 算 公 式	代 号 说 明
1	方钢	$F=a^2$	a—边宽
2	圆角方钢	$F=a^2-0.8584r^2$	a—边宽；r—圆角半径
3	钢板、扁钢、带钢	$F=a\times\delta$	a—宽度；δ—厚度
4	圆角扁钢	$F=a\delta-0.8584r^2$	a—宽度；δ—厚度； r—圆角半径
5	圆钢、圆盘条、钢丝	$F=0.7854d^2$	d—外径
6	六角钢	$F=0.866a^2=2.598s^2$	a—对边距离；s—边宽
7	八角钢	$F=0.8284a^2=4.8284s^2$	
8	钢管	$F=3.1416\delta(D-\delta)$	D—外径；δ—壁厚
9	等边角钢	$F=d(2b-d)$ $+0.2146(r^2-2r_1^2)$	d—边厚；b—边宽； r—内面圆角半径； r_1—端边圆角半径
10	不等边角钢	$F=d(B+b-d)$ $+0.2146(r^2-2r_1^2)$	d—边厚；B—长边宽； b—短边宽；r—内面圆角半径； r_1—端边圆角半径
11	工字钢	$F=hd+2t(b-d)$ $+0.8584(r^2-r_1^2)$	h—高度；b—腿宽； d—腰厚；t—平均腿厚； r—内面圆角半径； r_1—边端圆角半径
12	槽钢	$F=hd+2t(b-d)$ $+0.4292(r^2-r_1^2)$	

注：1. 钢材相对密度一般按 7.85 计算。

2. 其他型材如钢材、铝材等一般也可按上表计算。

第九节 管道焊口、法兰焊条使用量

管道焊口和法兰焊条使用量见表 2-13-8。

管道焊口和法兰焊条使用量（实耗） **表 2-13-8**

序号	主材规格（mm）	外圆周长（cm）	焊缝宽度（mm）	需用环焊焊条		开眼三通焊条需用数（kg）	平焊法兰 2.5～10kg/cm²			平焊法兰 16～25kg/cm²	
				根①	kg		根①	焊条直径（mm）	kg	根②	kg
1	108×4	34	8	4	0.13	0.1	3	3	0.1	4	0.21
2	108×4.5	34	8	4	0.13	0.17	4	3	0.13	4	0.21
3	108×5	34	8	4.5	0.15	0.2	4.5	3	0.15	5	0.26
4	108×6	34	10	6.5	0.21	0.27	3.5	4	0.18	6.5	0.34
5	133×4.5	41.8	8	5	0.17	0.22	4.5	3	0.15	5	2.7
6	133×5		8	5.5	0.18	0.23	5.5	3	0.18	6	0.32
7	133×6		10	8	0.26	0.34	4.5	4	0.23	8	0.42
8	159×4.5	50	8	6	0.2	0.26	5.5	3	0.18	6	0.32
9	159×5		8	6.5	0.21	0.21	6.5	3	0.22	7	0.37
10	159×6		10	9.5	0.31	0.4	5	4	0.26	10	0.53
11	159×7		12	12.5	0.41	0.53	6.5	4	0.34	13	0.69
12	159×8		14	16	0.53	0.69	8.5	4	0.45	16	0.85
13	219×6	68.8	10	8.4	0.42	0.55	7	4	0.37	13.5	0.71
14	219×7		12	9.5	0.5	0.65	9	4	0.48	17.5	0.92
15	219×8		14	12	0.64	0.83	11.5	4	0.61	2.2	1.16
16	219×9		14	15	0.79	1.03	14	4	0.74	28	1.48
17	219×10		16	16	0.85	1.10	17.5	4	0.92	33	1.75
18	219×11		16	17.5	0.93	1.21	20.5	4	1.08	40	2.12

续表

序号	主材规格(mm)	外围周长(cm)	焊缝宽度(mm)	需用环焊焊条		开眼三通焊条需用数(kg)	平焊法兰2.5～10kg/cm²			平焊法兰16～25kg/cm²	
				根①	kg		根①	焊条直径(mm)	kg	根②	kg
19	219×12		18	21	1.11	1.44	24	4	1.27	47	2.4
20	273×7	85.7	12	12	0.64	0.83	11	4	0.58	22	1.13
21	273×8		14	15	0.79	1.03	14	4	0.74	28	1.48
22	273×9		14	18	0.96	1.25	18	4	0.95	34.5	1.83
23	273×10		16	20	1.06	1.38	21.5	4	1.14	41.5	2.2
24	273×11		16	22	1.16	1.51	2.6	4	1.38	50	2.65
25	273×12		18	26	1.38	1.79	30	4	1.59	58	3.07
26	325×7	102	12	14	0.74	0.96	15.5	4	0.82	26	1.38
27	325×8		14	17.5	0.93	1.21	17	4	0.9	33	1.75
28	325×9	102	14	19	1.0	1.3	20	4	1.06	40.5	2.15
29	325×10		16	24	1.27	1.65	25.5		1.35	49.5	2.62
30	325×11		16	26	1.38	1.79	30		1.59	59	3.13
31	325×12		18	31	1.64	2.13	36		1.9	70	3.71
32	377×8	118.4	14	20.5	1.09	1.42	19		1	38	2.01
33	377×9		14	22.5	1.19	1.55	24.5		1.3	47	2.49
34	377×10		16	27.5	1.48	1.92	30		1.55	57.5	3.05
35	377×11		16	30	1.59	2.07	35		1.85	69	3.66
36	377×12		18	36	1.91	2.48	41.5		2.2	80.5	4.3
37	426×8	133.8	14	25	1.32	1.71	22		1.17	43	2.28

续表

序号	主材规格(mm)	外围周长(cm)	焊缝宽度(mm)	需用环焊焊条		开眼三通焊条需用数(kg)	平焊法兰2.5～10kg/cm²			平焊法兰16～25kg/cm²	
				根①	kg		根①	焊条直径(mm)	kg	根②	kg
38	426×9		14	25.5	1.35	1.75	27.5		1.46	53	2.8
39	426×10		16	31	1.64	2.13	33.5		1.78	65	3.44
40	426×11		16	34	1.8	2.34	39.5		2.09	76.5	4.05
41	426×12		18	40.5	2.14	2.78	47		2.49	84	4.45
42	478×8		14	26	1.38	1.79	25		1.36	48.5	2.57
43	478×9		14	28.5	1.51	1.96	31		1.64	60	3.18
44	478×10		16	35	1.86	2.41	37		1.96	73	3.87
45	478×11		16	38	2	2.6	44.5		2.36	87	4.61
46	478×12		18	45	2.38	3.09	52		2.76	102	5.4
47	529×8		14	28.5	1.51	1.96	27		1.43	54	2.86
48	529×9		14	31.5	1.67	2.17	34		1.83	66	3.5
49	529×10		16	42.5	2.25	2.92	41		2.17	67	3.55
50	529×11		16	46	2.43	3.16	49		2.6	96	5.09
51	529×12		18	55	2.91	3.78	59		3.13	113	5.99
52	630×8		14	37.5	1.98	2.57	32.5		1.72	64	3.39
53	630×9		14	41	2.17	2.82	40		2.12	79	4.18
54	630×10		16	52	2.75	3.57	49		2.6	96	5.09
55	630×11	198	16	55	2.91	3.78	59		3.13	115	6.1
56	630×12		18	65.5	3.47	4.51	69		3.66	135	7.16

续表

序号	主材规格（mm）	外围周长（cm）	焊缝宽度（mm）	需用环焊焊条		开眼三通焊条需用数（kg）	平焊法兰 2.5～10kg/cm²			平焊法兰 16～25kg/cm²	
				根①	kg		根①	焊条直径（mm）	kg	根②	kg
57	630×14		20	82.5	4.37	5.68	93		4.93	180	9.54
58	720×9	226	14	47	2.49	3.23	46		2.44	90	4.77
59	720×10		16	58	3.07	4	56.5		3	110	5.3
60	720×11		16	61	3.23	4.2	67		3.55	131	6.94
61	720×12		18	75	3.97	5.16	79		4.18	154	8.16
62	720×14		20	94	4.98	6.47	106		5.62	205	10.86
63	820×9	258	14	53.6	2.83	3.81	53		2.8	103	5.46
64	820×10		16	66	3.5	4.55	65		3.44	124	6.57
65	820×11		16	71.5	3.79	4.93	76		4.03	150	7.98
66	820×12		18	85.5	4.53	5.89	90		4.77	175	9.28
67	820×14		20	107.5	5.69	7.4	121		6.41	232	12.3
68	920×9		14	60	3.18	4.13	59		3.13	115	6.1
69	920×10		16	73.5	3.89	5.05	72		3.82	121	7.48
70	920×11		16	80	4.24	5.51	86		4.56	167	8.85
71	920×12		18	96	5.08	6.6	101		5.35	197	10.44
72	920×14		20	121	6.41	8.33	136		7.21	263	13.94
73	1020×9	320	14	67	3.55	4.61	65.5		3.47	127	6.73
74	1020×10		16	82	4.34	5.64	80		4.24	154	8.16
75	1020×11		16	89	4.71	6.12	95		5	186	9.86

续表

序号	主材规格（mm）	外围周长（cm）	焊缝宽度（mm）	需用环焊焊条		开眼三通焊条需用数（kg）	平焊法兰 $2.5\sim10kg/cm^2$			平焊法兰 $16\sim25kg/cm^2$	
				根①	kg		根①	焊条直径（mm）	kg	根②	kg
76	1020×12		18	106	5.62	7.31	112		5.93	218	11.5
77	1020×14		20	134	7.1	9.63	150		7.95	292	15.47
78	1120×9	352	14	73.5	3.89	5.05	72		3.82	141	7.47
79	1120×10		16	91	4.82	6.26	88		4.66	171	9.06
80	1120×11		16	98	5.19	6.74	105		5.56	204	10.81
81	1120×12		18	141	7.47	9.71	123		6.52	239	12.66
82	1120×14	352	20	147	7.79	10.12	165		8.74	320	16.7
83	1220×10	333	16	98	5.19	6.74	95		5.03	186	9.86
84	1220×12		18	127.5	6.75	8.77	135		7.15	260	13.78
85	1220×14		20	160	8.48	11.02	180		9.54	347	18.39
86	1220×16		22	196.5	10.41	13.53	251		13.3	462	24.5
87	1320×10	415	16	106	5.63	7.31	104		5.51	202	10.7
88	1320×12		18	138	7.31	9.51	145		7.68	283	15
89	1320×14		20	173	9.17	11.93	195		10.33	377	20
90	1320×16		22	213	11.29	14.67	271		14.36	500	26.5
91	1420×10	446	16	114	6.04	7.05	111		5.88	217	11.5
92	1420×12		18	148	7.85	10.19	157		8.32	313	16.55
93	1420×14		20	186	9.85	12.8	209		11.07	407	21.57
94	1420×16		22	229	12.13	15.77	294		15.58	538	28.5

续表

序号	主材规格(mm)	外围周长(cm)	焊缝宽度(mm)	需用环焊焊条		开眼三通焊条需用数(kg)	平焊法兰 2.5～10kg/cm²			平焊法兰 16～25kg/cm²	
				根①	kg		根①	焊条直径(mm)	kg	根②	kg
95	1620×12	507	18	169	8.95	11.63	179		6.73	248	13.14
96	1620×14		20	213	11.29	14.57	239		9.48	345	10.28
97	1620×16		22	263	13.94	18.12	333		17.6	6.4	32.5
98	1620×18		22	290	15.37	20	376		19.9	735	38.95
99	1820×12	572	18	190	10	13	200		10.6	378	20
100	1820×14		20	238	12.6	16.38	268		14.2	519	27.5
101	1820×16		22	293	15.53	20.2	374		19.8	689	36.5
102	2020×12	634	18	211	11.18	14.53	223		11.82	432	22.9
103	2020×14		20	266	14.1	18.33	298		15.89	576	30.5
104	2020×16		22	325	17.22	22.38	412		21.83	765	40.5
105	2020×18		22	362	18.89	24.56	468		24.8	917	48.6
106	2020×20		22	398	21.09	27.42	589		31.2	1117	59.2

① 焊条直径约为 3mm。

② 焊条直径均为 4mm。

附：电石与氧气的配比：

氧炔焊接：氧气：电石＝1∶3.4；

氧炔切割：氧气：电石＝1∶1.7。

第十节　承插式铸铁管连接辅料计算

一、青铅接口

由于青铅接口其刚性及防震性能较好，在穿越铁路、公路、河谷及其他振动较大的地方，以及需检修与抢修处经常采用。另外，室外煤气输送管线中也常被采用。

青铅接口施工前，承口内同样填打麻丝，深度一般打实后约1/2 深，油麻打实后插口表面用卡箍及粘泥密封，或用油麻湿粘泥糊紧实。不论采用何种方法，在其插口上面留一小缺口作灌铅液用。

铅一般为 99%纯度，将铅放在铁桶内加热至紫红色溶液，除去表面渣物即可浇灌。

灌浇铅液的承口内要绝对干燥无水滴，以免爆炸，如条件限制不能完全干燥时则可向内预浇少量机油。

灌铅时应缓慢进行，使空气能逸出。灌铅整个过程应一次完成，因此铅液要有足够余量。

灌完后使其冷凝后将封条拆除，然后用扁凿沿管口铲凿一周，然后用专用凿打实。一般先打下后打上，直打到坚实，表面光滑、承口内凹下 2～3mm 为止。铅用量可参照表 2-13-9。

铅接口尺寸及材料用量表　　**表 2-13-9**

管径 (mm)	承口深 (mm)	填铅深 (mm)	填麻深 (mm)	油麻 (kg)	青铅 (kg)
75	90	52	38	0.16	2.518
100	95	52	43	0.151	3.107
125	95	52	43	0.18	3.703
150	100	52	48	0.239	4.343
200	100	52	48	0.307	5.557
250	105	55	50	0.422	7.745
300	105	55	50	0.499	9.14
350	110	55	55	0.61	10.55

续表

管径 (mm)	承口深 (mm)	填铅深 (mm)	填麻深 (mm)	油麻 (kg)	青铅 (kg)
400	110	55	55	0.665	11.95
450	115	60	55	0.827	13.34
500	115	60	55	0.916	18.05
600	120	60	60	1.211	21.48

二、石棉水泥接口

石棉水泥接口至今仍被广泛采用。石棉水泥接口的材料质量要求为：水泥标号应不低于标号 425 号，石棉绒应大于四级。石棉水泥接口材料比为石棉∶水泥为 3∶7（重量比），两者搅拌均匀后再加水，水量为 10%～15%（总重量）。一般它的干湿度用手捏紧成团，扔在地上能散为宜。

石棉水泥加水混和后一般不能超过 1h，施工时尽量做到随用随拌。

石棉水泥接口填打前可用油麻或橡胶圈先填打结实，然后填入石棉水泥。每填一次需打实 2～3 遍，最外层填实打实表面呈铁青光滑为止。

接口完成后习惯上用粘泥糊上养护，在有水浸场合则先用油麻封住后再用粘泥糊上养护以防冲落。

完成后的接口要根据当地的气候进行养护，如天热则需经常浇水，如冬天则应做好防冻工作。石棉水泥接口做好后一般需养护 24h 后方可试压。

石棉水泥接口尺寸及材料用量见表 2-13-10。

石棉水泥接口尺寸及材料用量表　　　表 2-13-10

管径 (mm)	承口深 (mm)	填灰深 (mm)	填麻深 (mm)	油麻 (kg)	石棉 (kg)	水泥 (kg)
75	90	57	33	0.0896	0.17	0.4
100	95	62	33	0.11	0.244	0.62

续表

管径（mm）	承口深（mm）	填灰深（mm）	填麻深（mm）	油麻（kg）	石棉（kg）	水泥（kg）
125	95	62	33	0.132	0.268	0.62
150	100	67	33	0.154	0.336	0.78
200	100	67	33	0.198	0.429	1
250	105	70	35	0.274	0.596	1.39
300	105	70	35	0.324	0.704	1.64
350	110	75	35	0.373	0.863	2.01
400	110	75	35	0.406	0.944	2.2
450	115	77	38	0.455	1.118	2.61
500	115	77	38	0.65	1.329	3.1
600	120	78	42	0.773	1.676	3.91
700	125	83	42	0.895	2.05	4.73
800	130	88	42	1.019	2.457	5.73
900	135	90	45	1.249	2.811	6.56
1000	140	95	45	1.452	3.635	8.48
1100	145	100	45	1.593	4.173	9.74
1200	150	105	45	1.734	4.74	11.06

三、自应力水泥（膨胀水泥）接口

接口用的自应力水泥强度等级 30.0，黄沙为最大粒径不超过 2.5mm 的纯净细砂。其配比为砂：水泥：水＝1：1：0.28～0.32（重量比）。拌好后的砂浆应在 2h 内用完。若冬季施工时，其水温度应大于 80℃。

为鉴定自应力水泥的质量，可按比例混合后装入小玻璃瓶内，正常情况下 24h 内玻璃瓶被胀裂即为合格。

自应力水泥接口做好后关健在于养护，接口必须保持湿润不少于 3d。

自应力水泥接口的管道一般宜盖土养护，能确保其质量。

第三篇　项目施工管理

第一章　工程项目材料管理

第一节　项目材料管理的任务和内容

在安装工程中，安装材料一般要占安装总造价的三分之二左右。材料管理的好坏将直接影响到工程的成本。作为工长（施工员），又是安装材料需求的直接责任人，更要认真地控制好现场材料的管理。只有加强现场材料的管理，才能有效地控制好工程的成本。

一、施工现场材料管理的主要任务

（1）根据施工计划和工程进度安排，及时对材料进行采购，组织运输、进场，保证施工需要。

（2）搞好进场材料的验收、保管和发放工作。

（3）督促和监督材料的合理使用，搞好回收利用，修旧利废，努力降低材料成本。

（4）坚持按平面规划设库。堆放材料。做到整齐，清洁，努力实现文明施工。

二、材料现场管理的工作内容

材料的现场管理工作在不同的阶段，管理工作内容也不一样。

1. 施工准备阶段现场材料管理工作内容

（1）编好材料申请、供应计划及委托加工计划。

（2）根据平面规划图，合理布置材料堆放场地和搭建仓库临时设施。

(3) 积极组织材料后方或工厂集中加工预制，努力提高机械化水平。

(4) 根据作业计划安排，组织材料分批进场，搞好材料验收。

2. 施工阶段现场材料管理工作的内容

(1) 实行限额供料。材料仓库要严格按照计划限额供料，并按照材料用途分别计入考核对象，如工程发生变更或材料代用，应督促工长及时追加计划或办理签证手续。

(2) 坚持按月对在施工程的材料盘点。为了加强材料管理和材料核算，正确反映材料成本，每月需按考核对象进行材料盘点，月末剩余材料要退库，如下月需继续使用，应办理“假退料手续”，冲减本月工程材料费。收发料具要及时、入账上卡、手续齐全。

(3) 推行班组材料核算，促进班组合理使用和节约材料。

(4) 坚持中间核算。就是在施工过程中分阶段对分项工程进行材料使用的分析和核算。以便及时发现问题，防止材料超用。

在核算过程中，要认真建立“两算一耗”(施工图预算与施工预算和实际消耗对比）台账，它是搞好材料成本核算的必要措施，因为建筑安装施工的特点是：中途变更多，材料代用多，有了“两算一耗”材料台账，就能够明显地反映出材料节约或超支的原因。

(5) 组织废料回收，积极修旧利废。

3. 工程竣工后现场材料管理工作的内容：

(1) 清理现场，回收、整理余料、废料、包装品等及时组织退库，做到工完场清。

(2) 按单位工程计算材料消耗，核算材料成本，分析原因，总结经验。

第二节 加强材料管理，降低材料成本

一、材料的预算成本

材料成本的核算是以材料的预算成本为依据的。材料的预算成本就是施工图预算中的材料费，如地区预算价目表中不包括主材费，它就等于计价材料费和未计价材料费（主材费）两项之和。计价材料费是指施工图预算中的材料费合价。

未计价材料费等于工程所用主材费用之和。主材费按下式计算：

主材费＝地区材料预算单价×工程量×(1＋安装损耗率)

材料的预算价格是指材料由其产地或交货地点运到施工工地仓库后的出库价格。预算价格由六部分费用组成：①材料原价(统一分配的材料按主管机关批准的出厂价格计算；市场采购材料，按商业部门的批发价格计算；②供销部门手续费（指经物资部门供应所附加的手续费）；③材料运输费（由产地或交货地运到工地的运输费和装卸费）；④运输损耗（运输过程中发生的合理损耗）；⑤材料包装费；⑥材料采购保管费。

二、材料的实际成本

材料的实际成本等于材料的实际用量乘以材料的实际单价。材料的实际价格对不同情况分别确定如下：

（1）自制材料实际价格。包括制造过程中所发生的各种原材料费、工人工资及管理费等。

（2）委托外单位加工的材料实际价格。包括加工前材料的实际成本和加工过程中所发生的加工费、运杂费。

（3）生产厂出厂的销售价格。

（4）各专业公司、供销公司的销售价。

（5）各商业局所属的各批发部的批发价和零售商店的零售价。

目前，根据材料来源，使用不同的价格。

（1）建设单位供料：一律按预算价格扣除1.2%后，向施工

单位转账。

（2）加工订货：一律按实际价格计算（包括非标）。

（3）加工设备：一律按实际价格计算。

三、降低材料成本的主要途径

工程上降低材料成本的主要途径是减少材料耗用量和降低材料采购单价，即利用“量差和价差”两个因素。同样，如果项目上材料成本超支，其主要原因也就是“量差或”“价差”造成。

在加强材料成本核算的同时，还要注意材料的变更代用对成本的影响。因为在实际施工过程中。工程变更和材料代用是经常发生的。这就要求具体管理施工的人员，在出现上述情况时，及时向建设单位办理签证手续，然后提出调整材料计划。另外工长在下达生产任务的同时，必须交代清楚不同材料的施工方法，努力做到材料的合理使用。

在每份施工任务书完成后，工长要及时督促班组把工程剩余的材料退回仓库。如果需转向另一项工程使用，可采取假退料方式处理；以利正确地进行工程成本核算，正确反映工程成本。

四、降低材料成本的主要措施

降低材料成本可以从减少材料耗用量和降低材料单价这两个方面进行。

（一）减少材料耗用量的措施

（1）加强来料验收，防止来料数量上的不足，如短斤、少尺、缺件等。同时还要把好质量关，防止规格、型号、质量不符合工程要求，造成浪费或积压。

（2）严格执行限额领料制度，推行班组核算，实行材料节约奖等切实措施，把降低材料消耗同班组和职工个人的经济利益挂起钩来。

（3）努力提高原材料加工的工厂化、预制化水平，减少加工损耗。

（4）改进产品设计，采用先进工艺，精心操作，降低废品率，努力提高材料利用率。

（5）及时回收工程余料、废料及包装器材，开展修旧利废，加工改制。

（二）降低材料单价的措施

（1）货比三家选用适价材料：尽量就近采购、就近供应或直达供应，减少中间环节，以减少运费和管理费。

（2）研制采用新材料，开展物资的综合利用。

（3）合理储备，减少物资积压，加速资金周转。

（4）合理布置材料仓库和加工场地，尽量节约倒运费用。

（5）对施工中的工程变更和材料代用及时办理变更代用手续和经济签证手续，以免时过境迁，发生漏算或造成补签困难。

第二章　工程项目合同管理

第一节　建设工程施工合同

工程施工合同（以下简称施工合同）是建设单位和施工单位在平等、互利、协商一致、等价有偿的自愿条件下，根据国家有关经济法规、协商一致签订的经济契约。

施工合同双方一旦签订，即具有法律效力，受法律保护，任何一方违约都要承担责任。一份签订的施工合同一般至少应具有下列性质：

1）明确规定了建设单位和施工单位之间双方的责任、权利和义务；

2）明确了建设单位和施工单位是两个法人的主体关系，既平等又独立；

3）签订合同是等价有偿的行为，不是无偿的；

4）双方为维护自己利益，必须通过协商，取得一致意见后才能签订；

5）双方都有约束行为，如某一方违约，需承担违约责任。

一、施工合同的作用

（1）合同制就是经济责任制，规定了双方的权利和义务，以及违约的责任。

（2）通过合同，明确了双方的责任和分工，以及协作配合事项，互相促进，有利于共同实施。

（3）施工合同为上级和国家有关部门提供监督检查的依据。

（4）有利于改进企业的经营管理工作。

二、施工合同的主要内容

建筑安装施工合同，应根据《建筑工程施工合同示范文本》和其他有关规定，结合签约双方和工程的具体情况在协商一致基础上，由施工单位先提出合同或协议的草稿，再在双方研究商定的基础上签订。

合同内容要具体，责任要明确，文字的解释要清楚。既要防止含糊不清，合同条文中不许出现各方保持自己意见的条文，以防工程结束时引起不必要的争执，同时还要简明扼要，便于执行和检查。

施工合同主要内容一般如下：

（1）据以签订工程合同的有关文件和资料的名称。

（2）工程的名称、地点、法人代表。

（3）承包方式。如：包工不包料，还是包工包料，以及材料供应方式等。

（4）合同价款。

（5）承包工程的范围。按单位工程开列一览表，开工日期，竣工日期，分期投产等要求。

（6）施工准备的分工和责任：需明确施工单位与建设单位双方施工准备的分工责任。如申请施工用地，拆除现场障碍物，接通场外水、电源、运输道路等具体的时间。

（7）技术资料的供应：应明确技术资料的供应内容、时间、份数及其他有关事项。

（8）物资供应及管理：应明确物资供应的方法和双方的职责。如材料、半成品、成品供应的分工，供应时间和方法；成套设备供应时间、方法及到场后检验、管理等。

（9）工程质量：

① 明确工程质量检查验收标准。

② 发生工程质量事故的处理原则和方法。

③ 施工单位对工程的保修事宜等。

（10）施工组织和工程进度及各种延期事件的处理原则和方法：

① 交工验收：是指施工单位向建设单位交工。

② 应明确交工程序和办法。

③ 交工资料的内容及工程遗留问题的处理。

(11) 拨款、结算的方法及延期付款处理办法。明确工程预付款、工程进度款的拨付具体办法及设计变更材料代用、材料调价等处理办法及延期付款如何计息等。

(12) 工程提前和延期的奖惩标准和执行办法。

(13) 其他。

三、建筑安装工程总分包的合同

建筑安装工程施工，由于各专业的分工不同，一个建设项目往往需要由两个或两个以上的施工单位来共同完成施工任务。为了加强施工现场的统一指挥和管理，建设部确定实行总分包责任制。总包单位同建设单位签订总包合同，分包单位与总包单位签订分包合同。分包单位对总包单位负责，总包单位对建设单位负责。

目前，一般以土建施工单位为总包，设备安装、机械化吊装等单位为分包。当个别工程是以安装工程或其他专业工程为主时，亦可由安装单位或其他专业单位为总包，其他协作施工单位为分包。

四、施工合同的履行和仲裁

施工合同经双方签订后，即具有法律效力，由当地建设银行实施监督，签约双方都必须严格履行，如因改变建设方案、变更计划、改变计划规模或工艺流程、增添工程内容，应另签补充合同。补充合同是原合同的组成部分。

如需终止合同，需经双方协商同意，签订撤销合同的协议书。撤销合同的协议书未签署之前，原合同继续有效，任何一方不得借故拒绝执行。

因修改或撤销合同造成的经济损失，要本着公平合理的原则，由提出修改或撤销合同一方负责，及时办理经济签订。

在合同履行中，如发生争议，签约双方应本着实事求是的原则主动进行协商，尽量求得合理解决。协商不成，任何一方均可向对方所在地方主管部门或经济管理部门申请调解仲裁。仲裁不服，可向经济法院提出诉讼。在调整仲裁的过程中，仲裁机关可根据实际情况通知双方暂停执行合同。

由于企业本身原因不履行合同，造成对方损失应负责赔偿。

由于难以预见的突然因素（如火灾、地震、风灾等）和确非企业本身原因（如运输中断等），必须调整或改变原订合同时，应报仲裁机关（或招标领导小组）审查证明，可免于承担经济责任。

第二节　项目合同管理

项目的合同管理主要是根据签订的合同责任和范围进行履约。

收到工程合同后要组织项目组有关管理人员进行认真的学习，要领会吃透合同的精神，有些原则条款要能记牢，只有这样才能有利于工程的正常进行，充分地保护自己的利益。

在实际施工过程中，除了履行合同条款外，还会有许多的合同附件，如双方根据实际情况签订的工程协议、备忘录、会议记要等，作为我们施工单位要认真研究附件的每层意思，是否真正表示了自己的利益、真正说明了问题或事实的真相。这类资料要注意积累，要妥善保管，在工程的最终结算时能恰当地保护施工单位的利益。

第四篇 常用资料

第一章 常用符号

1. 常用字母和数字符号（表 4-1-1 和表 4-1-2）

常用字母表 **表 4-1-1**

汉语拼音字母			拉丁字母			希腊字母		
大写	小写	读音	大写	小写	读音	大写	小写	读音
A	a	啊	A	a	欸	A	α	阿尔法
B	b	玻	B	b	比	B	β	贝塔
C	c	雌	C	c	西	γ	γ	嘎马
D	d	得	D	d	地	Δ	δ	德耳塔
E	e	鹅	E	e	衣	E	ε	艾普西隆
F	f	佛	F	f	欸失	Z	ζ	截塔
G	g	哥	G	g	基	H	η	艾塔
H	h	喝	H	h	欸曲	Θ	θ	西塔
I	i	衣	I	i	阿哀	I	ι	约塔
J	j	基	J	j	街	K	χ	卡帕
K	k	科	K	k	科欸	Λ	λ	蓝布达
L	l	勒	L	l	欸耳	M	μ	米尤
M	m	摸	M	m	欸姆	N	ν	纽
N	n	讷	N	n	欸恩	Ξ	ξ	克西
O	o	喔	O	o	欧	O	o	奥秒克戎
P	p	坡	P	p	批	Π	π	派
Q	q	欺	Q	q	克由	P	ρ	肉
R	r	日	R	r	阿尔	Σ	σ	西格马
S	s	思	S	s	欸斯	T	τ	陶
T	t	特	T	t	梯	Υ	υ	宇普西隆
U	u	乌	U	u	由	Φ	φ、ϕ	弗艾
V	v	万	V	v	维衣	X	χ	喜
W	w	乌	W	w	达不留	Ψ	ψ	普西
X	x	希	X	x	欸克斯	Ω	ω	奥米嘎
Y	y	衣	Y	y	外			
Z	z	资	Z	z	齐			

注：读音系英语的近似读音。

数学符号表 **表 4-1-2**

意　义	符　号	意　义	符　号
加、正	+	圆　形	⊙
减、负	−	正方形	□
乘	×或·	矩　形	▭
除	÷或/	平行四边形	▱
小数点	·	相似于	∽
小括弧	(　)	无限大	∞
中括弧	[　]	对数（以 10 为底的）	lg
大括弧	{　}	度	°
加或减、正或负	±	分	′
减或加、负或正	∓	秒	″
百分号	%	正弦	sin
等　于	=	余　弦	cos
不等于	≑或≠	正　切	tan 或 tg
约等于	≈	余　切	ctan 或 ctg
小　于	<	正　割	sec
小于或等于	⩽	余　割	csc 或 cosec
大　于	>	恒等于	≡
大于或等于	⩾	弧	⌣或⌢
平方根	$\sqrt{\ }$	圆周率	π
n 次方根	$\sqrt[n]{\ }$	最　大	max
垂直于	⊥	最　小	min
平行于	∥	常　数	const
角	∠	自…至…	～
三角形	△		

2. 常用面积体积和表面积计算公式表（表 4-1-3 和表 4-1-4）

常用面积计算公式表 **表 4-1-3**

F—面积　　R—半周长　　L—圆周长度

R—外接圆的半径　　r—内切圆的半径

名称	简　图	计　算　公　式
正方形	d, a	$F=a^2$；$a=0.707d=\sqrt{F}$； $d=1.414a=1.414\sqrt{F}$

续表

名称	简　图	计 算 公 式
长方形	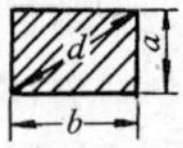	$F=ab=a\sqrt{d^2-a^2}=b\sqrt{d^2-b^2}$； $d=\sqrt{a^2+b^2}$；$a=\sqrt{d^2-b^2}=\frac{F}{b}$； $b=\sqrt{d^2-a^2}=\frac{F}{a}$
平　行 四边形	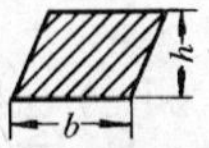	$F=bh$；$h=\frac{F}{b}$；$b=\frac{F}{h}$
三角形	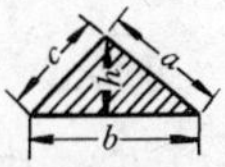	$F=\frac{bh}{2}=\frac{b}{2}\sqrt{a^2-\left(\frac{a^2+b^2-c^2}{2b}\right)^2}$； $P=\frac{1}{2}(a+b+c)$； $F=\sqrt{P(P-a)(P-b)(P-c)}$
梯　形	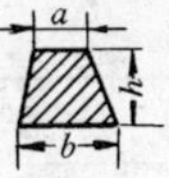	$F=\frac{a+b}{2}\cdot h$；$h=\frac{2F}{a+b}$； $a=\frac{2F}{h}-b$；$b=\frac{2F}{h}-a$
正六角形	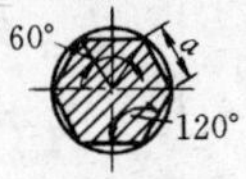	$F=2.598a^2=2.598R^2=3.464r^2$； $R=a=1.155r$；$r=0.866a=0.866R$
圆		$F=\pi r^2=3.1416r^2=0.7854d^2$； $L=2\pi r=6.2832r=3.1416d$； $r=L/6.2832=\sqrt{F/3.1416}=0.564\sqrt{F}$； $d=L/3.1416=\sqrt{F/0.7854}=1.128\sqrt{F}$；
椭　圆	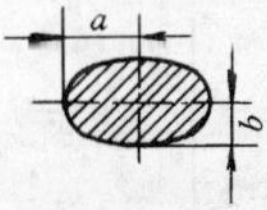	$F=\pi ab=3.1416ab$ 周长的近似值：$2P\approx 3.1416\sqrt{2(a^2+b^2)}$； 比较正确的计算： $2P=3.1416\sqrt{2(a^2+b^2)-\frac{(a-b)^2}{4}}$
扇　形		$l=\frac{r\cdot\alpha\cdot 3.1416}{180}=0.01745\alpha r$；$l=\frac{2F}{r}$ $F=\frac{1}{2}rl=0.008727\alpha r^2$；$\alpha=\frac{57.296l}{r}$ $r=\frac{2F}{l}=\frac{57.296l}{\alpha}$

续表

名称	简图	计算公式
弓形		$c=2\sqrt{h(2r-h)}$；$F=\frac{1}{2}[rl-c(r-h)]$； $r=\frac{c^2+4h^2}{8h}$；$l=0.01745r\alpha$； $\alpha=\frac{57.296l}{r}$；$h=r-\frac{1}{2}\sqrt{4r^2-c^2}$
圆环		$F=\pi(R^2-r^2)=3.1416(R^2-r^2)$ $=0.7854(D^2-d^2)$
环式扇形		$F=\frac{\alpha\pi}{360}(R^2-r^2)=0.00873\alpha(R^2-r^2)$ $=\frac{\alpha\pi}{4.360}(D^2-d^2)=0.00218\alpha(D^2-d^2)$

常用体积和表面积计算公式表　　表 4-1-4

名称	简图	计算公式	
		表面积 S、侧表面积 M	体积 V
正立方体		$S=6a^2$	$V=a^3$
长立方体		$S=2(ah+bh+ab)$	$V=abh$
圆柱		$M=2\pi rh=\pi dh$	$V=\pi r^2h=\frac{d^2\pi}{4}\cdot h$
空心圆柱（管）		$M=$内侧表面积+外侧表面积$=2\pi h(r+r_1)$	$V=\pi h(r^2-r_1^2)$

续表

名 称	简 图	计算公式	
		表面积 S、侧表面积 M	体积 V
斜底截圆柱		$M=\pi r(h+h_1)$	$V=\pi r^2\cdot\frac{h+h_1}{2}$
正六角柱		$S=2\times2.598a^2+6ah$	$V=2.598a^2h$
正方角锥台		$S=a^2+b^2+4\left(\frac{a+b}{2}\cdot h\right)$	$V=\frac{h}{3}(a^2+b^2+ab)$
球		$S=4\pi r^2=\pi d^2$	$V=\frac{4}{3}\pi r^3=\frac{\pi d^3}{6}$
圆锥		$M=\pi rl=\pi r\sqrt{r^2+h^2}$	$V=\frac{h}{3}\cdot\pi r^2$
截头圆锥		$M=\pi l(r+r_1)$	$V=(r^2+r_1^2+rr_1)\frac{\pi h}{3}$

第二章　常用计量单位换算

1. 长度单位换算（表 4-2-1 和表 4-2-2）

主要长度单位换算　　　　**表 4-2-1**

cm	m	km	市尺	市里	in	ft	yd	mile	n mile
1	0.01		0.03		0.3937	0.0328			
100	1	0.001	3	0.002	39.37	3.2808	1.0936		
	1000	1	3000	2	39370	3280.8	1093.6	0.6214	0.5396
33.33	0.3333		1		13.123	1.0936	0.3645		
	500	0.5	1500	1		1640.4	546.8	0.3107	0.2698
2.54	0.0254		0.0762		1	0.0833	0.0278		
30.48	0.3048		0.9144		12	1	0.3333		
	0.9144		2.7432		36	3	1		
	1609.3	1.6093	4828	3.2187		5280	1760	1	0.8684
	1853	1.853	5559.6	3.7064		6080	2026.6	1.1515	1

注：1 日尺＝0.3030m＝0.9091 市尺＝0.3313yd＝0.9939ft＝0.9939 俄尺

1 俄尺＝0.3048m＝0.9144 市尺＝0.3333yd＝1ft＝1.0058 日尺

in 的分数、小数习惯称呼与 mm 对照　　　　**表 4-2-2**

in（分数）	in（小数）	我国习惯称呼	mm	in（分数）	in（小数）	我国习惯称呼	mm
1/16	0.0625	半分	1.5875	9/16	0.5626	四分半	14.2875
1/8	0.1250	一分	3.1750	5/8	0.6250	五分	15.8750
3/16	0.1875	一分半	4.7625	11/16	0.6875	五分半	17.4625
1/4	0.2500	二分	6.3500	3/4	0.7500	六分	19.0500
5/16	0.3125	二分半	7.9375	13/16	0.8125	六分半	20.6375
3/8	0.3750	三分	9.5250	7/8	0.8750	七分	22.2250
7/16	0.4375	三分半	11.1125	15/16	0.9375	七分半	23.8125
1/2	0.5000	四分	12.7000	1	1.0000	一英寸	25.4000

2. 面积、体积、容积单位换算（表 4-2-3 和表 4-2-4）

面积单位换算　　表 4-2-3

cm^2	m^2	a	km^2	市尺^2	市亩	市里^2	in^2	ft^2	英亩	mi
1	0.0001			0.0009			0.155			
10000	1	0.01		9	0.0015		1550	10.764		
	100	1	0.0001	900	0.15	0.0004		1076.4	0.0247	
		1000	1		1500	4			247.11	0.3861
1111.1	0.1111			1			172.22	1.196		
	666.67	6.6667		6000	1			7176	0.1647	
		2500	0.25		375	1			61.763	0.0965
6.4516				0.0058			1	0.0069		
929.03	0.0929			0.8361	0.0014		144	1		
	4046.9	40.469		36422	6.0703			43560	1	0.0016
		2590	2.59		3885	10.36			640	1

注：1 日尺^2 ＝0.0918m^2＝0.8264 市尺^2＝0.1098yd^2＝0.9881ft^2

体积、容积单位换算　　表 4-2-4

cm^3	m^3	L	尺^3	in^3	ft^3	gal（美）	gal（英）
1				0.061			
	1	1000	27	61027	35.315	264.18	219.98
1000	0.001	1	0.027	61.027	0.035	0.264	0.220
	0.037	37.046	1	2260	1.308	9.784	8.1515
16.387		0.0164	0.0004	1	0.0006	0.0043	0.0036
	0.0283	28.317	0.7646	1728	1	7.4805	6.229
	0.0038	3.7853	0.1022	231	0.1337	1	0.8327
	0.0045	4.546	0.1227	277.42	0.1605	1.201	1

注：1 日尺^3＝0.0278m^3＝0.7513 市尺^3＝0.0364yd^3＝0.9827ft^3

1 日升＝1.8039 升＝0.3968gal（英）＝0.4816gal（美）＝0.0637ft^3

3. 重量单位换算（表 4-2-5～表 4-2-8）

主要重量单位换算　　表 4-2-5

g	kg	t	市两	市斤	市担	oz	lb	t（美、短）	t（英、长）
1	0.001		0.02	0.002		0.0353	0.0022		
1000	1	0.001	20	2	0.02	35.274	2.2046		
	1000	1		2000	20	35274	2204.6	1.1023	0.9842
50	0.05		1	0.1		1.7637	0.1102		
500	0.5		10	1	0.01	17.637	1.1023		
	50	0.05	1000	100	1	1763.7	110.23	0.0551	0.0492
28.35	0.0284		0.567	0.0567		1	0.0025		
453.59	0.4536		9.072	0.9072		16	1		
	907.19	0.9072		1814.4	18.144		2000	1	0.8929
	1016	1.016		2032.1	20.321		2240	1.12	1

注：1 日斤＝0.6kg＝1.2 市斤＝1.3228lb

1 普特＝16.3805kg＝32.761 市斤＝36.112lb＝27.30 日斤

单位长度的重量换算　　表 4-2-6

g/cm	oz/in	kg/m	lb/ft	lb/yd
1	0.897	0.1000	0.0672	0.2016
11.1483	1	1.1148	0.7492	2.2476
10.0000	0.8966	1	0.6720	2.0159
14.8820	1.3348	1.4882	1	3
4.9605	0.4449	0.4961	0.3333	1

单位体积、容积的重量换算　　表 4-2-7

t/m^3	lb/ft^3	市斤/市尺^3	lb/gl（英）	lb/gl（美）
1	62.5001	74.0695	10.0313	8.3455
0.016	1	1.18655	0.1605	0.1337
0.0135	0.8428	1	0.1353	0.1127
0.0997	6.2344	7.3996	1	0.8331
0.1194	7.4627	8.8420	1.2003	1

kg 与 lb 换算　　表 4-2-8

kg	0.4536	0.9072	1.3608	1.8144	2.2680	2.7216	3.1751	3.6287	4.0823
1b 或 kg	1	2	3	4	5	6	7	8	9
1b	2.2046	4.4092	6.6139	8.8185	11.0231	13.2277	15.4324	17.6370	19.8616

4. 力的单位换算（表 4-2-9～表 4-2-11）

力、重力单位换算　　表 4-2-9

dyn (g·cm/s²)	N (kg·m/s²)	kg（力）	lb（力）
1	10^{-5}	1.02×10^{-6}	2.25×10^{-6}
10^5	1	1.02×10^{-1}	2.25×10^{-1}
9.81×10^5	9.81	1	2.205
4.45×10^5	4.45	0.454	1

压力单位换算　　表 4-2-10

工程大气压		标准大气压（大气压）	(lb/in²)	水银柱高度		水柱高度	
(MPa)	(kg/cm²)			(mm)	in	(m)	(it)
0.1	1	0.9678	14.223	735.56	28.96	10.00	32.8333
0.10337	1.0333	1	14.696	760.00	29.92	10.334	33.9333
0.00703	0.0703	0.0680	1	51.71	2.0355	0.7037	2.3083
0.000136	0.00136	0.00132	0.0193	1	0.0394	0.0136	0.04464
0.00345	0.0345	0.0334	0.4912	25.4	1	0.3456	1.1342
0.00999	0.0999	0.9670	1.421	73.49	2.892	1	3.2808
0.00304	0.0304	0.0295	0.4332	22.40	0.8819	0.3048	1

注：1 标准大气压是指在零度时，密度为 $13.5951g/cm^3$ 和重力加速度为 $980.665cm/s^2$，高度为 76cm 汞柱在海平面上所产生的压力，或称 1 物理大气压。

1 标准大气压：$P_0 = pgh = 13.5951g/cm^3 \times 980.666cm/s^2 \times 76cm = 1013250dyn/cm^2$。

功（力矩）单位的换算　　表 4-2-11

N-m	kg-cm	kg-m	t-m	lb-in	lb-ft	t-ft
0.1	1	0.01	0.00001	0.8679	0.0723	0.00003
10	100	1	0.0001	86.797	7.2334	0.0032
10000	100000	1000	1	86797.2	7233.4	3.2291
0.115	1.152	0.0115	0.00001	1	0.0833	0.00004
1.863	13.8257	0.1383	0.00014	12	1	0.0004
3096.8	30.968	309.68	0.3097	26880	2240	1

第三章　材料物理性能

1. 金属及非金属材料的相对密度、熔点、线膨胀系数和导热率（表4-3-1～表4-3-4）

金属材料的相对密度、熔点、线膨胀系数和导热率　　表4-3-1

名　称	相对密度	熔点（℃）	线膨胀系数		导热率 (W/m·k)
			α·10⁻⁸/℃	测定温度（℃）	
碳　钢	7.85	1371～1500	11.4	20	50～60.5
合金钢	7.85		10.8～13.4	20～100	37.2～52.3
不锈钢	7.9		16.6	20～100	16.3
铸　钢	7.83	1425	11.5	20～100	50.6
灰铸铁	7～7.3	10.88～1260	10.5	20～100	41.9
高硅铁	8.9～7.1	1200～1250			52.3
工业纯铁	2.71	643	23.5	100	214
镁铝合金	2.67	568～652	23.9	100	126.8～150
紫　铜	8.94	1084	16.6	100	383.8
无锡青铜	7.5～7.55	1040～1045	16～20	20	41.9～58.6
锡青铜	8.58	934	17	20	34.3～49
黄　铜	8.5～8.6	910～938	20.6～19.9	25～300	108.9～117.2
巴氏合金	7.3～10.5	232～320	23～36		20.9～38.4
铅	11.34	327	28	100	34.9
钛	4.5	1800	8.35～9.2	15	13～15.5
镍	8.8	1455	13.3	100	59.3
锡	7.2～7.75	232	23	20～00	66.3

非金属材料的相对密度、线膨胀系数及导热率　表4-3-2

名　称	相对密度	线膨胀系数 (α·10⁻⁸/℃)	导热率 (V/m·k)	适用温度（℃）
耐酸陶瓷	2.1～2.3	5.3～6.4	1.1～1.45	≤150
玻　璃	2.5	5	0.865～0.896	≤150
石棉酚醛塑料	1.5～1.7	23	0.29	120
石墨酚醛塑料	1.4～1.6	17	0.7～1.05	120
夹布酚醛塑料	1.35～1.4	17～39	0.15～0.35	100～120

续表

名　　称	相对密度	线膨胀系数 ($\alpha \cdot 10^{-8}$/℃)	导热率 (V/m・k)	适用温度（℃）
玻璃钢	1.7～1.9	7～10	0.288	－30～150
有机玻璃	1.18～1.19	60～130	0.14～0.198	－30～40
硬聚氯乙烯	1.38～1.43	60～80	0.143～0.16	－10～50
低压聚乙烯	0.94～0.96	100	0.43	－40～60
高压聚乙烯	0.92～0.93	220	0.30	－40～60
聚丙烯	0.9～0.91	110	0.138	0～150
聚四氟乙烯	2.1～2.3	174	0.23	－180～250
聚苯乙烯	1.05～1.08			
尼龙 6	1.13	110～140	0.21～0.34	＜100
石棉橡胶板	1.2～1.5			
衬里橡胶（硬）	1.21～1.33		0.16	0～65
衬里橡胶（软）	1.07～1.12		0.143	－25～75

金属材料在不同温度下的线膨胀系数（$\alpha \cdot 10^{-8}$/℃）　表 4-3-3

材　　料	温　度　（℃）								备注
	－100～0	0～100	0～200	0～300	0～400	0～500	0～600	0～700	
铝(98%～99%)	21	24	24.5	25	26.1	26.6	27.9	28.3	
黄　铜	16.5	17.5	18	18.5	18.9	19.3	20	20.5	
青　铜	16.6	17.5	17.7	18.5	18.9	19.3	20	20.5	
紫　铜	15,7	16.6	16.9	17.2	17.8	18.1	18.5	18.9	
铅(99.8%)	27.9	29.2	29.6						
碳钢　10		11.9	12.6	12.8	13		14.6		
15	10.6	11.7	12.45	13	13.5	14.25	14.4	14.6	
20		11.6	12.6	12.8	13				
25		11.1	12.8	12.8	13.3				
30		11.09	11.89	12.72	13.42	14.02			
35	10.5	11.5	11.9	12.6	13.3	14.05	14.2	14.5	
A3		12.2	13.0		13.9		14.7		
16Mn		8.31	10.99	12.31	13.22	13.71	13.94	14.0	
1Cr18Ni9Ti	16.2	16.7	17.2	17.6	18.1	18.5	18.8	19.1	
Cr5Mo	10.4	11	11.6	12.1	12.6	13	13.25	13.4	
Cr12	9.7	11	11.5	12.05	12.25	12.95	13.1	13.3	
$15M_0$		11		13					

2. 钢材在不同温度下的弹性模量(表 4-3-5)

钢材在不同温度下的导热率（W/m·K） 表 4-3-4

钢　号	温　度　（℃）										备　注
	20	100	200	300	400	500	600	700	800	900	
Q235		57.8	53.2		45.6	41.03	36.84				
08，10		80.8	69.08		51.50	45.64					
15		56.94	52.75		44.80	37.63					
20		50.66	48.56		42.29	35.59					
25		75.36	64.48		43.97		37.68				
30		75.36	64.48		43.97	38.1					
35		75.36	64.48			37.66					
30Mn		75.36	64.48	52.34	43.97						
16M_0	49.82			44.33	15.91	38.1	34.75				
12CrM_0		50.24		50.24	48.56	46.9	46.05				
20CrM_0		46.05	43.96	43.12		39.78					
OCr13	25.12										
1Cr18Ni9Ti		16.33		18.84		23.03	24.70				
1Cr18Ni9		16.33				27.35					
Cr18Ni12$M_0$2Ti Cr18Ni12$M_0$3Ti		19.68		21.35		24.28	25.12				
Cr5M_0	20.52	36.43		34.76		33.5	32.66				
Cr17A14So	16.75										
Cr22Ni4N		12.56						21.77	23.03	25.96	
4Cr14Ni14W2Mo		15.91		19.26			22.19	23.87			

钢材在不同温度下的弹性模量（E·10^5 MPa） **表 4-3-5**

钢号	温度（℃）									
	20	100	200	300	400	450	500	550	600	700
10	2.02	1.95	1.85	1.75	1.6	1.57				
15	2.02	1.95	1.88	1.75	1.61	1.57				
20	2.02	1.87	1.79	1.7	1.51	1.47				
25	2.02	2.0	1.96	1.89	1.67	1.52				
30	2.04	2.0		1.89		1.52		1.4		
35	2.01	2.01		1.79		1.57				
40	2.14	2.1		1.98			1.8			
Q235	2.1	2.04		1.88		1.68	1.48			
16Mn	2.04									
40Cr	2.0									
20MnV	2.1		1.85		1.75		1.65			
16Mo	2.1	2.03	2.05	1.97	1.89	1.79	1.68	1.6	1.5	
15CrMo	2.1	2.08	2.05	1.85	1.85	1.77	1.65	1.6	1.55	
12CrMoV	2.12	2.09	2.05	1.85	1.85	1.77	1.65	1.6	1.55	
OCr13	2.24		2.12		1.95 (425℃)			1.67 (595℃)		
1Cr18Ni9Ti	2.02		1.93	1.85	1.77	1.73	1.69	1.65	1.6	1.5
12Cr2Mo	2.0									
Cr13SiAl	2.1						1.55		1.25	
4Cr14Ni14W_2Mo	2.12						1.65		1.6	1.52

第四章　金属材料的化学成分及机械性能

金属材料的化学成分及机械性能见表 4-4-1～表 4-4-3。

机械性能符号与单位　　表 4-4-1

机　械　性　能	符　号	单　位
拉伸强度极限	σ_b	MPa
压缩强度极限	σ_{bc}	MPa
弯曲强度极限	σ_{bb}	MPa
屈服强度极限	$\sigma_{0.2}$，σ_s	MPa
蠕 变 极 限	$\sigma_1/10^4$，$\sigma_1/10^5$	MPa
持久强度极限	$\sigma_b/10^4$，$\sigma_b/10^5$	MPa
延伸率 $b=5d$	δ_5	%
延伸率 $b=10d$	δ_{10}	%
收　缩　率	ψ	%
弯曲单位冲击值	a_k	MJ/m^2
布 氏 硬 度	HB	
洛 氏 硬 度	HRC	

管材用钢的性能　　表 4-4-2

钢种	钢　号	焊接性能		适用温度（℃）	加工性能	用　　途
		预　热	焊后处理			
普通碳钢	Q235	好		≤350	好	用于制作管子、螺栓、螺母、法兰、阀门及容器、支吊架等
优质碳钢	08，10	极　好		≤450	好	用于制作管子、容器
	15	好		≤450	好	用于制作管子、螺母、容器
	20	好		≤450	可锻，可表面硬化	用于制作管子、螺母、法兰、容器

续表

钢种	钢号	焊接性能		适用温度(℃)	加工性能	用途
		预热	焊后处理			
普通低合金钢	16Mn	好				用于制作管子、容器
	16MnCu	好				用于制作管子、容器
	08Mn2Si	良好		300～475		用于制作管子及中低压容器
	08MnCuPTi	良好				用于制作管子、容器
	14MnV	好		−40～450		用于制作管子及高压容器
合金结构钢	16Mo	250～300℃	700℃回火	−40～520		用于制作管子、法兰及容器
	12CrMo	150～300℃	670～710℃回火	−40～540		用于制作管子、螺母、法兰及容器
	15CrMo	250～350℃	680～720℃回火	−40～560		用于制作管子、法兰及容器
	12CrMoV	同12CrMo		−40～560		用于制作耐热管子
	12Cr1MoV	预热	正火、回火	<580		用于制作耐热540℃、压力10MPa的管子
	18Cr3MoWVA	预热	670～700℃回火	<530		用于制作合成氨、高压加氢用管材
	30CrMnSiA	板厚δ>3mm，150℃	尽可能进行			用于制作管子、螺栓及螺母
	20MnV	良好		150～475		用于制作高压管子、阀门、容器
	20CrMo	预热	视情况而定	<520		用于管子和锻件
	20CrMn					用于制作管子和螺母
	30CrMo	175℃	板厚δ>8mm，需处理	−70～550		用于制作管子、高压螺栓、高压螺母及法兰

续表

钢种	钢号	焊接性能		适用温度（℃）	加工性能	用途
		预热	焊后处理			
耐热钢	Cr5Mo	350～400℃	740～760℃回火	−40～550 最高650		用于制作管子及阀门
	Cr22Ni4N	300℃	不需处理	1200		用于制作耐热管子
	Cr20Mn9Ni	300℃		1100		用于制作耐热管子
	2Si2N Cr25Ni20	焊接性能良好	不需处理	650～840		用作转化炉管
	25Cr18Mn 11Si2N	焊接性能良好	不需处理	950～1100		用作转化炉管
	ZGCr15Ni35	可焊性好		1050		用作转化炉管
不锈耐酸钢	2Cr13	较高温	需处理	−40～540	加工前退火冷加工易裂	用于制作管子、阀门、螺栓、螺母
	0Cr17Ti					用于制作管子
	0Cr18Ni9	焊接性能良好，焊后快冷		−196～600		用于制作管子、法兰，阀门
	1Cr18Ni9	1080～1150℃	水淬	＜450		用于制作管子、法兰、阀门
	1Cr18Ni9Ti	焊接性能良好，焊后不需处理		−196～600 最高＜800		用于制作管子、法兰、阀门
	Cr18Ni12Mo 2Ti	焊接性能尚好，焊后不需处理		−196～700		用于制作管子、容器
	Cr18Ni12Mo 3Ti	焊接性能尚好，焊后不需处理		−196～600		用于制作管子、容器
超低碳不锈钢	00Cr18Ni10	良好	不需	＜500		用于制作管子
	00Cr18Ni 12Mo2	良好	不需			用于制作管子
	00Cr17Ni 14Mo3	良好	不需			用于制作管子
节镍不锈钢	Cr18Mn8Ni5N	良　好				用于制作管子、容器
	Cr18Mn10Ni 5Mo3N	良　好				用于制作管子、容器

注：表中适用温度均指无侵蚀情况下的数据，用于有侵蚀性介质时，应降低使用温度的上限。

普通碳素钢的化学成分及常温机械性能（GB 700—65） **表 4-4-3**

钢号	化学成分（%）					机械性能						180 度冷弯试验 d=弯曲直径 a=试件厚度
	C	Si	Mn	P	S	屈服点 σ_s 不小于 按尺寸分组			抗拉强度 σ_b	伸长率（%）不小于		
				不大于		第1组	第2组	第3组		δ_5	δ_{10}	
A2/A2F	0.09～0.15	0.12～0.30 / ≤0.07	0.25～0.50	0.045	0.055	220	200	190	340～420	31	26	$d=0$
A3	0.14～0.22	0.12～0.30	0.40～0.65	0.045	0.055	240	230	220	380～400 410～430 440～470	27 26 25	23 22 21	$d=0.5a$
A3F		≤0.07	0.30～0.60			240	220	210	380～400 410～430 440～470	27 26 25	23 22 21	$d=0.5a$
A4/A4F	0.18～0.27	0.12～0.30 / ≤0.07	0.40～0.70	0.045	0.055	260	250	240	420～440 450～480 490～520	25 24 23	21 20 19	$d=2a$
A5	0.28～0.37	0.15～0.35	0.50～0.80	0.045	0.055	280	270	260	500～530 540～570 580～620	21 20 19	17 16 15	$d=3a$

注：1. 甲类钢的化学成分除硫、磷应符合上表外，其他成分含量仅供参考，不作供货条件。

2. 半镇静钢的含硅量不大于 0.17%，机械性能按相应镇静钢钢材的机械性能。

第五章　管道常用计算资料

管道常用计算资料见表 4-5-1～表 4-5-4。

管道常用计算数据表　　　　表 4-5-1

公称直径 Dg （mm）	外　径 Dw （mm）	壁　厚 S （mm）	管壁截面 f （cm²）	惯性矩 J （cm⁴）	抗弯矩 W （cm³）	惯性半径 i （cm）
15	21.25（1/2″）	2.75	1.60	0.70	0.66	0.66
	18	2.5	1.22	0.38	0.42	0.55
20	26.75（3/4″）	2.75	2.07	1.51	1.13	0.85
	25	2.5	1.77	1.13	0.91	0.79
25	33.5（1″）	3.25	3.09	3.57	2.13	1.08
	32	2.5	3.32	2.54	1.59	1.04
		3	2.73	2.90	1.82	1.03
32	42.25 $\left(1\frac{1}{4}''\right)$	3.25	3.98	7.62	3.61	1.39
	38	2.5	2.79	4.41	2.32	1.25
		3	3.30	5.09	2.68	1.24
40	48 $\left(1\frac{1}{2}''\right)$	3.5	4.89	12.19	5.08	1.57
	45	3	3.96	8.77	3.90	1.43
		3.5	4.56	9.89	4.40	1.47
50	60（2″）	3.5	6.21	24.88	8.30	2.01
	57	3.5	5.88	21.14	7.42	1.90
		4	6.66	23.52	8.25	1.89

续表

公称直径 Dg (mm)	外 径 Dw (mm)	壁 厚 S (mm)	管壁截面 f (cm^2)	惯性矩 J (cm^4)	抗弯矩 W (cm^3)	惯性半径 i (cm)
70	75.5 $\left(2\frac{1}{2}''\right)$ 76	3.75	8.45	54.54	14.45	2.52
		4	9.05	58.81	15.48	2.54
		5	11.15	70.62	18.59	2.52
80	88.5 (3″) 89	4	10.62	95.0	21.47	2.98
		4	10.68	96.68	21.78	3.00
		5	13.19	116.79	26.24	2.98
100	114 (4″) 108	4	13.82	209.35	36.73	3.88
		4	13.07	176.95	32.77	3.67
		5	16.18	215.06	39.83	3.65
125	140 (5″) 138	4.5	19.16	440.11	62.87	4.79
		4	16.21	337.53	50.76	4.55
		5	20.11	412.41	62.02	4.53
		6	23.94	483.72	72.74	4.51
150	165 (6″) 159	4.5	22.69	731.20	88.63	5.65
		4.5	21.84	652.26	82.05	5.44
		6	28.84	845.19	106.31	5.41
200	219	6	40.15	2278.74	208.1	7.50
		7	40.62	2622.03	237.46	7.50
250	273	7	58.50	5177.24	379.29	9.39
		8	66.60	5851.64	428.69	9.37
300	325	8	79.07	10013.91	616.42	11.20
		9	83.35	11161.32	686.85	11.18
350	377	9	104.05	17624.03	934.96	13.03
400	426	9	117.90	25639.67	1203.74	14.75

常用钢管与钢板额定许用应力 **表 4-5-2**

钢 号	厚度 (mm)	下列温度（℃）下的材料额定许用应力（MPa）																
		≤20	100	150	200	250	300	350	400	425	450	475	500	520	540	560	580	600
常用钢管																		
10	≤10	113	113	112	106	106	94	88	81	78	62	41						
	>10～20	107	107	103	97	91	84	78	72	67	62	41						
20	≤10	133	133	133	131	122	112	103	97	87	62	41						
	>10～20	127	127	125	119	112	106	97	91	87	62	41						
16Mn	≤10	167	167	167	167	156	144	135	127	95	67	43						
	>10～20	160	160	160	159	150	138	128	122	95	67	43						
15MnV	≤10	173	173	173	173	173	169	156	147	142	100	65	38					
	>10～20	167	167	167	167	167	162	150	141	138	100	65	33					
12CrMo		140	140	131	125	119	113	100	100	97	94	89	84	61	40			
15CrMo		150	147	138	131	125	119	113	106	103	100	95	91	68	51	36		
12Cr1MoV		160	147	138	131	125	119	113	106	103	100	95	91	87	83	67	53	
Cr2Mo		113	107	105	103	101	98	95	92	89	85	80	75	60	41	33	24	18
Cr5Mo		125	113	106	103	100	97	94	91	89	88	84	80	60	45	35	29	23
1Cr18Ni9Ti		140	140	140	131	123	117	112	110	109	108	107	106	103	95	74	57	43
Cr18Ni13Mo2Ti		140	140	140	135	127	121	116	113	112	110	109	108	107	106	102	92	80
常用钢板																		
A3F	≤20	127	127	127	125	116												
	>21～26	127	127	122	116	106												
A3	≤20	127	127	127	125	116	106	97	91									
	>21～26	127	127	125	119	109	100	94	88									
20g	6～16	137	137	137	131	122	113	103	97	87	62	41						
	17～25	137	137	131	125	119	109	100	94	87	62	41						
16Mn	≤16	173	173	173	173	166	153	144	127	95	67	43						
	17～25	167	167	167	167	156	144	134	127	95	67	43						

常用钢管、管件的化学成分、机械性能及硬度值数据　　表 4-5-3

序号	钢　号	碳 C	硅 Si	锰 Mn	铬 Cr	钼 Mo	钒 V
1	10	0.07~0.14	0.17~0.37	0.35~0.65			
2	20	0.17~0.22	0.17~0.37	0.35~0.65	≤0.25		
3	16Mn	0.12~0.20	0.20~0.60	1.20~1.60			
4	15MnV	0.12~0.18	0.20~0.60	1.20~1.60			0.03~0.12
5	12CrMo	≤0.15	0.20~0.40	0.40~0.70	0.40~0.70	0.40~0.55	
6	15CrMo	0.12~0.18	0.17~0.37	0.40~0.70	0.80~1.10	0.40~0.55	
7	12Cr1MoV	0.08~0.15	0.17~0.37	0.40~0.70	0.90~1.20	0.25~0.35	0.15~0.30
8	Cr5Mo	≤0.15	≤0.50	≤0.60	4.00~6.00	0.50~0.60	
9	1Cr13	0.09~0.15	≤0.60	≤0.60	12.00~14.00		
10	1Cr18Ni9Ti	≤0.12	≤0.80	1.00~1.50	17.00~18.00		
11	Cr18Ni13Mo2Ti	≤0.10	≤0.80	1.00~2.00	16.00~18.00	1.80~2.50	
12	Cr25Ni20	≤0.20	≤1.00	≤2.00	23.00~26.00		
13	ZG25	0.22~0.32	0.20~0.45	0.50~0.80			
14	ZG20GrMo	0.15~0.25	0.20~0.45	0.50~0.80	0.50~0.80	0.40~0.60	
15	ZG20CrMoV	0.18~0.25	0.17~0.37	0.40~0.70	0.90~1.20	0.50~0.70	~0.20~0.30
16	ZG15Cr1Mo1V	0.12~0.20	≤0.35	0.40~0.70	1.35~1.75	0.80~1.05	0.30~0.40

续表

序号	钢 号	镍 Ni	钛 Ti	其他	硫 S	磷 P	抗拉强度 σ_b (MPa)
					不大于		不小于
1	10	≤0.25			0.040	0.035	340
2	20	≤0.25			0.040	0.040	410
3	16Mn				0.050	0.050	520
4	15MnV				0.040	0.040	500
5	12CrMo			Cu≤0.30	0.040	0.040	420
6	15CrMo				0.040	0.040	450
7	12Cr1MoV				0.040	0.040	480
8	Cr5Mo				0.030	0.035	400
9	1Cr13	≤0.60			0.030	0.035	400
10	1Cr18Ni9Ti	9.60～11.00	5×(C%－0.02)～0.80		0.030	0.035	560（冷拔）
11	Cr18Ni13Mo2Ti	12.00～14.00	0.30～0.60		0.030	0.035	540（热轧）600（冷拔）
12	Cr25Ni20	19.00～22.00			0.030	0.035	550
13	ZG25				0.040	0.040	450
14	ZG20GrMo				0.040	0.040	470
15	ZG20CrMoV				0.030	0.030	500
16	ZG15Cr1Mo1V				0.030	0.030	550

续表

序号	钢 号	屈服点 σ_s (MPa)	延伸率 δ_s (%)	冲击韧性 α_k N·m/cm²	硬度值 HB	依 据	备 注
		不小于					
1	10	210	24			YB231—70	
2	20	250	24	50	≤156	YB529—70	
3	16Mn	350	21	60		YB231—70	
4	15MnV	360	19	60		YB529—70	
5	12CrMo	270	24	140	≤179	YB6—71	
6	15CrMo	240	21	60	≤179	YB529—70	
7	12Cr1MoV	260	21	60	166	YB529—70	
8	Cr5Mo	200	22	120	≤170	YB237—70	
9	1Cr13		21(热轧) 22(冷拔)		121～161	YB804—70	硬度值引自电建规 DJ56—79
10	1Cr18Ni9Ti		40(冷拔)		140～170	YB804—70	硬度值引自炼化建 501—74
11	Cr18Ni13Mo2Ti		35			YB804—70	
12	Cr25Ni20	300	35				引自炼化建 502—74 标准
13	ZG25	240	20	45		GB979—67	
14	ZG20GrMo	250	18	30	135	工厂标准	引自电建规 DJ56—79 标准
15	ZG20CrMoV	320	14	30	～140	工厂标准	引自电建规 DJ56—79 标准
16	ZG15Cr1Mo1V	350	20	35	200～255	工厂标准	引自电建规 DJ56—76 标准

各国钢管近似牌号对照表　　表 4-5-4

中国牌号 YB	相近似的国外牌号		
	德国 DIN	日本 JIS	美国 ASTM
10	St35.8	STB35	A106—64GrA
20	St45.8	STB42	A106GrB
16Mo	15Mo3	STBA12	A209T1
12CrMo			A213T2
12CrMoV	14MoV63		
15CrMo	13CrMo44	STBA22、21	A213T12
12Cr1MoV	13CrMo42		12X1M$_\phi$
	22CrMo44	STBA23	A213T11 A335P11
	10CrMo910	STBA24	A213T22
Cr5Mo	12CrMo195		
1Cr13	X10Cr13	SUS21	
OCr17Ti	X8CrTi17		
OCr18Ni9	X5CrNi189	SUS27	TP304
1Cr18Ni9Ti	X10CrNiTi189	SUS29	TP321
Cr17Ni13Mo2Ti	X10CrNiMoTi1810		
Cr17Ni13Mo3Ti	X5CrNiMo1713		TP317
OOCr18Ni10	X3CrNi189	SUS28	TP304L
OOCr17Ni14Mo2	X2CrNiMo1810	SUS33	TP316L
OOCr17Ni14Mo3			TP317L
C$_r$25Ni20	X15CrNiSi2520	SEH5	TP310
Cr18Mn8Ni5N	X8CrMnNi189		

续表

中国牌号 YB	相近似的国外牌号		
	前苏联 ГОСТ	瑞典 SIS	英国 B·S
10	10	1233	3059/12
20	20	1235	3059/5.6
16Mo	16M	2912	3059/7.8
12CrMo	12MX		
12CrMoV	12XMφ		3604—660
15CrMo	15XM	2216	3059/9.10
12Cr1MoV			
			3604—621
		2218	3059/11.12
Cr5Mo			
1Cr13		2302	En56AM
OCr17Ti	OX17T		
OCr18Ni9	OX18H9	2333	En58E
1Cr18Ni9Ti	1X18H9T	2337	En58B
Cr17Ni13Mo2Ti	X18H12M2T		En58H
Cr17Ni13Mo3Ti	X18H12M3T		En58J
OOCr18Ni10	00X18H10		
OOCr17Ni14Mo2			
OOCr17Ni14Mo3			
Cr25Ni20	X23H18		825.805
Cr18Mn8Ni5N	X17AT9H4	2357	

续表

中国牌号 YB	相近似的国外牌号			材质类型
	法国 AFNOR	捷克 CSN	意大利 UNI	
10	A35	12010 12021	663—Ag35	0.1C—0.15C
20	A45	11428 12022	663—Ag45	0.25C
16Mo	15D3	15021 15022		$\frac{1}{2}$Mo
12CrMo				$\frac{1}{2}$Cr—$\frac{1}{2}$Mo
12CrMoV		15225		$\frac{1}{2}$Cr—$\frac{1}{2}$Mo—V
15CrMo	13CD4—04	15120 15221	3872—16CD3	1Cr—$\frac{1}{2}$Mo
12Cr1MoV				1Cr—$\frac{1}{2}$Mo—V
				1$\frac{1}{4}$Cr—$\frac{1}{2}$Mo
	10CD9—10	15313		2$\frac{1}{4}$Cr—1Mo
Cr5Mo	Z12CD5 (NF)			
1Cr13	Z12C13	17021	X15C13	
OCr17Ti				
OCr18Ni9	Z9CN18—10		X8CN910	
1Cr18Ni9Ti	Z10CNT18—10	17246	X8CNT1810	
Cr17Ni13Mo2Ti	Z8CNDT18—12	17345		
Cr17Ni13Mo3Ti	Z3CND17—13		X8CND1712	
OOCr18Ni10	Z3CN18—10		X3CN1911	
OOCr17Ni14Mo2	Z3CND18—12			
OOCr17Ni14Mo3				
$C_1$25Ni20	Z15CNS25—20			
Cr18Mn8Ni5N	Z10CMN19—9			

第六章　常用管道和配件

第一节　管材的分类

1. 按材质分

1）金属管道

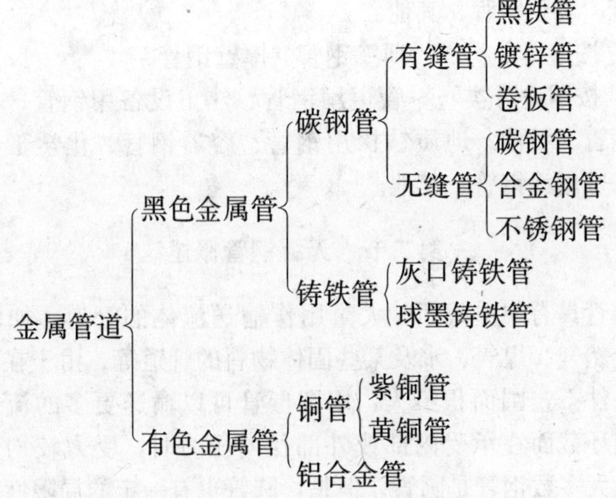

2）非金属管

非金属管
- 聚氯乙烯管（PVC）
- 聚丙烯管（PP-R）
- 聚乙烯管（PE）
- 聚丁烯管（PB）
- 复合管类
- 工程塑料管（ABS）

2. 按生产方法分类

1）无缝管——热轧管、冷轧管、冷拔管、挤压管、顶管。

2）焊管

（1）按工艺分——电弧焊管、电阻焊管（高频、低频）、气焊管、炉焊管。

(2) 按焊缝分——直缝焊管、螺旋焊管。

3. 按断面形状分类

(1) 简单断面钢管——圆形钢管、方形钢管、椭圆形钢管、三角形钢管、六角形钢管、菱形钢管、八角形钢管、半圆形钢管、其他。

(2) 复杂断面钢管——不等边六角形钢管、五瓣梅花形钢管、双凸形钢管、双凹形钢管、瓜子形钢管、圆锥形钢管、波纹形钢管、表壳钢管、其他。

4. 按壁厚分类——薄壁钢管、厚壁钢管。

5. 按用途分类——管道用钢管、热工设备用钢管、机械工业用钢管、石油、地质钻探用钢管、容器钢管、化学工业用钢管、特殊用途钢管、其他。

第二节　无缝钢管概述

钢管具有中空截面，大量用作输送流体的管道，如输送石油、天然气、煤气、水及某些固体物料的管道等。由于在周长相等的条件下，圆面积最大，用圆形管可以输送更多的流体。此外，圆环截面在承受内部或外部径向压力时，受力较均匀，因此，绝大多数钢管是圆管。但是，圆管也有一定的局限性，如在受平面弯曲的条件下，圆管就不如方、矩形管抗弯强度大，一些农机具骨架、钢木家具等就常采用方、矩形管。

1. 无缝钢管的分类

无缝钢管因其制造工艺不同，又分为热轧（挤压）无缝钢管和冷拔（轧）无缝钢管两种。冷拔（轧）管又分为圆形管和异形管两种。无缝钢管，又因其用途不同而分为如下若干品种：

1）结构用无缝钢管（GB/T 8162—1999）：主要用于一般结构和机械结构。其代表材质（牌号）：碳素钢、20、45 号钢；合金钢 Q345、20Cr、40Cr 等。

2）输送流体用无缝钢管（GB/T 8163—1999）：主要用于工程及大型设备上输送流体管道。代表材质（牌号）为 20、

Q345 等。

3）低中压锅炉用无缝钢管（GB 3087—1999）是用于制造各种结构低中压锅炉过热蒸汽管、沸水管及机车锅炉用过热蒸汽管、大烟管、小烟管和拱砖管用的优质碳素结构钢热轧和冷拔（轧）无缝钢管。代表材质为 10、20 号钢。

4）高压锅炉用无缝钢管是用于制造高压及其以上压力的水管锅炉受热面用的优质碳素钢、合金钢和不锈耐热钢无缝钢管。代表材质为 20G、12Cr1MoVG、15CrMoG 等。

5）高压化肥设备用无缝钢管是适用于工作温度为－40～400℃、工作压力为 10～30MPa 的化工设备和管道的优质碳素结构钢和合金钢无缝钢管。代表材质为 20、16Mn、12CrMo、12Cr2Mo 等。

6）石油裂化用无缝钢管：主要用于石油冶炼厂的锅炉、热交换器及其输送流体管道。其代表材质为 20、12CrMo、1Cr5Mo、1Cr19Ni11Nb 等。

7）地质钻探用钢管是供地质部门进行岩心钻探使用的钢管，按用途可分为钻杆、钻铤、岩心管、套管和沉淀管等。

8）金刚石岩芯钻探用无缝钢管是用于金刚石岩芯钻探的钻杆、岩心杆、套管的无缝钢管。

9）石油钻探管是用于石油钻探两端内加厚或外加厚的无缝钢管。钢管分车丝和不车丝两种，车丝管用接头连接，不车丝管用对焊的方法与工具接头连接。

10）船舶用碳钢和碳锰钢无缝钢管是制造船舶Ⅰ级耐压管系、Ⅱ级耐压管系、锅炉及过热器用的碳素钢无缝钢管。碳素钢无缝钢管管壁工作温度不超过 450℃，合金钢无缝钢管管壁工作温度超过 450℃。代表材质为 360、410、460 钢级等。

11）汽车半轴套管用无缝钢管是制造汽车半轴套管及驱动桥桥壳轴管用的优质碳素结构钢和合金结构钢热轧无缝钢管。

12）柴油机用高压油管（GB 3093—2002）是制造柴油机喷射系统高压管用的冷拔无缝钢管。

13）液压和气动缸筒用精密内径无缝钢管是制造液压和气动缸筒用的具有精密内径尺寸的冷拔或冷轧精密无缝钢管。

14）冷拔或冷轧精密无缝钢管（GB 3639—2000）是用于机械结构、液压设备的尺寸精度高和表面光洁度好的冷拔或冷轧精密无缝钢管。

15）结构用不锈钢无缝钢管（GB/T 14975—2002）是广泛用于化工、石油、轻纺、医疗、食品、机械等工业的耐腐蚀管道和结构件及零件的不锈钢制成的热轧（挤、扩）和冷拔（轧）无缝钢管。

16）流体输送用不锈钢无缝钢管（GB/T 14976—2002）是用于输送流体的不锈钢制成的热轧（挤、扩）和冷拔（轧）无缝钢管。

17）气瓶用无缝钢管（GB 18248—2000）：主要用于制作各种燃气、液压气瓶，其代表材质为37Mn、34Mn2V、35CrMo等。

18）另外，还有液压支柱用热轧无缝钢管（GB/T 17396—1998）、柴油机用高压无缝钢管（GB/T 3093—2002）、冷拔或冷轧精密无缝钢管（GB/T 3639—2000）、冷拔无缝钢管异形钢管（GB/T 3094—2000）、结构用不锈钢无缝钢管（GB/T 14975—2002）、套管和油管规范（API SPEC5CT—1999）等。

19）异型无缝钢管是除了圆管以外的其他截面形状的无缝钢管的总称。按钢管截面形状尺寸的不同又可分为等壁厚异型无缝钢管（代号为D）、不等壁厚异型无缝钢管（代号为BD）、变直径异型无缝钢管（代号为BJ）。异型无缝钢管广泛用于各种结构件、工具和机械零部件。和圆管相比，异型管一般都有较大的惯性矩和截面模数，有较大的抗弯抗扭能力，可以大大减轻结构重量，节约钢材。

2. 无缝钢管制造工艺

1）热轧（挤压无缝钢管）：圆管坯→加热→穿孔→三辊斜轧、连轧或挤压→脱管→定径（或减径）→冷却→矫直→水压试验（或探伤）→标记→入库。

轧制无缝管的原料是圆管坯，圆管坯经过切割加工，送到熔炉内加热。钢坯被送入熔炉内加热，温度大约为1200℃。圆管坯出炉后要经过压力穿孔机进行穿孔。钢管内径由定径机钻头的外径来确定。钢管经定径后，通过喷水冷却，钢管经冷却后被矫直。钢管经矫直后进行探伤（或水压实验）。钢管质检后还要通过严格的手工挑选。钢管质检后，用油漆喷上编号、规格、生产批号等。并吊入仓库中。

2）冷拔（轧）无缝钢管：圆管坯→加热→穿孔→打头→退火→酸洗→涂油（镀铜）→多道次冷拔（冷轧）→坯管→热处理→矫直→水压试验（探伤）→标记→入库。

冷拔（轧）无缝钢管的轧制方法较热轧（挤压无缝钢管）复杂。它们的生产工艺流程前三步基本相同。不同之处从第四个步骤开始，圆管坯经打空后，要打头，退火。退火后要用专门的酸性液体进行酸洗。酸洗后，涂油。然后紧接着是经过多道次冷拔（冷轧）再坯管，专门的热处理。热处理后，就要被矫直。钢管经矫直后由传送带送至金属探伤机（或水压实验）进行内部探伤。若钢管内部有裂纹，气泡等问题，将被探测出。钢管质检后还要通过严格的手工挑选。钢管质检后，用油漆喷上编号、规格、生产批号等。并由吊车吊入仓库中。

3. 无缝钢管压力

压力管道的组成件一般都是标准件，因此压力管道组成件的设计主要是其标准件的选用，管道压力等级的确定也就是其标准件等级的确定。

管道的压力等级包括两部分：

1）以公称压力表示的标准管件的公称压力等级；

2）以壁厚等级表示的标准管件的壁厚等级。

管道的压力等级：通常把管道中由标准管件的公称压力等级和壁厚等级共同确定的能反映管道承压特性的参数叫做管道的压力等级。而习惯上为简化描述，常把管道中管件的公称压力等级叫做管道的压力等级。

压力等级的确定是压力管道设计的基础，也是设计的核心。它是压力管道布置、压力管道应力校核的设计前提条件，也是影响压力管道基建投资和管道可靠性的重要因素。

4. 尺寸、外形、重量及允许偏差

1）外径允许偏差

（1）外径允许偏差见表 4-6-1 和表 4-6-2。

标准化外径允许偏差　　表 4-6-1

偏差等级	标准化外径允许偏差
D1	±1.5%，最小±0.75mm
D2	±1.0%，最小±0.50mm
D3	±0.75%，最小±0.30mm
D4	±0.50%，最小±0.10mm

非标准化外径允许偏差　　表 4-6-2

偏差等级	非标准化外径允许偏差（%）
ND1	+1.25 −1.50
ND2	±1.25
ND3	+1.25 −1.0
ND4	±0.8

（2）特殊用途的钢管和冷轧（拔）钢管外径允许偏差可采用绝对偏差。

2）壁厚允许偏差

壁厚允许偏差分为标准化和非标准化两种，应优先选择标准化壁厚允许偏差，推荐选用非标准化壁厚允许偏差。

（1）标准化壁厚允许偏差见表 4-6-3。

壁厚允许偏差 **表 4-6-3**

<table>
<tr><td colspan="2" rowspan="3">偏差等级</td><td colspan="4">壁厚允许偏差</td></tr>
<tr><td colspan="4">S/D</td></tr>
<tr><td>0.1<S/D</td><td>0.05<S/D
≤0.1</td><td>0.025<S/D
≤0.05</td><td>S/D
≤0.025</td></tr>
<tr><td colspan="2">S1</td><td colspan="4">±15%，最小±0.6mm</td></tr>
<tr><td rowspan="2">S2</td><td>A</td><td colspan="4">±12.5%，最小±0.4mm</td></tr>
<tr><td>B</td><td colspan="4">＋正偏差取决于重量要求－12.5</td></tr>
<tr><td rowspan="3">S3</td><td>A</td><td colspan="4">±10%，最小±0.2mm</td></tr>
<tr><td>B</td><td colspan="4">±10%　±12.5%　±15%
最小±0.4mm</td></tr>
<tr><td>C</td><td colspan="4">＋正偏差取决于重量要求－10%</td></tr>
<tr><td rowspan="3">S4</td><td>A</td><td colspan="4">±7.5%，最小±0.15mm</td></tr>
<tr><td rowspan="2">B</td><td>±7.5%</td><td>±10%</td><td>±12.5%</td><td>±15%</td></tr>
<tr><td colspan="4">最小±0.2mm</td></tr>
<tr><td colspan="2">S5</td><td colspan="4">±5%，最小±0.10mm</td></tr>
</table>

注：S是钢管公称壁厚，D是钢管公称外径。

（2）非标准化壁厚允许偏差（见表 4-6-4）。

表 4-6-4

偏 差 等 级	非标准化壁厚允许偏差（%）
NS1	+15 -12.5
NS2	+15 -10
NS3	+12.5 -10
NS4	-12.5 -7.5

（3）特殊用途的钢管和冷轧（拔）钢管壁厚允许偏差可采用绝对偏差。

3）长度

（1）通常长度：

钢管一般以通常长度交货。通常长度应符合以下规定：

热轧（扩）管：3000～12000mm；

冷轧（拔）管：2000～10500mm；

热轧（扩）短尺管的长度不小于 2m。冷轧（拔）短尺管的长度不小于 1m。

（2）定尺长度和倍尺长度：

定尺长度和倍尺长度应在通常长度范围内。全长允许偏差分为三级（见表）每个倍尺长度按以下规定留出切口余量：

外径≤159mm：5～10mm；

外径＞159mm：10～15mm。

全长允许偏差 **表 4-6-5**

全长允许偏差等级	全长允许偏差（mm）
L1	0～20
L2	0～10
L3	0～1

（3）特殊用途的钢管：如不锈耐酸钢及薄壁钢管、小直径钢管等的长度要求可另行规定。

4）外形

（1）弯曲度

钢管的弯曲度分为全长弯曲度和每米弯曲度两种。

全长弯曲度：

对钢管全长测得的弯曲度称为全长弯曲度，全长弯曲度分为五级见表 4-6-6 规定。

全长弯曲度 **表 4-6-6**

弯曲度等级	全长弯曲度（%）不大于
E1	0.20
E2	0.10
E3	0.10
E4	0.08
E5	0.06

每米弯曲度：

对钢管每米长度测量的弯曲度称为每米弯曲度。每米弯曲度分为五级见表4-6-7规定。

每米弯曲度　　表4-6-7

弯曲度等级	每米弯曲度（mm/m）
	不大于
F1	3.0
F2	2.0
F3	1.5
F4	1.0
F5	0.5

（2）椭圆度

钢管的椭圆度分为四级见表4-6-8规定。

钢管椭圆度　　表4-6-8

椭圆度等级	椭圆度不大于外径允许偏差（%）
NR1	80
NR2	70
NR3	60
NR4	50

5）重量

钢管按实际重量交货：也可按理论重量交货。实际重量交货可分为单根重量或每批重量两种。钢管每米的理论重量按下式计算：

$$W=\frac{\pi}{1000}\rho(D-S)S$$

式中　W——钢管理论重量，kg/m；

$\pi=3.1416$；

ρ——钢的密度，kg/dm^3；

D——钢管公称外径，mm；

S——钢管公称壁厚，mm。

5. 国产常用无缝钢管类型

国产常用无缝钢管类型见表 4-6-9。

常用无缝钢管规格汇总表　　　　表 4-6-9

产品类别	主要材质	执行标准	规格范围(mm)	产品应用
合金管	12Cr1MoV 10CrMo910＜A335P22＞ 15CrMo＜A335P12＞ 1.25Cr0.5Mo＜A335P11＞ Cr5Mo＜A335P5＞ Cr9Mo＜A335P9＞ 10Cr9Mo1VNb＜A335P91＞ 15NiCuMoNb5＜WB36＞ 12Cr2MoWVTiB＜钢研 102＞	GB 5310—1995 GB 6479—2000 GB 9948—2006 DIN 17175—79	∮ 12-1025＊ 2-140	适用于石油、化工、电力、锅炉行业用耐高温、耐低温、耐腐蚀用无缝钢管
高压锅炉管	20G SA106GRB ST45.8-Ⅲ	GB 5310—1995 DIN 17175—79 ASTMA106	∮ 8-865＊1-120	适用于制造高压水管锅炉受热面
高压化肥设备专用管	10、20、16Mn、12CrMo、15CrMo、12Cr2Mo、Cr5Mo、10MoWVNb	GB 6479—2000	∮ 8-865＊1-120	适用于工作温度为－40～400℃，工作压力为10～32MPa的化工设备及管道
石油裂化管	10、20、12CrMo、15CrMo、1Cr2Mo、1Cr5Mo	GB 9948—2006	∮ 12-630＊2-60	用于石油精炼厂的炉管、热交换器管和管道

续表

产品类别	主 要 材 质	执行标准	规格范围（mm）	产品应用
低中压锅炉	10、20、16Mn	GB 3087—1999	∮ 8-1240＊1-120	适用于制造各种结构低压和中压锅炉及机车锅炉
输送流体管	10、20、16Mn	GB/T 8163—2008	∮ 8-1240＊1-120	适用于输送流体的一般无缝钢管
一般结构管	10、20、35、45、16Mn、27SiMn	GB/T 8162—2008 GB/T 17396—98	∮ 25-1626＊2-120	适用于一般结构，工程支架、机械加工等
油套管线管	J55、K55、N80、L80、P110、X40—X70、L245、L360	API SPEC 5CT API SPEC 5L GB 9711.1	∮ 60.3—339.7＊4.24—13.84	适用油井套管及工业天然气、氧、水、油等物资输送
不锈钢管	0Cr13＜410S＞ 1Cr13＜410＞ 1Cr17Ni7＜301＞ 0Cr18Ni9＜304＞ 1Cr18Ni9＜302＞ 0Cr18Ni9Ti 1Cr18Ni9Ti＜321＞ 0Cr17Ni12Mo2＜316＞	GB/T 14975—2002 GB/T 14976—2007 GB 13296—2007 ASTMA213 ASTMA269 ASTMA312	∮ 8-630＊1-60	适用于石油、航空、冶炼、食品、水利、电力、化工、化学、化纤、医药机械等行业
直缝焊管	20、Q195、Q215A-B、Q235A-B、Q345A-E	GB/T 13793—2008 GB/T 3091—2008	∮ 32-1820＊1-30	适用于一般结构支架，低压流体输送等

第三节 常用无缝钢管性能与规格

1. 输送流体用无缝钢管

用途：用于输送流体用的一般无缝钢管。

主要生产钢管牌号：10、20、Q295、Q345 等。

1）尺寸规格见表 4-6-10。

输送流体用无缝钢管的尺寸规格　　表 4-6-10

名　　称	数　　据
外径和壁厚	应符合 GB/T 17395《无缝钢管》的规定
长度	1. 热轧（挤压、扩）钢管为 3～12m 2. 冷拔（轧）钢管为 3～10.5m
弯曲度	1. 壁厚≤15mm 时不得大于 1.5mm/m 2. 壁厚>15mm 时不得大于 2.0mm/m 3. 外径≥351mm 时不得大于 3.0mm/m

2）允许偏差见表 4-6-11。

外径和壁厚的允许偏差（mm）　　表 4-6-11

钢管种类	钢管尺寸		允许偏差	
			普通级	高级
热轧（挤压、扩）管	外径 *D*	全部	±1%（最小±0.50）	
	壁厚 *S*	全部	+0.45 −0.40	
冷拔（轧）管	外径 *D*	6～10	±0.20	±0.15
		>10～30	±0.40	±0.20
		>30～50	±0.45	±0.30
		>50	±1%	±0.8%
	壁厚 *S*	≤1	±0.15	±0.12
		>1～3	+15% −10%	+12.5% −10%
		>3	+12.5% −10%	±10%

注：对外径不小于 351mm 的热扩管，壁厚允许偏差为±18%。

3）力学性能见表 4-6-12。

钢管的纵向力学性能 表 4-6-12

牌　号	抗拉强度 σ_b（Mpa）	屈服点 σ_s（MPa）		断后伸长率 δ_5（%）
		$S\leqslant16$	$S>16$	
		≥		
10	335～475	205	195	24
20	410～550	245	235	20
Q295	430～610	295	285	22
Q345	490～665	325	315	21

注：钢管应逐根进行液压试验，最高压力不超过 19MPa。

4）一般无缝钢管化学成分见表 4-6-13。

一般无缝钢管化学成分 表 4-6-13

标准	牌号	化　学　成　分（%）							
		C	Si	Mn	P	S	Cr	Ni	Cu
GB/T 8163	10	0.07～0.14	0.17～0.37	0.35～0.65	≤0.035	≤0.035	≤0.15	≤0.25	≤0.25
	20	0.17～0.24	0.17～0.37	0.35～0.65	≤0.035	≤0.035	≤0.25	≤0.25	≤0.25
	Q345	0.12～0.20	0.20～0.55	1.20～1.60	≤0.045	≤0.045	/	/	/

5）一般无缝钢管纵向力学性能见表 4-6-14。

一般无缝钢管纵向力学性能 表 4-6-14

纵　向　力　学　性　能					
标　准	牌　号	抗拉强度（MPa）	屈服点（MPa）≥	伸长率（%）≥	冲击功（J）≥
GB 3087—1999	10	333～475	196	24	—
	20	392～588	245/226	20	—
	12Cr2MoG	450～600	280	20	35
	12Cr1MoVG	470～640	255	21	35
	12Cr2Mo WVTib	540～735	345	18	35

2. 低中压锅炉用无缝钢管

用途：低中压锅炉用无缝钢管用于低中压锅炉（工作压力一般不大于 5.88MPa，工作温度在 450℃以下）的受热面管子。

1）低中压锅炉用无缝钢管尺寸规格

（1）钢管的外径、壁厚及理论质量应符合 GB/T 17395—2008 的规定。

（2）钢管的通常长度规定如下：

热轧（挤、扩）钢管：4～12m；

冷拔（轧）钢管：4～10m。

2）低中压锅炉用无缝钢管质量标准

（1）低中压锅炉用无缝钢管允许偏差见表 4-6-15。

外径和壁厚的允许偏差　　表 4-6-15

<table>
<tr><th rowspan="2">钢管种类</th><th rowspan="2" colspan="2">钢管尺寸（mm）</th><th colspan="2">允许偏差</th></tr>
<tr><th>普通级</th><th>高级</th></tr>
<tr><td rowspan="5">热轧（挤、扩）管</td><td rowspan="2">外径 D</td><td>≤159</td><td>±1.0%（最小±0.50mm）</td><td>±0.75%（最小±0.40mm）</td></tr>
<tr><td>>159</td><td>±1.0%</td><td>±0.90%</td></tr>
<tr><td rowspan="3">壁厚 S</td><td>≤20</td><td>+15.0%（最小+0.45mm）
−12.5%　−0.35mm</td><td>±10%（最小±0.30mm）</td></tr>
<tr><td>>20</td><td>±12.5%</td><td>±10%</td></tr>
<tr><td>D≥351 热扩钢管</td><td colspan="2">±15%</td></tr>
<tr><td rowspan="5">冷拔（轧）管</td><td rowspan="5">外径 D</td><td>10～30</td><td>±0.40mm</td><td>±0.20mm</td></tr>
<tr><td>>30～50</td><td>±0.45mm</td><td>±0.25mm</td></tr>
<tr><td>>50</td><td>+1.0%</td><td>±0.75%</td></tr>
<tr><td>1.5～3.0</td><td>+15%
−10%</td><td>±10%</td></tr>
<tr><td>>3.0</td><td>+12.5%
−10%</td><td>±10%</td></tr>
</table>

（2）钢管的弯曲度不得大于表 4-6-16 规定：

钢管的允许弯曲度　　　　　表 4-6-16

序　号	规　格	弯　曲　度
1	壁厚≤15mm	1.5mm/m
2	壁厚>15mm	2.0mm/m
3	外径≥51mm 的热扩管	3.0mm/m
4	集箱管	总弯曲度不得大于 12mm

(3) 根据需方要求，经供需双方协商，并在合同中注明，同一截面钢管的圆度和壁厚不均应分别不超过外径和壁厚公差的80%。

3）力学性能见钢管的纵向力学性能表和钢管在高温下的屈服强度表。

钢管的纵向力学性能　　　　　表 4-6-17

牌　号	壁厚（mm）	抗拉强度 δ_b（MPa）	屈服点 σ_s（MPa）	伸长率 δ_5（%）
			≥	
10	全部	335~475	195	24
20	<15	410~550	245	20
	≥15		225	

注：1. 钢管用牌号为 10、20 的钢制造，化学成分应符合 GB/T 699 的规定。
　　2. 钢管应以热轧或热处理状态交货。热轧状态交货的钢管终轧温度应不小于 Ar3。

钢管在高温下的屈服强度最小值（MPa）　　表 4-6-18

牌　号	试样状态	温　度（℃）					
		200	250	300	350	400	450
10	供货状态	165	145	122	111	109	107
20		188	170	149	137	134	132

4）低中压锅炉用无缝钢管化学成分

低中压锅炉用无缝钢管化学成分见表 4-6-19。

低中压锅炉用无缝钢管化学成份　　表 4-6-19

标准	牌号	C	Si	Mn	P≤	S≤	Cr	Mo	V	Ti	B	W
		化学成分										
GB 3087—1999	10	0.07～0.14	0.17～0.37	0.35～0.65	0.035	0.035	≤0.15	—	—	—	—	—
	20	0.17～0.24	0.17～0.37	0.35～0.65	0.035	0.035	≤0.25	—	—	—	—	—

3. 高压锅炉用无缝钢管（热轧、挤压、扩管）

用途：

用于高压锅炉（工作压力一般在 9.8MPa 以上，工作温度在 450℃～650℃之间）的受热面管子、省煤器、过热器、再热器、石化工业用管等。

1）高压压锅炉用无缝钢管壁厚允许偏差

高压压锅炉用无缝钢管壁厚允许偏差见表 4-6-20。

高压压锅炉用无缝钢管壁厚允许偏差　　表 4-6-20

标　准	壁厚（S）		壁厚允许偏差
	壁厚允许偏差		
GB 5310—1995	<3.5		+15%（最小为+0.48mm）
			−10%（最小为+0.32mm）
	3.5～20		+15%，−10%
	>20	*D*<219	±10%
		D≥219	+12.5%，−10%

2）高压压锅炉用无缝钢管外径允许偏差

高压压锅炉用无缝钢管外径允许偏差见表 4-6-21。

高压压锅炉用无缝钢管外径允许偏差　　表 4-6-21

外径允许偏差		
标　准	外径（D）	外径允许偏差
GB 5310—1995	≤159	±1.0%（最小为±0.5mm）
	＞159	±1.0%

3）高压压锅炉用无缝钢管纵向力学性能

高压压锅炉用无缝钢管纵向力学性能见表 4-6-22。

高压压锅炉用无缝钢管纵向力学性能　　表 4-6-22

纵向力学性能					
标准	牌号	抗拉强度（MPa）	屈服点（MPa）≥	伸长率（%）≥	冲击功（J）≥
GB 5310—1995	20G	410～550	245	24	35
	20MnG	≥415	240	22	35
	25MnG	≥485	275	20	35
	15MoG	450～600	270	22	35
	20MoG	≥415	220	22	35
	12CrMoG	410～560	205	21	35
	15CrMoG	440～640	235	21	35
	12Cr2MoG	450～600	280	20	35
	12Cr1MoVG	470～640	255	21	35
	12Cr2MoWVTib	540～735	345	18	35

4）高压压锅炉用无缝钢管化学成分

高压压锅炉用无缝钢管化学成分见表 4-6-23。

高压压锅炉用无缝钢管化学成分　　表 4-6-23

标准	牌号	化学成分									
		Si	Mn	P≤	S≤	Cr	Mo	V	Ti	B	W
GB 5310—1995	20G	0.17~0.37	0.35~0.65	0.030	0.030	—	—	—	—	—	—
	20MnG	0.17~0.37	0.70~1.00	0.030	0.030	—	—	—	—	—	—
	25MnG	0.17~0.37	0.70~1.00	0.030	0.030	—	—	—	—	—	—
	15MoG	0.17~0.37	0.40~0.80	0.030	0.030	—	0.25~0.35	—	—	—	—
	20MoG	0.17~0.37	0.40~0.80	0.030	0.030	—	0.44~0.65	—	—	—	—
	12CrMoG	0.17~0.37	0.40~0.70	0.030	0.030	0.40~0.70	0.40~0.55	—	—	—	—
	15CrMoG	0.17~0.37	0.40~0.70	0.030	0.030	0.80~1.10	0.40~0.55	—	—	—	—
	12Cr2MoG	≤0.50	0.40~0.70	0.030	0.030	2.00~2.50	0.90~1.20	—	—	—	—
	12Cr1MoG	0.17~0.37	0.40~0.70	0.030	0.030	0.90~1.20	0.25~0.35	0.15~0.30	—	—	—
	12Cr2MoWVTiB	0.45~0.75	0.45~0.65	0.030	0.030	1.60~2.10	0.50~0.65	0.28~0.42	0.08~0.18	0.002~0.18	0.30~0.55

4. 化肥设备用高压无缝钢管（GB 6479—2000）

用途：适用于工作温度为－40～400℃、工作压力为10～32MPa的化工设备和管道，主要用于输送合成氨、尿素、甲醇等化工介质的高压化肥设备和管道。

主要生产钢管牌号：10、20、16Mn、10MoWVNb、15CrMo、1Cr5Mo、12Cr2Mo等。

1）化肥设备用高压无缝钢管的尺寸规格

化肥设备用高压无缝钢管尺寸规格见表4-6-24。

化肥设备用高压无缝钢管的尺寸规格　　表4-6-24

外径/mm×壁厚/mm	理论质量/(kg/m)	外径/mm×壁厚/mm	理论质量/(kg/m)
14×4	0.986	19×5	1.73
15×4	1.09	24×4.5	2.16
15×4.5	1.17	24×6	2.66
25×5	2.47	102×21	41.95
25×6	2.81	108×14	32.45
25×7	3.11	127×14	39.01
35×6	4.29	127×17	46.12
35×9	5.77		
43×7	6.21	127×21	54.89
43×10	8.14	133×17	48.63
49×8	8.09	154×23	74.30
49×10	9.62	159×18	62.59
57×9	10.65	159×19	65.60
68×9	13.09	159×20	68.55
68×10	14.30	159×28	90.45
68×13	17.63	168×28	96.67
70×10	14.80	180×19	75.43
83×9	16.42	180×22	85.72
83×10	18.00	180×30	110.97
83×11	19.53	219×35	158.81
83×15	25.15	273×18	113.19

续表

外径/mm×壁厚/mm	理论质量/(kg/m)	外径/mm×壁厚/mm	理论质量/(kg/m)
102×11	24.68	273×20	124.78
102×14	30.38	273×34	200.39
102×17	35.64	273×40	229.83

注：钢管的通常长度为4～12m。

2）化肥设备用高压无缝钢管允许偏差

化肥设备用高压无缝钢管允许偏差见表4-6-25。

化肥设备用高压无缝钢管尺寸公差　　表4-6-25

钢管种类	外　径（*D*）		钢管壁厚（*S*）	
	钢管外径（mm）	允许偏差（mm）	钢管壁厚（mm）	允许偏差（mm）
冷拔管	＞30～50	±0.3	≤30	±10%
	＞50～219	±0.8%		

3）化肥设备用高压无缝钢管的牌号和化学成分

化肥设备用高压无缝钢管的牌号和化学成分见表4-6-26。

化肥设备用高压无缝钢管的牌号和化学成分　　表4-6-26

牌　号	化学成分（质量分数）(%)						
	C	Si	Mn	S	P	Cr	Mo
10	0.07～0.14	0.17～0.37	0.35～0.65	0.040	0.035		
20G	0.17～0.24	0.17～0.37	0.35～0.65	0.035	0.035		
16Mn	0.12～0.20	0.20～0.60	1.20～1.60	0.040	0.040		
15MnV	0.12～0.18	0.20～0.60	1.20～1.60	0.040	0.040	V.0.04～0.12	
10MoWVNb	0.07～0.13	0.50～0.80	0.50～0.80	0.030	0.040	V.0.30～0.50	0.60～0.90
12CrMo	0.08～0.15	0.17～0.37	0.40～0.70	0.040	0.035	0.40～0.70	0.40～0.55

续表

牌　号	化学成分（质量分数）(%)						
	C	Si	Mn	S	P	Cr	Mo
15CrMo	0.12～0.18	0.17～0.37	0.40～0.70	0.040	0.035	0.80～1.10	0.40～0.55
1Cr5Mo	≤0.15	≤0.50	≤0.60	0.030	0.035	4.00～6.00	0.40～0.60
12Cr2Mo	0.08～0.15	0.40～0.70	≤0.50	0.035	0.035	2.00～2.50	0.90～1.20

注：10MoWVNb 钢的 w 含量为 0.50%～0.90%，Nb 含量为 0.06%～0.12%。表内所有钢的残余 Cu 含量均≤0.25%，允许 N 含量均≤0.008%。20G 为低温用钢，根据用户要求，碳含量可为 0.17%～0.22%。上述含量均指质量分数。

4）化肥设备用高压无缝钢管的力学性能

化肥设备用高压无缝钢管的力学性能见表 4-6-27。

化肥设备用高压无缝钢管的力学性能　　表 4-6-27

牌　号	力　学　性　能			
	抗拉强度 σ_b/MPa	屈服点 σ_s/MPa	伸长率 δ_5（%）	冲击韧度（J/cm²）
		≥		
10	335～490	205	24	
20G	410～550	245	24	49
16Mn	490～670	320	21	59
15MnV	510～690	350	19	59
10MoWVNb	470～670	295	19	78
12CrMo	410～560	205	21	69
15CrMo	440～640	235	21	59
1Cr5Mo	390～590	195	22	118
12Cr2Mo	450～600	280	20	48（DVM 样）

注：1. 允许一个试样的冲击值比表中规定数值低 10J/cm²，但三个试样的算术平均值不小于表中规定值。

2. 用 12Cr2Mo 钢制造的钢管，当外径不大于 30mm，壁厚不大于 3mm 时，其屈服点允许降低 10MPa。其他牌号当壁厚大于 16～40mm 时，屈服点允许降低 10MPa。

5. 石油裂化用无缝钢管

用途：用于石油、精炼厂的炉管、热交换器管和管道用无缝钢管。

主要生产钢管牌号：10、20、15CrMo、1Cr2Mo、1Cr5Mo等

1）石油裂化用无缝钢管尺寸规格

石油裂化用无缝钢管尺寸规格见表4-6-28。

炉管和热交换器管的外径和壁厚　　　　表4-6-28

外径 (mm)	壁厚 (mm)								
	1	1.5	2	2.5	3	3.5	4	5	6
	理论质量 (kg/m)								
10	0.222	0.314	0.395						
14	0.321	0.462	0.592	0.709					
18			0.789	0.956					
19			0.838	1.02					
25			1.13	1.39	1.63				
32				1.82	2.15	2.46	2.76		
38					2.59	2.98	3.35		
45					3.11	3.58	4.04	4.93	
57							5.23	6.41	7.55
60							5.52	6.78	7.99
60	7.99	10.26	12.33						
83	11.39	14.80	18.00	21.01					
89	12.28	15.98	19.48	22.79					
102	14.20	18.54	22.69	26.63					
114	15.98	20.91	25.65	30.18	34.52	38.67			

续表

外径 (mm)	壁厚（mm）							
	6	8	10	12	14	16	18	20
	理论质量（kg/m）							
127	17.90	23.48	28.85	34.03	39.01	43.80		
141	19.97	26.24	32.30	38.17	43.85	49.32		
152	21.60	28.41	35.02	41.43	47.64	53.66		
159	22.64	29.79	36.74	43.50	50.06	56.42		
168	23.97	31.56	38.96	46.16	53.17	59.97		
219	31.52	41.63	51.54	61.62	70.77	80.10		
273				77.24	89.42	101.40	113.19	124.78

注：1. 管道的外径和壁厚应符合 GB/T 8163 中的规定，即 6～630mm×0.25～75mm。

2. 钢管通常长度为：热轧（扩）管 4～12m；冷拔（轧）管 3～10.5m。

2）石油裂化用无缝钢管允许偏差

（1）石油裂化用无缝钢管外径和壁厚允许偏差见表 4-6-29。

外径和壁厚的允许偏差　　表 4-6-29

种类	尺寸（mm）		允许偏差（mm）	长度及允许偏差（m）
热轧（扩）管	外径	≤159 >159	±1.00% ±1.25%	4～12±0.02
	壁厚	≤20 >20	±12.5% ±10.0%	
冷拔（轧）管	外径	≤30 30～50 >50	±0.20% ±0.30% ±0.08%	3～10.5±0.02
	壁厚	≤3 >3	+12% −10% ±10%	

（2）石油裂化用无缝钢管的弯曲度不得大于下表规定：

序　　号	规　　格（mm）	弯曲度不得大于（mm/m）
1	壁厚≤15	1.5
2	壁厚>15	2.0

（3）石油裂化用无缝钢管的圆度和壁厚：根据需方要求，经供需双方协商，并在合同中注明，钢管的圆度和壁厚不均分别不超过外径和壁厚公差的80%。

3）石油裂化用无缝钢管牌号和化学成分

石油裂化用无缝钢管牌号和化学成分见表4-6-30。

4）石油裂化用无缝钢管力学性能

石油裂化用无缝钢管力学性能见表4-6-31。

6. 高压（低中压）锅炉及石化工业用小口径无缝钢管（国外标准）

ASME SA210——美国锅炉及压力容器规范；

ASME SA213——美国锅炉及压力容器规范；

DIN17175——联邦德国工业标准。

用途：

用于低中压锅炉（工作压力一般不大于5.88MPa，工作温度在450℃以下）的受热面管子；用于高压锅炉（工作压力一般在9.8MPa以上，工作温度在450℃～650℃之间）的受热面管子、省煤器、过热器、再热器、石化工业用管等。

1）高压（低中压）锅炉及石化工业用小口径无缝钢管

高压（低中压）锅炉及石化工业用小口径无缝钢管尺寸公差见表4-6-32。

2）高压（低中压）锅炉及石化工业用小口径无缝钢管力学性能

高压（低中压）锅炉及石化工业用小口径无缝钢管力学性能见表4-6-33。

表 4-6-30

石油裂化用无缝钢管的牌号和化学成分

钢类	牌号	化学成分（质量分数）(%)								
		C	Mn	Si	Cr	Mo	Ni	Nb+Ta	S ≤	P ≤
优质碳素钢	10	0.07～0.14	0.35～0.65	0.17～0.37	≤0.15		≤0.25		0.035	0.035
	20	0.17～0.24	0.35～0.65	0.17～0.37	≤0.15		≤0.25		0.035	0.035
合金钢	12CrMo	0.08～0.15	0.40～0.70	0.17～0.37	0.40～0.70	0.40～0.55	≤0.30		0.035	0.035
	15CrMo	0.12～0.18	0.40～0.70	0.17～0.37	0.80～1.10	0.40～0.55	≤0.30		0.035	0.035
耐热钢	1Cr2Mo	≤0.15	0.30～0.60	0.50～1.00	2.15～2.85	0.45～0.65			0.030	0.035
	1Cr5Mo	≤0.15	≤0.60	≤0.50	4.00～6.00	0.45～0.60	≤0.60		0.030	0.035
	1Cr19Ni9	0.04～0.10	≤2.00	≤1.00	18.00 20.00		8.00～11.00		0.030	0.035
	1Cr19Ni11Nb	0.04～0.10	≤2.00	≤1.00	17.00 20.00		9.00～13.00	≤8C% 1.00%	0.030	0.035

注：1. 残余含铜量不大于 0.25%。

2. 用纯氧顶吹转炉制造的钢，氮含量不大于 0.008%。

3. 10、20 钢中，酸溶铝不大于 0.010%，暂不作交货依据，但应填在质量证明书中。

4. 上述含量均指质量分数。

石油裂化用无缝钢管的力学性能 **表 4-6-31**

钢类	牌号	力学性能					交货状态
		抗拉强度 σ_b（MPa）	屈服点 σ_s（MPa）	伸长率 δ_5（%）	冲击吸收功（J）	布氏硬度值 HBS	
			≥	≥	≥	≤	
优质碳素钢	10	330～490	205	24			热轧管终轧，冷拔管正火
优质碳素钢	20	410～550	245	21	39		热轧管终轧，冷拔管正火
合金钢	12CrMo	410～560	205	21	55	156	热轧管终轧＋回火，冷拔管正火＋回火
合金钢	15CrMo	440～640	235	21	47	170	热轧管终轧＋回火，冷拔管正火＋回火
耐热钢	1Cr2Mo	≥（390）	（175）	（22）	（92）	（179）	热轧管终轧＋回火，冷拔管正火＋回火
耐热钢	1Cr5Mo	≥390	195	22	92	187	退火
耐热钢	1Cr19Ni9	≥520	205	35			固溶处理：固溶温度≥1040℃
耐热钢	1Cr19Ni11Nb	≥520	205	35			固溶处理：热轧管固溶温度≥1050℃冷拔（轧）管固溶温度≥1095℃

注：1. 允许一个试样的冲击值比表中规定数值低 8J，但一组三个试样的算术平均值不小于表中规定值。

2. 当壁厚大于 16mm 时，屈服点允许降低 10Mpa。

3. 作 V 型缺口冲击试验时，其冲击吸收功要填入质量证明书，不作交货依据。

4. 括号内的指标不作为交货依据，其检验数据填入质量证明书。

高压（低中压）锅炉及石化工业用小口径无缝钢管尺寸公差　表 4-6-32

钢管种类	外径（D）		壁厚（S）	
冷拔管	钢管外径（mm）	允许偏差（mm）	钢管壁厚（mm）	允许偏差（mm）
	>30～50	±0.3	>3～20	±10%

高压（低中压）锅炉及石化工业用小口径无缝钢管力学性能　表 4-6-33

标准	牌号	抗拉强度（MPa）	屈服强度（MPa）	伸长率（%）	硬度
ASME SA210	SA210A-1	≥415	≥255	≥30	≤143HB
	SA210C	≥485	≥275	≥30	≤179HB
ASME SA213	SA213 T11	≥415	≥205	≥30	≤163HB
	SA213 T12	≥415	≥220	≥30	≤163HB
	SA213 T22	≥415	≥205	≥30	≤163HB
	SA213 T23	≥510	≥400	≥20	≤220HB
	SA213 T91	≥585	≥415	≥20	≤250HB
	SA213 T92	≥620	≥440	≥20	≤250HB
DIN 17175	ST45.8/Ⅲ	410～530	≥255	≥21	/
	15Mo3	450～600	≥270	≥22	/
	13CrMo44	440～590	≥290	≥22	/
	10CrMo910	480～630	≥280	≥20	/

3）高压（低中压）锅炉及石化工业用小口径无缝钢管化学成分

高压（低中压）锅炉及石化工业用小口径无缝钢管化学成分见表 4-6-34。

高压（低中压）锅炉及石化工业用小口径无缝钢管化学成分　　表 4-6-34

标准	牌号	化学成分（%）														
		C	Si	Mn	P	S	Cr	Mo	Cu	Ni	V	Al	W	Ti	Nb	N
ASME SA210	SA210 A-1	0.13～0.19	≥0.1	0.45～0.65	≤0.030	≤0.030										
	SA210C	0.18～0.24	≥0.1	0.80～1.10	≤0.030	≤0.030										
ASME SA213	SA213 T_{11}	0.05～0.15	0.50～1.0	0.30～0.60	≤0.030	≤0.030	1.00～1.50	0.50～1.00								
	SA213 T_{12}	0.05～0.15	≤0.50	0.30～0.61	≤0.030	≤0.030	0.80～1.25	0.44～0.65								
	SA213 T_{22}	0.05～0.15	≤0.50	0.30～0.60	≤0.030	≤0.010	1.90～2.60	0.87～1.13								
	SA213 T_{23}	0.04～0.10	≤0.50	0.10～0.60	≤0.030	≤0.030	1.90～2.60	0.05～0.30				≤0.030	1.45～1.75	B 0.0005～0.006	0.02～0.08	≤0.040
	SA213 T_{91}	0.08～0.12	0.20～0.50	0.30～0.60	≤0.020	≤0.010	8.00～9.50	0.85～1.05		≤0.40	0.18～0.25	≤0.015			0.06～0.10	0.03～0.07

续表

标准	牌号	化学成分（%）														
		C	Si	Mn	P	S	Cr	Mo	Cu	Ni	V	Al	W	Ti	Nb	N
ASME SA213	SA213 T_{92}	0.07～0.13	≤0.50	0.30～0.60	≤0.020	≤0.010	8.50～9.50	0.30～0.60		≤0.40	0.15～0.25	≤0.015	1.50～2.00	B 0.001～0.006	0.04～0.09	0.03～0.07
DIN 17175	ST45.8/Ⅲ	≤0.21	0.10～0.35	0.40～1.20	≤0.040	≤0.040										
	15Mo3	0.12～0.20	0.10～0.35	0.40～0.80	≤0.035	≤0.035		0.25～0.35								
	13CrMo44	0.10～0.18	0.10～0.35	0.40～0.70	≤0.035	≤0.035	0.70～1.10	0.45～0.65								
	10CrMo910	0.08～0.15	≤0.50	0.30～0.70	≤0.025	≤0.020	2.00～2.50	0.90～1.10	≤0.30	≤0.30		≤0.015				

第四节　常用焊接钢管类别

焊接钢管也称焊管，是用钢板或钢带经过卷曲成型后焊接制成的钢管。焊接钢管生产工艺简单，生产效率高，品种规格多，设备投资少，但一般强度低于无缝钢管。20 世纪 30 年代以来，随着优质带钢连轧生产的迅速发展以及焊接和检验技术的进步，焊缝质量不断提高，焊接钢管的品种规格日益增多，并在越来越多的领域代替了无缝钢管。焊接钢管按焊缝的形式分为直缝焊管和螺旋焊管。

直缝焊管生产工艺简单，生产效率高，成本低，发展较快。螺旋焊管的强度一般比直缝焊管高，能用较窄的坯料生产管径较大的焊管，还可以用同样宽度的坯料生产管径不同的焊管。但是与相同长度的直缝管相比，焊缝长度增加 30％～100％，而且生产速度较低。因此，较小口径的焊管大都采用直缝焊，大口径焊管则大多采用螺旋焊。

1. 低压流体输送用焊接钢管也称一般焊管，俗称黑管。是用于输送水、煤气、空气、油和取暖蒸汽等一般较低压力流体和其他用途的焊接钢管。钢管接壁厚分为普通钢管和加厚钢管；接管端形式分为不带螺纹钢管（光管）和带螺纹钢管。钢管的规格用公称口径（mm）表示，公称口径是内径的近似值。习惯上常用英寸表示，如 1/2″等。低压流体输送用焊接钢管除直接用于输送流体外，还大量用作低压流体输送用镀锌焊接钢管的原管。

2. 低压流体输送用镀锌焊接钢管也称镀锌电焊钢管，俗称白铁管。是用于输送水、煤气、空气油及取暖蒸汽、暖水等一般较低压力流体或其他用途的热浸镀锌焊接（炉焊或电焊）钢管。钢管接壁厚分为普通镀锌钢管和加厚镀锌钢管；接管端形式分为不带螺纹镀锌钢管和带螺纹镀锌钢管。钢管的规格用公称口径（mm）表示，公称口径是内径的近似值。习惯上常用英寸表示，如 1/2″等。

3. 普通碳素钢电线套管（YB/T 5305—2008）是工业与民用建筑、安装机器设备等电气安装工程中用于保护电线的钢管。

4. 直缝电焊钢管（GB/T 13793—2008）是焊缝与钢管纵向平行的钢管。通常分为公制电焊钢管、电焊薄壁管、变压器冷却油管等等。

5. 承压流体输送用螺旋缝埋弧焊钢管（GB/T 9711）是以热轧钢带卷作管坯，经常温螺旋成型，用双面埋弧焊法焊接，用于承压流体输送的螺旋缝钢管。钢管承压能力强，焊接性能好，经过各种严格的科学检验和测试，使用安全可靠。钢管口径大，输送效率高，并可节约铺设管线的投资。主要用于输送石油、天然气的管线。

6. 承压流体输送用螺旋缝高频焊钢管是以热轧钢带卷作管坯，经常温螺旋成型，采用高频搭接焊法焊接的，用于承压流体输送的螺旋缝高频焊钢管。钢管承压能力强，塑性好，便于焊接和加工成型；经过各种严格和科学检验和测试，使用安全可靠，钢管口径大，输送效率高，并可节省铺设管线的投资。主要用于铺设输送石油、天然气等的管线。

7. 一般低压流体输送用螺旋缝埋弧焊钢管是以热轧钢带卷作管坯，经常温螺旋成型，采用双面自动埋弧焊或单面焊法制成的用于水、煤气、空气和蒸汽等一般低压流体输送用埋弧焊钢管。

8. 一般低压流体输送用螺旋缝高频焊钢管是以热轧钢带卷作管坯，经常温螺旋成型，采用高频搭接焊法焊接用于一般低压流体输送用螺旋缝高频焊钢管。

9. 桩用螺旋焊缝钢管是以热轧钢带卷作管坯，经常温螺旋成型，采用双面埋弧焊接或高频焊接制成的，用于土木建筑结构、码头、桥梁等基础桩用钢管。

第五节　常用焊接钢管性能与规格

常用焊接钢管规格见表 4-6-35。

1. 低压流体输送用镀锌钢管

本标准适用于输送水、煤气、空气、油及暖水等一般较低压力流体或其他用途的热浸镀锌焊接（炉焊或电焊）钢管。

常用焊接钢管规格

表 4-6-35

(660)			96.77	112.72	128.63	144.48	160.29	176.05	191.76	207.42					
711			104.31	121.52	138.69	155.80	172.87	189.88	206.85	223.76					
(720)			105.64	123.08	140.46	157.80	175.09	192.32	209.51	226.65					
(762)				130.33	148.75	167.12	185.44	203.72	221.94	240.11	258.24				
813				139.13	158.81	178.44	198.02	217.55	237.03	256.46	275.85				
(820)				140.34	160.19	179.99	199.75	219.45	239.10	258.71	278.26	297.77	317.23		
914					178.74	200.86	222.93	244.95	266.92	288.84	310.72	332.54	354.31		
(920)					179.92	202.19	224.41	246.58	268.70	290.77	312.79	334.76	356.68		
1016					198.86	223.49	248.08	272.62	297.10	321.54	345.93	370.27	394.56		
(1020)					199.65	224.38	249.07	273.70	298.39	322.82	347.31	371.75	396.14		
1220							298.39	327.95	357.47	386.94	416.36	445.73	475.58		
1420							347.71	382.21	416.66	451.06	485.41	519.71	553.96		
1620							397.03	436.46	475.84	515.17	554.46	593.69	632.87		
1520							446.35	490.71	535.02	579.29	623.50	667.67	711.79		
2020							495.67	544.96	594.21	643.40	692.55	741.65	790.70		
2220							544.99	599.21	653.39	707.52	761.60	815.63	869.61		
2235							548.69	603.28	657.83	712.33	766.78	821.18	875.53	984.08	1092.44
2337									688.01	745.03	810.99	858.91	915.77	1029.36	1142.74
2438									717.90	777.41	836.86	896.27	955.62	1074.19	1192.56
2540									748.09	810.11	872.08	934.00	995.87	1119.47	1242.86

1.1 分类

1）钢管按壁厚分为普通镀锌钢管和加厚镀锌钢管。

2）钢管按管端形式分为不带螺纹镀锌钢管和带螺纹镀锌钢管。

1.2 尺寸、外形及重量

1）外径和壁厚

钢管在镀锌前（以下简称黑管）的外径和壁厚尺寸及其允许偏差见表 4-6-36。表中所列尺寸及理论重量均指黑管。钢管镀锌后的理论重量比黑管增加 3%～6%。根据需方要求，可供应表 4-6-36 以外的其他尺寸的镀锌钢管。

镀锌焊接钢管外径和壁厚表　　　　表 4-6-36

公称口径①		外径		普通钢管			加厚钢管		
				壁厚		理论重量 (kg/m)	壁厚		理论重量 (kg/m)
mm	in	公称尺寸 (mm)	允许偏差	公称尺寸 (mm)	允许偏差 (%)		公称尺寸 (mm)	允许偏差 (%)	
6	$\frac{1}{8}$	10.0	±0.50 mm	2.00	+12 −15	0.39	2.50	+12 −15	0.46
8	$\frac{1}{4}$	13.5		2.25		0.62	2.75		0.73
10	$\frac{3}{8}$	17.0		2.25		0.82	2.75		0.97
15	$\frac{1}{2}$	21.3		2.75		1.26	3.25		1.45
20	$\frac{3}{4}$	26.8		2.75		1.63	3.50		2.01
25	1	33.5		3.25		2.42	4.00		2.91
32	$1\frac{1}{4}$	42.3		3.25		3.13	4.00		3.78
40	$1\frac{1}{2}$	48.0		3.50		3.84	4.25		4.58
50	2	60.0	±1%	3.50		4.88	4.50		6.16
65	$2\frac{1}{2}$	75.5		3.75		6.64	4.50		7.88
80	3	88.5		4.00		8.34	4.75		9.81
100	4	114.0		1.00		10.85	5.00		13.44
125	5	140.0		1.00		15.01	5.50		18.21
150	6	165.0		4.50		17.81	5.50		21.63

① 公称口径，表示近似内径的参考尺寸。每种规格的实际内径随着管壁厚度而变化。公称口径不等于外径减 2 倍壁厚之差。

2）长度

（1）镀锌钢管的通常长度为4～9m。每批允许有重量不大于5%的长度不小于2m的短尺钢管。

（2）镀锌钢管可以定尺或倍尺长度交货。全长允许偏差为$^{+20}_{0}$mm，每个倍尺应留5～10mm长的切口余量。

3）弯曲度

镀锌钢管应具有使用性的直度，或由供需双方协议规定弯曲度的指标。

4）端头形状

镀锌钢管的两端应在镀锌前与钢管轴线切成直角，切口内外毛刺高度均不得大于0.5mm。

5）交货重量

镀锌钢管以实际重量交货。经供需双方协议，也可以理论重量交货。

镀锌钢管的每米重量（钢的相对密度为7.85）按下式计算：

$$P=C[0.02466S(D-S)]$$

式中 P——镀锌钢管的每米重量，kg/m；

C——镀锌钢管比黑管增加的重量系数，取1.03～1.06；

S——黑管的壁厚，mm；

D——黑管的外径，mm。

2. 矿用流体输送电焊钢管（GB/T 14291—2006）

用途：适用于矿山压风、排水、抽放瓦斯。

1）矿用流体输送电焊钢管尺寸规格

矿用流体输送电焊钢管尺寸规格见表4-6-37。

矿用流体输送电焊钢管的尺寸规格

表 4-6-37

外径 D (mm)	壁厚 S (mm)																
	2.5	3.0	3.5	4.0	4.5	5.0	5.5	6.0	6.5	7.0	7.5	8.0	8.5	9.0	9.5	10	11	12
	理论质量 (kg/m)																
21.3	1.16	1.35	1.54														
26.8	1.50	1.76	2.01														
33	1.88	2.22	2.55	2.86													
42	2.44	2.89	3.32	3.75													
45	2.62	3.11	3.58	4.04													
48	2.81	3.33	3.84	4.34													
57	3.36	3.99	4.62	5.23	5.83												
60	3.54	4.22	4.88	5.52	6.16												
70	4.16	4.96	5.74	6.51	7.27												
76	4.53	5.40	6.26	7.10	7.93												
89		6.36	7.38	8.38	9.38	10.36											
95		6.81	7.90	8.98	10.04	11.10											
102		7.32	8.50	9.67	10.82	11.96	13.09	14.20	15.31								
108		7.77	9.02	10.26	11.49	12.70	13.90	15.09	16.27								
114			9.54	10.85	12.15	13.44	14.72	15.98	17.23								
121			10.14	11.54	12.93	14.30	15.67	17.02	18.35								
127			10.66	12.13	13.59	15.04	16.48	17.90	19.31								
133			11.18	12.72	14.26	15.78	17.29	18.79	20.28								
140				13.42	15.04	16.65	18.24	19.83	21.40	22.96	24.51						
152				14.60	16.37	18.13	19.87	21.60	23.32	25.03	26.73						

续表

外径 D (mm)	壁厚 S (mm)																	
	2.5	3.0	3.5	4.0	4.5	5.0	5.5	6.0	6.5	7.0	7.5	8.0	8.5	9.0	9.5	10	11	12
	理论质量（kg/m）																	
159				15.29	17.14	18.99	20.82	22.64	24.44	22.64	26.24	28.02	29.79	31.55	33.29	35.02		
165					17.81	19.73	21.63	23.53	25.41	27.27	29.13	30.97	32.80	34.62	36.43			
168					18.14	20.10	22.04	23.97	25.89	27.79	29.68	31.56	33.43	35.29	37.13			
180					19.48	21.58	23.67	25.75	27.81	29.86	31.90	33.93	35.95	37.95	39.94			
194						23.30	25.57	27.82	30.05	32.28	34.49	36.69	38.88	41.06	43.22			
203						24.41	26.79	29.15	31.50	33.83	36.16	38.47	40.77	43.06	45.33			
219						26.39	28.96	31.52	34.06	36.60	39.12	41.63	44.12	46.61	49.08			
245						29.59	32.48	35.36	38.23	41.08	43.93	46.76	49.57	52.38	55.17	57.95		
273						33.04	36.28	39.51	42.72	45.92	49.10	52.28	55.44	58.59	61.73	64.86		
295								42.76	46.24	49.71	53.17	56.62	60.05	63.47	66.88	70.28	77.04	
325								47.20	51.05	54.89	58.72	62.53	66.34	70.13	73.91	77.67	85.18	
377								54.89	59.39	63.87	68.34	72.80	77.24	81.67	86.09	90.50	99.28	108.01
402								58.59	63.39	68.18	72.96	77.73	82.48	87.22	91.95	96.67	106.06	115.41
426								62.14	67.24	72.33	77.40	82.46	87.51	92.55	97.57	102.59	112.57	122.51
450								65.69	71.09	76.47	81.84	87.20	92.54	97.88	103.20	108.50	119.08	129.61
480								70.13	75.90	81.65	87.39	93.12	98.83	104.53	110.22	115.90	127.22	138.49
508								74.28	80.39	86.48	92.57	98.64	104.70	110.75	116.78	122.81	134.82	146.78

注：根据需方要求，并经供需双方协议，可供介于表中所列外径和壁厚之间尺寸的钢管。

2）矿用流体输送电焊钢管允许偏差

矿用流体输送电焊钢管允许偏差见表 4-6-38。

矿用流体输送电焊钢管的允许偏差（mm）　　表 4-6-38

外　径	允许偏差	壁　厚	允许偏差
$D \leqslant 50$	±0.5	2.5～12	±12%
$D > 50$	±0.90%		

注：1. 钢管的通常长度为 4～12m。定尺和倍尺长度应在通常长度范围内，总长度允许偏差为＋15mm。倍尺长度的钢管应在每个倍尺间留 5～15mm 的切口余量。

2. 钢管的弯曲度每米不大于 1.2mm，总弯曲度不大于钢管全长的 0.12%。

3）矿用流体输送电焊钢管力学性能

矿用流体输送电焊钢管力学性能见表 4-6-39。

矿用流体输送电焊钢管的力学性能　　表 4-6-39

牌号	抗拉强度 σ_b（MPa）≥	屈服点 σ_s（MPa）≥	伸长率 δ（%）≥
Q235 AB	375	235	20

注：1. 拉伸试验，仲裁以纵向试样为准。

2. 钢管用 GB/T 700 规定的 Q235A 级、B 级钢或其他易焊接的软钢牌号制造，其化学成分应符合相应标准规定。

3. 钢管按焊接状态交货。

4）矿用流体输送电焊钢管水压试验

矿用流体输送电焊钢管水压试验见表 4-6-40。

3. 直缝电焊钢管（GB/T 13793—2008）

用途：适用于各种结构件．零件和输送流体管道。

1）直缝电焊钢管规格

直缝电焊钢管规格与重量见表 4-6-41。

矿用流体输送电焊钢管的水压试验压力值 **表 4-6-40**

外径 D (mm)	壁厚 S (mm)																	
	2.5	3.0	3.5	4.0	4.5	5.0	5.5	6.0	6.5	7.0	7.5	8.0	8.5	9.0	9.5	10	11	12
	试验压力值 (MPa)																	
21.3	15.0	15.0	15.0															
26.8	15.0	15.0	15.0															
33	15.0	15.0	15.0	15.0														
42	15.0	15.0	15.0	15.0														
45	15.0	15.0	15.0	15.0														
48	14.7	15.0	15.0	15.0														
57	12.4	14.8	15.0	15.0	15.0													
60	11.8	14.1	15.0	15.0	15.0													
70	10.1	12.1	14.1	15.0	15.0													
76	9.30	11.1	12.9	14.8	15.0													
89		9.50	11.1	12.7	14.3	15.0												
95		8.90	10.4	11.9	13.4	14.8												
102		8.30	9.70	11.1	12.4	13.8	15.0	15.0	15.0									
108		7.80	9.10	10.4	11.8	13.1	14.4	15.0	15.0									

续表

外径 D (mm)	壁厚 S (mm)																	
	2.5	3.0	3.5	4.0	4.5	5.01	5.5	6.0	6.5	7.0	7.5	8.0	8.5	9.0	9.5	10	11	12
	试验压力值 (MPa)																	
114			8.70	9.90	11.1	12.4	13.6	14.8	15.0									
121			8.20	9.30	10.5	11.7	12.8	14.0	15.0									
127			7.80	8.90	10.0	11.1	12.2	13.3	14.4									
133			7.40	8.50	9.50	10.6	11.7	12.7	13.8									
140				8.10	9.10	10.1	11.1	12.1	13.1	14.1	15.0							
152				7.40	8.40	9.30	10.2	11.1	12.1	13.0	13.9							

外径 D (mm)	壁厚 S (mm)																		
	2.5	3.0	3.5	4.0	4.5	5.0	5.5	6.0	6.5	7.0	7.5	8.0	8.5	9.0	9.5	10	11	12	13
	试验压力值 (MPa)																		
159					7.10	8.00	8.90	9.80	10.6	11.5	12.4	13.3	14.2	15.0	15.0	15.0			
165						7.70	8.50	9.40	10.3	11.1	12.0	12.8	13.7	14.5	15.0	15.0			
168						7.60	8.40	9.20	10.1	10.9	11.8	12.6	13.4	14.3	15.0	15.0			
180						7.10	7.80	8.60	9.40	10.2	11.0	11.8	12.5	13.3	14.1	14.9			
194							7.30	8.00	8.70	9.40	10.2	10.9	11.6	12.4	13.1	13.8			

续表

外径 D (mm)	壁厚 S (mm)																		
	2.5	3.0	3.5	4.0	4.5	5.0	5.5	6.0	6.5	7.0	7.5	8.0	8.5	9.0	9.5	10	11	12	13
	试验压力值 (MPa)																		
203							6.90	7.60	8.30	9.00	9.70	10.4	11.1	11.8	12.5	13.2			
219							6.40	7.10	7.70	8.40	9.00	9.70	10.3	10.9	11.6	12.2			
245							5.80	6.30	6.90	7.50	8.10	8.60	9.20	9.80	10.4	10.9	11.5		
273							5.20	5.70	6.20	6.70	7.20	7.70	8.30	8.80	9.30	9.80	10.3		
295									5.70	6.20	6.70	7.20	7.60	8.10	8.60	9.10	9.60	10.5	
325									5.20	5.60	6.10	6.50	6.90	7.40	7.80	8.20	8.70	9.50	
377									4.50	4.90	5.20	5.60	6.00	6.40	6.70	7.10	7.50	8.20	9.00
402									4.20	4.60	4.90	5.30	5.60	6.00	6.30	6.70	7.00	7.70	8.40
426									4.00	4.30	4.60	5.00	5.30	5.60	6.00	6.30	6.60	7.30	7.90
450									3.80	4.10	4.40	4.70	5.00	5.30	5.60	6.00	6.30	6.90	7.50
480									3.50	3.80	4.10	4.40	4.70	5.00	5.30	5.60	5.90	6.50	7.10
508									3.30	3.60	3.90	4.20	4.40	4.70	5.00	5.30	5.60	6.10	6.70

注：1. 表中数值是按公式 $P=2\cdot S\cdot R/D$ 计算，经修约后所得，超过 15.0MPa 计为 15.0MPa。式中：P 为试验压力，单位 MPa；D 为钢管公称外径，单位 mm；S 为钢管公称壁厚，单位 mm；S 为规定屈服点的 60%，单位 MPa。

2. 钢管应逐根进行水压试验，试验压力值应符合表中的规定。在试验压力下，稳压时间不得少于 5s，此时钢管不得漏水。

直缝电焊钢管的规格与质量 **表 4-6-41**

外径 (mm)	壁厚 (mm)													
	0.5	0.6	0.8	1.0	1.2	1.4	1.5	1.6	1.8	2.0	2.2	2.5	2.8	3.0
	钢管的理论质量 (kg/m)													
5	0.055	0.065	0.083	0.099										
8	0.092	0.109	0.142	0.173	0.201									
10	0.117	0.139	0.181	0.222	0.260									
12	0.142	0.169	0.221	0.271	0.320	0.366	0.388	0.410						
13		0.183	0.241	0.296	0.343	0.400	0.425	0.450						
14		0.198	0.260	0.321	0.379	0.435	0.462	0.489						
15		0.123	0.280	0.345	0.408	0.470	0.499	0.529						
16		0.228	0.300	0.370	0.438	0.504	0.536	0.568						
17		0.243	0.320	0.395	0.468	0.359	0.573	0.608						
18		0.257	0.339	0.419	0.497	0.573	0.610	0.647						
19		0.272	0.359	0.444	0.527	0.608	0.647	0.687						
20		0.287	0.379	0.469	0.556	0.642	0.684	0.726	0.808	0.888				
21			0.399	0.493	0.586	0.677	0.721	0.765	0.852	0.937				
22			0.418	0.518	0.616	0.7U	0.758	0.805	0.897	0.986	1.074			
25			0.477	0.592	0.704	0.815	0.869	0.923	1.030	1.134	1.237	1.387		

续表

外径 (mm)	壁厚 (mm)													
	0.5	0.6	0.8	1.0	1.2	1.4	1.5	1.6	1.8	2.0	2.2	2.5	2.8	3.0
	钢管的理论质量（kg/m）													
28			0.537	0.666	0.793	0.918	0.980	1.0412	1.163	1.282	1.400	1.572	1.740	
30			0.576	0.715	0.852	0.987	1.054	1.121	1.252	1.381	1.508	1.695	1.878	1.997
32				0.764	0.911	1.065	1.128	1.199	1.341	1.480	1.617	1.1819	2.016	2.145
34				0.814	0.971	1.125	1.202	1.278	1.429	1.578	1.725	1.942	2.154	2.293
37				0.888	1.059	1.229	1.313	1.397	1.562	1.726	1.888	2.127	2.361	2.515

外径 (mm)	壁厚 (mm)															
	0.5	0.6	0.8	1.0	1.2	1.4	1.5	1.6	1.8	2.0	2.2	2.5	2.8	3.0	3.2	3.5
	钢管的理论质量（kg/m）															
38				0.912	1.089	1.264	1.350	1.436	1.607	1.776	1.942	2.189	2.430	2.589	2.746	2.978
40				0.962	1.148	1.333	1.424	1.515	1.696	1.874	2.051	2.312	2.569	2.737	2.904	3.150
45				1.09	1.30	1.51	1.61	1.71	1.92	2.12	2.32	2.62	2.91	3.11	3.30	3.58
46					1.33	1.54	1.65	1.75	1.96	2.17	2.38	2.68	2.98	3.18	3.38	3.668
48					1.38	1.61	1.72	1.83	2.05	2.27	2.48	2.81	3.12	3.33	3.54	3.84

续表

外径 (mm)	壁厚（mm）															
	0.5	0.6	0.8	1.0	1.2	1.4	1.5	1.6	1.8	2.0	2.2	2.5	2.8	3.0	3.2	3.5
	钢管的理论质量（kg/m）															
50					1.44	1.68	1.79	1.91	2.14	2.37	2.59	2.93	3.26	3.48	3.69	4.01
51					1.47	1.71	1.83	1.95	2.18	2.42	2.65	2.99	3.33	3.55	3.77	4.10
53					1.53	1.78	1.90	2.03	2.27	2.52	2.76	3.11	3.47	3.70	3.93	4.27
54					1.56	1.82	1.94	2.07	2.32	2.56	2.81	3.17	3.54	3.77	4.01	4.36
60					1.74	2.02	2.16	2.30	2.58	2.86	3.14	3.54	3.95	4.22	4.48	4.88
63.5					1.84	2.14	2.29	2.44	2.74	3.03	3.33	3.76	4.19	4.48	4.76	5.18
65							2.35	2.50	2.81	3.11	3.41	3.85	4.29	4.59	4.88	5.31
70							2.37	2.70	3.03	3.35	3.68	4.16	4.64	4.96	5.27	5.74
76							2.76	2.94	3.29	3.65	4.00	4.53	5.05	5.40	5.74	6.26
80							2.90	3.09	3.47	3.85	4.22	4.78	5.33	5.70	6.06	6.60
83							3.01	3.21	3.60	3.99	4.38	4.96	5.54	5.92	6.30	6.86
89							3.24	3.45	3.87	4.29	4.71	5.33	5.95	6.36	6.77	7.38
95							3.46	3.69	4.14	4.59	5.03	5.70	6.37	6.81	17.24	7.90
101.6							3.70	3.95	4.43	4.91	5.39	6.11	6.82	7.29	7.76	8.47
102							3.72	3.96	4.45	4.93	5.41	6.13	6.85	7.32	7.80	8.50

续表

外径 (mm)	壁厚 (mm)																
	3.8	4.0	4.2	4.5	4.8	5.0	5.4	5.6	6.0	6.5	7.0	8.0	9.0	10.0	11.0	12.0	12.7
	钢管的理论质量（kg/m）																
108	9.76	10.26	10.75	11.49	12.22	12.70											
114	10.33	10.85	11.37	12.15	12.93	13.44	14.46	14.97									
114.3	10.35	10.88	11.40	12.18	12.96	13.48	14.50	15.01									
121	10.98	11.54	12.10	12.93	13.75	14.30	15.39	15.94									
127	11.51	12.13	12.72	13.59	14.46	15.04	16.19	16.76	17.90								
133	12.11	12.72	13.34	14.26	15.17	15.78	16.99	17.59	18.79								
139.3	12.70	13.35	13.99	14.96	15.92	16.56	17.83	18.46	19.72								
140	12.76	13.42	14.07	15.04	16.00	16.65	17.92	18.56	19.83								
152	13.80	14.60	15.31	16.37	17.42	18.13	19.52	20.22	21.60								
159		15.3	16.0	17.1	18.3	19.0	20.5	21.2	22.6	24.4	26.2						
165.1		15.9	16.7	17.8	19.0	19.7	21.3	22.0	23.5	25.4	27.3						
168.3		16.2	17.0	18.2	19.4	20.1	21.7	22.5	24.0	25.9	27.8						
177.8		17.1	18.0	19.2	20.5	21.3	23.0	23.8	25.4	27.5	29.5	33.5					
180		17.4	18.2	19.5	20.7	21.6	23.3	24.1	25.7	27.8	29.9	33.9					
193.7		18.7	19.6	21.0	22.4	23.3	25.1	26.0	27.8	30.0	32.2	36.6					
203				22.0	23.5	24.4	26.3	27.3	29.1	31.5	33.8	38.5					
219.1				23.8	25.4	26.4	28.5	29.5	31.5	34.1	36.6	41.6	46.6				

续表

外径 (mm)	壁厚 (mm)																
	3.8	4.0	4.2	4.5	4.8	5.0	5.4	5.6	6.0	6.5	7.0	8.0	9.0	10.0	11.0	12.0	12.7
	钢管的理论质量 (kg/m)																
244.5				26.6	28.4	29.5	31.8	33.0	35.3	38.1	41.0	46.7	52.3				
267						32.3	34.8	36.1	38.6	41.8	44.9	51.1	57.3	63.4			
273						33.0	35.6	36.9	39.5	39.5	42.7	48.9	52.3	58.6	64.9		
298.5								40.4	43.3	46.8	50.3	57.3	54.3	71.1	78.0		
323.9								44.0	47.0	50.9	54.7	62.3	69.9	77.4	84.9		
325									47.2	51.1	54.9	62.5	70.1	77.7	85.2		
351									51.0	55.2	59.4	67.7	75.9	84.1	92.2		
355.6									51.7	56.0	60.2	68.6	76.9	85.2	93.5	101.7	
368									53.6	57.9	62.3	71.0	79.7	88.3	96.8	105.3	
377									54.9	59.4	63.9	72.8	81.7	90.5	99.28	108.0	
402									58.6	63.4	68.2	77.7	87.2	96.7	106.1	115.4	
406.4									59.2	64.1	68.9	78.6	88.2	97.8	107.3	116.7	123.3
419									61.1	66.1	71.1	81.1	91.0	100.9	110.7	120.4	127.2
426									62.1	67.2	72.3	82.5	92.5	102.6	112.6	122.5	129.4
457									66.7	72.2	77.7	88.5	99.4	110.2	121.0	131.7	139.1
478									69.8	75.6	81.3	92.7	104.1	115.4	126.7	131.7	145.7
480									70.1	75.9	81.6	93.1	104.5	115.9	127.2	138.5	146.3
508									74.3	80.4	85.5	98.6	110.7	122.8	134.8	146.8	155.1

2）直缝电焊钢管允许偏差

直缝电焊钢管外径允许偏差见表 4-6-42。

直缝电焊钢管的外径允许偏差（mm）　　　**表 4-6-42**

外　径	高精度（PD.C）	较高精度（PD.B）	普通精度（PD.A）
5～20	±0.10	±0.20	±0.30
20～50	±0.15	±0.30	±0.50
50～80	±0.30	±0.50	±1.0%D
80～114.3	±0.40	±0.60	±1.0%D
114.3～219.1	±0.60	±0.80	±1.0%D
>219.1	±0.5%D	±0.75%D	±1.0%D

直缝电焊钢管的壁厚允许偏差见表 4-6-43。

直缝电焊钢管的壁厚允许偏差（mm）　　　**表 4-6-43**

<table>
<tr><th>壁　厚</th><th>高精度（PT.C）</th><th>较高精度（PT.B）</th><th>普通精度（PT.A）</th></tr>
<tr><td>0.50～0.60</td><td>+0.03
−0.05</td><td>±0.06</td><td rowspan="3">±0.10</td></tr>
<tr><td>>0.60～0.80</td><td rowspan="2">+0.04
−0.07</td><td>±0.07</td></tr>
<tr><td>>0.80～1.0</td><td>±0.08</td></tr>
<tr><td>>1.0～1.2</td><td rowspan="2">+0.05
−0.09</td><td>±0.09</td><td rowspan="13">±10%t</td></tr>
<tr><td>>1.2～1.4</td><td>±0.11</td></tr>
<tr><td>>1.4～1.5</td><td rowspan="2">+0.06
−0.11</td><td>±0.12</td></tr>
<tr><td>>1.5～1.6</td><td>±0.13</td></tr>
<tr><td>>1.6～2.0</td><td rowspan="3">+0.07
−0.13</td><td>±0.14</td></tr>
<tr><td>>2.0～2.2</td><td>±0.15</td></tr>
<tr><td>>2.2～2.5</td><td>±0.16</td></tr>
<tr><td>>2.5～2.8</td><td rowspan="2">+0.08
−0.16</td><td>±0.17</td></tr>
<tr><td>>2.8～3.2</td><td>±0.18</td></tr>
<tr><td>>3.2～3.8</td><td rowspan="2">+0.10
−0.20</td><td>±0.20</td></tr>
<tr><td>>3.8～4.0</td><td>±0.22</td></tr>
<tr><td>>4.0～5.5</td><td>±5%t</td><td>±7.5%t</td></tr>
<tr><td>>5.5</td><td>±7.5%t</td><td>±10%t</td><td>±12.5%t</td></tr>
</table>

3）直缝电焊钢管力学性能

直缝电焊钢管力学性能见表4-6-44。

直缝电焊钢管的力学性能　　表4-6-44

牌　号	软状态钢管 R		低硬状态钢管 DY
	下屈服强度 R_{el}（N/mm²）	抗拉强度 R_m（N/mm²）	断后伸长率 A（%）
	≥		
08、10	195	315	22
15	215	355	20
20	235	390	19
Q195	195	315	22
Q215A、B	215	335	22
Q235A、B、C	235	375	20
Q295A、B	295	390	18
Q345A、B、C	345	470	18

4. 螺旋缝埋弧焊钢管（SY/T 5038、SY/T 5037、GB/T 9711）

1）螺旋缝埋弧焊钢管规格与重量

螺旋缝埋弧焊钢管规格与重量见表4-6-45。

螺旋缝埋弧焊钢管规格与重量理论计算表　　表4-6-45

规　格	壁　厚（mm）							
（mm）	6	7	8	9	10	11	12	13
ϕ219	32.02	37.10	42.13	47.11	52.04	56.93	61.76	66.54
ϕ273	40.01	46.42	52.78	59.10	66.36	71.57	77.74	83.86
ϕ325	47.70	55.40	63.04	70.64	78.18	85.68	93.13	100.53
ϕ377	55.40	64.37	73.30	82.18	91.01	99.79	108.52	117.20
ϕ426	62.65	72.83	82.97	93.05	103.09	113.08	123.02	132.91
ϕ478	70.34	81.81	93.23	104.60	115.92	127.19	138.41	149.58
ϕ529	77.89	90.61	103.29	115.92	128.49	141.02	153.50	165.93
ϕ630	92.83	108.05	123.22	138.33	153.40	168.42	183.39	198.31
ϕ720	106.15	123.59	140.97	158.31	175.60	192.84	210.02	227.16
ϕ820	120.95	140.85	160.70	180.50	200.26	219.96	239.21	259.22
ϕ920	135.74	158.11	180.43	202.70	224.92	247.09	269.21	291.28
ϕ1020	150.54	175.37	200.16	224.89	249.58	274.22	298.81	323.34

2）螺旋缝埋弧焊钢管主要质量指标

螺旋缝埋弧焊钢管主要质量指标见表 4-6-46。

螺旋钢管主要质量指标　　　　表 4-6-46

<table>
<tr><th rowspan="2">项　目</th><th colspan="3">输　送　钢　管</th></tr>
<tr><th>GB/T 9711—1997</th><th>SY/T 5037—2000</th><th>SY/T 5038—1992</th></tr>
<tr><td>管端外径偏差</td><td>$D<508\pm0.75\%D$
$D\geqslant508\pm1.00\%D$</td><td>$D<508\pm0.75\%D$
$D\leqslant508\pm1.00\%D$</td><td>$\pm1.25\%D$</td></tr>
<tr><td>壁厚偏差</td><td>$D<508+15.0\%t$
$-12.5\%t$
$D\geqslant508+17.5\%t$
$-10.0\%t$</td><td>$D<508\pm12.5\%t$
$D\geqslant508\pm10.0\%t$</td><td>$\pm12.5\%t$</td></tr>
<tr><td>焊缝余高</td><td>≤3.18mm</td><td>0.5～3.0mm</td><td>内≤2.0mm
外≤2.5mm</td></tr>
<tr><td>直度</td><td>$\leqslant0.2\%L$</td><td>$\leqslant0.2\%L$</td><td>$\leqslant0.25\%L$</td></tr>
<tr><td>管端状态</td><td>坡口角 30°～35°
顿边 1.59±0.79mm
切斜≤1.59mm</td><td>坡口角 30°～35°
顿边 1.6±0.8mm
$D<813$ 切斜≤1.5mm
$D\geqslant813$ 切斜≤3.0mm</td><td>坡口角 30°～35°
顿边 0～3mm
切斜≤1.59mm</td></tr>
<tr><td>重量偏差</td><td>单根+10.0%～3.5%
装车批量−1.75%</td><td>单根+10.0%～3.5%
装车批量−1.75%</td><td></td></tr>
<tr><td>无损探伤</td><td>距管端 203mm 以内的焊缝采用射线检验；距管端 203mm 以外的焊缝采用超声波检验；对头焊缝、补焊及环向焊缝采用超声波检验。</td><td>对头焊缝、补焊及环向焊缝采用超声波检验。</td><td>对头焊缝、补焊及环向焊缝采用超声波检验。</td></tr>
<tr><td>水压试验</td><td>$P=\frac{2[\sigma]t}{D}$</td><td>$P=\frac{2[\sigma]t}{D}$</td><td>$P=\frac{2[\sigma]t}{D}$</td></tr>
<tr><td>备注</td><td>D：钢管公称外径，mm；
L：单根钢管长度，mm；</td><td>t：钢管公称壁厚，mm；
P：静水压试验压力，MPa；</td><td>[σ] 静水压试验的试验应力，MPa。</td></tr>
</table>

3）螺旋缝埋弧焊钢管水压检验

螺旋缝埋弧焊钢管水压检验见表 4-6-47。

螺旋钢管水压值一览表　　表 4-6-47

厚度	6		7		8		9		10		11		12		13	
规格	水压值（MPa）															
Ȼ219	7.7	7.1	9.0	8.2	10.3	9.4	11.6	10.6	12.9	11.8						
Ȼ273	6.2	5.7	7.2	6.6	8.3	7.6	9.3	8.5	10.3	9.5						
Ȼ325	5.2	4.8	6.1	5.6	6.9	6.4	7.8	7.1	8.7	7.9						
Ȼ377	4.5	4.1	5.2	4.8	6.0	5.5	6.7	6.2	7.5	6.8						
Ȼ426	4.0	3.6	4.6	4.2	5.3	4.8	6.0	5.5	6.6	6.1						
Ȼ478	3.5	3.2	4.1	3.8	4.7	4.3	5.3	4.9	5.9	5.4	6.5	5.9				
Ȼ529	3.2	2.9	3.7	3.4	4.3	3.9	4.8	4.4	5.3	4.9	5.9	5.4				
Ȼ630	2.7	2.5	3.1	2.9	3.6	3.3	4.0	3.7	4.5	4.1	4.9	4.5				
Ȼ720	2.4	2.1	2.7	2.5	3.1	2.9	3.5	3.2	3.9	3.6	4.3	3.9				
Ȼ820	2.1	1.9	2.4	2.2	2.8	2.5	3.1	2.8	3.4	3.1	3.8	3.5	4.1	3.8	4.5	4.1
Ȼ920	1.8	1.7	2.1	2.0	2.5	2.2	2.7	2.5	3.1	2.8	3.4	3.1	3.7	3.4	4.0	3.6
Ȼ1020	1.7	1.5	1.9	1.8	2.2	2.0	2.5	2.3	2.8	2.5	3.0	2.8	3.3	3.0	3.6	3.3
材质	Q235B	Q215B	Q235B	Q215B	Q235B	Q215B	Q235B	Q215B	Q235B	Q215B	Q235B	Q215B	Q235B	Q215B	Q235B	Q215B

4）螺旋缝埋弧焊钢管化学成分

螺旋缝埋弧焊钢管化学成分见表 4-6-48。

螺旋缝埋弧焊钢管化学成份　　表 4-6-48

产品标准	牌号	等级	化学成分（%）					机械性能		
			C	Mn	Si≤	S≤	P≤	σ_s≥MPa	σ_b≥MPa	δ_s≥%
SY/T 5038	Q195	—	0.06～0.12	0.25～0.50	0.30	0.050	0.045	195	315～390	33
SY/T 5037	Q215	A	0.09～0.15	0.25～0.55	0.30	0.050	0.045	215	335～410	31
		B				0.045				
GB/T 9711	Q235	A	0.14～0.22	0.30～0.65	0.30	0.050	0.045	235	375～460	26
		B	0.12～0.20	0.30～0.70		0.045				

注：螺旋钢管采用 GB700 碳素结构钢中的 Q195、Q215、Q235。

5. 直缝埋弧焊

1）产品标准

（1）API 5L（管线管规范）：B，X42，X46，X52，X56，X60，X70，X80。

（2）DNV OS－F101（海底管线系统）。

（3）ISO 3183－1（－2、－3）（石油天然气工业输送钢管交货技术条件第一部分：A 级钢管/第二部分；B 级钢管/第三部分；C 级钢管）是国际标准化组织制定的关于油气输送钢管交货条件的标准，根据钢管不同的服役条件，分成 A、B、C 三个级别。

（4）GB/T 9711.1，2，3：L245，L290，L320，L360，L390，L420，L450，L485，L555。

2）直缝埋弧焊规格

直缝埋弧焊规格见表 4-6-49。

直缝埋弧焊规格 **表 4-6-49**

外径 (*OD*)		壁厚 (*W/T*)
in	mm	mm
16	406.4	6.4～14.0
18	457.2	6.4～14.0
20	508.0	6.4～14.0
22	558.8	6.4～14.0
24	609.6	6.4～18.0
26	660.4	6.4～18.0
28	711.2	6.4～18.0
30	762	6.4～25.4
32	812.8	6.4～25.4
34	863.6	6.4～25.4
36	914.4	7.4～26.4
38	965.2	7.4～26.4
40	1016	7.4～26.4
42	1067	9.7～26.4
44	1118	9.7～26.4
46	1168	9.7～26.4
48	1219	9.7～26.4
52	1321	9.7～26.4
56	1422	10.5～26.4

3）适用范围：用于天然气长输管线，也可以用于输油管线（原油和成品油）、海洋管线、城市天然气管线、煤层气管线、矿浆管线，以及钢结构工程、海洋平台工程、输电线路工程。

大口径直缝埋弧焊管制管技术工艺方法及特点：

(1) UOE 法首先将预弯边的钢板在 U 压力机的成形模内压成 U 形，然后在 O 压力机的成形模内再压成 O 形焊接成管后再整体扩径。UOE 法是当今国际上最先进的成形方法之一，至今世界上已有这种成形焊管机组近 30 套，UOE 法以生产效率高和产品质量好著称，但设备价格昂贵，投资规模大。

（2）JCOE 成形法，首先在水压机上把钢板压成 J 形，两侧压边后，经多次冲压成形为 C 形，最后经半 O 形上模具压成 O 形。JCOE 法其产品质量与 UOE 焊管接近，而作业线价格远低于 UOE 机组，但其生产效率低。

6. 高频直缝焊管

1）产品描述

（1）API 5L（管线管规范），B，X42，X46，X52，X56，X60，X65，X70，X80

（2）DNV OS－F101（海底管线系统）

（3）ISO 3183－1（－2、－3）（石油天然气工业输送钢管交货技术条件第一部分：A 级钢管/第二部分；B 级钢管/第三部分；C 级钢管）是国际标准化组织制定的关于油气输送钢管交货条件的标准，根据钢管不同的服役条件，分成 A、B、C 三个级别。

（4）GB 9711.1，9711.2，9711.3：L245，L290，L315，L360，L390，L420，L450，L485，L555

2）高频直缝焊管规格

高频直缝焊管规格见表 4-6-50。

高频直缝焊管　　表 4-6-50

外径（*OD*）		壁厚（*W/T*）	
inch	mm	inch	mm
$2\frac{7}{8}$	73	0.109～0.188	2.77～4.78
$3\frac{1}{2}$	88.9	0.109～0.216	2.77～5.49
$4\frac{1}{2}$	114.3	0.125～0.250	3.18～6.35
$5\frac{1}{2}$	139.7	0.138～0.311	3.51～7.90
$5\frac{6}{9}$	141.3	0.138～0.311	3.51～7.90
$6\frac{5}{8}$	168.3	0.138～0.335	3.51～8.51
7	177.8	0.138～0.354	3.51～8.99
$7\frac{5}{8}$	193.7	0.138～0.354	3.51～8.100
$8\frac{5}{8}$	219.1	0.138～0.500	3.51～12.7

续表

外径（*OD*）		壁厚（*W*/*T*）	
inch	mm	inch	mm
$10\frac{3}{4}$	273.1	0.173～0.562	4.39～14.27
$12\frac{3}{4}$	323.9	0.188～0.592	4.78～15.04
14	355.6	0.216～0.625	5.50～15.88
16	406.4	0.230～0.625	5.80～15.88
18	457.2	0.230～0.692	5.80～17.58
20	508.0	0.250～0.692	6.35～17.58
24	609.6	0.250～0.752	6.35～19.1

7. 螺旋焊接钢管

1）产品描述

（1）API 5L（管线管规范）：B，X42，X46，X52，X56，X60，X70，X80

（2）DNV OS－F101（海底管线系统）

（3）ISO 3183－1（－2、－3）（石油天然气工业输送钢管交货技术条件第一部分：A级钢管/第二部分；B级钢管/第三部分；C级钢管）是国际标准化组织制定的关于油气输送钢管交货条件的标准，根据钢管不同的服役条件，分成A、B、C三个级别。

（4）GB/T 9711.1，2，3：L245，L290，L320，L360，L390，L420，L450，L485，L555

2）螺旋焊接钢管

螺旋焊接钢管规格见表4-6-51。

螺旋焊接钢管规格　　　　表4-6-51

外径（*OD*）		壁厚（*W*/*T*）
inch	mm	inch
$8\frac{5}{8}$	219.1	0.203～0.344
$10\frac{3}{4}$	273.1	0.203～0.500
$12\frac{3}{4}$	323.9	0.219～0.500
14	355.6	0.219～0.562
16	406.4	0.219～0.562

续表

外径（*OD*）		壁厚（*W/T*）
inch	mm	inch
18	457	0.219～0.562
20	508	0.219～0.562
22	559	0.219～0.625
24	610	0.219～0.625
26	660	0.219～0.625
28	711	0.219～0.625
30	762	0.219～0.625
32	813	0.250～0.751
34	864	0.250～0.751
36	914	0.250～0.751
38	965	0.250～0.751
40	1016	0.250～0.751
42	1067	0.250～0.751
44	1118	0.250～0.751
46	1168	0.250～0.751
48	1219	0.250～0.751
52	1321	0.250～0.751
56	1422	0.250～0.751
60	1524	0.250～0.751
64	1626	0.365～0.851
68	1727	0.365～0.866
72	1829	0.365～0.866
76	1930	0.365～0.866
80	2032	0.365～0.866
84	2220	0.365～0.866
95	2420	0.365～0.866
100	2620	0.365～0.866
115	2820	0.365～0.866
120		

8. 石油天然气输送管

1）产品描述

（1）API 5L（管线管规范）：B，X42，X46，X52，X56，X60，X65

（2）DNV OS－F101（海底管线系统）

（3）ISO 3183－1（－2、－3）（石油天然气工业输送钢管交货技术条件第一部分：A级钢管/第二部分；B级钢管/第三部分；C级钢管）是国际标准化组织制定的关于油气输送钢管交货条件的标准，根据钢管不同的服役条件，分成A、B、C三个级别。

（4）GB/T 9711.1，2，3：L245，L290，L320，L360，L390，L420，L450，L485，L555

2）石油天然气输送管规格

石油天然气输送管规格见表4-6-52。

石油天然气输送管规格 **表4-6-52**

外径（*OD*）		壁厚（*W*/*T*）	
inch	mm	inch	mm
0.405	10.29	0.095	2.4
0.54	13.72	0.088～0.119	2.2～3.0
0.675	17.15	0.091～0.126	2.3～3.2
1/2	21.34	0.109～0.147	2.8～3.7
1	26.67	0.113～0.154	2.9～3.9
$1\frac{1}{4}$	33.4	0.133～0.179	3.4～4.6
$1\frac{3}{4}$	42.2	0.145～0.382	3.7～9.7
$1\frac{1}{2}$	48.3	0.145～0.400	3.7～10.2
$2\frac{3}{8}$	60.3	0.109～0.436	2.8～11
$2\frac{7}{8}$	73	0.109～0.552	2.8～14
$3\frac{1}{2}$	88.9	0.141～0.600	3.6～15.2
4	101.6	0.156～0.318	4～8.1
$4\frac{1}{2}$	114.3	0.156～0.674	4～17.1
$5\frac{9}{16}$	141.3	0.156～0.750	4～19.1
$6\frac{5}{8}$	168.3	0.188～0.875	4.8～22.2
$8\frac{5}{8}$	219.1	0.250～1.000	6.4～25.4
$10\frac{3}{4}$	273.1	0.250～1.25	6.4～31.8
$12\frac{3}{4}$	323.9	0.330～1.250	8.4～31.8

3）认可标准：API 5L、ISO 3183

第六节 铸 铁 管

铸铁管多用于给水、排水和煤气等管道工程，按其制造方法不同可分为：(1) 砂型离心承插直管；(2) 连续铸铁直管；(3) 砂型铸铁管。按其铸铁管所用的材质不同可分为：(1) 灰口铸铁管；(2) 球墨铸铁管；(3) 高硅铸铁管。

1. 砂型离心铸铁直管

砂型离心铸铁管其材质为灰口铸铁，按其壁厚分为 *P*，*G* 两级。选用时应根据工作压力、埋设深度及其工作条件进行验算。砂型离心铸铁直管的试验水压力及力学性能见表 4-6-53，规格见图 4-6-1 及表 4-6-54，壁厚、重量见表 4-6-55。

砂型离心铸铁直管试验水压力及力学性能　　表 4-6-53

直管级别	水压试验		管环抗弯强度	
	公称直径 (mm)	试验压力 (MPa)	公称直径 (mm)	管环抗弯强度 (MPa)
P	≤450	2.0	≤300	≮340
	≥500	1.5	350～700	≮280
G	≤450	2.5		
	≥500	2.0	≥800	≮240

注：如用于输送煤气等压力气体，需做气密性试验时，由供需双方按协议规定。

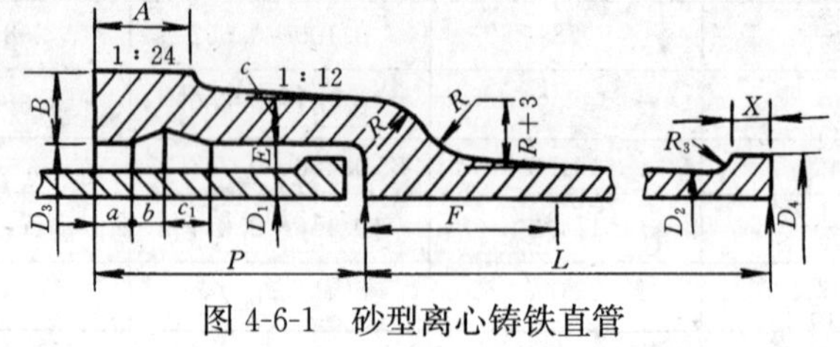

图 4-6-1　砂型离心铸铁直管

2. 连续铸铁直管

连续铸铁直管即连续铸造的灰口铸铁管，按其壁厚不同，分为 *LA*，*A* 和 *B* 三级。选用时应根据管道的工作压力，埋设深度及工作条件进行验算。其试验水压力见表 4-6-56。直管的规格见图 4-6-2 及表 4-6-57；壁厚、重量见表 4-6-58。

砂型离心铸铁直管规格 表 4-6-54

公称直径 DN (mm)	各部尺寸 (mm)											
	承口							插口				有效长度 L
	D_3	A	B	C	P	E	F	R	D_4	R_3	X	
200	240.0	38	30	15	100	10	71	25	230.0	5	15	5000
250	293.6	38	32	15	105	11	73	26	281.6	5	20	5000
300	344.8	38	33	16	105	11	75	27	332.8	5	20	5000 6000
350	396.0	40	34	17	110	11	77	28	384.0	5	20	6000
400	447.6	40	36	18	110	11	78	29	435.0	5	25	6000
450	498.8	40	37	19	115	11	80	30	486.8	5	25	6000
500	552.9	40	38	19	115	12	82	31	540.0	6	25	6000
600	654.8	42	41	20	120	12	84	32	642.8	6	25	6000
700	757.0	42	43	21	125	12	86	33	745.0	6	25	6000
800	860.0	45	46	23	130	12	89	35	848.0	6	25	6000
900	963.0	45	50	25	135	12	92	37	951.0	6	25	6000
1000	1067.0	50	54	27	140	13	98	40	1053	6	25	6000

砂型离心铸铁直管的直径、壁厚、重量　　表 4-6-55

公称直径 DN (mm)	壁厚 t (mm)		内径 D_1 (mm)		外径 (mm)	总重量 (kg)				承口凸部重量	插口凸部重量	直部每米重量 (kg)	
						有效长度 5000mm		有效长度 6000mm					
	P级	G级	P级	G级	D_2	P级	G级	P级	G级	(kg)	(kg)	P级	G级
200	8.8	10.0	202.4	200	220.0	227.0	254.0			16.30	0.382	42.0	47.5
250	9.5	10.8	252.6	250	271.6	303.0	340.0			21.30	0.626	56.5	63.7
300	10.0	11.4	302.8	300	322.8	381.0	428.0	452.0	509.0	26.10	0.741	70.8	80.3
350	10.8	12.0	352.4	350	374.0			566.0	623.0	32.60	0.857	88.7	98.3
400	11.5	12.8	402.6	400	425.6			687.0	757.0	39.00	1.460	107.7	119.5
450	12.0	13.4	452.4	450	476.8			806.0	892.0	46.90	1.640	126.2	140.5
500	12.8	14.0	502.4	500	528.0			950.0	1030.0	52.70	1.810	149.2	162.8
600	14.2	15.6	602.4	599.6	630.8			1260.0	1370.0	68.80	2.160	198.0	217.1
700	15.5	17.1	702.0	698.8	733.0			1600.0	1750.0	86.00	2.510	251.6	276.9
800	16.8	18.5	802.6	799.0	838.0			1980.0	2160.0	109.00	2.860	311.3	342.1
900	18.2	20.0	902.6	899.0	939.0			2410.0	2630.0	136.00	3.210	379.1	415.7
1000	20.5	22.6	1000.0	955.8	1041.0			3020.0	3300.0	173.00	3.550	473.2	520.6

注：重量按密度 7.20 计算。

连续铸铁管的试验水压性能　　表 4-6-56

公称直径 DN (mm)	试验水压力 (MPa)		
	LA 级	A 级	B 级
≤450	2.0	2.5	3.0
≥500	1.5	2.0	2.5

注：如用于输送煤气，需做气密性试验时，由供需双方协议规定。

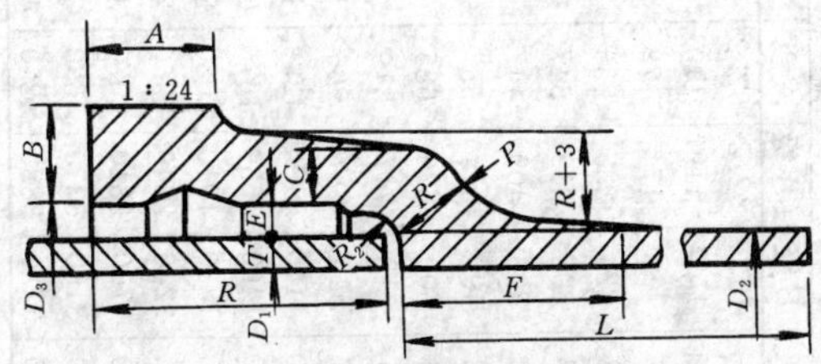

图 4-6-2　连续铸铁直管

连续铸铁直管规格　　表 4-6-57

公称直径 DN (mm)	承口内径 D_3 (mm)	各部尺寸 (mm)													
		A	B	C	E	P	I	F	δ	X	R	a	b	c_1	e
75	113.0	36	26	12	10	90	9	75	5	13	32	15	10	20	6
100	138.0	36	26	12	10	95	10	75	5	13	32				
150	189.0	36	26	12	10	100	10	75	5	13	32				
200	240.0	38	28	13	10	100	11	77	5	13	33				
250	293.6	38	32	15	11	105	12	83	5	18	37				
300	344.8	38	33	16	11	105	13	85	5	18	38				
350	396.0	40	34	17	11	110	13	87	5	18	39				
400	447.6	40	36	18	11	110	14	89	5	24	40				
450	498.8	40	37	19	11	115	14	91	5	24	41				
500	552.0	40	40	21	12	115	15	97	6	24	45	18	12	25	7
600	654.8	42	44	23	12	120	16	101	6	24	47				
700	757.0	42	48	26	12	125	17	106	6	24	50				
800	860.0	45	51	28	12	130	18	111	6	24	52				
900	963.0	45	56	31	12	135	19	115	6	24	55	20	14	30	8
1000	1067.0	50	60	33	13	140	21	121	6	24	59				
1100	1170.0	50	64	36	13	145	22	126	6	24	62				
1200	1272.0	52	68	38	13	150	23	130	6	24	64				

注：1. 管子有效长度：

DN75～100mm　4000、5000mm 二种　DN≥150mm　4000、5000、6000 三种。

2. $R=C+2E$　$R_1=C$　$R_2=E$。

连续铸铁直管壁厚、重量

表 4-6-58

公称直径 DN (mm)	外径 D_2 (mm)	壁厚 t (mm)			承口凸部重量 (kg)	直部重量 (kg/m)			管子总重量 (kg/节)								
									有效长度 4000mm			有效长度 5000mm			有效长度 6000mm		
		LA 级	A 级	B 级		LA 级	A 级	B 级	LA 级	A 级	B 级	LA 级	A 级	B 级	LA 级	A 级	B 级
75	93.0	9.0	9.0	9.0	6.66	17.1	17.1	17.1	75.1	75.1	75.1	92.2	92.2	92.2			
100	118.0	9.0	9.0	9.0	8.26	22.2	22.2	22.2	97.1	97.1	97.1	119	119	119			
150	169.0	9.0	9.2	10.0	11.43	32.6	33.3	36.0	142	145	155	174	178	191	207	211	227
200	220.0	9.2	10.1	11.0	15.62	43.9	43.0	52.0	191	208	224	235	256	276	279	304	328
250	271.6	10.0	11.0	12.0	23.06	59.2	64.8	70.5	260	282	305	319	347	376	378	412	446
300	322.8	10.8	11.9	13.0	28.30	76.2	83.7	91.1	333	363	393	409	447	484	486	531	575
350	374.0	11.7	12.8	14.0	34.01	95.9	104.6	114.0	418	452	490	514	557	604	609	662	718
400	425.6	12.5	13.8	15.0	42.31	116.8	128.5	139.3	510	556	600	626	685	739	743	813	878
450	476.8	13.3	14.7	16.0	50.49	139.4	153.7	166.8	608	665	718	747	819	884	887	973	1050
500	528.0	14.2	15.6	17.0	62.10	165.0	180.8	196.5	722	785	848	887	966	1040	1050	1150	1240
600	630.8	15.8	17.4	19.0	83.53	219.8	241.4	262.9	963	1050	1140	1180	1290	1400	1400	1530	1660
700	733.0	17.5	19.3	21.0	110.79	283.2	311.6	338.2	1240	1360	1460	1530	1670	1800	1810	1980	2140
800	836.0	19.2	21.1	23.0	139.64	354.7	388.9	423.0	1560	1700	1830	1910	2080	2250	2270	2470	2680
900	939.0	20.8	22.9	25.0	176.79	432.0	474.5	516.9	1900	2070	2240	2340	2550	2760	2770	3020	3280
1000	1041.0	22.5	24.8	27.0	219.98	518.4	570.0	619.3	2290	2500	2700	2810	3070	3320	3330	3640	3940
1100	1144.0	24.2	26.6	29.0	268.41	613.0	672.3	731.4	2720	2960	3190	3330	3630	3930	3950	4300	4660
1200	1246.0	25.8	28.4	31.0	318.51	712.0	782.2	852.0	3170	3450	3730	3880	4230	4580	4590	5010	5430

注：1. 重量系按密度 7.20 计算。

2. 标记示例：公称直径 500mm，壁厚为 A 级，有效长度 5000mm 的连续铸造灰口铸铁直管，其标记为：连铸管 A—500—5000—GB 3422-82。

3. 球墨铸铁管

球墨铸铁管因它比灰口铸铁管有较高的强度、耐磨性和韧性，因而可用在水力输送或灰口铸铁强度满足不了工程技术要求的地方。球墨铸铁管的规格及性能见表 4-6-59。

球墨铸铁承插直管规格及性能　　　　表 4-6-59

公称直径（mm）	壁　厚（mm）	有效管长（mm）	制造方法	技 术 性 能	重　量　（kg）		生产厂
					直部每米重	每根管总重	
500	8.5	6000	离心铸造	试验水压力 3.0MPa 抗拉强度 3.0～5.0MPa 延伸率　2～8% （经退火后可达 5%以上）	99.2	650	鞍山钢铁公司铸管厂
600	10				139	905	
700	11				178	1160	
800	12				222	1440	
900	13				270	1760	
1000	14.5		连续铸造		334	2180	
1200	17				469	3060	

4. 高硅铸铁管

高硅铸铁管是含碳量在 0.5%～1.2%、含硅量在 10%～17%的铁硅合金。常用的高硅铸铁管含硅量为 14.5%，它具有很高的耐蚀性能，随着硅含量的增加，耐蚀性能也随着增加，但脆性变大。铸铁的耐蚀等级共分 10 级，其指标见表 4-6-60。高硅耐蚀铸铁在典型化学介质中的耐蚀性能见表 4-6-61。从表 4-6-61 可以看出，高硅铸铁管可用于输送多种无机酸、有机酸以及一些盐类，但它不适于用来输送卤素酸或盐（如盐酸，氢氟酸，氟化物等）以及强碱。高硅铸铁管的物理性能、线膨胀系数及机械性能列十表 4-6-62～表 4-6-64。

铸铁的耐蚀性等级　　　　表 4-6-60

耐蚀性等级	腐蚀深度（mm/a）	耐蚀性等级	腐蚀深度（mm/a）
1	<0.001	6	0.1～0.5
2	0.001～0.005	7	0.5～1.0
3	0.005～0.01	8	1.0～5.0
4	0.01～0.05	9	5.0～10.0
5	0.05～0.1	10	>10.0

高硅耐蚀铸铁在典型化学介质中的耐蚀性　表 4-6-61

介质	浓度(%)	温度(℃)	耐蚀等级		
			STSi15	STSi15RE	STSi11 CrCu2RE
硫酸	10	30	7	7	10
	10	沸点	7	7	10
	50	30	5	4	7
	50	沸点	8	6	9
	80	30	2	2	4
	80	沸点	2	1	5
硝酸	10	30	4	6	6
	10	沸点	6	7	8
	50	30	3	3	6
	50	沸点	6	4	7
	63	30	2	4	5
	63	沸点	4	4	8
盐酸	5	30	6	6	8
	5	沸点	9	9	10
	10	30	7	7	8
	10	沸点	10	10	10
	30	30	8	8	8
	30	沸点	10	10	10
磷酸	10	30	6	7	10
	10	沸点	6	6	10
	50	30	6	5	7
	50	沸点	6	4	7
	80	30	2	4	4
	80	沸点	6	1	8
醋酸	40	30	6	6	8
	40	沸点	6	6	8
	99.8	30	2	3	2
	99.8	沸点	3	3	4
铬酸	10	30	4	4	6
	10	沸点	6	7	8
	40	30	4	4	6
	40	沸点	7	7	8
草酸	10	30	6	7	9
	10	沸点	8	7	10
草酸	40	30	6	7	9
	40	沸点	8	7	10
硫酸铵	10	沸点	7	7	8
	30	30	4	4	3
硝酸铵	10	沸点	5	5	8
	50	30	4	4	4

续表

介　质	浓　度 (%)	温　度 (℃)	耐　蚀　等　级		
			STSi15	STSi15RE	STSi11 CrCu2RE
硫酸钠	50 50	30 沸点	4 4	4 4	4 6
氯化钠	10 40	沸点 30	4 4	4 3	4 4
氯化铁	10 30	沸点 30	10 4	8 4	10 9
氯化钙	10 50	沸点 30	6 4	6 3	2 2
漂白粉	50	30	1	2	6

高硅铸铁物理性能　　　　**表 4-6-62**

重　度 (g/cm^3)	熔　点 (℃)	导热系数 (W/m·k)	电阻率 ($\Omega \cdot mm^2/m$)	线收缩率 (%)	磁　性
6.9	1220	52.34	0.63	1.2～2.2	有磁性

线膨胀系数 α（mm/mm℃）　　　　**表 4-6-63**

温　度 (℃)	<100	<200	<300	<400	<500	<600
α	3.6×10^{-6}	4.7×10^{-6}	6.15×10^{-6}	7.15×10^{-6}	7.75×10^{-6}	9.10×10^{-6}

高硅铸铁管尚无统一的国家标准，一般管材的使用压力为0.25MPa，试验压力为0.4MPa。鉴于高硅铸铁管性脆，现场无法加工。因此，管道长度只能由成品管调配，其规格见表4-6-65。

高硅铸铁机械性能　　　　**表 4-6-64**

名　　称	机　械　性　能			
	抗拉强度 σ_b (MPa)	抗弯强度 σ_d (MPa)	冲击韧性 α_k (MPa)	硬　度 HB
高硅铸铁 STSi15	60～80	140～170	0.02	300～400
稀土高硅球墨铸铁 SQTSi15	160～190	≥300	0.025～0.045	350～420
1号耐酸硅铸铁		340～450	—	RC=28～35
硅铜铸铁	130～200	180～320	—	255～375
硅钼铜铸铁	—	350～420	—	RC=43～52

高硅铸铁管规格（mm） **表 4-6-65**

L \ ϕ	25	32	38(40)	50	60	70	80	100	125	150	200	250	300
150		√	√	√									
200		√	√	√	√	√	√						
300		√	√	√	√	√	√	√	√	√	√	√	√
400		√	√	√	√	√	√	√	√	√	√	√	√
500		√	√	√	√	√	√	√	√	√	√	√	√
1000			√	√	√	√	√	√	√	√	√	√	√
1500				√	√	√	√	√	√	√	√	√	√
2000						√	√	√	√	√	√	√	√

注：1. 表中“√”代表有产品的规格。
2. ϕ 为管径，L 为管长。

5. 排水铸铁管

排水铸铁管一般由灰口铁铸造，为承插式，多用于自流式排水管，试验水压力一般不大于 0.1MPa，其规格见图 4-6-3。

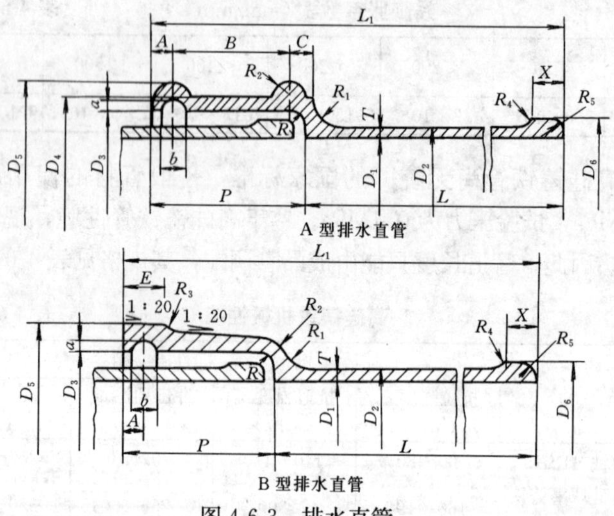

图 4-6-3 排水直管

注：承口凹槽和插口凸缘根据工艺特性或需方要求可不铸出。

排水铸铁管承口尺寸见表 4-6-66 及表 4-6-67，壁厚及重量见表 4-6-68。

A 型排水直管承、插口尺寸（mm） 表 4-6-66

公称口径 DN	管厚 T	内径 D_1	外径 D_2	承口尺寸												插口尺寸			
				D_3	D_4	D_5	A	B	C	P	R	R_1	R_2	a	b	D_5	X	R_4	R_5
50	4.5	50	59	73	84	98	10	48	10	65	6	15	8	4	10	66	10	15	5
75	5	75	85	100	111	126	10	53	10	70	6	15	8	4	10	92	10	15	5
100	5	100	110	127	139	154	11	57	11	75	7	16	8.5	4	12	117	15	15	5
125	5.5	125	136	154	166	182	11	62	11	80	7	16	9	4	12	143	15	15	5
150	5.5	150	161	181	193	210	12	66	12	85	7	18	9.5	4	12	168	15	15	5
200	6	200	212	232	246	264	12	76	13	95	7	18	10	4	12	219	15	15	5

B 型排水直管承、插口尺寸（mm） 表 4-6-67

公称口径 DN	管厚 T	内径 D_1	外径 D_2	承口尺寸										插口尺寸				
				D_3	D_5	E	P	R	R_1	R_2	R_3	A	a	b	D_5	X	R_4	R_5
50	4.5	50	59	73	98	18	65	6	15	12.5	25	10	4	10	66	10	15	5
75	5	75	85	100	126	18	70	6	15	12.5	25	10	4	10	92	10	15	5
100	5	100	110	127	154	20	75	7	16	14	25	11	4	12	117	15	15	5
125	5.5	125	136	154	182	20	80	7	16	14	25	11	4	12	143	15	15	5
150	5.5	150	161	181	210	20	85	7	18	14.5	25	12	4	12	163	15	15	5
200	6	200	212	232	264	25	95	7	18	15	25	12	4	12	219	15	15	5

排水直管的壁厚及重量　　表 4-6-68

公称口径 DN (mm)	外径 D_2 (mm)	壁厚 T (mm)	承口凸部重量 (kg)		插口凸部重量 (kg)	直部一米重量 (kg)	有效长度 L (mm) 500 总重量 (kg)	
			A型	B型			A型	B型
50	59	4.5	1.13	1.18	0.05	5.55	3.96	4.01
75	85	5	1.62	1.70	0.07	9.05	6.22	6.30
100	110	5	2.33	2.45	0.14	11.88	8.41	8.53
125	136	5.5	3.02	3.16	0.17	16.24	11.31	11.45
150	161	5.5	3.99	4.19	0.20	19.35	13.87	14.07
200	212	6	6.10	6.40	0.26	27.96	20.34	20.64

公称口径 DN (mm)	有效长度 L (mm)						总长度 L_1 (mm)	
	1000		1500		2000		1830	
	总 重 量 (kg)							
	A型	B型	A型	B型	A型	B型	A型	B型
50	6.73	6.78	9.51	9.56	12.28	12.38	10.98	11.03
75	10.74	10.82	15.27	15.35	19.79	19.87	17.62	17.70
100	14.35	14.47	20.29	20.41	26.23	26.35	23.32	23.44
125	19.43	19.57	27.55	27.69	35.67	35.81	31.61	31.75
150	23.54	23.74	33.22	33.42	42.89	43.09	37.96	38.16
200	34.32	34.62	48.30	48.60	62.28	62.58	54.87	55.17

注：1. 计算重量时，铸铁比重采用 7.20。
2. 总重量＝直部 1m 重量×有效长度＋承口、插口凸部重量。

第七节　不锈钢管道

1. 不锈钢的定义

在空气中或化学腐蚀介质中能够抵抗腐蚀的一种高合金钢，不锈钢是具有美观的表面和耐腐蚀性能好，不必经过镀色等表面处理，而发挥不锈钢所固有的表面性能，使用于多方面的钢铁的一种，通常称为不锈钢。代表性能的有 13 铬钢，18 铬镍钢等高合金钢。

从金相学角度分析，因为不锈钢含有铬而使表面形成很薄的铬膜，这个膜隔离开与钢内侵入的氧气起耐腐蚀的作用。

为了保持不锈钢所固有的耐腐蚀性，钢必须含有 12%以上的铬。

2. 不锈钢的种类

不锈钢可以按用途、化学成分及金相组织来大体分类。

以奥氏体系类的钢由18%铬8%镍为基本组成，各元素的加入量变化的不同，而开发各种用途的钢种。

1）以化学成分分类：

① CR系列：铁素体系列、马氏体系列；

② CR-NI系列：奥氏体系列，异常系列，析出硬化系列。

2）以金相组织的分类：

① 奥氏体不锈钢；

② 铁素体不锈钢；

③ 马氏体不锈钢；

④ 双相不锈钢；

⑤ 沉淀硬化不锈钢。

3）不锈钢的缺陷类别：

分　类	个数	典　型　缺　陷	共同缺陷
原料缺陷	28	金属球痕，大理石纹，纵向发裂	划伤，异物压入，污染，折痕，卷取不良
冷轧缺陷	30	辊印，辊表面粗糙，辊振动痕，鱼尾纹，微细皱纹，浪型缺陷，垫纸压入	
退火酸洗	32	过酸洗，退火酸洗，欠酸洗，欠退火，点蚀，锈，刷辊痕，橡胶残留，白斑，酸洗液残留，炉内停止	
精整缺陷	30	脱脂不良，研磨不匀，条纹，毛边	

3. 钢的分类方法

1）按化学成分分类：

① 碳素钢

② 合金钢：低合金钢：合金元素≤5%高合金钢：合金元素≥10%中合金钢：合金元素5%～10%

注：不锈钢为高合金钢。

2）按金相组织分类：

按退火状态：（以不锈钢为例）

① 奥氏型：0Cr18Ni9（304）；

② 马氏体：1Cr13 2 2Cr13 3Cr13 又称：Cr13 型；

③ 铁素体：1Cr17 Cr25Ti；

④ 双相不锈钢（铁素体、奥氏体双相）：如：3RE60；

⑤ 沉垫固溶硬化不锈钢：0Cr17Ni7A1 用于导弹核工业。

4. 不锈钢的特性

1）一般特性

① 表面美观以及使用可能性多样化；

② 耐腐蚀性能好，比普通钢长久耐用；

③ 耐腐蚀性好；

④ 强度高，因而薄板使用的可能性大；

⑤ 耐高温氧化及强度高，因此能够抗火灾；

⑥ 常温加工，即容易塑性加工；

⑦ 因为不必表面处理，所以简便、维护简单；

⑧ 清洁，光洁度高；

⑨ 焊接性能好。

2）品质特性

不锈钢的品质特性见表 4-6-69。

5. 各种不锈钢的特性和用途

不锈钢的品质特性　　表 4-6-69

项　目	基　本　组　织		
代表钢种	STS304	STS430	STS410
热处理	固融化热处理	退火	退火后急冷
硬度性	加工硬化性	微量硬化性	小量硬化性
主要用途	建筑物内外装饰，厨房用具，化学刻度，航空机器	建筑材料，汽车零件，家用电器，厨房器具，饭盒等	钎、刀机器零部件，医院用具，手术用具
耐腐蚀性	高	高	中
强度	高	中	高
加工性	高	中	高
磁性	非磁	上磁性	上磁性
焊接性	高	中	低

各种不锈钢特性和用途 表 4-6-70

钢	号	特性	用途
奥氏体钢	301 17Cr-7Ni-低碳	与 304 钢相比，Cr、Ni 含量少，冷加工时抗拉强度和硬度增高，无磁性，但冷加工后有磁性	列车、航空器、传送带、车辆、螺栓、螺母、弹簧、筛网
	301L 17Cr-7Ni-0. 1N-低碳	是在 301 钢基础上，降低 C 含量，改善焊口的抗晶界腐蚀性；通过添加 N 元素来弥补含 C 量降低引起的强度不足，保证钢的强度	铁道车辆构架及外部装饰材料
	304 18Cr-8Ni	作为一种用途广泛的钢，具有良好的耐蚀性、耐热性，低温强度和机械特性；冲压、弯曲等热加工性好，无热处理硬化现象（无磁性，使用温度－196～800℃）	家庭用品（1、2 类餐具、橱柜、室内管线、热水器、锅炉、浴缸），汽车配件（风挡雨刷、消声器、模制品），医疗器具，建材，化学，食品工业，农业，船舶部件
	304L 18Cr-8Ni-低碳	作为低 C 的 304 钢，在一般状态下，其耐蚀性与 304 刚相似，但在焊接后或者消除应力后，其抗晶界腐蚀能力优秀；在未进行热处理的情况下，亦能保持良好的耐蚀性，使用温度－196～800℃	应用于抗晶界腐蚀性要求高的化学、煤炭、石油产业的野外露天机器，建材耐热零件及热处理有困难的零件
	304Cu 13Cr-7. 7Ni-2Cu	因添加 Cu 其成型性，特别是拔丝性和抗时效裂纹性好，故可进行复杂形状的产品成形；其耐腐蚀性与 304 相同	保温瓶、厨房洗涤槽、锅、壶、保温饭盒、门把手、纺织加工机器。
	304N1 18Cr-8Ni-N	在 304 钢的基础上，减少了 S、Mn 含量，添加 N 元素，防止塑性降低，提高强度，减少钢材厚度	构件、路灯、贮水罐、水管

续表

	钢号	特性	用途
奥氏体钢	304N2 18Cr-8Ni-N	与 304 相比，添加了 N、Nb，为结构件用的高强度钢	构件、路灯、贮水罐
	316 18Cr-12Ni-2. 5Mo	因添加 Mo，故其耐蚀性、耐大气腐蚀性和高温强度特别好，可在苛酷的条件下使用；加工硬化性优（无磁性）	海水里用设备、化学、染料、造纸、草酸、肥料等生产设备；照相、食品工业、沿海地区设施、绳索、CD 杆、螺栓、螺母
	316L 18Cr-12Ni-2. 5Mo 低碳	作为 316 钢种的低 C 系列，除与 316 钢有相同的特性外，其抗晶界腐蚀性优	316 钢的用途中，对抗晶界腐蚀性有特别要求的产品
	321 18Cr-9Ni-Ti	在 304 钢中添加 Ti 元素来防止晶界腐蚀；适合于在 430℃－900℃温度下使用	航空器、排气管、锅炉汽包
铁素体钢	409L 11. 3Cr-0. 17Ti-低 C、N	因添加了 Ti 元素，故其高温耐蚀性及高温强度较好	汽车排气管、热交换机、集装箱等在焊接后不热处理的产品
	410L 13Cr-低 C	在 410 钢的基础上，降低了含 C 量，其加工性，抗焊接变形，耐高温氧化性优秀	机械构造用件，发动机排气管，锅炉燃烧室，燃烧器
	430 16Cr	作为铁素体钢的代表钢种，热膨胀率抵，成形性及耐氧化性优	耐热器具、燃烧器、家电产品、2 类餐具、厨房洗涤槽、外部装饰材料、螺栓、螺母、CD 杆、筛网
	430J1L 18-Cr0. 5Cu-Nb-低 C. N	在 430 钢中，添加了 Cu、Nb 等元素；其耐蚀性、成形性、焊接性及耐高温氧化性良好	建筑外部装饰材料，汽车零件，冷热水供给设备

续表

钢	号	特性	用途
铁素体钢	436L 18Cr-1Mo-Ti、 Nb、Zr低C、N	耐热性、耐磨蚀性良好，因含有Nb、Zr元素，故其加工性，焊接性优秀	洗衣机、汽车排气管、电子产品、3层底的锅
马氏体钢	410 13Cr-低碳	作为马氏体钢的代表钢，虽然强度高，但不适合于苛酷的腐蚀环境下使用；其加工性好，依热处理面硬化（有磁性）	刀刃、机械零件、石油精练装置、螺栓、螺母、泵杆、1类餐具（刀叉）
	420J1 13Cr-0.2C	淬火后硬度高，耐蚀性好（有磁性）	餐具（刀）、涡轮机叶片
	420J2 13Cr-0.3C	淬火后，比420J1钢硬度升高（有磁性）	刀刃、管嘴、阀门、板尺、餐具（剪刀、刀）

1）不锈钢的物理性能

不锈钢的物理性能主要用以下几方面来表示：

① 热膨胀系数

因温度变化而引起物质量度元素的变化。膨胀系数是膨胀-温度曲线的斜率，瞬时膨胀系数是特定温度下的斜率，两个指定的温度之间的平均斜率是平均热膨胀系数。膨胀系数可以用体积或者是长度表示，通常是用长度表示。

② 密度

物质的密度是该物质单位体积的质量，单位是 kg/m^3 或 lb/in^3。

③ 弹性模量

当施加力于单位长度棱柱的两端能引起物体在长度上的单位变化时，单位面积上所需的力称为弹性模量。单位为 lb/in^3 或 N/m^3。

④ 电阻率

在单位长度立方体材料的两对面之间测量的电阻，单位用 $\Omega\cdot m$，$\mu\Omega\cdot cm$ 或（已废的）Ω/（circular mil. ft）来表示。

⑤ 磁导率

无量纲系数，表示物质易被磁化的程度，是磁感应强度与磁场强度之比。

⑥ 熔化温度范围

确定合金开始凝固和凝固完了的温度。

⑦ 比热

单位质量的物质温度改变 1 度所需要的热量。在英制和 CGs 制中二者比热的数值相同，因为热量的单位（Biu 或 cal）取决于单位质量的水升高 1 度所需的热量。国际单位制中比热的数值与英制或 CGS 制是不同的，因为能量的单位（J）是按不同的定义定的。比热的单位是 Btu（$lb\cdot {}^0F$）及 J/（$kg\cdot k$）。

⑧ 热导率

物质导热的速率的量度。在单位截面积物质上建立单位长度上的 1 度的温度梯度时，那么热导率定义为单位时间传导的热量，热导率的单位为 Btu/(h・ft・^{0}F) 或 W/(m・K)。

⑨ 热扩散率

是确定物质内部温度前迁速率的一种性能，是热导率对比热和密度乘积的比值，热扩散率单位以 Btu/(h・ft・^{0}F) 或 W/(m・K) 表示。

2）不锈钢的化学成分（见表 4-6-71）

3）不锈钢的化学成分/机械性能/物理性能一览表（见表 4-6-72）

6. 不锈钢的耐腐蚀性

1）腐蚀的种类和定义

在众多的工业用途中，不锈钢都能提供令人满意的耐蚀性能。根据使用的经验来看，除机械失效外，不锈钢的腐蚀主要表现在：不锈钢的一种严重的腐蚀形式是局部腐蚀（亦即应力腐蚀开裂、点腐蚀、晶间腐蚀、腐蚀疲劳以及缝隙腐蚀）。

点腐蚀：是一种导致腐蚀的局部腐蚀形式。

晶间腐蚀：晶粒间界是结晶学取向不同的晶粒间紊乱错合的界城，因而，它们是钢中各种溶质元素偏析或金属化合物（如碳化物和 δ 相）沉淀析出的有利区城。因此，在某些腐蚀介质中，晶粒间界可能先行被腐蚀乃是不足为奇的。这种类型的腐蚀被称为晶间腐蚀，大多数的金属和合金在特定的腐蚀介质中都可能呈现晶间腐蚀。

缝隙腐蚀：是局部腐蚀的一种形式，它可能发生于溶液停滞的缝隙之中或屏蔽的表面内。这样的缝隙可以在金属与金属或金属与非金属的接合处形成，例如，在与铆钉、螺栓、垫片、阀座、松动的表面沉积物以及海生物相接触之处形成。

全面腐蚀：是用来描述在整个合金表面上以比较均匀的方式所发生的腐蚀现象的术语。当发生全面腐蚀时，材料由于腐蚀而逐渐变薄，甚至材料腐蚀失效。不锈钢在强酸和强碱中可能呈现全面腐蚀。全面腐蚀所引起的失效问题并不怎么令人担心，因为，这种腐蚀通常可以通过简单的浸泡试验或查阅腐蚀方面的文献资料而预测它。

不锈钢的化学成分 **表 4-6-71**

类型	序号	牌号	化学成分%										
			C	Si	Mn	P	S	Ni	Cr	Mo	Cu	N	其他
奥氏体型	1	1Cr17Mn6Ni5N	≤0.15	≤1.00	5.50—7.50	≤0.060	≤0.030	3.50—5.50	16.00—18.00	—	—	≤0.25	—
	2	1Cr18Mn8Ni5N	≤0.15	≤1.00	7.50—10.00	≤0.060	≤0.030	4.00—6.00	17.00—19.00	—	—	≤0.25	—
	3	1Cr18Mn10Ni5Mo3N	≤0.15	≤1.00	8.50—12.00	≤0.060	≤0.030	4.00—6.00	17.00—19.00	2.8—3.5	—	0.20—0.30	—
	4	1Cr17Ni7	≤0.15	≤1.00	≤2.00	≤0.065	≤0.030	6.00—8.00	16.00—18.00	—	—	—	—
	5	1Cr18Ni9	≤0.15	≤1.00	≤2.00	≤0.035	≤0.030	8.00—10.00	17.00—19.00	—	—	—	—
	6	Y1Cr18Ni9	≤0.15	≤1.00	≤2.00	≤0.20	≤0.030	8.00—10.00	17.00—19.00	1)	—	—	—
	7	Y1Cr18Ni9Se	≤0.15	≤1.00	≤2.00	≤0.20	≤0.030	8.00—10.00	17.00—19.00	—	—	—	Se≥0.15
	8	0Cr18Ni9	≤0.07	≤1.00	≤2.00	≤0.035	≤0.030	8.00—10.00	17.00—19.00	—	—	—	—
	9	00Cr19Ni10	≤0.030	≤1.00	≤2.00	≤0.035	≤0.030	8.00—10.00	18.00—20.00	—	—	—	—
	10	0Cr19Ni9N	≤0.08	≤1.00	≤2.00	≤0.035	≤0.030	7.00—10.50	18.00—20.00	—	—	0.10—0.25	—
	11	0Cr18Ni10NbN	≤0.08	≤1.00	≤2.00	≤0.035	≤0.030	7.50—10.50	18.00—20.00	—	—	0.15—0.30	Nb≤0.15

续表

类型	序号	牌号	化学成分%										
			C	Si	Mn	P	S	Ni	Cr	Mo	Cu	N	其他
奥氏体型	12	00Cr18Ni10N	≤0.030	≤1.00	≤2.00	≤0.035	≤0.030	8.50—11.50	17.00—19.00	—	—	0.12—0.22	—
	13	1Cr18Ni12	≤0.12	≤1.00	≤2.00	≤0.035	≤0.030	10.50—13.00	17.00—19.00	—	—	—	—
	14	0Cr23Ni13	≤0.08	≤1.00	≤2.00	≤0.035	≤0.030	12.00—15.00	22.00—24.00	—	—	—	—
	15	0Cr25Ni20	≤0.08	≤1.00	≤2.00	≤0.035	≤0.030	19.00—22.00	24.00—26.00	—	—	—	—
	16	0Cr17Ni12Mo2	≤0.08	≤1.00	≤2.00	≤0.035	≤0.030	10.00—14.00	16.00—18.50	2.00—3.00	—	—	—
	17	1Cr18Ni12Mo2Ti[6)]	≤0.12	≤1.00	≤2.00	≤0.035	≤0.030	11.00—14.00	16.00—19.00	1.80—2.50	—	—	Ti5 (C%—0.02)~0.08
	18	0Cr18Ni12Mo2Ti	≤0.08	≤1.00	≤2.00	≤0.035	≤0.030	11.00—14.00	16.00—19.00	1.80—2.50	—	—	Ti5 * C%—0.70
	19	00Cr17Ni14Mo2	≤0.030	≤1.00	≤2.00	≤0.035	≤0.030	12.00—15.00	16.00—18.00	2.00—3.00	—	—	—
	20	0Cr17Ni12Mo2N	≤0.08	≤1.00	≤2.00	≤0.035	≤0.030	10.00—14.00	16.00—18.00	2.00—3.00	—	0.10—0.22	—

续表

类型	序号	牌号	化学成分%										
			C	Si	Mn	P	S	Ni	Cr	Mo	Cu	N	其他
奥氏体型	21	00Cr17Ni13 Mo2N	≤0.030	≤1.00	≤2.00	≤0.035	≤0.030	10.50—14.50	16.00—18.50	2.00—3.00	—	0.12—0.22	—
	22	0Cr18Ni12 Mo2Cu2	≤0.08	≤1.00	≤2.00	≤0.035	≤0.030	10.00—14.50	17.00—19.00	1.20—2.75	1.00—2.50	—	—
	23	00Cr18Ni14 Mo2Cu2	≤0.030	≤1.00	≤2.00	≤0.035	≤0.030	12.00—16.00	17.00—19.00	1.20—2.75	1.00—2.50	—	—
	24	0Cr19Ni13Mo3	≤0.12	≤1.00	≤2.00	≤0.035	≤0.030	11.00—15.00	18.00—20.00	3.00—4.00	—	—	—
	25	00Cr19Ni13Mo3	≤0.08	≤1.00	≤2.00	≤0.035	≤0.030	11.00—15.00	18.00—20.00	3.00—4.00	—	—	—
	26	1Cr18Ni12 Mo3Ti[6)]	≤0.12	≤1.00	≤2.00	≤0.035	≤0.030	11.00—14.00	16.00—19.00	2.50—3.50	—	—	Ti5 (C% —0.02) ~0.08
	27	0Cr18Ni12Mo3Ti	≤0.08	≤1.00	≤2.00	≤0.035	≤0.030	11.00—14.00	16.00—19.00	2.50—3.50	—	—	Ti5 * C%—0.70
	28	0Cr18Ni16Mo5	≤0.040	≤1.00	≤2.00	≤0.035	≤0.030	15.00—17.00	16.00—19.00	4.00—6.00	—	—	—

续表

类型	序号	牌号	化学成分%										
			C	Si	Mn	P	S	Ni	Cr	Mo	Cu	N	其他
奥氏体型	29	1Cr18Ni9Ti[6)]	≤0.12	≤1.00	≤2.00	≤0.035	≤0.030	8.00—11.00	17.00—19.00	—	—	—	Ti5（C%—0.02）~0.08
奥氏体型	30	0Cr18Ni10Ti	≤0.08	≤1.00	≤2.00	≤0.035	≤0.030	9.00—12.00	17.00—19.00	—	—	—	Ti≥5 *C%
奥氏体型	31	0Cr18Ni11Nb	≤0.08	≤1.00	≤2.00	≤0.035	≤0.030	9.00—13.00	17.00—19.00	—	—	—	Nb≥10 *C%
奥氏体型	32	0Cr18Ni9Cu3	≤0.08	≤1.00	≤2.00	≤0.035	≤0.030	8.50—10.50	17.00—19.00	—	3.00—4.00	—	—
奥氏体型	33	0Cr18Ni13Si4	≤0.08	3.00—5.00	≤2.00	≤0.035	≤0.030	11.50—15.00	15.00—20.00	—	—	—	2）
奥氏体—铁素体型	34	0Cr26Ni5Mo2	≤0.08	≤1.00	≤1.50	≤0.035	≤0.030	3.00—6.00	23.00—28.00	1.00—3.00	—	—	2）
奥氏体—铁素体型	35	1Cr18Ni11Si4AlTi	0.10—0.18	3.40—4.00	≤0.80	≤0.035	≤0.030	10—120	17.50—19.50	—	—	—	Al 0.10—0.30；Ti 0.40—0.70
奥氏体—铁素体型	36	00Cr18Ni5MoSi2	≤0.030	1.30—2.00	1.00—2.00	≤0.035	≤0.030	4.50—5.50	18.00—19.50	2.50—3.00	—	—	—

续表

类型	序号	牌号	化学成分%										
			C	Si	Mn	P	S	Ni	Cr	Mo	Cu	N	其他
铁素体型	37	0Cr13Al	≤0.08	≤1.00	≤1.00	≤0.035	≤0.030	3)	11.50—14.50	—	—	—	Al 0.10—0.30
	38	00Cr12	≤0.030	≤1.00	≤1.00	≤0.035	≤0.030	3)	11.00—13.00	—	—	—	—
	39	1Cr17	≤0.12	≤0.75	≤1.25	≤0.035	≤0.030	3)	16.00—18.00	—	—	—	—
	40	Y1Cr17	≤0.12	≤1.00	≤1.00	≤0.035	≥0.15	3)	16.00—18.00	1)	—	—	—
	41	1Cr17Mo	≤0.12	≤1.00	≤1.00	≤0.035	≤0.030	3)	16.00—18.00	0.75—1.25	—	—	—
	42	00Cr30Mo2[5)]	≤0.010	≤0.40	≤0.40	≤0.035	≤0.030	—	28.50—32.00	1.50—2.50	—	≤0.015	—
	43	00Cr27Mo2[5]	≤0.010	≤0.40	≤0.40	≤0.035	≤0.030	—	25.00—27.50	0.75—1.50	—	≤0.015	—
马氏体型	44	1Cr12	≤0.15	≤0.50	≤1.00	≤0.035	≤0.030	3)	11.50—13.00	—	—	—	—

续表

类型	序号	牌号	化学成分%										
			C	Si	Mn	P	S	Ni	Cr	Mo	Cu	N	其他
马氏体型	45	1Cr13	≤0.15	≤1.00	≤1.00	≤0.035	≤0.030	3)	11.50—13.50	—	—	—	—
	46	0Cr13	≤0.08	≤1.00	≤1.00	≤0.035	≤0.030	3)	11.50—13.50	—	—	—	—
	47	Y1Cr13	≤0.15	≤1.00	≤1.25	≤0.035	≥0.15	3)	12.00—14.00	1)	—	—	—
	48	1Cr13Mo	≤0.08—0.18	≤0.60	≤1.00	≤0.035	≤0.030	3)	11.50—14.00	0.30—0.60	—	—	—
	49	2Cr13	0.16—0.25	≤1.00	≤1.00	≤0.035	≤0.030	3)	12.00—14.00	—	—	—	—
	50	3Cr13	0.26—0.35	≤1.00	≤1.00	≤0.035	≤0.030	3)	12.00—14.00	—	—	—	—
	51	Y3Cr13	0.26—0.40	≤1.00	≤1.25	≤0.035	≥0.15	3)	12.00—14.00	1)	—	—	—
	52	3Cr13Mo	0.28—0.35	≤0.80	≤1.00	≤0.035	≤0.030	3)	12.00—14.00	0.50—1.00	—	—	—

续表

类型	序号	牌号	化学成分%										
			C	Si	Mn	P	S	Ni	Cr	Mo	Cu	N	其他
马氏体型	53	4Cr13	0.36—0.45	≤0.60	≤0.80	≤0.035	≤0.030	3)	12.00—14.00	—	—	—	—
	54	1Cr17Ni2	0.11—0.17	≤0.80	≤0.80	≤0.035	≤0.030	1.50—2.50	16.00—18.00	—	—	—	—
	55	7Cr17	0.60—0.75	≤1.00	≤1.00	≤0.035	≤0.030	3)	16.00—18.00	4)	—	—	—
	56	8Cr17	0.75—0.95	≤1.00	≤1.00	≤0.035	≤0.030	3)	16.00—18.00	4)	—	—	—
	57	9Cr18	0.90—1.00	≤0.80	≤0.80	≤0.035	≤0.030	3)	17.00—19.00	4)	—	—	—
	58	11Cr17	0.95—1.20	≤1.00	≤1.00	≤0.035	≤0.030	3)	16.00—18.00	4)	—	—	—
	59	Y11Cr17	0.95—1.20	≤1.00	≤1.25	≤0.035	≥0.15	3)	16.00—18.00	4)	—	—	—
	60	9Cr18Mo	0.95—1.10	≤0.80	≤0.80	≤0.035	≤0.030	3)	16.00—18.00	0.40—0.70	—	—	—

续表

类型	序号	牌号	化学成分%										
			C	Si	Mn	P	S	Ni	Cr	Mo	Cu	N	其他
马氏体型	61	9Cr18MoV	0.85—0.95	≤0.80	≤0.80	≤0.035	≤0.030	3)	17.00—19.00	1.00—1.30	—	—	V0.07—0.12
沉淀硬化型	62	0Cr17Ni4Cu4Nb	≤0.07	≤1.00	≤1.00	≤0.035	≤0.030	6.50—7.50	15.50—17.50	—	3.00—5.00	—	Nb 0.15—0.45
	63	0Cr17Ni7Al	≤0.09	≤1.00	≤1.00	≤0.035	≤0.030	6.50—7.50	16.00—18.00	—	≤0.50	—	Al 0.75—1.50
	64	0Cr15Ni7Mo2Al	≤0.09	≤1.00	≤1.00	≤0.035	≤0.030	6.50—7.50	14.00—16.00	2.00—3.00	—	—	Al 0.75—1.50

2）各种不锈钢的耐腐蚀性能

304是一种通用性的不锈钢，它广泛地用于制作要求良好综合性能（耐腐蚀和成型性）的设备和机件。

301不锈钢在形变时呈现出明显的加工硬化现象，被用于要求较高强度的各种场合。

302不锈钢实质上就是含碳量更高的304不锈钢的变种，通过冷轧可使其获得较高的强度。

302B是一种含硅量较高的不锈钢，它具有较高的抗高温氧化性能。

303和303Se是分别含有硫和硒的易切削不锈钢，用于主要要求易切削和表而光浩度高的场合。303Se不锈钢也用于制作需要热镦的机件，因为在这类条件下，这种不锈钢具有良好的可热加工性。

304L是碳含量较低的304不锈钢的变种，用于需要焊接的场合。较低的碳含量使得在靠近焊缝的热影响区中所析出的碳化物减至最少，而碳化物的析出可能导致不锈钢在某些环境中产生晶间腐蚀（焊接侵蚀）。

304N是一种含氮的不锈钢，加氮是为了提高钢的强度。

305和384不锈钢含有较高的镍，其加工硬化率低，适用于对冷成型性要求高的各种场合。

308不锈钢用于制作焊条。

309、310、314及330不锈钢的镍、铬含量都比较高，为的是提高钢在高温下的抗氧化性能和蠕变强度。而30S5和310S乃是309和310不锈钢的变种，所不同者只是碳含量较低，为的是使焊缝附近所析出的碳化物减至最少。330不锈钢有着特别高的抗渗碳能力和抗热震性。

316和317型不锈钢含有铝，因而在海洋和化学工业环境中的抗点腐蚀能力大大地优于304不锈钢。其中，316型不锈钢由变种包括低碳不锈钢316L、含氮的高强度不锈钢316N以及含硫量较高的易切削不锈钢316F。

321、347 及 348 是分别以钛，铌加钽、铌稳定化的不锈钢，适宜作高温下使用的焊接构件。348 是一种适用于核动力工业的不锈钢，对钽和钴的含量有着一定的限制。

7. 不锈钢管道规格

1）不锈钢管道规格见表 4-6-73。

不锈钢管道规格 **表 4-6-73**

ϕ6×1	ϕ34×2—8	ϕ70×3—10	ϕ152×3—20
ϕ8×1—2	ϕ36×2—8	ϕ73×3—10	ϕ159×3—25
ϕ10×1—2	ϕ38×2—8	ϕ76×2—16	ϕ168×3—30
ϕ12×1—3	ϕ40×2—8	ϕ80×2—16	ϕ180×3—30
ϕ14×1—4	ϕ42×2—8	ϕ83×2—16	ϕ219×4—35
ϕ16×1—4	ϕ45×2—8	ϕ89×2—16	ϕ245×5—35
ϕ18×1—4	ϕ48×2—8	ϕ95×2.5—16	ϕ273×5—40
ϕ20×1—5	ϕ50×2—8	ϕ102×2.5—18	ϕ325×5—40
ϕ22×1—5	ϕ51×2—8	ϕ108×2.5—18	ϕ355×7—40
ϕ25×1.5—5	ϕ57×2—10	ϕ114×2.5—18	ϕ377×8—45
ϕ27×2—5	ϕ60×2—10	ϕ120×3—18	ϕ426×8—50
ϕ28×2—5	ϕ63×2—10	ϕ127×3—18	ϕ456×8—50
ϕ30×2—8	ϕ65×3—10	ϕ133×3—18	ϕ530×8—50
ϕ32×2—8	ϕ68×3—10	ϕ140×3—20	ϕ630×10—40

2）不锈钢管技术标准

不锈钢管技术标准见表 4-6-74。

不锈钢管技术标准 **表 4-6-74**

产品名称	规格、型号	标准名称	标准号
不锈钢管	ϕ6～630×1～50mm	流体输送用不锈钢管	GB/T 14976—2002
不锈钢管	ϕ6～630×1～50mm	结构用无缝不锈钢管	GB/T 14975—2002
不锈钢管	ϕ6～630×1～50mm	锅炉、热交换器用不锈钢管	GB 13296—2007
不锈钢焊管	ϕ219～1200×3～20mm	流体输送用不锈钢管	GB 12770—2002

第八节　非 金 属 管

目前，在管道工程的施工中，非金属管材种类繁多，新型管材不断出现，且有各自的专用管道配件及连接方法。由于新型管材具有抗老化、耐腐蚀、不结垢、承压高、无环境污染、不易渗漏、水阻力系数小，在50℃环境下使用可达50年等特点，在建筑给水、排水及采暖工程中被广泛使用。

根据《建筑给水排水及采暖工程施工质量验收规范》(GB 50242—2002）规范的规定，建筑给水排水及采暖管道工程中的给水管道材质要求作了规定。《规范》第4.1.2条规定：给水管道必须采用与管材相适应的管件，生活给水系统所涉及的材料必须达到饮用水卫生标准。因此在工程施工的过程中要特别引起注意。

在管道工程的施工中，非金属管道的管径表示方法为 De（外径）$\times\delta$（壁厚)。工程中常用的非金属管道主要可分为聚氯乙烯类、聚乙烯类、聚丙烯类、聚丁烯类、复合管类和工程塑料管（ABS）及玻璃钢管（FRP)。

1. 聚氯乙烯管道：

聚氯乙烯管道（PVC）可分为：UPVC和PVC－U硬聚氯乙烯、PVC－C氯化聚氯乙烯。PVC－U和PVC－C管一般可用于给水压力不大于1.0MPa，温度不大于45℃冷水管及给水压力不大于0.6MPa，温度不大于75℃热水管。UPVC管一般用于排水管，使用温度为0～45℃，可用于明敷暗敷。

PVC管采用粘结剂连接。用于埋地排水管也可采用橡胶圈密封。PVC管道的性能可参看《建筑排水聚氯乙烯管道工程技术规程》CJJ/T 29—98、《埋地硬给水管道工程技术规程》CECS 17：2000、《建筑给水氯化聚氯乙烯（PVC－C）管道工程技术规程》CECS 136：2002。

其规格及重量分别见表4-6-75、图4-6-4、表4-6-76和表4-6-77。

硬聚氯乙烯管规格（SG78—74）　　表 4-6-75

外径 (mm)	轻型			重型			主要生产厂
	壁厚 (mm)	近似重量		壁厚 (mm)	近似重量		
		(kg/m)	(kg/根)		(kg/m)	(kg/根)	
10				1.5	0.06	0.24	北京塑料总厂、上海化工厂、天津塑料十二厂、大连塑料厂、烟台塑料厂等各地塑料厂
12				1.5	0.07	0.28	
16				2.0	0.13	0.53	
20				2.0	0.17	0.68	
25	1.5	0.17	0.68	2.5	0.27	1.07	
32	1.5	0.22	0.88	2.5	0.35	1.40	
40	2.0	0.36	1.44	3.0	0.52	2.10	
50	2.0	0.45	1.80	3.5	0.77	3.09	
63	2.5	0.71	2.84	4.0	1.11	4.47	
75	2.5	0.85	3.40	4.0	1.34	5.38	
90	3.0	1.23	4.92	4.5	1.82	7.30	
110	3.5	1.75	7.00	5.5	2.71	10.90	
125	4.0	2.29	9.16	6.0	3.35	13.50	
140	4.5	2.88	11.50	7.0	4.38	17.60	
160	5.0	3.65	14.60	8.0	5.72	23.00	
180	5.5	4.52	18.10	9.0	7.26	29.20	
200	6.0	5.48	21.90	10.0	9.00	36.00	
225	7.0	7.20	28.80				
250	7.5	8.56	34.20				
280	8.5	10.90	43.60				
315	9.5	13.70	54.80				
355	10.5	17.00	68.00				
400	12.0	21.90	87.60				

注：每根管长度为 4m。

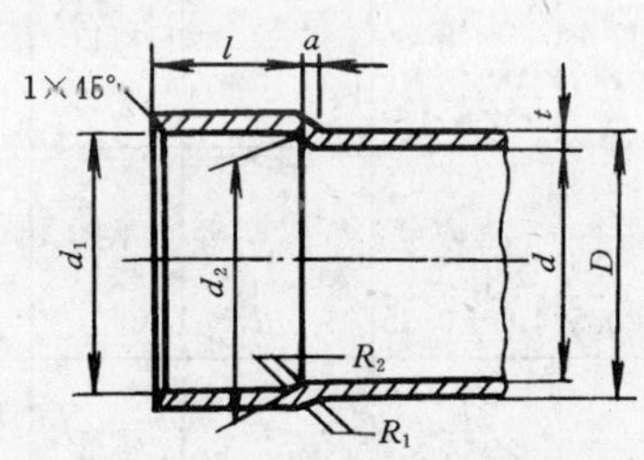

图 4-6-4　硬聚氯乙烯排水管、管件承插端

硬聚氯乙烯排水管、管件承插端各部尺寸（mm）　　表 4-6-76

公称直径	基本尺寸					最小尺寸			
	d	d_1	d_2	D	l	t	a	R_1	R_2
50	51.6	59	58.4	58.6	25	3.5	4	1.5	1
75	75.8	84.4	83.5	83.8	40	4	4.5	2	1.2
100	104.2	115	113.8	114.2	50	5	5.5	2.5	1.5

硬聚氯乙烯排水直管规格　　表 4-6-77

公称直径 DN (mm)	尺寸（mm）				接口		近似重量 (kg/m)	生产厂
	外径及公差	近似内径	壁厚及公差	管长	接口形式	粘合剂或填材		
50	58.6±0.4		3.5	4000±100	承插接口	过氯乙烯胶水	0.90	北京市建筑塑料制品厂
75	83.8±0.5		4.5				1.60	
100	114.2±0.6		5.5				2.85	
40	48±0.3	44	$2\pm_{0}^{0.4}$		承插接口	816* 硬PVC 管瞬干粘结剂	0.43	上海化工厂
50	60±0.3	56	$2\pm_{0}^{0.4}$				0.56	
75	89±0.5	83	$3\pm_{0}^{0.5}$				1.22	
100	114±0.5	107	$3.5\pm_{0}^{0.6}$				1.82	
50	60		2.0	4000	承插接口	901* 胶水 903* 胶水	0.63	上海胜德塑料厂
75	89		3.0				1.32	
100	114		3.5				1.94	
40	48			3000～4000	管螺纹接口		0.83	上海金山朱行胜利塑料厂
50	59		4	3700～5500			0.92	
75	84		4	5500			1.33	
100	109		5	3700			1.98	
40	48		2.5		管螺纹接口			上海塑料制品二厂（薄壁PVC硬管）
50	60		3					
75	84.5		3.5					
100	110		4					
50	58±0.3	50.3	3±0.2	4000	承插接口		0.9	天津市塑料十四厂
75	85±0.3	75.5	4±0.3				1.7	
100	111±0.3	100.5	4.5±0.35				2.5	
50	63±0.5		3.5±0.3	4000±100	承插接口			济南市塑料一厂、十三厂
90	90±0.7		4±0.3					
110	110±0.8		4.5±0.3					

续表

公称直径DN (mm)	尺寸（mm）				接口		近似重量(kg/m)	生产厂
	外径及公差	近似内径	壁厚及公差	管长	接口形式	粘结剂或填材		
40	48		2.5	3000～6000	管螺纹接口			江阴纺织塑料厂
50	58		2.5	2700～6000				
75	83		3	2700～6000				
100	110		3.3	2700～6000				

注：1. 上海化工厂及胜德塑料厂的管件接口尺寸相同，可互换。

2. 管材外观颜色：灰色或黑色，特殊要求可按协议生产。

3. 各厂均可根据订货合同生产其他管长之管材。

2. 丙烯腈—丁二烯—苯乙烯管（ABS管）

丙烯腈—丁二烯—苯乙烯管是由苯乙烯—丙烯腈的共聚物同由S-AN和聚丁二烯反应生成的共聚物化合而成，或在某些工艺过程中由丙烯腈、丁二烯和苯乙烯一起反应所生成的共聚物。ABS塑料管是一种有韧性和抗冲击的塑料管，它的耐腐蚀性、耐冲击的性能均优于聚氯乙烯管。在20℃左右，ABS管对于水类介质的工作压力可达到1.0MPa以上，ABS塑料管的物理性能及规格见表4-6-78及表4-6-79。

ABS塑料管材的物理机械性能　　表4-6-78

项　目		指　标	项　目	指　标
密　度		1.03～1.07	尺寸变化率（%）	
腐蚀度(g/m^2)	10%HCl	≤2.5	沿长度方向	≯±0.4
	30%H_2SO_4	≤1.5	沿直线方向	≯2.5
	40%NaOH	≤1.5	扁平试验	无裂缝，无破坏现象

ABS工程塑料管规格　　表4-6-79

公称直径(mm)	外径(mm)	壁厚(mm)	管长(m)	弯曲度(%)	爆破压力(MPa)	重量(kg/m)	生产厂
20	25	2.5	4～6	不规定	8.0	0.177	浙江乐清县轻化设备厂
25	32	3.2	4～6	不规定	7.0	0.29	
32	40	4	4～6	≤1	6.0	0.452	
40	50	4.6	4～6	≤1	6.0	0.656	
50	68	5.6	4～6	≤1	5.0	1.01	

3. 聚乙烯类管道

聚乙烯管道有软、硬两种，具有显著的耐化性能，由于它的耐化学性能好，故不能采用溶剂连接，管材采用热熔连接，管材中一般添加2%的炭黑，以增加管材的抗老化稳定性。

聚乙烯类管道包括聚乙烯（PE）管，交联聚乙烯（PE－X）、耐热聚乙烯（PE－RT）管和高密度聚乙烯管（HDPE）。其中PE管不得用于输送热水，其他温度应控制在70℃以下。

聚乙烯类管道的性能可参看《建筑给水聚乙烯类管道工程技术规程》CJJ/T 98—2003、J279—2003。

1）聚乙烯（PE）管道

（1）给水用聚乙烯（PE）管道（GB/T 13663—2000）

聚乙烯（PE）管道经过多年的发展，已成为使用性能优良、设计理论完善、产品配套齐全、在生产和生活中不可缺少的一种塑料管道。

给水用聚乙烯（PE）管道特点：

• 良好的卫生性能：PE管加工时不添加重金属盐稳定剂，材质无毒性，无结垢层，不滋生细菌，很好地解决了城市饮用水的二次污染。

• 卓越的耐腐蚀性能：除少数强氧化剂外，可耐多种化学介质的侵蚀；无电化学腐蚀。

• 长久的使用寿命：在额定温度、压力状况下，PE管道可安全使用50年以上。

• 较好的耐冲击性：PE管韧性好，耐冲击强度高，重物直接压过管道，不会导致管道破裂。

• 可靠的连接性能：PE管热熔或电熔接口的强度高于管道本体，接缝不会由于土壤移动或活载荷的作用断开。

• 良好的施工性能：管道质轻，焊接工艺简单，施工方便，工程综合造价低。

应用领域：

城市自来水管网系统；城乡饮用水管道；化工、化纤、食品、林业、印染、制药、轻工、造纸、冶金等工业的料液输送管道；农用灌溉管道；邮电通信线路、电力电线保护套管；矿山砂浆输送管道；邮电通信线路、电力电线保护套管。

给水用 PE80 聚乙烯（PE）管道规格见表 4-6-80。

给水用 PE80 聚乙烯（PE）管道规格　　表 4-6-80

公称外径 DN (mm)	公称壁厚（mm）					长度 L (mm)
	SDR33	SDR21	SDR17	SDR13.6	SDR11	
	公称压力，MPa					
	0.4	0.6	0.8	1.0	1.25	
20	—	—	—	2.3	2.3	6000 9000 12000
25	—	—	2.0	2.3	2.3	
32	—	—	2.0	2.4	3.0	
40	—	2.0	2.3	3.0	3.7	
50	2.0	2.0	2.8	3.7	4.6	
63	2.0	3.0	3.6	4.7	5.8	
75	2.3	3.6	4.5	5.6	6.8	
90	2.8	4.3	5.4	6.7	8.2	
110	3.4	5.3	6.6	8.1	10.0	
125	3.8	6.0	7.4	9.2	11.4	
140	4.3	6.7	8.3	10.3	12.7	
160	4.9	7.7	9.5	11.8	14.6	
180	5.5	8.6	10.7	13.3	16.4	
200	6.2	9.6	11.9	14.7	18.2	
225	6.9	10.8	13.4	16.6	20.5	
250	7.7	11.9	14.8	18.4	22.7	
280	8.6	13.4	16.6	20.6	25.4	
315	9.7	15.0	18.7	23.2	28.6	
355	10.9	16.9	21.1	26.1	32.2	
400	12.3	19.1	23.7	29.4	36.3	

给水用 PE80 聚乙烯（PE）管道物理机械性能见表 4-6-81。

给水用 PE80 聚乙烯（PE）管道物理机械性能表　　表 4-6-81

序号	项目		指标
1	20℃静液压强度（环向应力 9.0MPa，100h）		不破裂、不渗漏
2	80℃静液压强度（环向应力 4.6MPa，165h）		不破裂、不渗漏
3	80℃静液压强度（环向应力 4.0MPa，1000h）		不破裂、不渗漏
4	断裂伸长率，%		≥350
5	纵向收缩率（110℃），%		≤3
6	氧化诱导时间（200℃），min		≥20
7	耐候性（管道累计接受≥3.5GJ/m² 老化能量后	80℃静液压强度（环向应力 4.6MPa，165h）	不破裂、不渗漏
		断裂伸长率（%）	≥350
		氧化诱导时间（200℃），min	≥10

注：仅适用于蓝色管道。

（2）给水用 PE100 聚乙烯（PE）管道

给水用 PE100 聚乙烯（PE）管道规格见表 4-6-82。

给水用 PE100 聚乙烯（PE）管道规格　　表 4-6-82

公称外径 DN (mm)	公称壁厚（mm）					长度 L (mm)
	SDR26	SDR21	SDR17	SDR13.6	SDR11	
	公称压力，MPa					
	0.6	0.8	1.0	1.25	1.6	
32	—	—	—	—	3.0	6000 9000 12000
40	—	—	—	—	3.7	
50	—	—	—	—	4.6	
63	—	—	—	4.7	5.8	
75	—	—	4.5	5.6	6.8	
90	—	4.3	5.4	6.7	8.2	
110	4.2	5.3	6.6	8.1	10.0	
125	4.8	6.0	7.4	9.2	11.4	

续表

公称外径 DN (mm)	公称壁厚（mm）					长度 L (mm)
	SDR26	SDR21	SDR17	SDR13.6	SDR11	
	公称压力，MPa					
	0.6	0.8	1.0	1.25	1.6	
140	5.4	6.7	8.3	10.3	12.7	6000 9000 12000
160	6.2	7.7	9.5	11.8	14.6	
180	6.9	8.6	10.7	13.3	16.4	
200	7.7	9.6	11.9	14.7	18.2	
225	8.6	10.8	13.4	16.6	20.5	
250	9.6	11.9	14.8	18.4	22.7	
280	10.7	13.4	16.6	20.6	25.4	
315	12.1	15.0	18.7	23.2	28.6	
355	13.6	16.9	21.1	26.1	32.2	
400	15.3	19.1	23.7	29.4	36.3	

给水用PE100聚乙烯（PE）管道物理机械性能见表4-6-83。

给水用PE100聚乙烯（PE）管道物理机械性能　　表4-6-83

序号	项目		指标
1	20℃静液压强度（环向应力12.4MPa，100h）		不破裂、不渗漏
2	80℃静液压强度（环向应力5.5MPa，165h）		不破裂、不渗漏
3	80℃静液压强度（环向应力5.0MPa，1000h）		不破裂、不渗漏
4	断裂伸长率，%		≥350
5	纵向收缩率（110℃），%		≤3
6	氧化诱导时间（200℃），min		≥20
7	耐候性（管道累计接受≥3.5GJ/m^{2}老化能量后	80℃静液压强度（环向应力5.5MPa，165h）	不破裂、不渗漏
		断裂伸长率，%	≥350
		氧化诱导时间（200℃），min	≥10

注：仅适用于蓝色管道。

2）聚乙烯（PE）燃气管（GB 15558.1—2003）

聚乙烯（PE）燃气管，以专用聚乙烯为原料，经挤塑制成。它适用于PE80和PE100材料制造的埋地用聚乙烯管道，公称外径*DN*20～*DN*630。

应用领域：天然气输送、化石油气输送、人工煤气输送、工业供气、工业腐蚀性料液埋地输送。

PE燃气管规格尺寸见表4-6-84。

PE燃气管规格表 **表4-6-84**

公称外径 *DN*（mm）	最小壁厚（mm）	
	SDR11	SDR17.6
20	3.0	2.3
25	3.0	2.3
32	3.0	2.3
40	3.7	2.3
50	4.6	2.9
63	5.8	3.6
75	6.8	4.3
90	8.2	5.2
110	10.0	6.3
125	11.4	7.1
140	12.7	8.0
160	14.6	9.1
180	16.4	10.3
200	18.2	11.4
225	20.5	12.8
250	22.7	14.2
280	25.4	15.9
315	28.6	17.9
355	32.3	20.2
400	36.4	22.8
450	40.9	25.6
500	45.5	28.4
560	50.9	31.9
630	57.3	35.8

PE燃气管性能见表4-6-85。

PE燃气管性能表　　　　表4-6-85

序号	性　能	要　求	试验参数
1	静液压强度（Hs）	破坏时间≥100h	20℃（环应力） PE80（9.0MPa）PE100（12.4MPa）
		破坏时间≥165h	80℃（环应力） PE80（4.5MPa）PE100（5.4MPa）
			80℃（环应力） PE80（4.0MPa）PE100（5.04MPa）
2	断裂伸长率	≥350	
3	耐候性（仅适用于非黑色管道）	气候老化后，以下性能满足要求稳定性HS（65h/80℃）断裂伸长率	E+D3.5GJ/m^2
4	耐裂纹扩展（RCP）b		
5	全尺寸（FS）试验：*DN*≥250mm或S4试验适用于所有直径	全尺寸试验的临界压力（MPa）PC，FS≥1.5×MOPS4试验的临界压力PC，S4≥MOP/2.4−0.072	℃
6	耐慢速裂纹增长en>5mm	165h	80℃，0.8MPa（试验压力）c 80℃，0.92MPa（试验压力）d
7	a热稳定性（氧化诱导期）	>20min	200℃
8	纵向回缩率	≤3%	110℃
9	熔体质量流动速率（MFR）	加工前后MFR变化<20%	190℃，5kg

注：1. 热稳定性试验，试验前应祛除外表面0.2mm厚的材料。
2. RCP试验适用于以下条件使用的PE管道：
最大工作压力MOP>0.01MPa，*DN*≥250mm的输配系统；
最大工作压力MOP>0.4MPa，*DN*≥90mm的输配系统。
3. PE80，SDR11试验参数。
4. PE100，SDR试验参数。

4. 三型聚丙烯（PP-R）管道（GB/T 18742—2002）

冷热水用 PP-R（无规共聚聚丙烯）管道、管件系列产品是采用优质原料直接挤出和注射成型，颜色为白色/灰色。无规共聚体一聚丙烯和乙烯是共聚单体，乙烯分子在聚丙烯聚合物链中随机分布，高强度的材料，在热水中的使用寿命，使用期为 50 年。

PP-R 管一般用于给水、净水、热力管道，也可用作地板采暖和高温散热器。

冷水管道采用公称压力不低于 1.0MPa 等级管材和管件；热水管道采用公称压力不低于 2.0MPa 等级管材和管件。水温不大于 70℃，管道连接可采用热熔连接。PP-R 管道在不同温度及使用允许压力下的寿命不同。

1）PP-R 三型聚丙烯特性

PP-R 三型聚丙烯特性见表 4-6-86。

PP-R 三型聚丙烯特性表　　　　表 4-6-86

密度：0.90g/cm³ 熔点：140℃ 最大拉伸强度：40N/mm² 拉伸变形：800%	E 弹性模量（20℃）：800N/mm² 比热：2kJ/kg℃ 热导性：024W/m℃ 热胀系数：0.16mm/m℃

2）三型聚丙烯（PP-R）管道主要技术指标

三型聚丙烯（PP-R）管道主要技术指标见表 4-6-87。

三型聚丙烯（PP-R）管道主要技术指标表　表 4-6-87

项　目		指　标
溶体质量流动速率（230 度，2.16kg）		0.9G/cm³
拉伸强度		≥20MPa
弹性模量（20 度）		800MPa
热膨胀系数		1.5×10－4/k
导热系数		2.1W/mk
纵向回缩率		≤2%
冲击试验（0 度，2h，15j）		≤10%
液压 20	20 度，环应力 16MPa，1h	无渗漏
试验	95 度，环应力 3.5MPa，1000h	无渗漏

3）三型聚丙烯（PP-R）管道特点

•卫生环保：PP-R 材料是一种高分子量的碳氢化合物，不溶于水，具有生物惰性，在生产加工过程中不产生有害物质，在高温下使用不会使水产生不良的器官感觉，经卫生防疫部门检测符合国家食品卫生标准。且 PP-R 材料可以回收循环使用，因而是一种绿色环保建材，可用于纯净饮用水管道系统。

•外形美观，重量轻：产品内外壁光滑，流体阻力小，色彩柔和，造型美观，重量仅为金属管的 1/8 左右，运输安装方便。

•耐热、保温性能好：PP-R 热水管道可在 70℃下长期使用，瞬间使用温度达 95℃，完全满足建筑物中供热水的使用要求；导热系数仅为金属管的 1/200，用于热水管道保温节能效果极佳。

•耐压：最高公称压力可达 3.2MPa。

•不锈蚀、不结垢：属绿色建材，且内外壁光滑，可保证管道耐腐蚀、不结垢、不产生水质污染，保证了给水的卫生性。

•使用寿命长：管道系统在温度为 70℃及工作压力为 1.0MPa 的长期使用条件下，使用寿命可达 50 年以上，低温情况下寿命可达 100 年。

•安装、连接简便可靠：采用热熔连接，数秒钟内即可完成一个接头连接，与金属管及用水器具连接采用优质不锈钢或镀铬铜嵌件，安全可靠。PP-R 管道、管件用同一型号原料制成，且热熔焊接性能良好，连接处达到分子级融合，使之成为一个整体。

聚丙烯管道的性能可参看《建筑给水聚丙烯类管道（PP-R）工程技术规程》(DBJ/CT 501—2002)。《PP-R 三型聚丙烯管道》(GB/T 18742—2002) 产品规格：*DN*12～*DN*160。

5. 聚丁烯类管道

聚丁烯（PB）管属柔性管材，*De*≤32mm 时可成盘状供货，*De*≥40mm 的直管供应。一般用于生活用水，长期工作温度为 75℃，管材管件公称压力为 1.6MPa，工作压力为 1.0MPa。连接方式为热熔连接，也可采用机械等方式连接。聚丁烯管可明敷，也可暗敷安装。

6. 复合管类管道

复合管主要有钢塑复合管、铝塑复合管（PAP)、铜塑复合管、钢复不锈钢管。复合管除了具有抗老化、耐腐蚀、不结垢、承压高、无环境污染、不易渗漏、水阻力系数小等优点外，还具有强度高、承受压力大等特点，在工程上被广泛使用。

塑复合管是以普通碳素钢作为基体，内衬化学稳定性优良的热塑性管。

钢塑复合管是以普通碳素钢管作为基体，内衬化学稳定性优良的热塑性塑料管，采用先进的科学方法专利技术，将钢塑管融为一体，是一种新型的化工防腐管道，它既具有钢管的机械强度性能，又有塑料管耐蚀、耐负压、耐温、不结垢、不易生长微生物，又能保证输送介质的纯度等优点，其使用寿命超过不锈钢管道，是输送酸、碱、盐、气体、矿浆等理想防腐管道。内衬食品级聚丙烯，能用于食品、医药及饮水等行业。

常用的钢塑复合管主要为钢衬聚丙烯复合管（GSF. PP)、钢衬聚氯乙烯复合管（GSF. PVC)、钢衬聚乙烯复合管（GSF. PE）和钢衬聚四氟乙烯复合管（GSF. F4)。常用的钢塑复合管性能如下：

1）特点

具有优良的物理性能、具有极好的耐腐蚀性能、机械强度与钢管相同。钢塑复合管广泛用于化工、电力、冶金、食品等待业的介质输送及环保处理系统。

2）使用条件

(1）真空值

序　号	规　　格	真空值（即负压）	备　　注
1	DN25～DN80	≤90kPa	
2	DN100～DN150	≤70kPa	
3	≥DN200	≤55kPa	

（2）正压

序号	规　格	正　压　值	备　注
1	DN25～DN80	≤6.4MPa	
2	DN100～DN150	≤6.4MPa	
3	≥DN200	≤2.5MPa	

（3）使用温度

序号	复　合　管　类　别	介质工作温度	备注
1	钢衬聚丙烯复合管（GSF. PP）	－20～105℃	
2	钢衬聚氯乙烯复合管（GSF. PVC）	－15～65℃	
3	钢衬聚乙烯复合管（GSF. PE）	－20～80℃	
4	钢衬聚四氟乙烯复合管（GSF. F4）	－100～250℃	

第九节　铝及铝合金管

铝有较好的耐酸腐蚀性能。铝管系由工业纯铝或铝合金经拉制或挤压制造成形，常用于输送浓硝酸，醋酸，脂肪酸，过氧化氢等液体及硫化氢，二氧化碳等气体，但不耐碱及含氯离子的化合物，如盐水、盐酸等介质。拉制和挤压铝管的规格见表 4-6-88 和表 4-6-89。表列理论重量是按相对密度为 2.8 的 LY11，LY12 计算的。

第十节　铜及铜合金管

铜管主要由 T2、T3、T4、TUP（脱氧铜）制造的称为铜管或紫铜管，规格及重量见表 4-6-90。黄铜管由 H62、H68、HPb59-1 等牌号黄铜制造，常用黄铜管的规格及重量见表 4-6-91。铜及其铜合金管的纵向划痕深度见表 4-6-92。

常用铝及铝合金拉制管规格（摘自YB610—66）　　表 4-6-88

外径 (mm)	壁厚及偏差 (mm)									
	0.5±0.05	0.75±0.08	1.0±0.10	1.5±0.14	2.0±0.18	2.5±0.20	3.0±0.25	3.5±0.25	4.0±0.28	5.0±0.40
	理论重量（比重按2.8）(kg/m)									
14	0.059	0.087	0.114	0.165	0.211	0.253	0.290	—	—	—
18	0.077	0.114	0.150	0.218	0.281	0.341	0.396	0.446	—	—
25	0.108	0.160	0.211	0.310	0.405	0.495	0.581	0.662	0.739	0.880
32	—	0.206	0.273	0.402	0.528	0.649	0.765	0.877	0.985	1.188
38	—	0.246	0.325	0.482	0.633	0.780	0.924	1.062	1.196	1.451
45	—	0.292	0.387	0.574	0.756	0.935	1.108	1.278	1.442	1.759
60	—	0.391	0.519	0.772	1.020	1.265	1.504	1.739	1.970	2.419
75	—	—	—	0.970	1.284	1.594	1.900	2.201	2.498	3.079
90	—	—	—	—	1.548	1.924	2.296	2.663	3.026	3.738
110	—	—	—	—	—	2.364	2.824	3.279	3.730	4.618
120	—	—	—	—	—	—	—	3.587	4.082	5.058

常用铝及铝合金挤压管规格（摘自 YB610—66） 表 4-6-89

外径 (mm)	壁厚 (mm)															
	5	6	7	7.5	8	9	10	12.5	15	17.5	20	22.5	25	27.5	30	32.5
	理论重量（比重按 2.8）(kg/m)															
25	0.880	—	—	—	—	—	—	—	—	—	—	—	—	—	—	—
32	1.188	1.372	1.539	1.616	—	—	—	—	—	—	—	—	—	—	—	—
38	1.451	1.689	1.909	2.012	2.111	2.296	2.463	—	—	—	—	—	—	—	—	—
45	1.759	2.058	2.340	2.474	2.604	2.850	3.079	3.574	3.958	—	—	—	—	—	—	—
60	2.419	2.850	3.263	3.464	3.659	4.038	4.398	5.223	5.938	6.542	—	—	—	—	—	—
75	—	—	—	4.453	—	—	—	6.872	7.917	8.851	9.676	10.39	—	—	—	—
90	—	—	—	—	—	—	7.037	9.017	9.896	—	12.32	—	14.29	—	—	—
110	—	—	—	—	—	—	8.796	11.27	12.54	—	15.83	—	18.69	—	21.11	—
120	—	—	—	—	—	—	9.676	12.37	13.85	—	17.59	—	20.89	—	23.75	—
135	—	—	—	—	—	—	—	—	—	18.09	—	22.27	—	26.00	—	29.30
160	—	—	—	—	—	—	—	—	—	—	—	—	29.69	—	34.31	—
185	—	—	—	—	—	—	—	—	—	—	—	—	—	—	—	43.60

注：1. 铝及铝合金薄壁管用冷拉或冷轧方法制成，供应长度为 1～6m，铝及铝合金厚壁管用热挤压方法制成，供应长度不小于 300mm。

2. 铝管常用 *L*2（含铝 99.6%）、*L*3（含铝 99.5%）牌号的工业纯铝制成。

3. 使用铝管时，不宜采用对铝有腐蚀的碳酸镁或含碱的玻璃棉保温。

絮铜管的理论重量（kg/m） **表 4-6-90**

外径（mm）	壁厚（mm）												
	0.25	0.30	0.35	0.40	0.45	0.50	0.75	1.0	1.5	2.0	2.5	3.0	3.5
3.0	0.0193	0.0227	0.0260	0.0292	0.0322	0.0350	0.0472	0.056	—	—	—	—	—
4.0	0.0262	0.0310	0.0357	0.0403	0.0447	0.0489	0.0682	0.084	—	—	—	—	—
5.0	0.0332	0.0394	0.0455	0.0514	0.0572	0.0629	0.0891	0.112	0.147	—	—	—	—
6.0	0.0402	0.0478	0.0553	0.0626	0.0698	0.0769	0.1101	0.140	0.189	0.224	—	—	—
7.0	—	0.0562	0.0651	0.0738	0.0824	0.0909	0.1131	0.168	0.231	0.280	—	—	—
8.0	—	—	0.0749	0.0850	0.0950	0.1049	0.1520	0.196	0.273	0.335	0.384	—	—
9.0	—	—	0.0846	0.0962	0.1076	0.1188	0.1730	0.224	0.314	0.391	0.454	—	—
10	—	—	—	0.1074	0.1202	0.1328	0.1940	0.252	0.356	0.447	0.524	0.587	—
11	—	—	—	0.1186	0.1327	0.1468	0.2149	0.280	0.398	0.503	0.594	0.671	—
12	—	—	—	—	0.1453	0.1608	0.2359	0.307	0.440	0.559	0.664	0.755	0.832
13	—	—	—	—	0.1579	0.1748	0.2569	0.335	0.482	0.615	0.734	0.838	0.929
14	—	—	—	—	—	0.1887	0.2779	0.363	0.524	0.671	0.803	0.922	1.027
15	—	—	—	—	—	0.2027	0.2988	0.391	0.566	0.727	0.873	1.006	1.125

续表

外径 (mm)	壁厚 (mm)																
	1.0	1.5	2.0	2.5	3.0	3.5	4.0	4.5	5.0	6.0	7.0	7.5	8.0	8.5	10	12.5	15
16	0.419	0.608	0.782	0.943	1.090	1.223	1.341	1.445	—	—	—	—	—	—	—	—	—
17	0.445	0.644	0.838	1.012	1.174	1.320	1.453	1.570	—	—	—	—	—	—	—	—	—
18	0.475	0.692	0.894	1.082	1.258	1.418	1.565	1.695	—	—	—	—	—	—	—	—	—
19	0.503	0.734	0.950	1.153	1.341	1.515	1.677	1.821	—	—	—	—	—	—	—	—	—
20	0.531	0.775	1.006	1.223	1.425	1.605	1.778	1.949	2.096	—	—	—	—	—	—	—	—
21	0.559	0.817	1.062	1.291	1.509	1.703	1.901	2.075	—	—	—	—	—	—	—	—	—
22	0.587	0.859	1.118	1.361	1.593	1.800	2.012	2.201	2.375	—	—	—	—	—	—	—	—
23	0.615	0.901	1.174	1.425	1.661	1.897	2.124	2.326	—	—	—	—	—	—	—	—	—
24	0.643	0.943	1.230	1.502	1.761	2.005	2.236	2.453	2.655	—	—	—	—	—	—	—	—
25	—	0.983	1.236	1.572	1.844	2.102	2.348	2.578	2.795	—	—	—	—	—	—	—	—
26	0.699	1.027	1.341	1.642	1.928	2.200	2.460	2.704	2.934	—	—	—	—	—	—	—	—
27	0.727	1.070	1.398	1.712	2.012	2.297	2.571	2.829	3.074	—	—	—	—	—	—	—	—
28	0.755	1.111	1.453	1.782	2.093	2.395	2.683	2.955	3.214	—	—	—	—	—	—	—	—
30	0.810	1.195	1.565	1.922	2.264	2.592	2.906	3.206	3.493	—	—	—	—	—	—	—	—
31	0.839	1.236	1.621	1.981	2.347	2.696	3.019	3.332	3.634	—	—	—	—	—	—	—	—
32	0.866	1.278	1.677	2.050	2.431	2.790	3.130	3.458	3.773	4.359	—	—	—	—	—	—	—
34	0.922	1.362	1.788	2.201	2.599	2.980	3.354	3.710	4.052	4.695	—	—	—	—	—	—	—
35	0.950	1.404	—	2.270	2.683	3.080	3.465	3.835	4.192	—	—	—	—	—	—	—	—
36	0.978	1.445	1.900	2.340	2.767	3.180	3.577	3.961	4.331	—	5.673	—	—	—	—	—	—
38	1.034	1.530	—	2.480	2.934	3.375	3.800	4.213	4.612	5.365	—	—	—	—	—	—	—
40	1.090	1.614	2.124	2.620	3.102	3.570	4.025	4.464	4.890	—	6.456	6.811	—	7.482	8.383	—	—

续表

外径 (mm)	壁厚 (mm)																
	1.0	1.5	2.0	2.5	3.0	3.5	4.0	4.5	5.0	6.0	7.0	7.5	8.0	8.5	10	12.5	15
42	1.146	1.693	2.236	2.760	3.270	3.765	4.248	4.716	4.171	6.036	—	—	7.610	—	—	—	—
44	—	—	2.347	2.904	3.438	3.962	4.472	4.968	5.450	6.373	—	—	—	—	—	—	—
45	1.230	1.823	2.403	2.969	3.521	4.059	4.584	5.094	5.589	6.540	—	—	—	—	—	—	—
48	—	1.949	2.571	3.180	3.772	4.353	4.918	5.471	6.008	7.043	—	—	—	—	—	—	—
50	1.369	2.033	2.683	3.318	3.940	4.559	5.142	5.723	6.287	7.379	—	8.907	—	—	11.18	13.10	14.67
51	—	2.075	—	3.388	4.024	4.647	5.255	5.848	6.429	7.547	—	—	—	—	—	—	—
53	—	2.159	2.850	3.529	4.193	4.842	5.478	6.100	6.708	7.882	—	—	—	—	—	—	—
54	—	—	2.906	3.599	4.276	4.940	5.590	6.226	6.848	8.050	—	—	—	—	—	—	—
55	1.499	2.243	2.962	3.668	4.359	5.038	5.702	6.351	6.986	8.217	—	9.955	—	—	12.58	14.85	16.77
60	1.649	2.452	3.242	4.017	4.778	5.526	6.259	6.980	7.685	9.056	—	11.00	—	—	13.97	16.59	18.86
63	—	2.578	3.410	4.228	5.031	5.821	6.596	7.328	8.106	9.559	—	—	—	—	—	—	—
65	—	—	3.521	4.366	5.199	6.015	6.820	7.609	8.383	9.894	—	12.05	—	—	15.37	18.34	20.96
68	—	—	3.689	4.577	5.450	6.410	7.154	7.986	8.804	10.399	—	—	—	—	—	—	—
70	—	2.871	3.800	4.716	5.617	6.504	7.377	8.238	9.082	10.733	—	13.10	—	—	16.77	20.09	23.05
75		3.081	4.080	5.065	6.036	6.994	7.936	8.867	9.780	11.57	—	14.15	—	—	18.16	21.83	25.15
76		—	—	—	6.120	7.092	8.050	8.993	9.922	11.74	—	—	—	—	—	—	—
80		3.290	4.359	5.414	6.456	7.484	8.498	9.496	10.48	12.41	—	—	—	—	19.56	23.58	27.85
85		3.500	4.639	5.763	—	7.971	9.054	10.12	11.18	—	—	—	—	—	20.90	25.32	29.34
90		3.709	—	6.113	—	8.460	—	10.75	11.88	—	—	17.29	—	—	22.36	27.07	31.44
95		3.919	5.198	6.462	—	—	—	—	—	—	—	18.34	—	—	23.75	28.85	33.53

注：理论重量按密度 8.9 计算。

黄铜管的理论重量（kg/m）　　表 4-6-91

外径（mm）	壁厚（mm）													
	0.5	0.75	1.0	1.5	2.0	2.5	3.0	3.5	4.0	4.5	5.0	6.0	7.0	8.0	10
3	0.0334	—	—	—	—	—	—	—	—	—	—	—	—	—	—
4	0.0467	—	—	—	—	—	—	—	—	—	—	—	—	—	—
5	0.0601	0.0851	0.107	—	—	—	—	—	—	—	—	—	—	—	—
6	0.0734	0.105	0.134	0.180	—	—	—	—	—	—	—	—	—	—	—
7	0.0868	0.125	—	—	—	—	—	—	—	—	—	—	—	—	—
8	0.100	0.145	0.187	0.260	0.320	—	—	—	—	—	—	—	—	—	—
9	0.113	0.165	0.214	0.300	0.374	—	—	—	—	—	—	—	—	—	—
10	0.127	0.185	0.240	0.340	0.427	—	—	—	—	—	—	—	—	—	—
11	—	—	0.267	0.381	—	—	—	—	—	—	—	—	—	—	—
12	0.154	0.225	0.294	0.420	0.534	0.634	0.721	—	—	—	—	—	—	—	—
13	0.167	0.245	0.320	0.460	—	—	0.801	—	—	—	—	—	—	—	—
14	0.180	—	0.347	0.500	0.641	—	—	—	—	—	—	—	—	—	—
15	0.194	—	0.374	0.540	0.694	0.825	0.961	—	—	—	—	—	—	—	—
16	0.207	—	0.400	0.581	0.747	0.891	1.041	—	—	—	—	—	—	—	—
17	0.220	—	—	—	—	0.967	—	1.261	—	—	—	—	—	—	—
18	—	—	0.454	0.661	0.854	—	1.201	—	1.495	—	—	—	—	—	—
19	0.247	0.366	0.480	0.701	0.907	—	—	—	—	1.741	—	—	—	—	—
20	0.507	0.741	0.961	1.168	1.361	—	—	—	2.002	—	—	—	—	—	—
21	—	—	1.014	1.234	—	—	—	1.932	—	—	—	—	—	—	—
22	0.560	0.821	1.068	1.301	1.521	—	1.922	—	—	2.562	—	—	—	—	—

续表

外径（mm）	壁厚（mm）														
	0.5	0.75	1.0	1.5	2.0	2.5	3.0	3.5	4.0	4.5	5.0	6.0	7.0	8.0	10
23	0.587	0.861	—	1.368	1.601	1.822	—	2.222	—	—	—	—	—	—	—
24	0.614	—	1.174	—	1.681	—	2.136	—	—	—	3.176	—	—	—	—
25	0.641	0.941	1.228	1.501	1.761	2.008	2.242	—	—	—	—	—	—	—	—
26	0.667	—	1.281	1.568	1.842	—	2.349	—	2.802	3.203	3.550	—	—	—	—
27	0.694	—	1.334	—	1.922	2.195	—	—	2.936	—	—	—	—	—	—
28	0.721	1.061	1.388	—	2.002	2.239	2.562	—	3.069	3.523	—	—	—	—	—
29	0.747	—	1.441	—	—	—	—	—	—	—	—	—	—	—	—
30	0.774	1.141	1.495	1.835	2.162	—	2.776	—	—	3.843	—	—	—	—	—
31	—	—	—	—	2.242	—	2.882	3.183	—	—	—	—	—	—	—
32	0.827	1.221	1.60	—	—	—	2.989	3.303	3.603	—	—	—	—	—	—
34	—	—	—	—	—	—	—	—	3.870	4.484	—	—	—	—	—
35	0.907	1.341	1.761	2.168	2.562	—	3.309	3.663	—	4.644	—	—	—	—	—
36	—	—	—	—	2.642	—	3.416	—	4.137	4.804	5.418	—	—	—	—
37	—	—	—	2.302	—	—	—	—	—	—	5.605	—	—	—	—
38	0.988	1.461	1.922	2.369	2.802	—	3.630	4.023	4.404	—	—	—	—	—	—
40	1.041	—	2.028	2.502	—	3.409	3.843	—	4.670	5.444	6.165	6.505	6.832	—	8.006
42	1.094	—	2.135	—	3.123	3.596	—	—	4.937	5.675	—	—	7.259	—	—
45	—	1.741	2.295	2.836	3.363	3.876	4.377	—	5.338	6.245	—	—	—	—	—
48	—	—	—	—	3.603	—	4.697	—	5.605	—	—	—	—	—	—

续表

外径 (mm)	壁厚 (mm)															
	2.0	2.5	3.0	3.5	4.0	4.5	5.0	6.0	6.5	7.0	7.5	8.0	9.0	10	12.5	15	17.5
50	2.562	3.169	3.763	4.343	4.911	—	6.005	—	—	8.037	8.507	—	—	10.68	12.51	14.01	—
51	2.615	—	3.843	4.437	—	—	—	—	—	—	—	—	—	—	—	—	—
52	—	—	—	4.530	—	5.705	—	7.366	—	—	—	—	—	—	—	—	—
54	2.776	—	—	—	—	5.945	6.539	7.686	—	8.780	—	—	—	—	—	—	—
55	2.829	—	4.163	—	5.444	—	6.672	—	—	—	9.508	—	—	12.01	14.18	16.01	—
58	2.989	—	4.404	5.091	5.765	—	7.072	—	8.934	—	—	—	11.76	—	—	—	—
60	3.096	—	4.564	5.278	5.978	—	7.339	—	—	—	10.51	—	—	13.34	15.85	18.01	—
65	3.363	—	—	5.745	—	—	8.006	—	—	10.84	11.51	—	—	14.68	17.51	20.02	—
70	—	—	5.364	—	7.046	—	8.674	—	—	—	12.51	—	—	16.01	19.18	22.02	—
75	—	4.670	—	—	7.413	—	9.341	10.93	—	—	13.51	—	—	17.35	20.85	24.02	26.85
76	—	—	5.845	—	7.686	—	—	—	—	—	—	—	—	17.61	—	—	—
80	4.163	5.174	—	—	8.113	—	10.01	—	—	13.64	14.51	—	—	18.68	22.52	26.02	29.19
85	—	—	—	—	—	—	10.68	—	—	—	15.51	—	—	20.02	24.19	28.02	31.42
90	—	—	6.966	—	9.181	—	11.34	—	—	—	16.51	17.51	—	21.35	25.85	30.02	33.86
95	—	—	—	—	—	—	—	—	—	—	17.51	—	—	22.68	27.52	32.03	36.20
100	—	—	7.756	—	10.25	—	—	—	—	—	18.51	—	—	24.02	29.19	34.03	38.43
105	—	—	—	—	—	—	—	—	—	—	19.52	—	—	25.35	30.86	36.03	40.87

注：理论重量系按密度 8.5 计算。

铜及铜合金管纵向划痕深度规定　　表 4-6-92

壁　厚　(mm)	纵向划痕深度不大于 (mm)
2以下	0.04
2以上	0.05

注：用于作导管的铜及铜合金管道，不论壁厚大小，纵向划痕深度不应大于 0.3mm。

第十一节　钛及钛合金管

钛性能优越用途广泛。钛及其合金由于性能优越，在越来越多的领域得到了应用。钛及其合金的比强度（强度与重量比）在金属结构材料中是很高的，它的强度与钢材相当，但其重量仅为钢材的 57%。另外，钛及其合金的耐热性很强，在 500℃的大气中仍能保持良好的强度和稳定性，短时间工作温度甚至还可更高些。而铝在 150℃、不锈钢在 310℃就失去原有的机械性能。在化工生产中，用钛代替不锈钢、镍基合金和其他稀有金属作为耐腐蚀材料。

1. 钛管产品

标准：GB/T 3624—1995，GB/T 3625—1995，ASTMB337，ASTMB338。

(1) 用 TA0 制造的、退火状态的、外径为 30mm、壁厚为 1.5mm、长度为 3500mm 的无缝管标记为：

无缝管 TA0M ϕ30×1.5×3500 GB/T 3624—1995

(2) 用 TA1 制造的、退火状态的，外径为 25mm、壁厚为 1.0mm、长度为 8000mm 的焊接管标记为：

焊管 TA1Mϕ25×1.0×8000 GB/T 3624—1995

(3) 用 TA2 制造的、退火状态的、外径为 20mm、壁厚为 1.25mm、长度为 5000mm 的焊接-轧制管标记为：

焊接轧制管 TA2Mϕ20×1.25×5000 GB/T 3624—1995

2. 钛管产品的技术要求

1) 化学成分

钛及钛合金管材的化学成分应符合 GB/T 3620.1 的规定。需反复试验时，化学成分允许偏差应符合 GB/T 3620.2 的规定。

2）尺寸及尺寸允许偏差

（1）管材外径的允许偏差应符合表 4-6-93 的规定。

管材外径的允许偏差（mm） **表 4-6-93**

外　径	3～10	>10～30	>30～50	>50～80	>80～100	>100
允许偏差	±0.15	±0.30	±0.50	±0.65	±0.75	±0.85

（2）管材壁厚的允许偏差不超过其名义壁厚的±12.5%。壁厚的允许偏差不适用于焊接管的焊缝处。

3）管材的弯曲度应符合表 4-6-94 的规定。

管材的弯曲度 **表 4-6-94**

外　　径（mm）	弯曲度（mm/m）不大于
3～30	3
>30～110	4

4）管材的不圆度及壁厚不均不应超出外径和壁厚的允许偏差。

3. 钛管规格

常用钛及钛合金的牌号为：TA1，TA2，TA9，TA10。

1）常用的钛管管道主要有以下规格

φ108×3，φ70×7，φ73×3，φ70×9，70×4，φ70×2，φ63×2，φ60×2.5，φ60×3.5，φ57×1.5，φ50×2.5，φ50×2，φ45×1.2，φ42×2，φ42×3.5，φ42×1.2，φ38×2.5，φ38×2，φ38×1.2，φ32×1.5，φ25×1，φ25×0.8，φ25×1.2，φ25×2，φ25×3，φ19×1.2，φ19×0.8，φ19×0.9，φ19×2，φ20×1.5，φ20×4.5，φ12.7×0.8，φ10×2。

2）各类管道的定尺长度（表 4-6-95）

管材的长度（mm） 表 4-6-95

无缝管		焊接管			焊接-轧制管	
外径		壁厚			壁厚	
≤15	>15	0.5～1.25	>1.25～2.0	>2.0～2.5	0.5～0.8	>0.8～2.0
不定尺长度						
500～4000	500～9000	500～15000	500～6000	500～4000	500～8000	500～5000

4. 水（气）压试验

水（气）压试验应逐根进行。

1）需方要求并在合同注明时可进行水压或气压试验。选择的试验方式和选择的水压试验压力应在合同中注明。合同中未注明时，供方可不进行试验，但必须保证其符合最低水压或气压试验要求。

2）管材水压试验的压力按设计要求或相关规范规定。试验时，压力保持 5s，管材不应发生畸变或泄漏。对外径不大于 76mm 的管材，其水压试验的最大压力应不大于 17.2MPa；对外径在于 76mm 的管材，其水压试验的最大压力应不大于 19.3MPa。

3）管材内部气压试验的压力为 0.7MPa，试验时压力保持 5s，管材应不泄漏。

5. 管材检验和验收

管材逐根进行表面质量和外形尺寸的检验。对内径不大于 20mm 的管材，允许采用每批管材任取 5 根，每根各取 150mm 管段，沿纵向切成两半，测量壁厚及作表面的检验，代替逐根检验。

1）表面质量

（1）管材内外表面应清洁，不应有裂纹、折叠、起皮、针孔等肉眼可见的缺陷。

（2）管材表面的局部缺陷可予以清除，但清除后不得使外径和壁厚超出允许的负偏差。

(3) 管材表面允许有局部不超出外径和壁厚允许的偏差的划伤、凹点和矫直痕迹。管材经酸洗后的不同颜色不作为报废的依据。

2) 管材应由供方技术监督部门进行检验，保证产品质量符合现行标准的规定，并填写质量证明书。

3) 管材应成批提交验收。每批应由同一牌号、熔炼炉号、规格、制造方法、状态和同一热处理炉批的产品组成。

4) 检验项目

每批管材均应进行化学成分、尺寸偏差、力学性能和表面质量的检验。若合同中注明的检验项目也应进行检验。

5) 取样位置和取样数量

(1) 化学成分由供方在铸锭上取样分析，需方可在管材上任意取样分析。

(2) 室温力学性能检验，每批任取两根管材，每根各取一个试样。

(3) 压扁试验，每批任取两根管材，每根各取一个试样。

6) 重复试验

在室温力学性能、压扁试验和剖管检验中，如果有一个试样的检验结果不合格，则从该批双倍试样进行该不合格项目的复验。若复验结果仍有一个试样不合格时，则整批报废或逐根对不合格项目进行检验，合格者重新组批。

第十二节　钢制对焊无缝管件

1　范围

本章规定了 *DN*15～*DN*800（NPS1/2-NPS24）碳钢、合金钢和不锈钢对焊无缝管件的符号和代号、尺寸与公差、材料、制造、检验、试验、标志、防护与包装等要求。

2　规范性引用文件

下列文件中的条款通过引用而成为本章节的要求。

GB/T 1047 管道元件 *DN*（公称尺寸）的定义和选用

GB 3087 低中压锅炉用无缝钢管

GB 5310 高压锅炉用无缝钢管

GB 6479 高压化肥设备用无缝钢管

GB/T 8163 输送流体用无缝钢管（neqISO 559：1991）

GB/T 9948 石油裂化用无缝钢管

GB/T 14976 流体输送用不锈钢无缝钢管（ASTM A269：2000N EQ）

AS MEB16.5 管法兰和法兰管件

AS MEB16.9 工厂制造的锻钢对焊管件

3 符号与代号

3.1 符号

DN—米制单位管件的公称尺寸；为非测量值（见 GB/T 1047）；

NPS—英制单位管件的公称尺寸，为非测量值；

A—90°弯头一端面中心至另一端面的距离，180°弯头中心至端面中心的距离；

B—45°弯头中心至端面的距离；

C—三通、四通的分支出口轴心线至中心体端面的距离；

D—弯头、等径三通和四通、管帽的坡口处外径，异径管件大端坡口处外径；

D_1—异径管件小端坡口处外径；

E—管帽（管封头）的总高度；

F—翻边短节的长度；

G—翻边短节的翻边外径；

H—异径接头端面至端面的距离；

K—180°弯头端面到顶部的距离；

M—三通、四通本体中心线至支管端面的距离；

O—180°弯头端面中心的距离；

R—圆角半径；

t—同径或异径管件大端焊接端部规定壁厚；

t_1—异径管件小端焊接端部规定壁厚；

T—翻边短节的翻边厚度。

3.2 代号

对焊无缝管件的种类和代号见表 4-6-96。

管件的种类和代号　　表 4-6-96

品　种	类　别	代　号
45°弯头	长半径	45E（L）
90°弯头	长半径	90E（L）
	短半径	90E（S）
	长半径异径	90E（L）R
180°弯头	长半径	180E（L）
	短半径	180E（S）
异径接头（大小头）	同心	R（C）
	偏心	R（E）
三通	等径	T（S）
	异径	T（R）
四通	等径	CR（S）
	异径	CR（R）
管帽		C
翻边短节	长型	SE（L）
	短型	SE（S）

4 尺寸与公差

4.1 标准尺寸

4.1.1 管件尺寸应符合图 4-6-5～图 4-6-14 及表 4-6-98～4-6-107的规定；管件端部外径为 IIH 两个系列。I 系列为国际通用系列。

4.1.2 由于米制单位和英制单位不能做到精确的等同，因此使用者必须分别采用两种单位制。对于尺寸为米制单位的管件，其公称尺寸用 *DN* 表示；对于尺寸为英制单位的管件，其公称尺寸用 *NPS* 表示；二者之间的关系见表 4-6-97。

DN 与 NPS 对照表 **表 4-6-97**

DN	15	20	25	32	40	50	65	80	90	100
NPS	1/2	3/4	1	$1\frac{1}{4}$	$1\frac{1}{2}$	2	$2\frac{1}{2}$	3	$3\frac{1}{2}$	4

注：*NPS* 大于 4 时，*DN*＝25×(*NPS*)。

4.2　特殊尺寸

4.2.1　对于涉及疲劳载荷的应用情况，采购方应提供所要求的最小尺寸。

4.2.2　使用条件和连接结构通常决定对翻边短节的长度要求。因此订货时采购方必须规定是长型还是短型翻边短节（见表 4-6-104 注 2）。

4.3　公差

管件的尺寸偏差和形位公差应符合表 4-6-108 和图 4-6-15 的规定。

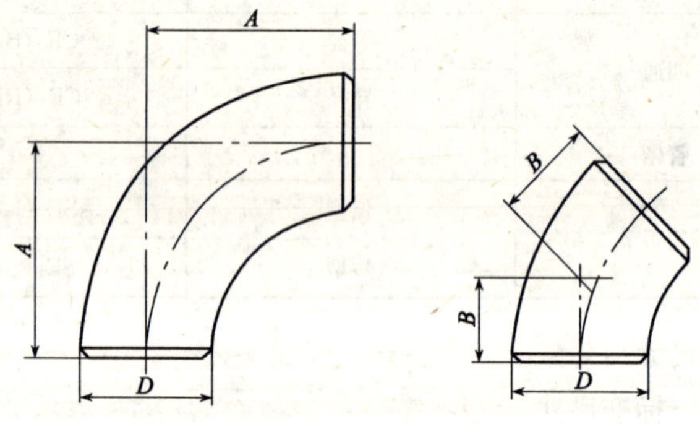

图 4-6-5　长半径弯头

长半径弯头尺寸（mm）　　　　表 4-6-98

公称尺寸 DN	坡口处外径 D		中心至端面	
	Ⅰ系列	Ⅱ系列	90°弯头 A	45°弯头 B
15	21.3	18	38	16
20	26.9	25	38	19
25	33.7	32	38	22
32	42.4	38	48	25
40	48.3	45	57	29
50	60.3	57	76	35
65	73.0	76	95	44
80	88.9	89	114	51
90	101.6	—	133	57
100	114.3	108	152	64
125	141.3	133	190	79
150	168.3	159	229	95
200	219.1	219	305	127
250	273.0	273	381	159
300	323.9	325	457	190
350	355.6	377	533	222
400	406.4	426	610	254
450	457	480	686	286
500	508	530	762	318
550	559	—	838	343
600	610	630	914	381
650	660	—	991	406
700	711	720	1067	438
750	762	—	1143	470
800	813	820	1219	502

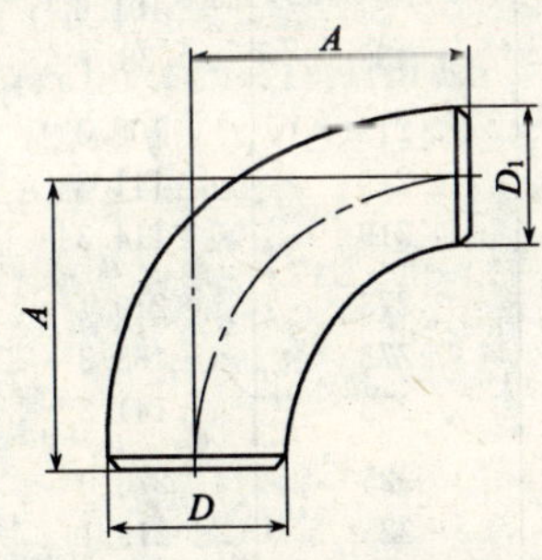

图 4-6-6　长半径异径弯头

长半径异径弯头尺寸（mm）　　表 4-6-99

公称尺寸 DN	坡口处外径				中心至端面 A
	大端 D		小端 D_1		
	Ⅰ系列	Ⅱ系列	Ⅰ系列	Ⅱ系列	
50×40	60.3	57	48.3	45	76
50×32	60.3	57	42.4	38	76
50×25	60.3	57	33.7	32	76
65×50	73.0	76	60.3	57	95
65×40	73.0	76	48.3	45	95
65×32	73.0	76	42.4	38	95
80×65	88.9	89	73.0	76	114
80×50	88.9	89	60.3	57	114
80×40	88.9	89	48.3	45	114
90×80	101.6	—	88.9	—	133
90×65	101.6	—	73.0	—	133
90×50	101.6	—	60.3	—	133
100×90	114.3	108	101.6	—	152
100×80	114.3	108	88.9	89	152
100×65	114.3	108	73.0	76	152
100×50	114.3	108	60.3	57	152
125×100	141.3	133	114.3	108	190
125×90	141.3	—	101.6	—	190
125×80	141.3	133	88.9	89	190
125×65	141.3	133	73.0	76	190
150×125	168.3	159	141.3	133	229
150×100	168.3	159	114.3	108	229
150×90	168.3	—	101.6	—	229
150×80	168.3	159	88.9	89	229
200×150	219.1	219	168.3	159	305
200×125	219.1	219	141.3	133	305
200×100	219.1	219	114.3	108	305
250×200	273.0	273	219.1	219	381
250×150	273.0	273	168.3	159	381
250×125	273.0	273	141.3	133	381
300×250	323.9	325	273.0	273	475
300×200	323.9	325	219.1	219	457
300×150	323.9	325	168.3	159	457

续表

公称尺寸 DN	坡口处外径				中心至端面 A
	大端 D		小端 D_1		
	Ⅰ系列	Ⅱ系列	Ⅰ系列	Ⅱ系列	
350×300	355.6	377	323.9	325	533
350×250	355.6	377	273.0	273	533
350×200	355.6	377	219.1	219	533
400×350	406.4	426	355.6	377	610
400×300	406.4	426	323.9	325	610
400×250	406.4	426	273.0	273	610
450×400	457	480	406.4	426	686
450×350	457	480	355.6	377	686
450×300	457	480	323.9	325	686
450×250	457	480	273.0	273	686
500×450	508	530	457	480	762
500×400	508	530	406.4	426	762
500×350	508	530	355.6	377	762
500×300	508	530	323.9	325	762
500×250	508	530	273.0	273	762
600×550	610	—	559	—	914
600×500	610	630	508	530	914
600×450	610	630	457	480	914
600×400	610	630	406.4	426	914
600×350	610	630	355.6	377	914
600×300	610	630	323.9	325	914

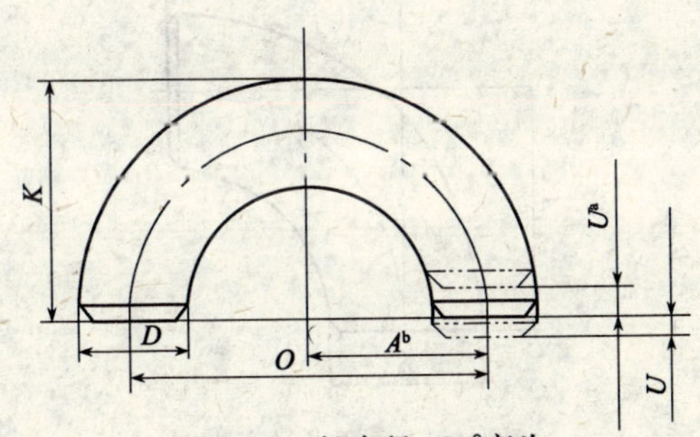

图 4-6-7 长半径 180°弯头

a 端部错边 U 的公差见表 4-6-107；b 尺寸 A 等于尺寸 O 的一半

长半径180°弯头尺寸（mm）　　表 4-6-100

公称尺寸 DN	坡口处外径 D		中心至中心 O	背部至端面 K	
	Ⅰ系列	Ⅱ系列		Ⅰ系列	Ⅱ系列
15	21.3	18	76	48	47
20[a]	26.9	25	76	51	51
25	33.7	32	76	56	54
32	42.4	38	95	70	67
40	48.3	45	114	83	80
50	60.3	57	152	106	105
65	73.0	76	190	132	133
80	88.9	89	229	159	159
90	101.6	—	267	184	—
100	114.3	108	305	210	206
125	141.3	133	381	262	257
150	168.3	159	457	313	308
200	219.1	219	610	414	414
250	273.0	273	762	518	518
300	323.9	325	914	619	620
350	355.6	377	1067	711	722
400	406.4	426	1219	813	823
450	457	480	1372	914	925
500	508	530	1524	1016	1026
550	559	—	1676	1118	—
600	610	630	1829	1219	1229

注：*DN*20 管件，由制造商自定，*O* 和 *K* 的值可分别为 57mm 和 43mm。

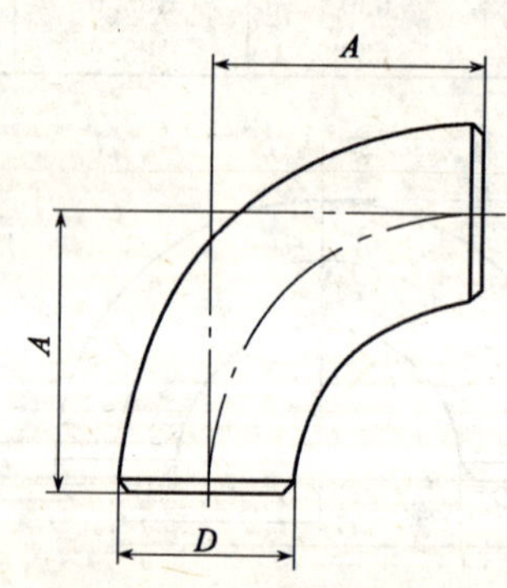

图 4-6-8　短半径弯头

短半径弯头尺寸（mm）　　表 4-6-101

公称尺寸 DN	坡口处外径 D		中心至端面 A
	Ⅰ系列	Ⅱ系列	
25	33.7	32	25
32	42.4	38	32
40	48.3	45	38
50	60.3	57	51
65	73.0	76	64
80	88.9	89	76
90	101.6	—	89
100	114.3	108	102
125	141.3	133	127
150	168.3	159	152
200	219.1	219	203
250	273.0	273	254
300	323.9	325	305
350	355.6	377	356
400	406.4	426	406
450	457	480	457
500	508	530	508
550	559	—	559
600	610	630	610

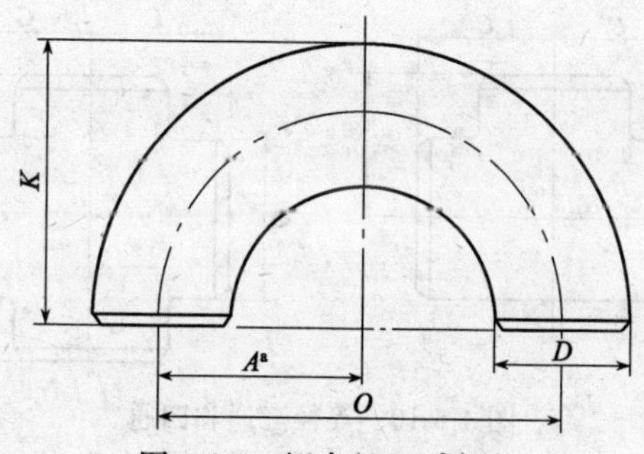

图 4-6-9　短半径 180°弯头

尺寸 A 等于尺寸 O 的一半

短半径 180°弯头尺寸（mm）　　表 4-6-102

公称尺寸 DN	坡口处外径 D		中心至中心 O	背部至端面 K	
	Ⅰ系列	Ⅱ系列		Ⅰ系列	Ⅱ系列
25	33.7	32	51	41	41
32	42.4	38	64	52	51
40	48.3	45	76	62	61
50	60.3	57	102	81	79
65	73.0	76	127	100	102
80	88.9	89	152	121	121
90	101.6	—	178	140	—
100	114.3	108	203	159	156
125	141.3	133	254	197	194
150	168.3	159	305	237	232
200	219.1	219	406	313	313
250	273.0	273	508	391	391
300	323.9	325	610	467	467
350	355.6	377	711	533	544
400	406.4	426	813	610	619
450	457	480	914	686	697
500	508	530	1016	762	773
550	559	—	1118	838	—
600	610	630	1219	914	925

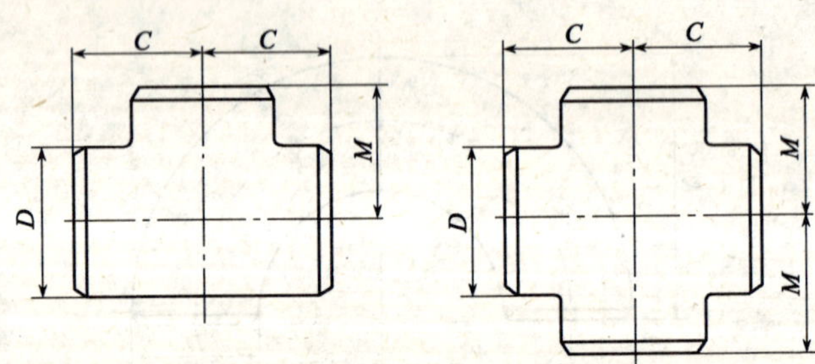

图 4-6-10　等径三通和四通

等径三通和四通尺寸（mm）　　　表 4-6-103

公称尺寸 DN	坡口处外径 D		中心至端面	
	Ⅰ系列	Ⅱ系列	管程 C	出口[a、b] M
15	21.3	18	25	25
20	26.9	25	29	29
25	33.7	32	38	38
32	42.4	38	48	48
40	48.3	45	57	57
50	60.3	57	64	64
65	73.0	76	76	76
80	88.9	89	86	86
90	101.6	—	95	95
100	114.3	108	105	105
125	141.3	133	124	124
150	168.3	159	143	143
200	219.1	219	178	178
250	273.0	273	216	216
300	323.9	325	254	254
350	355.6	377	279	279
400	406.4	426	305	305
450	457	480	343	343
500	508	530	381	381
550	559	—	419	419
600	610	630	432	432
650	660	—	495	495
700	711	720	521	521
750	762	—	559	559
800	813	820	597	597

注：1. DN650 及其以上的三通和四通，推荐但并不要求采用出口尺寸 M。
2. 尺寸适用于 DN600 及其以下的四通。

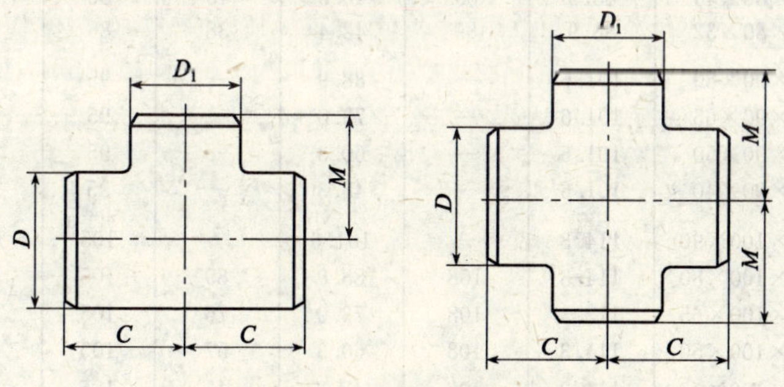

图 4-6-11　异径三通和四通

异径三通和四通尺寸（mm）　　表 4-6-104

公称尺寸 DN	坡口处外径				中心至端面	
	管程 D		出口 D_1		管程 C	出口[a] M
	Ⅰ系列	Ⅱ系列	Ⅰ系列	Ⅱ系列		
15×15×10	21.3	18	17.3	14	25	25
15×15×8	21.3	18	13.7	10	25	25
20×20×15	26.9	25	21.3	18	29	29
20×20×10	26.9	25	17.3	14	29	29
25×25×20	33.7	32	26.9	25	38	38
25×25×15	33.7	32	21.3	18	38	38
32×32×25	42.4	38	33.7	32	48	48
32×32×20	42.4	38	26.9	25	48	48
32×32×15	42.4	38	21.3	18	48	48
40×40×32	48.3	45	42.4	38	57	57
40×40×25	48.3	45	33.7	32	57	57
40×40×20	48.3	45	26.9	25	57	57
40×40×15	48.3	45	21.3	18	57	57
50×50×40	60.3	57	48.3	45	64	60
50×50×32	60.3	57	42.4	38	64	57
50×50×25	60.3	57	33.7	32	64	51
50×50×20	60.3	57	26.9	25	64	44
65×65×50	73.0	76	60.3	57	76	70
65×65×40	73.0	76	48.3	45	76	67
65×65×32	73.0	76	42.4	38	76	64
65×65×25	73.0	76	33.7	32	76	57
80×80×65	88.9	89	73.0	76	86	83
80×80×50	88.9	89	60.3	57	86	76
80×80×40	88.9	89	48.3	45	86	73
80×80×32	88.9	89	42.4	38	86	70
90×90×80	101.6	—	88.9	—	95	92
90×90×65	101.6	—	73.0	—	95	89
90×90×50	101.6	—	60.3	—	95	83
90×90×40	101.6	—	48.3	—	95	79
100×100×90	114.3	—	101.6	—	105	102
100×100×80	114.3	108	88.9	89	105	98
100×100×65	113.3	108	73.0	76	105	95
100×100×50	114.3	108	60.3	57	105	89
100×100×40	114.3	108	48.3	45	105	86

续表

公称尺寸 DN	坡口处外径				中心至端面	
	管程 D		出口 D_1		管程 C	出口[a] M
	Ⅰ系列	Ⅱ系列	Ⅰ系列	Ⅱ系列		
125×125×100	141.3	133	114.3	133	124	117
125×125×90	141.3	—	101.6	—	124	114
125×125×80	141.3	133	88.9	89	124	111
125×125×65	141.3	133	73.0	76	124	108
125×125×50	141.3	133	60.3	57	124	105
150×150×125	168.3	159	141.3	133	143	137
150×150×100	168.3	159	114.3	108	143	130
150×150×90	168.3	—	101.6	—	143	127
150×150×80	168.3	159	88.9	89	143	124
150×150×65	168.3	159	73.0	76	143	121
200×200×150	219.1	219	168.3	159	178	168
200×200×125	219.1	219	141.3	133	178	162
200×200×100	219.1	219	114.3	108	178	156
200×200×90	219.1	—	101.6	—	178	152
250×250×200	273.0	273	219.1	219	216	203
250×250×150	273.0	273	168.3	159	216	194
250×250×125	273.0	273	141.3	133	216	191
250×250×100	273.0	273	114.3	108	216	184
300×300×250	323.9	325	273.0	273	254	241
300×300×200	323.9	325	219.1	219	254	229
300×300×150	323.9	325	168.3	159	254	219
300×300×125	323.9	325	141.3	133	254	216
350×350×300	355.6	377	323.9	325	279	270
350×350×250	355.6	377	273.0	273	279	257
350×350×200	255.6	377	219.1	219	279	248
350×350×150	355.6	377	168.3	159	279	238
400×400×350	406.4	426	355.6	377	305	305
400×400×300	406.4	426	323.9	325	305	295
400×400×250	406.4	426	273.0	273	305	283
400×400×200	406.4	426	219.1	219	305	273
400×400×150	406.4	426	168.3	159	305	264
450×450×400	457	480	406.4	426	343	330
450×450×350	457	480	355.6	377	343	330
450×450×300	457	480	323.9	325	343	321

续表

公称尺寸 DN	坡口处外径				中心至端面	
	管程 D		出口 D_1		管程 C	出口[a] M
	Ⅰ系列	Ⅱ系列	Ⅰ系列	Ⅱ系列		
450×450×250	457	480	273.0	273	343	308
450×450×200	457	480	219.1	219	343	298
500×500×450	508	530	457	480	381	368
500×500×400	508	530	406.4	426	381	356
500×500×350	508	530	355.6	377	381	356
500×500×300	508	530	323.9	325	381	346
500×500×250	508	530	273.0	273	381	333
500×500×200	508	530	219.1	219	381	324
550×550×500	559	—	508	—	419	406
550×550×450	559	—	457	—	419	394
550×550×400	559	—	406.4	—	419	381
550×550×350	559	—	355.6	—	419	381
550×550×300	559	—	323.9	—	419	371
550×550×250	559	—	273.0	—	419	359
600×600×550	610	—	559	—	432	432
600×600×500	610	630	508	530	432	432
600×600×450	610	630	457	480	432	419
600×600×400	610	630	406.4	426	432	406
600×600×350	610	630	355.6	377	432	406
600×600×300	610	630	323.9	325	432	397
600×600×250	610	630	273.0	273	432	384
650×650×600	660	—	610	—	495	483
650×650×550	660	—	559	—	495	470
650×650×500	660	—	508	—	495	457
650×650×450	660	—	457	—	495	444
650×650×400	660	—	406.4	—	495	432
650×650×350	660	—	355.6	—	495	432
650×650×300	660	—	323.9	—	495	422
700×700×650	711	—	660	—	521	521
700×700×600	711	720	610	630	521	508
700×700×550	711	—	559	—	521	495
700×700×500	711	720	508	530	521	483
700×700×450	711	720	457	480	521	470
700×700×400	711	720	406.4	426	521	457
700×700×350	711	720	355.6	377	521	457
700×700×300	711	720	323.9	325	521	448

续表

公称尺寸 DN	坡口处外径				中心至端面	
	管程 D		出口 D_1		管程 C	出口[a] M
	Ⅰ系列	Ⅱ系列	Ⅰ系列	Ⅱ系列		
750×750×700	762	—	711	—	559	546
750×750×650	762	—	660	—	559	546
750×750×600	762	—	610	—	559	533
750×750×550	762	—	559	—	559	521
750×750×500	762	—	508	—	559	508
750×750×450	762	—	457	—	559	495
750×750×400	762	—	406.4	—	559	483
750×750×350	762	—	355.6	—	559	483
750×750×300	762	—	323.9	—	559	473
750×750×250	762	—	273.0	—	559	460
800×800×750	813	—	762	—	597	584
800×800×700	813	820	711	720	597	572
800×800×650	813	—	660	—	597	572
800×800×600	813	820	610	630	597	559
800×800×550	813	—	559	—	597	546
800×800×500	813	820	508	530	597	533
800×800×450	813	820	457	480	597	521
800×800×400	813	820	406.4	426	597	508
800×800×350	813	820	355.6	377	597	508

注：DN350 及其以上的三通或四通，推荐但并不要求采用出口尺寸 M。

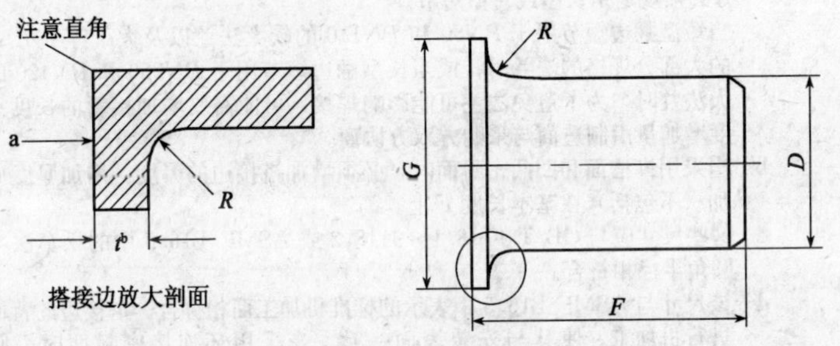

图 4-6-12　翻边短节

a　密封面表面粗糙度应符合 GB/T 9124 或 ASME B16.5 对突面法兰的规定；

b　搭接边的厚度 t 应小于钢管公称壁厚。最大公差见表 4-6-107

翻边短节尺寸（mm）　　　表 4-6-105

公称尺寸 DN	短节外径 D		接管长度[a,b] F		圆角半径[c] R	搭接边外径[d] G
	max	min	长型	短型		
15	22.8	20.5	76	51	3	35
20	28.1	25.9	76	51	3	43
25	35.0	32.6	102	51	3	51
32	43.6	41.4	102	51	5	64
40	49.9	47.5	102	51	6	73
50	62.4	59.5	152	64	8	92
65	75.3	72.2	152	64	8	105
80	91.3	88.1	152	64	10	127
90	104.0	100.8	152	76	10	140
100	116.7	113.5	152	76	11	157
125	144.3	140.5	203	76	11	186
150	171.3	167.5	203	89	13	216
200	222.1	218.3	203	102	13	270
250	277.2	272.3	254	127	13	324
300	328.0	323.1	254	152	13	381
350	359.9	354.8	305	152	13	413
400	411.0	405.6	305	152	13	470
450	462	456	305	152	13	533
500	514	507	305	152	13	584
550	565	558	305	152	13	641
600	616	609	305	152	13	692

注：1. 公差见表 4-6-107。

2. 使用条件和连接结构通常决定对短节的长度要求，因此，在订货时采购方必须规定是长型或短型短节。

a　当短型翻边短节用于 *PN*50 和 *PN*110 的较大法兰以及大于等于 *PN*150 的大部分规格的法兰时；或当长型翻边短节用于 *PN*260 和 *PN*420 的较大法兰时，为了避免法兰可能影响焊接，可能需要增加接管的长度。长度增加量由制造商与采购方双方协商。

b　当采用榫槽面和凹凸密封面时，必须增加搭接边的厚度。增加厚度应附加（不包括）在基本长度 *F* 上。

c　这些尺寸应与 GB/T 9118.1～9118.2 或 ASME B16.5 中的松套法兰的圆角半径相符合。

d　该尺寸与 ASME B16.5 中表示的标准机加工面相符合。搭接边的背面应进行机加工，使其与安装表面一致。当采用环连接密封面时，使用 ASME B16.5 中给出的尺寸 *K*。

管帽尺寸（mm） **表 4-6-106**

公称尺寸 DN	坡口处外径 D		长度[a] E	长度 E 时极限壁厚	长度[b] E_1
	Ⅰ系列	Ⅱ系列			
15	21.3	18	25	4.57	25
20	26.9	25	25	3.81	25
25	33.7	32	38	4.57	38
32	42.4	38	38	4.83	38
40	48.3	45	48	5.08	38
50	60.3	57	38	5.59	44
65	73.0	76	38	7.11	51
80	88.9	89	51	7.62	64
90	101.6	—	64	8.13	76
100	114.3	108	64	8.64	76
125	141.3	133	76	9.65	89
150	168.3	159	89	10.92	102
200	219.1	219	102	12.70	127
250	273.0	273	127	12.70	152
300	323.9	325	152	12.70	178
350	355.6	377	165	12.70	191
400	406.4	426	178	12.70	203
450	457	480	203	12.70	229
500	508	530	229	12.70	254
550	559	—	254	12.70	254
600	610	630	267	12.70	305
650	660	—	267	—	—
700	711	720	267	—	—
750	762	—	267	—	—
800	813	820	267	—	—

注：1. 长度 E 适用于厚度不超过“长度 E 时极限壁厚”栏中所列值的场合。

2. DN600 及其以下的管帽，长度 E_1 适用于厚度大于“长度 E 时极限壁厚”栏中所列值的场合。

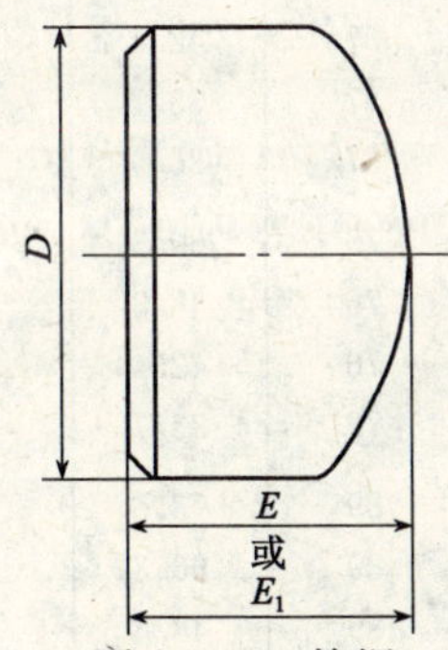

图 4-6-13 管帽

注：管帽的形状应为椭圆形，并应符合相应国家标准或行业标准中给定的形状要求。

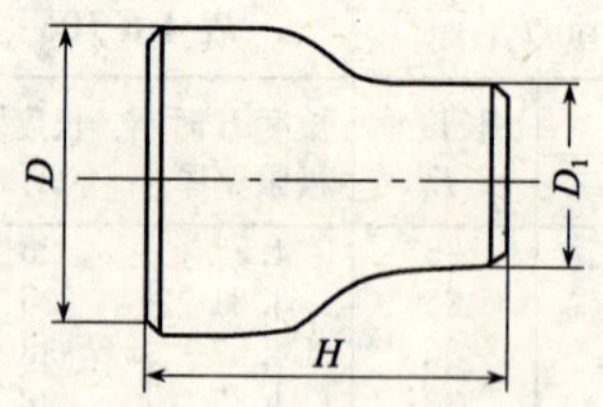

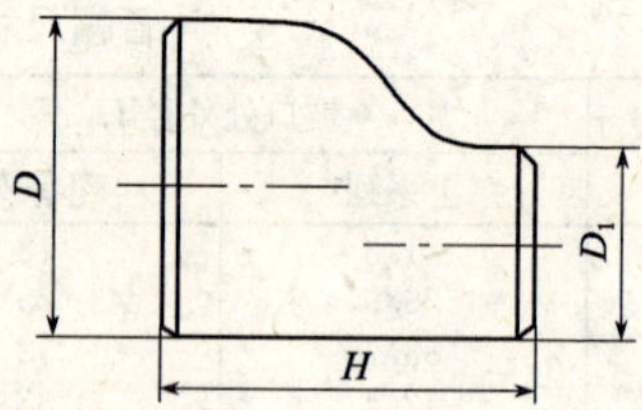

图 4-6-14 异径接头

异径接头尺寸（mm） **表 4-6-107**

公称尺寸 DN	坡口处外径				端面至端面 H
	大端 D		小端 D_1		
	Ⅰ系列	Ⅱ系列	Ⅰ系列	Ⅱ系列	
20×15	26.9	25	21.3	18	38
20×10	26.9	25	17.3	14	38
25×20	33.7	32	26.9	25	51
25×15	33.7	32	21.3	18	51
32×25	42.4	38	33.7	32	51
32×20	42.4	38	26.9	25	51
32×15	42.4	38	21.3	18	51
40×32	48.3	45	42.4	38	64
40×25	48.3	45	33.7	32	64
40×20	48.3	45	26.9	25	64
40×15	48.3	45	21.3	18	64
50×40	60.3	57	48.3	45	76
50×32	60.3	57	42.4	38	76
50×25	60.3	57	33.7	32	76
50×20	60.3	57	26.9	25	76
65×50	73.0	76	60.3	57	89
65×40	73.0	76	48.3	45	89
65×32	73.0	76	42.4	38	89
65×25	73.0	76	33.7	32	89
80×65	88.9	89	73.0	76	89
80×50	88.9	89	60.3	57	89
80×40	88.9	89	48.3	45	89
80×32	88.9	89	42.4	38	89

续表

公称尺寸 DN	坡口处外径				端面至端面 H
	大端 D		小端 D_1		
	Ⅰ系列	Ⅱ系列	Ⅰ系列	Ⅱ系列	
90×80	101.6	—	88.9	—	102
90×65	101.6	—	73.0	—	102
90×50	101.6	—	60.3	—	102
90×40	101.6	—	48.3	—	102
90×32	101.6	—	42.4	—	102
100×90	114.3	—	101.6	—	102
100×80	114.3	108	88.9	89	102
100×65	114.3	108	73.0	76	102
100×50	114.3	108	60.3	57	102
100×40	114.3	108	48.3	45	102
125×100	141.3	133	114.3	108	127
125×90	141.3	—	101.6	—	127
125×80	141.3	133	88.9	89	127
125×65	141.3	133	73.0	76	127
125×50	141.3	133	60.3	57	127
150×125	168.3	159	141.3	133	140
150×100	168.3	159	114.3	108	140
150×90	168.3	—	101.6	—	140
150×80	168.3	159	88.9	89	140
150×65	168.3	159	73.0	76	140
200×150	219.1	219	168.3	159	152
200×125	219.1	219	141.3	133	152
200×100	219.1	219	114.3	108	152
200×90	219.1	—	101.6	—	152
250×200	273.0	273	219.1	219	178
250×150	273.0	273	168.3	159	178
250×125	273.0	273	141.3	133	178
250×100	273.0	273	114.3	108	178
300×250	323.9	325	273.0	273	203
300×200	323.9	325	219.1	219	203
300×150	323.9	325	168.3	159	203
300×125	323.9	325	141.3	133	203
350×300	355.6	377	323.9	325	330
350×250	355.6	377	273.0	273	330
350×200	355.6	377	219.1	219	330
350×150	355.6	377	168.3	159	330

续表

公称尺寸 DN	坡口处外径				端面至端面 H
	大端 D		小端 D_1		
	Ⅰ系列	Ⅱ系列	Ⅰ系列	Ⅱ系列	
400×350	406.4	426	355.6	377	356
400×300	406.4	426	323.9	325	356
400×250	406.4	426	273.0	273	356
400×200	406.4	426	219.1	219	356
450×400	457	480	406.4	426	381
450×350	457	480	355.6	377	381
450×300	457	480	323.9	325	381
450×250	457	480	273.0	273	381
500×450	508	530	457	480	508
500×400	508	530	406.4	426	508
500×350	508	530	355.6	377	508
500×300	508	530	323.9	325	508
550×500	559	—	508	—	508
550×450	559	—	457	—	508
550×400	559	—	406.4	—	508
550×350	559	—	355.6	—	508
600×550	610	—	559	—	508
600×500	610	630	508	530	508
600×450	610	630	457	480	508
600×400	610	630	406.4	426	508
650×600	660	—	610	—	610
650×550	660	—	559	—	610
650×500	660	—	508	—	610
650×450	660	—	457	—	610
700×650	711	—	660	—	610
700×600	711	720	610	630	610
700×550	711	—	559	—	610
700×500	711	720	508	530	610
750×700	762	—	711	—	610
750×650	762	—	660	—	610
750×600	762	—	610	—	610
750×550	762	—	559	—	610
800×750	813	—	762	—	610
800×700	813	820	711	720	610
800×650	813	—	660		610
800×600	813	820	610	720	610

公　差　　　　表 4-6-108

公称尺寸 DN	所有管件 坡口处外径[a,b] D	端部内径[a,b,c]	壁厚[b]	90°和45°弯头及三通中心至端面尺寸 A、B、C、M	异径接头和翻边短节总长 F、H	管帽总长 E	180°弯头 中心至中心尺寸 O	180°弯头 背部至端面尺寸 K
15～65	+1.6 −0.8	±0.8	不小于公称壁厚的87.5%	±2	±2	±3	±6	±6
80～90	±1.6	±1.6		±2	±2	±3	±6	±6
100	±1.6	±1.6		±2	±2	±3	±6	±6
125～200	+2.4 −1.6	±1.6		±2	±2	±6	±6	±6
250～450	+4.0 −3.2	±3.2		±2	±2	±6	±10	±6
500～600	+6.4 −4.8	±4.8		±2	±2	±6	±10	±6
650～750	+6.4 −4.8	±4.8		±3	±5	±10	—	—
800	+6.4 −4.8	±4.8		±5	±5	±10	—	—

公称尺寸 DN	翻边短节 搭接边外径 G	搭接边圆角半径 R	短节外径 D	搭接边厚度	公称尺寸 DN	形位公差 弯头、三通、异径接头 Q	90°和45°弯头、三通 P	180°弯头 U
15～65	0 −1	0 −1	极限尺寸见表4-6-104	+1.6 0	15～100	1	2	1
80～90	0 −1	0 −1		+1.6 0	125～200	2	4	1
100	0 −1	0 −2		+1.6 0	250～300	3	5	2
125～200	0 −1	0 −2		+1.6 0	350～400	3	6	2
250～450	0 −2	0 −2		+3.2 0	450～600	4	10	2
500～600	0 −2	0 −2		+3.2 0	650～750	5	10	—
650～750	—	—		—	800	5	13	—
800	—	—		—				

注：1. 圆度为正负偏差绝对值之和。
2. 端部内径和公称壁厚由采购方指定。
3. 除非采购方另有规定，这些公差适用于公称内径等于公称外径减去两倍公称壁厚的场合。
4. 当需要增加管件壁厚以满足抗内压要求时，该公差可能不适用于成型管件的局部区域。

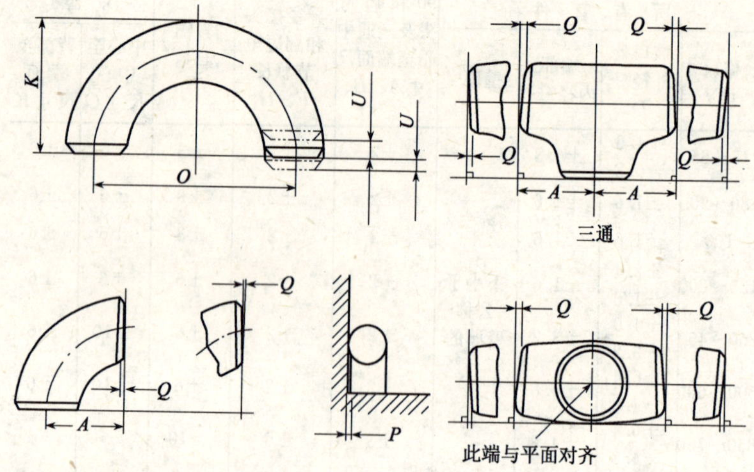

图 4-6-15 公差简图

5 材料

5.1 用于制造管件常用的材料牌号和标准见表 4-6-109 和表 4-6-110。

5.2 允许采用表 4-6-109 和表 4-6-110 以外的其他材料，但应符合相应标准的规定。

常用无缝管材料 **表 4-6-109**

材料牌号	钢管材准	材料牌号	钢管标准	材料牌号	钢管标准
10 20	GB 3087 GB 6479 GB/T 8163 GB/T 9948	12Cr2Mo	GB 6479	1Cr19Ni11Nb	GB 5310 GB/T 9948
Q295 Q345	GB/T 8163	20G 20MnG 12CrMoG 15CrMoG 12Cr2MoG 12Cr1MoVG	GB 5310	0Cr18Ni9 00Cr19Ni10 0Cr18Ni10Ti 0Cr18Ni11Nb 0Cr17Ni12Mo2 00Cr17Ni14Mo2	GB/T 14976
16Mn	GB 6479				
12CrMo 15CrMo 1Cr5Mo	GB 6479 GB/T 9948				

常用钢板材料　　　　表 4-6-110

材料牌号	钢板标准	材料牌号	钢板标准	材料牌号	钢板标准
10 20	GB/T 710 GB/T 711	20g 16Mng 15CrMog 12Cr1MoVg	GB 713	0Cr18Ni9 0Cr17Ni12Mo2 0Cr18Ni10Ti 0Cr18Ni11Nb	GB/T 3280 GB/T 4237 GB/T 4238
Q235	GB/T 912 GB/T 3274				
20R 16MnR 15CrMoR	GB 6654	16MnDR 09Mn2VDR	GB 3531	00Cr19Ni10 00Cr17Ni14Mo2	GB/T 3280 GB/T 4237

5.3　制造管件用的材料应有质量合格证明书，其检验项目应符合相关标准的规定或订货要求。厚度大于或等于 25mm 的 15CrMoR 钢板应逐张进行超声波检验，合格后方可使用。

6　制造及热处理

6.1　管件的制造

6.1.1　管件可采用弯曲、挤压、推制、模压、机械加工等冷加工或热加工方法成形，但成形方法应做到使管件不产生有害缺陷。

6.1.2　合同允许采用锻轧筒体或棒材制造管件时，可以采用锤锻、压锻、穿孔、墩锻、轧制等成形制造方法。锻制筒体或棒材应逐件进行力学性能、化学成分和超声波探伤等检验以符合相应标准的规定要求。

6.1.3　采用锻轧棒材通过机械加工方法制造管件时，其公称尺寸仅限于小于或等于 *DN*100，且不得用棒材直接经机械加工方法制造弯头、三通和四通。

6.1.4　制造工艺应保证管件在成形时，其圆弧过渡部分外形圆滑。

6.1.5　管件端部应加工坡口，其尺寸和形状应符合图 4-6-16 和表 4-6-111 的要求

管件的焊接坡口和钝边　　　　表 4-6-111

公称壁厚 t	端部制备
小于 X	直角或轻微倒角，由制造商确定
X～22mm	简单坡口，如图 4-6-16a）所示
大于 22mm	组合坡口，如图 4-6-16b）所示

注：对于碳素钢或铁素体合金钢 X=5mm。对于奥氏体合金钢 X=3mm。

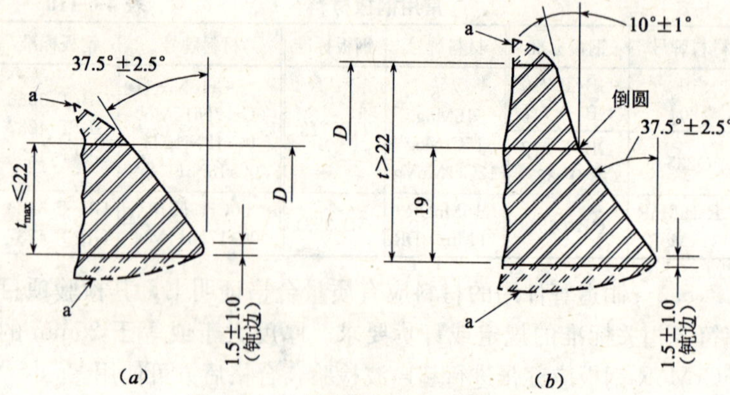

图 4-6-16　管件端部坡口形状及尺寸
（*a*）简单坡口；（*b*）组合坡口

6.1.6　管件焊接端部过渡部分的最大包络线应符合图 4-6-17 的要求。

6.2　管件的热处理

6.2.1　采用冷加工成形的管件，成形后应进行消除应力的热处理。

6.2.2　采用热加工成形的管件，对铬钼钢和不锈钢材料，应进行热处理；对碳素钢材料，其最终成形温度低于 750℃时，应进行热处理。

6.2.3　材料热处理方式见表 4-6-112，管件的硬度值应符合表 4-6-113 的要求。

材料热处理　　表 4-6-112

材料牌号	热处理要求		材料牌号	热处理要求	
	冷成形	热成形		冷成形	热成形
Q235、Q295 10、20、20R 20G、20g、 20MnG	正火或 消除应力	正火或 退火	12Cr1MoVG、12Cr1MoVg 12CrMo、12CrMoG、 15CrMo、15CrMoR、 15CrMoG、15CrMog	正火+回火	
16Mn、16Mng 16MnR、Q345 16MnDR、 09Mn2VDR	正火+回火		0Cr18Ni9 00Cr19Ni10 0Cr17Ni12Mo2 00Cr17Ni14Mo2	固溶处理	

续表

材料牌号	热处理要求		材料牌号	热处理要求	
	冷成形	热成形		冷成形	热成形
1Cr5Mo	正火＋回火或退火		1Cr19Ni11Nb 0Cr18Ni10Ti 0Cr18Ni11Nb	固溶处理或固溶处理＋稳定化处理	

管件硬度 **表 4-6-113**

材　料	硬度值（HB）	材　料	硬度值（HB）
Q235、10、20	≤156	12Cr1MoVG、12Cr1MoVg、12CrMoG、15CrMo	≤180
16Mn、16MnR、16Mng、16MnDR、Q295、Q345、20MnG、09Mn2VDR	≤170	1Cr5Mo	≤230
		奥氏体不锈钢	≤190

6.2.4　奥氏体不锈钢管件热处理后应进行酸洗钝化处理。

7　检验

7.1　管件的外观检查

7.1.1　外观检查应逐件进行。

7.1.2　管件的表面应光滑无氧化皮。

7.1.3　管件上不得有深度大于公称壁厚的5%、且最大深度不得大于0.8mm的结疤、折叠、轧折、离层等缺陷。

7.1.4　深度超过公称壁厚12%或大于1.6mm的机械划痕和凹坑应予去除。

7.2　管件的形状和尺寸检查

管件的形状和尺寸应逐件检验，并应符合本标准第4章和6.1的要求。

7.3　管件的硬度检验

对碳素钢和奥氏体不锈钢管件，每批应抽3%且不少于2件做硬度检验，结果如有1件不合格，应加倍检验，若仍有1件不合格，应逐件检验。对合金钢管件应逐件进行硬度检测。

7.4　管件的无损检测

7.4.1　对下列产品应逐件进行磁粉或渗透检测：

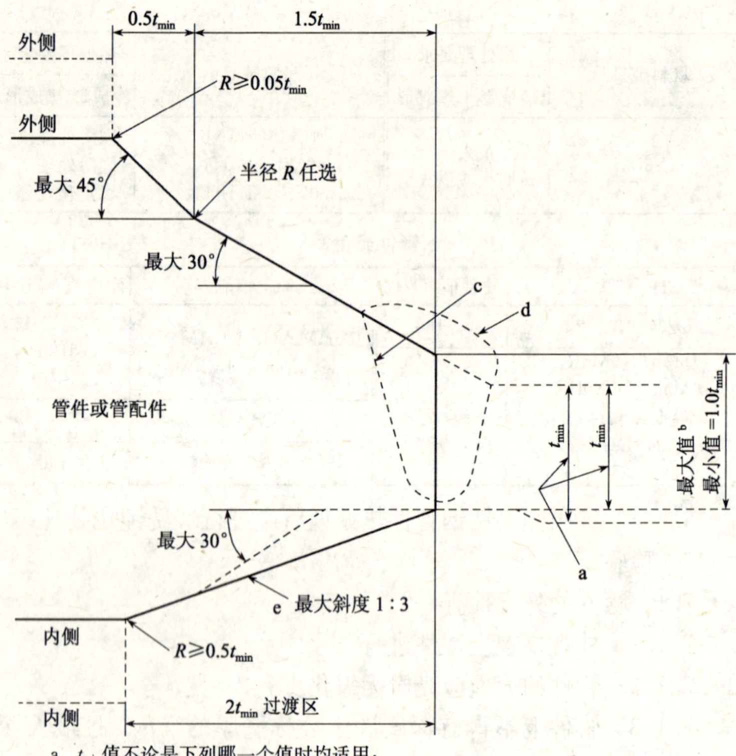

a t_{min}值不论是下列哪一个值时均适用：
——管子的最小订货壁厚；
——对于按管壁厚度系列代号订货并有 12.5％负公差的管子，为 0.875 倍的管子公称壁厚。

b 管件端部的最大厚度为：
——当依据最小壁厚订货时，为 t_{min}＋4mm 或 1.15t_{min}之较大者；
——当依据公称壁厚订货时，为 t_{min}＋4mm 或 1.10t_{min}之较大者。

c 焊接坡口仅作示意。

d 由适用规范允许的焊接补强可位于最大包络线外。

e 在所用最大斜度的过渡段不与内表面或外表面相交时，如虚线轮廓所示，应采用图示的最大斜度或换用圆角。

图 4-6-17 焊接端部过渡段的最大包络线

a）碳钢、不锈钢材料的三通、四通；

b）合金钢材料的各类管件。

7.4.2 检验按 JB 4730 标准的规定，Ⅰ级为合格。

7.4.3 不得有微裂纹。

7.5　低温冲击韧性试验

16MnDR、90Mn2VDR 等低温用钢，必须做低温夏比冲击试验，试验用试件应在同批母材上选取，并具有与管件相同的最终热处理状态。试验要求和试验结果应符合 GB 150 的规定。

7.6　补充检验

当采购方有要求时，可增加下列检验项目中的一项或数项，检查应由制造厂完成，检验项目、抽样方法和合格判定应在合同中规定。

a）磁粉检测；

b）渗透检测；

c）超声波检测；

d）X 射线照相检测；

e）晶间腐蚀；

f）金相组织试验；

g）力学性能试验；

h）合同规定的其他检验、试验。

8　设计验证试验

8.1　要求做的试验

当制造厂选择用验证试验方法对管件的设计进行合格评定时，应按本标准的规定进行验证试验。除非制造厂和采购方之间另有协议，设计验证试验应是依据管件和它连接的管子的计算爆破压力进行的一种试验。

8.2　试验程序

8.2.1　样品件

作为产品样品并用于验证试验的管件应查验材料牌号和炉号，包括热处理。管件应经过尺寸检验，各项要求应符合本标准的规定。

8.2.2　其他部件

应将计算爆破压力至少与按 8.3 计算得出的验证试验压力同样大小的等径无缝钢管或焊接钢管的管段焊到待试验的管件的各端。任何内圆错边大于 1.5mm 的管件，应采用斜度不大于 1∶3 的内锥孔减小其错边量。管段的截取长度应如下：

a）对于 DN35。及其以下的管件，管子的最小长度应为一根管子外径的长度。

b）对于大于 DN350 的管件，管子的最小长度应为管子外径的一半。

8.3　试验方法

试验使用的流体应为水或其他用于水压试验的液体。水压施加在试验组合件上。如果试验组合件能经受住按式（1）计算的验证试验压力的 105%且不发生破裂，即满足验证试验要求。

$$P=\frac{2ST}{D}$$

式中　P——管件最小计算验证试验压力，单位为兆帕（MPa）；

S——试验管件的实际抗拉强度（在代表试验管件的试件上测得），它应满足材料标准中规定的抗拉强度要求，单位为兆帕（MPa）；

T——管件上标志的管子的公称壁厚，单位为毫米（mm）；

D——规定的管子外径，单位为毫米（mm）。

8.4　试验结果的可用性不需要对不同规格、壁厚及材料的所有组合情况逐一进行试验。在一个代表性管件得出的合格的验证试验，可以代表下述范围内的其他管件。

8.4.1　规格范围

一个试验管件可以用来对公称尺寸 DN 规格大小为试验管件的 0.5～2 倍的类似比例管件的设计进行合格评定。非异径管件的验证试验可以用来对相同形式的异径管件进行合格评定。异径管件的验证试验可以用来对较小规格的异径管件进行合格评定。

8.4.2　厚度范围

一个试验管件可以用来对 T/D 比值为试验管件的 0.5～3 倍的类似比例管件的设计进行合格评定。

8.4.3　材料级别

由各种牌号钢材制造的几何尺寸相同的管件，其承压能力直接与各种牌号材料的抗拉强度成比例，因此，只需试验单一材料牌号的样品管件即可验证该管件的设计。

9 产品试验

本标准不要求对钢制对焊管件单独进行水压试验。但所有管件应能经受住与管件材料、公称尺寸及壁厚等级相同的无缝钢管，按适用的管道规范所要求的水压试验压力而无泄漏或无损于使用性能的缺陷。

10 标志

10.1 管件的标志方法

管件可采用低应力钢印、喷涂、雕刻或标签等方式进行标志。

10.2 管件的标志位置

只要管件规格许可，都应在管件上直接标志。无论何种标志方法，标志的位置应在管件的侧面中心线附近，且易于观察的部位，钢印应避开高应力区。

10.3 标志的内容

a）制造商的名称或商标；

b）公称尺寸（包括外径系列，外径为Ⅰ系列时，不单独标记；外径为Ⅰ系列时，应进行标记）；

c）壁厚等级（或壁厚值）；

d）材料牌号；

e）产品代号（见表 4-6-95）；

f）标准编号。

10.4 例外

当管件规格不能进行完整标志，可逆上述顺序省略识别标志或用标签标志。

10.5 标志示例

例 1：公称尺寸 *DN*100、外径为Ⅰ系列、壁厚等级 Sch40、材料牌号为 15CrMo 的 900 短半径弯头，其标志为：

制造商的名称或商标 *DN*100-Sch40-15CrMo 90E（S）GB/T 12459

例 2：公称尺寸 *DN*100×80、外径为Ⅰ系列、壁厚等级 Sch80、材料牌号为 16Mn 的同心异径接头，其标志为：

制造商的名称或商标 *DN*100×80 H-Sch80-16Mn R（C）

例 3：公称尺寸 *DN*150、外径为Ⅰ系列、壁厚为 4.5mm、材料牌号为 OCr18Ni9 的 900 长半径弯头，其标志为：

制造商的名称或商标 Dt150-4.5-OCr18Ni9 90E（L）GB/T 12459

11　防护与包装

11.1　管件在涂漆前应将管件表面彻底清除干净，直到可见金属本色，并将飞边、毛刺、油污等消除干净。

11.2　防锈漆漆膜应均匀，无气泡、皱折和起皮。

11.3　管件应按不同材料分别包装，并有防潮措施。

11.4　包装箱内应附有产品装箱单、产品质量合格证明书。

11.5　产品装箱单内容应包括：

a）制造商名称；

b）出厂日期及编号；

c）产品名称、规格、数量、净重等；

d）采购方名称及合同号；

e）所附文件的名称及份数。

产品装箱单上应有制造商装箱部门的公章、装箱日期及检验员的签字。

12　产品质量合格证明书

按本标准生产的管件，每批均应有产品质量合格证明书。质量合格证明书中应包括下列内容：

a）制造商名称及制造日期；

b）质量检验员的签字及检验日期、质量检验部门的公章；

c）产品名称、规格、制造标准编号；

d）原材料的化学成分和机械性能；

e）规定的检验、试验结果。

13　与管件连接的无缝钢管壁厚分级

各种管件在工程的使用中必须与管道进行连接，而与管件连接的无缝钢管，在工程的使用中也有各种不同的壁厚。各种管道的壁厚分级可见表 4-6-114。

与管件连接的无缝钢管壁厚分级表

表 4-6-114

公称尺寸		外径	公称壁厚																
DN	*NPS*		Sch5S	Sch10S	Sch40S	Sch80S	Sch10	Sch20	Sch30	STD	Sch40	Sch60	XS	Sch80	Sch100	Sch120	Sch140	Sch160	XXS
6	1/8	10.3		1.24	1.73	2.41				1.73	1.73		2.41	2.41					
8	1/4	13.7		1.65	2.24	3.02				2.24	2.24		3.02	3.02					
10	3/8	17.1		1.65	2.31	3.20				2.31	2.31		3.20	3.20					
15	1/2	21.3	1.65	2.11	2.77	3.73				2.77	2.77		3.73	3.73				4.78	7.47
20	3/4	26.7	1.65	2.11	2.87	3.91				2.87	2.87		3.91	3.91				5.56	7.82
25	1	33.4	1.65	2.77	3.38	4.55				3.38	3.38		4.55	4.55				6.35	9.09
32	$1\frac{1}{4}$	42.2	1.65	2.77	3.56	4.85				3.56	3.56		4.85	4.85				6.35	9.70
40	$1\frac{1}{2}$	48.3	1.65	2.77	3.68	5.08				3.68	3.68		5.08	5.08				7.14	10.15
50	2	60.3	1.65	2.77	3.91	5.54				3.91	3.91		5.54	5.54				8.75	11.07
65	$2\frac{1}{2}$	73.0	2.11	3.05	5.16	7.01				5.16	5.16		7.01	7.01				9.53	14.02
80	3	88.9	2.11	3.05	5.49	7.62				5.49	5.49		7.62	7.62				11.13	15.24
90	$3\frac{1}{2}$	101.6	2.11	3.05	5.74	8.08				5.74	5.74		8.08	8.08					
100	4	114.3	2.11	3.05	6.02	8.56				6.02	6.02		8.56	8.56		11.13		13.49	17.12
125	5	141.3	2.77	3.40	6.55	9.53				6.55	6.55		9.53	9.53		12.70		15.88	19.05
150	6	168.3	2.77	3.40	7.11	10.97				7.11	7.11		10.97	10.97		14.27		18.26	21.95

续表

公称尺寸		径	公称壁厚																
DV	*NPS*		Sch5S	Sch10S	Sch40S	Sch80S	Sch10	Sch20	Sch30	STD	Sch40	Sch60	XS	Sch80	Sch100	Sch120	Sch140	Sch160	XXS
200	8	219. 1	2. 77	3. 76	8. 18	12. 70		6. 35	7. 04	8. 18	8. 18	10. 31	12. 70	12. 70	15. 09	18. 26	20. 62	23. 01	22. 23
250	10	273. 0	3. 40	4. 19	9. 27	∗12.70		6. 35	7. 80	9. 27	9. 27	12. 70	12. 70	15. 09	18. 26	21. 44	25. 40	28. 58	25. 40
300	12	323. 8	3. 96	∗4. 57	∗9. 53	∗12.70		6. 35	8. 38	9. 53	10. 31	14. 27	12. 70	17. 48	21. 44	25. 40	28. 58	33. 32	25. 40
350	14	355. 6	3. 96	∗4. 78			6. 35	7. 92	9. 53	9. 53	11. 13	15. 09	12. 70	19. 05	23. 83	27. 79	31. 75	35. 71	
400	16	406. 4	4. 19	∗4. 78			6. 35	7. 92	9. 53	9. 53	12. 70	16. 66	12. 70	21. 44	26. 19	30. 96	36. 53	40. 49	
450	18	457	4. 19	∗4. 78			6. 35	7. 92	11. 13	9. 53	14. 27	19. 05	12. 70	23. 83	29. 36	34. 93	39. 67	45. 24	
500	20	508	4. 78	∗5. 54			6. 35	9. 53	12. 70	9. 53	15. 09	20. 62	12. 70	26. 19	32. 54	38. 10	44. 45	50. 01	
550	22	559	4. 78	∗5. 54			6. 35	9. 53	12. 70	9. 53		22. 23	12. 70	28. 58	34. 93	41. 28	47. 63	53. 98	
600	24	610	5. 54	6. 35			6. 35	9. 53	14. 27	9. 53	17. 48	24. 61	12. 70	30. 96	38. 89	46. 02	52. 37	59. 54	
650	26	660					7. 92	12. 70		9. 53			12. 70						
700	28	711					7. 92	12. 70	15. 88	9. 53			12. 70						
750	30	762	6. 35	7. 92			7. 92	12. 70	15. 88	9. 53			12. 70						
800	32	813					7. 92	12. 70	15. 88	9. 53	17. 48		12. 70						

注1. Sch 数字后带“S”者为 ASMEB36. 19M 标准中规定的数据；不带“S”者为 ASME B36. 10M 标准中规定的数据。

2. 带“∗”号的壁厚数据，在 ASME B36. 19M 标准中注明与 ASMEB 36. 10M 不同。

3. “STD”为标准管壁厚系列代号，“XS”为加强管壁厚系列代号，“XXS”为特加强管壁厚系列代号。

第七章　法兰、法兰盖与附件

第一节　法 兰 简 述

管法兰及其垫片、紧固件统称为法兰接头。法兰接头是工程设计中使用极为普遍、涉及面非常广泛的一种零部件。它是配管设计、管件阀门中必不可少的零件，而且也是设备、设备零部件（如人孔、视镜、液面计等）中必备的构件。此外，其他专业如工业炉、热工、给排水、采暖通风、自控等，也经常使用法兰接头。

材质：锻钢、WCB 碳钢、不锈钢、316L、316、304L、304、321、铬钼钢、铬钼钒钢、钼二钛、衬胶、衬氟材质。

品种：平焊法兰、带颈法兰、对焊法兰、环连接法兰、承插法兰及盲板等。

执行标准：在我国现行的标准主要有 GB 系列（国家标准）、JB 系列（机械部）、HG 系列（化工部）、ASME B16.5（美标）、JIS（日标）、DIN（德标）、BS4504（英标）。

1. 国际管法兰标准体系

国际上管法兰标准主要有两个体系，即以德国 DIN（包括苏联）为代表的欧洲管法兰体系和以美国 ANSI 管法兰为代表的美洲管法兰体系。除此之外，还有日本 JIS 管法兰，但在石油化工装置中一般仅用于公用工程，而且在国际上影响较小。现将各国管法兰简介于下：

1）以德国及苏联为代表的欧洲体系管法兰。

2）美洲体系管法兰标准，以 ANSI B16.5 和 ANSI B 16.47 为代表。

3）英国和法国管法兰标准，两国各有两套管法兰标准。

综上所述，国际上通用的管法兰标准可概括为两个不同的，且不能互换的管法兰体系：一个以德国为代表的欧洲管法兰体系；另一个是以美国为代表的美洲管法兰体系，IOS7005-1 是国际标准化组织于1992年颁布的一项标准，该标准实际上是把美国和德国两套系列的管法兰合并而成的管法兰标准。两个体系的管法兰连接尺寸安全不同，无法互配。两个体系的管法兰以压力等级来区分最为合适，即欧洲体系为0.25、0.6、1.0、1.6、2.5、4.0、6.3、10.0、16.0、25.0、32.0、40.0MPa，美洲体系为1.0、2.0、5.0、11.0、15.0、26.0、42.0MPa。

2. 我国管法兰标准现状

我国化工、石化行业使用的管法兰常用的标准主要为英制管（国际上通用的配管系列）GB 9112～9125、SH 3406和公制管（国内常用的钢管外径尺寸系列）HGJ44～76、JB/T74～90。

1）DIN的连接尺寸与JB标准是有所差别的，具体见下表：

标　　准	螺纹（M）/螺孔（φ）尺寸					
JB系列2	M22/φ25（全部）	M30/φ34（部分）	M36/φ41（部分）	M42/φ48（全部）		M48/φ54（全部）
新HG、ISO、JB系列1、BS、ГОСТ、DIN	M24/φ26	M33/φ36	M33/φ36	M39/φ42	M45/φ48	M45/φ48
两部分法兰配用时采取的措施	第一行法兰的螺孔扩孔1mm	第一行法兰的螺孔扩孔2mm	可加垫圈	可加垫圈	一致	可加垫圈

注：表中括号内的“全部”表示所有规格紧固件被第二行的紧固件所代替。“部分”表示有一部分该规格的紧固件有变化，但仍有一部分规格的紧固件未变化，是一致的。

2）HG新标准与JB老标准法兰配合使用时，要注意以下几点：

（1）有三个法兰的螺栓个数不一致，其中有两个规格（*PN*0.25/*DN*500、*PN*0.6/*DN*500）直接影响配合；*PN*1.0/*DN*80HG标准螺栓个数8，JB标准螺栓个数是4；

（2）部分老标准法兰（JB系列2）的螺孔最好能扩孔1～2mm，另有一部分可在安装时加垫圈；

（3）*PN*16.0MPa的高压管法兰，新HG与JB标准连接尺寸完全不同。

3）法兰类型和密封面形式（表4-7-1）

法兰类型和密封面形式 **表 4-7-1**

法兰		标准号	密封面		压力等级 PN（MPa）	常用阀门配套法兰
类型	代号		形式	代号		
板式平焊	PL	HG20593、JB/T 81—94、GB/T 9119—2000	突面	RF	0.25～2.5	突面平焊法兰是常用的法兰，可与各种法兰式的低中压阀门配套如闸阀、截止阀、球阀等
			全平面	FF	0.25～1.6	
带颈平焊	SO	HG20594、GB/T 9116—2000	突面	RF	0.6～4.0	突面带颈平焊法兰是近年来引进的石油化工装置中普遍使用的结构型式
			凹凸面	MFM	1.0～4.0	
			榫槽面	TG	1.0～4.0	
			全平面	FF	0.6～1.6	
带颈对焊	WN	HG20595、JB/T 82—94、GB/T 9115—2000	突面	RF	1.0～25.0	*PN*4.0～*PN*10.0MPa 的阀门通常配用凸面的管法兰，如：Z41H-40、J41H-64、H44H-100 等，160 压力以上则选用环连接面，如 J41H-160 突面对焊法兰也可配用采用对夹式连接的蝶阀及止回阀
			凹凸面	MFM	1.0～16.0	
			榫槽面	TG	1.0～16.0	
			环连接面	RJ	6.3～25.0	
			全平面	FF	1.0～1.6	
整体法兰	IF	HG20596、JB/T 79—94、GB/T 9113—2000	突面	RF	0.6～25.0	阀门上的整体法兰一般 $PN \leqslant 2.5$ 为突面，$PN \geqslant 4.0$ 为凹面，$PN \geqslant 16.0$ 为环连接面，但也有厂家 *PN*10.0MPa 采用环连接面 *PN*16.0MPa 采用凹面 *PN*2.5MPa 的氨用阀门采用凹面（FM）需配凸面的管法兰
			凹凸面	MFM	1.0～16.0	
			榫槽面	TG	1.0～16.0	
			环连接面	RJ	0.6～25.0	
			全平面	FF	1.0～1.6	

续表

法兰		标准号	密封面		压力等级 PN (MPa)	常用阀门配套法兰
类型	代号		形式	代号		
承插焊	SW	HG20597、GB/T 9114—2000	突面	RF	1.0～10.0	近年来引进的石油人工装置中普遍使用的结构形式
			凹凸面	MFM	1.0～10.0	
			榫槽面	TG	1.0～10.0	
螺纹法兰	Th	HG20598、GB/T 9114—2000	突面	RF	0.6～4.0	在工程建设中比较常用，安装方便不需焊接，适用 $DN10$～$DN150$
			全平面	FF	0.6～1.6	
对焊环松套	PJ/SE	HG20599、JB/T 84—94、GB/T 9120—2000	突面	RF	0.6～4.0	适用腐蚀性介质的管道系统
平焊环松套	PJ/RJ	HG20600、JB/T 83—94、GB/T 9121—2000	突面	RF	0.6～1.6	
			凹凸面	MFM	1.0～1.6	
			榫槽面	TG	1.0～1.6	
法兰盖	BL	HG20601、JB/T 84—94、GB/T 9123—2000	突面	RF	0.25～25.0	用于管道端部或作封头用
			凹凸面	MFM	1.0～16.0	
			榫槽面	TG	1.0～16.0	
			环连接面	RJ	6.3～25.0	
			全平面	FF	0.25～1.6	

续表

法兰		标准号	密封面		压力等级 PN（MPa）	常用阀门配套法兰
类型	代号		形式	代号		
衬里法兰盖	BL（S）	HG20602	突面	RF	0.6～4.0	为节省不锈钢等贵重金属材料而编制
			凸面	M	1.0～4.0	
			榫面	T	1.0～4.0	
美标带颈平焊	SO	HG20616 美标	突面	RF	2.0～26.0	*PN*2.5～*PN*5.0 的美标阀门配套
美标带颈对焊	WN	HG20617 美标	突面	RF	2.0～42.0	一般 $PN \leqslant 11.0$MPa 选用突面，$PN \geqslant 15.0$MPa 选用环连接面
			环连接面	RJ	2.0～11.0	

第二节　管道法兰

1. 凸面平焊钢制法兰

国家标准 GB/9119—2000（系列 1）|机械行业标准 JB/T 81—94（系列 2）

凸面平焊钢制管法兰 *PN*1.0MPa（10bar）(mm)　　　**表 4-7-2**

公称通径 *DN*	管子外径 *A*	连接尺寸					密封尺寸		法兰厚度 *C*	法兰内径 *B*	法兰理论重量 (kg)
		法兰管径 *D* 系列 1/系列 2	螺栓孔中心圆直径 *K*	螺栓孔直径 *L* 系列 1/系列 2	螺栓、螺柱		*d*	*f*			
					数量 *n*	螺纹 T_h. 系列 1/系列 2					
10	14	90	60	14	4	M12	40	2	12	15	0.46
15	18	95	65	14	4	M12	45	2	12	19	0.51
20	25	105	75	14	4	M12	55	2	14	26	0.75
25	32	115	85	14	4	M12	65	2	14	33	0.89
32	38	140/135	100	18	4	M16	78	2	16	39	1.40
40	45	150/145	110	18	4	M16	85	3	18	46	1.71
50	57	165/160	125	18	4	M16	100	3	18	59	2.09
65	73	185/180	145	18	4	M16	120	3	20	75	2.84
80	89	200/195	160	18	4	M16	135	3	20	91	3.24
100	108	220/215	180	18	8	M16	155	3	22	110	4.01
125	133	250/245	210	18	8	M16	185	3	24	135	5.40
150	159	285/280	240	23	8	M20	210	3	24	161	6.67
175	194	310	270	23	8	M20	240	3	24	196	7.44
200	219	340/335	295	23	8	M20	265	3	24	222	8.24
225	245	365	325	23	8	M20	295	3	24	248	9.30
250	273	395/390	350	23	12	M20	320	3	26	276	10.70
300	325	445/440	400	23	12	M20	368	4	28	328	12.90
350	377	505/500	460	23	16	M20	428	4	28	380	16.90
400	426	565	515	26/25	16	M24/M22	482	4	30	430	21.80

续表

公称通径 DN	管子外径 A	连接尺寸					密封尺寸		法兰厚度 C	法兰内径 B	法兰理论重量 (kg)
		法兰管径 D 系列 1/系列 2	螺栓孔中心圆直径 K	螺栓孔直径 L 系列 1/系列 2	螺栓、螺柱 数量 n	螺栓、螺柱 螺纹 T_h 系列 1/系列 2	d	f			
450	480	615	565	26/25	20	M24/M22	532	4	30	484	24.40
500	530	670	620	26/25	20	M24/M22	585	4	32	534	27.70
600	630	780	725	30	20	M27	685	5	36	634	39.40
700	720	895	840	30	24	M27	800	5	36	715	53
800	820	1015/1010	950	34	24	M30	905	5	38	817	67
900	920	1115/1110	1050	34	28	M30	1005	5	38	918	76 参考
1000	1020	1230/1220	1160	36/34	28	M33/M30	1115	5	38	1020	90 参考
1100	1120	1340	1270	36	28	M33	1222	5	40		125 参考
1200	1220	1455/1450	1380	39/41	32	M36	1325	5	44	1223	143 参考

凸面平焊钢制管法兰 *PN*1.6MPa（16bar）(mm) **表 4-7-3**

公称通径 DN	管子外径 A	连接尺寸					密封尺寸		法兰厚度 C	法兰内径 B	法兰理论重量 (kg)
		法兰管径 D 系列 1/系列 2	螺栓孔中心圆直径 K	螺栓孔直径 L 系列 1/系列 2	螺栓、螺柱 数量 n	螺栓、螺柱 螺纹 T_h 系列 1/系列 2	d	f			
10	14	90	60	14	4	M12	40	2	14	15	0.55
15	18	95	65	14	4	M12	45	2	14	19	0.71
20	25	105	75	14	4	M12	55	2	16	26	0.87
25	32	115	85	14	4	M12	65	2	18	33	1.18
32	38	140/135	100	18	4	M16	78	2	18	39	1.60
40	45	150/145	110	18	4	M16	85	3	20	46	2.00
50	57	165/160	125	18	4	M16	100	3	22	59	2.61

续表

公称通径 DN	管子外径 A	连接尺寸					密封尺寸		法兰厚度 C	法兰内径 B	法兰理论重量 (kg)
		法兰管径 D 系列1/系列2	螺栓孔中心圆直径 K	螺栓孔直径 L 系列1/系列2	螺栓、螺柱 数量 n	螺栓、螺柱 螺纹 T_h 系列1/系列2	d	f			
65	73	185/180	145	18	4	M16	120	3	24	75	3.45
80	89	200/195	160	18	8	M16	135	3	24	91	3.71
100	108	220/215	180	18	8	M16	155	3	26	110	4.80
125	133	250/245	210	18	8	M16	185	3	28	135	6.47
150	159	285/280	240	23	8	M20	210	3	28	161	7.92
175	194	310	270	23	8	M20	240	3	28	196	8.81
200	219	340/335	295	23	12	M20	265	3	30	222	10.10
225	245	365	325	23	12	M20	295	3	30	248	11.70
250	273	405	355	26/25	12	M24/M22	320	3	32	276	15.70
300	325	160	410	26/25	12	M24/M22	375	4	32	328	18.10
350	377	520	470	26/25	16	M24/M22	435	4	34	380	23.30
400	426	580	525	30	16	M27	485	4	38	430	31.00
450	480	640	585	30	20	M27	545	4	42	484	40.20
500	530	715/705	650	34	20	M30	608	4	48	534	55.70
600	630	840	770	36/41	20	M33/M36	718	5	50	634	80.80
700	720	910	840	36/41	24	M33/M36	788	5	50	724	106.2
800	820	1025/1020	950	39/41	24	M36	898	5	52	824	130.5
900	920	1125/1120	1050	39/41	28	M36	998	5	44	924	91 参考
1000	1020	1255	1170	42/48	28	M39/M42	1110	5	46	1024	127 参考
1100	1120	1370	1280	42	28	M39	1222	5	50	1124	160 参考
1200	1220	1485	1390	48/54	32	M45/M48	1325	5	52	1224	186 参考

凸面平焊钢制管法兰 *PN*2.5MPa (25bar)(mm)　　表 4-7-4

公称通径 *DN*	管子外径 *A*	连接尺寸					密封尺寸		法兰厚度 *C*	法兰内径 *B*	法兰理论重量 (kg)
		法兰管径 *D* 系列1/系列2	螺栓孔中心圆直径 *K*	螺栓孔直径 *L* 系列1/系列2	螺栓、螺柱		*d*	*f*			
					数量 *n*	螺纹 T_h 系列1/系列2					
10	14	90	60	14	4	M12	40	2	16	15	0.64
15	18	95	65	14	4	M12	45	2	16	19	0.80
20	25	105	75	14	4	M12	55	2	18	26	0.99
25	32	115	85	14	4	M12	65	2	18	33	1.18
32	38	140/135	100	18	4	M16	78	2	20	39	1.96
40	45	150/145	110	18	4	M16	85	3	22	46	2.60
50	57	165/160	125	18	4	M16	100	3	24	59	2.71
65	73	185/180	145	18	8	M16	120	3	24	75	3.22
80	89	200/195	160	18	8	M16	135	3	26	91	4.06
100	108	235/230	190	23	8	M20	160	3	28	110	6.00
125	133	270	220	26/25	8	M24/M22	188	3	30	135	8.26
150	159	300	250	26/25	8	M24/M22	218	3	30	161	10.40
175	194	330	280	26/25	12	M24/M22	248	3	32	196	11.90
200	219	360	310	26/25	12	M24/M22	278	3	32	222	14.50
225	245	395	340	30	12	M27	302	3	34	248	17.00
250	273	425	370	30	12	M27	332	3	34	276	18.90
300	325	485	430	30	16	M27	390	4	36	328	26.80

续表

公称通径 DN	管子外径 A	连接尺寸					密封尺寸		法兰厚度 C	法兰内径 B	法兰理论重量 (kg)
		法兰管径 D 系列 1/系列 2	螺栓孔中心圆直径 K	螺栓孔直径 L 系列 1/系列 2	螺栓、螺柱		d	f			
					数量 n	螺纹 T_h 系列 1/系列 2					
350	377	555/550	490	40	16	M30	448	4	42	380	34.35
400	426	620/610	550	36/34	16	M33/M30	505	4	44	430	44.90
450	480	670/660	600	36/34	20	M33/M30	555	4	48	484	51.92
500	530	730	660	36/34	20	M33/M36	610	4	52	534	67.30
600	630	845/840	770	41	20	M36	718	5	56	634	95.20
700	720	960/955	875	42/48	24	M39/M42	815	5	60	724	116
800	820	1085/1070	990	48	24	M45/M42	930	5	64	824	150.2
900	920	1185/1180	1090	48/54	28	M45/M48	1025	5	58	924	160 参考
1000	1020	1320/1305	1210	55/58	28	M52	1140	5	62	1024	210 参考
1100	1124	1425	1315	55	28	M52	1245	5	66	1124	260 参考
1200	1220	1530/1525	1420	55/58	32	M52	1350	5	70	1224	300 参考

2. 凹凸面平焊钢制法兰

国家标准 GB/9115.1—2000（系列 1）|机械行业标准 JB/T 82.2—94（系列 2）

3. 环连接面对焊钢制管法兰 *PN*16.0MPa（160bar）机械行业标准 JB/T 82.4—94（mm）

4. JB 标准法兰尺寸

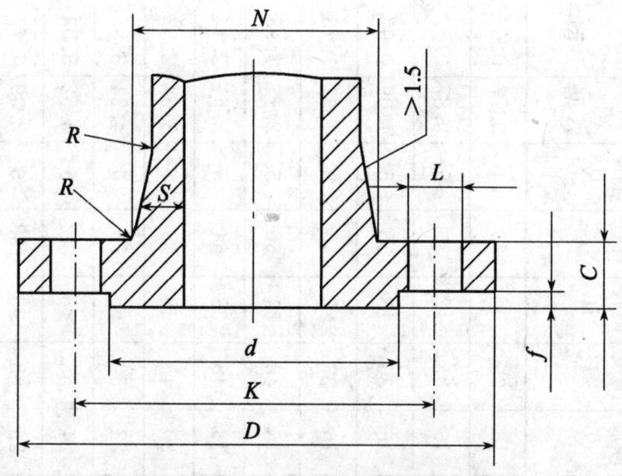

图 4-7-1 凸面整体铸钢管法兰

凹凸面整体铸钢管法兰（JB/T 79.2—94）

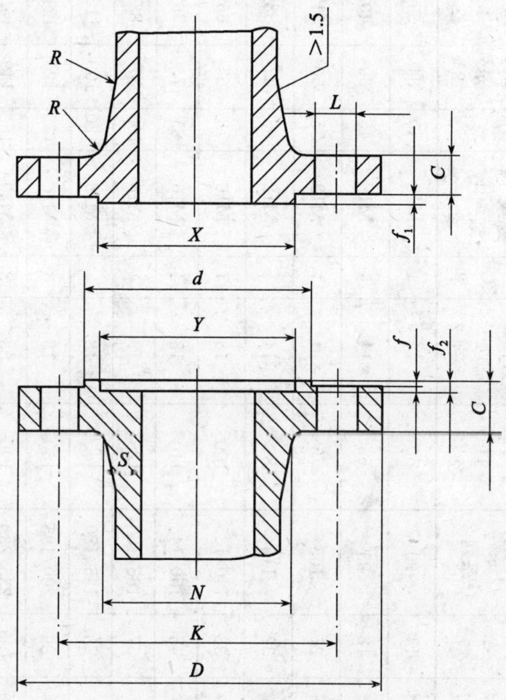

图 4-7-2 凹凸面整体铸钢管法兰

凹凸面对焊钢制管法兰 *PN*4.0MPa (40bar)(mm) **表 4-7-5**

公称通径 DN	管子外径 A	连接尺寸					密封尺寸					法兰厚度 C	法兰高度 H	法兰内径 B	颈部直径 N_{max}	圆角半径 R	法兰理论重量(kg)	
		法兰管径 D 系列1/系列2	螺栓孔中心圆直径 K	螺栓孔直径 L 系列1/系列2	螺栓、螺柱		d	X 系列1/系列2	Y 系列1/系列2	f	f_1 f_2						A型	B型
					数量 n	螺纹 T_h 系列1/系列2												
10	14	90	60	14	4	M12	40	34	35	2	4	16	35	8	26	4	0.77	0.67
15	18	95	65	14	4	M12	45	39	40	2	4	16	35	12	30	5	0.87	0.77
20	25	105	75	14	4	M12	55	50	51	2	4	16	36	18	38	5	1.09	0.97
25	32	115	85	14	4	M12	65	57	58	2	4	16	38	25	45	5	1.31	1.18
32	38	140/135	100	18	4	M16	78	65	66	2	4	18	45	31	56	5	2.17	1.98
40	45	150/145	110	18	4	M16	85	75	76	3	4	18	48	38	64	5	2.51	2.14
50	57	165/160	125	18	4	M16	100	87	88	3	4	20	48	48	76	5	3.34	2.92
65	73	185/180	145	18	8	M16	120	109	110	3	4	22	52	66	96	6	4.34	3.85
80	89	200/195	160	18	8	M16	135	120	121	3	4	24	58	78	112	6	5.52	5.03
100	108	235/230	190	23	8	M20	160	149	150	3	4.5	26	68	96	138	6	8.39	7.71
125	133	270	220	26/25	8	M24/M22	188	175	176	3	4.5	28	68	120	160	8	11.06	10.27
150	159	300	250	26/25	8	M24/M22	218	203	204	3	4.5	30	72	145	186	8	14.16	13.30

续表

公称通径 DN	管子外径 A	连接尺寸					密封尺寸					法兰厚度 C	法兰高度 H	法兰内径 B	颈部直径 N_{max}	圆角半径 R	法兰理论重量（kg）	
		法兰管径 D 系列1/系列2	螺栓孔中心圆直径 K	螺栓孔直径 L 系列1/系列2	螺栓、螺柱		d	X 系列1/系列2	Y 系列1/系列2	f	f_1 f_2						A型	B型
					数量 n	螺纹 T_h 系列1/系列2												
175	194	330	280	26/25	12	M24/M22	248	233	234	3	4.5	36	88	177	226	10	21.80	20.97
200	219	360	310	26/25	12	M24/M22	278	259	260	3	4.5	38	88	200	250	10	25.56	24.72
225	245	395	340	30	12	M27	302	286	287	3	4.5	40	98	226	280	10	32.48	31.60
250	273	425	370	30	12	M27	332	312	313	3	4.5	42	102	252	310	10	39.87	39.00
300	325	485	430	30	16	M27	390	363	364	4	4.5	46	116	301	368	12	55.97	53.21
350	377	555/550	490	34	16	M30	448	421	422	4	5	52	120	351	418	12	75.30	72.29
400	426	620/610	550	36/34	16	M33/M30	505	473	474	4	5	58	142	398	480	12	112.02	108.44
450	480	670/660	600	36/34	20	M33/M30	555	523	524	4	5	60	146	448	530	14	112.82	109.70
500	530	730	660	36/41	20	M33/M36	610	575	576	4	5	62	156	495	580	15	142.70	138.60
600	630	890	795	48/54	20	M45/M48	730	675/677	676/678	5	6	62	176	595	700	20	167	160
700	720	995	900	48/54	24	M45/M48	825	777/767	778/768	5	6	68	200	680	780	20	275	265
800	820	140/1135	1030	58	24	M52	960	882/875	883/876	5	6	76	220	780	910	22	410	400

凹凸面对焊钢制管法兰 *PN*6.4MPa（64bar）(mm) 表 4-7-6

公称通径 *DN*	管子外径 *A*	连接尺寸					密封尺寸					法兰厚度 *C*	法兰高度 *H*	法兰内径 *B*	颈部直径 N_{max}	圆角半径 *R*	法兰理论重量(kg)	
		法兰管径 *D* 系列1/系列2	螺栓孔中心圆直径 *K*	螺栓孔直径 *L* 系列1/系列2	螺栓、螺柱 数量 *n*	螺栓、螺柱 螺纹 T_h 系列1/系列2	*d*	X 系列1/系列2	Y 系列1/系列2	*f*	f_1 f_2						A型	B型
10	14	100	70	14	4	M12	50	34	35	2	4	18	48	8	34	4	1.12	1.02
15	18	105	75	14	4	M12	55	39	40	2	4	18	48	12	38	5	1.25	1.14
20	25	130/125	90	18	4	M16	68	50	51	2	4	20	56	18	48	5	2.12	1.95
25	32	140/135	100	18	4	M16	78	57	58	2	4	22	58	25	52	5	2.64	2.46
32	38	155/150	110	23	4	M20	82	65	66	2	4	24	62	31	64	5	3.50	3.28
40	45	170/165	125	23	4	M20	95	75	76	3	4	24	68	37	74	5	4.35	3.91
50	57	180/175	135	23	4	M20	105	87	88	3	4	26	70	47	86	5	5.29	4.80
65	73	205/200	160	23	8	M20	130	109	110	3	4	28	75	64	106	6	7.00	6.43
80	89	215/210	170	23	8	M20	140	120	121	3	4	30	75	77	120	6	8.07	7.50
100	108	250	200	26/25	8	M24/M22	168	149	150	3	4.5	32	80	94	140	6	11.51	10.80
125	133	295	240	30	8	M27	202	175	176	3	4.5	36	98	118	172	8	18.02	17.09
150	159	345/340	280	34	8	M30	240	203	204	3	4.5	38	108	142	206	8	26.45	25.29

续表

公称通径 DN	管子外径 A	连接尺寸					密封尺寸					法兰厚度 C	法兰高度 H	法兰内径 B	颈部直径 N_{max}	圆角半径 R	法兰理论重量（kg）	
		法兰管径 D 系列1/系列2	螺栓孔中心圆直径 K	螺栓孔直径 L 系列1/系列2	螺栓、螺柱		d	X 系列1/系列2	Y 系列1/系列2	f	f_1 / f_2						A型	B型
					数量 n	螺纹 T_h 系列1/系列2												
175	194	375/370	310	34	12	M30	270	233	234	3	4.5	42	110	174	232	10	30.63	29.61
200	219	415/405	345	36/34	12	M33/M30	300	259	260	3	4.5	44	116	198	264	10	39.68	38.51
225	245	430	370	36/34	12	M33/M30	325	286	287	3	4.5	46	120	222	290	10	43.34	42.32
250	273	470	400	36/41	12	M33/M36	352	312	313	3	4.5	48	122	246	316	10	53.64	52.47
300	325	530	460	36/41	16	M33/M36	412	363	364	4	4.5	54	136	294	370	12	73.10	69.97
350	377	600/595	525	41	16	M36	475	421	422	4	5	60	154	342	430	12	103.50	108.44
400	426	670	585	42/48	16	M39/M42	525	473	474	4	5	66	170	386	484	12	143.30	138.90
450	480	715	630	48	20	M42	570	523	524	4	5	70	186	440	540	15	160	155
500	530	800	705	48/54	20	M45	640	575	576	4	5	70	200	485	595	18	215	210
600	630	930	820	58	20	M52	750	675/677	676/678	5	6	76	220	585	710	18	320	310

凹凸面对焊钢制管法兰 *PN*10.0MPa（100bar）(mm) **表 4-7-7**

公称通径 *DN*	管子外径 *A*	连接尺寸					密封尺寸					法兰厚度 *C*	法兰高度 *H*	法兰内径 *B*	颈部直径 N_{max}	圆角半径 *R*	法兰理论重量 (kg)	
		法兰管径 *D* 系列1/系列2	螺栓孔中心圆直径 *K*	螺栓孔直径 *L* 系列1/系列2	螺栓、螺柱 数量 *n*	螺栓、螺柱 螺纹 T_h 系列1/系列2	*d*	X 系列1/系列2	Y 系列1/系列2	*f*	f_1 f_2						A型	B型
10	14	100	70	14	4	M12	50	34	35	2	4	18	45	8	34	4	1.12	1.01
15	18	105	75	14	4	M12	55	39	40	2	4	20	48	12	38	5	1.37	1.26
20	25	130/125	90	18	4	M16	68	50	51	2	4	22	56	18	48	5	2.30	2.13
25	32	140/135	100	18	4	M16	78	57	58	2	4	24	58	25	52	5	2.86	2.67
32	38	155/150	110	23	4	M20	82	65	66	2	4	24	62	31	64	5	3.50	3.28
40	45	170/165	125	23	4	M20	95	75	76	3	4	26	70	37	76	5	4.72	4.28
50	57	195	145	26/25	4	M24/M22	112	87	88	3	4	28	72	45	86	5	6.58	6.02
65	73	220	170	26/25	8	M24/M22	138	109	110	3	4	32	84	62	110	6	9.20	8.60
80	89	230	180	26/25	8	M24/M22	148	120	121	3	4	34	90	75	124	6	10.61	9.97
100	108	265	210	30	8	M27	172	149	150	3	4.5	38	100	92	146	6	15.54	14.70

续表

公称通径 DN	管子外径 A	连接尺寸					密封尺寸					法兰厚度 C	法兰高度 H	法兰内径 B	颈部直径 N_{max}	圆角半径 R	法兰理论重量（kg）	
		法兰管径 D 系列1/系列2	螺栓孔中心圆直径 K	螺栓孔直径 L 系列1/系列2	螺栓、螺柱 数量 n	螺栓、螺柱 螺纹 T_h 系列1/系列2	d	X 系列1/系列2	Y 系列1/系列2	f	f_1 f_2						A型	B型
125	133	315/310	250	34	8	M30	210	175	176	3	4.5	42	115	112	180	8	25.10	24.00
150	159	315/350	290	34	12	M30	250	203	204	3	4.5	46	130	136	214	8	34.43	33.26
175	194	385/380	320	34	12	M30	280	233	234	3	4.5	48	135	166	246	10	41.60	40.47
200	219	430	360	36/41	12	M33/M36	312	259	260	3	4.5	54	145	190	276	10	57.14	55.80
225	245	470	400	41	12	M36	352	286	287	3	4.5	56	165	212	312	10	73.30	71.90
250	273	505/500	430	41	12	M36	382	312	313	3	4.5	60	170	236	340	10	89.30	87.90
300	325	585	500	42/48	16	M39/M42	442	363	364	4	4.5	70	195	284	400	12	107.45	130.10
350	377	665	560	48/54	16	M45/M48	498	421	422	4	5	76	210	332	460	12	186.00	175.20
400	426	715	620	48/54	16	M45/M48	558	473	474	4	5	80	220	376	510	12	223.50	218.50

环连接面对焊钢制法兰 PN16.0MPa（160bar） **表 4-7-8**

公称通径 DN	管子外径 A	连接尺寸										法兰厚度 C	法兰高度 H	法兰内径 B	颈部直径 N_{max}	圆角半径 R	法兰理论重量（kg）
		法兰管径 D	螺栓孔中心圆直径 K	螺栓孔直径 L	螺栓、螺柱												
					数量 n	螺纹 T_h	d	P	F	E	r_{max}						
15	18	110	75	18	4	M16	52	35	9	6.5	0.8	24	50	11	40	4	1.77
20	25	130	90	23	4	M20	62	45	9	6.5	0.8	26	55	18	45	4	2.56
25	32	140	100	23	4	M20	72	50	9	6.5	0.8	28	55	23	52	4	3.26
32	42	165	115	25	4	M22	85	65	9	6.5	0.8	30	60	32	62	5	4.84
40	48	175	125	27	4	M24	92	75	9	6.5	0.8	32	65	37	74	5	5.87
50	60	215	165	25	8	M22	132	95	12	8	0.8	36	90	48	106	5	10.84
65	73	245	190	30	8	M27	152	110	12	8	0.8	44	105	62	128	8	16.67
80	89	260	205	30	8	M27	168	130	12	8	0.8	46	110	70	138	8	19.73
100	114	300	240	34	8	M30	200	160	12	8	0.8	48	120	90	170	8	28.06
125	146	355	285	41	8	M36	238	190	12	8	0.8	60	140	118	206	10	46.30
150	168	390	318	41	12	M36	270	205	14	10	0.8	66	155	136	234	10	60.45
175	194	460	380	48	12	M42	325	255	17	11	0.8	76	180	158	270	10	96.57
200	219	48	400	48	12	M42	345	275	17	11	0.8	78	185	178	298	10	109.30
225	245	545	450	54	12	M48	390	305	17	11	0.8	82	215	200	346	10	156.40
250	273	580	485	54	12	M48	425	330	17	11	0.8	88	230	224	380	10	191.60
300	325	665	570	54	16	M48	510	380	23	14	0.8	100	275	268	460	10	300.60

凸面整体铸钢管法兰（JB/T 79.1—94）***PN*1.6MPa**（mm） **表 4-7-9**

公称通径 *DN*	连接尺寸					密封面尺寸		法兰厚度 *C*	法兰颈		
	法兰外径 *D* 系列 1/系列 2	螺栓孔中心圆直径 *K*	螺栓孔直径 *L* 系列 1/系列 2	双头螺柱 数量 *n*	双头螺柱 螺纹 T_h 系列 1/系列 2	*d*	*f*		N_{max}	S_{max}	*R*
15	95	65	14	4	M12	45	2	14	39	12	4
20	105	75	14	4	M12	55	2	14	44	12	4
25	115	85	14	4	M12	65	2	14	49	12	4
32	140/135	100	18	4	M16	78	2	16	56	12	4
40	150/145	110	18	4	M16	85	3	16	64	12	4
50	165/160	125	18	4	M16	100	3	16	74	12	5
65	185/180	145	18	4	M16	120	3	18	95	15	5
80	200/195	160	18	8	M16	135	3	20	110	15	5
100	220/215	180	18	8	M16	155	3	20	130	15	5
125	250/245	210	18	8	M16	185	3	22	161	18	6
150	285/280	240	23	8	M20	210	3	24	186	18	6
(175)	310	270	23	8	M20	240	3	26	215	20	6
200	340/335	205	23	12	M20	265	3	26	240	20	6
(225)	365	325	23	12	M20	295	3	26	269	22	6
250	405	355	26/25	12	M24/M22	320	3	30	298	24	8
300	460	410	26/25	12	M24/M22	375	4	30	348	24	8

凸面整体铸钢管法兰（JB/T 79.1—94）***PN*2.5MPa**（mm）**表 4-7-10**

公称通径 *DN*	连接尺寸					密封尺寸		法兰厚度 *C*	法兰颈		
	法兰外径 *D* 系列 1/系列 2	螺栓孔中心圆直径 *K*	螺栓孔直径 *L* 系列 1/系列 2	螺栓、螺柱							
				数量 *n*	螺纹 T_h 系列 1/系列 2	*d*	*f*		N_{max}	S_{max}	*R*
15	95	65	14	4	M12	45	2	16	39	12	4
20	105	75	14	4	M12	55	2	16	44	12	5
25	115	85	14	4	M12	65	2	16	49	12	5
32	140/135	100	18	4	M16	78	2	18	62	15	5
40	150/145	110	18	4	M16	85	3	18	70	15	5
50	165/160	125	18	4	M16	100	3	20	80	15	5
65	185/180	145	18	8	M16	120	3	22	101	18	6
80	200/195	160	18	8	M16	135	3	22	116	18	6
100	235/230	190	23	8	M20	160	3	24	140	20	6
125	270	220	26/25	8	M24/M22	188	3	28	169	22	8
150	300	250	26/25	8	M24/M22	218	3	30	198	24	8
(175)	350	295	30	12	M27	258	3	34	231	28	10
200	375	320	30	12	M27	282	3	38	256	28	10
(225)	415	355	34	12	M30	315	3	40	285	30	10
250	450/445	385	34	12	M30	345	3	42	314	32	10
300	515/510	450	34	16	M30	408	4	46	368	34	12

凸面整体铸钢管法兰（JB/T 79.1—94）***PN*4.0MPa**（mm）**表 4-7-11**

公称通径 DN	连接尺寸					密封面尺寸		法兰厚度 C	法兰颈		
	法兰外径 D 系列 1/系列 2	螺栓孔中心圆直径 K	螺栓孔直径 L 系列 1/系列 2	螺栓、螺柱		d	f		N_{max}	S_{max}	R
				数量 n	螺纹 T_h 系列 1/系列 2						
15	95	65	14	4	M12	45	2	16	39	12	4
20	105	75	14	4	M12	55	2	16	44	12	5
25	115	85	14	4	M12	65	2	16	49	12	5
32	140/135	100	18	4	M16	78	2	18	62	15	5
40	150/145	110	18	4	M16	85	3	18	70	15	5
50	165/160	125	18	4	M16	100	3	20	80	15	5
65	185/180	145	18	8	M16	120	3	22	101	18	6
80	200/195	160	18	8	M16	135	3	22	116	18	6
100	235/230	190	23	8	M20	160	3	24	140	20	6
125	270	220	26/25	8	M24/M22	188	3	28	169	22	8
150	300	250	26/25	8	M24/M22	218	3	30	198	24	8
(175)	350	295	30	12	M27	258	3	34	231	28	10
200	375	320	30	12	M27	282	3	38	256	28	10
(225)	415	355	34	12	M30	315	3	40	285	30	10
250	450/445	385	34	12	M30	345	3	42	314	32	10
300	515/510	450	34	16	M30	408	4	46	368	34	12

注：系列 1 法兰连接尺寸与国标及德国法兰标准尺寸互换；系列 2 尺寸与原机标准法兰尺寸互换；新产品设计应优先采用系列 1 尺寸。

凹凸面整体铸钢管法兰（JB/T 79.2—94）**PN4.0MPa**（mm） **表 4-7-12**

公称通径 DN	连接尺寸					密封面尺寸					法兰厚度 C	法兰颈		
	法兰外径 D 系列1/系列2	螺栓孔中心圆直径 K	螺栓孔直径 L 系列1/系列2	双头螺柱		d	X 系列1/系列2	Y 系列1/系列2	f	f_1 f_2		N_{max}	S_{max}	R
				数量 n	螺纹 T_h 系列1/系列2									
15	95	65	14	4	M12	45	39	40	2	4	16	39	12	4
20	105	75	14	4	M12	55	50	51	2	4	16	44	12	5
25	115	85	14	4	M12	65	57	58	2	4	16	49	12	5
32	140/135	100	18	4	M16	78	65	66	2	4	18	62	15	5
40	150/145	110	18	4	M16	85	75	76	3	4	18	70	15	5
50	165/160	125	18	4	M16	100	87	88	3	4	20	80	15	5
65	185/180	145	18	8	M16	120	109	110	3	4	22	101	18	6
80	200/195	160	18	8	M16	135	120	121	3	4	22	116	18	6
100	235/230	190	23	8	M20	160	149	150	3	4.5	24	140	20	6
125	270	220	26/25	8	M24	188	175	176	3	4.5	28	169	22	8
150	300	250	26/25	8	M24/M22	218	203	204	3	4.5	30	198	24	8
(175)	350	295	30	12	M27	258	233	234	3	4.5	34	231	28	10
200	375	320	30	12	M27	282	259	260	3	4.5	38	256	28	10
(225)	415	355	34	12	M30	315	286	287	3	4.5	40	285	30	10
250	450/445	385	34	12	M30	345	312	313	3	4.5	42	314	32	10
300	515/510	450	34	16	M30	408	363	364	4	4.5	46	368	34	12

表 4-7-13

凹凸面整体铸钢管法兰（JB/T 79.2—94）PN6.3MPa（mm）

公称通径 DN	连接尺寸					密封面尺寸					法兰厚度 C	法兰颈		
	法兰外径 D 系列 1/系列 2	螺栓孔中心圆直径 K	螺栓孔直径 L 系列 1/系列 2	双头螺柱 数量 n	双头螺柱 螺纹 T_h 系列 1/系列 2	d	X 系列 1 系列 2	Y 系列 1/系列 2	f	f_1 f_2		N_{max}	S_{max}	R
15	105	75	14	4	M12	55	39	40	2	4	18	45	15	4
20	130/125	90	18	4	M16	68	50	51	2	4	20	52	16	5
25	140/135	100	18	4	M16	78	57	58	2	4	22	61	18	5
32	155/150	110	23	4	M20	82	65	66	2	4	24	68	18	5
40	170/165	125	23	4	M20	95	75	76	3	4	24	80	20	5
50	180/175	135	23	4	M20	105	87	88	3	4	26	90	20	5
65	205/200	160	23	8	M20	130	109	110	3	4	28	111	23	6
80	215/210	170	23	8	M20	140	120	121	3	4	30	128	24	6
100	250	200	26/25	8	M24/M22	168	149	150	3	4.5	32	152	26	6
125	295	240	30	8	M27	202	175	176	3	4.5	36	181	28	8
150	345/340	280	34	8	M30	240	203	204	3	4.5	38	210	30	8
(175)	370	310	34	12	M30	270	233	234	3	4.5	42	239	32	10
200	405	345	36/34	12	M33/M30	300	259	260	3	4.5	44	268	34	10
(225)	430	370	36/34	12	M33/M30	325	286	287	3	4.5	46	301	38	10
250	470	400	36/41	12	M33/M36	352	312	313	3	4.5	48	326	38	10
300	530	460	36/41	16	M33/M36	412	363	364	4	4.5	54	384	42	12

凹凸面整体铸钢管法兰（JB/T 79.2—94）***PN*10.0MPa**（mm） **表 4-7-14**

公称通径 DN	连接尺寸					密封面尺寸					法兰厚度 C	法兰颈		
	法兰外径 D 系列1/系列2	螺栓孔中心圆直径 K	螺栓孔直径 L 系列1/系列2	双头螺柱		d	X 系列1/系列2	Y 系列1/系列2	f	f_1 f_2		N_{max}	S_{max}	R
				数量 n	螺纹 T_h 系列1/系列2									
15	105	75	14	4	M12	55	39	40	2	4	20	45	15	4
20	130/125	90	18	4	M16	68	50	51	2	4	22	54	17	4
25	140/135	100	18	4	M16	78	57	58	2	4	24	61	18	4
32	155/150	110	23	4	M20	82	65	66	2	4	24	68	18	4
40	170/165	125	23	4	M20	95	75	76	3	4	26	80	20	4
50	195	145	26/25	4	M24/M22	112	87	88	3	4	28	94	22	4
65	220	170	26/25	8	M24/M22	138	109	110	3	4	32	115	25	5
80	230	180	26/25	8	M24/M22	148	120	121	3	4	34	132	26	5
100	265	210	30	8	M27	172	149	150	3	4.5	38	160	30	5
125	315/310	250	34	8	M30	210	175	176	3	4.5	42	189	32	6
150	355/350	290	34	12	M30	250	203	204	3	4.5	46	222	36	6
(175)	380	320	34	12	M30	280	233	234	3	4.5	48	251	38	8
200	430	360	36/41	12	M33/M36	312	259	260	3	4.5	54	284	42	8
(225)	470	400	41	12	M36	352	286	287	3	4.5	56	313	44	8
250	505/500	430	41	12	M36	382	312	313	3	4.5	60	346	48	8
300	585	500	42/48	16	M39/M42	442	363	364	4	4.5	70	408	54	10

凹凸面整体铸钢管法兰（JB/T 79.2—94）*PN*16.0MPa（mm） 表 4-7-15

公称通径 *DN*	连接尺寸					密封面尺寸					法兰厚度 *C*	法兰颈		
	法兰外径 *D* 系列1/系列2	螺栓孔中心圆直径 *K*	螺栓孔直径 *L* 系列1/系列2	双头螺柱 数量 *n*	双头螺柱 螺纹 T_h 系列1/系列2	*d*	X 系列2	Y 系列2	*f*	f_1 / f_2		N_{max}	S_{max}	*R*
15	110	75	18	4	M16	52	39	40	2	4	24	49	17	4
20	130	90	23	4	M20	62	50	51	2	4	26	58	19	4
25	140	100	23	4	M20	72	57	58	2	4	28	65	20	4
32	165	115	25	4	M22	85	65	66	2	4	30	76	22	5
40	175	125	27	4	M24	92	75	76	3	4	32	88	24	5
50	215	165	25	8	M22	132	87	88	3	4	36	102	26	5
65	245	190	30	8	M27	152	109	110	3	4	44	131	33	8
80	260	205	30	8	M27	168	120	121	3	4	46	148	34	8
100	300	240	34	8	M30	200	149	150	3	4.5	48	172	36	8
125	355	285	41	8	M36	238	175	176	3	4.5	60	213	44	10
150	390	318	41	12	M36	270	203	204	3	4.5	66	246	48	10
(175)	460	380	48	12	M42	325	233	234	3	4.5	74	287	56	10
200	480	400	48	12	M42	345	259	260	3	4.5	78	316	58	10
(225)	545	450	54	12	M48	390	286	287	3	4.5	82	345	60	10
250	580	485	54	12	M48	425	312	313	3	4.5	88	378	64	10
300	665	570	54	16	M48	510	363	364	4	4.5	100	452	76	10

凹凸面整体铸钢管法兰（JB/T 79.2—94）*PN*20.0MPa（mm） **表 4-7-16**

公称通径 DN	连接尺寸					密封面尺寸					法兰厚度 C	法兰颈		
	法兰外径 D 系列 2	螺栓孔中心圆直径 K	螺栓孔直径 L 系列 2	双头螺柱		d	X 系列 2	Y 系列 2	f	f_1 / f_2		N_{max}	S_{max}	R
				数量 n	螺纹 T_h 系列 1/系列 2									
15	120	82	23	4	M20	55	27	28	2	5	26	51	18	5
20	130	90	23	4	M20	62	34	35	2	5	28	60	20	5
25	150	102	25	4	M22	72	41	42	2	5	30	67	21	5
32	160	115	25	4	M22	85	49	50	2	5	32	78	23	5
40	170	124	27	4	M24	90	55	56	3	5	34	90	25	5
50	210	160	25	8	M22	128	69	70	3	5	40	108	29	5
65	260	203	30	8	M27	165	96	97	3	5	48	137	36	8
80	290	230	34	8	M30	190	115	116	3	5	54	160	40	8
100	360	292	41	8	M36	245	137	138	3	6	66	204	52	8
125	385	318	41	12	M36	270	169	170	3	6	76	237	56	10
150	440	360	48	12	M42	305	189	190	3	6	82	270	60	10
(175)	475	394	48	12	M42	340	213	214	3	6	84	301	63	10
200	535	440	54	12	M48	380	244	245	3	6	92	340	70	10
(225)	580	483	58	12	M52	418	267	268	3	6	100	377	76	10
250	670	572	58	16	M52	508	318	319	3	6	110	448	94	10

注：表中系列 1 法兰连接尺寸与国标及德国法兰标准尺寸互换，系列 2 尺寸与原机标法兰尺寸互换；新产品设计优先采用系列 1 尺寸。

5. HG 20592—97

带颈平焊钢制管法兰 *PN*1.0MPa（10bar） **表 4-7-17**

公称通径 DN	钢管外径 A1		连接尺寸					密封面尺寸						法兰厚度 C	法兰内径 $B1$		法兰颈			法兰高度 H	坡口宽度 b	法兰理论重量(kg)
								突面		凸面		凹面					N		R			
	A	B	法兰管径 D	螺栓孔中心圆直径 K	螺栓孔直径 L	螺栓孔数量 n	螺纹 T_h	d	f_1	x	f_2 x	Y	f_3		A	B	A	B				
10	17.2	14	90	60	14	4	M12	41	2	34	4	35	3	14	18	15	30	30	3	22	4	0.65
15	21.3	18	95	65	14	4	M12	46	2	39	4	40	3	14	22	19	35	35	3	22	4	0.72
20	26.9	25	105	75	14	4	M12	56	2	50	4	51	3	16	27.5	26	45	45	4	26	4	1.03
25	33.7	32	115	85	14	4	M12	65	2	57	4	58	3	16	34.5	33	52	52	4	28	5	1.24
32	42.4	38	140	100	18	4	M16	76	2	65	4	66	3	18	43.5	39	60	60	5	30	5	2.02
40	48.3	45	150	110	18	4	M16	84	2	75	4	76	3	18	49.5	46	70	70	5	32	5	2.36
50	60.3	57	165	125	18	4	M16	99	2	87	4	88	3	20	61.5	59	84	84	5	34	5	3.08
65	76.1	76	185	145	18	4	M16	118	2	109	4	110	3	20	77.5	78	104	104	6	32	6	3.66
80	88.9	89	200	160	18	8	M16	132	2	120	4	121	3	20	90.5	91	118	118	6	34	6	4.08
100	114.3	108	220	180	18	8	M16	156	2	149	4.5	150	3.5	22	116	110	140	140	6	40	6	5.40

续表

公称通径 DN	钢管外径 $A1$		连接尺寸					密封面尺寸						法兰厚度 C	法兰内径 $B1$		法兰颈			法兰高度 H	坡口宽度 b	法兰理论重量 (kg)
								突面		凸面		凹面					N		R			
	A	B	法兰管径 D	螺栓孔中心圆直径 K	螺栓孔直径 L	螺栓孔数量 n	螺纹 T_h	d	$f1$	x	$f2$ x	Y	$f3$		A	B	A	B				
125	139.7	133	250	210	18	8	M16	184	2	175	4.5	176	3.5	22	141.5	135	168	168	6	44	6	7.01
150	168.3	159	285	240	22	8	M20	211	2	203	4.5	204	3.5	24	170.5	161	195	195	8	44	6	9.10
200	219.1	219	340	295	22	8	M20	266	2	259	4.5	260	3.5	24	221.5	222	246	246	8	44	8	10.6
250	273	273	395	350	22	12	M20	319	2	312	4.5	313	3.5	26	276.5	276	298	298	10	46	10	13.4
300	323.9	325	445	400	22	12	M20	370	2	363	4.5	364	3.5	26	327.5	328	350	350	10	46	11	15.4
350	355.6	377	505	460	22	16	M20	429	2	421	5	422	4	26	359.5	381	400	412	10	53	12	20.5
400	406.4	426	565	515	26	16	M24	480	2	473	5	474	4	26	411	430	456	475	10	57	12	27.6
450	457	480	615	565	26	20	M24	530	2	523	5	524	4	28	462	485	502	525	12	63	12	31.1
500	508	530	670	620	26	20	M24	582	2	575	5	576	4	28	513.5	535	559	581	12	67	12	38.1
600	610	630	780	725	30	20	M27	682	2	675	5	676	4	28	616.5	636	658	678	12	75	12	48.1

表 4-7-18

带颈平焊钢制管法兰 $PN1.6MPa$（16bar）

公称通径 DN	钢管外径 $A1$		连接尺寸					密封面尺寸						法兰厚度 C	法兰内径 $B1$		法兰颈			法兰高度 H	坡口宽度 b	法兰理论重量 (kg)
								突面		凸面		凹面					N					
	A	B	法兰管径 D	螺栓孔中心圆直径 K	螺栓孔直径 L	螺栓孔数量 n	螺纹 T_h	d	$f1$	x	$f2$ x	Y	$f3$		A	B	A	B	R			
10	17.2	14	90	60	14	4	M12	41	2	34	4	35	3	14	18	15	30	30	3	22	4	0.65
15	21.3	18	95	65	14	4	M12	46	2	39	4	40	3	14	22	19	35	35	3	22	4	0.72
20	26.9	25	105	75	14	4	M12	56	2	50	4	51	3	16	27.5	26	45	45	4	26	4	1.03
25	33.7	32	115	35	14	4	M12	65	2	57	4	58	3	16	34.5	33	52	52	4	28	5	1.24
32	42.4	38	140	100	18	4	M16	76	2	65	4	66	3	18	43.5	39	60	60	5	30	5	2.02
40	48.3	45	150	110	18	4	M16	84	2	75	4	76	3	18	49.5	46	70	70	5	32	5	2.36
50	60.3	57	165	125	18	4	M16	99	2	87	4	88	3	20	61.5	59	84	84	5	34	5	3.08
65	76.1	76	185	145	18	4	M16	118	2	109	4	110	3	20	77.5	78	104	104	6	32	6	3.66
80	88.9	89	200	160	18	8	M16	132	2	120	4	121	3	20	90.5	91	118	118	6	34	6	4.08
100	114.3	108	220	180	18	8	M16	156	2	149	4.5	150	3.5	22	116	110	140	140	6	40	6	5.40

续表

公称通径 DN	钢管外径 A1		连接尺寸					密封面尺寸						法兰厚度 C	法兰内径 B1		法兰颈			法兰高度 H	坡口宽度 b	法兰理论重量 (kg)
								突面		凸面		凹面					N					
	A	B	法兰管径 D	螺栓孔中心圆直径 K	螺栓孔直径 L	螺栓孔数量 n	螺纹 T_h	d	f1	x	f2 x	Y	f3		A	B	A	B	R			
125	139.7	133	250	210	18	8	M16	184	2	175	4.5	176	3.5	22	141.5	135	168	168	6	44	6	7.01
150	168.3	159	285	240	22	8	M20	211	2	203	4.5	204	3.5	24	170.5	161	195	195	8	44	6	9.10
200	219.1	219	340	295	22	12	M20	274	2	259	4.5	260	3.5	24	221.5	222	246	246	8	44	8	10.3
250	273	273	405	355	26	12	M24	330	2	312	4.5	313	3.5	26	276.5	276	298	298	10	46	10	14.3
300	323.9	325	460	410	26	12	M24	389	2	363	4.5	364	3.5	28	327.5	328	350	350	10	53	11	18.8
350	355.6	377	520	470	26	16	M24	448	2	421	5	422	4	30	359.5	381	400	412	10	57	12	25.2
400	406.4	426	580	525	30	16	M27	503	2	473	5	474	4	32	411	430	456	475	10	63	12	34.8
450	457	480	640	585	30	20	M27	548	2	523	5	524	4	34	462	485	502	525	12	68	12	41.2
500	508	530	715	650	33	20	M30×2	609	2	575	5	576	4	34	513.5	535	559	581	12	73	12	54.9
600	610	630	840	770	36	20	M33×2	720	2	675	5	676	4	36	616.5	636	658	678	12	83	12	77.0

HG 20592—97 带颈平焊钢制管法兰 *PN*2.5MPa（25bar） **表 4-7-19**

公称通径 DN	钢管外径 $A1$		连接尺寸					密封面尺寸						法兰厚度 C	法兰内径 $B1$		法兰颈			法兰高度 H	坡口宽度 b	法兰理论重量 (kg)
								突面		凸面		凹面					N					
	A	B	法兰管径 D	螺栓孔中心圆直径 K	螺栓孔直径 L	螺栓孔数量 n	螺纹 T_h	d	$f1$	x	$f2$ x	Y	$f3$		A	B	A	B	R			
10	17.2	14	90	60	14	4	M12	41	2	34	4	35	3	14	18	15	30	30	3	22	4	0.65
15	21.3	18	95	65	14	4	M12	46	2	39	4	40	3	14	22	19	35	35	3	22	4	0.72
20	26.9	25	105	75	14	4	M12	56	2	50	4	51	3	16	27.5	26	45	45	4	26	4	1.03
25	33.7	32	115	85	14	4	M12	65	2	57	4	58	3	16	34.5	33	52	52	4	28	5	1.24
32	42.4	38	140	100	18	4	M16	76	2	65	4	66	3	18	43.5	39	60	60	5	30	5	2.02
40	48.3	45	150	110	18	4	M16	84	2	75	4	76	3	18	49.5	46	70	70	5	32	5	2.36
50	60.3	57	165	125	18	4	M16	99	2	87	4	88	3	20	61.5	59	84	84	5	34	5	3.08
65	76.1	76	185	145	18	8	M16	118	2	109	4	110	3	22	77.5	78	104	104	6	38	6	3.93
80	88.9	89	200	160	18	8	M16	132	2	120	4	121	3	20	90.5	91	118	118	6	40	6	4.86
100	114.3	108	235	190	22	8	M20	156	2	149	4.5	150	3.5	24	116	110	145	145	6	44	6	6.91

续表

公称通径 DN	钢管外径 A1		连接尺寸					密封面尺寸						法兰厚度 C	法兰内径 B1		法兰颈			法兰高度 H	坡口宽度 b	法兰理论重量 (kg)
								突面		凸面		凹面					N		R			
	A	B	法兰管径 D	螺栓孔中心圆直径 K	螺栓孔直径 L	螺栓孔数量 n	螺纹 T_h	d	f1	x	f2 x	Y	f3		A	B	A	B				
125	139.7	133	270	220	26	8	M24	184	2	175	4.5	176	3.5	26	141.5	135	170	170	6	48	6	9.34
150	168.3	159	300	250	26	8	M24	211	2	203	4.5	204	3.5	28	170.5	161	200	200	8	52	6	12.2
200	219.1	219	360	310	26	12	M24	274	2	259	4.5	260	3.5	30	221.5	222	256	256	8	52	8	15.6
250	273	273	425	370	30	12	M27	330	2	312	4.5	313	3.5	32	276.5	276	310	310	10	60	10	21.9
300	323.9	325	485	430	30	16	M27	389	2	363	4.5	364	3.5	34	327.5	328	364	364	10	67	11	28.8
350	355.6	377	555	490	33	16	M30×2	448	2	421	5	422	4	38	359.5	381	418	430	10	72	12	42.4
400	406.4	426	620	550	36	16	M33×2	503	2	473	5	474	4	40	411	430	472	492	10	78	12	57.4
450	457	480	670	600	36	20	M33×2	548	2	523	5	524	4	42	462	485	520	542	12	84	12	63.7
500	508	530	730	660	36	20	M33×2	609	2	575	5	576	4	44	513.5	535	580	602	12	90	12	81.4
600	610	630	845	770	39	20	M33×2	720	2	675	5	676	4	46	616.5	636	684	704	12	100	12	109.4

带颈平焊钢制管法兰 *PN*4.0MPa（40bar） 表 4-7-20

公称通径 *DN*	钢管外径 *A*1		连接尺寸					密封面尺寸								法兰厚度 *C*	法兰内径 *B*1		法兰颈			法兰高度 *H*	坡口宽度 *b*	法兰理论重量 (kg)
								突面		凸面		榫面 *W*	凹面		槽面 *Z*				*N*		*R*			
	A	*B*	法兰管径 *D*	螺栓孔中心圆直径 *K*	螺孔直径 *L*	螺孔数量 *n*	螺纹 T_h	*d*	*f*1	*x*	*f*2 *x*		*Y*	*f*3			*A*	*B*	*A*	*B*				
10	17.2	14	90	60	14	4	M12	41	2	34	4	24	35	3	23	14	18	15	30	30	3	22	4	0.65
15	21.3	18	95	65	14	4	M12	46	2	39	4	29	40	3	28	14	22	19	35	35	3	22	4	0.72
20	26.9	25	105	75	14	4	M12	56	2	50	4	36	51	3	35	16	27.5	26	45	45	4	26	4	1.03
25	33.7	32	115	35	14	4	M12	65	2	57	4	43	58	3	42	16	34.5	33	52	52	4	28	5	1.24
32	42.4	38	140	100	18	4	M16	76	2	65	4	51	66	3	50	18	43.5	39	60	60	5	30	5	2.02
40	48.3	45	150	110	18	4	M16	84	2	75	4	61	76	3	60	18	49.5	46	70	70	5	32	5	2.36
50	60.3	57	165	125	18	4	M16	99	2	87	4	73	88	3	72	20	61.5	59	84	84	5	34	6	3.08
65	76.1	76	185	145	18	4	M16	118	2	109	4	95	110	3	94	22	77.5	78	104	104	6	38	6	3.93
80	88.9	89	200	160	18	8	M16	132	2	120	4	106	121	3	105	24	90.5	91	118	118	6	40	6	4.86
100	114.3	108	235	190	22	8	M20	156	2	149	4.5	129	150	3.5	128	24	116	110	145	145	6	44	7	6.91

续表

公称通径 DN	钢管外径 A1		连接尺寸					密封面尺寸								法兰厚度 C	法兰内径 B1		法兰颈			法兰高度 H	坡口宽度 b	法兰理论重量 (kg)
								突面		凸面		榫面 W	凹面		槽面 Z				N		R			
	A	B	法兰管径 D	螺栓孔中心圆直径 K	螺孔直径 L	螺孔数量 n	螺纹 T_h	d	f1	x	f2 x		Y	f3			A	B	A	B				
125	139.7	133	270	220	26	8	M24	184	2	175	4.5	155	176	3.5	154	26	141.5	135	170	170	6	48	8	9.34
150	168.3	159	300	250	26	8	M24	211	2	203	4.5	183	204	3.5	182	28	170.5	161	200	200	8	52	10	12.2
200	219.1	219	375	320	30	12	M27	284	2	259	4.5	239	260	3.5	238	34	221.5	222	260	260	8	56	11	19.4
250	273	273	450	385	33	12	M30×2	345	2	312	4.5	292	313	3.5	291	38	276.5	276	318	318	10	64	12	30.5
300	323.9	325	515	450	33	16	M30×2	409	2	363	4.5	343	364	3.5	342	42	327.5	328	380	380	10	71	13	42.9
350	355.6	377	580	510	36	16	M33×2	465	2	421	5	395	422	4	394	46	359.5	381	432	444	10	78	14	58.6
400	406.4	426	660	585	39	16	M36×3	535	2	473	5	447	474	4	446	50	411	430	498	518	10	86	15	88.3
450	457	480	685	610	39	20	M36×3	560	2	523	5	497	524	4	496	57	462	485	522	545	12	94	16	85.6
500	508	530	755	670	42	20	M39×3	615	2	575	5	549	576	4	548	57	513.5	535	576	598	12	100	17	106.2
600	610	630	890	795	48	20	M45×3	735	2	675	5	649	676	4	648	72	616.5	636	686	706	12	106	18	171.2

6. HG20593—97

HG20593—97 *PN*0. 6MPa（6bar）板式平焊钢制管法兰（PL） **表 4-7-21**

公称通径 *DN*	管子外径 *A*1		连接尺寸					法兰厚度 *C*	法兰内径 *B*1		坡口宽度 *b*	法兰理论重量（kg）
	A	*B*	法兰外径 *D*	螺栓孔中心圆直径 *K*	螺栓孔直径 *L*	螺栓孔数量 *n*	螺纹 T_h		*A*	*B*		
10	17.2	14	75	50	11	4	M10	12	18	15	—	0.36
15	21.3	18	80	55	11	4	M10	12	22	19	—	0.41
20	26.9	25	90	65	11	4	M10	14	27.5	26	—	0.60
25	33.7	32	100	75	11	4	M10	14	34.5	33	—	0.73
32	42.4	38	120	90	14	4	M12	16	43.5	39	—	1.19
40	48.3	45	130	100	14	4	M12	16	49.5	46	—	1.38
50	60.3	57	140	110	14	4	M12	16	61.5	59	—	1.51
65	76.1	76	160	130	14	4	M12	16	77.5	78	—	1.85
80	88.9	89	190	150	18	4	M16	18	90.5	91	—	2.94
100	114.3	108	210	170	18	4	M16	18	116	110	—	3.41
125	139.7	133	240	200	18	8	M16	18	141.5	135	—	4.08
150	168.3	159	265	225	18	8	M16	20	170.5	161	—	5.14
200	219.1	219	320	280	18	8	M16	22	221.5	222	—	6.85

续表

公称通径 DN	管子外径 A1		连接尺寸					法兰厚度 C	法兰内径 B1		坡口宽度 b	法兰理论重量（kg）
	A	B	法兰外径 D	螺栓孔中心圆直径 K	螺栓孔直径 L	螺栓孔数量 n	螺纹 T_h		A	B		
250	273	273	375	335	18	12	M16	24	276.5	276	—	8.96
300	323.9	325	440	395	22	12	M20	24	327.5	328	—	11.9
350	355.6	377	490	445	22	12	M20	26	359.5	381	—	14.3
400	406.4	426	540	495	22	16	M20	28	411	430	—	17.1
450	457	480	595	550	22	16	M20	30	462	485	—	20.5
500	508	530	645	600	22	20	M20	32	513.5	535	—	23.7
600	610	630	755	705	26	20	M24	36	616.5	636	—	33.7
700	711	720	860	810	26	24	M24	40	715	724	—	49.1
800	813	820	975	920	30	24	M27	44	817	824	—	67.8
900	914	920	1075	1020	30	24	M27	48	918	924	—	82.9
1000	1016	1020	1175	1120	30	28	M27	52	1020	1024	—	98.3
1200	1219	1220	1405	1340	33	32	M30×2	60	1223	1224	—	163.1
1400	1422	1420	1630	1660	36	36	M33×2	68	1426	1424	—	244.1
1600	1626	1620	1830	1760	36	40	M33×2	76	1630	1624	—	309.0
1800	1829	1820	2045	1970	39	44	M36×3	84	1833	1824	17	408.0
2000	2032	2020	2265	2180	42	48	M39×3	92	2036	2024	18	538.0

HG20593—97 *PN*1.0MPa（10bar）板式平焊钢制管法兰（PL） **表 4-7-22**

公称通径 *DN*	管子外径 *A*1		连接尺寸					法兰厚度 *C*	法兰内径 *B*1		法兰理论重量（kg）
	A	*B*	法兰外径 *D*	螺栓孔中心圆直径 *K*	螺栓孔直径 *L*	螺栓孔数量 *n*	螺纹 T_h		*A*	*B*	
10	17.2	14	90	60	14	4	M12	14	18	15	0.61
15	21.3	18	95	65	14	4	M12	14	22	19	0.68
20	26.9	25	105	75	14	4	M12	16	27.5	26	0.94
25	33.7	32	115	85	14	4	M12	16	34.5	33	1.12
32	42.4	38	140	100	18	4	M16	18	43.5	39	1.86
40	48.3	45	150	110	18	4	M16	18	49.5	46	2.12
50	60.3	57	165	125	18	4	M16	20	61.5	59	2.77
65	76.1	76	185	145	18	4	M16	20	77.5	78	3.31
80	88.9	89	200	160	18	8	M16	20	90.5	91	3.59
100	114.3	108	220	180	18	8	M16	22	116	110	4.57
125	139.7	133	250	210	18	8	M16	22	141.5	135	5.65
150	168.3	159	285	240	22	8	M20	24	170.5	161	7.61
200	219.1	219	340	295	22	8	M20	24	221.5	222	9.24
250	273	273	395	350	22	12	M20	26	276.5	276	11.9
300	323.9	325	445	400	22	12	M20	28	327.5	328	14.6
350	355.6	377	505	460	22	16	M20	30	359.5	381	18.9
400	406.4	426	565	515	26	16	M24	32	411	430	24.4
450	457	480	615	565	26	20	M24	35	462	485	27.9
500	508	530	670	620	26	20	M24	38	513.5	635	34.9
600	610	630	780	725	30	20	M27	42	616.5	636	48.1

HG20593—97 *PN*1.6MPa（16bar）板式平焊钢制管法兰（PL） **表 4-7-23**

公称通径 *DN*	管子外径 *A*1		连接尺寸					法兰厚度 *C*	法兰内径 *B*1		坡口宽度 *b*
	A	*B*	法兰外径 *D*	螺栓孔中心圆直径 *K*	螺栓孔直径 *L*	螺栓孔数量 *n*	螺纹 T_h		*A*	*B*	
10	17.2	14	90	60	14	4	M12	14	18	15	4
15	21.3	18	95	65	14	4	M12	14	22	19	4
20	26.9	25	105	75	14	4	M12	16	27.5	26	4
25	33.7	32	115	85	14	4	M12	16	34.5	33	5
32	42.4	38	140	100	18	4	M16	18	43.5	39	5
40	48.3	45	150	110	18	4	M16	18	49.5	46	5
50	60.3	57	165	125	18	4	M16	20	61.5	59	5
65	76.1	76	185	145	18	4	M16	20	77.5	78	6
80	88.9	89	200	160	18	8	M16	20	90.5	91	6
100	114.3	108	220	180	18	8	M16	22	116	110	6
125	139.7	133	250	210	18	8	M16	22	141.5	135	6
150	168.3	159	285	240	22	8	M20	24	170.5	161	6
200	219.1	219	340	295	22	12	M20	26	221.5	222	8
250	273	273	405	355	26	12	M24	28	276.5	276	10
300	323.9	325	460	410	26	12	M24	32	327.5	328	11
350	355.6	377	520	470	26	16	M24	35	359.5	381	12
400	406.4	426	580	525	30	16	M27	38	411	430	12
450	457	480	640	585	30	20	M27	42	462	485	12
500	508	530	715	650	33	20	M30×2	46	513.5	535	12
600	610	630	840	770	36	20	M30×2	52	616.5	636	12

HG20594—97 PN1.0MPa（10bar）带颈平焊钢制管法兰（SO） 表 4-7-24

公称通径 DN	钢管外径 A1		连接尺寸					法兰厚度 C	法兰内径 B1		法兰颈			法兰高度 H	坡口宽度 b	法兰理论重量 (kg)
	A	B	法兰外径 D	螺栓孔中心圆直径 K	螺栓孔直径 L	螺栓孔数量 n	螺纹 T_h		A	B	N A	N B	R			
10	17.2	14	90	60	14	4	M12	14	18	15	30	30	3	22	—	0.65
15	21.3	18	95	65	14	4	M12	14	22	19	35	35	3	22	—	0.72
20	26.9	25	105	75	14	4	M12	16	27.5	26	45	45	4	26	—	1.03
25	33.7	32	115	85	14	4	M12	16	34.5	33	62	52	4	28	—	1.24
32	42.4	38	140	100	18	4	M16	18	43.5	39	60	60	5	30	—	2.02
40	48.3	45	150	110	18	4	M16	18	49.5	46	70	70	5	32	—	2.36
50	60.3	57	165	125	18	4	M16	20	61.5	59	84	84	5	34	—	3.08
65	76.1	76	185	145	18	4	M16	20	77.5	78	104	104	6	32	—	3.66
80	88.9	89	200	160	18	8	M16	20	90.5	91	118	118	6	34	—	4.08
100	114.3	108	220	180	18	8	M16	22	116	110	140	140	6	40	—	5.40
125	139.7	133	250	210	18	8	M16	22	141.5	135	168	168	6	44	—	7.01
150	168.3	159	235	240	22	8	M20	24	170.5	161	195	195	8	44	—	9.10
200	219.1	219	340	295	22	8	M20	24	221.5	222	246	246	8	44	—	10.6
250	273	273	395	350	22	12	M20	26	276.5	276	298	298	10	46	—	13.4
300	323.9	325	445	400	22	12	M20	26	327.5	328	350	350	10	45	—	15.4
350	355.6	377	505	460	22	16	M20	26	359.5	381	400	412	10	53	—	20.5
400	406.4	426	565	515	26	16	M24	26	411	430	456	475	10	57	—	27.6
450	457	480	615	565	26	20	M24	28	462	485	502	525	12	63	12	31.1
500	508	530	670	620	26	20	M24	28	513.5	535	559	581	12	67	12	38.1
600	610	630	780	725	30	20	M27	28	616.5	636	658	678	12	75	12	48.1

HG20594—97 *PN*1.6MPa（16bar）带颈平焊钢制管法兰（SO） **表 4-7-25**

公称通径 *DN*	钢管外径 *A*1		连接尺寸					法兰厚度 *C*	法兰内径 *B*1		法兰颈			法兰高度 *H*	坡口宽度 *b*	法兰理论重量 (kg)
			法兰外径 *D*	螺栓孔中心圆直径 *K*	螺栓孔直径 *L*	螺栓孔数量 *n*	螺纹 T_h				*N*		*R*			
	A	*B*							*A*	*B*	*A*	*B*				
10	17.2	14	90	60	14	4	M12	14	18	15	30	30	3	22	—	0.65
15	21.3	18	95	65	14	4	M12	14	22	19	35	35	3	22	—	0.72
20	26.9	25	105	75	14	4	M12	16	27.5	26	45	45	4	26	—	1.03
25	33.7	32	115	35	14	4	M12	16	34.5	33	52	52	4	28	—	1.24
32	42.4	38	140	100	18	4	M16	18	43.5	39	60	60	5	30	—	2.02
40	48.3	45	150	110	18	4	M16	18	49.5	46	70	70	5	32	—	2.36
50	60.3	57	165	125	18	4	M16	20	61.5	59	84	84	5	34	—	3.08
65	76.1	76	185	145	18	4	M16	20	77.5	78	104	104	6	32	—	3.66
80	88.9	89	200	160	18	8	M16	20	90.5	91	118	118	6	34	—	4.08
100	114.3	108	220	180	18	8	M16	22	116	110	140	140	6	40	—	5.40
125	139.7	133	250	210	18	8	M16	22	141.5	135	168	168	6	44	—	7.01
150	168.3	159	285	240	22	8	M20	24	170.5	161	195	195	8	44	—	9.10
200	219.1	219	340	295	22	8	M20	24	221.5	222	246	246	8	44	—	10.6
250	273	273	395	350	22	12	M20	26	276.5	276	298	298	10	46	—	12.4
300	323.9	325	445	400	22	12	M20	26	327.5	328	360	360	10	46	—	15.4
350	355.6	377	505	460	22	16	M20	26	359.5	381	400	412	10	63	—	20.5
400	406.4	426	565	515	26	16	M24	26	411	430	456	475	10	57	—	27.6
450	457	480	615	565	26	20	M24	28	462	485	502	525	12	63	12	31.1
500	508	530	670	620	26	20	M24	28	513.5	535	559	581	12	67	12	38.1
600	610	630	780	725	30	20	M27	28	616.5	636	658	678	12	75	12	48.1

HG20594—97 *PN*2.5MPa（25bar）带颈平焊钢制管法兰（SO） 表 4-7-26

公称通径 *DN*	钢管外径 *A*1		连接尺寸					法兰厚度 *C*	法兰内径 *B*1		法兰颈			法兰高度 *H*	坡口宽度 *b*	法兰理论重量（kg）
			法兰外径 *D*	螺栓孔中心圆直径 *K*	螺栓孔直径 *L*	螺栓孔数量 *n*	螺纹 T_h				*N*		*R*			
	A	*B*							*A*	*B*	*A*	*B*				
10	17.2	14	90	60	14	4	M12	14	18	15	30	30	3	22	4	0.65
15	21.3	18	95	65	14	4	M12	14	22	19	35	35	3	22	4	0.72
20	26.9	25	105	75	14	4	M12	16	27.5	26	45	45	4	26	4	1.03
25	33.7	32	115	85	14	4	M12	16	34.5	33	52	52	4	28	5	1.24
32	42.4	38	140	100	18	4	M16	18	43.5	39	60	60	5	30	5	2.02
40	48.3	45	150	110	18	4	M16	18	49.5	46	70	70	5	32	5	2.36
50	60.3	57	165	125	18	4	M16	20	61.5	59	84	84	5	34	5	3.08
65	16.1	76	185	145	18	8	M16	22	77.5	78	104	104	6	38	6	3.93
80	88.9	89	200	160	18	8	M16	24	90.5	91	118	118	6	40	6	4.86
100	114.3	108	235	190	22	8	M20	24	116	110	145	145	6	44	6	6.91
125	139.7	133	270	220	26	8	M24	26	141.5	135	170	170	6	48	6	9.34
150	168.3	159	300	250	26	8	M24	28	170.5	161	200	200	8	52	6	12.2
200	219.1	219	360	310	26	12	M24	30	221.5	222	256	256	8	52	8	15.6
250	273	273	425	370	30	12	M27	32	276.5	276	310	310	10	60	10	21.9
300	323.9	325	485	430	30	16	M27	34	327.5	328	364	364	10	67	11	28.8
350	355.6	377	555	490	33	16	M30×2	38	359.5	381	418	430	10	72	12	42.4
400	406.4	426	620	550	36	16	M33×2	40	411	430	472	492	10	78	12	57.4
450	457	480	670	600	36	20	M33×2	42	462	485	520	542	12	84	12	63.7
500	508	530	730	660	36	20	M33×2	44	513.5	535	580	602	12	90	12	81.4
600	610	630	845	770	39	20	M36×3	45	616.5	636	684	684	12	100	12	109.4

HG20594—97 PN4.0MPa（40bar）带颈平焊钢制管法兰（SO） **表 4-7-27**

公称通径 DN	钢管外径 A1		连接尺寸					法兰厚度 C	法兰内径 B1		法兰颈			法兰高度 H	坡口宽度 b	法兰理论重量 (kg)
			法兰外径 D	螺栓孔中心圆直径 K	螺栓孔直径 L	螺栓孔数量 n	螺纹 T_h				N		R			
	A	B							A	B	A	B				
10	17.2	14	90	60	14	4	M12	14	18	15	30	30	3	22	4	0.65
15	21.3	18	95	65	14	4	M12	14	22	19	35	35	3	22	4	0.72
20	26.9	25	105	75	14	4	M12	16	27.5	26	45	45	4	26	4	1.03
25	33.7	32	115	85	14	4	M12	16	34.5	33	52	52	4	28	5	1.24
32	42.4	38	140	100	18	4	M16	18	43.5	33	60	60	5	30	5	2.02
40	48.3	45	150	110	18	4	M16	18	49.5	46	70	70	5	32	5	2.36
50	60.3	57	166	126	18	4	M16	20	61.5	59	84	84	5	34	5	3.08
65	16.1	76	185	145	18	8	M16	22	77.5	78	104	104	6	38	6	3.93
80	88.9	89	200	160	18	8	M16	24	90.5	91	118	118	6	40	6	4.86
100	114.3	108	235	190	22	8	M20	24	116	110	145	145	6	44	6	6.91
125	139.7	133	270	220	26	8	M24	26	141.5	135	170	170	6	48	6	9.34
150	168.3	159	300	250	26	8	M24	28	170.5	161	200	200	8	52	6	12.2
200	219.1	219	360	310	26	12	M24	30	221.5	222	256	256	8	52	8	15.6
250	273	273	425	370	30	12	M27	32	276.5	276	310	310	10	60	10	21.9
300	323.9	325	485	430	30	16	M27	34	327.5	328	364	364	10	67	11	28.8
350	355.6	377	555	490	33	16	M30×2	38	359.5	381	418	430	10	72	12	42.4
400	406.4	426	620	550	36	16	M33×2	40	411	430	472	492	10	78	12	57.4
450	457	480	670	600	36	20	M33×2	42	462	485	520	542	12	84	12	63.7
500	508	530	730	660	36	20	M33×2	44	513.5	535	580	602	12	90	12	81.4
600	610	630	845	770	39	20	M36×3	46	616.5	636	684	684	12	100	12	109.4

HG20595—97 *PN*4.0MPa（40bar）带颈对焊钢制管法兰（WN） 表 4-7-28

公称通径 *DN*	钢管外径（法兰端外径）*A*1		连接尺寸					法兰厚度 *C*	法兰颈					法兰高度 *H*	法兰理论重量 (kg)
			法兰外径 *D*	螺栓孔中心圆直径 *K*	螺栓孔直径 *L*	螺栓孔数量 *n*	螺纹 T_h		*N*		*S*	*B*1	*R*		
	A	*B*							*A*	*B*					
10	17.2	14	90	60	14	4	M12	14	28	28	2.3	6	3	36	0.66
15	21.3	18	95	65	14	4	M12	14	32	32	3.2	6	3	38	0.75
20	26.9	25	105	75	14	4	M12	16	40	40	3.2	6	4	40	1.05
25	33.7	32	115	85	14	4	M12	16	46	46	3.2	6	4	40	1.26
32	42.4	38	140	100	18	4	M16	18	56	56	3.6	6	5	42	2.05
40	48.3	45	150	110	18	4	M16	18	64	64	3.6	7	5	45	2.37
50	60.3	57	165	125	18	4	M16	20	74	74	4	8	5	48	3.11
65	76.11	76	185	145	18	8	M16	20	92	92	5	10	6	52	3.94
80	88.9	89	200	160	18	8	M16	24	110	110	5.6	12	6	58	5.03
100	114.3	108	235	190	22	8	M20	24	134	134	6.3	12	6	65	7.01
125	139.7	133	270	220	26	8	M24	26	162	162	6.3	12	6	68	9.61
150	168.3	159	300	250	26	8	M24	28	190	190	7.1	12	8	75	12.7
200	219.1	219	375	320	30	12	M27	34	244	244	8	16	8	88	21.4
250	273	273	450	385	33	12	M30×2	38	306	306	10	18	10	105	34.6
300	323.9	325	515	450	33	16	M30×2	42	362	362	10	18	10	115	48.2
350	355.6	377	580	510	36	16	M33×2	46	408	430	11	20	10	125	66.8
400	406.4	426	360	585	39	16	M36×2	50	462	482	12.5	20	10	135	96.0
450	467	480	385	610	39	20	M36×2	57	500	522	14.2	20	12	135	100.1
500	508	530	755	670	42	20	M39×3	67	582	584	16	20	12	140	125.9
600	610	630	390	795	48	20	M45×3	72	666	686	17.5	20	12	150	204.2

HG20595—97 *PN*6.3MPa（63bar）带颈对焊钢制管法兰（WN）　　表 4-7-29

公称通径 *DN*	钢管外径（法兰端外径）A1		连接尺寸					法兰厚度 *C*	法兰颈					法兰高度 *H*	法兰理论重量 (kg)
	A	B	法兰外径 *D*	螺栓孔中心圆直径 *K*	螺栓孔直径 *L*	螺栓孔数量 *n*	螺纹 T_h		*N* A	*N* B	*S*	*B*1 %	*R*		
10	17.2	14	100	70	14	4	M12	20	32	32	3	6	3	45	1.18
15	21.3	18	105	75	14	4	M12	20	34	34	3.2	6	3	45	1.30
20	26.9	25	130	90	18	4	M16	20	42	42	3.6	6	4	52	2.00
26	33.7	32	140	100	18	4	M16	24	52	52	3.6	8	4	58	2.79
32	42.4	38	155	110	22	4	M20	24	60	60	3.6	8	5	60	3.38
40	48.3	45	170	125	22	4	M20	26	70	70	4	10	5	62	4.40
50	60.3	57	180	135	22	4	M20	26	82	82	5	10	5	62	4.86
65	76.1	76	205	160	22	8	M20	26	98	98	6	12	6	68	5.92
80	88.9	89	215	170	22	8	M20	28	112	112	6	12	6	72	6.93
100	114.3	108	250	200	26	8	M24	30	138	138	7	12	6	78	9.98
125	139.7	133	295	240	30	8	M27	34	168	168	7.5	12	6	88	15.6
150	168.3	159	345	280	33	8	M30×2	36	202	202	8.5	12	8	95	23.0
200	219.1	219	415	345	36	12	M33×2	42	256	256	10.5	16	8	110	35.0
250	273	273	470	400	36	12	M33×2	46	316	316	13.5	18	10	125	48.9
300	323.9	326	530	460	36	16	M33×2	52	372	372	15.5	18	10	140	68.3
350	355.6	377	600	525	39	16	M36×3	56	420	442	17.5	20	10	150	95.4
400	406.4	426	670	585	42	16	M39×3	60	475	495	20	20	10	160	141.3

HG20595—97 *PN*10.0MPa（100bar）带颈对焊钢制管法兰（WN）　　表 4-7-30

公称通径 DN	钢管外径（法兰端外径）$A1$		连接尺寸					法兰厚度 C	法兰颈					法兰高度 H	法兰理论重量（kg）
			法兰外径 D	螺栓孔中心圆直径 K	螺栓孔直径 L	螺栓孔数量 n	螺纹 T_h		N		S	$B1$ %	R		
	A	B							A	B					
10	17.2	14	100	70	14	4	M12	20	32	32	3	6	3	45	1.18
15	21.3	18	105	75	14	4	M12	20	34	34	3.2	6	3	45	1.30
20	26.9	25	130	90	18	4	M16	20	42	42	3.6	6	4	52	2.00
25	33.7	32	140	100	18	4	M16	24	52	52	3.6	8	4	58	2.79
32	42.4	38	155	110	22	4	M20	24	60	60	3.6	8	5	60	3.38
40	48.3	45	170	125	22	4	M20	26	70	70	4	10	5	62	4.40
50	60.3	57	195	145	26	4	M24	28	90	90	6	10	5	68	6.24
65	76.1	76	220	170	26	8	M24	30	108	108	7	12	6	76	7.95
80	88.9	89	230	180	26	8	M24	32	120	120	7	12	6	78	9.10
100	114.3	108	265	210	30	8	M27	36	150	150	8	12	6	90	13.9
125	139.7	133	315	260	33	8	M30×2	40	180	180	10.5	12	6	105	22.3
150	168.3	159	355	290	33	8	M30×2	44	210	210	11.5	12	8	115	30.1
200	219.1	219	430	360	36	12	M33×2	52	278	278	14.5	16	8	130	51.0
250	273	273	505	430	39	12	M36×2	60	340	340	18.5	18	10	157	82.2
300	323.9	326	586	600	42	16	M39×2	68	400	400	20.5	18	10	170	119.4
350	355.6	377	655	560	48	16	M45×3	74	460	482	22.5	20	10	189	166.2
400	406.4	426	715	620	48	16	M45×3	82	510	530	25	20	10	205	214.5

第三节 钢制管道法兰盖

HG20601—97 *PN*1.0MPa（10bar）钢制管法兰盖（BL）(mm)　　　　表 4-7-31

公称通径 *DN*	连接尺寸					法兰盖厚度 *C*	法兰盖理论重量(kg)
	法兰盖外径 *D*	螺栓孔中心圆直径 *K*	螺栓孔直径 *L*	螺栓孔数量 *n*	螺纹 T_h		
10	90	60	14	4	M12	14	0.63
15	95	65	14	4	M12	14	0.71
20	105	75	14	4	M12	16	1.01
25	115	85	14	4	M12	16	1.23
32	140	100	18	4	M16	18	2.03
40	150	110	18	4	M16	18	2.35
50	165	125	18	4	M16	20	3.20
65	185	145	18	4	M16	20	4.06
80	200	160	18	8	M16	20	4.61
100	220	180	18	8	M16	22	6.21
125	250	210	18	8	M16	22	8.12
150	285	240	22	8	M20	24	11.4
200	340	295	22	8	M20	24	16.5
250	395	350	22	12	M20	26	24.1
300	445	400	22	12	M20	26	30.8
350	505	460	22	16	M20	26	39.6
400	565	515	26	16	M24	26	49.4
450	615	565	26	20	M24	28	62.9
500	670	620	26	20	M24	28	75.1
600	780	725	30	20	M27	34	123.7
700	895	840	30	24	M27	38	182.5
800	1015	950	33	24	M30×2	42	259.9
900	1115	1050	33	28	M30×2	46	343.8
1000	1230	1160	36	28	M33×2	52	473.2
1200	1455	1380	39	32	M36×3	60	764.7

HG20601—97 *PN*1.6MPa（16bar）钢制管法兰盖（BL）(mm)　　　表 4-7-32

公称通径 *DN*	连接尺寸					法兰盖厚度 *C*	法兰盖理论重量 (kg)
	法兰盖外径 *D*	螺栓孔中心圆直径 *K*	螺栓孔直径 *L*	螺栓孔数量 *n*	螺纹 T_h		
10	90	60	14	4	M12	14	0.63
15	95	65	14	4	M12	14	0.71
20	105	75	14	4	M12	16	1.01
25	115	85	14	4	M12	16	1.23
32	140	100	18	4	M16	18	2.03
40	150	110	18	4	M16	18	2.35
50	165	125	18	4	M16	20	3.20
65	185	145	18	4	M16	20	4.06
80	200	160	18	8	M16	20	4.61
100	220	180	18	8	M16	22	6.21
125	250	210	18	8	M16	22	8.12
150	285	240	22	8	M20	24	11.4
200	340	295	22	12	M20	24	16.2
250	405	355	26	12	M24	26	25.0
300	460	410	26	12	M24	28	35.1
350	520	470	26	16	M24	30	48.0
400	580	525	30	16	M27	32	63.5
450	640	585	30	20	M27	36	86.9
500	715	650	33	20	M30×2	36	108.6
600	840	770	36	20	M33×2	44	184.3
700	910	840	36	24	M33×2	48	235.7
800	1025	950	39	24	M36×3	52	325.0
900	1125	1050	39	28	M36×3	58	437.1
1000	1255	1170	42	28	M39×3	64	601.7
1200	1485	1390	48	32	M45×3	76	998.2

HG20601—97 *PN*2. 5MPa（25bar）钢制

管法兰盖（BL）(mm)　　　　**表 4-7-33**

公称通径 *DN*	连接尺寸					法兰盖厚度 *C*	法兰盖理论重量 (kg)
	法兰盖外径 *D*	螺栓孔中心圆直径 *K*	螺栓孔直径 *L*	螺栓孔数量 *n*	螺纹 T_h		
10	90	60	14	4	M12	14	0. 63
15	95	65	14	4	M12	14	0. 71
20	105	75	14	4	M12	16	1. 01
25	115	85	14	4	M12	16	1. 23
32	140	100	18	4	M16	18	2. 03
40	150	110	18	4	M16	18	2. 35
50	165	125	18	4	M16	20	3. 20
65	185	145	18	8	M16	22	4. 29
80	200	160	18	8	M16	24	5. 53
100	235	190	22	8	M20	24	7. 59
125	270	220	26	8	M24	26	10. 8
150	300	250	26	8	M24	28	14. 6
200	360	310	26	12	M24	30	22. 5
250	425	370	30	12	M27	32	33. 5
300	485	430	30	16	M27	34	46. 3
350	555	490	33	16	M30×2	38	68. 0
400	620	550	36	16	M33×2	40	89. 6
450	670	600	36	20	M33×2	46	119. 9
500	730	660	36	20	M33×2	48	150. 0
600	845	770	39	20	M36×3	58	244. 3

HG20601—97 *PN*4.0MPa（40bar）钢制管法兰盖（BL）(mm)　表 4-7-34

公称通径 *DN*	连接尺寸					法兰盖厚度 *C*	法兰盖理论重量 (kg)
	法兰盖外径 *D*	螺栓孔中心圆直径 *K*	螺栓孔直径 *L*	螺栓孔数量 *n*	螺纹 T_h		
10	90	60	14	4	M12	14	0.63
15	95	65	14	4	M12	14	0.71
20	105	75	14	4	M12	16	1.01
25	115	85	14	4	M12	16	1.23
32	140	100	18	4	M16	18	2.03
40	150	110	18	4	M16	18	2.35
50	165	125	18	4	M16	20	3.20
65	185	145	18	8	M16	22	4.29
80	200	160	18	8	M16	24	5.53
100	235	190	22	8	M20	24	7.59
125	270	220	26	8	M24	26	10.8
150	300	250	26	8	M24	28	14.6
200	375	320	30	12	M27	34	27.2
250	450	385	33	12	M30×2	38	44.4
300	515	450	33	16	M30×2	42	64.1
350	580	510	36	16	M33×2	46	89.5
400	660	585	39	16	M36×3	50	126.7
450	685	610	39	20	M36×3	57	154.1
500	755	670	42	20	M39×3	57	187.7
600	890	795	48	20	M45×3	72	331.0

HG20601—97 *PN*6.3MPa（63bar）钢制管法兰盖（BL）(mm)　表 4-7-35

公称通径 *DN*	连接尺寸					法兰盖厚度 *C*	法兰盖理论重量 (kg)
	法兰盖外径 *D*	螺栓孔中心圆直径 *K*	螺栓孔直径 *L*	螺栓孔数量 *n*	螺纹 T_h		
10	100	70	14	4	M12	20	1.14
15	105	75	14	4	M12	20	1.26
20	130	90	18	4	M16	20	1.92
25	140	100	18	4	M16	24	2.71
32	155	110	22	4	M20	24	3.27
40	170	125	22	4	M20	26	4.32
50	180	135	22	4	M20	26	4.88

续表

公称通径 DN	连接尺寸					法兰盖厚度 C	法兰盖理论重量 (kg)
	法兰盖外径 D	螺栓孔中心圆直径 K	螺栓孔直径 L	螺栓孔数量 n	螺纹 T_h		
65	205	160	22	8	M20	26	6.11
80	215	170	22	8	M20	28	7.31
100	250	200	26	8	M24	30	10.6
125	295	240	30	8	M27	34	16.7
150	345	280	33	8	M30×2	36	24.5
200	415	345	36	12	M33×2	42	40.5
250	470	400	36	12	M33×2	46	58.2
300	530	460	36	16	M33×2	52	83.4
350	600	525	39	16	M36×3	56	115.8
400	670	585	42	16	M39×3	60	155.5

HG20601—97 *PN*10.0MPa（100bar）**钢制管法兰盖**（BL）**表 4-7-36**

公称通径 DN	连接尺寸					法兰盖厚度 C	法兰盖理论重量 (kg)
	法兰盖外径 D	螺栓孔中心圆直径 K	螺栓孔直径 L	螺栓孔数量 n	螺纹 T_h		
10	100	70	14	4	M12	20	1.14
15	105	75	14	4	M12	20	1.26
20	130	90	18	4	M16	20	1.92
25	140	100	18	4	M16	24	2.71
32	155	110	22	4	M20	24	3.27
40	170	125	22	4	M20	26	4.32
50	195	145	26	4	M24	28	6.09
65	220	170	26	8	M24	30	7.95
80	230	180	26	8	M24	32	9.37
100	265	210	30	8	M27	36	14.0
125	315	250	33	8	M30×2	40	22.3
150	355	290	33	12	M30×2	44	30.6
200	430	360	36	12	M33×2	52	54.3
250	505	430	39	12	M36×3	60	87.5
300	585	500	42	16	M39×3	68	131.6
350	655	560	48	16	M45×3	74	178.8
400	715	620	48	16	M45×3	82	239.7

第四节　法兰用紧固件及垫片选用

1. 法兰紧固件的选用

法兰的紧固件在表 4-7-37 中虽已指定规格材质，但还应确定螺栓、螺母的类型和精度。法兰所用螺栓、螺母的类型和材质，取决于法兰的公称压力和工作温度，可参照表 4-7-38，一般规定如下：

（1）当公称压力≤2.5MPa 及工作温度≤350℃时可根据 GB 5780—86 和 GB 41—76 规定选用。

（2）当 4≤*PN*≤20MPa 或工作温度 *T*g＞350℃时，应选用 GB 901—67 规定。

法兰与紧固件材料选用　　　　表 4-7-37

<table>
<tr><th rowspan="2">零件名称</th><th rowspan="2">公称压力
（MPa）</th><th colspan="6">介质在下列温度（℃）时所用钢号</th></tr>
<tr><th><300</th><th><350</th><th><400</th><th><425</th><th><450</th><th><530</th></tr>
<tr><td rowspan="3">法兰与法兰盖</td><td>0.2、0.6、1.0、1.6、2.5</td><td>Q235</td><td colspan="4">20、25</td><td>—</td></tr>
<tr><td>4、6.4、10</td><td colspan="5">20、25</td><td>12CrMo、15CrMoA</td></tr>
<tr><td>16、20</td><td colspan="5">20、25</td><td>12CrMo、15CrMoA</td></tr>
<tr><td rowspan="3">螺栓及双头螺栓</td><td>0.25、0.6、1.0</td><td colspan="2">A5</td><td colspan="2">25、35</td><td>30CrMoA</td><td>—</td></tr>
<tr><td>4、6.4、10</td><td colspan="4">35、40</td><td>30CrMoA、35CrMoA</td><td>25Cr2MoVA</td></tr>
<tr><td>16、20</td><td colspan="2">30CrMoA、35Cr</td><td colspan="2">30CrMoA、35CrMoA</td><td>30CrMoA、35CrMoA</td><td>25Cr2MoVA</td></tr>
<tr><td rowspan="3">螺　母</td><td>0.25、0.6、1.0、1.6、2.5</td><td colspan="2">Q235</td><td colspan="2">20、30</td><td>35、45</td><td>—</td></tr>
<tr><td>4、6.4、10</td><td colspan="4">25、35</td><td>35、45</td><td>30CrMoA、35CrMoA</td></tr>
<tr><td>16、20</td><td colspan="5">35、45</td><td>30CrMoA、35CrMoA</td></tr>
<tr><td>垫圈</td><td>4、6.4、10、16、20</td><td colspan="5">25、35</td><td>12CrMo、15CrMoA</td></tr>
</table>

注：1. 法兰盖只用于 450℃以下温度的情况。

2. 螺母的硬度应低于螺栓或双头螺栓的硬度。

螺栓、螺母形式和材质　　　　表 4-7-38

紧固件名称	公称压力(MPa)	使用温度（℃）			备注
		<350	<425	≥425	
螺栓	<4	Q235、A4	25，35	合金钢	p_c<4MPa，t<350℃为半精制六角头螺栓，其余为精制双头螺栓
	≥4～6.4	35，40			
	≥10～32	40，合金钢			
螺母	<4	Q235、A4	20，30	35，45 合金钢	p_O<4MPa，t<350℃为半精制A型六角螺母，其余为精制六角螺母
	≥4～6.4	25，35			
	≥10～32	35，40 合金钢			

（3）当16≤PN32MPa时，如采用高压螺纹法兰连接，则应按《阀门零部件　接头组件》JB/T 1754—2008中的有关规定来选择法兰螺栓与螺母。

（4）在选择螺栓和螺母材料牌号时，应注意螺母材料的硬度不要高于螺栓的硬度，避免螺母破坏螺杆上的螺纹。

（5）一般情况下，在螺母下不设垫圈。当螺杆上的螺纹长度稍短，无法拧紧螺栓时，可设一钢制垫圈补偿，但不得采用垫圈叠加方法来补偿螺纹长度。螺纹露出螺母的长度应符合表4-7-39的要求。

螺栓露在螺母外面的长度　　　　表 4-7-39

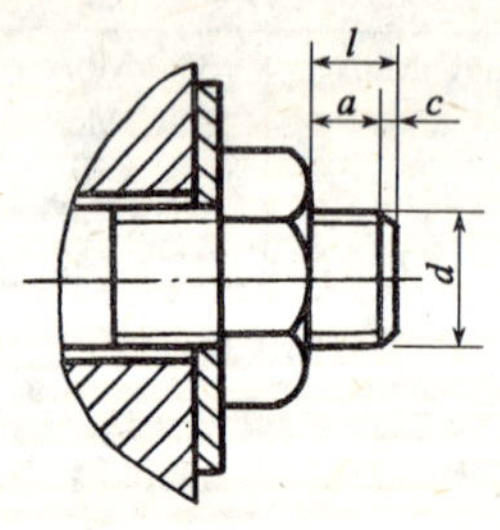

螺纹直径 d（mm）	6	7	8	9	10	11	12	14	16	18
露出螺纹长度 a（mm）	1.5～2.5			2～3				2.5～4		

续表

c（mm）	1	1	1.2	1.2	1.5	1.5	1.8	2	2	2.5
露出总长度 l（mm）	2.5～3.5	2.5～3.5	2.7～3.7	3.2～4.2	3.5～4.5	3.5～4.5	3.8～4.8	4.5～6	5～6.5	5～6.5

螺纹直径 d（mm）	20	22	24	27	30	33	36	39	42	45	48
露出螺纹长度 a（mm）	2.5～4		3～5				4～7				6～10
c（mm）	2.5	2.5	3	3.5	4	4	4.5	4.5	5	5	6
露出总长度 l（mm）	5～6.5	5～6.5	6～8	6.5～8.5	7～9	7～9	8.5～11.5	8.5～11.5	9～12	9～12	12～16

2. 法兰用垫片

中、低压法兰一般采用软垫片

垫片的材料应根据管道输送介质的特性、温度及工作压力进行选择，表 4-7-40 列出的软垫片材料可供选择参考。

法兰用垫片的选用　　表 4-7-40

输送介质	法兰公称压力（MPa）	介质温度（℃）	法兰类型	垫片类型
水、盐水、碱液、乳化液、酸类	≤1.0	<60	光滑面平焊	工业橡胶板
	≤1.0	<90		低压橡胶石棉板
热水、化学软水、水蒸气、冷凝液	≤1.6	≤200	光滑面平焊	低、中压橡胶石棉板，中压橡胶石棉板
	2.5	≤300		
	2.5	301～450	光滑面对焊	缠绕式垫片
	4.0	≤450	凸凹面对焊	缠绕式垫片
	6.4～20	<660		金属齿形垫片
压缩空气、惰性气体	≤1	<60	光滑面平焊	工业橡胶板
	1.6	<150		低、中压橡胶石棉板，中压橡胶石棉板
	2.5	<200		

续表

输送介质	法兰公称压力(MPa)	介质温度(℃)	法兰类型	垫片类型
天然气、半水煤气、氮气、氢气	≤1.6	≤300	光滑面平焊	低、中压橡胶石棉板
	2.5	≤300		中压橡胶石棉板
	4.0	<500	凹凸面对焊	缠绕式垫片
	6.4	<500		金属齿形垫片
氨气、液氮	≤1.6	≤150	凹凸面平焊或对焊	低、中压橡胶石棉板
	2.5	≤150	凹凸面对焊	中压橡胶石棉板
乙炔、甲烷、乙烯等易燃、易爆气体、油品、油气、液化气、氢气、催化剂、溶剂、浓度小于25%的尿素	≤2.5	≤200	凹凸面平焊	耐油橡胶石棉板
	4.0	≤200	凹凸面对焊	缠绕式垫片
	≤1.6	≤200	光滑面平焊	耐油橡胶石棉板
	≤1.6	201～250	光滑面对焊	缠绕式垫片
	2.5	≤200	光滑面平焊	耐油橡胶石棉板
	2.5	201～550	光滑面对焊	缠绕式垫片
	4.0	≤550	凹凸面对焊	缠绕式垫片
	6.4	≤550	凹凸或梯形槽面对焊	金属齿形或椭圆形
	10.0～16.0	<550	梯形槽面对焊	金属椭圆形垫片
具有氧化性的气体	0.6	300	光滑面平焊	浸渍过的白石棉
水、压缩空气、酸碱溶液、具有氧化性气体	0.6	50	光滑面平焊	软聚氯乙烯板

第八章　管道阀门代号与选用

第一节　阀门型号的编制方法

1. 阀门的型号编制方法如下

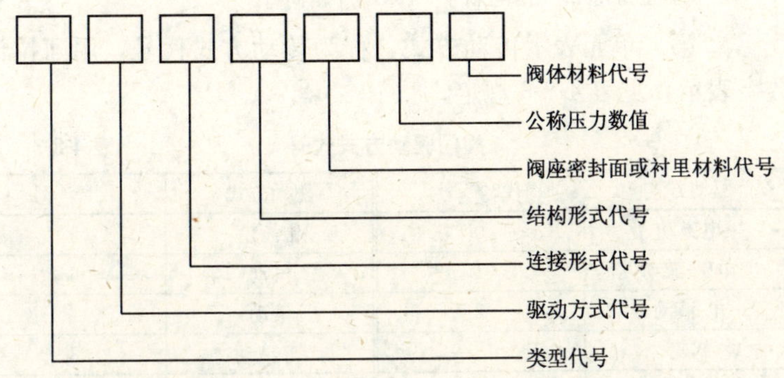

2. 阀门类型代号

第一单元表示阀门的类型，称为类型代号，类型代号用汉语拼音字母表示，见表 4-8-1 规定。

阀门类型代号　　**表 4-8-1**

阀门类型	代　号	阀门类型	代　号
弹簧载荷安全阀	A	排污阀	P
蝶阀	D	球　阀	Q
隔膜阀	G	蒸汽疏水阀	S
杠杆式安全阀	GΛ	柱塞阀	U
止回阀和底阀	H	旋塞阀	X
载止阀	J	减压阀	Y
节流阀	L	闸阀	Z

当阀门还具有其他功能作用或带有其他特异结构时，在阀门类型代号前再加注一个汉语拼音字母，按表 4-8-2 规定。

具有其他功能作用或带有其他特异结构的阀门表示代号　　表 4-8-2

第二功能作用名称	代　号	第二功能作用名称	代　号
保温型	B	排渣型	P
低温型	D[a]	快速型	Q
防火型	F	（阀杆密封）波纹管型	W
缓闭型	H	—	—

注：低温型指允许使用温度低于－46℃以下的阀门。

3. 第二单元表示传动方式，称为传动方式代号，用阿拉伯数字表示，见表 4-8-3 规定。

阀门驱动方式代号　　表 4-8-3

驱动方式	代　号	驱动方式	代　号
电磁动	0	锥齿轮	5
电磁-液动	1	气动	6
电-液动	2	液动	7
蜗轮	3	气-液动	8
正齿轮	4	电动	9

注：代号 1、代号 2 及代号 8 是用在阀门启闭时，需有两种动力源同时对阀门进行操作。

对于使用手轮、手柄和扳手传动的阀门以及安全阀、减压阀、疏水阀，省略本单元代号，故本表内无规定。对于气动或液动分为常开式和常闭式两种。常开式用 6K、7K 表示；常闭式用 6B、7B 表示；气动带手动用 6S 表示，防爆电动用“9B”表示。蜗杆-T 形螺母用 3T 表示。

4. 第三单元为连接形式代号，表示阀门与管道或设备接口连接方式，连接形式代号用阿拉伯数字代号表示，其中焊接连接包括对焊和承插焊接，见表 4-8-4 规定。

阀门连接端连接形式代号　　表 4-8-4

连接形式	代　号	连接形式	代　号
内螺纹	1	对夹	7
外螺纹	2	卡箍	8
法兰式	4	卡套	9
焊接式	6	—	—

5. 第四单元表示阀门的结构形式，称为结构形式代号。阀门的结构形式用阿拉伯数字表示。由于阀门的结构形式比较多，故其结构形式按阀门的种类分别表示，同一阿拉伯数码（代号），对于不同类型的阀门所代表的意义也不相同。具体见表 4-8-5～表 4-8-15 规定。

闸阀结构形式代号　　表 4-8-5

结构形式				代号
阀杆升降式（明杆）	楔式闸板	弹性闸板		0
		刚性闸板	单闸板	1
			双闸板	2
	平行式闸板		单闸板	3
			双闸板	4
阀杆非升降式（暗杆）	楔式闸板		单闸板	5
			双闸板	6
	平行式闸板		单闸板	7
			双闸板	8

截止阀、节流阀和柱塞阀结构形式代号　　表 4-8-6

结构形式		代号	结构形式		代号
阀瓣非平衡式	直通流道	1	阀瓣平衡式	直通流道	6
	Z 形流道	2		角式流道	7
	三通流道	3		—	—
	角式流道	4		—	—
	直流流道	5		—	—

球阀结构形式代号　　表 4-8-7

结构形式		代号	结构形式		代号
浮动球	直通流道	1	固定球	直通流道	7
	Y 形三通流道	2		四通流道	6
	L 形三通流道	4		T 形三通流道	8
	T 形三通流道	5		L 形三通流道	9
	—	—		半球直通	0

蝶阀结构形式代号　　表 4-8-8

结构形式		代号	结构形式		代号
密封型	单偏心	0	非密闭型	单偏心	5
	中心垂直板	1		中心垂直板	6
	双偏心	2		双偏心	7
	三偏心	3		三偏心	8
	连杆机构	4		连杆机构	9

隔膜阀结构形式代号　　表 4-8-9

结构形式	代号	结构形式	代号
屋脊流道	1	直通流道	6
直流流道	5	Y形角式流道	8

旋塞阀结构形式代号　　表 4-8-10

结构形式		代号	结构形式		代号
填料密封	直通流道	3	油密封	直通流道	7
	T形三通流道	4		T形三通流道	8
	四通流道	5		—	—

止回阀结构形式代号　　表 4-8-11

结构形式		代号	结构形式		代号
升降式阀瓣	直通流道	1	旋启式阀瓣	单瓣结构	4
	立式结构	2		多瓣结构	5
	角式流道	3		双瓣结构	6
—	—	—	蝶形止回式		7

安全阀结构形式代号　　表 4-8-12

结构形式		代号	结构形式		代号
弹簧载荷弹簧封闭结构	带散热片全启式	0	弹簧载荷弹簧不封闭且带扳手结构	微启式、双联阀	3
	微启式	1		微启式	7
	全启式	2		全启式	8
	带扳手全启式	4		—	—

续表

结构形式		代号	结构形式	代号
杠杆式	单杠杆	2	带控制机构全启式	6
	双杠杆	4	脉冲式	9

减压阀结构形式代号　　　表 4-8-13

结构形式	代号	结构形式	代号
薄膜式	1	波纹管式	4
弹簧薄膜式	2	杠杆式	5
活塞式	3	—	—

蒸汽疏水阀结构形式代号　　　表 4-8-14

结构形式	代号	结构形式	代号
浮球式	1	蒸汽压力式或膜盒式	6
浮桶式	3	双金属片式	7
液体或固体膨胀式	4	脉冲式	8
钟形浮子式	5	圆盘热动力式	9

排污阀结构形式代号　　　表 4-8-15

结构形式		代号	结构形式		代号
液面连接排放	截止型直通式	1	液底间断排放	截止型直流式	5
	截止型角式	2		截止型直通式	6
	—	—		截止型角式	7
	—	—		浮动闸板型直通式	8

6. 第五单元表示阀门阀座的密封面材料或衬里阀的衬里材料，阀座的密封面材料或衬里材料代号用汉语拼音字母表示，见表 4-8-16。

如阀座密封面是由阀体直接加工的阀座密封面材料代号用“W”表示，当阀座和阀瓣（闸板）密封面材料相同时，用低硬度材料代号表示（隔膜阀除外）。

密封面或衬里材料代号　　表 4-8-16

密封面或衬里材料	代号	密封面或衬里材料	代号
锡基轴承合金（巴氏合金）	B	尼龙塑料	N
搪瓷	C	渗硼钢	P
渗氮钢	D	衬铅	Q
氟塑料	F	奥氏体不锈钢	R
陶瓷	G	塑料	S
Cr13 系不锈钢	H	铜合金	T
衬胶	J	橡胶	X
蒙乃尔合金	M	硬质合金	Y

7. 在横线之后的第六单元表示阀门的公称压力数值。在表示阀门型号时，只写公称压力的数值，不写单位。

8. 第七单元表示阀体材料，称为阀体材料代号，用汉语拼音字母表示，见表 4-8-17 规定。$PN \leqslant 1.6$MPa 的灰铸铁阀体和 $PN \geqslant 2.5$MPa 的碳素钢阀体省略本代号。

阀体材料代号　　表 4-8-17

阀体材料	代　号	阀体材料	代　号
碳钢	C	铬镍钼系不锈钢	R
Cr13 系不锈钢	H	塑料	S
铬钼系钢	I	铜及铜合金	T
可锻铸铁	K	钛及钛合金	T_1
铝合金	L	铬钼钒钢	V
铬镍系不锈钢	P	灰铸铁	Z
球墨铸铁	Q	—	—

注：CF3、CF8、CF3M、CF8M 等材料牌号可直接标注在阀体上。

第二节　阀门的分类

工程中使用的阀门种类很多，说法也不完全统一。有的按用途分（如化工、石油、电站等）、有的按介质分（如水蒸气、空气阀等)、有的按材质分(如铸铁阀、铸钢阀、锻钢阀等)、有的按连接形式分(如内螺纹、法兰阀等)、有的按温度分(如低温阀、高温阀等)。我国目前大多数习惯是按压力和结构种类来区分。

1. 按结构种类分

1)球阀

球阀不仅结构简单、密封性能好,而且在一定的公称通径范围内体积较小、重量轻、材料耗用少、安装尺寸小,并且驱动力矩小,操作简便、易实现快速启闭,是近十几年来发展最快的阀门品种之一。球阀是由旋塞阀演变而来的,它的启闭件作为一个球体,利用球体绕阀杆的轴线旋转 90°实现开启和关闭的目的。球阀在管道上主要用于切断、分配和改变介质流动方向,设计成 V 形开口的球阀还具有良好的流量调节功能。

特别是在美、日、德、法、意、西、英等工业发达国家,球阀的使用非常广泛,使用品种和数量仍在继续扩大,并向高温、高压、大口径、高密封性、长寿命、优良的调节性能以及一阀多功能方向发展,其可靠性及其他性能指标均达到较高水平,并已部分取代闸阀、截止阀、节流阀。随着球阀的技术进步,在可以预见的短时间内,特别是在石油天然气管线上、炼油裂解装置上以及核工业上将有更广泛的应用。此外,在其他工业中的大中型口径、中低压力领域,球阀也将会成为主导的阀门类型之一。

球阀性能范围:

公称通径:10~600mm;

压力范围：1.6～16MPa；

适用介质：水、油品、蒸汽等；

制造标准：GB ANSI JIS API DIN。

2）蝶阀

蝶阀是用圆盘式启闭件往复回转90°左右来开启、关闭和调节流体通道的一种阀门。蝶阀不仅结构简单、体积小、重量轻、材料耗用省，安装尺寸小，而且驱动力矩小，操作简便、迅速，并且还可同时具有良好的流量调节功能和关闭密封性能，配用不同材质的蝶阀还可以适用于各种腐蚀性介质的管路，是近十几年来发展最快的阀门品种之一。

蝶阀性能范围：

公称通径：50～2000mm；

压力范围：0.6～6.4MPa；

适用介质：水、油品、蒸汽、腐蚀性介质；

制造标准：GB、ANSI、JIS。

3）闸阀

闸阀是指关闭件（闸板）沿通路中心线的垂直方向移动的阀门。闸阀在管路中只能作全开和全关切断用，不能作调节和节流。闸阀是使用范围很广的一种阀门，一般口径 $DN \geqslant 50$mm 的切断装置也都选用它，有时口径很小的切断装置也选用闸阀，最近几年大力开发的弹性座封闸阀（软密封闸阀），具有密封性能更加良好的特点，是适用于环保、给排水行业的首选产品。

闸阀性能范围：

公称通径：15～1200mm；

压力范围：1.6～16MPa；

适用介质：水、油品、蒸汽、气体等；

制造标准：GB、ANSI、JIS DIN。

4）电磁阀

电磁阀主要应用于各种管道的自控系统，主要依靠电磁力来直接或间接驱动的阀门，电磁阀主要分类有直动式电磁阀、分步直动式电磁阀、间接先导式电磁阀等多种结构分类。

电磁阀性能范围：

公称通径：10～200mm；

压力范围：1.6～10MPa；

适用介质：水、蒸汽、腐蚀性介质；

制造标准：GB、ANSI、JIS。

5）安全阀

安全阀用在受压设备、容器或管路上，作为超压保护装置。当设备、容器或管路内的压力升高超过允许值时，阀门自动开启，继而全量排放，以防止设备、容器或管路内的压力继续升高；当压力降低到规定值时，阀门应自动及时关闭，从而保护设备、容器或管路的安全运行。

安全阀性能范围：

公称通径：15～400mm；

压力范围：1.6～60.0MPa；

适用介质：蒸汽、水、油品等；

制造标准：GB、JB、ANSI、JIS。

6）水力控制阀

水力控制阀就是水压控制的阀门，它由一个主阀及其附设的导管、导阀、针阀、球阀和压力表等组成。根据使用目的、功能及场所的不同可演变成遥控浮球阀、减压阀、缓闭止回阀、流量控制阀、泄压阀、水力电动控制阀、水泵控制阀等。

水力控制阀按结构可分为隔膜型和活塞型两类，工作原理相同，都是以上下游压力差 ΔP 为动力，由导阀控制，使隔膜（活塞）液压式差动操作，完全由水力自动调节，从而使主阀阀盘完全开启或完全关闭或处于调节状态。当进入隔膜（活塞）上方控制室内的压力水被排到大气或下游低压区时，作用在阀盘底部和隔膜下方的压力值就大于上方的压力值，所以将主阀阀盘推到完全开启的位置；当进入隔膜（活塞）上方控制室内的压力水不能排到大气或下游低压区时，作用在隔膜（活塞）上方的压力值就大于下方的压力值，所以就会把主阀阀盘压到完全关闭的位置；当隔膜（活塞）上方控制室内的压力值处于入口压力与出口压力中间时，主阀阀盘就处于调节状态，其调节位置取决于导管系统中的针阀和可调导阀的联合控制作用。可调导阀可以通过下游的出口压力并随它的变化而开大或关小其自身的小阀口，从而改变隔膜（活塞）上方控制室的压力值，控制方阀阀盘的调节位置。

水力控制阀性能范围：

公称通径：50～600mm；

压力范围：1.0～2.5MPa；

适用介质：水；

制造标准：GB、JB、ANSI。

7）截止阀

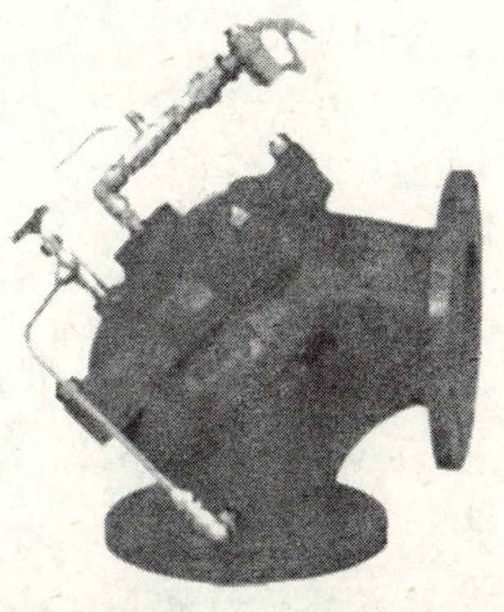

（1）截止阀在开启和关闭过程中，由于阀瓣于阀体密封面间的摩擦力比闸阀小，因而耐磨。

（2）截止阀开启高度一般仅为阀座通道直径的 1/4，因此比闸阀小得多。

（3）截止阀通常在阀体和阀瓣上只有一个密封面，因而制造工艺性比较好，便于维修。但是，截止阀的缺点也是不容忽视的。其缺点主要是流阻系数比较大，因此造成压力损失，特别是在液压装置中，这种压力损失尤为明显。

截止阀性能范围：

公称通径：15～500mm；

压力范围：1.6～16MPa；

适用介质：水、油品、气体、蒸汽等；

制造标准：GB、JB、ANSI、JIS、DIN。

8）止回阀

止回阀又称为逆流阀、逆止阀、背压阀、单向阀。这类阀门是靠管路中介质本身的流动产生的力而自动开启和关闭的，属于一种自动阀门。止回阀用于管路系统，其主要作用是防止介质倒流、防止泵及其驱动电动机反转，以及容器内介质的泄放。止回阀还可用于给其中的压力可能升至超过主系统压力的辅助系统提供补给的管路上。

止回阀性能范围：

公称通径：15～2000mm；

压力范围：1.0～16.0MPa；

适用介质：水、蒸汽、油品等；

制造标准：GB、JB、ANSI、JIS。

9）疏水阀

疏水阀在蒸汽加热系统中起到阻汽排水作用，选择合适的疏水阀，可使蒸汽加热设备达到最高工作效率。要想达到最理想的效果，就要对各种类型疏水阀的工作性能、特点进行全面的了解。

疏水阀性能范围：

公称通径：15～200mm；

压力范围：0.01～4.0MPa；

适用介质：蒸汽、热水；

制造标准：GB、JB、ANSI、JIS。

10）平衡阀

平衡阀适用于各种液体管路系统，是一种较为理想的新型节能阀门。该阀主要应用于工业和民用采暖管路系统。目前在一些管网系统中存在着水力失调问题，平衡阀提供了解决这一问题的手段，用它可以准确的调节压降和流量，用以改善管网系统中液体流动状况，达到管网液体平衡和节约能源的目的。流体循环加热或冷却系统是通过平衡阀按照严格精确的要求，控制系统的流量变化，以最优效率向建筑物各部分提供充足的加热或制冷能力，并降低能耗，使整个建筑物内得到舒适的均匀的温度，创造舒适的室内环境。

平衡阀性能范围：

公称通径：15～600mm；

压力范围：1.0～1.6MPa；

适用介质：蒸汽、水；

制造标准：GB、ANSI。

11）旋塞阀

旋塞阀是关闭件为柱塞形的旋转阀，通过旋转 90°使阀塞上的通道口与阀体上的通道口相同或分开，实现开启或关闭的一种阀门。阀塞的形状可成圆柱形或圆锥形。在圆柱形阀塞中，通道一般成矩形；而在锥形阀塞中，通道成梯形。这些形状使旋塞阀的结构变得轻巧，但同时也产生了一定的压力损失。旋塞阀最适于作为切断和接通介质以及分流使用，但是依据使用的性质和密封面的耐冲蚀性，有时也可用于节流。由于旋塞阀密封面之间运动带有擦拭作用，而在全开时可完全防止与流动介质的接触，故它通常也能用于带悬浮颗粒的介质。旋塞阀的另一个重要特性时它易于适应多通道结构，以致一个阀可以获得两个、三个，甚至四个不同的流道。这样可以简化管道系统的设计、减少阀门用量以及设备中需要的一些连接配件。

旋塞阀性能范围：

公称通径：15～300mm；

压力范围：1.0～2.5MPa；

适用介质：水、油品、蒸汽等；

制造标准：GB、JB、ANSI、JIS、DIN。

12）柱塞阀

柱塞阀是由阀体、阀盖、阀杆、柱塞、孔架、密环、手轮等零件组成（如图）。当手轮旋转时，通过阀杆带动柱塞在孔架中间上下往复运动来完成阀门的开启与关闭功能。由于柱塞阀的中柱塞与密封环间采用过盈配合。通过调节压盖中法兰螺栓，使密封环压缩所产生的侧向力与阀体中孔面积柱塞外圆密封。上海一环流体控制设备有限公司的产品既保证了柱塞阀的密封性，杜绝了内泄漏，同时柱塞开启矩小，也能实现阀门的迅速启闭。柱塞阀的密封环采用回弹性强，耐磨性高的无毒新型密封材料，具有经受长期高温，高压而不丧失弹性，所以密封性能可靠，经久耐用。

柱塞阀性能范围：

公称通径：15～400mm；

压力范围：1.6～10.0MPa；

适用介质：水、油品、蒸汽；

制造标准：GB、ANSI。

13）呼吸阀

呼吸阀是安装于原油、汽油、煤油、轻柴油、芳烃等固定顶式储罐上的主要安全设备，是固定在储罐顶上的通风装置，以保证罐内压力的正常状态，防止罐内超压或真空使储罐遭受损坏，也可减少罐内液体挥发损失。产品有单呼阀、单吸阀呼吸阀，各种结构均可与阻火器组合构造，也可配制所需的接管。

为了呼吸阀使用安全，应在3～6个月内定期将波纹阻火层拆下，清洗干净，保证阻火层上每个孔畅通，防止堵塞，确保安全正常使用。

定期检查呼吸阀通风气正、负阀盘动作是否灵活，导杆及阀盘接触密封面有无损坏，如有损坏应立即调换。

在检查维护重新安装时，应保证阀内各结合面严密配合，阀盘升降灵活。

新阀启用时，应安装前清除阀盘间的防震物，否则呼吸阀将失灵。

呼吸阀性能范围：

公称通径：*DN*25～300；

压力范围：0.6MPa～1.6MPa；

适用介质：水（热水）、油品、气体；

制造标准：美标、德标、日标、国标。

14）针型阀

针型阀是作为精确的流量控制用的。阀瓣通常于阀杆做成一体，它有一个与阀座配合、精度非常高的针形头部。而且针型截止阀阀杆螺纹的螺距比一般普通截止阀的阀杆螺纹螺距要细。在通常情况下，针型截止阀阀座孔的尺寸比管道尺寸小。

针型阀性能范围：

公称通径：6～40mm；

压力范围：1.6～32.0MPa；

适用介质：水、油品、蒸汽、石油气等；

制造标准：GB、ANSI、JIS。

15）锻钢阀门

锻钢阀门分锻碳素钢阀门和锻不锈钢阀门，一般用于中高压场合，还有高温、低温场合，锻钢阀门有着更高的强度和更好的力学性能，满足更高的压力需求。

锻钢阀门性能范围：

公称通径：10～200mm；

压力范围：1.6～16MPa；

适用介质：水、油品、蒸汽、液化气等；

制造标准：GB、ANSI、JIS。

16）低温阀门

一般称为可用于－101℃以下温度条件下的阀为低温阀。低温也是严酷工况的一种，对于用于低温工况的调节阀，像高温阀一样，需同样考虑许多诸多的因素，其中最主要的是材料和填料的密封问题。

低温阀门性能范围：

公称通径：10～100mm；

压力范围：1.6～6.4MPa；

适用介质：液氧、液氮、液氩等低温气体；

制造标准：GB、ANSI、JIS。

17）衬里阀门

阀体、阀盖外形为金属，内部凡与介质接触的主要表面均采用非金属衬里，如衬陶瓷、衬塑料、衬铅等，这样既发挥了非金属的优势，又具有一定的强度，这就是衬里阀门。衬里阀门是今后非金属阀门发展的方向。目前衬陶瓷阀发展较快，广泛应用于石油、化工、造纸、制药、饮料、矿山等行业中，与碳钢、不锈钢阀门相比，具有极高的耐腐蚀性、耐磨、耐高温、耐压；隔热性能好，且膨胀小，重量轻，启闭力矩小，自动补偿磨损，维修方便。

衬里阀门性能范围：

公称通径：15～1400mm；

压力范围：0.6～1.6MPa；

适用介质：王水、硫酸、盐酸、氢氟酸和各种有机酸、强酸、强氧化剂；

制造标准：GB、ANSI、JIS。

18）减压阀

减压阀是通过调节进口压力减至某一需要的出口压力，并依靠介质本身的能量，使出口压力自动保持稳定的阀门。

从流体力学的观点看，减压阀是一个局部阻力可以变化的节流元件，即通过改变节流面积，使流速及流体的动能改变，造成不同的压力损失，从而达到减压的目的。然后依靠控制与调节系统的调节，使阀后压力的波动与弹簧力相平衡，使阀后压力在一定的误差范围内保持恒定。

减压阀性能范围：

公称通径：20～800mm；

压力范围：0.6～10.0MPa；

适用介质：水、蒸汽、油品、气体等；

制造标准：GB、ANSI、JIS。

19）过滤器

过滤器安装于阀门或泵的前面，目的是为了滤掉管道中的污物，防止污物如金属颗粒对阀门密封面或泵的叶轮的损害。按结构特点可分为Y型、T型以及篮式过滤器，用户可以根据需要作出正确选择。

过滤器性能范围：

公称通径：15～600mm；

压力范围：0.6～2.5MPa；

适用介质：用于各种介质的过滤；

制造标准：GB、ANSI、JIS。

20）特殊阀门

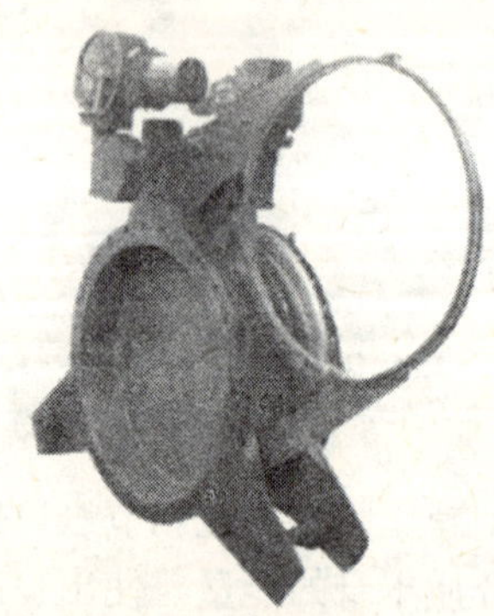

公称通径：20～2800mm；

压力范围：0.05～1.6MPa；

适用介质：水、油品、蒸汽、气体等；

制造标准：GB、ANSI、JIS。

21）电动调节阀

电动调节阀是以电力为驱动源，把电机的动能通过输出轴转化为阀轴的位移，并且通过控制模块使阀芯停位于调节器所要求的任一开度，实现对流量、压力、温度、液位等参数的控制。电动调节阀的优点就是使用方便，节省能源，控制精度高，在需要防爆的场合，只需选用防爆执行体即可。

电动调节阀性能范围：

公称通径：*DN*25～*DN*300；

压力范围：1.6MPa～40MPa；

适用介质：水（热水）、油品、气体；

制造标准：美标、德标、日标、国标。

22）气动调节阀

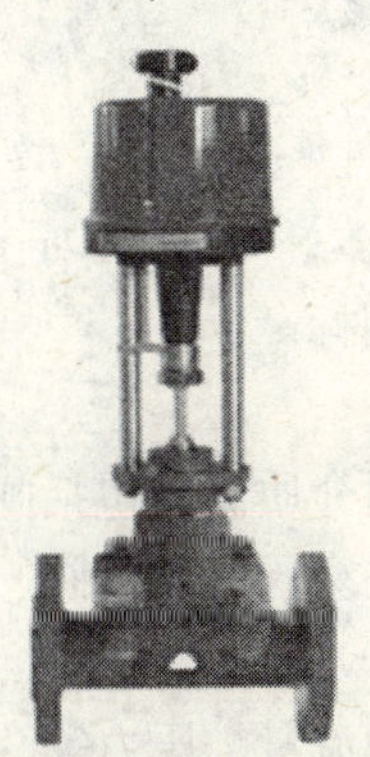

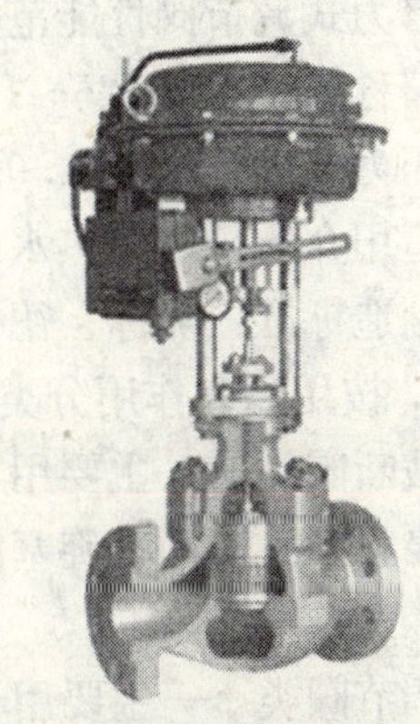

气动调节阀就是以压缩空气为动力源，以气缸为执行体，并借助于电气阀门定位器、转换器、电磁阀、保位阀等附件去驱动阀门，实现开关量或比例式调节，进而实现对工业系统中压力、温度、流量、液位等参数的调节。气动调节阀的特点就是控制简

单，反应快速，且本质安全，不需另外再采取防爆措施。

气动调节阀性能范围：

公称通径：$DN25\sim DN300$；

压力范围：1.6～40MPa；

适用介质：水（热水）、油品、气体；

制造标准：美标、德标、日标、国标。

23）自力式调节阀

自力式调节阀就是利用介质自身的能量来驱动执行体，进而驱动阀门，来实现对温度、压力、流量、液位等参数的调节。根据调节对象的不同可分为自力式压力调节阀、自力式温度调节阀、自力式流量调节阀和自力式差压调节阀。它的优点是节能环保，无需外加能源即能实现自动控制，有利于企业节约成本。在能源日益紧张的今天，它一定会有越来越广阔的使用前景。

自力式调节阀性能范围：

公称通径：$DN25\sim DN300$；

压力范围：1.6～4.0MPa；

适用介质：水（热水）、油品、气体；

制造标准：美标、德标、日标、国标。

2. 按用途和作用分类

截断阀类——主要用于截断或接通介质流。包括闸阀、截止阀、隔膜阀、球阀、旋塞阀、蝶阀、柱塞阀、球塞阀、针型仪表阀等。

调节阀类——主要用于调节介质的流量、压力等。包括调节阀、节流阀、减压阀等。

止回阀类——用于阻止介质倒流。包括各种结构的止回阀。

分流阀类——用于分离、分配或混合介质。包括各种结构的分配阀和疏水阀等。

安全阀类——用于介质超压时的安全保护。包括各种类型的安全阀。

3. 按压力分类

真空阀——工作压力低于标准大气压的阀门。

低压阀——公称压力 PN 小于 1.6MPa 的阀门。

中压阀——公称压力 PN2.5～6.4MPa 的阀门。

高压阀——公称压力 PN10.0～80.0MPa 的阀门。

超高压阀——公称压力 PN 大于 100MPa 的阀门。

4. 按介质温度分类

高温阀——t 大于 450℃的阀门。

中温阀——120℃小于 t 小于 450℃的阀门。

常温阀——40℃小于 t 小于 120℃的阀门。

低温阀——100℃小于 t 小于－40℃的阀门。

超低温阀——t 小于－100℃的阀门。

5. 按阀体材料分类

非金属材料阀门——如陶瓷阀门、玻璃钢阀门、塑料阀门。

金属材料阀门——如铜合金阀门、铝合金阀门、铅合金阀门、钛合金阀门、蒙乃尔合金阀门、铸铁阀门、碳钢阀门、铸钢阀门、低合金钢阀门、高合金钢阀门。

金属阀体衬里阀门——如衬铅阀门、衬塑料阀门、衬搪瓷阀门。

6. 通用分类法

这种分类方法既按原理、作用又按结构划分，是目前国际、国内最常用的分类方法．一般分闸阀、截止阀、节流阀、仪表阀、柱塞阀、隔膜阀、旋塞阀、球阀、蝶阀、止回阀、减压阀安全阀、疏水阀、调节阀、底阀、过滤器、排污阀等。

由于阀门的用途是广泛的，因此它起的作用也是很大的。例如：在发电厂中阀门能够控制锅炉和汽轮机的运转；在石油、化工生产中，阀门同样也起着控制全部生产设备和工艺流程的正常运转。在其他部门也是这样。尽管如此，阀门同其他产品比较往往被人们忽视。例如：在安装机器设备时，人们往往把重点放在主要机器设备方面，如：压缩机、高压容器、锅炉等；也有的选用不当。这些作法都会使整个生产效率降低或停产或造成种种其他事故发生。因此，对阀门的选用、安装、使用等都必须进行认真负责的工作。尤其对现代化工业生产和建设更应如此。

第三节 阀门的选用

1. 按介质通断性质选用阀门

1）闸阀是作为截止介质使用，在全开时整个流通直通，此时介质运行的压力损失最小。闸阀通常适用于不需要经常启闭，而且保持闸板全开或全闭的工况。不适用于作为调节或节流使用。对于高速流动的介质，闸板在局部开启状况下可以引起闸门的振动，而振动又可能损伤闸板和阀座的密封面，而节流会使闸板遭受介质的冲蚀。从结构形式上，主要的区别是所采用的密封元件的形式。根据密封元件的形式，常常把闸阀分成几种不同的类型，如：楔式闸阀、平行式闸阀、平行双闸板闸阀、楔式双闸板闸等。最常用的形式是楔式闸阀和平行式闸阀。

2）截止阀的阀杆轴线与阀座密封面垂直。阀杆开启或关闭行程相对较短，并具有非常可靠的切断动作，使得这种阀门非常适合作为介质的切断或调节及节流使用。

截止阀的阀瓣一旦处于开启状况，它的阀座和阀瓣密封面之间就不再接触，并具有非常可靠的切断动作，使得这种阀门非常适合作为介质的切断或调节及节流使用。

截止阀一旦处于开启状态，它的阀座和阀瓣密封面之间就不再有接触，因而它的密封面机械磨损较小，由于大部分截止阀的阀座和阀瓣比较容易修理或更换密封元件时无需把整个阀门从管线上拆下来，这对于阀门和管线焊接成一体的场合是很适用的。介质通过此类阀门时的流动方向发生了变化，因此截止阀的流动阻力较高于其他阀门。常用的截止阀有以下几种：

(1) 角式截止阀：在角式截止阀中，流体只需改变一次方向，以至于通过此阀门的压力降比常规结构的截止阀小。

(2) 直流式截止阀：在直流式或Y形截止阀中，阀体的流道与主流道成一斜线，这样流动状态的破坏程度比常规截止阀要小，因而通过阀门的压力损失也相应小了。

(3) 柱塞式截止阀：这种形式的截止阀是常规截止阀的变型。在该阀门中，阀瓣和阀座通常是基于柱塞原理设计的。阀瓣磨光成柱塞与阀杆相连接，密封是由套在柱塞上的两个弹性密封圈实现的。两个弹性密封圈用一个套环隔开，并通过由阀盖螺母施加在阀盖上的载荷把柱塞周围的密封圈压牢。弹性密封圈能够更换，可以采用各种各样的材料制成，该阀门主要用于“开”或者“关”，但是备有特制形式的柱塞或特殊的套环，也可以用于调节流量。

3）蝶阀的蝶板安装于管道的直径方向。在蝶阀阀体圆柱形通道内，圆盘形蝶板绕着轴线旋转，旋转角度为0°～90°之间，旋转到90°时，阀门则牌全开状态。

蝶阀结构简单、体积小、重量轻，只由少数几个零件组成。而且只需旋转90°即可快速启闭，操作简单，同时该阀门具有良好的流体控制特性。蝶阀处于完全开启位置时，蝶板厚度是介质流经阀体时唯一的阻力，因此通过该阀门所产生的压力降很小，故具有较好的流量控制特性。蝶阀有弹密封和金属的密封两种密封形式。弹性密封阀门，密封圈可以镶嵌在阀体上或附在蝶板周边。

采用金属密封的阀门一般比弹性密封的阀门寿命长，但很难做到完全密封。金属密封能适应较高的工作温度，弹性密封则具有受温度限制的缺陷。

如果要求蝶阀作为流量控制使用，主要的是正确选择阀门的尺寸和类型。蝶阀的结构原理尤其适合制作大口径阀门。蝶阀不仅在石油、煤气、化工、水处理等一般工业上得到广泛应用，而且还应用于热电站的冷却水系统。

常用的蝶阀有对夹式蝶阀和法兰式蝶阀两种。对夹式蝶阀是用双头螺栓将阀门连接在两管道法兰之间，法兰式蝶阀是阀门上带有法兰，用螺栓将阀门上两端法兰连接在管道法兰上。

4）球阀是由旋塞阀演变而来。它具有相同的旋转90°提动作，不同的是旋塞体是球体，有圆形通孔或通道通过其轴线。球面和通道口的比例应该是这样的，即当球旋转90°时，在进、出口处应全部呈现球面，从而截断流动。

球阀只需要用旋转90°的操作和很小的转动力矩就能关闭严密。完全平等的阀体内腔为介质提供了阻力很小、直通的流道。通常认为球阀最适宜直接做开闭使用，但近来的发展已将球阀设计成使它具有节流和控制流量之用。球阀的主要特点是本身结构紧凑，易于操作和维修，适用于水、溶剂、酸和天然气等一般工作介质，而且还适用于工作条件恶劣的介质，如氧气、过氧化氢、甲烷和乙烯等。球阀阀体可以是整体的，也可以是组合式的。

2. 按防止介质倒流选用阀门

这种类型的阀门的作用是只允许介质向一个方向流动，而且阻止方向流动。通常这种阀门是自动工作的，在一个方向流动的流体压力作用下，阀瓣打开；流体反方向流动时，由流体压力和阀瓣的自重合阀瓣作用于阀座，从而切断流动。其中止回阀就属于这种类型的阀门，它包括旋启式止回阀和升降式止回阀。旋启式止回阀有一介铰链机构，还有一个像门一样的阀瓣自由地靠在倾斜的阀座表面上。为了确保阀瓣每次都能到达阀座面的合适位置，阀瓣设计在铰链机构，以便阀瓣具有足够有旋启空间，并使阀瓣真正的、全面的与阀座接触。阀瓣可以全部用金属制成，也可以在金属上镶嵌皮革、橡胶、或者采用合成覆盖面，这取决于使用性能的要求。旋启式止回阀在完全打开的状况下，流体压力几乎不受阻碍，因此通过阀门的压力降相对较小。升降式止回阀的阀瓣座落位于阀体上阀座密封面上。此阀门除了阀瓣可以自由地升降之外，其余部分如同截止阀一样，流体压力使阀瓣从阀座密封面上抬起，介质回流导致阀瓣回落到阀座上，并切断流动。根据使用条件，阀瓣可以是全金属结构，也可以是在阀瓣架上镶嵌橡胶垫或橡胶环的形式。像截止阀一样，流体通过升降式止回阀的通道也是狭窄的，因此通过升降式止回阀的压力降比旋启式止回阀大些，而且旋启式止回阀的流量受到的限制很少。

3. 按调节介质参数选用阀门

在生产过程中，为了使介质的压力、流量等参数符合工艺流程的要求，需要安装调节机构对上述参数进行调节。调节机构的主要工作原理，是靠改变阀门阀瓣与阀瓣与阀座间的流通面积，达到调节上述参数的目的。属于这类阀门的统称为控制阀，其中分为依靠介质本身动力驱动的称为自驱式控制阀如减压阀、稳压阀等，凡外来动力驱动的（如电力、压缩空气和液动力）称为他驱式控制阀，如电动调节阀、气动调节阀和液动调节阀等。

4. 阀门选用时的主要技术性能

1）强度性能

阀门的强度性能是指阀门承受介质压力的能力。阀门是承受内压的机械产品，因而必须具有足够的强度和刚度，以保证长期使用而不发生破裂或产生变形。

2）密封性能

阀门的密封性能是指阀门各密封部位阻止介质泄漏的能力，它是阀门最重要的技术性能指标。阀门的密封部位有三处：启闭件与阀座两密封面间的接触处；填料与阀杆和填料函的配合处；阀体与阀盖的连接处。其中前一处的泄漏叫做内漏，也就是通常所说的关不严，它将影响阀门截断介质的能力。对于截断阀类来说，内漏是不允许的。后两处的泄漏叫做外漏，即介质从阀内泄漏到阀外。外漏会造成物料损失，污染环境，严重时还会造成事故。对于易燃易爆、有毒或有放射的介质，外漏更是不能允许的，因而阀门必须具有可靠的密封性能。

3）流动介质

介质流过阀门后会产生压力损失（即阀门前后的压力差），也就是阀门对介质的流动有一定的阻力，介质为克服阀门的阻力就要消耗一定的能量。从节约能源上考虑，设计和制造阀门时，要尽可能降低阀门对流动介质的阻力。

4）启闭力和启闭力矩

启闭力和启闭力矩是指阀门开启或关闭所必须施加的作用力或力矩。关闭阀门时，需要使启闭件与阀座两密封面间形成一定的密封比压，同时还要克服阀杆与填料之间、阀杆与螺母的螺纹之间、阀杆端部支承处及其他磨擦部位的摩擦力，因而必须施加一定的关闭力和关闭力矩，阀门在启闭过程中，所需要的启闭力和启闭力矩是变化的，其最大值是在关闭的最终瞬时或开启的最初瞬时。设计和制造阀门时应力求降低其关闭力和关闭力矩。

5）启闭速度

启闭速度是用阀门完成一次开启或关闭动作所需的时间来表示。一般对阀门的启闭速度无严格要求，但有些工况对启闭速度有特殊要求，如有的要求迅速开启或关闭，以防发生事故，有的要求缓慢关闭，以防产生水击等，这在选用阀门类型时应加以考虑。

6）动作灵敏度和可靠性

这是指阀门对于介质参数变化，做出相应反应的敏感程度。对于节流阀、减压阀、调节阀等用来调节介质参数的阀门以及安全阀、疏水阀等具有特定功能的阀门来说，其功能灵敏度与可靠性是十分重要的技术性能指标。

7）使用寿命

它表示阀门的耐用程度，是阀门的重要性能指标，并具有很大的经济意义。通常以能保证密封要求的启闭次数来表示，也可以用使用时间来表示。

8）阀门技术参数

阀门性能规范（国标系列） **表 4-8-18**

公称压力 PN	1.6	2.5	4.0	6.4	10.0	16.0	32.0	MPa
壳体试验压力 P_s	2.4	3.75	6.0	9.6	15.0	24.0	48.0	
高压密封试验压力	1.76	2.75	4.4	7.04	11.0	17.6	35.2	
低压气密封试验压力	0.5～0.7							

结构长度：GB 12221

配管法兰：JB79，GB 9112—9131

试验与检验：GB/T 13927—1992

阀门性能规范（美标系列） **表 4-8-19**

公称压力	150	300	600	Lb
壳体试验压力	3	7.8	15.4	MPa
高压密封试验压力	2.2	5.6	11.2	
低压气密封试验压力	0.5～0.7			
适用介质	水、油品、蒸汽			
适用温度	≤427℃			

结构长度：ANSIB16.10

配管法兰：ANSIB16.5 GB 9112—9131

压力-温度等级：ANSIB16.34

试验与检验：AP1598

9）材料及主要参数

碳钢和各种合金钢类 **表 4-8-20**

材　料　类　别	工作温度 t（℃）						
WCA、WCB、WCC	200	250	300	350	400	425	515
15CrMo、ZG20CrMo 钢	200	320	450	490	500	510	540
12CrMov、15CrMov ZG20CrMov、ZG15Cr1Mo1v 钢	200	320	450	510	520	530	490
1Cr5Mo、ZG1Cr5Mo 钢	200	325	390	430	450	470	590
1Cr18Ni9Ti、ZG1Cr19Ni9Ti 1Cr18Ni12Mo2Ti ZG1Cr18Ni12Mo2Ti 钢	200	300	400	480	520	560	

试验压力 **表 4-8-21**

公称压力 PN（MPa）	密封试验（MPa）	强度试验（MPa）	在该工作温度级的最大工作压力 PT_{max}（MPa）						
0.25	0.28	0.38	0.25	0.22	0.20	0.18	0.16	0.14	0.2
0.60	0.66	0.90	0.60	0.56	0.50	0.45	0.40	0.36	0.32
1.00	1.10	1.50	1.00	0.90	0.80	0.70	0.64	0.56	0.50
1.60	1.80	2.40	1.60	1.40	1.25	1.10	1.00	0.90	0.80
2.50	2.80	3.80	2.50	2.20	2.00	1.80	1.60	1.40	1.25
4.00	4.40	6.00	3.90	3.60	3.20	2.80	2.50	2.20	2.00
6.40	7.10	9.60	6.30	5.60	5.00	4.50	4.00	3.60	3.20
10.0	11.0	15.0	9.80	9.00	8.00	7.10	6.40	5.60	5.00
16.0	17.6	24.0	15.6	14.0	12.5	11.2	10.0	9.00	8.00
20.0	22.0	30.0	19.6	18.0	16.0	14.0	12.5	11.2	10.0
25.0	27.5	37.5	24.5	22.5	20.0	18.0	16.0	14.0	12.5
32.0	35.2	48.0	31.5	28.0	25.0	22.5	20.0	18.0	16.0
40.0	44.0	60.0	39.5	36.0	32.0	28.0	25.0	22.5	20.0

铸铁和铜合金类 **表 4-8-22**

材 料 类 别			工作温度 t（℃）				
灰铸铁			120	200	250	300	
球墨铸铁			120	200	250	300	350
可锻铸铁			120	200	250	300	
铜及铜合金			120	200	250		
公称压力（MPa）	密封试验（MPa）	强度试验（Mpa）	在该工作温度级的最大工作压力 PT_{max}（MPa）				
0.25	0.28	0.38	0.24	0.18	0.16	0.13	0.10
0.40	0.44	0.60	0.38	0.36	0.25	0.20	0.18
0.60	0.66	0.90	0.58	0.50	0.40	0.33	0.28
1.00	1.10	1.50	0.98	0.80	0.68	0.55	0.45
1.60	1.80	2.40	1.55	1.45	1.10	0.95	0.80
2.50	2.80	3.80	2.45	2.00	1.70	1.30	1.20

5. 常用阀门的选用及基本参数

常用阀门的型号及基本参数表 **表 4-8-23**

产品名称	型 号	公称压力(MPa)	适用介质	介质最高温度(℃)	在最高介质温度下的工作压力(MPa)	阀体材料	公称通径 D_g (mm)
			闸		阀		
楔式双闸板闸阀	Z42W-1	0.1	煤气、油品	100	0.1	灰铸铁	300、350、400、450、500
暗杆楔式闸阀	Z45T-2.5	0.25	水	60	0.25	灰铸铁	500、600、800、1000
内螺纹暗杆楔式闸阀	Z15T-1.0	1.0	水、蒸汽	120	1.0	灰铸铁	15、20、25、32、40、50、65
内螺纹暗杆楔式闸阀	Z15W-10	1.0	油品、煤气	100	1.0	灰铸铁	15、20、25、32、40、50、65
暗杆楔式闸阀	Z45T-10	1.0	水、蒸汽	120	1.0	灰铸铁	50、65、80、100、125、150、200、250、300、350、400、450
暗杆楔式闸阀	Z45W-10	1.0	油品、煤气	100	1.0	灰铸铁	50、65、80、100、125、150、200、250、300、350、400、450
平行式双闸板闸阀	Z44T-10	1.0	水、蒸汽	200	0.85	灰铸铁	50、65、80、100、125、150、200、250、300、350、400、450
平行式双闸板闸阀	Z44W-10	1.0	煤气、油品	200	0.9	灰铸铁	50、65、80、100、125、150、200、250、300、350、400、450
楔式闸阀	Z41H-16C	1.6	水、蒸汽、油品	400		铸钢	250、300、350、400
楔式闸阀	Z41H-16Q	1.6	蒸汽、油品	350		球墨铸铁	50、65、80、100、125、150、200
楔式闸阀	Z41H-25Q	2.5	水、蒸汽、油品	350		球墨铸铁	50、65、80、100、125、150、200
楔式闸阀	Z41H-25	2.5	水、蒸汽、油品	400		铸钢	65、80、100、125、150、200、250

续表

产品名称	型　号	公称压力（MPa）	适用介质	介质最高温度（℃）	在最高介质温度下的工作压力（MPa）	阀体材料	公称通径 D_g（mm）
截　止　阀							
内螺纹截止阀	J11X-10	1.0	水	60	1.0	灰铸铁	15、20、25、32、40、50、65
内螺纹截止阀	J11W-10T	1.0	水、蒸汽	200	1.0	铜合金	6、10、15、20、25、32、40、50、60
内螺纹截止阀	J11W-16	1.6	煤气、油品	100	1.45	灰铸铁	15、20、25、32、40、50、65
内螺纹截止阀	J11T-16	1.6	水、蒸汽、油品	200	1.45	灰铸铁	15、20、25、32、40、50、65
内螺纹截止阀	J11T-16K	1.6	水、蒸汽	225		可锻铸铁	15、20、25、32、40、50、65
截止阀	J41T-16	1.6	水、蒸汽、油品	200	1.45	灰铸铁	15、20、25、32、40、50、65、80、100、125、150
截止阀	J41T-16K	1.6	水、蒸汽、油品	225		可锻铸铁	25、32、40、50、65、80、100、125、150
截止阀	J41H-25K	2.5	水、蒸汽、油品	300	2.0	可锻铸铁	25、32、40、50、65、80
截止阀	J41H-40	4.0	水、蒸汽、油品	400		铸钢	15、20、25、32、40、50、65、80、100、125、150
节　流　阀							
内螺纹节流阀	L11H-10	1.0	水、蒸汽	200		灰铸铁	20、25、32、40、50
节流阀	L41H-10	1.0	水、蒸汽	200		灰铸铁	65、80、100、125
氨用节流阀	L41B-25K	2.5	氨、氨液	－40～＋150		可锻铸铁	32、40、50、65、80
外螺纹节流阀	L21W-25K	2.5	氨、氨液	－40～＋150		可锻铸铁	10、15

续表

产品名称	型　号	公称压力(MPa)	适用介质	介质最高温度(℃)	在最高介质温度下的工作压力(MPa)	阀体材料	公称通径 D_g (mm)
旋　塞　阀							
内螺纹旋塞阀	X13W-6	0.6	水、蒸汽	120	0.6	青铜	15、20、25、32、40、50
内螺纹旋塞阀	X13W-10T	1.0	水	100		铜合金	15、20、25、32、40、50
内螺纹旋塞阀	X13W-10	1.0	煤气、油品	100	1.0	灰铸铁	15、20、25、32、40、50
内螺纹旋塞阀	X13T-10	1.0	水、蒸汽、油品	200	1.0	灰铸铁	15、20、25、32、40、50
旋塞阀	X43W-6	0.6	油品、煤气	100	0.6	灰铸铁	100、125、150
旋塞阀	X43W-10	1.0	油品、煤气	100	1.0	灰铸铁	25、32、40、50、65、80、100、150
旋塞阀	X43T-10	1.0	水、蒸汽、油品	200	1.0	灰铸铁	25、32、40、50、65、80、100、150
内螺纹三通旋塞阀	X14W-6T	0.6	水、蒸汽	225	0.45	铜合金	15、20、25、32、40、50
三通旋塞阀	X44W-6	0.6	煤气、油品	100	0.6	灰铸铁	25、32、40、50、65、80、100
止　回　阀							
内螺纹升降式底阀	H12X-2.5	0.25	水	60	0.25	灰铸铁	50、65、80
升降式底阀	H42X-2.5	0.25	水	60	0.25	灰铸铁	100、125、150、200
旋启式底阀	H45X-2.5	0.25	水	60	0.25	灰铸铁	250、300、350、400、450、500
旋启式多瓣止回阀	H45J-6	0.6	水	60	0.6	灰铸铁	800、900、1000、1200、1400、1600
旋启式多瓣止回阀	H45T-10	1.0	水、蒸汽	200		灰铸铁	800、900、1000、1200、1400、1600
旋启式止回阀	H44T-10	1.0	水、蒸汽	200	0.85	灰铸铁	50、65、80、100、125、150、200、250、300、350、400、450、500、600
旋启式止回阀	H44W-10	1.0	煤气、油品	100	1.0	灰铸铁	50、65、80、100、125、150、200、250、300、350、500
旋启式止回阀	H14X-10	1.0	水	60	1.0	灰铸铁	50、65、80、100、125、150、200、250、300、350、400、450、500、600

续表

产品名称	型　号	公称压力(MPa)	适用介质	介质最高温度(℃)	在最高介质温度下的工作压力(MPa)	阀体材料	公称通径 D_g (mm)
止　回　阀							
内螺纹升降式止回阀	H11T-16	1.6	水、蒸汽	200	1.45	灰铸铁	15、20、25、32、40、50、65
内螺纹升降式止回阀	H11W-16	1.6	煤气、油品	100	1.6	灰铸铁	15、20、25、32、40、50、65
升降式止回阀	H41T-16	1.6	水、蒸汽	200	1.45	灰铸铁	20、25、32、40、50、65、80、100、125、150、200
升降式止回阀	H41W-16	1.6	煤气、油品	200		灰铸铁	20、25、32、40、50、65、80、100、125、150
升降式止回阀	H41H-25K	2.5	水、蒸汽	300	2.0	可锻铸铁	32、40、50、65、80
升降式止回阀	H41H-40	4.0	水、蒸汽、油品	400		铸钢	32、40、50、65、80、100、125、150
安　全　阀							
外螺纹弹簧安全阀	A27W-10T	1.0	水、蒸汽、空气	200		铜合金	15、20、25、32、40、50、65、80
弹簧全启式安全阀	A48H-10	1.0	水、蒸汽	300		灰铸铁	40、50
弹簧微启式安全阀	A47H-16C	1.6	水、蒸汽	350		铸钢	50、80、100
弹簧封闭微启式安全阀	A21H-16C	1.6	水、空气、氨、油品	200		不锈钢	15、20、25
弹簧微启式安全阀	A47H-25	2.5	水、蒸汽	350		铸钢	50、80、100
弹簧封闭微启式安全阀	A41H-25	2.5	水、空气、油品	300		铸钢	25、32、40、50、80、100

续表

产品名称	型　号	公称压力 (MPa)	适用介质	介质最高温度 (℃)	在最高介质温度下的工作压力 (MPa)	阀体材料	公称通径 D_g (mm)
减　压　阀							
薄膜式减压阀	$Y41S_A$-10Q	0.3	水	常温	出口压力 0.05～0.1	球墨铸铁	150、200
活塞式减压阀	Y43H-10	1.0	蒸汽、空气	200	0.07～0.8	灰铸铁	40、50
波纹管式减压阀	Y44T-10	1.0	水、蒸汽、空气	200	0.05～0.4	灰铸铁	20、25、32、40、50
薄膜式减压阀	Y42X-16C	1.6	水、空气	50	0.05～1.2	铸钢	300
活塞式减压阀	Y43H-16Q	1.6	蒸汽、空气	300	0.1～1.3	球墨铸铁	20、25、32、40、50、65、80、100、125、150
疏　水　阀							
浮桶式疏水阀	S43T-10	1.0	冷凝水	200		灰铸铁	15、20、25、40、50
热动力式疏水阀	S19H-10	1.0	冷凝水	200		灰铸铁	15、20、25
热动力式疏水阀	S19H-16	1.6	冷凝水	200		灰铸铁	15、20、25、40、50
热动力式疏水阀	S19H-25	2.5	冷凝水	200		碳钢	15、20、25、40、50
脉冲式疏水阀	S18H-25	2.5	冷凝水	200		优质钢	15、20、25、40、50
自由浮球式疏水阀	S41H-16C	1.6	冷凝水	350		铸钢	15、20、25、40、50、80、100
自由浮球式疏水阀	S41H-40	4.0	冷凝水	425		铸钢	15、20、25、40、50、80、100

6. 中外阀门行业标准对照

中外阀门行业标准对照 **表 4-8-24**

中国标准	标　准　名　称	对应国际标准
GB 12220	通用阀门　标志	ISO 5209
GB 12221	法兰连接金属阀门　结构长度	ISO 5752
GB 12222	多回转阀门　驱动装置的连接	ISO 5210/1～3
GB 12223	部分回转阀门　驱动装置的连接	ISO 5211/1～3
GB 12224	钢制阀门　一般要求	ANSI B16.34
GB 12225	通用阀门　铜合金铸件技术条件	ASTM B584
GB 12226	通用阀门　灰铸铁件技术条件	ISO 185，BS 1452
GB 12228	通用阀门　碳素钢锻件技术条件	ASTM A 105、A181
GB 12229	通用阀门　碳素钢铸件技术条件	ASTM A703
GB 12230	通用阀门　奥氏体钢铸件技术条件	ASTM A351
GB 12232	通用阀门　法兰连接铁制闸阀	ISO 5996—1982，API 595
GB 12233	通用阀门　铁制截止阀与升降式止回阀	BS 5152、5153
GB 12234	通用阀门　法兰和对焊焊连接钢制闸阀	API 600
GB 12237	通用阀门　法兰和对焊连接钢制球阀	ISO 7121，API 607
GB 12238	通用阀门　法兰和对夹连接蝶阀	BS 5155
GB 12239	通用阀门　隔膜阀	BS 5156，NFE 29
GB 12240	通用阀门　铁制旋塞阀	API 593
GB 12241	安全阀　一般要求	ISO 4126
GB 12242	安全阀　性能试验方法	ANSI/ASME PTC 25.3
GB 12243	弹簧直接载荷式安全阀	JIS B8210
GB 12244	减压阀　一般要求	JIS B8372、B8410
GB 12245	减压阀　性能试验方法	JIS B8372、B8410
GB 12246	先导式减压阀	JIS B8372，DSS405
GB 12247	蒸汽疏水阀　分类	ISO 6704
GB 12248	蒸汽疏水阀　术语	ISO 6552
GB 12249	蒸汽疏水阀　标志	ISO 6553

续表

中国标准	标　准　名　称	对应国际标准
GB 12250	蒸汽疏水阀　结构长度	ISO 6554
GB 12251	蒸汽疏水阀　试验方法	ISO 6948、7841、7842
GB/T 13927	通用阀门　压力试验	ISO 5208
JB/T 5296	通用阀门　流量系数和流阻系数的试验方法	JIS B2005
JB/T 6899	阀门的耐火试验	ISO 10497
JB/T 7927	阀门铸钢件　外观质量要求	MSS SP55
ZBJ 16006	阀门的试验与检验	API 598

第四节　阀门的试验和常见故障处理

1. 试验与调整

产品无论是手动、气动、液动、电动各部件在出厂前均经严格调试，用户在复检密封性能时，应按图 4-8-1 连接方式和介质流向箭头，将进出口两侧用法均匀固定，关闭蝶阀，对进口侧施压，在出口侧观察有无泄露现象，在管道进行强度实验前，应将蝶板打开，防止损坏密封副。

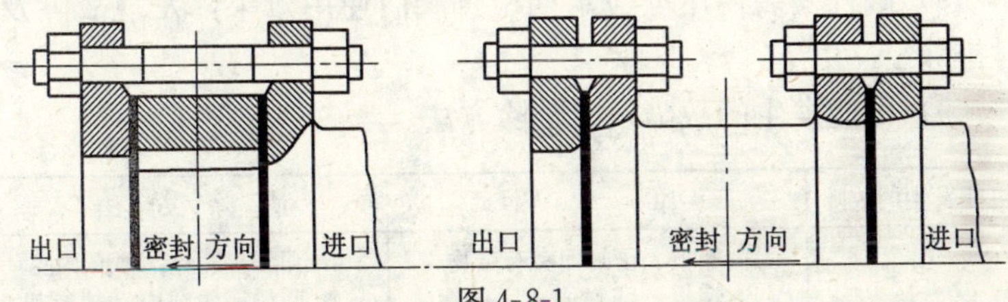

图 4-8-1

产品出厂前虽经严格检查和实验，但也存在个别产品在运输途中自动螺钉变位，需重新调整、气动、液动等，请阅读配套驱动装置使用说明书。

（电动传动蝶阀）出厂时已将控制机构的启、闭行程调好。为防止电源接通时方向搞错，用户在第一次接通电源后，先启开手动至半开位置，在按电动开关检查指示盘方向与阀门启闭方向一致即可。

2. 常见故障及消除方法

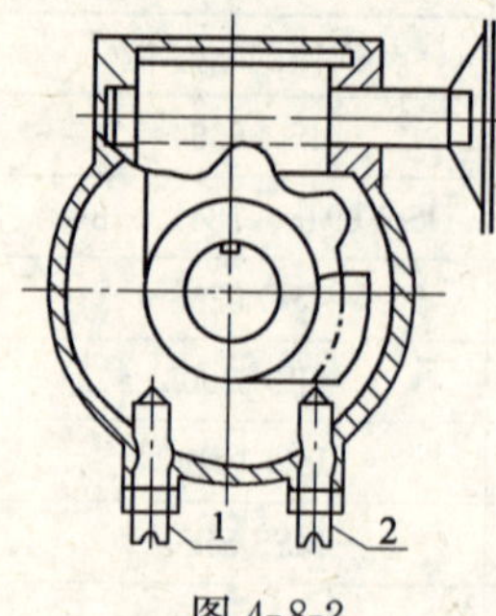

图 4-8-2

1）安装前确认本厂产品性能和介质流向箭头是否与运动工况相符，并将阀门内腔插洗干净，不允许在密封圈和蝶板上有附有杂质异物，未清洗前绝不允许关闭蝶板，以免损坏密封圈。

2）蝶板安装配套法兰建议采用碟阀专用法兰，即 HGJ54-91 型承插焊钢制法兰。

3）安装在管道中的位置，最佳位置为立装，但不能倒装。

4）使用中需要调节流量，有涡轮箱进行控制。

5）开、闭次数较多的蝶阀，在两个月左右时间，打开涡轮箱盖，检查黄油是否正常，应保持适量的黄油。

6）检查各连接部位要求压紧，即保证填料的密封性，又可保证阀杆转动灵活。

7）金属密封蝶阀产品不适合安装于管路末端，如必须安装于管路末端，需采取配装出口法兰，防止密封圈积压，过位。

8）阀杆安装使用反应定期检查阀门使用效果，发现故障及时排除。

9）可能发生的故障及时消除方法。

可能发生的故障	原　因	消 除 方 法
密封面泄露	1. 蝶板、密封面夹有杂物 2. 蝶板、密封面关闭位置吻合不正 3. 出口侧配置装法兰螺栓受力不均或未按图 4-8-1 要求 4. 试压方向未按图 4-8-1 要求	1. 消除杂质，清洗阀门内腔 2. 调整涡轮或电动执行机构的调节螺钉，以达阀门关闭位置正确 3. 检查配装法兰平面及螺栓压紧固，应均匀压紧 4. 按尖头密封方向进行施压
阀门两端面泄露	1. 两侧密封垫片失效 2. 管法兰紧力不均或未压紧 3. 密封圈上、下封垫片失效	1. 更换密封垫片 2. 压紧法兰螺栓（均匀受力） 3. 卸下阀门的压圈，更换密封圈，失效垫片

第五节　安全阀型号编制方法

1. 安全阀型号编制方法

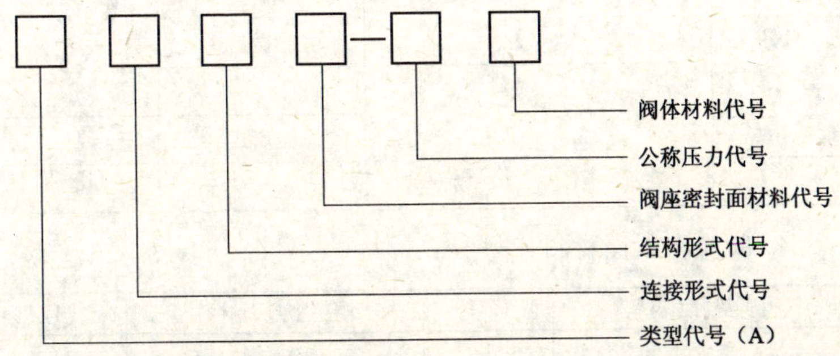

2. 安全阀连接形式代号

连　接　形　式	代　　号	连　接　形　式	代　　号
内螺纹	1	对夹	7
外螺纹	2	卡箍	8
法兰	4	卡套	9
焊接	6		

3. 安全阀结构形式代号

<table>
<tr><th colspan="4">结　构　形　式</th><th>代　　号</th></tr>
<tr><td rowspan="8">弹簧</td><td rowspan="4">封闭</td><td>带散热片</td><td>全启式</td><td>0</td></tr>
<tr><td colspan="2">微启式</td><td>1</td></tr>
<tr><td colspan="2">全启式</td><td>2</td></tr>
<tr><td rowspan="4">带扳手</td><td>全启式</td><td>4</td></tr>
<tr><td rowspan="4">不封闭</td><td>双弹簧微启式</td><td>3</td></tr>
<tr><td>全启式</td><td>8</td></tr>
<tr><td>微启式</td><td>7</td></tr>
<tr><td>带控制机构</td><td>全启式</td><td>6</td></tr>
</table>

续表

结构形式			代号
杠杆	单杠杆		
		全启式	2
		角形微启式	5
	双杠杆		
		全启式	4
	先导式		9

4. 阀座密封面材料代号

阀座密封面材料	代号	阀座密封面材料	代号
铜合金	T	渗氮钢	D
橡胶	X	渗硼钢	P
尼龙塑料	N	硬质合金	Y
合金钢耐酸或不锈钢	H	阀体本体加工	W
锡基轴承合金（巴氏合金）	B		

注：当阀座和阀瓣密封面材料不同时，用低硬度材料代号。

5. 安全阀公称压力代号

公称压力代号用阿拉伯数字表示，其数值是以兆帕（MPa）为单位的公称压力值的10倍。

当标注工作温度和工作压力时，工作压力须用P标志并在P字的右下角附加介质最高温度数字，该数字是以10除介质最高温度数值所得的整数。如：工作温度为540℃，工作压力为10MPa的阀门，其代号为P54100。

6. 安全阀阀体材料代号

阀体材料	代号	阀体材料	代号
灰铸铁	H	碳素钢	C
球墨铸铁	Q	铬钼合金钢	I
		铬镍钛钢	P
		铬钼钒合金钢	V

注：$PN \leqslant 1.6$MPa的灰铸铁阀体和$PN \geqslant 2.5$MPa的碳素钢阀体，省略本代号。

主要参考文献

1. 工业金属管道工程施工及验收规范（GB 50235—97）. 北京：中国计划出版社，1998
2. 顾顺符，潘秉勤主编. 管道工程安装手册. 北京：中国建筑工业出版社，1987
3.《炼油装置工艺管线安装设计手册》编写小组. 工艺管线安装设计手册（上册）. 北京：石油化学工业出版社，1978
4. 建筑安装工程质量检验评定标准（合订本）. 北京：中国建筑工业出版社，1988
5. 康文甲，王旭，王裕林等编. 管道工（全国建筑安装企业中级技工培训教材. 上海：上海科学技术出版社，1988
6. 彦启森主编. 空气调节用制冷技术（第二版）. 北京：中国建筑工业出版社，1985
7. 中国安装协会组织编写. 管道施工实用手册. 北京：中国建筑工业出版社，1998

尊敬的读者：

感谢您选购我社图书！建工版图书按图书销售分类在卖场上架，共设22个一级分类及43个二级分类，根据图书销售分类选购建筑类图书会节省您的大量时间。现将建工版图书销售分类及与我社联系方式介绍给您，欢迎随时与我们联系。

★建工版图书销售分类表（见下表）。

★欢迎登陆中国建筑工业出版社网站www.cabp.com.cn，本网站为您提供建工版图书信息查询，网上留言、购书服务，并邀请您加入网上读者俱乐部。

★中国建筑工业出版社总编室

电　话：010—58934845

传　真：010—68321361

★中国建筑工业出版社发行部

电　话：010—58933865

传　真：010—68325420

E-mail：hbw@cabp.com.cn